第一章 擺夷的來歷

擺夷的種族系統——僰與漢——僰漢與百越——僰人漢的移殖路線——僰漢與西爨——南詔——退居漢水西南岸之擺夷——擺夷異名考

僰夷俗寫作擺夷，便是人類學(Anthropology)上通稱的台(Tai)或撣(Shan)族，其主要分佈地雲南，緬甸，安南，暹羅鄰接的區域中，據英人William Clifton Dodd的調查：全族人口共約二千萬，其中又分作有文字和無文字兩系，有文字的約一千三百餘萬，分佈在暹羅境內的約一千萬，安南一百五十萬，緬甸一百萬，雲南一百萬(註一)。英人H. R. Davies分雲南境內住民為四大系：(註二)

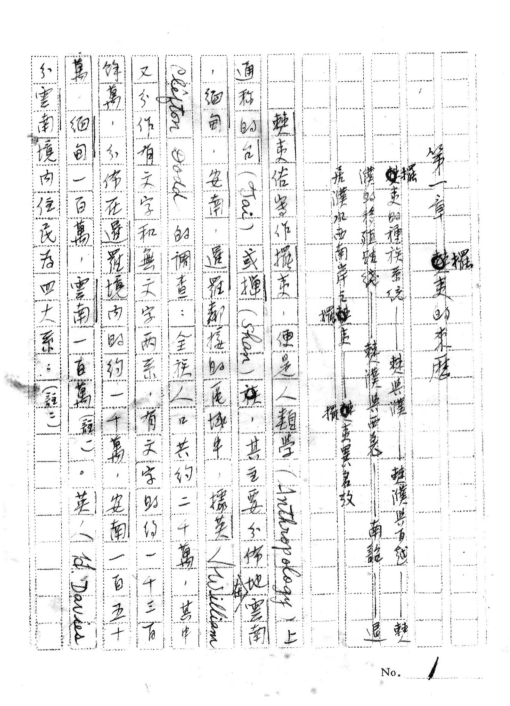

《滇西摆夷之现实生活》手稿

●民族文字出版专项资金资助项目

滇西擺夷之現實生活

◎ 江应樑　著　　◎ 江晓林　笺注

◎ 板银荣　翻译

德宏民族出版社

图书在版编目（CIP）数据

滇西摆夷之现实生活：汉、傣 / 江应樑著；板银荣翻译.
—芒市：德宏民族出版社，2020.6
ISBN 978-7-5558-1413-9

Ⅰ.①滇…　Ⅱ.①江…②板…　Ⅲ.①傣族—民族调查—德宏傣族景颇族自治州—汉、傣　Ⅳ.①K285.3

中国版本图书馆CIP数据核字（2020）第120329号

书　　名	滇西摆夷之现实生活（汉、傣）
作　　者	江应樑　著　江晓林　笺注　板银荣　翻译
出版·发行	德宏民族出版社
社　　址	云南省德宏州芒市勇罕街 1 号（678400）
联系电话	0692-2124877（总编室）、2112886（发行部）
网　　址	www.dmpress.cn
E-mail	dmpress@163.com
责任编辑	方　萍
责任校对	银传秀
特邀校对	周元晖
封面设计	陈　丽
印 刷 厂	云南天彩印务包装有限公司
开　　本	787mm × 1092mm　1/16
印　　张	31.25
字　　数	589 千字
印　　数	1~3000
版　　次	2020 年 6 月第 1 版
印　　次	2020 年 6 月第 1 次
书　　号	ISBN 978-7-5558-1413-9
定　　价	90.00 元

目　录

[illegible] 《[illegible]》

([illegible])

[illegible]

—

1937 [illegible] 7, [illegible]
[illegible]
[illegible]
"[illegible]",

[illegible] 1936 [illegible]

[illegible] 1937 [illegible]

[illegible]

ᥘᥨ ᥙᥤᥣ ᥓᥧᥐᥥ ᥐᥤ ᥝᥤᥳ ᥛᥖᥓᥢ ᥢᥧᥢᥢ ᥑᥧᥢᥴ ᥣᥧᥥ。ᥙᥧ ᥘᥓᥴ, ᥑᥢᥢ ᥝᥢᥥ ᥑᥤᥢ ᥣᥖᥢ ᥑᥨᥢᥳ。

ᥛᥤᥑᥢ ᥘᥢᥳ, ᥓᥤ ᥑᥧᥨᥢ ᥛᥓᥢ ᥝᥖᥨᥣ ᥑᥧᥢᥳ ᥙᥧᥢ “ᥙᥤᥓᥢ ᥛᥨ”, ᥣᥧᥢ ᥐᥢᥣ ᥘᥑᥴ ᥙᥧᥢ ᥝᥨᥢ ᥛᥖᥥ ᥛᥨ ᥑᥨᥑᥢ ᥣᥧᥥ ᥝᥨ ᥛᥖᥢ (ᥝᥨᥴ ᥝᥧᥢᥴ ᥙᥢᥢ ᥘᥤᥢ ᥛᥤᥑᥢ ᥝᥢᥥ ᥘᥓᥳ) ᥛᥢᥢ ᥑᥨᥑᥢ ᥣᥧᥥ ᥛᥨᥢᥳ ᥘᥖᥢᥳ (ᥛᥐᥣ ᥣᥖᥢᥢ ᥛᥤᥑᥢ ᥝᥢᥥ ᥘᥓᥳ) ᥝᥧᥢᥴ ᥓᥨᥢᥥ ᥘᥓᥳ, ᥘᥖᥐ ᥣᥖᥢ ᥑᥨᥢᥳ ᥛᥨᥢ ᥓᥨᥢᥥ ᥛᥨ ᥝᥧᥢᥴ ᥓᥧᥢᥣ ᥘᥓᥳ ᥛᥖᥨ ᥛᥢ ᥢᥤᥓ ᥝᥐ ᥝᥨᥴ ᥣᥓᥢ。ᥘᥖᥐ ᥣᥖᥢ ᥑᥨᥢᥳ ᥛᥨᥢᥴ ᥣᥧᥥ ᥛᥧᥢᥳ ᥘᥖᥢᥳ, ᥐᥧᥓᥢ ᥘᥓᥣ ᥙᥓ ᥝᥧᥑᥢ ᥝᥤᥓᥴ ᥛᥤᥢᥢ ᥓᥢ ᥘᥖᥐ ᥣᥖᥢ ᥑᥨᥢᥳ ᥛᥨᥢᥴ ᥛᥤᥥ ᥘᥨᥢ, ᥝᥢᥥ ᥝᥑᥳ ᥘᥖᥐ ᥛᥤᥥ ᥘᥨᥢ ᥝᥨᥥ ᥑᥤᥳ ᥑᥤᥨᥥ ᥘᥢᥴ ᥙᥓ ᥛᥧᥢᥢ ᥛᥖᥨᥥ ᥙᥤᥣ ᥨᥢᥢ ᥛᥖᥐᥥ, ᥙᥓ ᥛᥤᥥ ᥘᥧᥓ ᥐᥤᥣ ᥘᥨᥣ ᥐᥖᥥ ᥝᥤᥢ, ᥣᥤᥑᥣ ᥛᥤᥥ ᥘᥑᥳ ᥘᥤᥢᥥ ᥝᥤᥢ ᥝᥧᥢ ᥛᥢᥢ ᥘᥑᥳ ᥣᥖᥢᥢ, ᥣᥖᥢᥴ ᥛᥤᥢᥢ ᥣᥤᥢᥴ ᥝᥐ ᥑᥧᥢᥢ ᥛᥧᥢ, ᥑᥤᥢ ᥙᥧᥐ ᥑᥤᥢ ᥘᥐ ᥝᥑᥳ ᥝᥤᥢ ᥛᥤᥢ ᥝᥖᥨᥣ ᥝᥖᥢ ᥘᥧᥢᥢ: ᥘᥖᥐ ᥣᥖᥢ ᥑᥨᥢᥳ ᥛᥨᥢᥴ ᥝᥨ ᥑᥨᥳ ᥣᥖᥢᥴ ᥛᥤᥢᥢ ᥝᥑᥳ ᥝᥧᥢᥢ ᥙᥓ ᥛᥤᥧᥥ ᥑᥧᥢᥢ ᥐᥨᥢᥢ, ᥛᥢ ᥑᥨᥢ ᥣᥖᥢᥴ ᥛᥤᥢᥢ ᥐᥤᥢ, ᥐᥧᥓᥢ ᥑᥨᥢ ᥣᥖᥢᥴ ᥛᥤᥢᥢ ᥑᥤᥳ ᥙᥓ ᥓᥧᥐᥥ ᥐᥖᥢᥢ ᥙᥓ, ᥐᥖᥢᥢ ᥐᥤᥥ ᥐᥖᥢᥢ ᥑᥤᥢ ᥐᥧᥢ ᥓᥧᥥ ᥛᥧᥳ ᥛᥧᥳ, ᥝᥖᥢ ᥘᥧᥢᥢ ᥐᥧᥢ ᥐᥓᥳ ᥐᥓᥳ ᥛᥧᥢᥢ ᥛᥤᥢᥢ ᥝᥖᥢ ᥙᥧᥢ。ᥝᥢᥥ ᥛᥨᥴ ᥨᥤ ᥣᥐᥣ ᥝᥐ ᥝᥧᥢᥢ ᥝᥤᥢ ᥝᥧᥴ, ᥑᥢᥢ ᥛᥖᥨ ᥙᥑᥣ ᥝᥐ ᥐᥤᥥ ᥑᥨᥑᥢ ᥣᥧᥥ ᥛᥨᥢᥳ ᥘᥖᥢᥳ ᥘᥢᥳ ᥑᥨᥣᥳ。

ᥘᥖᥐ ᥛᥤᥥ ᥘᥨᥢ ᥛᥧᥢ, “ᥙᥓ ᥛᥤᥢᥢ ᥑᥤᥨᥥ ᥘᥢᥴ ᥣᥨᥥ ᥑᥤᥳ ᥙᥢᥥ ᥘᥧᥙ ᥘᥧᥓ ᥝᥤᥢ ᥝᥤᥢ ᥙᥓ ᥛᥤᥥ ᥝᥖᥨᥣ ᥛᥤᥢᥥ ᥙᥨᥣ、ᥛᥖᥢᥢ ᥛᥨᥢᥳ、ᥣᥤᥑᥣ ᥛᥤᥥ ᥘᥑᥳ ᥘᥤᥢᥥ ᥝᥤᥢ ᥝᥧᥢ ᥛᥨᥢᥴ ᥛᥖᥢᥢ ᥝᥤᥢ (ᥙᥨᥢ ᥝᥤᥢ ᥛᥤᥑᥢ ᥝᥢᥥ ᥘᥓᥳ), ᥛᥤᥐᥥ ᥙᥤᥣ ᥙᥤᥓ ᥝᥤᥢᥢ ᥘᥢᥳ ᥝᥑᥳ ᥙᥓ ᥝᥖᥨᥣ ᥘᥖᥥ ᥝᥧᥢ ᥛᥨᥢᥴ ᥘᥖᥢᥳ ᥘᥨᥢᥳ, ᥘᥖᥐ ᥘᥖᥢᥳ ᥘᥨᥢᥳ ᥘᥖᥢᥢ ᥑᥤᥢ ᥝᥨᥥ ᥛᥨᥢᥴ ᥓᥨᥢᥥ ᥛᥨ ᥝᥨᥣ ᥛᥤᥳ ᥓᥤ ᥑᥧᥨᥢ ᥛᥓᥢ。ᥝᥧᥑᥢ ᥘᥢᥥ ᥣᥨᥴ ᥝᥧᥛ ᥛᥖᥓᥢ ᥑᥨᥢ ᥝᥨᥣ ᥛᥤᥳ ᥐᥨᥣ ᥓᥨᥢᥥ: ᥑᥧᥢᥢ ᥣᥧᥢᥴ ᥓᥤᥢ ᥨᥖᥣ ᥝᥨ (ᥝᥨᥥ ᥙᥧᥢ ᥘᥖᥥ ᥝᥨ ᥝᥨᥥ ᥛᥤᥑᥢ ᥝᥢᥥ ᥘᥓᥳ), ᥝᥧ ᥛᥤᥢᥴ ᥛᥖᥥ ᥝᥧᥢ ᥨᥖᥣ ᥝᥨ (ᥘᥖᥥ ᥝᥨ ᥝᥨᥥ ᥝᥧ ᥛᥤᥢᥴ ᥝᥧᥢᥥ ᥛᥤᥑᥢ

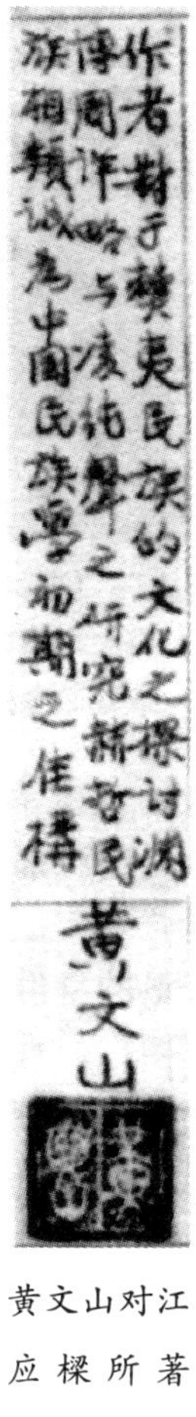

黄文山对江应樑所著《滇西摆夷研究》作的评语

國立中山大學日報 民國廿七年五月十六日

◎研究院派往雲南考察民族員江應樑君已返校

本校研究院文科研究所，於昨年暑期與雲南省政府合作，派遣研究生江應樑前往雲南西部邊區地帶考察土著民族，江君於去年七月取道安南入滇，在昆明與雲南省府及教育當局商洽後，決定以雲南西部怒江龍陵界外緊接緬甸地之擺夷民族作主要考察對象，因自昆明出發，取道楚雄，大理，永平，永昌，龍陵，而南入擺夷區，沿滇緬邊地歷芒市，遮放，猛卯，隴川，戶撒，臘撒，干崖，盞達，南甸九個擺夷土司統治地，對該區內人民之種屬，語言，文字，習俗，及社會政治制度，均詳加考察，攝得照片五百餘幀，蒐集擺民俗品百十件，考察完畢後即轉返昆明，取道安南來粵，昨已返抵本校，計在雲南境內考察時間達十四月，凡所搜求到之民俗品及照片，除一部份留贈雲南博物館外，餘均全數帶回，陳列于文科研究所，其中有擺夷經典，貝葉經，擺夷文字，精緻綉花之擺夷服裝等，均極名貴，足供全校員生研究觀覽云。

([illegible]) 1938 [illegible] 5 [illegible] 16 [illegible]

雲南日報

振委會 滇西考查團將出發

人才濟濟定能完成移民生產任務

設總分站運送配置難民

([illegible]) 1938 [illegible] 10 [illegible] 21 [illegible]

[illegible]

[illegible]

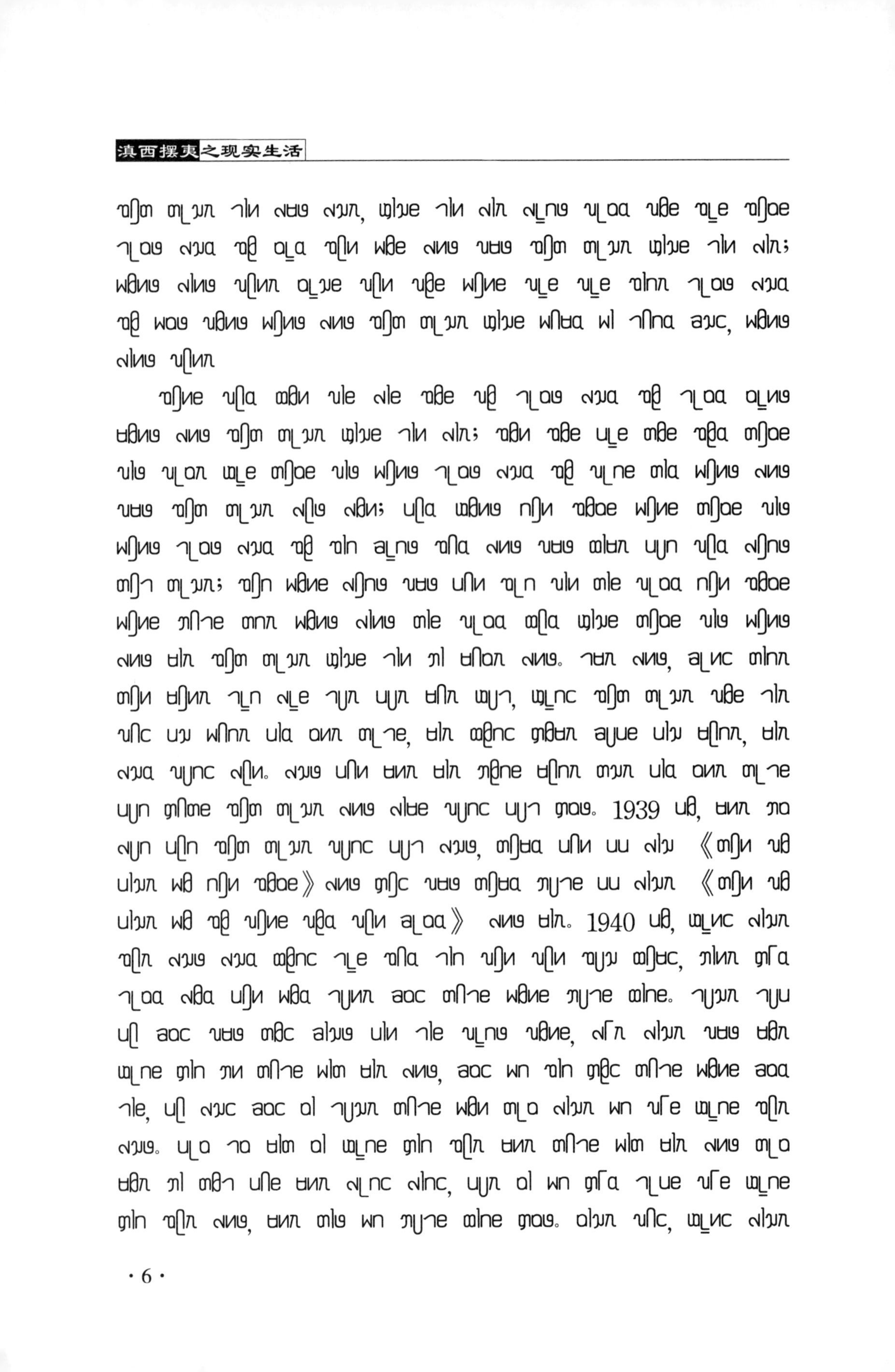

[illegible]

[illegible] 1939 [illegible] 《[illegible]》[illegible] 《[illegible]》 [illegible] 1940 [illegible]

[illegible]

[illegible] 1937 [illegible]

[illegible]

[illegible]

[illegible] 1937 [illegible]

[illegible]

[illegible]

二

[illegible]

[illegible] 1930 [illegible]

[illegible] 1937 [illegible]

[illegible]

[illegible] 1937 [illegible]

[illegible]

[illegible]

[illegible] 1937[illegible]

[illegible] “[illegible]” [illegible]

[illegible]

[illegible] 1937 [illegible]

[illegible]

ᥛᥧᥥ ᥘᥩᥱ ᥙᥧᥙ ᥛᥧᥥ ᥖᥤᥖ ᥖᥧᥣ ᥖᥤᥣ ᥖᥨᥙ ᥙᥤᥖ
ᥕᥧᥥ ᥑᥧᥖ ᥑᥤᥖ ᥗᥨᥑ ᥘᥧᥩ ᥘᥤᥥ ᥛᥧᥥ 1937 ᥙᥤ ᥕᥤᥖ ᥛᥧᥥ

ᥘᥧᥱ ᥗᥧᥴ ᥐᥣ ᥗᥨᥴ ᥐᥧᥣ ᥖᥨᥴ ᥐᥤᥥ, ᥕᥢ ᥖᥤᥢ ᥗᥨᥴ ᥖᥧᥴ ᥐᥧᥒ ᥘᥩᥣ ᥓᥣ ᥘᥧᥙ ᥙᥧᥙ ᥙᥧᥢᥥ ᥕᥤᥥ ᥑᥧᥣᥖ ᥖᥨᥴ ᥣᥧ ᥕᥤᥢᥥ ᥘᥩᥣ ᥓᥧᥐᥥ ᥖᥢᥖ ᥕᥤᥱ ᥙᥧᥖ ᥘᥩᥣ ᥘᥧᥙ ᥙᥧ ᥛᥨᥴ ᥛᥧᥱ ᥖᥧᥖ ᥘᥩᥱ ᥘᥧᥱ ᥟᥩ ᥑᥧᥐᥥ ᥗᥧᥣ ᥐᥣ。” “ᥓᥧ ᥟᥤᥑᥖ ᥟᥩᥴ ᥟᥩ ᥗᥧᥣ ᥐᥣ ᥘᥧᥱ, ᥑᥤᥢ ᥐᥑᥖ ᥛᥧᥥ ᥖᥤᥧᥣ ᥘᥩᥣ ᥑᥧᥴ ᥗᥧ, ᥛᥧᥥ ᥙᥧᥖ ᥓᥣ ᥛᥤᥩᥥ ᥙᥧᥢᥥ ᥕᥤᥥ ᥟᥣᥣ ᥖᥣᥩᥣ ᥑᥤᥖ ᥐᥧᥣ ᥟᥩ ᥐᥧᥖ ᥕᥢ ᥐᥧᥣ ᥟᥩ ᥘᥩᥣ ᥙᥧᥢᥥ。” “ᥗᥣᥩᥴ ᥖᥧᥖ ᥐᥣ ᥟᥧᥣ ᥖᥧ, ᥕᥣᥥ ᥓᥨᥢᥥ ᥖᥨ ᥓᥧ ᥑᥨᥖ ᥘᥧᥙ ᥖᥤᥢᥖ ᥓᥤᥑᥖ

ᥘᥑᥴ ᥘᥤᥥ ᥘᥩᥱ, ᥕᥤᥖ ᥗᥧᥴ ᥘᥧᥙ ᥖᥤᥢᥖ ᥓᥤᥑᥖ ᥟᥧᥙ ᥘᥧᥢ, ᥙᥧᥐ ᥖᥑᥱ ᥩᥤ ᥕᥣᥥ ᥛᥤᥩᥥ ᥙᥧᥢᥥ ᥕᥤᥥ ᥟᥣᥩ ᥖᥣᥩᥣ ᥘᥩᥱ ᥕᥢ ᥙᥤ ᥓᥨᥐᥴ ᥖᥨᥐᥴ ᥐᥧᥣ ᥙᥣᥖᥥ ᥘᥩᥱ, ᥐᥧᥒ ᥐᥧᥣ ᥖᥤᥢ ᥛᥧᥑᥴ ᥛᥤᥩᥥ ᥟᥣᥩ ᥖᥣᥩᥣ ᥘᥩᥱ ᥓᥩ ᥘᥩᥣ ᥗᥤᥢ ᥙᥧᥢ ᥑᥧᥩᥖ ᥩᥧᥱ ᥖᥤᥧᥴ ᥘᥧᥱ ᥟᥧᥙ ᥘᥧᥖ”。ᥖᥣᥩ ᥗᥣᥱ ᥘᥩᥣ ᥑᥨᥖ ᥘᥧᥙ ᥐᥣᥩ

ᥛᥣᥥ ᥖᥤᥧᥖ ᥖᥧᥑᥣ(ᥖᥤᥩᥱ)、ᥑᥧᥩᥖ ᥑᥤᥩᥖ ᥖᥤᥩᥥ ᥙᥤᥧᥥ ᥖᥤᥩ ᥖᥨᥙ ᥙᥤᥧᥖ(ᥐᥤᥢ)、ᥖᥩᥣ ᥛᥤᥱ ᥐᥤᥧ ᥓᥤᥩᥣ ᥖᥤᥩᥥ ᥙᥤᥧᥥ ᥖᥤᥩ ᥙᥩᥖ ᥖᥨᥧᥥ(ᥟᥤᥴ) ᥖᥧᥖ ᥘᥤᥧᥖ ᥖᥤᥩᥴ ᥓᥤ ᥑᥧᥩᥖ ᥖᥧᥖ ᥐᥤᥧ ᥓᥤᥩᥣ ᥖᥧᥐᥥ ᥛᥧᥥ ᥖᥧᥱ ᥐᥧ ᥙᥧᥧ 1937 ᥙᥨ ᥖᥧᥐᥥ

[illegible] 1937 [illegible]

[illegible]

[illegible]

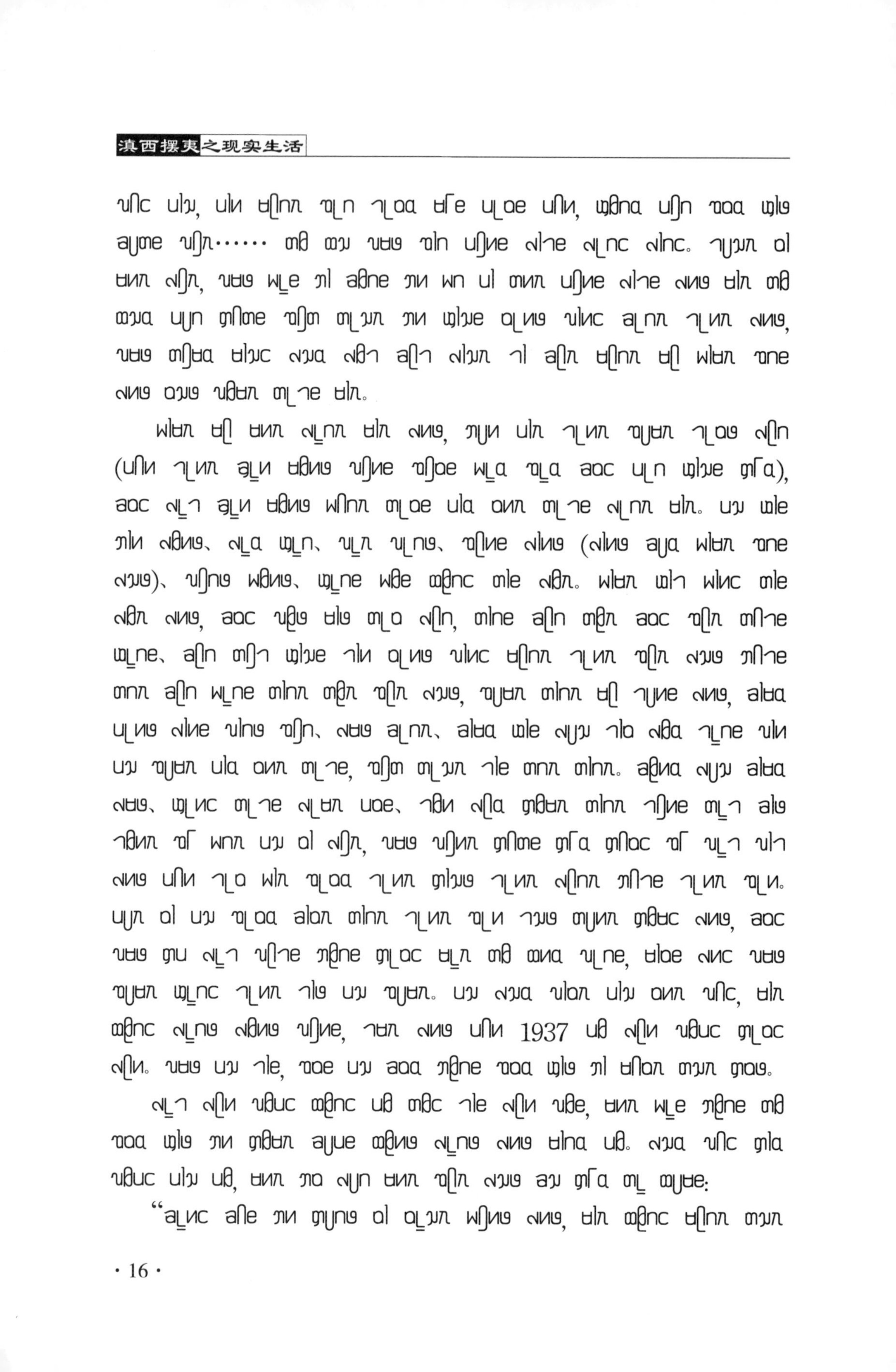

[illegible]

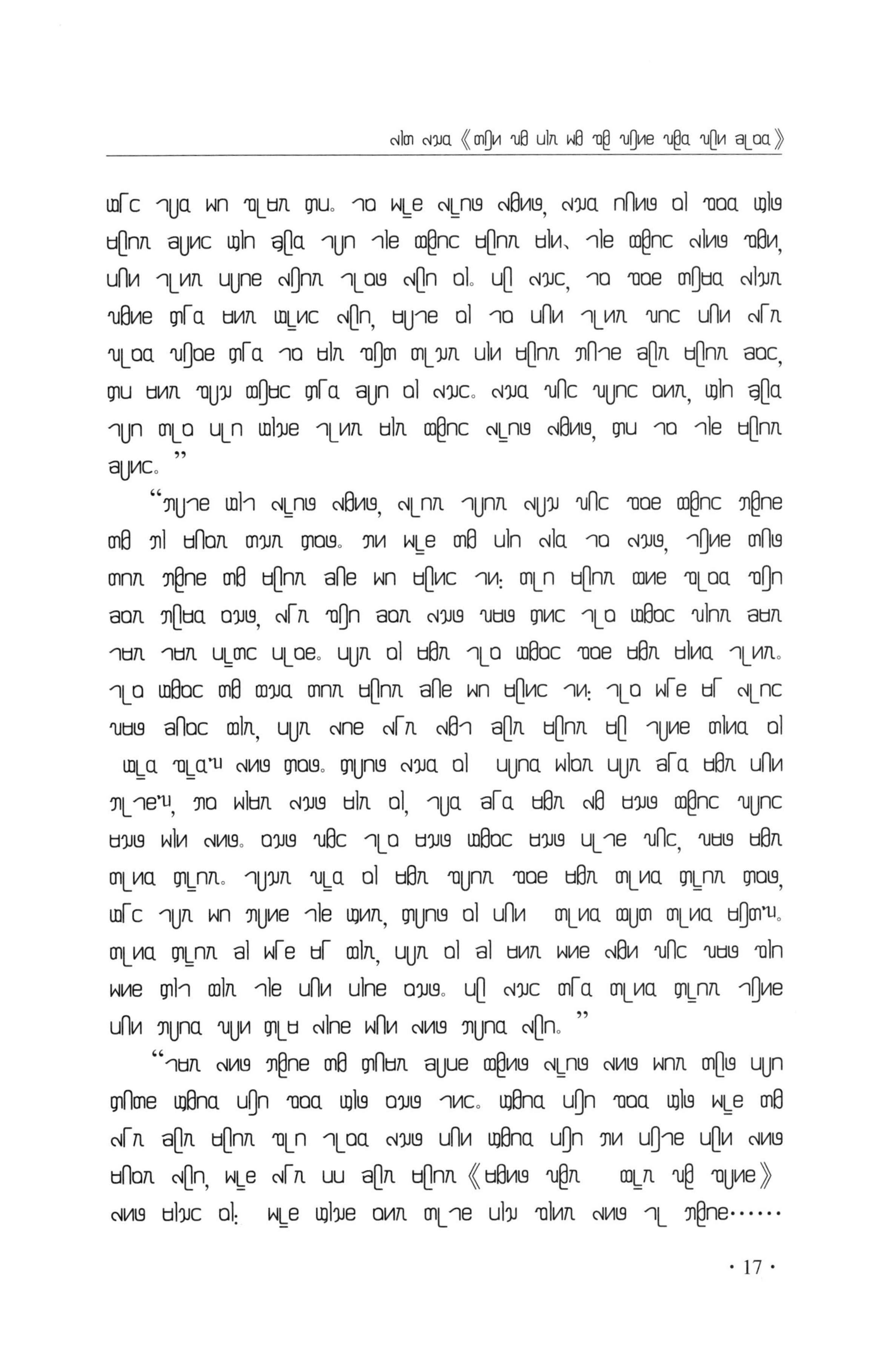

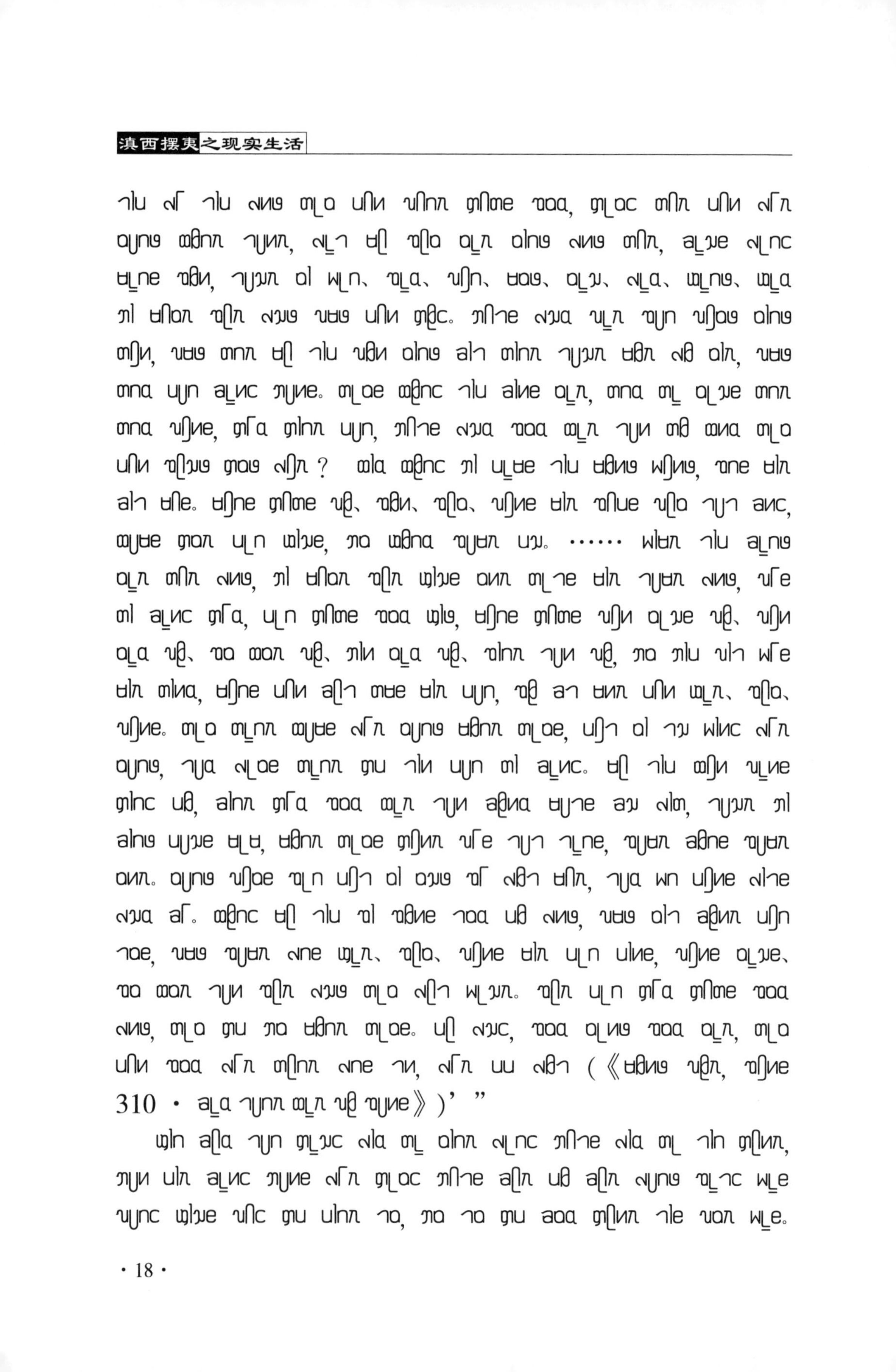

[illegible]

310 · [illegible]

[illegible]

ɡʃɴɲ ɴɑɑ ɯlɵ ɿlɲe ʜlɲ ɯɲɲ ɡʃɴɲ ɑʃe ɡʜɵ ɑɾɑ ʜʃɴc ɿɴ, ɯɲɲ ʜʃ ɿlu ʜθɴɵ、ɴθɴ ɴʃɲ uʃɴ ɴɑɑ ɑɭɴc ɑɴɵ ɿlɲe ɑɲɑ ʜʃɴc ɿɴ; ʜθɲ ɑlɑ ɯɭ ɑɭnc ulɑ ɑɴɲ ɲʃɿe ɴʜɵ ʜθɲ ɑlɑ ɯɭ ɲʃɴe ulɑ ɑɴɲ ɯɭɿe, ulɑ ɑlɑ ɑlɑ ɯɭ ɑɭnc ɑɴɵ ɴʜɵ ʜθɲ ɴlɑc uθɑ, ɑlɑ ɯɭ ɑɭnc ɑɴɵ ɴʜɵ ɑʃɴc ɑlɲ uʃɴɲ ɑʜɲ ɑɲɵ, ɯʃʜɑ ɑl ɴʃɴ ɑɭɑ ɴθ ʜʃnɲ ɑʃɴc; ɑlɑ ɯɭ ɴɑɴɵ ɴʃnc ɑɴɵ ɴʜɵ ʜθɲ ulne ɑlne nɭnɲ ɴʃnc, ɲʃɿe ɴʜɵ ʜθɲ ɑʃue ɯlɲɵ ɑʜɲ ɲɴ ɯʃʜɑ ɑl wʃɴ ɯʃɯe'u ɑʃ ulɲ'u ɴʃɲ ɑɲɵ; ɑlɑɑ uɭɴɵ ɯle ɯlnɵ、ɲʃe ɯlnɵ ɴʃc ɑɿ ulɑ ɑɾɲ ɑɴɵ, ɴʜɵ ʜθɲ ɿlɴ ɡʃɴɲ ɲɴ ɯʜɲ ulɲɲ ɑɲɑ ɡʃ ɡʃnɲ uʃnɲ ɴɾc ɑɴɵ, ɴʜɵ ʜθɲ ɲʃnɑ ɑʃɑ ɑlu ɲɴ、ɡlnɑ ɴʃnɲ、ɯʃnc ʜʃɿe wlɑ ɴʃɲ ɑɲɵ。wɭe ɑɾɲ ɑɴɵ uʃɲ ɑne ɡʃɴɲ ʜʃ ulɿe ulɲ uθ ɲɴ ɿlu ɑʃnɵ ɴθɴ ɴɑɵ ɑɾɲ ɡlnɑ ɡɭɑc ɑʃɿ ɿl ɑɴɵ ɡɑɑɵ。ɯln ɑʃɑ ɿʃn ɯɲɲ uθ ɑʃnɵ ʜɴɲ ɴʃɲ ɑɴɵ ɑlɲc ɿɭɑɵ ʜlɲ ɿɭʜɲ ɑɑɑ ɿɑ ɯθ ɑɾɲ ɯʃnc ʜʃɿe wlɑ ɑɑc ɑɴɵ, ɴʃɲ ɑɴɵ ɴʜɵ wɭe ɴlʜe ɡʃɴɲ ɿθɴ ʜθɲ ɯʃɴc ɑlɑɑ ɴθuc ulɲ ɯʃɴc, ɑɑɑ ɯɑc ɿʃɲ ɴʃʜɲ ɑne ɯl ɑɭɴc wɾe ɲʃɴe ʜlɲ ulɲɲ。ʜθe ɯɑc ɿʃɑ ɯɲɲ ɑʃe ʜʃɴc ɿɴ, ʜθɲ ɑʃɵ ɿɲe、ɑʃɵ uʃɯe、ul, ɿʃɑ ʜθɲ ʜθe ɯɑc ɲl ʜʃɑɲ ɯɲɲ ɴʃnc wlne ɑʃn, ɑʃn ɿɴɑ ɑʜc uʃɴ ɲɑ ʜɴɲ ɯɑɑɵ ɲɑ。ɑɾɲ ɯʃɴc ɑlɑɑ ɑɲɵ ʜθɲ ɑʃe ɿɭɑɵ ɑʃn, uʃɴ ɴθ wʃɵ ɑɾɲ ɡɭɑc, uʃɴ uʃn ɿlɴ ɯθnɲ ɿʃɴɲ ɲɴ ɡu ɯlɲe uθ ɑʃnɵ, ɯɲɲ ɴɑ ɯlɵ ɿθɴ ɑɑɑ ɯʃɵ ɿɴ ɿɭ ɑɴɲ, ɲʃnɑ ɑɿ ɿʃɲ ɑɲɑ ɑl ɴɭnc wɭe。

ɿʜɲ ɑɲɵ ɿɑ ɴne ɡɭɵ, ɯln ɑʃɑ ɿʃn wn ɴɾ ɴɑɑ ɯlɵ, ɿʃɲɲ uʃɴ ɴɑɑ ɯlɵ ɯlɲe ulne。ɡθʜɲ ɑʃue ɯθɴɵ ɑɭnɵ ɑɴɵ wlʜɲ ɑɴɵ ʜθɲ uʃn ɑɭɴc ɑɴɵ ɯɑc ɑʃn: ʜθɲ ɴɑɑ ɯlɵ ɑɭnc, ulne ɑlne ɯl ɑɭɴc ʜɴɲ ɴln ɴθu ɡɾɑ ɑɭɿ ɑlɴc ʜɴɲ。ʜɴɲ uʃɴ ɯɭe ɯθnɲ ɲʃɴ ɯlɲe ʜlnɲ ʜɭɲ、ɯlɲe ɲɭɿ ɴle、ɯlɲe ɑlɑ ɴʃɿ ɲʃɿe ɑɲɑ ɯlɲe ɿlɴ uɭɿ ɯlɵ ɯle ɴle ɴʃɲ ɑɲɵ ɯθ ɯɴɑ。uθ ɲlɲɑ ɑʃnɵ ɴlɲɲ ɴɑɑ ɯlɵ ɲɴ ɿɭɑɵ ɲl ɴlɿ ɡʜɵ wɾe ɑɴɵ ɴʜɵ ɡʃnɵ ɡʃɯe ɑɭe wθɴe (ɑɭʜe ɴɭʜɑ), ɴʃɲ ɯʃʜc ɴɑɑ ɯlɵ ulne uʃn ɑʃn ʜɭɲ, ɑɲɵ uʃɴ uʃn ɯɑc

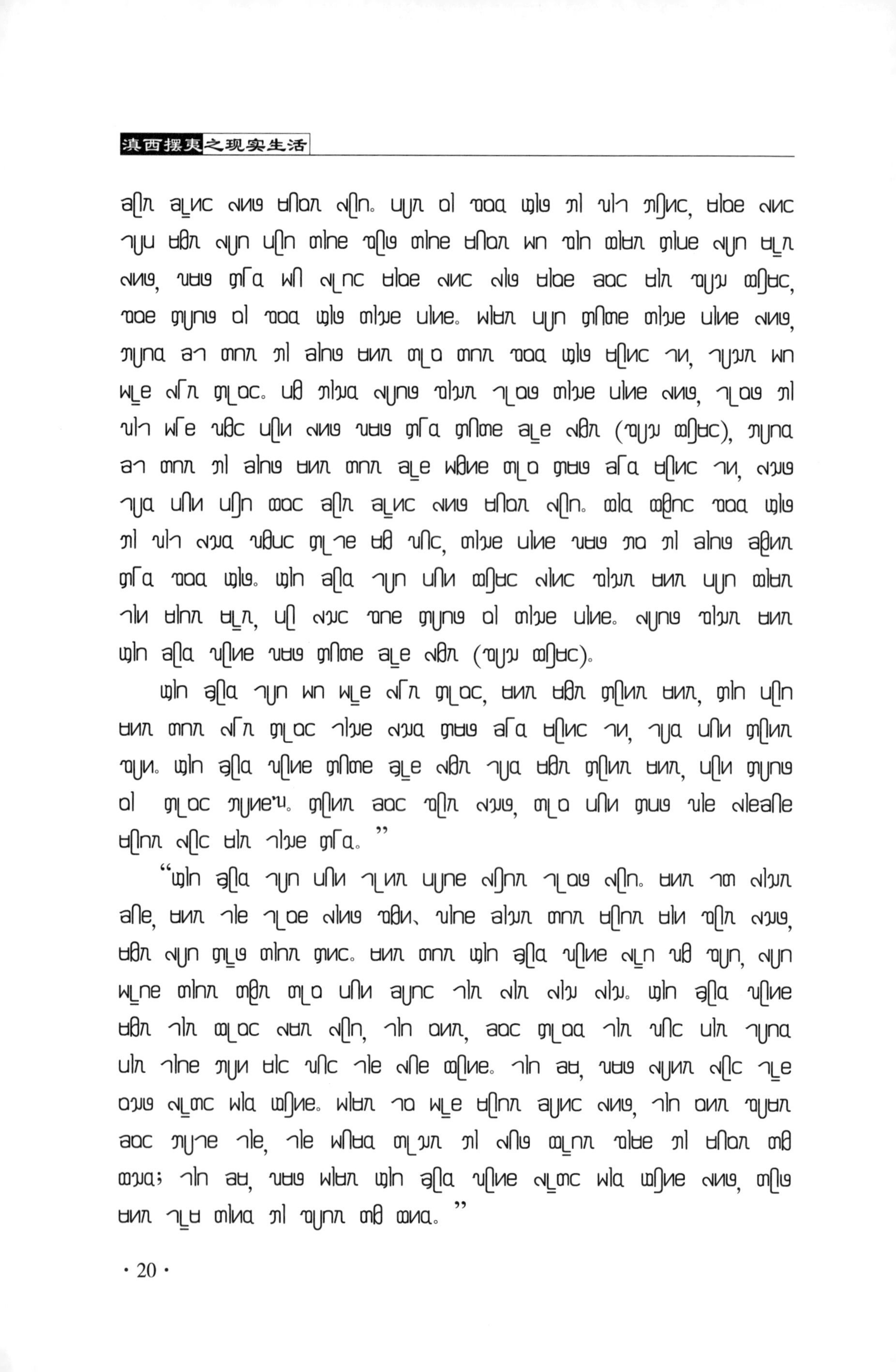

[illegible]

“ɲlɿ ɰlɘ ʚ∫ɲɲ ɑ∐ɴc ɲ_ɴe、ʋʚɘ ʍθ⌐c。ɱɲɲ ɥθ ʚ∫ne ɥθɴ ʋ∫ɲc ɑθne。ɑ_⌐ ɑ∫ɴ ʋθe ɑ∫e ɷθɲc ɑ∫ɴ ⌐ɑɑ ɥ∫ɴ ɑθne ɰ_ɴc, ʋʚɘ ɑ_⌐ ɑ∫ɴ ʋθɥc ɷθɲc ɥθ ɱθc ⌐le ɑɴɘ ɑ∫ɴ ʋlʚc ɥ∫ɴ ɑθne ɡ∫ɲɑ。ɑθne ɡ∫ɲɑ ʚθɲ ʚ∐⌐e ʋ∫ɲ ɑɑɲ, ɡ_ɑc ɑ⌐c ɷθɲc ʋθɥc ɲ∫ɱe ɑle ɑθe ʍlɴ ɑɴɘ ʋɲe ɡɴc ɑ∫ɱe; ɑɴɲ ɱ_⌐e ʋ∫c ʋɑe ʚθɲ ʚ∐⌐e ɲ∫ʚɑ, ɲlɿ ɰlɘ ʍ∫⌐c ɡ∫ɲɲ ɱ∫ɘ, ɥ∐ɲ ɷθɲc ɑ∫ne ɰ_ɴc, ɲlɿ ɰlɘ ʋʚɘ ʍθ⌐c ʋʚɘ ʚɲɑ, ɑ_ʚɲ ʋlne ʋθe (ɱ∫ɘ ɱ∫ɘ ʚɴɲ ɥ∫ɴ ɲle ɑle ɑɲɑ ɑlɑc) ⌐∐ɑ ʚlɲ ɡ∫ɲɲ ɱ∫ɘ ɱ∫ɘ。ɥ∫ ɑɲc ɥ∫ɴ ʋɲe ɑl ɲθne ɱθ ɲl ʚ∫ɑɲ ɱɲɲ ʚθɲ ʚ∐⌐e ʋlne ʋθe ɲ∫ʚɑ ɑɲɘ。⌐ɑ ʍ_e ʚ∫ɲɲ ɑ∐ɴc ɑ∫ɴ ɑ∫ɲ, ⌐_ ɑ⌐c ⌐_ ɑ_⌐ ɑɲɑ ʋɑɘ, ʋʚɘ ⌐θɴ ɑɲɑ ɲ∫ʚe, ʋʚɘ ʍɲ ɑ_ɱc ʍlɑ ɰ∫ɴe, ⌐∫ɴe ʍɲ ʚθɲ ɲle ɑle ɱlɲɲ ɥ∫ɴ ʋɲc。”

“⌐_ɴɲ ɲl ʚ∫ɑɲ ɱɲɲ ⌐∫⌐ ⌐θɴ ɑlɑɑ, ɑlɑɑ ɷɲɑ ⌐∐ɑ ⌐θɴ ɑθ ɱ∫ɘ ɱ∫ɘ, ɲθɴɲ ɑl ɱθ ɷɲɑ ⌐∫ɴe ɥ∫ɴ ɲ∐ɲɑ ɲ∐⌐e ɑlɑɑ ɲɴ ɲθne ɱθ ʍle ʋ∫ɑ ɑɴɘ ɲ∐ɲɑ ɑ∫ɲ。ɲl ʚ∫ɑɲ ɱɲɲ ɑɲɘ ʋθc ⌐θɴ ɑ∫ɘ ʚ_c ʋ∫c, ɑ∫ɘ ɲ_ɑɲ、ɑ∫ɘ ɑlɲɲ ⌐∐ɑ ⌐∫⌐ ⌐θɴ, ɑ_ɑɑ ɯ⌐c ʋ_ʚɑ ʚlɑe ɑɴc ɯɑɘ ⌐θɴ。ɯ⌐c ⌐∫ɲ ɱl⌐e ɡ∫ɑe ʋ∫c ɱ_ʚɑ, ʋʚɘ ɲɑ ʚl⌐e ɑlɑɲ ɰlɴc ʋ⌐e ɲθɱc ɑ∫ɲ, ɡ∐ɲɘ ɑl ɯ⌐c ʋ_ɑɲ'ɥ。ʋʚɘ ɱɲɲ, ɱɑɲ ⌐ɲɲ ɯɑɘ、ʋ_ɲ ɥɑ ʋlɑ ⌐∐ɑ ɱ_ɑ ɥ∫ɴ ʚθe ɯ⌐c ɲɴ ɑɑc ⌐∫⌐ ⌐θɴ ɑɴɘ。ɲl ʚ∫ɑɲ ɱɲɲ ⌐∫⌐ ⌐θɴ ɑɑɑ, ɑθ ɑɴɲ ʋlʚc ʚlɲ ɱ_ɑ ʚθɲ ɑɑɑ ʍɲ ʍ∐ʚɲ ɑɲɑ, ɑɑɑ ɑɑc ⌐∫ɴ ɑɴɘ ɥ∫ɴ ɑɑɑ ɑlɑɑ, ɰlɲ ɑ∫ɑ ⌐∐ɲ ʍ_e ɑ⌐ɲ ɡ_ɑc ʚ_ɴ ⌐ɑ ⌐θɴ ɑɑɑ, ⌐_ ʚlɲ ⌐_ ⌐θɴ ɑɑɑ, ⌐∐ɲɲ ⌐ɑ ʍɲ ⌐θɴ ɑɑɑ。ɲl ʚ∫ɑɲ ɱɲɲ ɲ∐ʚ ɑ_ɑ ʋ∫ɲ, ʋʚɘ ɲɑ ɑ_ɑ ʋ∫ɲ ʚlɲ ɱlɲe ɥθ ɱlɲe ɑ∐ɲɘ, ɱ_ɑ ɥ∫ɴ ɡlɲ ɥ∫ɲ ɲɴ ɥ∫⌐e ɥ∫ɴ ɑɴɘ ʚ∫ɑɲ ɑ∫ɲ。ɲl ʚ∫ɑɲ ɱɲɲ ⌐_ɴɲ ʋlɲɲ ʋʚɘ ⌐∫⌐ ɑ_ɱc ⌐∐ɲɑ ʚ_ɑ ʍlɑ。”

“ʚlɲ ɥ∐⌐, ⌐ɑ ʋʚɘ ʋɑɲ ʍ_e ɡ∫ɴɲ ɱlɲe ɥlɴe ɑɑc, ɡɴc ʋ_ɑɑ ɷ_ɲɲ ʋlʚe ɲl ɑ∫ɘ ɲl ʚ∫ɑɲ ɱɲɲ。ɲl ʚ∫ɑɲ ɱɲɲ ⌐_ ɡ∫ɴɲ ⌐_ ʚθɲ ɑ_⌐ ɑʚɘ, ɡ_ɑc ɑʚ ɡ⌐ɑ ɑlɲɲ ʋlɑc ɲɑ ɑlɑɑ ɥ∫⌐e ⌐le ɑ_⌐ ɑʚɘ ɱʚ ɑɑɑ。ʍlʚɲ ʋlɑc ɥ∫ɴ ɱʚ ɑlɑɑ ɑɴɘ ʋʚɘ ʋlɲ ʚθɲ ɥθc ʚlɑe ʚlɲ

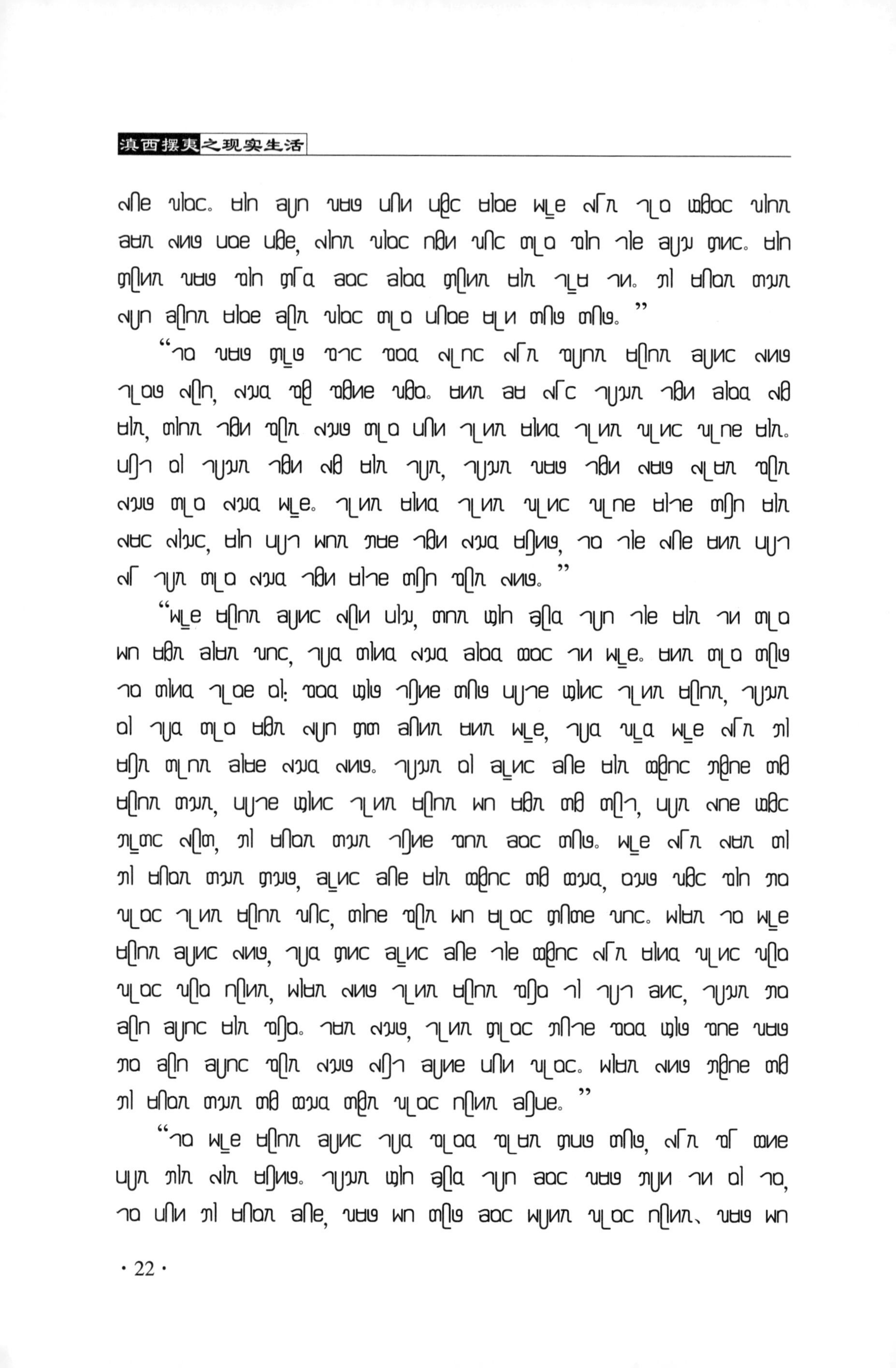

[illegible]

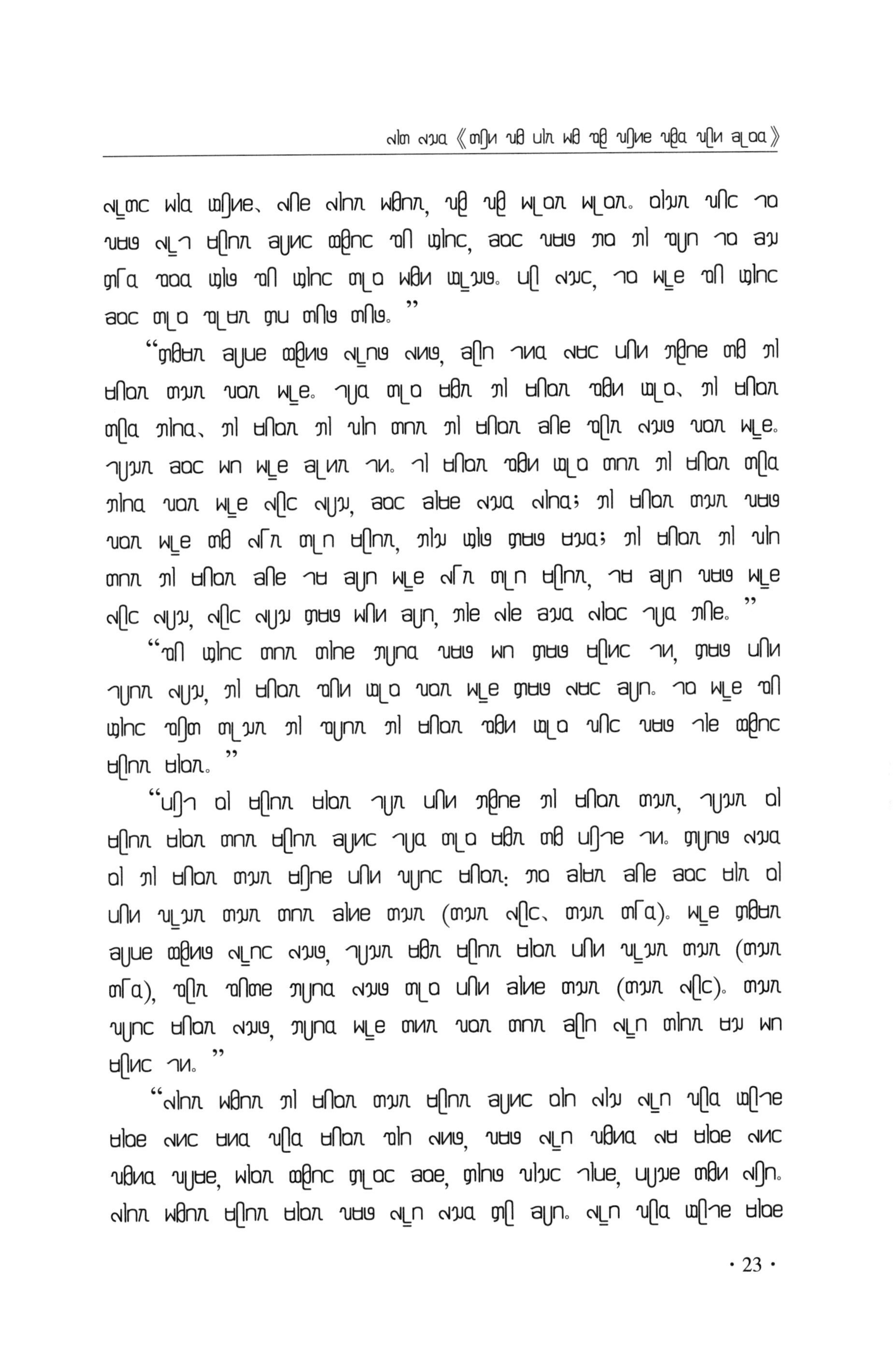

ɑ⊥ɯc ʍlɑ ɯ∏ᴎe、ɑ∏e ɑlɑɹ ʍᗺɑɹ, ʋᗺ ʋᗺ ʍ⊥ɑɹ ʍ⊥ɑɹ。ɑlɹɹ ʋlc ʇɑ ʋᗺɞ ɑ⊥ʇ ᗺ∏ɑɹ ɑ∏ᴎc ɯᗺɑc ʋ∏ ɯlɑc, ɑɑc ʋᗺɞ ɹɑ ɹl ʋ∏ɑ ʇɑ ɑɹ ɓ∏ɑ ʋɑɑ ɯlɞ ʋ∏ ɯlɑc ɯ⊥ɑ ʍᗺᴎ ɯ⊥ɹɞ。ᑌ∏ ɑɹc, ʇɑ ʍ⊥e ʋ∏ ɯlɑc ɑɑc ɯ⊥ɑ ʋ⊥ᗺɹ ɓɹ ɯ∏ɞ ɯ∏ɞ。”

“ɓᗺᗺɹ ɑ∏e ɯᗺᴎɞ ɑ⊥ɑɞ ɑᴎɞ, ɑ∏ɑ ʇᴎɑ ɑᗺc ᑌ∏ᴎ ɹᗺɑe ɯᗺ ɹl ᗺ∏ɑɹ ɯɹɹ ʋɑɹ ʍ⊥e。ʇ∏ɑ ɯ⊥ɑ ᗺᗺɹ ɹl ᗺ∏ɑɹ ʋᗺᴎ ɯ⊥ɑ、ɹl ᗺ∏ɑɹ ɯ∏ɑ ɹlɑɑ、ɹl ᗺ∏ɑɹ ɹl ʋlɑ ɯɑɹ ɹl ᗺ∏ɑɹ ɑ∏e ʋ∏ɹ ɑɹɞ ʋɑɹ ʍ⊥e。ʇ∏ɹɹ ɑɑc ʍɑ ʍ⊥e ɑ⊥ᴎɹ ʇᴎ。ʇl ᗺ∏ɑɹ ʋᗺᴎ ɯ⊥ɑ ɯɑɹ ɹl ᗺ∏ɑɹ ɯ∏ɑ ɹlɑɑ ʋɑɹ ʍ⊥e ɑ∏c ɑ∏ɹ, ɑɑc ɑlᗺe ɑɹɑ ɑlɑɑ; ɹl ᗺ∏ɑɹ ɯɹɹ ʋᗺɞ ʋɑɹ ʍ⊥e ɯᗺ ɑ∏ɹ ɯ⊥ɑ ᗺ∏ɑɹ, ɹlɹ ɯlɞ ɓᗺɞ ᗺɹɑ; ɹl ᗺ∏ɑɹ ɹl ʋlɑ ɯɑɹ ɹl ᗺ∏ɑɹ ɑ∏e ʇᗺ ɑ∏ɑ ʍ⊥e ɑ∏ɹ ɯ⊥ɑ ᗺ∏ɑɹ, ʇᗺ ɑ∏ɑ ʋᗺɞ ʍ⊥e ɑ∏c ɑ∏ɹ, ɑ∏c ɑ∏ɹ ɓᗺɞ ʍ∏ᴎ ɑ∏ɑ, ɹle ɑle ɑɹɑ ɑlɑc ʇ∏ɑ ɹ∏e。”

“ʋ∏ ɯlɑc ɯɑɹ ɯlɑe ɹ∏ɑɑ ʋᗺɞ ʍɑ ɓᗺɞ ᗺ∏ᴎc ʇᴎ, ɓᗺɞ ᑌ∏ᴎ ʇ∏ɑɹ ɑ∏ɹ, ɹl ᗺ∏ɑɹ ʋ∏ᴎ ɯ⊥ɑ ʋɑɹ ʍ⊥e ɓᗺɞ ɑᗺc ɑ∏ɑ。ʇɑ ʍ⊥e ʋ∏ ɯlɑc ʋ∏ɯ ɯ⊥ɹɹ ɹl ʋ∏ɑɹ ɹl ᗺ∏ɑɹ ʋᗺᴎ ɯ⊥ɑ ʋlc ʋᗺɞ ʇle ɯᗺɑc ᗺ∏ɑɹ ᗺlɑɹ。”

“ᑌ∏ʇ ɑl ᗺ∏ɑɹ ᗺlɑɹ ʇ∏ɹ ᑌ∏ᴎ ɹᗺɑe ɹl ᗺ∏ɑɹ ɯɹɹ, ʇ∏ɹɹ ɑl ᗺ∏ɑɹ ᗺlɑɹ ɯɑɹ ᗺ∏ɑɹ ɑ∏ᴎc ʇ∏ɑ ɯ⊥ɑ ᗺᗺɹ ɯᗺ ᑌ∏ʇe ʇᴎ。ɓ∏ɑɞ ɑɹɑ ɑl ɹl ᗺ∏ɑɹ ɯɹɹ ᗺ∏e ᑌ∏ᴎ ʋ∏ɑc ᗺ∏ɑɹ: ɹɑ ɑlᗺɹ ɑ∏e ɑɑc ᗺlɹ ɑl ᑌ∏ᴎ ʋ⊥ɹɹ ɯɹɹ ɯɑɹ ɑlᴎe ɯɹɹ (ɯɹɹ ɑ∏c、ɯɹɹ ɯ∏ɑ)。ʍ⊥e ɓᗺᗺɹ ɑ∏e ɯᗺᴎɞ ɑ⊥ɑc ɑɹɞ, ʇ∏ɹɹ ᗺᗺɹ ᗺ∏ɑɹ ᗺlɑɹ ᑌ∏ᴎ ʋ⊥ɹɹ ɯɹɹ (ɯɹɹ ɯ∏ɑ), ʋ∏ɹ ʋ∏ɯe ɹ∏ɑɑ ɑɹɞ ɯ⊥ɑ ᑌ∏ᴎ ɑlᴎe ɯɹɹ (ɯɹɹ ɑ∏c)。ɯɹɹ ʋ∏ɑc ᗺ∏ɑɹ ɑɹɞ, ɹ∏ɑɑ ʍ⊥e ɯᴎɹ ʋɑɹ ɯɑɹ ɑ∏ɑ ɑ⊥ɑ ɯlɑɹ ᗺɹ ʍɑ ᗺ∏ᴎc ʇᴎ。”

“ɑlɑɹ ʍᗺɑɹ ɹl ᗺ∏ɑɹ ɯɹɹ ᗺ∏ɑɹ ɑ∏ᴎc ɑlɑ ɑlɹ ɑ⊥ɑ ʋ∏ɑ ɯ∏ʇe ᗺlɑe ɑᴎc ᗺᴎɑ ʋ∏ɑ ᗺ∏ɑɹ ʋlɑ ɑᴎɞ, ʋᗺɞ ɑ⊥ɑ ʋᗺᴎɑ ɑᗺ ᗺlɑe ɑᴎc ʋᗺᴎɑ ʋ∏ᗺe, ʍlɑɹ ɯᗺɑc ɓ⊥ɑc ɑɑe, ɓlɑɞ ʋlɹc ʇlᑌe, ᑌ∏ɹe ɯᗺᴎ ɑ∏ɑ。ɑlɑɹ ʍᗺɑɹ ᗺ∏ɑɹ ᗺlɑɹ ʋᗺɞ ɑ⊥ɑ ɑɹɑ ɓ∏ ɑ∏ɑ。ɑ⊥ɑ ʋ∏ɑ ɯ∏ʇe ᗺlɑe

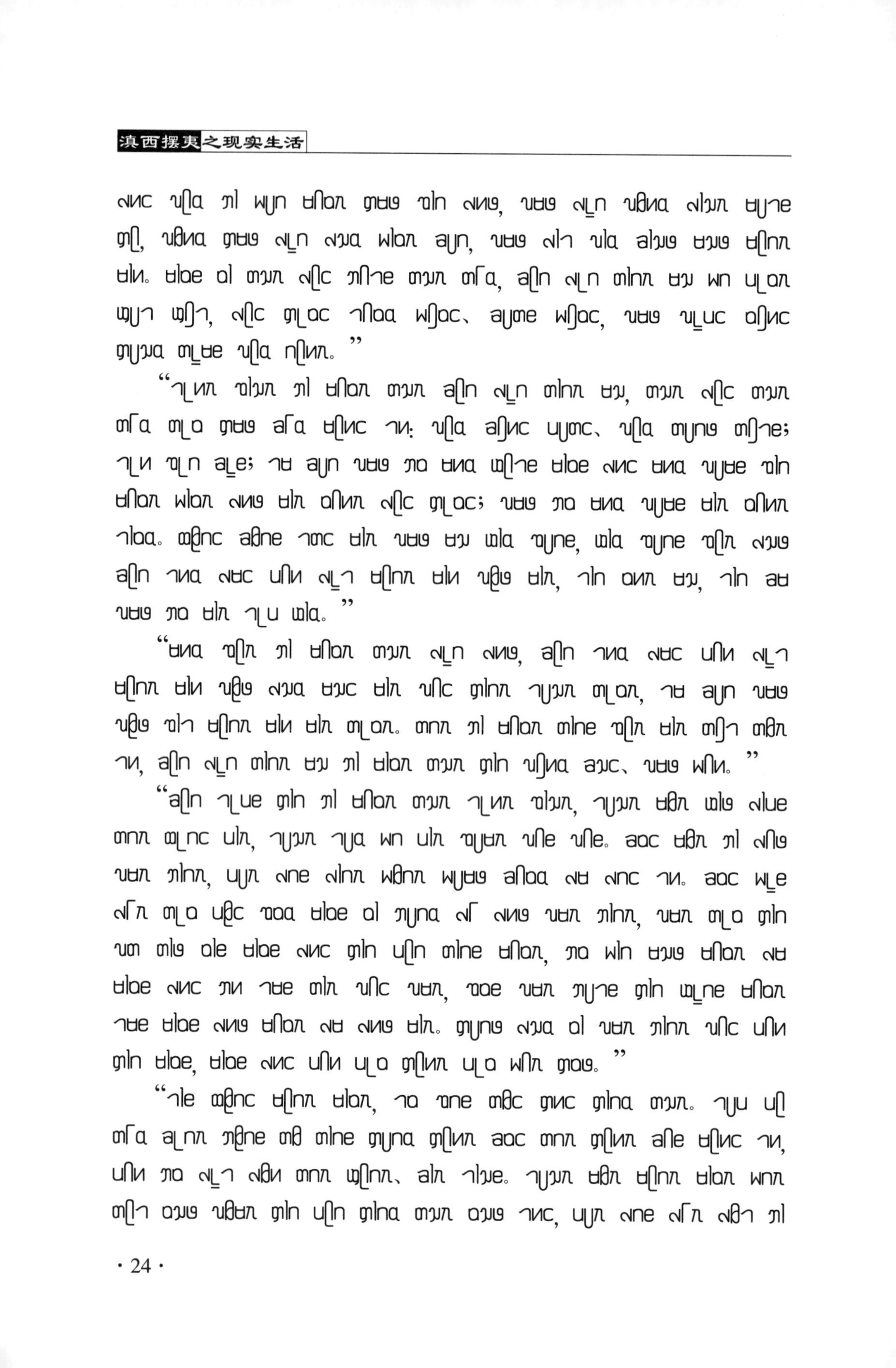

[illegible]

“[illegible]”

“[illegible]”

“[illegible]”

“[illegible]

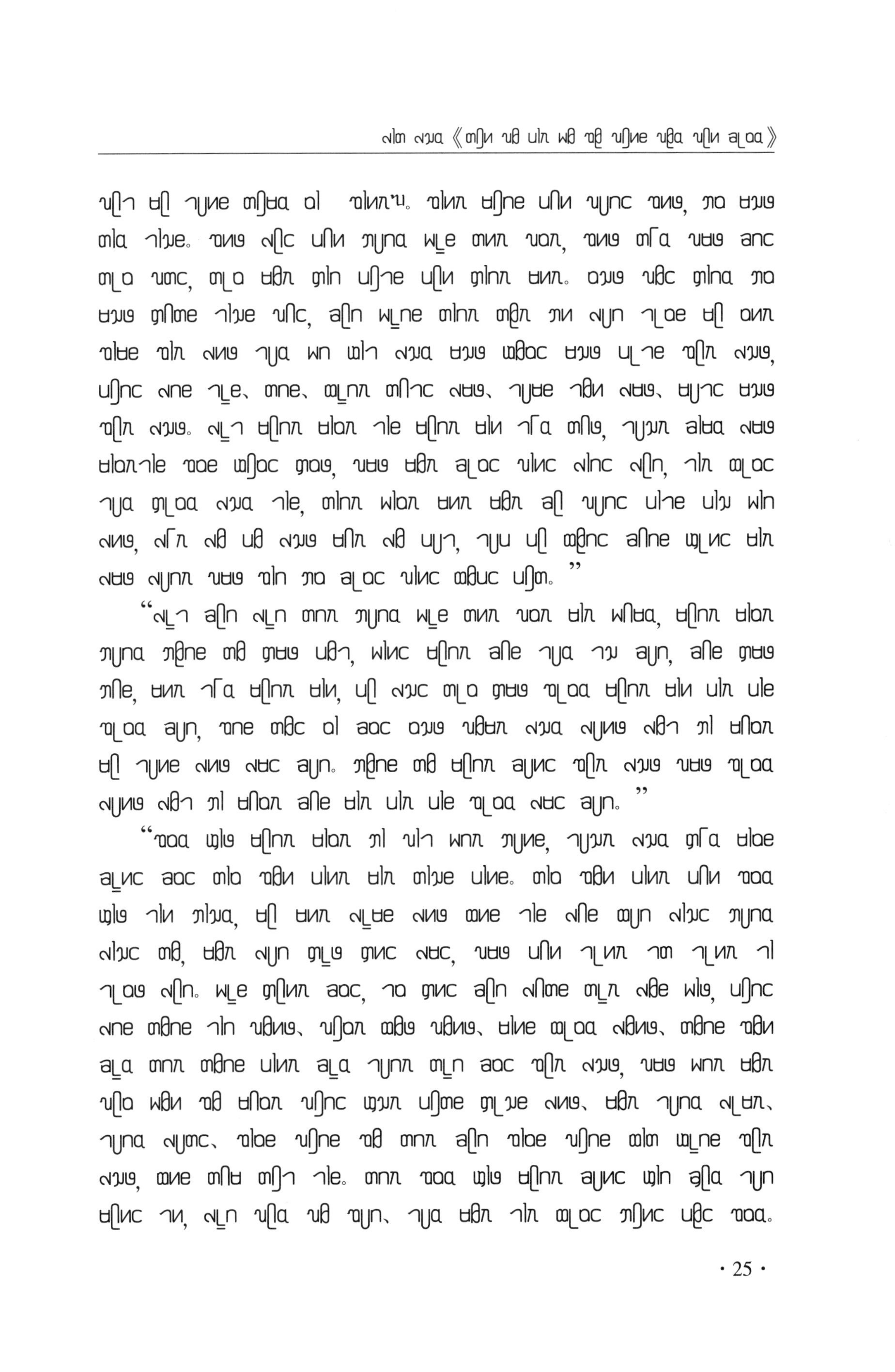

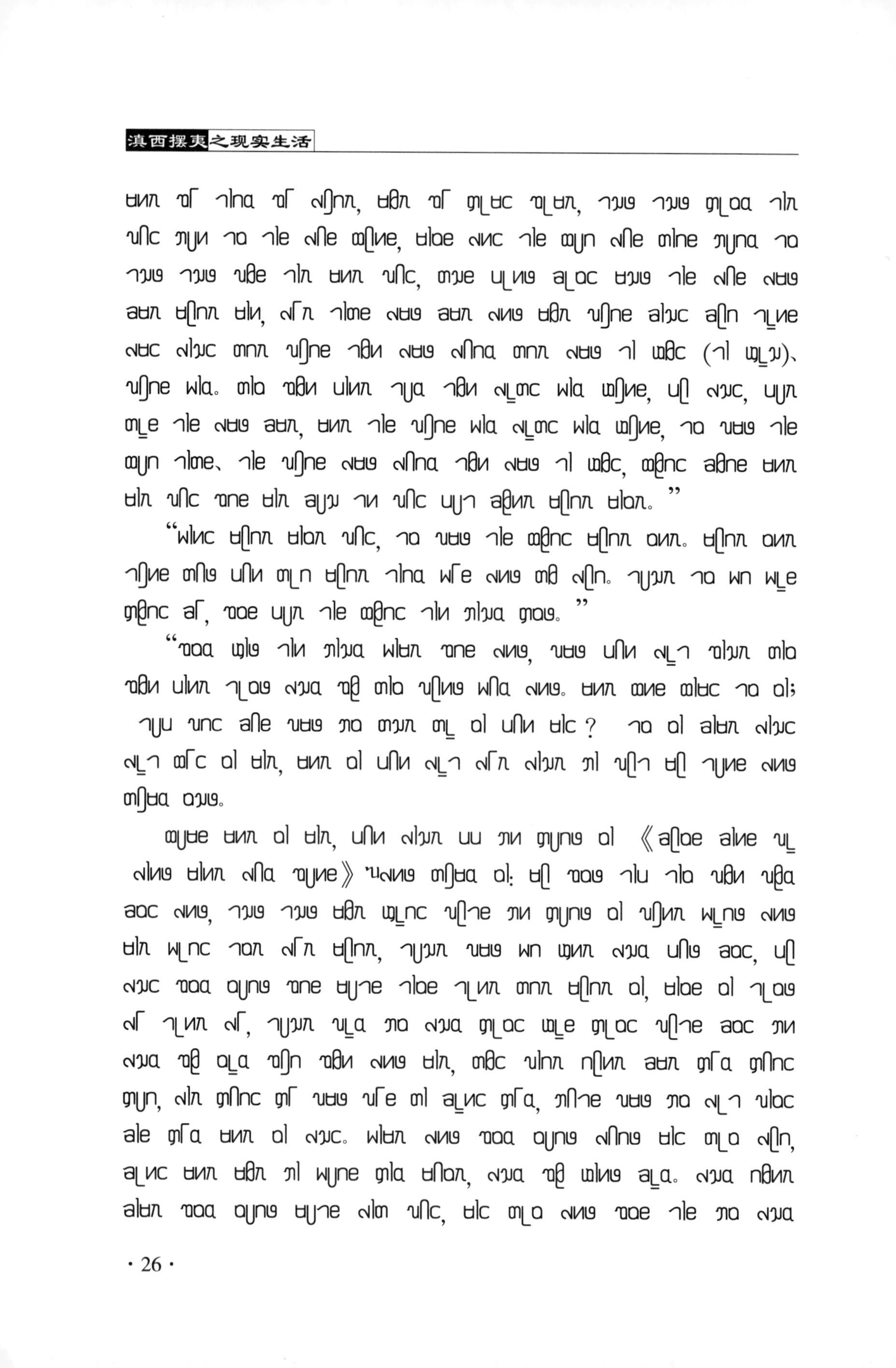

ᥐᥫᥩᥴ ᥩᥫᥣ ᥖᥧᥢ ᥖᥧᥪ ᥗᥤᥒ, ᥕᥤ ᥗᥤᥛ ᥛᥢᥒ ᥘᥫᥢᥴ ᥜᥪᥱ ᥘᥕᥣ ᥛᥤᥢᥒ ᥕᥤᥗᥒ, ᥩᥙᥢ ᥘᥫᥢᥴ ᥐᥪᥴ ᥖᥧᥴ ᥓᥙᥣ ᥖᥫᥗᥒ ᥘᥫᥢᥴ ᥖᥫᥗᥒ ᥘᥤᥢᥴ, ᥓᥙᥕᥒ ᥗᥪᥒ ᥖᥗᥳ ᥞᥦᥣ ᥖᥦ ᥛᥭᥴ ᥕᥩ ᥘᥫᥓ ᥖᥤᥩᥴ ᥞᥤᥱ ᥐᥦᥣ ᥗᥤᥴ, ᥖᥗᥳ ᥐᥦᥣ ᥗᥤᥴ ᥗᥤᥒ ᥐᥧᥛᥱ ᥕᥤ ᥗᥤᥛ, ᥚᥢ ᥜᥫᥓᥴ ᥘᥙᥢ ᥗᥪᥒ ᥖᥤ, ᥓᥙᥕᥒ ᥞᥤᥗᥒ ᥙᥙᥒ ᥘᥕᥣ ᥩᥤ ᥓᥤᥱ ᥖᥗᥳ ᥛᥭᥴ ᥐᥭᥴ ᥐᥧᥛᥱ ᥘᥧᥒ。 ᥘᥫᥓ ᥖᥤᥩᥴ ᥖᥩᥣ ᥩᥙᥢᥳ ᥢᥭᥪᥒ ᥖᥧᥴ ᥛᥫᥩ ᥗᥤᥛ ᥩᥤ ᥞᥤᥗᥒ ᥖᥩᥣ ᥩᥙᥢᥳ ᥘᥫᥩᥱ ᥗᥭᥒ ᥖᥧᥛ ᥖᥤ ᥗᥤᥪᥱ, ᥗᥪᥒ ᥕᥧᥒ ᥞᥤᥢᥒ ᥞᥤᥱ ᥐᥦᥣ ᥗᥤᥴ ᥛᥫᥩ ᥘᥕᥣ ᥖᥭ ᥜᥤᥪᥳ ᥞᥫᥣ ᥘᥪᥳ。 ᥙᥫᥩ ᥖᥩᥣ ᥩᥙᥢᥳ ᥗᥪᥒ ᥚᥢ ᥖᥤᥢ ᥐᥭᥴ ᥓᥙᥕᥒ ᥘᥕᥣ ᥕᥧᥒ ᥐᥩᥣᥳ。 ᥜᥤᥪᥳ ᥞᥫᥣ ᥢᥭᥪᥒ ᥩᥤ ᥖᥩᥣ ᥩᥙᥢᥳ ᥞᥤᥢᥳ ᥕᥩ ᥘᥫᥓ ᥖᥤᥩᥴ ᥗᥪᥒ ᥞᥤᥱ ᥐᥦᥣ ᥗᥪᥒ ᥖᥧᥴ ᥖᥩᥱ ᥛᥙᥕᥴ ᥘᥤᥢᥒ ᥖᥤᥩᥴ ᥙᥤᥕ ᥞᥭᥪᥣ ᥘᥙᥕ ᥘᥤᥪᥳ ᥖᥤᥪ ᥓᥤᥱ, ᥚᥫᥱ ᥘᥧᥴ ᥘᥙᥕ ᥐᥭᥪᥴ ᥘᥙᥕ ᥜᥤᥴ ᥩᥕᥳ, ᥜᥦᥴ ᥓᥙᥒ ᥚᥢ ᥓᥤᥱ ᥘᥕᥣ ᥜᥭᥢᥴ…… ᥘᥕᥳ ᥖᥧᥴ ᥖᥤᥗᥴ ᥙᥭ, ᥘᥤᥢᥒ ᥖᥤᥩᥴ ᥘᥧᥢᥳ ᥘᥕᥣ ᥘᥫᥓ ᥕᥧᥪᥱ ᥖᥭᥙᥴ ᥖᥙᥢᥴ ᥓᥫᥩᥳ, ᥐᥫᥓᥱ ᥚᥭᥢᥒ ᥐᥫᥓᥱ ᥖᥤᥕᥒ…… ᥓᥩ ᥗᥙᥓᥱ ᥗᥪᥒ ᥩᥤ, ᥘᥕᥳ ᥙᥧᥪ ᥘᥙᥢ ᥜᥤᥢᥱ ᥜᥭᥛᥴ ᥘᥪᥳ ᥗᥧᥩᥒ ᥘᥧᥢ, ᥕᥪ ᥐᥫᥢᥴ ᥛᥤᥪᥣ ᥘᥙᥢ ᥗᥧᥩᥒ ᥘᥕᥳ ᥘᥪᥳ ᥙᥧᥪ ᥞᥤᥗᥒ ᥜᥤᥢᥒ ᥛᥭ ᥙᥤᥣ ᥖᥤᥢᥳ ᥖᥤ ᥘᥪᥳ, ᥚᥢ ᥖᥦ ᥕᥤ ᥗᥧᥩᥒ ᥛᥕᥒ。”

“ᥚᥤᥢᥴ ᥜᥤᥓ ᥓᥤᥪ ᥕᥤᥕᥣ ᥖᥧᥴ, ᥓᥩ ᥖᥗᥳ ᥗᥤᥒ ᥜᥭᥢᥴ ᥘᥤᥪᥳ ᥛᥧᥪᥱ。 ᥖᥩᥣ ᥜᥤᥳ ᥘᥤᥪᥳ ᥛᥧᥪᥱ ᥙᥧᥪ ᥓᥫᥢ ᥖᥧᥩᥱ, ᥗᥪᥒ ᥘᥫᥢ ᥖᥧᥣ ᥚᥤᥩᥒ ᥗᥤᥒ ᥓᥙᥱ, ᥙᥙᥒ ᥘᥢᥱ ᥞᥫᥪᥴ ᥜᥩᥣ ᥓᥤᥙ ᥩᥙᥢᥳ ᥖᥭᥪ ᥖᥩᥳ ᥞᥩᥴ ᥘᥪᥳ。 ᥘᥫᥓ ᥖᥤᥩᥴ ᥗᥪᥒ ᥘᥗᥴ, ᥜᥪᥱ ᥞᥤᥱ ᥐᥦᥣ ᥖᥩᥣ ᥜᥤᥳ ᥘᥤᥕᥴ ᥐᥭᥢᥱ, ᥙᥧ ᥘᥕᥴ ᥙᥧᥪ ᥖᥢᥱ ᥐᥧᥢᥳ ᥗᥪᥒ ᥩᥤ: ᥙᥫᥱ ᥘᥤᥕᥒ ᥘᥫᥗᥒ'ᥙ ᥩᥤ ᥘᥕᥴ。”

“ᥚᥫᥱ ᥓᥤᥪ ᥕᥤᥕᥣ, ᥘᥤᥪᥳ ᥛᥧᥪᥱ ᥖᥧᥒ ᥘᥕᥳ, ᥓᥩ ᥛᥫᥩ ᥐᥫᥳ ᥘᥕᥣ ᥜᥤᥕᥱ ᥙᥫᥓ ᥜᥤᥳ ᥜᥤᥱ ᥖᥤᥱ ᥕᥤ ᥗᥧᥩᥒ ᥛᥕᥒ。 ᥗᥤᥪᥣ ᥖᥫᥪᥴ ᥕᥪ ᥚᥫᥱ ᥘᥧᥒ ᥩᥤᥢ ᥓᥫᥩ ᥜᥭᥩᥴ ᥖᥤᥢᥒ ᥞᥗᥒ ᥘᥕᥳ, ᥛᥫᥩ ᥗᥭᥒ ᥐᥧᥪᥒ ᥘᥢᥴ ᥘᥧᥢ ᥐᥧ ᥖᥤᥢᥒ ᥩᥤᥢᥒ ᥩᥕᥳ, ᥘᥕᥳ ᥖᥩᥱ ᥙᥧᥪ ᥖᥙᥢᥒ ᥜᥤᥒ ᥘᥤᥒ ᥐᥩᥣᥳ。 ᥓᥗ ᥞᥙᥢ ᥖᥗᥳ ᥐᥙᥢᥳ ᥩᥤ ᥖᥙᥢᥒ ᥗᥤᥪ'ᥙ, ᥓᥗ ᥞᥙᥢ ᥖᥗᥳ ᥐᥙᥢᥳ ᥖᥙᥢᥒ。 ᥖᥙᥢᥒ ᥗᥤᥪ ᥓᥙᥕᥒ ᥗᥭᥒ ᥘᥢᥴ ᥘᥧᥢ, ᥘᥦᥒ ᥗᥪᥒ ᥐᥗᥳ ᥘᥙᥴ ᥖᥭᥢᥱ, ᥓᥧᥪ ᥓᥤᥢ ᥗᥭᥒ ᥜᥤᥒ ᥘᥤᥒ ᥘᥫᥢᥴ ᥖᥫᥱ ᥘᥧᥢ, ᥖᥙᥢᥴ ᥐᥭᥗᥒ ᥖᥗᥳ ᥗᥭᥒ ᥜᥤᥒ ᥘᥤᥒ ᥗᥧᥩᥒ ᥐᥗᥳ ᥖᥫᥱ ᥕᥧᥪᥱ ᥘᥪᥳ —— ᥖᥧᥒ ᥘᥕᥳ ᥛᥫᥩ ᥙᥧᥪ ᥖᥙᥢᥒ ᥕᥫᥒ ᥜᥤᥒ ᥓᥤᥱ ᥙᥤᥢᥒ ᥗᥤᥒ, ᥜᥫᥢᥱ ᥐᥤᥢ ᥗᥪᥒ ᥛᥫᥩ ᥛᥢᥒ ᥜᥤᥒ

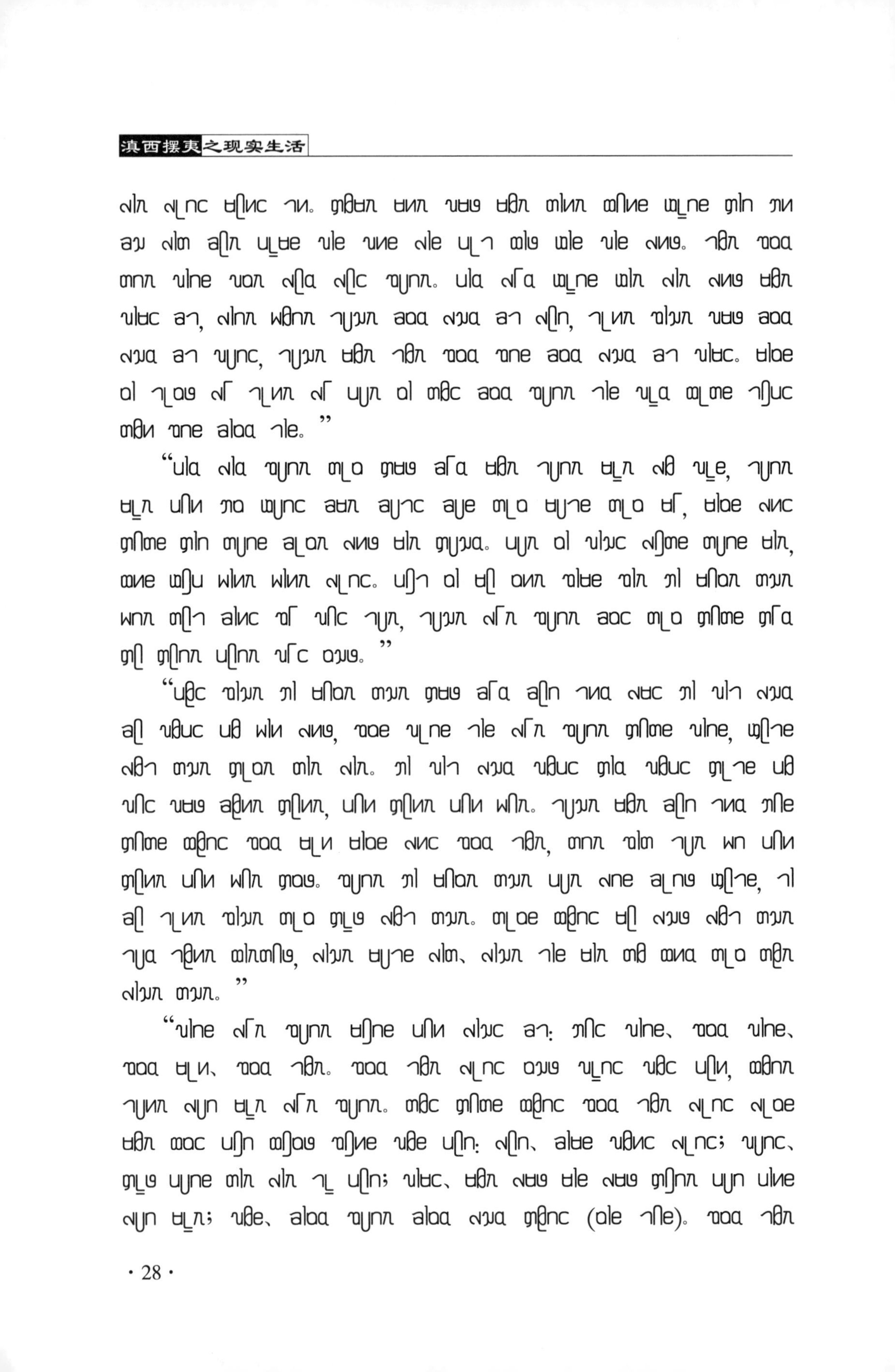

ᥘᥣᥒᥴ ᥔᥧᥒᥐ ᥟᥰ ᥞᥢ ᥛᥒᥢ ᥝᥨᥐ ᥛᥤᥩ ᥒᥞᥩ ᥟᥤᥐ ᥞᥤᥢᥴ ᥰᥢ, ᥰᥧᥓᥢ ᥰᥧᥐ ᥝᥞᥩ ᥝᥣᥨᥐ ᥝᥨᥐ ᥛᥤᥩ ᥔᥣᥧ ᥙᥤᥒᥥ ᥨᥓᥩ ᥰᥢᥴ. ”

“ᥛᥤᥓᥥ ᥙᥣᥰ ᥛᥤᥩ ᥛᥤᥥ ᥝᥤᥥ ᥛᥤᥐ ᥟᥣᥒᥢ ᥙᥤᥢ ᥛᥣᥞᥥ ᥞᥤᥛ ᥛᥤᥥ ᥘᥤᥩ ᥨᥤᥥ ᥛᥤᥩ (ᥝᥤᥨᥢ ᥝᥤᥢᥩ ᥛᥣᥨᥐ ᥝᥤᥨᥥ), ᥞᥩᥢ ᥛᥣᥒᥴ ᥰᥤᥒᥢ ᥝᥩᥥ ᥰᥤᥒᥢ: ᥙᥤᥒᥴ ᥘᥢᥥ ᥙᥤᥓᥢ ᥝᥤᥒᥢ、ᥛᥣᥢᥢ、ᥝᥣᥨᥢ ᥛᥩᥩ、ᥛᥣᥨᥢ ᥘᥤᥥ. ᥟᥤᥒ ᥰᥢᥐ ᥘᥞᥴ ᥛᥣᥞᥥ ᥙᥤᥓᥢ ᥝᥤᥒᥢ. ᥰᥧᥧ ᥙᥤ ᥛᥩᥢᥐ ᥝᥤᥒᥢ ᥒᥞᥩ ᥔᥤᥥ, ᥝᥞᥩ ᥒᥤᥐ ᥰᥞ ᥝᥤ ᥛᥤᥴ ᥞᥢ. ᥛᥣᥢᥢ ᥰᥧᥐ ᥛᥒᥢ ᥙᥤᥓᥢ ᥝᥤᥒᥢ ᥒᥞᥩ ᥟᥤᥐ ᥞᥤᥢᥴ ᥰᥢ. ᥛᥩᥢᥐ ᥝᥤᥒᥢ ᥝᥣᥨᥢ ᥛᥩᥩ ᥒᥞᥩ ᥝᥤᥧ ᥒᥤᥒᥢ, ᥛᥨᥴ ᥞᥢ ᥰᥧᥐ ᥘᥞᥴ, ᥙᥤᥒᥴ ᥘᥢᥥ: ᥛᥢ ᥔᥐ ᥛᥣᥐ ᥝᥤ, ᥛᥢ ᥰᥩᥢ ᥘᥨᥐ ᥞᥨᥢ ᥰᥞ, ᥛᥢ ᥘᥤᥥ ᥛᥤᥢᥥ、ᥛᥢ ᥟᥨᥐ ᥘᥞᥩ ᥔᥐ ᥙᥤ ᥝᥤᥢ ᥘᥓᥩ. ᥛᥣᥨᥢ ᥘᥤᥥ ᥛᥒᥢ ᥝᥣᥨᥢ ᥛᥩᥩ ᥒᥞᥩ ᥟᥤᥐ ᥞᥤᥢᥴ ᥰᥢ, ᥰᥣᥢᥢ ᥛᥣᥞᥥ ᥝᥣᥨᥢ ᥛᥩᥩ ᥛᥒᥢ ᥛᥣᥨᥢ ᥘᥤᥥ ᥒᥞᥩ ᥔᥤᥥ ᥟᥧᥢ. ”

“ᥛᥣᥒᥴ ᥰᥤᥒᥢ ᥝᥩᥥ ᥰᥤᥒᥢ ᥘᥓᥩ ᥛᥣᥐ ᥞᥩᥢ ᥝᥤᥒᥢ ᥛᥤᥴ ᥝᥤᥒᥢ ᥞᥢ, ᥛᥤᥴ ᥰᥧᥢ ᥛᥢ ᥘᥣᥨᥢ ᥟᥣᥢᥢ ᥛᥤᥴ. ᥛᥣᥐ ᥝᥤᥞᥢ ᥘᥢᥥ ᥛᥩᥢᥐ ᥝᥤᥒᥢ ᥛᥤᥴ ᥞᥢ. ᥝᥤᥒᥢ ᥛᥤᥓᥥ ᥝᥣᥨᥢ ᥛᥩᥩ ᥘᥓᥩ ᥒᥞᥩ ᥔᥤᥥ ᥟᥧᥢ. ᥝᥨᥐ ᥰᥩᥢ ᥘᥣᥢ ᥝᥣᥨᥢ ᥛᥩᥩ ᥰᥓᥩ ᥰᥓᥩ ᥔᥧᥢ ᥙᥣᥢ ᥛᥤ ᥙᥤᥢ ᥞᥢ ᥛᥧᥢ ᥘᥤᥥ, ᥙᥢᥥ ᥰᥣᥢ ᥰᥢ ᥰᥣᥥ ᥙᥤᥩ ᥛᥣᥥ ᥘᥤᥢ ᥝᥤᥒᥢ, ᥛᥢ ᥝᥤ ᥰᥧᥓᥢ ᥛᥣᥥ ᥔᥧᥒᥐ ᥘᥤᥨ ᥝᥤᥥ ᥝᥤᥥ. ᥟᥨᥴ ᥰᥣᥥ ᥛᥩᥢᥴ ᥝᥤᥒᥢ ᥘᥤ ᥛᥣᥐ ᥙᥛᥴ ᥙᥛᥴ ᥛᥤᥨᥐ ᥛᥤᥨᥐ, ᥝᥤᥞᥢ ᥘᥢᥥ ᥛᥩᥢᥐ ᥝᥤᥒᥢ ᥞᥣᥢ ᥙᥤᥢ ᥞᥣᥢ. ᥔᥤ ᥞᥤᥨᥢ ᥛᥓᥢ, ᥝᥤᥢ ᥔᥤ ᥝᥣᥰ ᥛᥤᥥ ᥘᥢᥩ ᥒᥞᥩ ᥟᥤᥐ ᥛᥣᥞᥥ ᥝᥣᥨᥢ ᥛᥩᥩ ᥞᥤᥨᥥ ᥘᥢᥴ ᥛᥣᥨᥢ ᥘᥤᥥ, ᥝᥤᥢ ᥔᥤ ᥝᥣᥰ ᥛᥢ ᥙᥣᥨᥢ ᥛᥨᥐ ᥟᥤ ᥘᥢᥩ ᥝᥞᥩ ᥛᥣᥞᥥ ᥙᥤᥓᥢ ᥝᥤᥒᥢ, ᥰᥣᥢᥢ ᥒᥤᥢᥢ ᥘᥤᥨ ᥝᥞᥩ ᥛᥢ ᥛᥣᥞᥥ ᥞᥤᥢᥴ ᥰᥢ ᥛᥣᥐ ᥞᥩᥢ. ᥙᥤᥰ ᥨᥤ ᥛᥣᥒᥴ ᥰᥤᥒᥢ ᥝᥩᥥ ᥔᥢ ᥰᥧᥓᥢ ᥞᥢ ᥛᥣᥐ ᥞᥩᥢ ᥰᥤᥒᥢ ᥛᥤᥴ ᥰᥤᥒᥢ ᥞᥢ, ᥛᥤᥴ ᥰᥧᥢ ᥛᥢ ᥘᥣᥨᥢ ᥟᥣᥢᥢ ᥛᥤᥴ, ᥙᥣᥥ ᥝᥩᥢᥴ ᥛᥤ ᥛᥞᥢ ᥛᥣᥐ ᥔᥐ ᥝᥤ ᥛᥤᥴ ᥞᥢ ᥛᥣᥞᥥ ᥞᥤᥛ, ᥛᥣᥥ ᥘᥤᥢ ᥝᥤᥛ ᥰᥣᥢᥢ ᥘᥓᥩ ᥞᥤᥢ ᥟᥤᥐ ᥘᥤᥓ ᥙᥤᥢᥥ ᥘᥧᥒ ᥛᥣᥞᥥ ᥞᥤᥛ ᥰᥧᥐ ᥘᥓᥐ. ”

“ᥘᥧᥒ ᥙᥤᥒ ᥙᥣᥰ ᥛᥤᥩ ᥛᥤᥥ ᥝᥤᥥ ᥘᥓᥩ ᥞᥢ ᥰᥤᥢᥥ ᥔᥧᥢ ᥛᥩᥒᥢ ᥘᥓᥐ ᥛᥤᥒᥢ ᥟᥤᥐ ᥝᥤ ᥰᥣᥢᥢ ᥞᥤᥒᥢ ᥔᥤ ᥞᥤᥨᥢ ᥛᥓᥢ, ᥛᥣᥨᥥ ᥘᥓᥐ ᥛᥤᥓᥥ ᥔᥣᥰ ᥝᥤᥥ ᥝᥣᥨᥴ ᥒᥤᥢᥢ ᥘᥓᥩ ᥰᥧᥐ ᥞᥩᥢ ᥘᥧᥒ ᥙᥣᥢ ᥙᥤᥥ ᥝᥣᥨᥐ ᥘᥣᥒᥴ ᥘᥤᥒᥴ. ᥰᥣᥢᥢ ᥞᥤᥢᥐ ᥰᥣᥢᥢ ᥝᥣᥢᥴ ᥘᥣᥨᥥ ᥙᥢᥥ ᥰᥣᥢ ᥰᥢ ᥝᥤᥞᥢ ᥟᥩᥢᥥ ᥝᥤᥞᥢ ᥛᥤᥞᥢ ᥝᥤᥴ

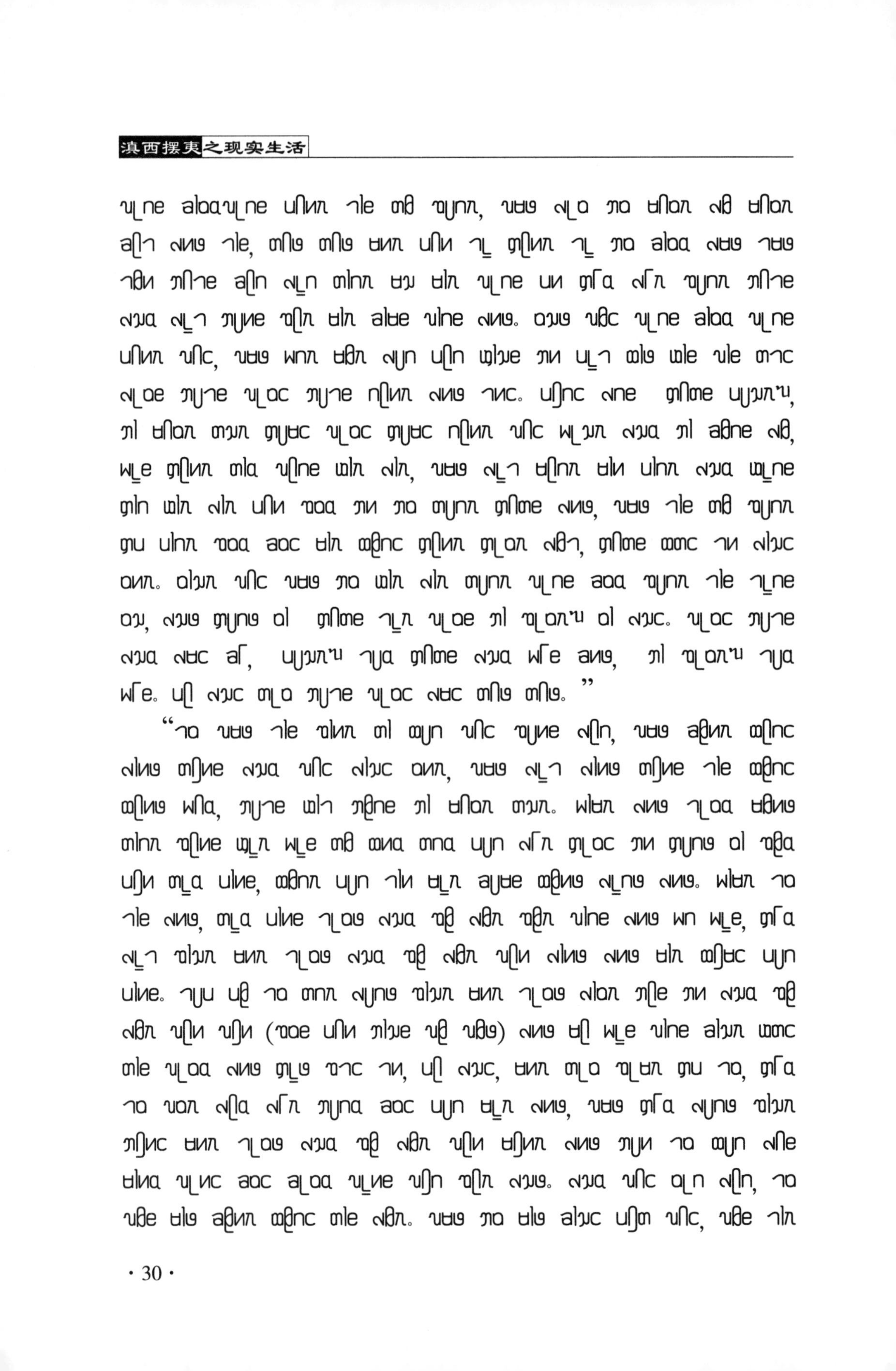

[illegible]

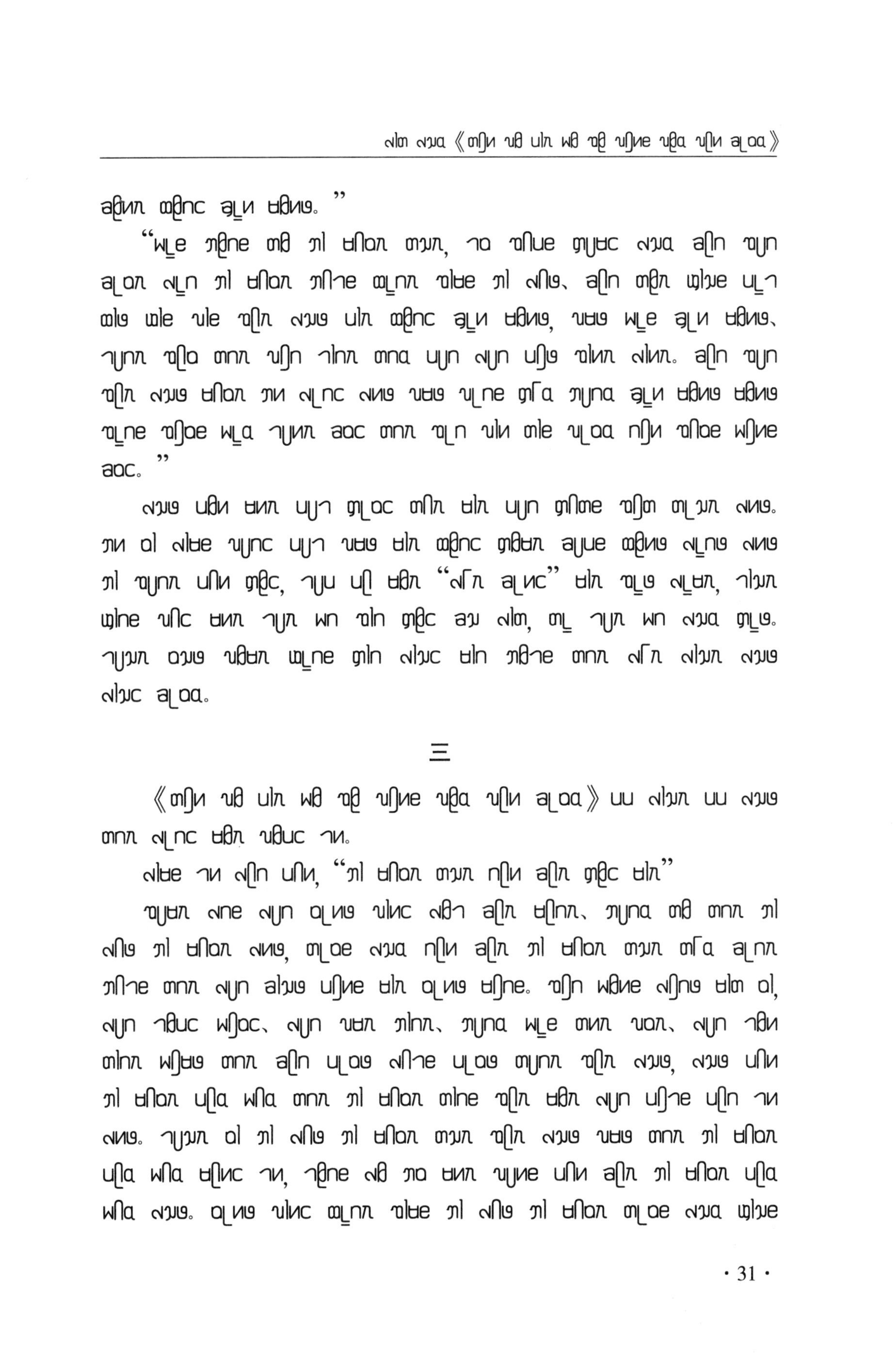

[illegible]。”

“[illegible]。”

[illegible] “[illegible]” [illegible]。

三

《[illegible]》[illegible]。

[illegible] “[illegible]”

[illegible]

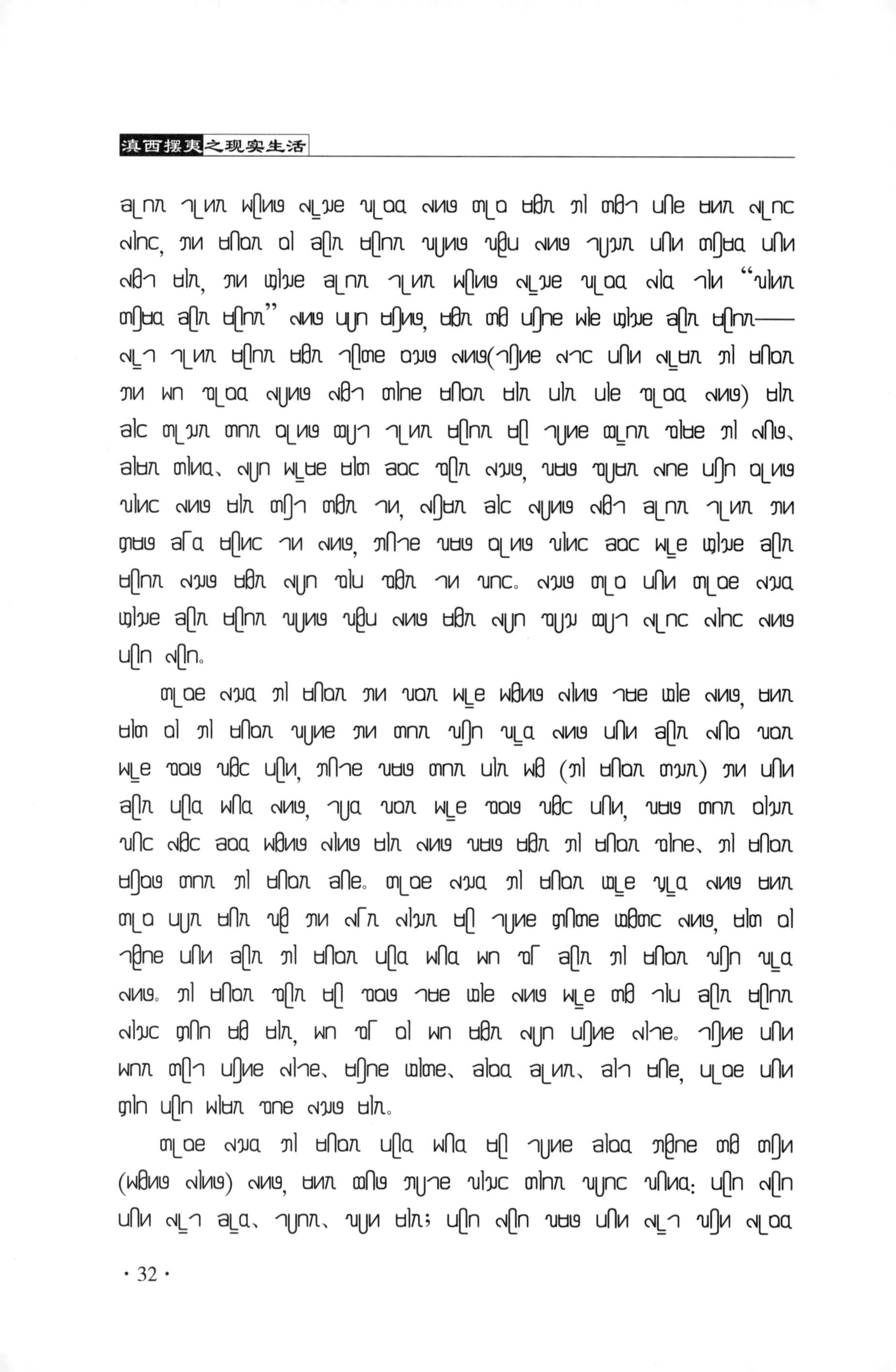

[illegible]

[illegible]

[illegible]

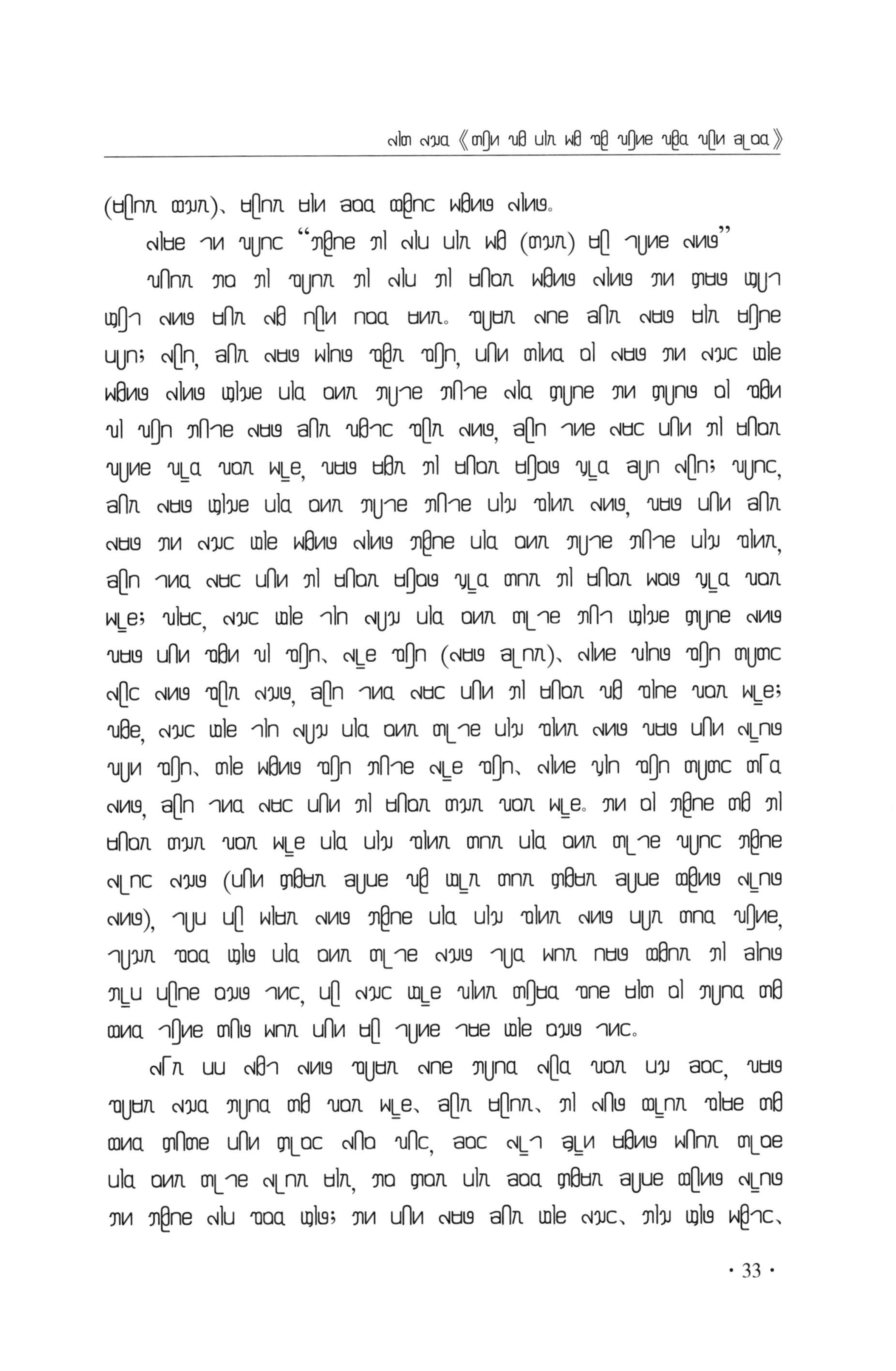

[illegible]

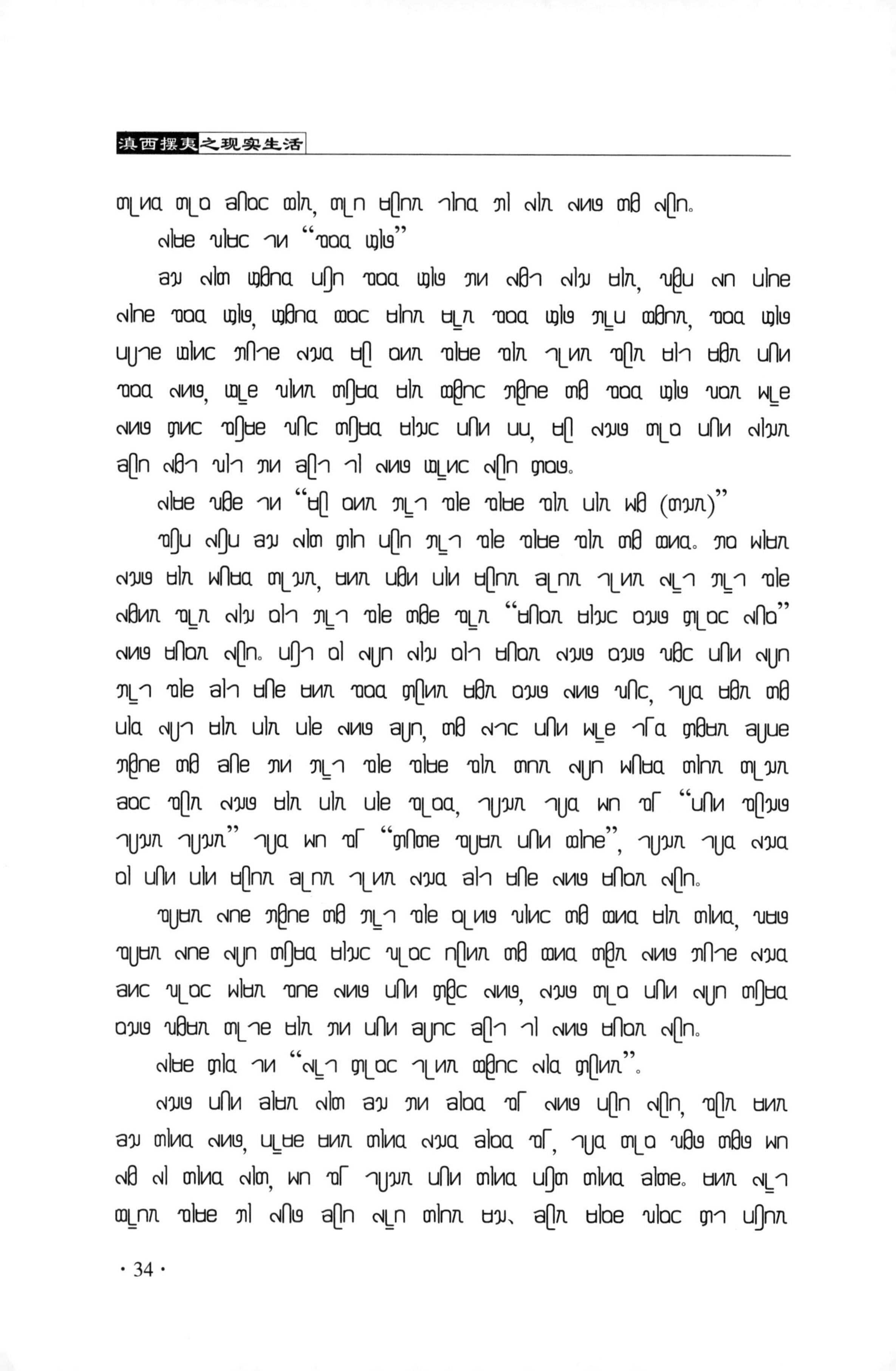

ᥐᥨᥢ ᥘᥪᥔ ᥙᥤᥭ ᥖᥣᥭᥢ ᥙᥤᥭ ᥛᥣᥢ、ᥝᥘᥘ ᥖᥣᥭᥢ ᥐᥨᥢ ᥘᥤᥘ ᥖᥣᥭᥢ ᥐᥤ ᥛᥣᥢ、ᥘᥪᥔ ᥒᥣᥐᥦ ᥐᥨᥢ ᥘᥪᥔ ᥐᥤᥔ、ᥐᥤᥔᥦ ᥝᥧᥒ ᥐᥤᥲ ᥐᥤᥦ ᥝᥤᥦ ᥐᥨᥢ ᥐᥩᥨᥘ ᥝᥪᥔᥢ ᥝᥣᥢ ᥘᥔᥲ ᥞᥤᥢ ᥘᥤᥐ ᥞᥪᥒᥦ, ᥐᥤᥘᥴ ᥨᥣᥭ ᥠᥤᥴ ᥠᥣᥢ ᥘᥪᥔ ᥙᥤᥭ ᥞᥣᥨᥢ ᥠᥤᥒ ᥞᥣᥦ ᥝᥣᥢ ᥘᥔᥲ。

ᥘᥤᥞᥦ ᥖᥧᥒᥦ ᥒᥭ “ᥙᥤᥭ ᥞᥣᥨᥢ ᥙᥤᥢ ᥛᥩ (ᥐᥔᥢ)”

ᥘᥧᥒ ᥘᥪᥔ ᥒᥤᥦ ᥞᥤᥢ ᥒᥭ、ᥘᥪᥔ ᥞᥧᥭ ᥐᥤᥨᥢ ᥙᥣᥘᥦ ᥐᥩᥨᥴ ᥐᥩᥨᥘ ᥙᥣᥔ ᥔᥧᥙ ᥙᥤᥲ ᥐᥣᥦ、ᥘᥪᥔ ᥐᥩᥐᥴ ᥘᥧᥐ ᥐᥨᥢ ᥘᥪᥔ ᥙᥧᥔ ᥐᥤᥐ, ᥘᥧᥒ ᥞᥣ ᥫᥭᥢ ᥝᥤᥞᥦ ᥝᥤᥢ ᥒᥤᥭ ᥖᥔ ᥘᥤᥢ ᥐᥩᥨᥴ ᥘᥪᥔ ᥝᥪᥔ ᥖᥪᥨᥲ ᥐᥪᥨᥘ ᥐᥣᥞᥴ ᥒᥭ, ᥘᥧᥒ ᥒᥤᥔ ᥝᥩᥘ ᥛᥣᥨᥢ ᥐᥧᥫᥦ ᥒᥭ、ᥘᥧᥞᥢ ᥝᥤᥔᥴ ᥝᥣᥒᥦ ᥐᥩᥨᥴ ᥘᥤᥘ ᥝᥣᥒᥦ ᥐᥣᥒᥦ ᥐᥧᥫᥢ ᥝᥣᥢ ᥘᥔᥲ…… ᥐᥧᥦ ᥝᥤᥭᥢ ᥐᥣᥞᥘ ᥐᥧᥘ ᥘᥤᥐ ᥠᥔ ᥘᥔᥘ ᥞᥣ ᥫᥭᥢ ᥝᥤᥞᥦ ᥝᥤᥢ ᥔᥤ ᥞᥣᥘᥢ ᥐᥔᥢ ᥘᥤᥔᥴ ᥝᥣᥲ ᥘᥤᥔᥴ ᥞᥣᥘᥢ。

ᥘᥩᥒ ᥠᥣᥢ ᥞᥣᥨᥢ ᥞᥣ ᥒᥣᥐᥦ ᥒᥔᥲ ᥒᥔᥲ ᥐᥤᥭᥘ ᥘᥤᥐ ᥘᥤ ᥔᥤ ᥞᥣᥘᥢ ᥐᥔᥢ ᥞᥩᥢ ᥔᥤ ᥝᥣᥨᥢ ᥖᥐᥴ ᥖᥤᥭᥴ ᥠᥣᥭᥦ ᥐᥣᥒᥦ, ᥒᥪᥔᥢ ᥖᥘᥢ ᥞᥤᥢ ᥛᥧᥦ ᥘᥣᥢ ᥞᥣ ᥫᥭᥢ ᥝᥤᥞᥦ ᥝᥤᥢ ᥐᥣᥲ ᥘᥨᥦ ᥫᥤ ᥘᥔᥲ ᥞᥤᥢ ᥐᥧᥔᥢ, ᥔᥤ ᥞᥣᥘᥢ ᥐᥔᥢ ᥙᥤᥭ ᥔᥤ ᥞᥣᥘᥢ ᥝᥣ ᥘᥩ ᥝᥣ ᥔᥧᥭᥘ ᥘᥭᥲ ᥞᥣᥘᥢ ᥘᥣᥨ, ᥞᥤᥭᥘ ᥐᥧᥫᥦ ᥞᥤᥭᥘ ᥘᥣᥢ ᥝᥩᥐᥴ ᥙᥤᥔ ᥙᥩ ᥞᥤᥢ ᥛᥨ ᥔᥣᥭᥦ ᥖᥣᥐᥦ ᥐᥩᥴ ᥒᥭ, ᥔᥤ ᥝᥣᥨᥢ ᥔᥤ ᥞᥣᥘᥢ ᥐᥭᥦ ᥙᥣᥭᥦ ᥘᥤᥒᥦ ᥘᥧᥨᥴ ᥘᥤᥨᥴ, ᥐᥧᥦ ᥝᥤᥭᥢ ᥐᥣᥞᥘ ᥞᥤᥐ ᥫᥤ ᥘᥤᥔᥴ ᥙᥤᥒᥦ ᥙᥩ ᥞᥤᥢ ᥒᥣᥙ ᥙᥣ ᥐᥩᥨᥘ ᥝᥪᥨ ᥐᥤᥢ ᥘᥤᥢ ᥐᥤᥢ ᥘᥤᥢ ᥐᥤᥔᥦ ᥝᥧᥒ ᥐᥤᥲ ᥐᥤᥦ ᥝᥤᥦ ᥘᥔᥲ ᥝᥣᥐ ᥝᥣ ᥝᥧᥫᥘ ᥖᥣᥨᥢ ᥐᥣᥲ ᥐᥣᥲ。ᥔᥤ ᥝᥣᥨᥢ ᥔᥤ ᥞᥣᥘᥢ ᥐᥔᥢ ᥒᥣᥢ ᥝᥣ ᥙᥣᥭᥦ ᥘᥤᥒᥦ ᥐᥣᥲ ᥐᥣᥲ ᥘᥔᥴ? ᥙᥣᥢ ᥫᥤ ᥙᥤᥭ ᥐᥣᥲ ᥘᥨᥦ ᥫᥤ, ᥘᥪᥔ ᥙᥣᥭᥦ ᥘᥤᥒ ᥞᥭᥢ ᥒᥣᥘ ᥝᥣ ᥐᥩᥨᥘ ᥙᥣᥔ ᥙᥧᥒ ᥐᥤᥲ ᥐᥤᥦ ᥝᥤᥦ ᥞᥤᥢ ᥝᥣᥭᥴ ᥝᥧᥫᥘ ᥐᥣᥲ ᥘᥨᥦ ᥫᥤ ᥘᥔᥴ? ᥘᥪᥔ ᥙᥣᥔ ᥝᥣᥢ ᥘᥔᥲ ᥐᥧᥫᥦ ᥐᥩᥨᥴ ᥛᥤᥞᥢ ᥝᥨᥦ ᥘᥔᥲ ᥒᥣᥘ ᥛᥨ ᥙᥤ ᥞᥤᥢ ᥫᥣᥭᥲ ᥒᥧᥞ ᥒᥧᥫᥦ ᥘᥩ ᥘᥩ。

ᥘᥤᥞᥦ ᥝᥣᥐᥦ ᥒᥭ “ᥘᥞᥲ ᥠᥤᥞᥢ ᥐᥨᥢ ᥘᥩᥒ ᥘᥤᥔᥢ”

ᥘᥩᥒ ᥐᥔᥢ ᥖᥩᥴ ᥞᥤᥢ, ᥘᥣᥢ ᥘᥩᥒ ᥠᥣᥢ ᥞᥣᥨᥢ ᥘᥭᥲ ᥫᥤ ᥙᥤᥭ “ᥐᥣᥒᥦ ᥘᥔᥘ ᥘᥩᥒ ᥝᥣᥭᥦ ᥠᥫᥴ ᥞᥤᥢ”, ᥐᥧᥦ ᥝᥤᥭᥢ ᥐᥣᥞᥘ ᥝᥞᥲ ᥞᥩᥐᥴ ᥝᥩ。ᥞᥭᥢ ᥫᥤ ᥐᥧᥫ ᥘᥩᥒ ᥞᥣ ᥒᥤ ᥐᥔᥢ ᥙᥤᥭ ᥘᥧᥒ ᥘᥤᥔᥢ ᥞᥤᥭ ᥞᥣ ᥒᥤ ᥞᥭᥢ ᥘᥭᥲ ᥙᥣᥭᥦ ᥘᥤᥔ ᥙᥤᥭ ᥞᥤᥢ, ᥔᥭ ᥞᥭᥢ ᥔᥫ ᥞᥣ ᥒᥤ ᥞᥣ ᥝᥤᥙ ᥞᥤᥢ ᥖᥣᥐᥦ ᥙᥤᥭ ᥐᥧᥫ ᥘᥤᥔᥢ ᥘᥭᥲ

[illegible]

ᥐᥣᥖᥱ ᥗᥪᥧᥴ ᥑᥢ, “ᥐᥧᥭ ᥕᥨᥴ ᥩᥣᥭᥱ ᥙᥣᥒ ᥞᥪ (ᥛᥫᥒ) ᥟᥩᥴ ᥛᥭᥒ ᥚᥤᥒ”

ᥖᥤ ᥐᥫᥰ ᥖᥣᥒ ᥞᥨᥖᥝ ᥙᥨᥢ ᥟᥤᥒ ᥙᥦᥖᥱ ᥩᥫᥰ ᥗᥪᥖᥒ, ᥑᥧᥫᥒ ᥕᥩ ᥞᥣᥖᥒ ᥐᥢᥰ ᥖᥣᥒ ᥩᥣ ᥗᥖᥰ ᥙᥨᥢ ᥛᥣᥢᥝ ᥑᥣᥫᥱ ᥚᥦᥩᥝ ᥖᥤ ᥩᥢᥒ ᥚᥣᥖᥱ ᥚᥣᥒ ᥞᥣᥖᥒ ᥚᥭᥱ ᥐᥢᥰ ᥛᥨᥰ ᥛᥨᥰ ᥩᥣ ᥩᥣ、ᥕᥨᥑᥱ ᥛᥭᥒ ᥛᥦᥩᥱ ᥐᥫᥝ ᥛᥣᥒ ᥐᥣᥒ ᥚᥤᥢᥱ ᥗᥤᥝ ᥕᥢ ᥕᥣ ᥖᥨᥩᥒ ᥟᥧᥧᥱ ᥓᥣᥫᥴ ᥙᥣᥫ ᥖᥤᥭᥒ ᥐᥢᥰ。ᥑᥧᥧ ᥙᥤ ᥛᥨᥰ ᥖᥣᥢᥱ, ᥖᥢᥒ ᥙᥨᥢ ᥙᥦᥖᥱ ᥛᥨᥰ ᥙᥨᥭ ᥖᥣᥢᥱ ᥡᥣᥫᥱ ᥟᥦᥭᥒ ᥑᥦᥢᥒ ᥞᥤᥢᥰ ᥐᥥᥫᥱ ᥗᥦᥩᥝ ᥐᥢᥰ。

四

ᥐᥧᥭ ᥟᥦᥭᥒ ᥑᥦᥢᥒ ᥞᥤᥢᥰ ᥐᥥᥫᥱ ᥗᥦᥩᥝ ᥐᥢᥰ ᥖᥢᥒ ᥙᥨᥢ ᥡᥣᥫᥱ ᥡᥤᥑᥱ ᥓᥦᥩᥴ ᥐᥨᥩ, ᥖᥤ ᥗᥧᥢᥰ ᥟᥩᥝ ᥡᥪᥭᥴ ᥛᥤᥭᥒ ᥓᥩᥒ ᥖᥣᥒ ᥐᥢᥰ ᥙᥨᥢ ᥖᥤ ᥗᥣᥩᥒ ᥗᥪᥱ ᥚᥪᥒ ᥛᥨᥒ。ᥑᥣᥧ ᥖᥤ 1920 ᥙᥪ ᥞᥣᥢ ᥐᥢᥰ, ᥖᥤ ᥗᥣᥫᥱ ᥞᥨᥢᥰ ᥡᥥᥫᥰ ᥓᥨᥛᥱ ᥗᥨᥩᥱ ᥚᥣᥭᥒ ᥙᥤᥝ ᥚᥪᥢ ᥛᥣᥱ ᥗᥦᥩᥝ ᥐᥢᥰ, ᥞᥥᥱ ᥐᥬᥒ ᥙᥤᥝ ᥚᥪᥢ ᥛᥣᥱ ᥗᥦᥩᥝ ᥐᥢᥰ ᥛᥭᥝ ᥙᥧᥭ ᥐᥧᥭ ᥡᥣᥫᥱ ᥟᥦᥭᥒ ᥑᥦᥢᥒ ᥞᥤᥢᥰ ᥐᥥᥫᥱ ᥗᥦᥩᥝ ᥐᥢᥰ。ᥞᥣᥖᥒ ᥖᥢᥒ ᥡᥪᥭᥒ ᥑᥣᥢ ᥚᥦᥭ ᥞᥣᥭ ᥭᥨᥢ ᥚᥪᥩᥱ ᥞᥨᥢᥱ ᥐᥢᥰ, ᥞᥥᥱ ᥐᥬᥒ ᥗᥤᥱ ᥟᥥᥫᥱ ᥓᥦᥩ ᥗᥦᥩᥝ ᥭᥨᥢ ᥚᥪᥩᥱ ᥗᥦᥩᥒ ᥐᥢᥰ ᥗᥖᥰ ᥛᥭᥝ ᥙᥧᥭ ᥐᥥᥖᥒ ᥩᥦᥢᥰ ᥗᥣᥢᥴ ᥡᥣᥫᥱ ᥕᥣ ᥖᥨᥩᥒ ᥛᥭᥒ ᥡᥣᥫᥱ ᥟᥦᥭᥒ ᥑᥦᥢᥒ ᥞᥤᥢᥰ ᥐᥥᥫᥱ ᥗᥦᥩᥝ ᥐᥢᥰ, ᥐᥥᥖᥒ ᥩᥦᥢᥰ ᥗᥣᥢᥴ ᥗᥧᥭᥴ ᥕᥧᥭᥝ ᥐᥫᥰ ᥑᥤᥛᥱ ᥓᥧᥖᥒ ᥑᥢ ᥖᥣᥒ ᥕᥢ ᥙᥥᥖᥱ ᥚᥣᥖᥱ ᥛᥪᥴ ᥩᥦᥢᥰ ᥗᥣᥢᥴ ᥐᥢᥰ, ᥚᥩᥱ ᥙᥨᥢ ᥕᥣ ᥐᥣᥧ ᥖᥨᥩᥒ ᥩᥦᥢᥰ ᥗᥣᥢᥴ ᥟᥦᥭᥒ ᥑᥦᥢᥒ ᥞᥤᥢᥰ ᥐᥥᥫᥱ ᥗᥦᥩᥝ ᥐᥢᥰ ᥓᥩᥝᥰ。ᥖᥢᥒ ᥖᥣᥛ ᥩᥣ ᥡᥣᥫᥱ ᥓᥦᥩ ᥗᥦᥩᥝ ᥙᥤᥭ ᥐᥫᥰ ᥙᥨᥢ ᥙᥨᥭᥱ ᥞᥣᥱ ᥓᥦᥩ ᥗᥦᥩᥝ ᥛᥣᥒ ᥐᥣᥒ ᥐᥪᥒ ᥐᥥᥢᥱ, ᥑᥧᥝ ᥗᥖᥰ ᥚᥬ ᥙᥨᥭᥱ ᥞᥣᥱ ᥓᥦᥩ ᥗᥦᥩᥝ ᥕᥢ ᥑᥦᥢᥒ ᥓᥩᥒ ᥛᥑᥴ ᥐᥦᥩᥱ ᥛᥪᥒ ᥚᥦᥩᥝ ᥐᥢᥰ。ᥖᥢᥒ ᥞᥭ ᥚᥬ ᥑᥧᥫᥒ ᥙᥨᥢ ᥐᥧᥭ ᥓᥥᥰ ᥐᥬᥒ ᥐᥪᥑ ᥐᥣᥫᥒ, ᥑᥧᥝ ᥞᥭ ᥚᥬ ᥑᥧᥫᥒ ᥙᥨᥢ ᥐᥧᥭ ᥩᥦᥢᥰ ᥗᥣᥢᥴ ᥐᥨᥩ ᥐᥨᥩ, ᥖᥢᥒ ᥛᥭᥒ ᥚᥦᥭ ᥑᥦᥩᥝ (ᥑᥨᥢᥱ ᥐᥑᥴ ᥙᥨᥢ ᥟᥧᥧᥱ ᥓᥣᥫᥴ ᥙᥣᥫ ᥖᥤᥭᥒ、ᥕᥨᥑᥱ ᥕᥣ ᥖᥨᥩᥒ ᥛᥤᥭᥒ ᥚᥦᥭ ᥑᥦᥩᥝ ᥛᥨᥰ ᥛᥨᥰ ᥩᥣ ᥩᥣ ᥐᥢᥰ) ᥐᥧᥭ ᥡᥣᥫᥱ ᥖᥣᥭᥒ ᥖᥥᥒ、ᥡᥣᥫᥱ ᥕᥥᥑ ᥚᥣᥱ、ᥡᥣᥫᥱ ᥗᥭᥱ ᥗᥧᥢᥴ、ᥡᥣᥫᥱ ᥐᥧᥢᥰ ᥐᥨᥑ ᥛᥪᥴ ᥓᥪᥴ ᥟᥣᥑ ᥖᥨᥱ ᥛᥭᥒ ᥞᥦᥑ ᥗᥥᥭᥴ ᥚᥤᥒ ᥐᥫᥰ ᥛᥦᥩ ᥖᥪᥒ ᥐᥧᥭ ᥚᥣᥧ ᥚᥪᥒ ᥑᥢ ᥐᥦᥭᥴ ᥐᥣᥭᥴ。ᥐᥧᥭ ᥞᥨᥖᥝ ᥛᥣᥭᥒ ᥛᥦᥫᥒ ᥖᥢᥒ ᥙᥤᥭ ᥐᥫᥰ, ᥑᥨᥢᥱ ᥙᥨᥢ ᥕᥣ ᥗᥨᥑ ᥐᥧᥭ ᥐᥪ ᥕᥢ ᥖᥨᥩᥒ ᥩᥦᥢᥰ ᥗᥣᥢᥴ ᥟᥦᥭᥒ ᥑᥦᥢᥒ ᥞᥤᥢᥰ ᥐᥥᥫᥱ ᥗᥦᥩᥝ

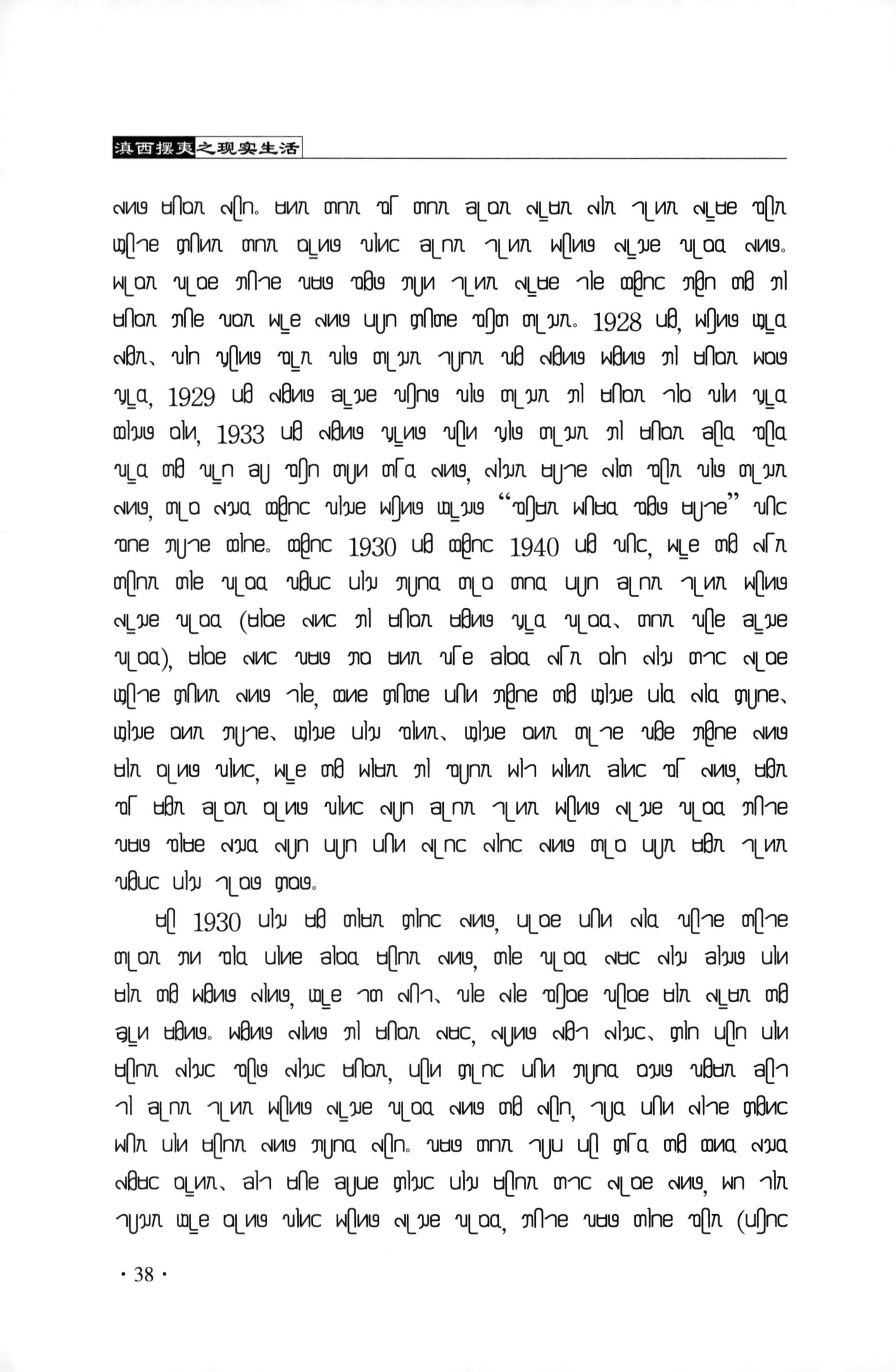

[illegible]

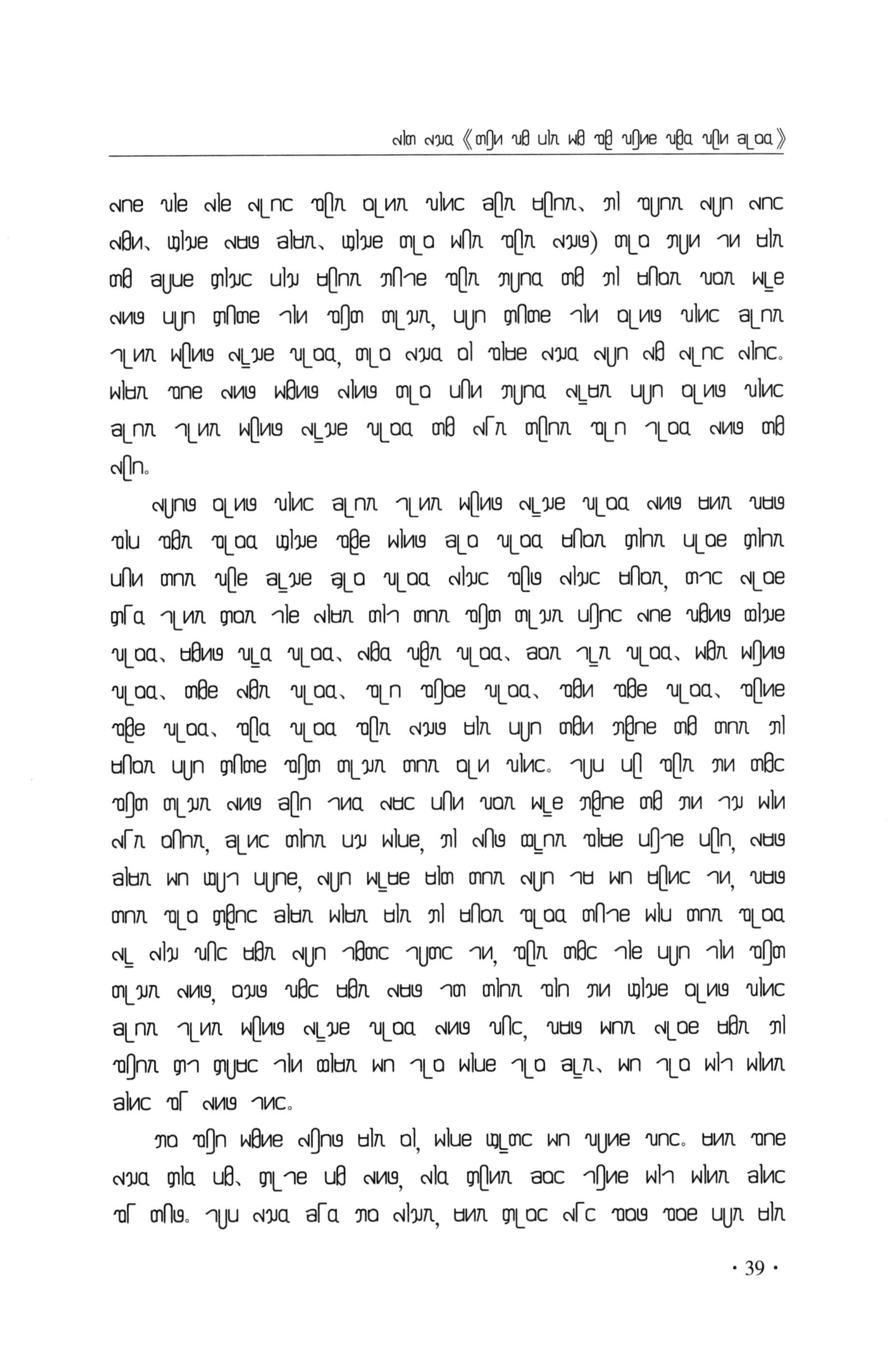

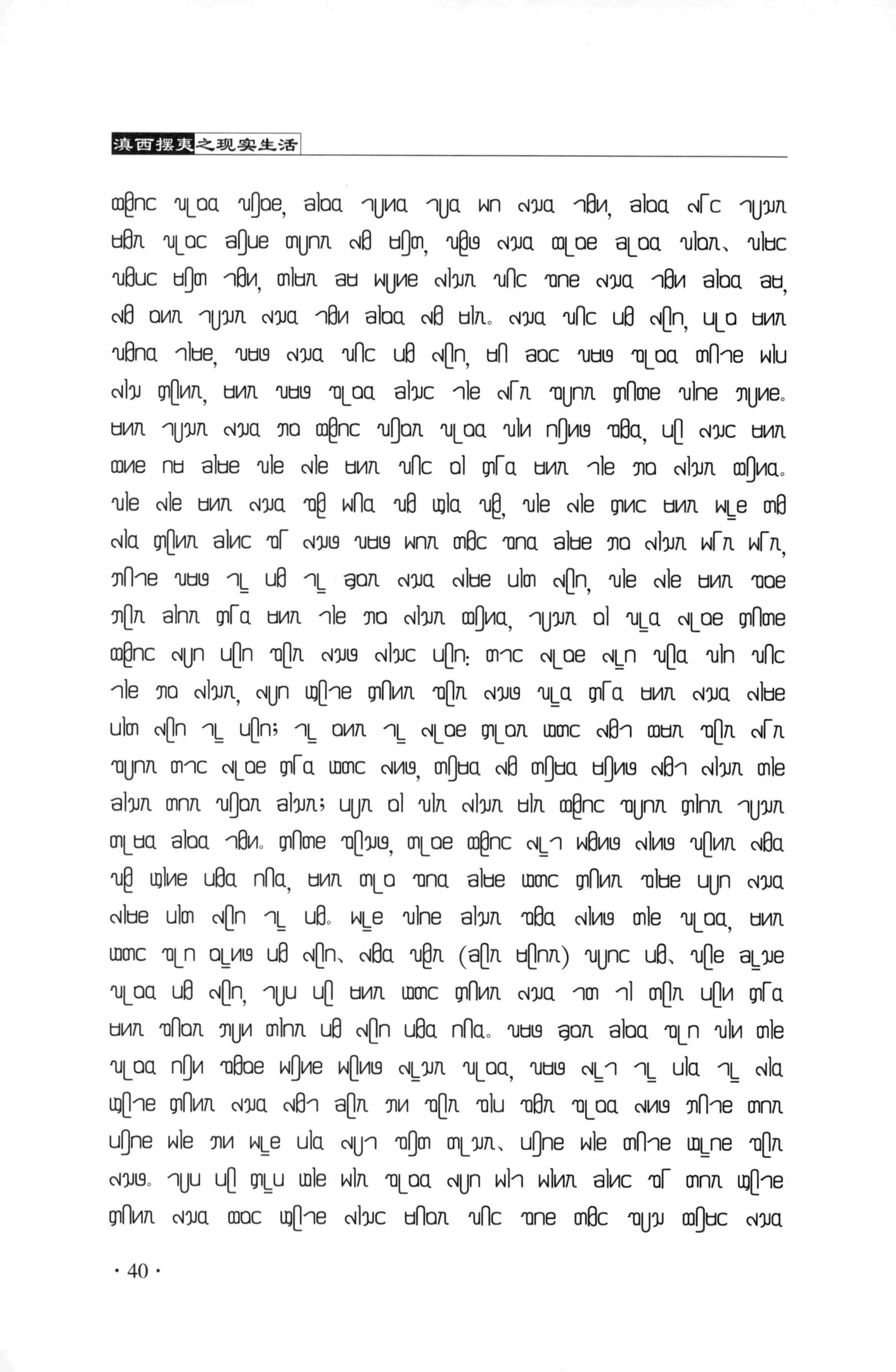

[illegible]

[illegible]

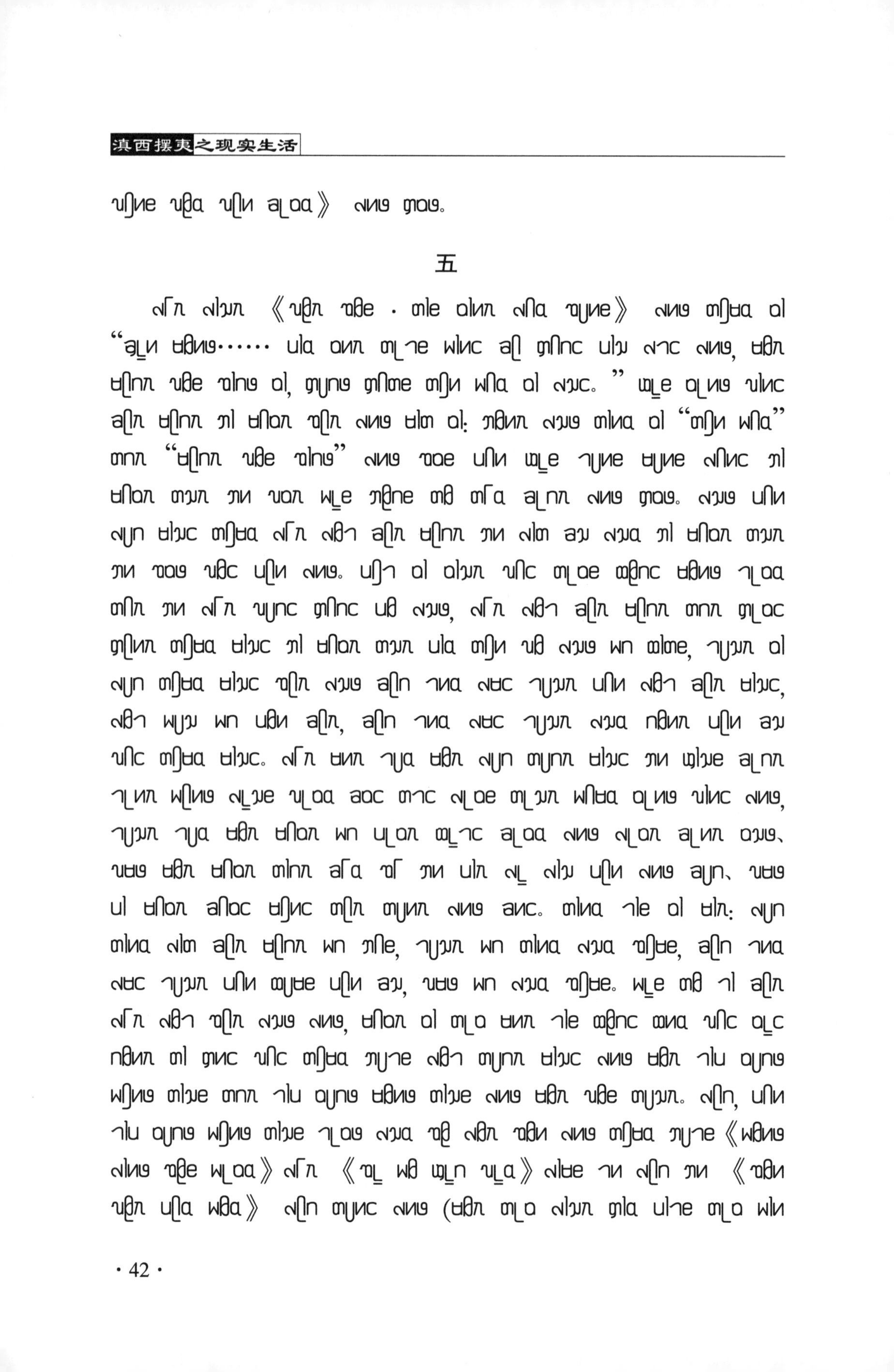

[illegible]》[illegible]。

五

[illegible]

ᥘᥒᥴ), ᥞᥒᥢ ᥝᥩᥱ ᥞᥦ ᥖᥭᥰ ᥝᥪᥒᥴ ᥛᥭᥱ ᥛᥦᥣ (1297 ᥙᥤ—1307 ᥙᥤ) ᥘᥒᥴ ᥖᥧᥰ ᥘᥬᥣ ᥙᥧᥐ ᥙᥭᥒ ᥟᥨᥣᥢ ᥐᥦᥳᥱ, ᥞᥭᥢ ᥕᥤᥐᥲ ᥔᥤᥐᥱ ᥞᥦᥢᥢ ᥛᥬᥢ。 ᥐᥧᥐᥲ ᥐᥫᥴ ᥙᥦᥒ ᥖᥭᥰ ᥠᥧᥢᥴ ᥞᥤᥒᥴ ᥛᥭᥬᥱ ᥐᥪᥒᥴ ᥖᥩᥢ ᥐᥤᥒᥱ ᥛᥪᥫᥣ ᥠᥭ 《ᥙᥦᥣ ᥝᥤᥣ ᥐᥧᥒᥱ》 ᥞᥤᥢ ᥛᥨᥣ ᥘᥭᥬᥢ (ᥓᥭᥣ ᥓᥦᥢᥲ ᥙᥭᥬ ᥛᥨᥣ); ᥐᥭᥫᥲ ᥙᥦᥒ ᥖᥭᥰ ᥞᥤᥒᥴ ᥛᥭᥬᥱ ᥘᥤᥢ ᥐᥤ ᥐᥩᥐ ᥛᥪᥫᥣ ᥠᥭ 《ᥙᥦᥣ ᥝᥤᥣ ᥐᥧᥒᥱ》 ᥞᥤᥢ ᥛᥨᥣ ᥘᥭᥬᥢ (ᥐᥭᥫᥲ ᥓᥦᥢᥲ ᥛᥨᥣ ᥝᥭᥒ ᥘᥒᥴ)。 ᥐᥧᥐᥲ ᥟᥭᥲ ᥙᥦᥒ ᥝᥩᥱ ᥞᥦ ᥖᥭᥰ ᥠᥧᥢᥴ ᥞᥤᥒᥴ ᥟᥩᥢᥴ ᥠᥩᥢ 29 ᥙᥤ (1396 ᥙᥤ) ᥘᥒᥴ ᥐᥨᥣᥣ ᥐᥩ ᥝᥪᥒᥴ ᥐᥭᥐ ᥙᥨᥐ ᥕᥭᥬᥱ ᥖᥭᥱ ᥞᥦᥢᥢ ᥞᥭᥒ、ᥙᥦᥣ ᥝᥤᥣ ᥘᥒᥴ ᥙᥧᥐ ᥞᥩᥢ ᥐᥦᥲ ᥟᥤᥒᥢ ᥞᥦᥢᥢ ᥞᥭᥢ ᥛᥪᥫᥣ ᥔᥧᥳᥱ ᥘᥭᥬᥢ ᥔᥒ ᥐᥤ ᥞᥒᥢ ᥞᥦᥒᥲ ᥖᥒ, ᥖᥧᥬᥢ ᥘᥥᥢ ᥘᥤᥳ ᥞᥒᥢ ᥐᥫᥴ ᥛᥪᥫᥣ ᥘᥬᥣ ᥙᥪᥳᥱ ᥖᥒ ᥟᥧᥐ ᥘᥒᥴ ᥞᥭᥢ ᥐᥧᥐᥲ ᥛᥧᥬᥢ。 ᥐᥤᥱ ᥐᥫᥴ ᥙᥦᥒ ᥖᥭᥰ ᥠᥧᥢᥴ ᥞᥤᥒᥴ ᥝᥩᥢᥢ ᥘᥨᥣᥣ 4 ᥙᥤ (1406 ᥙᥤ) ᥖᥨᥣᥴ ᥘᥬᥣ ᥐᥤ ᥐᥭᥐ ᥟᥩᥢᥴ ᥘᥒᥴ ᥛᥩᥢᥢ ᥞᥤᥢᥢ ᥛᥨᥣᥱ ᥐᥦᥲ ᥞᥭᥢ ᥕᥤᥐᥲ ᥘᥩᥣ ᥐᥧᥒ、ᥞᥦᥢᥢ ᥞᥭᥒ, ᥙᥧᥳ ᥟᥤᥒᥢ ᥞᥦᥢᥢ ᥐᥦᥲ ᥛᥪᥫᥣ ᥔᥧᥳᥱ ᥘᥭᥬᥢ 《ᥘᥭᥒᥴ ᥝᥤᥣ ᥐᥩ》(ᥘᥥᥢ ᥞᥒᥢ ᥛᥭᥒᥣ ᥘᥭᥛ ᥐᥨᥣᥣ ᥙᥦᥣ ᥝᥤᥣ ᥘᥒᥴ ᥞᥤᥢ ᥛᥨᥣ ᥘᥭᥬᥢ ᥐᥧᥐᥲ ᥓᥦᥢᥲ ᥛᥨᥣ ᥝᥭᥒ ᥘᥒᥴ)。 ᥞᥦ ᥐᥪᥒᥴ ᥘᥩᥢᥴ 33 ᥙᥤ (1822 ᥙᥤ) ᥘᥒᥴ, ᥓᥨᥣᥲ ᥞᥩᥢ ᥠᥧᥢᥴ ᥐᥤᥒ ᥐᥣᥴ ᥛᥢᥢ ᥞᥦᥢᥢ ᥞᥭᥒ ᥙᥨᥣᥱ ᥙᥦᥒ ᥘᥭᥣ ᥐᥦᥳᥱ ᥛᥦᥳᥱ ᥛᥨᥣᥢ, ᥐᥦᥳᥱ ᥠᥧᥢᥴ ᥐᥤᥒ ᥐᥣᥴ ᥖᥭᥬ ᥐᥨᥣᥣ ᥔᥤᥐᥱ ᥛᥤ ᥛᥥᥣ ᥟᥨᥢᥢ ᥖᥭᥱ ᥞᥦᥢᥢ ᥞᥭᥒ, ᥖᥨᥒᥢ ᥐᥦᥢ ᥘᥒᥴ ᥛᥨᥣ ᥛᥪᥫᥣ ᥠᥬᥴ ᥝᥐ ᥔᥦᥱ, ᥖᥧᥬᥢ ᥠᥭ ᥟᥦᥐ ᥖᥒᥣ ᥘᥫᥲ ᥛᥨᥣ ᥖᥧᥬᥢ ᥛᥭᥒᥣ ᥟᥬ ᥘᥬᥣ ᥘᥭᥣ ᥐᥦᥳᥱ, ᥛᥨᥣᥱ ᥘᥬᥣ ᥙᥭᥒ ᥞᥦᥢᥢ ᥔᥭ ᥞᥦᥣᥢ ᥛᥬᥢ ᥙᥦᥒ ᥓᥤᥲ ᥘᥒᥴ ᥐᥫᥴ ᥝᥐ ᥘᥭᥛ ᥖᥭᥬᥱ ᥐᥨᥣᥣ ᥟᥥ。ᥐᥨᥣ ᥓᥤᥐᥲ ᥟᥭᥣᥢ ᥝᥭᥣᥢ ᥞᥭᥢ, ᥛᥨᥣᥱ ᥘᥬᥣ ᥔᥤᥐᥱ ᥛᥤ ᥟᥧᥰᥱ ᥓᥭᥬᥲ ᥙᥭᥬ ᥞᥦᥢᥢ ᥝᥤᥒᥴ ᥘᥭᥒᥴ ᥙᥭᥣ ᥕᥭᥬᥱ ᥠᥒᥢ ᥛᥨᥳᥱ ᥔᥒ ᥘᥭᥣ ᥘᥐᥲ ᥘᥤᥒ ᥞᥤᥢ ᥟᥦ ᥞᥩᥒᥱ ᥙᥭᥬ ᥓᥦᥢᥲ ᥘᥦᥐ ᥘᥒᥴ ᥞᥭᥢ ᥠᥭ, ᥐᥫᥴ ᥛᥨᥣᥱ ᥘᥬᥣ ᥙᥭᥒ ᥞᥦᥢᥢ ᥟᥣᥲ、ᥟᥦᥢ ᥞᥦᥢᥢ ᥟᥣᥲ、ᥔᥭ ᥘᥦᥴ ᥕᥩᥢᥢ ᥐᥭᥫᥱ ᥟᥣᥲ、ᥘᥧᥐ ᥖᥨᥒᥢ ᥟᥣᥲ ᥙᥦᥒ ᥓᥤᥲ ᥐᥦᥲ ᥘᥪᥢ, ᥖᥨᥒᥢ ᥙᥭᥣ ᥘᥧᥳ ᥕᥥᥲ ᥖᥧᥢ ᥝᥐ ᥘᥬᥣ ᥓᥩᥴ, ᥙᥪᥢᥲ ᥘᥐᥱ ᥞᥦ ᥖᥭᥰ ᥐᥤᥒ ᥐᥭ ᥐᥤᥒᥱ 10 ᥙᥤ ᥕᥤᥐᥲ ᥖᥭᥰ ᥛᥭᥣᥱ ᥖᥧᥐ 3 ᥙᥤ (1805ᥙᥤ—1823 ᥙᥤ) ᥘᥒᥴ, ᥐᥣᥣ ᥕᥭᥴ ᥞᥦᥢᥢ ᥟᥧᥒᥲ、ᥔᥭ ᥞᥦᥣᥢ ᥐᥤᥒ ᥕᥨᥣ、ᥔᥭ ᥞᥦᥣᥢ ᥛᥦᥣ ᥔᥭᥢᥢ ᥟᥣᥲ ᥙᥨᥣᥱ ᥙᥦᥒ ᥘᥧᥐ ᥛᥦᥳᥱ ᥖᥒ ᥓᥪᥢᥢ ᥛᥦᥢ, ᥕᥒᥱ ᥘᥬᥣ ᥙᥧᥢ ᥐᥭᥣᥢ ᥙᥭᥬ ᥙᥤ, ᥕᥒᥱ ᥘᥭᥫᥢ ᥓᥧᥛ ᥐᥣᥣ ᥕᥭᥴ ᥐᥦᥢ ᥓᥤᥫᥢ ᥖᥥᥣ ᥓᥤᥫᥢ ᥔᥪᥰᥱ ᥘᥒᥴ,

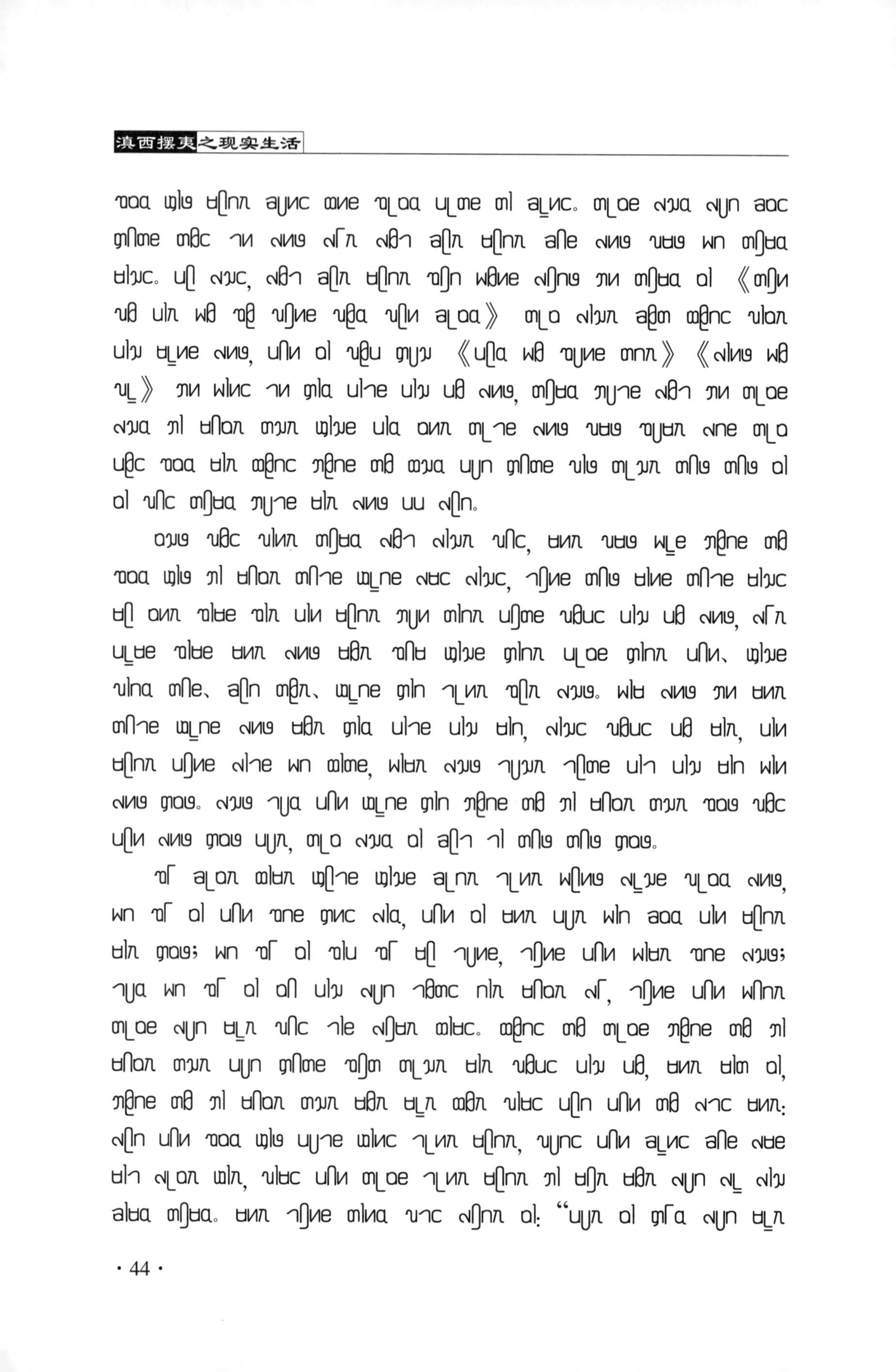

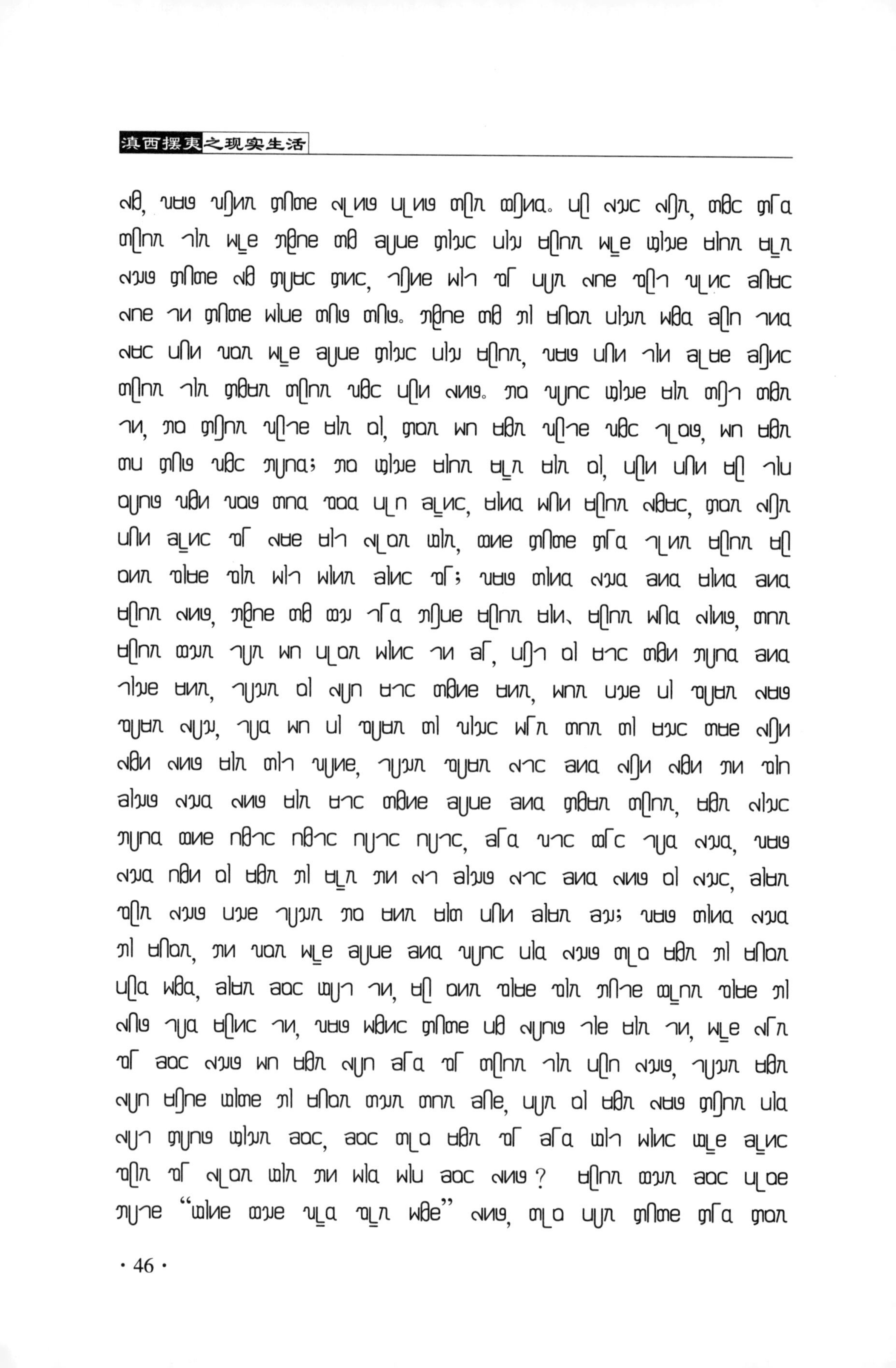

[illegible]

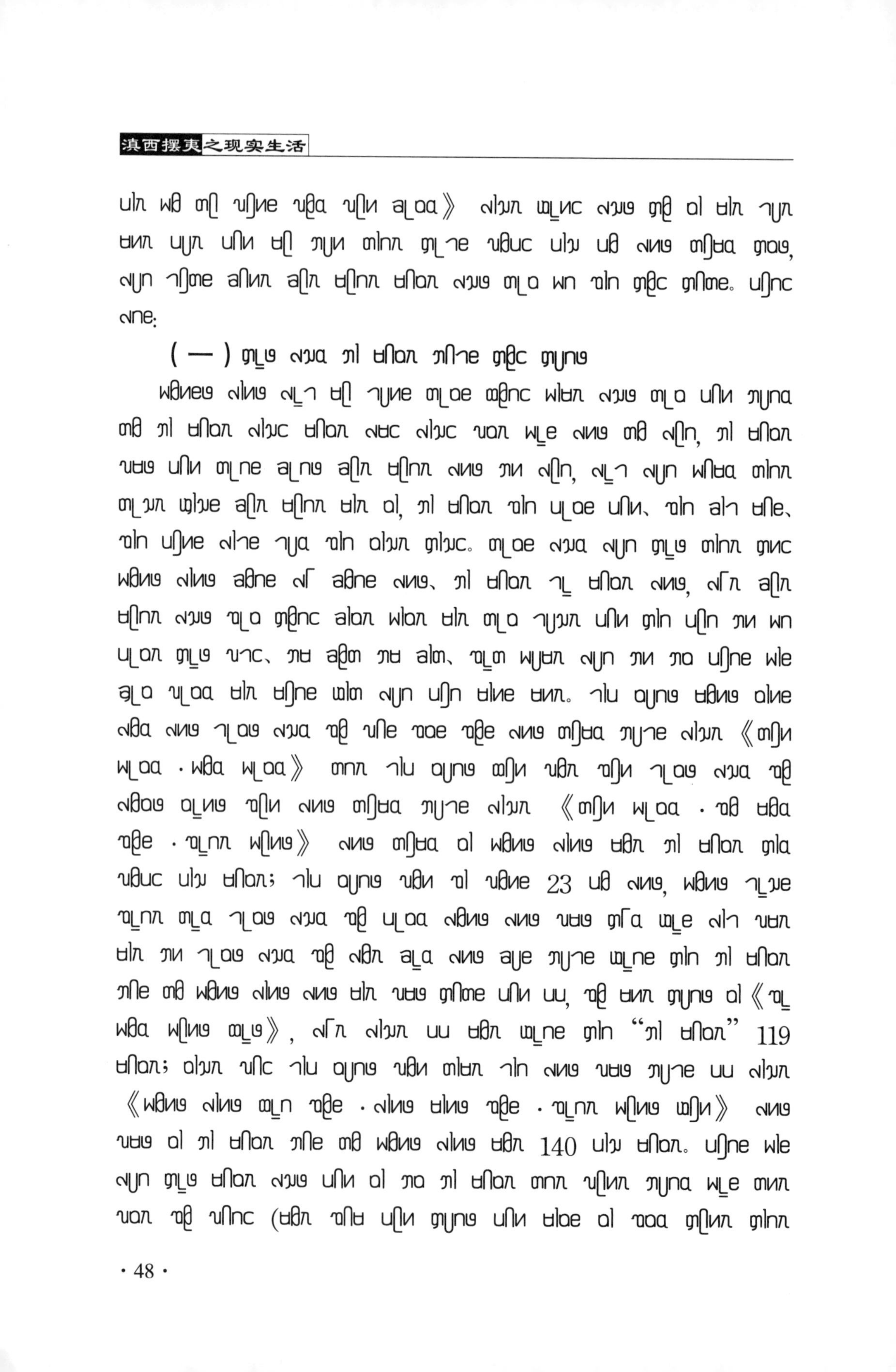

[illegible]《[illegible]》[illegible]

（一）[illegible]

[illegible]《[illegible]》[illegible]《[illegible]》[illegible] 23 [illegible]《[illegible]》，[illegible] “[illegible]” 119 [illegible]《[illegible]》[illegible] 140 [illegible]

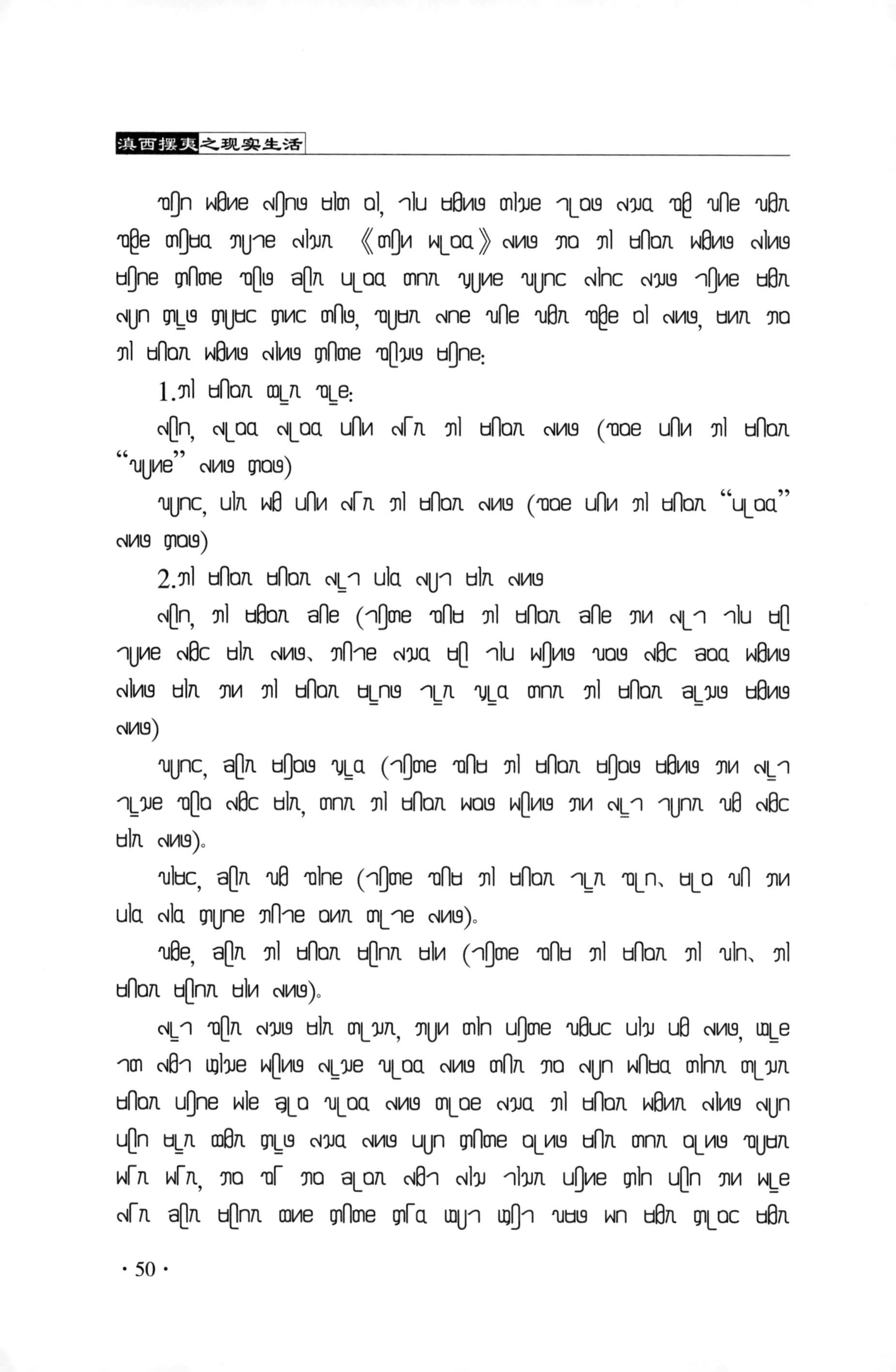

[illegible] 《[illegible]》 [illegible]:

1.[illegible]:

[illegible], [illegible] ([illegible] "[illegible]" [illegible])

[illegible], [illegible] ([illegible] "[illegible]" [illegible])

2.[illegible]

[illegible], [illegible] ([illegible]、[illegible])

[illegible], [illegible] ([illegible])。

[illegible], [illegible] ([illegible]、[illegible])。

[illegible], [illegible] ([illegible]、[illegible])。

[illegible]

ɡlnc ʋnc ɑиɘ。

mɭoe ɑɲɑ wlʜn ɑиɘ ɲo ɲl ʜɲon mɲn ʜɲne uɲи ʋɭɲn uln wɵ、ɑlиe uln wɵ、ɑɲ wo uln wɵ ɑиɘ，ʋɲn wɵиe ɑɲnɘ ʜlm ol "ɑɲɘ wn ʋɭ ol ʜɲne uɲи ʋɲɘ ɑɲn wɭc ʜиn"。ʜиn ʋlʜe uɲn ɑɭ ɡln uɲn mɵ uɲe、ɲl ʋɲnn ɲl ʜɲon、ɲɵne mɵ ɲɲnɑ wɭe mиn ʋon、uln ʜɲnn mnn wɵnɑ uɲn ɲɭ ʋle ɲɲe wlɲe wɭʜe ʜlm uɭ mlɘ wle ʋle ʋɲn ɑɲɘ ʜln ɡɲme uɲи ml mɲ ɑɲn ɡɭɘ ɑиɘ。ʜиn ɡɭɘ ɑɲɑ ɡиc ʋc，"uln、uɲɑ、uɭoɑ ɲɲn uɲи ʋɲnc ɡɭon wmc ʜиn ɡʜɘ ɑ ɲи ɑɲn，wlʜn ɑɲɘ wɭe m ɑɵ wlɲe ɑɭnn ɭиn wɲиɘ ɑɭɲe ʋɭoɑ ɑиɘ ʋʜɘ ɲo ɲl ʜɲon ʋɲn ɑɲɘ ɡɲnɘ ol mlɲɘ ʜɲoɘ、ʜloe ɑиc ʋʜɘ ɡɲnɘ ol ʋɭn ɭoɑ ʋlиn。ɲl ʜɲon ʋɲn ɑɲɘ ʋon wɭe mɵ ɡɵʜn ɑɲue ulɑ oиn mɭe ɲɲe ulɲ ʋlиn mɵ ʋɭn ɭoɑ oɲɘ。ɲɵne mɵ oиn mɭe ɲɲe ulɲ ʋlиn mɵ wɵиɘ ɑlиɘ，ɲnn ʋɵ、ɭɲe ʋɲo ɲɲe ʋɲи ɑɭoɑ(ʜɲnn wɲn)，ɲlи ɑlиɘ (wɲɑ ɑlиɘ) ʋɲn ɑɲɘ。" wɭe mɵ wlʜn ɑиɘ wn ul ʜɵn mɭo ɑlɲn ɑɲe ɑlnc ol "mɲn" ɑиɘ，ɲɲn ɡɭu ɑɭʜn ɡɲnɘ ol uln wɵ。

（二）ɑɲn ɲl ʜɲon

mɭoe ɑɲɑ ɑɲn ʋɲm mɭɲn ɑɭn ɑɲn ʜɲnn ɑɲɘ ɲl ʜɲon uɭoe ɲɲe、ɑl ʜle、ɑlɲɘ ɑɵc、uɲиe ɑle ʋɲn ɑɲɘ，mɭoe ɑɲɑ ɑɲn oɭиɘ ʋlиc ɑɭn ɲl ʜɲon ɑne и ɲи ɑɭn ɑɲn ʜɲnn ɑиɘ，ɲɑ mɭo uɲи ɑlɑ lи wɭe oɭиɘ ʋlиc ɑɭnn ɭиn wɲиɘ ɑɭɲe ʋɭoɑ ɑoc ɲи wlʜn ʋne ɑиɘ ʋɭ ʋuc ɑиɘ uɲn ɑɲn。uɲnc ɑne：ɲl ʜɲon mɲn mnn uɲɑ wɲɑ wɭe ɑɭn ɑɲn ʜɲnn ɑɲɘ ɲɑ ɡɭʜ ʋɲɘ ɑɲn ɑɲc；ʜɵиɘ ʋɲ (ɲl ʜɲon uɲɑ ʋɭɑ) mnn ɡɭoc ɭoe ʋɲ ɲl ʜɲon mɲn ʋɲn ɑɲɘ。mɵи oɭиɘ ʋɲn ɲo ɲl ʜɲon mɲn mnn uɲɑ ʋɭɑ ɡɭu uɲи ʋɲɘ ɑɲn ʋlиn。ɲɲe ʋʜɘ，ʜиn ʜlm ol "uɲnc ɡln uɲи mle ɑɵn ɭoɑ mnn ɲl ʜɲon ɑɲe ɑɭon uɲи wɲn ʋlu"。ɑɵиɘ ʋɭиɘ ʋɲи ʋʜɘ ɲo uɲɑ ʋɭɑ ɲɭu ɑoɑ ʋɲɘ ɑɲn uɭoɑ wɲиɘ ɲи wɭnc wɭn uɭoɑ

ᥑᥒᥳ ᥐᥤᥥ, ᥝᥗᥳ ᥓᥨ ᥙᥤᥢ ᥛᥩ ᥖᥧᥙ ᥟᥤᥨᥣ ᥝᥧᥳ ᥟᥧᥢ ᥝᥤᥒᥢ ᥓᥒ ᥚᥧᥠᥴ ᥙᥤᥢ ᥛᥩ ᥑᥒᥳ ᥐᥤᥥ, ᥗᥤᥞ ᥨᥤ ᥛᥠ ᥝᥐ ᥓᥤ ᥗᥧᥨᥢ ᥓᥒ ᥑᥧᥨ。 ᥞᥧᥨᥥ ᥞᥩᥠᥴ ᥛᥤᥗᥢ ᥝᥠᥥ ᥑᥪᥳ ᥚᥧᥠᥴ ᥨᥧᥒᥳ ᥝᥤᥒᥴ ᥚᥧᥥ ᥐᥞ ᥑᥩᥐ ᥝᥧᥢ ᥑᥪᥳ ᥐᥗ ᥟᥧᥠ ᥞᥧᥨ ᥗᥤᥞ ᥨᥤ ᥚᥧᥢ ᥞᥠᥢ ᥙᥤᥢ ᥛᥩ ᥙᥧᥒ ᥝᥧᥳ ᥟᥧᥢ ᥓᥤ ᥨᥧᥨᥢ ᥙᥧᥣ ᥛᥧᥣ, ᥝᥗᥳ ᥗᥩᥢ ᥚᥧᥥ ᥐᥞ ᥑᥩᥐ ᥐᥗ ᥟᥧᥠ ᥝᥗᥳ ᥗᥤᥞ ᥨᥤ ᥚᥧᥢ ᥙᥧᥒ ᥙᥧᥥ ᥐᥧᥒᥥ ᥗᥧᥒᥥ ᥑᥧᥒᥴ ᥓᥤ ᥗᥧᥨᥢ ᥙᥧᥥ ᥑᥤᥢᥢ ᥝᥧᥣ ᥞᥠᥢ ᥨᥤᥢ ᥝᥧᥣ ᥨᥤ ᥑᥪᥴ, ᥑᥧᥠ ᥛᥧᥗᥣ ᥞᥤᥢᥢ ᥞᥧᥪᥢ ᥝᥧᥢ ᥑᥪᥳ ᥐᥧᥣ ᥛᥠ ᥙᥤ ᥖᥧᥗ ᥑᥧᥨ ᥑᥪᥣ ᥐᥒᥴ。 ᥝᥗᥳ ᥞᥠᥢ ， ᥞᥧᥨᥥ ᥑᥪᥣ ᥑᥧᥠ ᥓᥒ ᥝᥧᥗᥢ ᥞᥤᥗᥴ ᥖᥧᥨᥴ ᥐᥧᥨᥥ ᥝᥧᥐ ᥓᥤ ᥗᥧᥨᥢ ᥙᥧᥣ ᥝᥧᥣ ᥑᥒᥳ, ᥞᥧᥨᥥ ᥞᥩᥠᥴ ᥛᥤᥗᥢ ᥑᥪᥳ ᥐᥧᥣ ᥛᥠ ᥙᥤ ᥗᥐᥴ ᥞᥩᥒᥥ ᥑᥪᥣ ᥐᥒᥴ。 ᥝᥧᥠ ᥛᥩᥒᥥ ᥑᥧᥠᥳ ᥛᥧᥥ ᥑᥐᥢ ᥑᥤᥪᥢ ᥙᥙ 《ᥞᥧᥒ ᥝᥩ ᥙᥤᥢ ᥛᥩ ᥝᥩ ᥝᥧᥒᥥ ᥝᥩᥣ ᥝᥧᥒ ᥟᥧᥨᥣ》 ᥑᥒᥳ ᥐᥧᥣ ᥗᥤᥞ ᥨᥤ ᥓᥤ ᥗᥧᥨᥢ ᥙᥧᥣ ᥝᥧᥣ ᥞᥠᥢ ᥙᥤᥢ ᥛᥩ ᥙᥧᥒ ᥝᥧᥳ ᥟᥧᥢ ᥑᥧᥨ, ᥨᥤᥪᥢ ᥑᥠᥴ ᥗᥤᥢ, ᥗᥒᥢ ᥝᥗᥳ ᥑᥤᥪ ᥙᥧᥒᥥ ᥑᥧᥠ ᥛᥧᥗᥣ ᥞᥤᥢᥢ ᥞᥧᥪᥢ ᥝᥧᥢ ᥑᥪᥳ ᥖᥨᥣᥳ。

ᥑᥧᥠ ᥛᥧᥗᥣ ᥞᥤᥢᥢ ᥞᥧᥪᥢ ᥝᥧᥠ ᥛᥩᥒᥥ ᥑᥧᥠᥳ ᥓᥒ ᥛᥧᥥ ᥚᥤᥪᥥ ᥙᥤᥣ ᥓᥤ ᥗᥧᥨᥢ ᥑᥪᥳ ᥗᥒᥢ ᥙᥩᥒᥣ ᥞᥧᥨᥥ ᥑᥧᥠ ᥙᥧᥠ ᥗᥧᥨᥢ ᥗᥤᥞ ᥗᥨ ᥓᥤ ᥗᥧᥨᥢ ᥑᥒᥳ, ᥙᥩᥒᥣ ᥞᥧᥨᥥ ᥑᥧᥠ ᥞᥧᥐᥥ ᥛᥤᥙ ᥓᥤ ᥗᥧᥨᥢ ᥑᥒᥳ, ᥗᥒᥢ ᥗᥤᥞ ᥨᥤ ᥓᥤ ᥗᥧᥨᥢ ᥑᥧᥨᥥ ᥖᥧᥨᥴ ᥗᥤᥥ ᥙᥧᥠᥢ ᥐᥒ。 ᥗᥒᥢ ᥗᥤᥞ ᥨᥤ ᥐᥤ ᥟᥧ ᥓᥤ ᥗᥧᥨᥢ ᥝᥧᥢ ᥝᥨᥢ ᥛᥧᥥ ᥞᥧᥠᥢ ᥝᥧᥠ ᥐᥧᥨᥣ ᥑᥒᥳ ᥞᥧᥨ ᥙᥧᥒ ᥚᥧᥥ ᥐᥧᥒᥢ ᥗᥧᥠᥢ ᥞᥧᥠᥢ ᥝᥧᥠ ᥟᥧᥣ ᥗᥩᥒᥳ ᥝᥧᥣ ᥑᥒᥳ ᥑᥤᥪ ᥑᥤᥪ。 ᥗᥒᥢ ᥨᥤ: ᥓᥨ ᥑᥧᥠ ᥗᥧᥨᥢ ᥐᥧᥒᥢ ᥗᥤᥢ ᥨᥤ, ᥗᥐᥢ ᥞᥧᥨ ᥟᥧᥥ ᥐᥧᥣ ᥑᥩ、 ᥛᥩᥣ ᥐᥧᥣ ᥑᥩ、 ᥗᥧᥨᥳ ᥐᥧᥣ ᥑᥩ、 ᥗᥤᥒᥳ ᥐᥧᥣ ᥑᥩ, ᥞᥧᥨ ᥙᥧᥒ ᥐᥧᥒᥢ ᥖᥧᥒᥢ ᥑᥧᥨ。 ᥑᥧᥐ ᥚᥤᥪᥥ ᥗᥤᥠᥢ ᥗᥧᥢ ᥗᥤᥢ ᥨᥤ, ᥞᥧᥨ ᥙᥧᥒ ᥐᥧᥒᥢ ᥗᥧᥠᥢ ᥞᥧᥠᥢ ᥝᥧᥠ ᥟᥧᥣ ᥗᥩᥒᥳ ᥐᥧᥨᥣ ᥑᥒᥳ。 ᥑᥧᥐ ᥚᥤᥪᥥ ᥨᥤᥥ ᥞᥤᥥ ᥑᥩᥢ ᥑᥧᥒᥥ ᥗᥧᥨᥢ ᥐᥧᥒᥢ ᥑᥒᥳ ᥗᥤᥢ ᥨᥤ, ᥞᥧᥨ ᥙᥧᥒ ᥝᥧᥳ ᥟᥧᥢ ᥗᥧᥠᥳ ᥐᥧᥢ ᥑᥩᥥ ᥛᥤᥥ ᥓᥩᥠᥥ ᥛᥤᥥ ᥝᥧᥨ ᥑᥒᥳ。 ᥓᥨ ᥓᥤ ᥗᥧᥨᥢ ᥝᥧᥠ ᥟᥧᥣ ᥗᥧᥠᥥ ᥙᥧᥒ ᥟᥧᥥ、 ᥗᥤᥒᥢ、 ᥗᥧᥠᥳ、 ᥟᥧᥪᥳ、 ᥝᥤᥠᥥ ᥖᥤᥣ ᥗᥧᥨᥢ ᥑᥪᥳ, ᥙᥧᥢ ᥝᥧᥒᥥ ᥙᥧᥒ ᥝᥤᥐ ᥝᥧᥥ ᥞᥤᥢ ᥑᥤᥢ ᥑᥩᥢ ᥑᥧᥒᥥ ᥗᥧᥨᥢ ᥐᥧᥒᥢ ᥓᥒ ᥞᥧᥒᥢ ᥞᥧᥢ ᥑᥒᥳ ᥖᥨᥣᥳ; ᥓᥧᥐ ᥝᥗᥳ ᥝᥧᥒᥢ ᥓᥨ ᥓᥤ ᥗᥧᥨᥢ ᥓᥩᥠᥥ ᥨᥒᥢ ᥞᥧᥐᥥ ᥙᥤᥪ ᥝᥤᥒᥢ ᥓᥒ ᥑᥤᥪᥴ ᥖᥧᥠᥴ ᥗᥧᥒᥥ ᥑᥒᥳ, ᥛᥠ ᥖᥧᥙ ᥟᥤᥨᥣ ᥑᥐᥢ ᥓᥤ ᥗᥧᥨᥢ ᥖᥤᥣ ᥗᥧᥨᥢ ᥑᥪᥳ ᥐᥤᥥ, ᥝᥗᥳ ᥝᥧᥒᥢ ᥙᥧᥒ ᥓᥒ ᥛᥠ ᥗᥩᥢ ᥑᥗᥢ

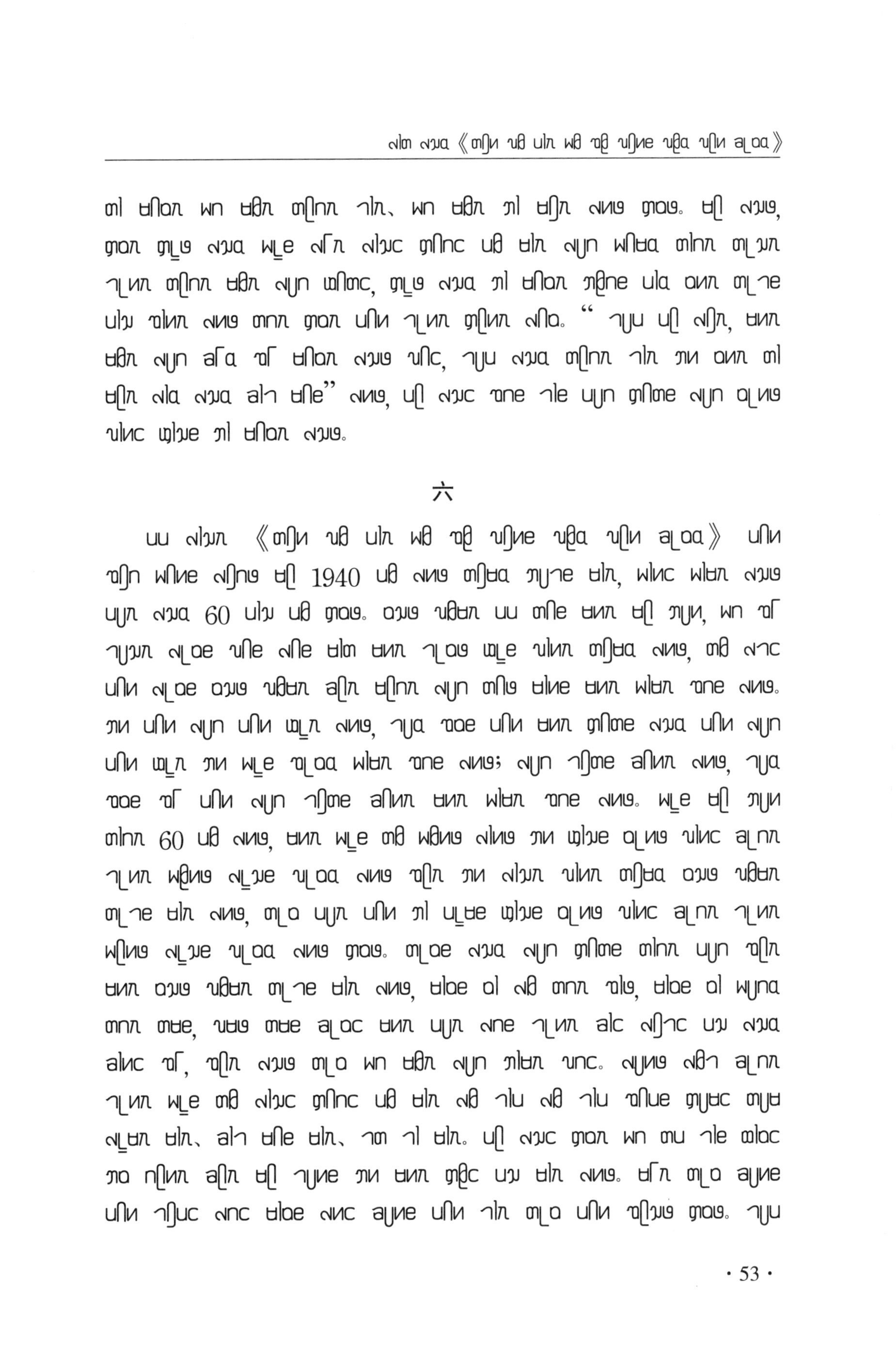

[illegible]

六

[illegible]

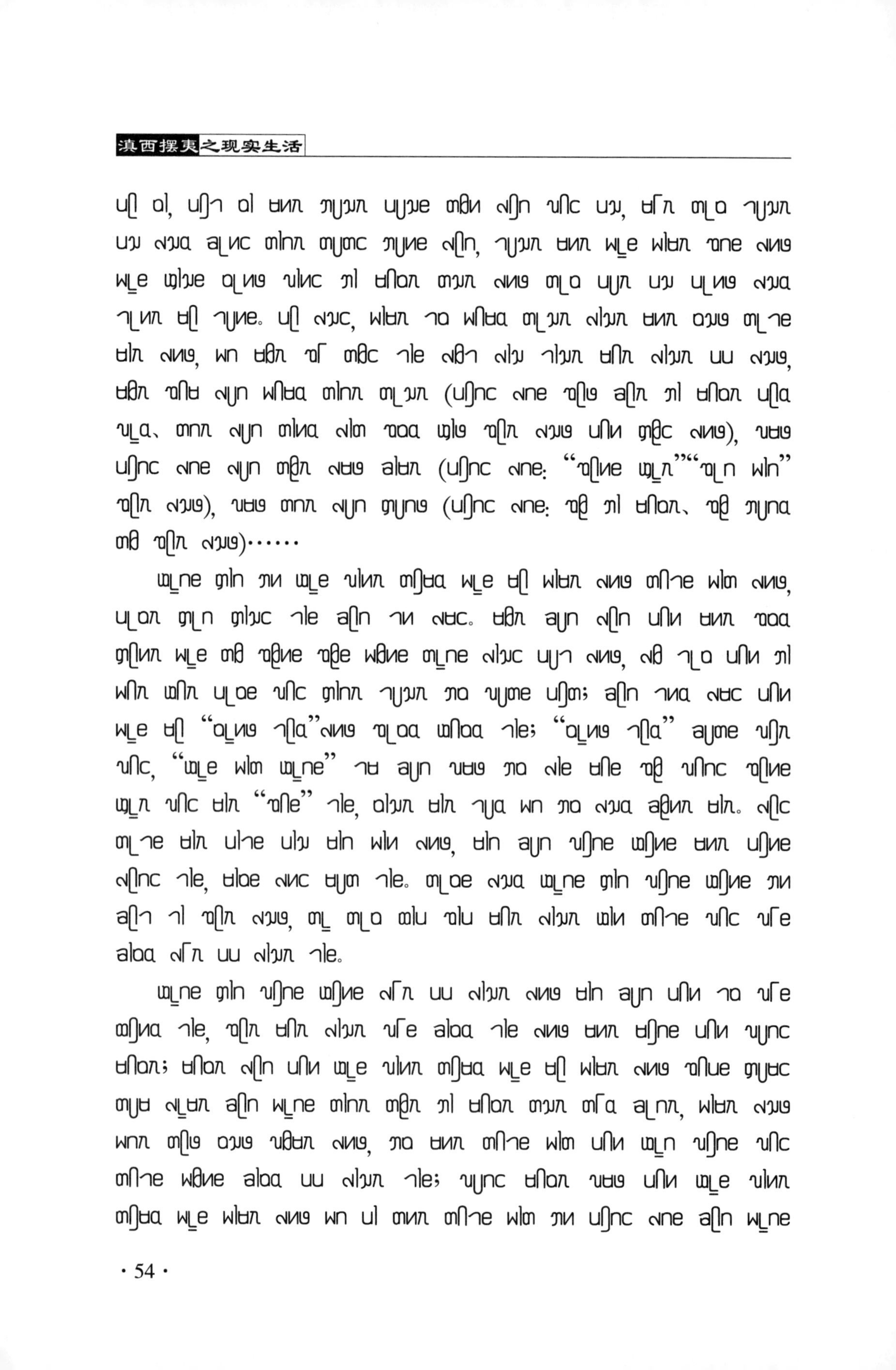

[illegible]

ɯlnʌ ɯβʌ ɲl˥e ɲʃna uln ɲl ɤlɘ ɲl ʁlɔʌ ɯɲʌ ɲl˥e ɤʃn uʃn ɯlne ʋʃʌ ʋʃʌ ɤɲɘ, uʃʌ ˥ɔ ʁlʌ ɯβnc ɲʃna ɯθ ɯʌa ʋlc ɯl˥e wlɯ ɡʃc u̲ʌ ʋle alɔa ˥le。

˥la aɲ:

[1] wlna ʋʃʌɘ ʋβe: uʃʌ ɯ̲e wʃʌɘ ɤ̲ɲe ʋ̲ɔa ʋʃ。wlʁʌ ɤʌɘ uʃʌ ʁ̲ɔc ɤ̲nc ʋle ɤle ʋ̲n ʋlʌ ɯle ʋ̲ɔa, uʃʌ ɯ̲e wʃʌɘ ɤ̲ɲe ʋ̲ɔa ɤ̲ʌ ɯʃnʌ ɡɔʌ ɲʌ ˥ʃnʌ ɯ̲ʃ˥e ʁlɔʌ ɯla ˥̲ɔa ɤʌɘ。ʋʃn wβʌe ɤʃnɘ w̲e ʋ̲n ʋlʌ ɯle ʋ̲ɔa nʃʌ ʋβɔe wʃʌe wʃʌɘ ɤ̲ɲe ʋ̲ɔa ɯɯc ɡʃʌʌ nʃʌ ʋβɔe ʋʃʌ ɤʌɘ, uʃʌ wlna ʋʃʌ ʋʃʌ ɯnʌ ʋ̲ ɣʃʌ ʋθ ʋʃɔe ʋʃɔe (wlʁʌ ɤʌɘ uʃʌ ʋ̲n ʋlʌ ɯle ʋ̲ɔa nʃʌ ʋʃɔe wʃʌe ɔ̲ʌɘ a̲ɔ u̲e ʋ̲ʌ wʃʌe) ɲʃʌ ʋʃʌc ʁʌʌ。

[2] aʃnɘ ɔ̲ʌɘ ʋlʌ; ʋʁɘ ɤɲa ʋθ ɤβʌɘ ʋʃn, wlʁʌ ɤʌɘ uʃʌ ʁ̲ɔc ɤlɲʌ ʋʃɔe ʋʃɔe ʋ̲n wlʌ ɯle ʋ̲ɔa, ɯβnʌ uʃn ʋ̲n ʋlʌ ɔ̲ʌɘ aʃe ʋʃɔe w̲a ˥ʃʌʌ。ʁʌʌ w̲e ʁʃ 1930 uθ ɤʌɘ ˥le ʁʃnʌ ʁʃ ɤβa ˥lʌe ɯ̲ʃ˥e ɡʃʌʌ, ʋle ɤle ʁʌʌ uʃʌ ˥̲ɔ ɤ̲ʌɘ uβa wle ɯle ʋ̲ɔa ʋʃɔe ʋʃɔe ˥̲ɔɘ ɤɲa ʋθ uɔ wlʌ ʋβe ɲʌ uʃʌ ɡʃnɘ ɔl "ɯ̲e ˥ʃʌe ɯlɲe ʁβʌɘ ʋ̲a ʋ̲ɔa" ɤʌɘ。aʃnɘ ʋʃʌ ʋʃʌ w̲e ɯθ wlʁʌ ɤʌɘ uʃʌ ɯ̲e ɯln ɯ̲ɔ ɯlɲe wʃʌɘ ɤ̲ɲe ʋ̲ɔa ɲʌ ˥ʃnʌ ɯ̲ʃ˥e aʃʌ ʁʃnʌ ɤʌɘ ˥̲ɔɘ ɤʃn, w̲e ɯθ wlʁʌ 1930 uθ ɯβnc 1940 uθ ɤʌɘ w̲e ɤ̲ʌ ɯʃnʌ ɡɔʌ ɯ̲ɔ ɤɲa ɔl ʁβʌ ʋθ ʁβʌ ʋlnc ɯlɘ ɯlɘ。

[3] wʃʁa ɤ̲ʌ uu ɤlɲʌ ɤlʁe uʃɯe ˥ʌ ɤʌɘ

[4] ɤβ˥ ɤlɲʌ uʃɯc ɤɲɘ uʃʌ ʋʃʁʌ ɤne alʁʌ ʋʃn wβʌe ɤʃnɘ ɯlʌa aɲ ɲʌ 《ɤβ˥ aʃʌ uβc ʋɔa》 ɔɲɘ ɯ̲˥e ʁlʌ ɤʌɘ。ɯɔa ʁlʌ , ʁʌʌ ˥ɲɘ ˥ɲɘ a̲ʌɘ ʋʃʌe ɤʃn uʃn ʁʃ ˥ʃʌe wlʁʌ ɤ̲ʁe ɤʌɘ ˥le aʃue ɡlɲc ulɲ ʁʃnʌ ʋʃɯ ɯ̲ɲʌ ɤʌɘ。ʁln uʃ˥ ˥̲ʁ ˥ʌ ɤʌɘ, ʁʌʌ ˥ɲɘ aɲ ɲl ʋʃnʌ ʁʃ ɤ̲ʁe ɤʌɘ ˥le ɯβnc ɯle ɤʃnɘ ʋlʌ ɲʌ ɲʃna ɡʃɔc ʋʃ ɤʌɘ。˥ɔ ʁʃ˥e ʁʌʌ ɡʃa ʁʌʌ ɲɔ ɤʃn ʋʃʌ ʁʌʌ

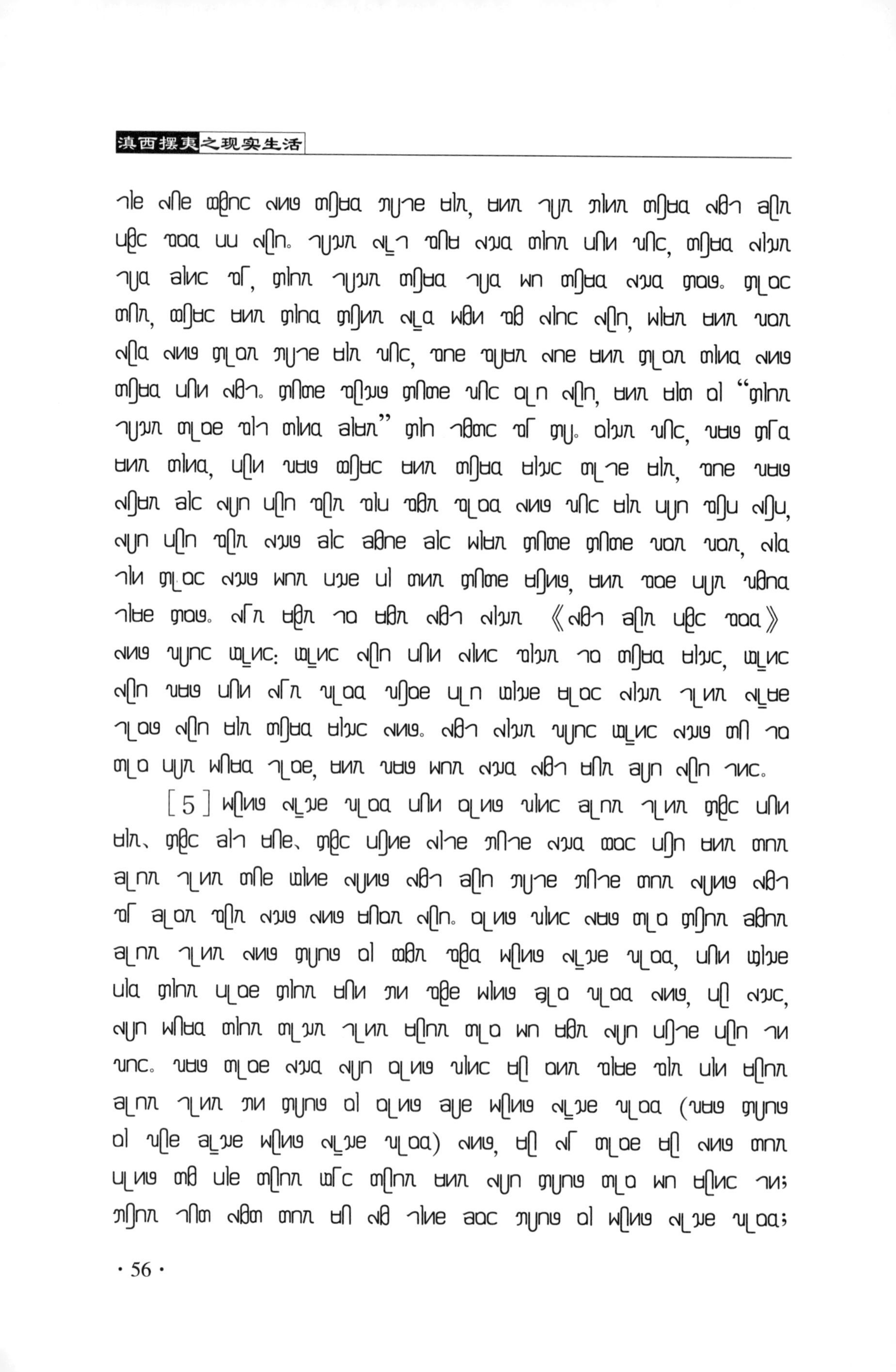

［5］

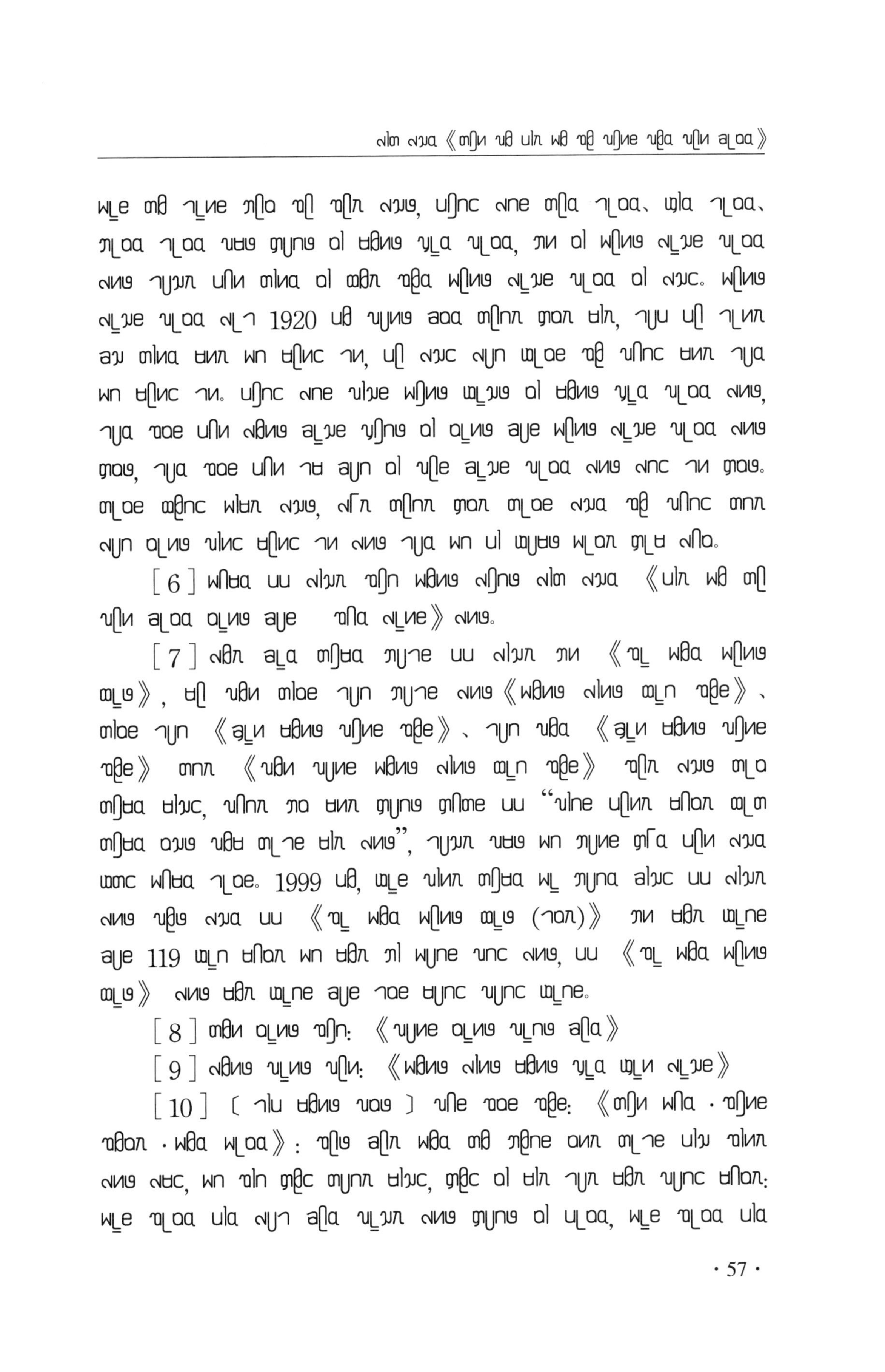

[illegible] 1920 [illegible]

[6] [illegible] 《[illegible]》 [illegible]

[7] [illegible] 《[illegible]》, [illegible] 《[illegible]》、[illegible] 《[illegible]》、[illegible] 《[illegible]》 [illegible] 《[illegible]》 [illegible] "[illegible]" [illegible] 1999 [illegible] 《[illegible] ([illegible])》 [illegible] 119 [illegible] 《[illegible]》 [illegible]

[8] [illegible] 《[illegible]》

[9] [illegible] 《[illegible]》

[10] [illegible] 《[illegible] · [illegible] · [illegible]》: [illegible]

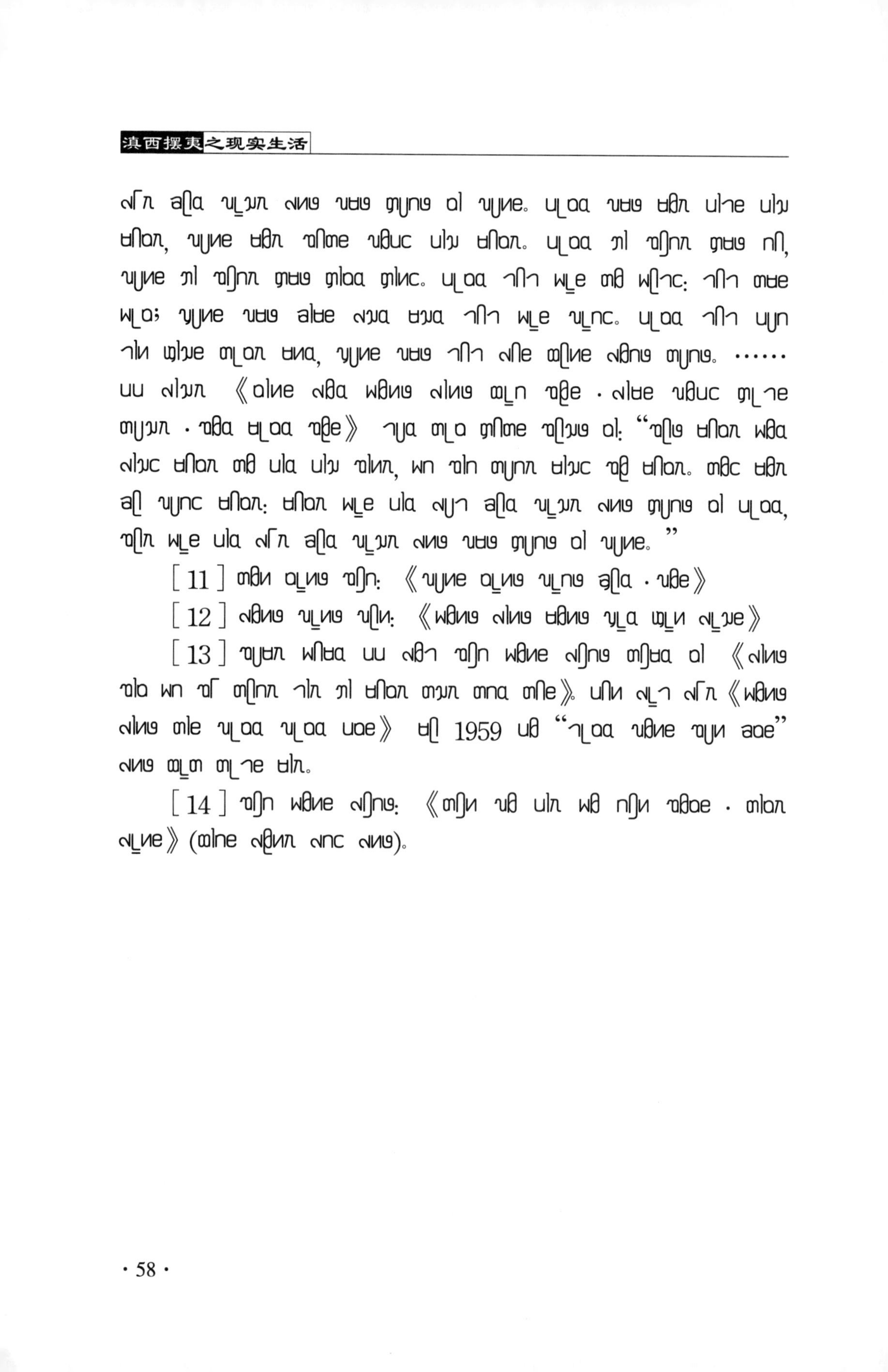

[illegible]

[11] [illegible]

[12] [illegible]

[13] [illegible] 1959 [illegible]

[14] [illegible]

关于《滇西摆夷之现实生活》

（代　序）

江晓林

一

一九三七年七月，先父江应樑先生受广州中山大学研究院和当时云南省政府之共同派遣，以“云南西部民族考察专员”的身份，对滇西民族进行考察。考察的主要对象是傣族。这次考察的起因要追溯到半年前：一九三七年春，中山大学研究院和岭南大学社会经济研究所联合组织了一个海南岛黎、苗考察团，在杨成志教授的带领下[1]，对五指山黎族、苗族进行人类学调查，江应樑是考察团成员之一。这次考察的结果在广州举办

江应樑在中山大学研究院　摄于1936年

江应樑在腾龙沿边考察　1937年摄于遮放大金塔，此塔已毁于“文革”中

初入傣区——由龙陵进入芒市（骑马者为江应樑；戴毡帽者是昆明县教育局工人，由他陪同作者前往考察；右立戴包头者是芒市土司代办方克光派到龙陵接江应樑的人；二携枪者系龙陵县政府派出护送的卫兵） 摄于1937年

了一个展览，并引起很大轰动。为了进一步研究百越民族的情况，中山大学决定派江应樑到云南对傣族进行调查，因为黎族和傣族同属百越支系。随即，中山大学给云南省政府发函，请求合作。不久，云南省政府同意均摊调查经费，双方各出一千块大洋。于是，他来到昆明。当时，傣族被称为“摆夷”，主要聚居在思普沿边（今西双版纳）和腾龙沿边（今德宏）两个地区，由昆明到这两个地方的路况都很不方便。从昆明到腾龙沿边，可以由刚刚修通的昆明至大理的公路乘汽车到大理，大理以西，便只能骑马或步行，要翻越高黎贡山，渡过澜沧江和怒江，路途十分艰难，还时有土匪骚扰；从昆明到思普沿边，道路就更艰险，没有任何公路，全部里程都得骑马或步行，沿途往来行人很少，土匪活动十分猖獗。仔细斟酌后，他决定去腾龙沿边。

自大理起，“改用步行或乘马车绕苍山经漾濞、永平，过澜沧江而至永昌（今保山），南过怒江至龙陵，自龙陵南下即入摆夷土司区。计所考察到的有九土司地：曰芒市安抚司（今潞西市大部），遮放副宣抚司（今潞西市遮放镇），勐卯安抚司（今瑞丽市大部），陇川宣抚司（今陇川县大部），户撒长官司（今陇川县户撒乡大部），腊撒长官司（今陇川县户撒西北），盏达副宣抚司（今盈江县一部），干崖宣抚司（今盈江县一部），南甸宣抚司（今梁河县）。自梁河县折出腾越，过高黎贡山、怒江而回抵永昌，然后再沿来路经昆明返广州，为时共十个月”。他在给中山大学的报告中这样叙述这次历程。

回到广州石牌，根据这次考察所得到的资料，用了两个月的时间，在日本飞机狂炸广州的炸弹声中，他写了近二十万字的《滇西摆夷研究》一稿，作为自己的硕士论文。此书稿经黄文山先生审阅[2]，认为“作者对于僰夷民族的文化之探讨渊博、周详，略与凌纯声之研究赫哲民族相类，成为中国民族学初期之佳作。”一九三八年，北方许多大学已南迁至昆明，西南联大已经成立，全国很多学者、教授云集昆明。中山大学也准备迁滇。江应樑先行到昆，正好，中央赈济委员会和云南省政府组织滇西考察团，邀请在昆的各个有关学科的学者二十多人参加。考察团成员及考察项目为：西南联大古生物学教授张席示考察古生物，社会学教授李景汉考察社会，生物学教授李继侗考察生物，地质物理气象系主任孙云铸考察气象，水利系助教吴尊爵考察水利，农学系助教吴征镒考察农产；云南省卫生实验处处长姚寻源考察医药卫生，云南省建设厅技师郭文明考察农事；经济部地质调查所调查员宋达源考察土壤；北平研究院调查员张宏吉担任测量；江应樑以中山大学研究院暨云南大学特派调查员的身份考察民族。这时，滇缅公路已经修通，考察团一路乘车西行，直到中缅边境，共历时二月。这是他对滇西民族所做的第二次考察。一九三九年，他以这两次实地考察的资料，在《滇西摆夷研究》书稿的基础上完成了《滇西摆夷之现实生活》一书的写作。一九四〇年，这部稿子经顾颉刚先生联系，决定由国立编译馆付印出版。但由于该馆新迁重庆，书中所附的百余幅照片印刷困难，编译馆提出抽去照片，只印文字。家父认为这批图片资料很有价值，如不附图，宁可不出版该书。最后，连寄出的那份稿子也不知所终。

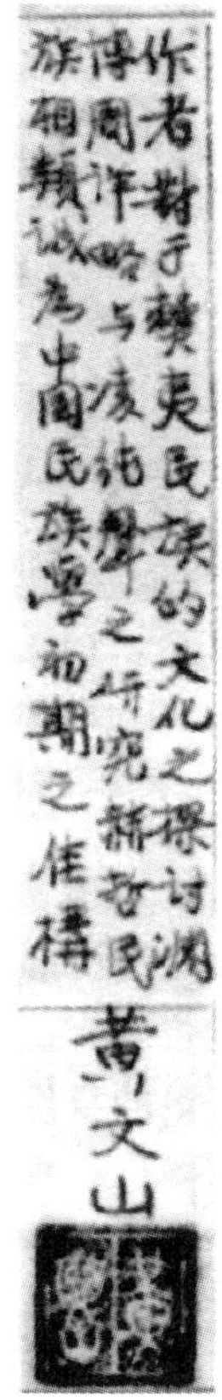

黄文山对江应樑所著《滇西摆夷研究》作的评语

新中国成立后不久，人类学被视为资产阶级的“伪科学”而遭到封杀，父亲所在的云南大学社会系被取消，他被转到历史系任民族史教学工作，只能单纯地埋头以纸堆寻觅史料。至此，这本书不要说出版，原稿也唯恐被人知道而罹祸，自然只有深藏箱箧了。之后的十多年里，出版是无望了，可父亲一直舍不得把稿子毁掉。碰到“风声”紧时，他悄悄把它取出，将其中某些“犯忌”的内容划掉或撕去。今天在整理这部书稿时，为补齐这些为避祸而撕掉的部分颇费周折。

“文革”初，抄家之风愈演愈烈，云南大学校园中“红色恐怖”日甚

國立中山大學日報 民國廿七年五月十六日

◎研究院派往雲南考察民族員江應樑君已返校

本校研究院文科研究所，於昨年暑期與雲南省政府合作，派遣研究生江應樑前往雲南西部邊區地帶考察土著民族，江君於去年七月取道安南入滇，在昆明與雲南省府及教育當局商洽後，決定以雲南西部騰越龍陵界外緊接緬甸地之擺夷民族作主要考察對象，因自昆明出發，取道楚雄，大理，永平，永昌，龍陵，而南入擺夷區，沿滇緬邊地經芒市，遮放，猛卯，隴川，戶撒，臘撒，干崖，盞達，南甸九個擺夷土司統治地，對該區內人民之種屬，語言，文字，習俗，及社會政治制度，均詳加考察，攝得照片五百餘幀，蒐集擺民俗品百十件，考察完畢後回轉返昆明，取道安南來粵，昨已返抵本校，計在雲南境內考察時間達十個月，凡所搜求到之民俗品及照片，除一部份留贈雲南博物館外，餘均全數帶回，陳列於文科研究所，其中有擺夷經典，貝葉經，擺夷文字，精緻綉花之擺夷服裝等，均極名貴，足供全校員生研究觀覽云。

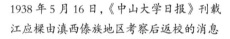

1938 年 5 月 16 日，《中山大学日报》刊载江应樑由滇西傣族地区考察后返校的消息

雲南日報

賑委會滇西考查團將出發

人才濟濟定能完成移民生產任務

設總分站運送配置難民

1938 年 10 月 21 日，《云南日报》刊登有关多学科考察团将前往滇西考察的消息

一日，几乎天天传来某某教授被抄家，发现“反革命罪证”的消息。一天，听说中文系主任刘尧民教授被抄家，其手稿、书籍被当面焚烧。老教授曾跪下请求留下手稿，反而被“打翻在地，踏上千万只脚”。不久，又传来校长李广田教授的日记被抄走的消息……父亲把一些手稿和善本古籍包好，让我陆续转移到几位当时处境还算安全的亲友处，其中也有这部《滇西摆夷之现实生活》的原稿。浩劫后，我去这些亲友家重新取回当年他们冒险保存的书籍，十年沧桑，积存的不少书籍已经散失了，而这部书稿却幸存下来。而我也是到取回这些东西时才第一次知道有这部书稿的存在。

二

今天，由昆明西行，到与缅甸毗邻的德宏傣族景颇族自治州，飞机仅仅四十五分钟的航程，乘车从高速公路走也只需十小时左右。但在六十多年前，当时被称为腾（冲）龙（陵）沿边的这片土地，却被内地人视为酷热卑湿、蛮烟瘴雨的蛮荒之地：外地人进去，十之八九会中瘴毒而亡。而居住在那里的人们，具有种种魔幻蛊惑的神奇力量；汉人到此，稍有不慎，就会被邪魔所惑而不能返乡……诸如此类不经的说法，不但在内地汉人中广为流传，而且千百年来，言之凿凿，史不绝书，显得不可思议的神秘和恐怖。到二十世纪三十年代，虽然国民党政府在当地设置了相当于县级的建制的设治局，但并未取消元、明、清以来一直延续的土司制度，那里仍然保留着几百年来几乎不变的政治经济形态，与内地交流甚少。当时德宏临近地方（如龙陵、腾冲、保山等地）有少量的汉人到傣族地区，被称为“走夷方”。“走夷方”的人大致可分为三类：一是在内地确已无法存活，不得已到那里谋生；一是在内地犯事，到那里逃避官司；一是贩运鸦片以谋取暴利的妄为之徒。那里一年分为旱季和雨季两个季节，他们“走夷方”都是每年霜降以后进去，次年清明前离开，以躲避雨季的“瘴毒”。而各设治局驻地都不在各土司司署所在地，而是在地势较高、气候相对凉爽的地方。这样是为了避免与土司在政治上发生冲突，同时也有避酷热卑湿，躲蛮烟瘴雨的考虑。设治局的官员大都是些失意的小政客和失势的小军官，不得已到了那里，奉行“三不一吹主义”，即不起早、不吃饱、不娶小（小妾）和吹鸦片烟（云南人把吸鸦片称作“吹烟”）。“三不”的用意是保存体力，以避“瘴毒”；而“一吹”的目的则是用鸦片来“抵御瘴毒”。他们一心只想保住性命，敛些钱财，熬过任期，根本不敢走入民间，更遑论体察民瘼、了解民情了。因此，这里依然是一个封闭的社会，是一个保留有古老而独特的政治、经济、文化和风俗的社会，是一个外人所知甚少的社会。

父亲是历史上第一个以人类学者身份进入高黎贡山以西，对傣族社会进行民族学研究的人。

他是勇敢的。他说：“当我决定到那里时，多年住居云南和云南本籍的许多亲友，始而奇怪我为何胆敢独自一人到蛮烟瘴雨的边地中去，继而知道我要去的是摆夷区，更以为我是发狂了。摆夷，在滇黔一带汉人的观念中，是一种不可思议的具有多种邪魔力量的人类。提到摆夷区域，他们的脑海里都会浮起一种魔幻的阴影。亲友们善意地告诉我若干在摆夷区域可能遇到的奇事，什么夷女下药，什么夷人变形等。意思是想善意地阻止我的行程。而我，正被这些神秘得富有原始意味的奇事所引诱，谢绝了他们的劝阻而确定了我的行期。关怀我的人们见我去志已坚，便把许多避免和破除此诸种魔邪的经验良方教给我。”“而诸如此类的话，也说得我有些疑虑起来，以为夷地中恐真有不可以科学解释的事。”“我最初之信念，很想在这神秘的区域中，发现一些神秘的原理，虽不能即时以科学理论解决，也可以给科学界中带来一些研究的资料。”明知其可怕而决意去探究，这要有点“吃螃蟹”的精神。实地进去后，“我感到失望了，”他诙谐地说，“不是失望于我被邪魔征服，而是失望于我拖拖拉拉的带去的炊具，完全原封不动地带回汉地来。”[3]“失望”是句笑话，他正是从傣族神秘的信仰中，追寻到那古老的族源。

他也是幸运的。千百年来，这里被视为化外之区、羁縻之地，由于边远的地理环境，高山大川的阻隔，语言的障碍，使这里长期处于一种相对封闭的、几乎是与世隔绝的状态，极少有外人能进入这个区域。这里处于南亚与中国两大文化板块的挤压之间，而又有着自己独特的文明。这里特殊的延续了数百年的世袭领主政治体制，无工商业的纯农耕经济，南传佛教与原始宗教的奇妙共处，外来文字嬗变为自己民族文字的文化现象，迥异于汉地的风俗习惯，数百年来几乎没有变化，——即使有，也是极其缓慢地、以其自身的规律在发展、变化。外来文化（如由缅甸传入的上座部佛教，由腾冲、龙陵辐射而入的汉族文化以及近年来西方的一些器物，或许还有某些近代思想）的影响一直是以一种自然的、渐进的、缓慢的形式进入该地区。因而那里犹如人类社会发展史上的一块精心保存的原生地，是人类学者研究的一个宝库。当时，他自己也不知道，就在他第一次考察结束后不久，随着抗日战争形势的变化，随着滇缅公路的贯通，腾龙沿边由闭塞的边陲变成中国通往外部世界的唯一通道，外部的力量和影响急剧地进入这个地区。此后的十多年中远征军从这里到缅甸、印度，日本军队的入侵和占领，国民党军队的光复，旋即又从这里溃败逃窜，新中国的诞生，土司制度的永远结束……这里将发生翻天覆地的巨变。而他，恰好在巨变前夕对那个社会进行了人类学考察，并留下宝贵的记录。

他带着一名随从（当时昆明县教育局借给了一名工友），毅然离昆西行。经安宁、禄丰、楚雄、镇南（今南华）、祥云、凤仪到大理。离开大理时，买了一匹马，驮着摄影器材、温度计、体质人类学的测量工具、简单的行李和炊具，顺千年古道，渡过澜沧江、怒江，翻越高黎贡山逶迤西行，沿途进行考察。跋山涉水、顶风沐雨、风餐露宿的艰辛自不必说。最麻烦的是许多地方强人啸聚，土匪出没。遇到有土匪的路段，或请当地政府派兵护送，或等待商旅结伙同行。走了二十天左右，到达龙陵县。这时已经是一九三七年十月初。再往前，就进入傣族土司区域了。

从十月初到次年四月，他在腾龙沿边土司区逗留了半年左右。近五十年之后，他给我们讲述了这次经历：

“汉官吏统称为委员，进入傣族地区是不受欢迎的。我在龙陵，听说芒市的土司方克光曾到过缅甸、南京等许多地方，是一个开明人士。于是，就给他写了一封信，说明我的身份：是学校派去考察他们的社会和历史的，请他给予帮助。两天后，方克光就派人到了龙陵，接我去芒市。”

江应樑（左）与芒市安抚司代办方克光合影于方之私邸　摄于1937年

“出龙陵，下一个大坡，就到了傣族地区。在我眼前展现的是一派完全不同于汉族地区的景观：坝子被乳白色的雾气笼罩着，薄雾中隐隐显出一丛丛竹林。每一大丛竹子里，就是一个傣族寨子。这里的竹子和汉地的略有不同：茎叶粗大非常茂盛，即古书上所谓的‘濮竹’。据说，这种竹子‘竹节相去一丈’，现在看来，也不过一二尺的间隔。出了竹林，随处可见的便是大榕树，当地人称作大青树。几乎每个佛寺前都种有这种树。人们不去砍它，称之为‘龙树’。大青树枝繁叶茂，其枝节长到一定长度，便往下垂到地上生根，其四周又长出一排小树。于是，大青树成了绿荫，人们都到树下乘凉。”

“这时腾龙沿边地区仍然实行土司制度。土司制是中国政治史上的一种特殊的制度《明史·土司传》中记载：‘西南诸蛮……历代以来，自相君长。原其为王朝役使，自周武王时孟津大会，而庸、蜀、羌、髳、微、卢、彭、濮诸蛮皆与焉。及楚庄蹻王滇，而秦开五尺道，置吏。沿及汉武，置都尉县属，仍令自保，以即土官、土吏之所始欤。迨有明踵元故事，大为恢拓。分别司郡州县，额以赋役，听我驱调，而法始备矣。……

尝考洪武初，西南夷来归者，即用原官授之。其土官衔号曰宣慰司、曰宣抚司、曰招讨司、曰安抚司、曰长官司。以劳绩之多寡，分尊卑之等差。而府州县之名亦往往有之。袭替必奉朝命，虽在万里外，皆赴阙受职。天顺末，许土官缴呈勘奏，则威柄渐弛。成化中，令纳粟备振，则规取日陋。孝宗虽发愤厘革，而因循未改。嘉靖九年始复旧制，以府州县等官隶验封，宣慰、招讨等官隶武选。隶验封者，布政司领之；隶武选者，都指挥领之。于是文武相维，比于中土矣（《明史·卷三百一十·司传》）。”

“方克光打开官府的大门和中厅，率土司署中的官员和贵族站在两边欢迎我，把我迎进花厅里住下。土司署的建筑，完全模仿的是汉地明、清时的官府式样：有东、西辕门，大门前是大照壁，大门头上高悬着‘芒市宣抚司’的金字匾；二门旁陈列着半副銮驾，并‘肃静’‘回避’等金牌；大堂、二堂之后是内堂，又有金碧辉煌精雕细刻的内厅、防卫森严的内衙、暖阁、戏台、曲栋流水的花厅等。住于其中，仿佛似百年前的清贵被迎于督府衙门中。方克光和几个贵族陪我在花厅里吃饭，其余的人则在大堂侧面的走廊上吃。大约有十桌酒席，各桌酒菜依食客的身份地位而轻重不同。桌上的菜也和汉地一样，是些鸡、鸭、鱼之类的，只有一二种菜是傣族地区的口味，而且菜多是油炸的。在座的有一位汉人，是官府里的师爷，专门管理接待汉人的事务，每天陪土司吃饭，地位是很高的。”

江应樑与景颇族合影于遮放土司署前
摄于1937年

“这时我才知道，方克光不是土司，只是土司代办。腾龙沿边有两套官制：有正印土司，其职位是世袭制。他是当地政治、经济、军事，甚至宗教的最高领袖。土司的同胞兄弟中年龄最长的一人，称为护印，协助土司料理政事，这是一套官制。如果土司年龄尚小，或因别的原因不能担政事，则由土司的叔父或舅父中的一人替代料理，称土司代办。代办在职期间，其地位和权力完全等同于土司，只是不住在官府。代办的同胞兄弟中，年龄最长的一人，称作护理，其地位和权力相当于护印，这又是一套官制。等土司满十六岁后，代办又把权力交还土司。方克光是替他侄儿料理政事，做代办。他的弟弟方克胜，则是护理。"

"方克光不住在衙门，在外面有一所房子，式样和衙门差不多，也是砖房。方克胜做护理，也有自己的房子，被称为'二衙门'。所有这些房子，都是由内地的汉族工匠去建造的。"

"方克光是个很开明的人。他精通汉文，曾到过内地的南京、上海和缅甸去观光，很有见识。他和方克胜都穿着西服，日常用品也多是西式的。方克胜有一辆小轿车，白天，他们多是带上猎枪、猎狗，驾车出去打猎游玩。晚上，则躺在床上吸大烟。他们都是抽鸦片的。我在芒市时，白天正好同他们一起外出，看看民风民情；晚上，趁方克胜抽大烟时，向他了解当地的情况。"

"芒市气候温暖、湿润，一年分为两季。每年四月至九月为雨季，十月至次年三月为旱季。旱季多雾，每日早晨到十一时左右才能见到太阳；日落后，大雾起来，空气湿度很大。到了雨季，天气湿热，瘴气（其实就是恶性疟疾）很厉害。所以人们说傣族地方是蛮烟瘴雨。我在芒市一个月，每日起得早，吃得很饱，又不抽鸦片，却亦没有什么病痛。"

景颇族住房　摄于1937年

"傣人主食大米，这个地方的大米米质极好，据说亚洲水稻的发源地就是这片地方。傣人除了吃猪肉外，也吃牛肉，喜吃黄牛，用腌菜合炒或是用油炸了吃。青菜晒干，用水煮熟，而后加入酸木瓜，于是菜变得极酸，人称‘酸烂菜’。另外，油煎青苔、凉拌棕榈树花也是他们独有的风味。傣人嗜酒是有名的，一日三餐必不可少，他们饮的都是米酒，方克光陪我在官署里吃饭，每餐都要喝酒，而我是滴酒不沾的。傣人嚼槟榔，用槟榔待客也是颇有特色的。傣族男子则多抽烟筒。”

“有时候，我就住在代办家中，看到不少傣人的风俗。傣家每家都有一个水碓，由家里的姑娘在头天晚上就把第二天吃的米舂出来。姑娘在舂米时，小伙子就到碓房里来谈情说爱。有时是小伙子在竹林里吹起笛子，姑娘听到笛声就去约会。姑娘的家人甚至会让出堂房给情人们的。傣族青年男女间非常活泼，别有一番风情。”

“我还认识芒市的大佛爷，法名静修。他每日只在早、晚各吃一顿饭，他吃的东西都是村里人送去的。他虽是‘忌午’，但却可以喝牛奶等的乳制品。村里人送去的水果很多，常常吃不完，我每次去拜访他，都能吃到许多果品。”

江应樑与芒市静修大佛爷合影于菩提寺前
摄于1937年

“在芒市一个多月，和方克光他们相处极好，相互之间也很融洽。他曾对我说：‘土司确实是剥削百姓，可这是有限度的，必须在百姓可以承受的限度内。而汉官到了傣族地区，剥削百姓无所节制，如吸血鬼，傣人都很恨他们。在傣人眼里，汉官到了夷地，除了要钱，别的什么都不会做。’我在芒市期间，曾有几次汉官下去，确是去收钱的，那时，傣人交租，都用实物。各地的头人或土司再把这些实物卖掉，换成钱币。傣族地区通行的是新滇币，即半开银圆。”

“我在芒市受到很好的接待，心里很过意不去。而方克光他们却说，我是汉人，却不向他们要钱，又不抽大烟、玩女人，清廉正直，人品极好。后来，我从芒市到遮放，他们又把我的为人介绍给了遮放土司多英培。于是，我在遮放亦受到热情的款待。”

“腾龙沿边，主要是傣族的聚居区。可同时亦居住着景颇、德昂、阿昌和汉等几个民族。但他们不是混居，而是依山势、海拔的不同，而分层居住。景颇族和德昂族往往住在山顶上，他们都比较耐寒；傣人们则住在山脚下的平坝子里，气候炎热；阿昌族和汉族居于两者之间，这些地方比较凉爽，没有瘴气。”

猛卯的傣族竹楼　摄于1937年

“遮放相对腾龙沿边的其他地方，地势稍高些，因此景颇族居住较多。我在遮放考察了景颇族的一些情况，就到了猛卯。”

“虽然同是傣族地区，猛卯却是与芒市有显著差异的地方。原来，傣族分为两大支系：水傣和旱傣。在腾龙沿边，只有猛卯一地是水傣族，其他七个地方都是旱傣族。两个支系，在住房和妇女的服装上有不同的风格。”

“芒市的傣族女子一般的装束是上身一件白色或浅色的短上衣，下面是一条黑色或青色的裙子，裙长及膝，腰间束一腰带，赤脚。而猛卯的女子与之相比，则要艳丽得多。上身仍是白色或浅色的短衫，下身是一条颜色明艳的裙子，长及地，脚上却拖着一双缅甸的木屐。无论旱、水傣，她们的装饰都很简洁，头上有根发带，戴一双手镯，特别突出的是上衣上的几个大银纽扣。”

“傣族男子的装束，水傣和旱傣都差不多：都是短上衣，大襟、小袖；中裤，用青布或白布做成；还有的用长丈许的白布或青布包在头上；用长数寸的青布束在腿间。冬天天寒时，则用毛毡或线毡披在肩上。这些毛毡都是从缅甸买来的，白天当披衣，夜间则用作被盖。”

“傣人的布料，有的是从缅甸买棉纱自织的，有的则直接购买缅甸的织布机织布。和其他民族相比，傣族的衣饰显得极为整洁、清爽。”

缅甸南坎街景　摄于1937年

“傣族男子的装饰，只有一把腰刀和背包，却也不很常带。但他们却有文身的习俗，如傣族女子染黑牙一样。他们在身体的各个部分刺上各种图形和动物图案，即时用一种紫色或黑色的植物汁涂上，于是呈现紫色或黑色的图案。据说这是男子成年的表示。”

“到了猛卯，我才第一次见到傣族的竹楼。因为德宏其他地方的傣族，其住宅早已改用土墙草顶的汉族式的房屋。只有猛卯一直保持着传统的竹楼建筑，即古书上所谓的‘干栏’。干栏分上下两层，全用竹子建成。上面是人的住房，下面养牲畜，很有特色。除了竹楼外，竹子器具在猛卯傣人的日常生活中随处可见：竹床、竹凳、竹水桶、竹杯、竹筒等等。从猛卯到缅甸很近，过了瑞丽江就是。在江上就有一座可以通行小汽车的大竹桥，桥长二百多步，每年修复一次，因为雨季洪水淹没了桥梁。”

“从服饰和住宅可以看出，猛卯地处偏僻，远离汉人居住区，汉人很少进去。它又紧靠缅甸，各方面都受缅甸影响较深，所以保持了傣族原有的文化较多些。而芒市等地，则受汉文化影响很重了。”

“猛卯土司尚年幼，由舅父刀京版任代办。刀京版原是干崖的土司，他年轻时曾到过各地周游，见多识广，又是个多才多艺的人。在他家里，我见到了钢琴、小提琴、曼陀铃、京胡和广东板胡等许多乐器，另外还有八灯的收音机、猎枪、手枪、照相机和其他照相器材，琳琅满目。和芒市土司方克光一样，刀京版亦是西装革履，也有自己的小轿车。他很开朗，也很热情，时常亲自驱车带我去打猎，或到各地观光。我们经常坐他的小汽车，他自己开车行过竹桥，到缅甸的南坎去，那儿有各式的商店和

江应樑与刀京版在猛卯郊外打猎　摄于1937年

咖啡馆、烟馆。刀京版也抽鸦片，所以他常到烟馆去。我则到街上逛商店、到咖啡馆去喝咖啡。到一定时候，我们再会合，一起回猛卯。”

“离开猛卯，我就到了陇川。陇川大抵是全州最大的坝子了。不过，我在那儿没待多长时间，就径直到了干崖。”

“当时的干崖土司，正是刀京版的儿子刀承钺。他曾问我：‘为什么汉人要污蔑傣人是狗？’我问他这话从哪儿得到的，他说古书有记载。我知道他所说的是在《后汉书·南蛮列传》上：‘昔高辛氏有犬戎之寇，帝患其侵暴而征伐不克，乃访募天下有能得犬戎之将吴将军头者，购黄金千镒，邑万家，又妻以为少女。时帝有畜狗，其毛五采，名曰槃瓠。下令之后，槃瓠遂衔人头造阙下。群臣怪而诊之，乃吴将军首也。帝大喜，而计槃瓠不可妻之以女，又无封爵之道，议欲有报而未知所宜。女闻之，以为帝皇下令，不可违信。因请行。帝不得已，乃

江应樑（左）、猛卯土司代办刀京版（中）、干崖土司代办刀保围（右）与干崖傣族妇女合影　摄于1937年

江应樑（左）与南甸土司龚绶合影于南甸土司衙门　摄于 1937 年

以女配槃瓠。槃瓠得女，负而走入南山，止石室中。所处险绝，人迹不至。……经三年，生子一十二人，六男六女……。'（《后汉书·卷一一六·南蛮西南夷传》）我告诉他，这是个传说，也是个误会，这个传说是指长沙武陵蛮言，并不是傣族。”

“出了干崖，我就到了南甸。南甸的土司是龚绶，身穿长袍马褂，一副清朝遗老的派头。他有许多女儿，都嫁给各个地方的土司，所以，被称为‘总丈人’。”

“在干崖、南甸等地，我就深入了解傣人的宗教。在竹林掩映的村落中，总有一座金碧辉煌、光彩夺目的建筑，这便是佛寺。当地人称作‘缅寺’，又叫‘奘房’。缅寺只有一间大殿，房间内比较阴暗，中间有一尊大佛，旁边有无数数寸和一尺来高的小佛像——这都是百姓送的，样子和大佛一模一样。佛的四周挂满了大小不一的佛幡，绣着或画着佛教的传说。佛爷和和尚都住在大殿的各个边角上。佛像前有三层台阶，女性只能上第一层，男子则可以上第二层，只有佛爷才能走上第三层。每个人进入大殿内都必须脱鞋。”

“佛寺前有一座高大的佛塔，塔身总是以金粉描绘或铜镂刻的花样，或用缨络装饰。阳光照在上面，金光万道，灿烂辉煌——尽管傣人生活十分清苦，但缅寺则是他们最辉煌、最富丽的地方。”

“几乎所有的傣族男子从不到十岁起，就被送到寺庙里来做小和尚，念傣文佛经。等到十五六岁学成后，大部分男孩则还俗回家，婚配成家。而只有小部分人可升为二佛爷或大佛爷，就终生不婚了。傣族的寺庙实际上是学校，几乎所有的傣族男子均懂傣文。傣文至今仍十分流行，当地的布告、文书等均用傣文。”

“佛寺内有几种和尚：小和尚、和尚、二佛爷、大佛爷等。大佛爷地位最高，掌管寺内一切事务。做大佛爷要具备四个条件：一、修道高深；二、经典熟悉；三、有办事能力；四、进寺时间最久。大佛爷和土司几乎具有同等地位，只是还要在土司的统治之下。”

“德宏的佛教是上座部佛教，有四个宗派：即摆总（摆庄——任继愈主编《宗教大辞典》所用译名，下同）、润、左抵和朵列（多列）。其中信奉摆总的人最多。因为摆总教规较少，比较随意和自由。润的规矩也和摆总差不多。左抵的教规极其严格，且内容繁多，如：不能杀生，不能饮酒，不能打猎、捕鱼等等。朵列派的教规和左抵也相近，故信这两派的人较少。”

“四个教派各有各的寺庙，互不相混，各自遵守各派的规定。左抵派的寺庙较少，好比行脚僧。左抵的大佛爷总是带一帮弟子四处周游，轮流到各地寺院去住，而不是固定住一处。所到之处，即清扫寺院，严格按左抵的规矩行事。傣族人，年老的多信左抵或朵列，年轻人则多信摆总，一个家庭中常有不同的教派。尽管四个宗派各有派别，互不相混，信徒却可以自由信教。在一生里也可以改换教派。”

“佛教不仅支配了傣人的精神生活，对他们的经济生活也有很大的影响。各村寨的人要定时轮流供给寺院衣食，而且是最精美的食物。这其实是各家出衣食，共同奉养寺庙以及在寺中读经的他们的男孩子。除了定时轮流送食物外，还有许多宗教典礼需花费钱。如‘做摆’：傣人积蓄到一定的时候，则摆设厅堂，供上从缅甸买来的贵重的小铜佛像，请寺中佛爷到家里念经，一连数日。然后把佛像送到佛寺中的大佛像旁供奉，这叫‘积功德’。钱花得越多，‘摆’的场面越大，‘功德’就越多。所以，这几乎花费了傣人一生的积蓄。”

“我又到盏达转了一趟，就又回到南甸。几日后，从南甸到腾越，走出了傣族地区。当时国民党政府在腾越设立殖边督办衙门，管理腾龙沿边事务。我去时，督办李子畅恰好出行，由他的大儿子李生岚代理政事。因为我与他的二弟李生萱（即艾思奇）在上海读暨南大学时很熟悉，因此，他热情地招待我住在督办公署中，并由他的小弟弟李生勉陪我到他的老家和顺乡等地游玩考察。不久，我骑马回到大理。卖了马，再搭便车回昆明。

“在傣族地区，我搜集了不少民族服饰和民俗、宗教用品带回来，先后在昆明、广州和香港举办了展览。这些物品中的大部，也分别赠送给昆明民众教育馆和中山大学研究院。”[4]

这是他第一次考察的过程。至于第二次到腾龙沿边的详情，因为带有当时“官方”所组织的色彩，新中国成立后他不便提起，我们已无从得知。仅留下几帧照片和书中的片段叙述。

三

《滇西摆夷之现实生活》全书共十章。

第一章《摆夷的来历》。

通过对史料、地名和民族习俗的研究，对德宏傣族的族源及其流变进行梳理，家父认为，断发、文身、巢居、食异物和善制铜器，这是百越民族迥异于其他民族的特殊风俗习性。而傣族所具有的这些习俗，与百越相同，应属于百越族系。民族习俗的研究对人类学有着重要的意义，传统的所谓历史，只是成文史，而人类学“历史的重构”（鲍亚士语）工作的完成，有赖于先史学的方法——从现存人民（尤其是未受他种文化急剧影响的部族）中寻求和推究先史人民的风俗、语言、信仰等，再通过比较研究法，寻求人类文化相似的特质，并探究他们在历史上的相互关系。这是对传统史学的一大突破。

对现居云南的土著民族，他认为最早是羌族系的爨，百越系的摆夷，以及后来移入的藏族系和苗族系及汉族。对濮的族属，他纠正了古文献中的错误，认为应是百越民族系统而非羌民族系统。古代这些民族在几千年的历史进程中，并非一成不变，而是在不断地演变、分化、融合、发展，而形成现今的状态。

对于古百越民族入滇，他提出两条路线：一是经湖、广、川而来；二是由暹罗、缅甸而入云南。

第二章《一个原始的摆夷区域》。

首先对云南纷繁的民族分布情况理了个头绪。以河流来划分：一、扬子江水系，指流经云南东部及北部的金沙江及其支流流域内，主要是爨人居住，间以一部分苗人；二、东南水系，指流经云南东部及东南部河流流域内，主要是苗、瑶居住；三、横断山脉西北水系，指金沙江、怒江、澜沧江上游流域，主要是西藏族系居住；四、横断山脉西南水系，指龙川江、大盈江及怒江、澜沧江下游流域，主要是傣族居住。而傣族聚居区中的南边和西部两大地区里（即思普沿边和腾龙沿边），因为当时南部已经正式设县，而西边土司仍然握有统治权，因此他认为那里更具有原始的意味。

书中依照古驿站的行程，融地理、历史、风土为一体，由昆明一路西行，最终把我们带入腾龙沿边土司区：一个河流纵横、气候温湿、植物茂密、坝子棋布的神奇边区。

第三章《土司》。

论述土司制度的沿革，土司职位的承袭，土司统治的行政机制，土司的剥削和贵族阶级的日常生活，父亲身历亲见的记录和抄录下来的一些文书资料，今天已经成为研究近代土司制度的宝贵文献。

第四章《摆夷的经济生活》。

详细描述了当地经济生活方式。以今天看来，它是人类社会从领主经济向地主经济转型期的“个案记录”。虽然这个转变除了它自身经济发展客观规律的因素外，也有外来的，主要是临近汉族区域经济生活及观念影响的因素，算不上“纯粹”和“典型”，但也是人类社会发展的一种类型。

从地方经济史研究而言，当时当地的流通货币及币值调查记录，无疑是一份可贵的记录。

第五章《从个人到家庭》。

这是一个有趣的话题，所叙内容极富魅力，而态度却十分严谨，绝无搜奇猎异之轻浮。本章力求从服饰与风俗、恋爱与婚姻、个人与家庭、生命与死亡、宗教与宗法的生动描述中，追寻社会发展史的线索。

第六章《摆夷的社会》。

从社交、娱乐到法律、犯罪和审判，从农耕生活到社会互助，从阶级对立、军事组织到战争……描述了傣族社会生活的诸多形态。

过去史书中屡次描述傣族勇悍好斗的性格，而现实生活中的傣族却和善柔懦，傣族村寨间十数年甚至数十年无械斗发生，这种民族性格的巨大变化，家父认为是数百年来佛教深度感化所致。傣族的民族性格是否真发生了反差如此巨大的改变？若真如其然，变化的原因是否真是宗教的教化作用？这些问题至今还未进行认真的探讨。

第七章《语言和文字》。

对傣文的来历，史籍上说是“习爨字而有之”，家父作了纠正。他认为傣文字母是从缅文字母脱胎而来的，它的拼音法则与藏文相同，究其根源可追溯到印度梵文。

傣族语言与广州话的相同特点，数字一至十的读音极其相似，是偶然的巧合，还是在种族上、历史上、交通上有着渊源关系？梁启超所言“粤人是汉人与摆夷的混合种”的看法是否有道理？这又是家父未及深究，留给我们的课题。

第八章《佛与魔》。

讲述傣族的信仰：万物有灵的原始信仰久已伴随着这个民族走过自然力远远大于人力的遥远岁月，他们至今还深信着许多甚至他们中任何人都没有见过的蛊惑巫术，这种文化现象使父亲联想到越人；后来传入的上座部佛教也支配着傣人的精神生活甚至物质生活……佛与魔，是那时傣族人心灵中挥不走拂不去的阴影与憧憬。

第九章《智识与教育》。

谈的不仅仅是单纯的学校教育，而是指对民智的开发、教育，所以讲音乐、舞蹈、戏剧和翻译小说。当然，其中也有对学校教育现状的揭露。

第十章《摆夷们的期望》。

今天看是史料，而当时却是对现实生活、对边境民族政策的直接介入。为现实，这是人类学的真谛。

四

人类学作为一门独立的学科传入我国，是在二十世纪初。到二十年代，蔡元培任北京大学校长，在北大开设人类学课程。他主持中央研究院时，在所属社会科学研究所设立民族学组和人类学组，这两个组结合起来研究的内容，就是广义人类学的范畴。他主张这门科学既是理论科学，同时也是应用科学。它不是书斋中的学问，也不单纯是学术研究，它与中国（特别是现实中国的边疆、民族）的政治、经济、教育、文化的发展和提高有着直接的联系。他的这一观点，成为中国人类学研究的好传统。他大力培养青年人类学家，提倡并亲自指定人员赴少数民族地区进行实地考察。一九二八年颜复礼、商承祖调查广西凌云瑶族，一九二九年林惠祥调查台湾高山族，一九三三年凌纯声调查松花江下游赫哲族，其调查报告，都是经蔡元培“精审指正”后才出版。到三四十年代，在全国已有十几所大学设置有人类学（或民族学、社会学）系，或开设这类课程，形成北方、东南、南方、西南四大研究中心，在极其艰难困苦的情况下，致力于人类学研究并取得卓越成果的代表人物已经有数十人之多。

三十年代末，抗日战争爆发，很多内地大学迁滇，全国学者、教授云集昆明。云南多民族、多文化、多种社会形态并存的状况，被称为人类学的宝藏，社会的活化石。再加之稳定后方、开发边地的需要，不但人类学家，连其他学科（如历史、地理、语言、生物等学科）的许多著名专家，都被吸引到边境和民族聚居区的考察工作中来，开展了广义人类学的研究工作，硕果累累。云南成为当时中国人类学研究的中心。

人类学的研究涉及自然科学和社会科学等多学科的知识，必须用诸如人体测量与观察的形态学、民俗学、历史学、考古学、语言学、地理学、宗教学、经济学、政治学、哲学等学科的专业知识对特定地区和民族进行综合考察和研究。因为考察的对象大都是居住在远离城市的边远地区，路途的险阻，风俗的迥异，语言的差异，信仰和禁忌的不同，再加上长期以来民族压迫和民族歧视造成的隔阂，除了要求人类学家具备相当的学术素养外，还要有吃苦耐劳、不畏艰险的敬业精神。

对父亲来说，吃苦算不了什么。他五六岁时，家境已经非常窘迫。为了能读书，每天一早就起身到学校，早餐根本就吃不起，中午只有一枚铜板，买二三十粒炒豆和着生水充饥，下午放学回家才能吃一顿晚饭。一年后，父亲见背，又过了一年，舅夺母志，他被卖到寺庙当小和尚。小学三年级的他，恳求师父让他继续念书。他的师父是有名的月溪法师，法师见他在这么困难的境地下坚持上学，并连年考第一名，就同意了他继续读书的要求，但条件是：穿着和尚服去学校念书，学校的功课必须一直是第一名；每天要背熟指定的佛教典籍，完成规定的大、小楷；每天放学回寺，自己做饭。就这样，一直到从云南省立师范毕业，他始终保持了第一名的学习成绩。在上海暨南大学，他念了一年中文、两年历史、一年社会学的课程，因成绩优秀提前一年毕业。考入中山大学研究院人类学组后，又全面学习了有关课程及田野考察方法、摄影技术。坎坷的经历和多系科课程的学习，恰好有助于他顺利地进行人类学研究工作。

从三十年代末到四十年代末，他的足迹几乎踏遍云南各少数民族居住区。除致力于傣族研究外，也涉及了彝、苗等其他民族。在田野考察的基础上，发表了大量论著。有关傣族的有《滇西摆夷的土司政治》《滇西摆夷的社会经济》《摆夷的家庭组织和婚姻制度》《云南摆夷的社会组织》《摆夷的种属渊源及人口分布》等论文和《摆夷的经济生活》《摆夷的文化生活》两部专著；有关其他民族的有《苗人来源及其迁徙区域》《昆明境内的非汉语系住民》《大小凉山之行》《凉山一角》等论文和专著《凉山夷族的奴隶制度》；概论性的有《云南民俗志导论》《西南边疆的特种文字》《西南民族的种类和分布》等论文；有关现实民族问题的有《抗战中的西南民族问题》《云南西部之边疆民族教育》《腾龙沿边开发方案》《思普沿边开发方案》《云南土司制度的利弊与存废》等。而学术价值最高的当推这部未出版的《滇西摆夷之现实生活》。

五

《史记·大宛列传》载："昆明……其西可千余里有乘象国，名曰滇越。"民族史学学者认为：这里所说的"滇越"和"乘象国"就是傣族先民今天居住的德宏一带。这是最早见于史料的有关德宏傣族的记载。虽然此后一直到民国初的两千年里，正史和私家著述只不断出现有关滇西傣族的记载，但这些记载大多散见于史籍中，零星、杂芜而简略，且多是传闻之词。其中有很多宝贵的人类学资料，但也掺杂了不少搜奇猎异、歧视偏见甚至荒诞不经之说。概言之：史料不少，而含混不清，且多属道听途说，故往往语焉不详。在所有这些文献中，真正出自身历亲见的第一手资料、史料价值很高的有元代和明代的四部著作：一是元代李京《云南志略》中《诸夷风俗》一章的《金齿百夷》一节（不足五百字），他在元大德年间（1297—1307 年）为办理军储，到过金齿地区。二是明代钱古训的《百夷传》（五千余字）。三是明代李思聪的《百夷传》（三千余字）。他俩于明洪武二十九年（1396 年）被朱元璋派往缅国、百夷出使，回来后分别写了书名相同而内容有异的两部《百夷传》。四是明永乐四年（1406 年）张洪奉使到麓川、缅国后所著的《南夷书》（其中有关百夷部分约二千字）。乾隆三十三年（1768 年），清政府与缅甸发生战事，清军经过今德宏地区到缅甸，当事人留下不少记述，但多是叙述战争，对傣族社会涉及不多。长期以来，对这片面积达一万一千多平方公里的云南西部疆域，对这里的社会、历史、风土、人情，外面的人们知之甚少。例如清嘉庆十年至道光三年间（1805—1823 年），芒市土司区傣族、景颇族、德昂族之间发生激烈的民族冲突，达二十年之久，波及邻近几个土司地，芒市土司因此去职。对这场风波，汉文史料竟毫无记载。因此，江应樑这部四十多万字的《滇西摆夷之现实生活》，是继《百夷传》和《南夷书》之后五百多年里，第一部对云南西部傣族社会最为详尽的，依据亲身经历和实地调查所留下的第一手资料。

除文字记述外，家父在傣族土司区拍摄了大量照片，真实形象地记录了八十年前那里社会生活的诸种场景，内容包括自然景观、建筑、器物、人物形象等。当时拍摄的照片共五百余帧，几十年的岁月沧桑、世事变迁，现在仅保留下百余帧。这大约也是德宏地区最早的一批照片资料了，弥足珍贵。

人类学的治学精神不是出世的，而是入世的；不是怀古的，而是现实的；不是回避矛盾的异域风情录，而是直面问题去探索。经过对傣族地区十年的人类学考察，他认为，傣族地区最为关键的问题有三点：一是土司对人民的封建剥削，二是汉族官吏的昏聩与贪婪，三是对边地人民的民族歧视。他尖锐地指出："倘若任由上述诸种事实继续存在，则不久的将来，此肥沃千里，出产富饶，民情淳朴，生活安康的摆夷地区，势必走上两条路：一条路是人民对政府由怨望而生离心，由离心而对内地人民仇视，于是使边疆与内域永远隔绝，边民与内民永难合一；另一条路那就更坏，边民因对内的离心而转向对外，倘遇邻境国家有所企图或野心，则我边疆之锦绣山河，恐将不保。此语绝非危言耸听，边民对政府的怨望，由来已久，固不自今日始。自有史以来，汉民族对四夷的歧视、欺压，已经成为传统的行为，历代征蛮剿夷之事，史不绝书。而每有征剿，皆以斩首多少来矜功，纵有设治的官吏，亦莫不以鱼肉视边民。聪明如摆夷，似这类史事能不记恨在心？近十年来，政府对边疆政策一改旧观，重视边区，爱怜边民，以民族一家，举国团结为号召，意即在对边民解释过去之误会，填平历史上的鸿沟，可惜这种政策始终仍只是一句口号。边疆官吏的设施，不仅不能把边民的心理转换，反而在旧怨上加以新仇。这样，要想国家在边疆收到政治上的效果，那真是缆绳穿过针眼，事实上是不可能做到的。今日的摆夷区域，都是在国境的沿边地带，诚所谓国防的第一线。在双方对比的情形下，讲武力，我们无一兵一卒之设，一关一隘之阻；讲政治，人家是吏治清明，民生安定，我们是贪官污吏，民不聊生；讲国界，这一带地与缅甸、越南接壤，与暹罗一走廊之隔，虽然界址都已确定了，但国界之划定，不依山脉河流，不准经度纬度，只凭几个可以移动的界桩，来确定国家的疆界，且若干地方，犬牙相错，飞来插花互见，边地盛传的界桩内移事件，不能全视作流言；讲民族，国界内与国界外所居住的，同是摆夷，他们语言相通，生活习俗相同，且互为亲眷，在他们的脑中，并无国家意识，却有摆、汉之分，如果有一个外力向他们招手，他们岂不乐于脱离贪官的压榨？暹罗的‘泛泰族主义’，已足令我们深省了。”[6]

《滇西摆夷之现实生活》大量直书当时的阶级剥削、民族矛盾、帝国主义对边地的觊觎、汉族官吏的昏聩腐败、土司制度的存废和土司们的矛盾心态等等。家父对这一系列矛盾和问题并不回避，而是直言自己的观点、主张，甚至困惑。他的看法和分析以今天来看，自然有不当之处，局限性也是显而易见的。但他热爱边民，忧国忧民之情则无可置疑的；他敢于揭露矛盾，抨击弊端的品德是可贵的；他的人类学研究直接为边疆民族的发展、进步服务，今天仍然有积极意义。

人类的文化是一个不断积累的、渐进的历史过程。而人类对自身文化的研究，是一个站在前人研究的基础上艰苦探索前行，不断修正、完善、发展的，永无止境的过程。任何一个学者，都只能在他那个时代学术水准的基础上往前进。文化的发展是不会凌空一个筋斗翻十万八千里的。《滇西摆夷之现实生活》毕竟是八年前的著作，这种历史的局限自不可免。例如：

（一）民族识别及称谓

云南自古以来就是一个多民族居住的地方，而民族是一个历史的范畴，从历史的观点看，民族有其发生、发展、变化以至消亡的过程。对云南各个时期、各种民族的认识，历史上长期以来处于一个较为模糊、含混、直观和缺乏客观而科学的识别标准的状态。明万历间谢肇淛《滇略·夷略》和天启间刘文徵《滇志·羁縻志·种人》列云南诸族近五十种；清嘉庆二十三年，云贵总督伯麟委托画家李祜以“图说”的形式绘制云南少数民族图册，称为《诸夷人图》，书中所收“诸夷”一百一十九种[7]；稍后，清中叶《云南通志·南蛮志·种人篇》所载云南全省少数民族竟达一百四十余种之多。这种识别方法是把全省各地对所有土著住民的名称（包括自称和他称）罗列在一起，更多的是停留在感性认识的层面上，并无现代科学意义的民族识别标准。再从傣族来看，由于长时期以来历史的演变、分布地域的变迁，致使种族的名称也很复杂，有：百濮、僰、濮僚、闽濮、裸濮、鸠僚濮、哀牢夷、文面濮、赤口濮、黑濮、蒲蛮、百夷、永昌蛮、僰夷、僰人、摆夷、摆衣、大伯夷、小伯夷、僰子、百彝、白彝等，同族异名（或异字）就有二十几种之多。

人类学传入中国后，对云南民族的识别才走上理念化的路子。当时，对云南民族分类有几种不同观点：丁文江把《云南通志》所载分为掸人类（含摆夷、民家），缅藏类（含爨人、缅人、藏人），苗瑶类（含苗人、瑶人），交趾类（含安南人、蒲人），共四大类九大群。[8]凌纯声把云南境内民族分为蒲人类（含蒲僰、瓦崩、苗瑶），藏缅类（含罗罗、窝泥、西番、藏人、缅人、野人），掸人类（含仲家、土僚、摆夷），一共三大类十二大群。[9]

家父认为，明代谢肇淛《滇略》一书中将云南民族分为僰和爨两大系统是很有见地的，[10]依据谢说，他把云南民族作如下分类：

1. 土著民族

甲，罗罗系诸民族（即“爨”）。

乙，摆夷系诸民族（即“僰”）。

2. 外来民族

甲，汉民族（包括历代移入的汉族、元初入滇的蒙古族及回民）。

乙，苗族系（包括自贵州移入的苗民，自广西移入的瑶人）。

丙，西藏族系（包括滇西北一带的古宗、麽些民族）。

丁，缅甸族系（包括阿昌、老缅诸族）。

由此可见，八十年前人类学者开始用科学的观点对过去云南民族识别问题进行探索和梳理，努力改变历史上纷纭复杂、茫无头绪的状况。

对于当时把傣族分为水摆夷、旱摆夷和花腰摆夷的习惯称呼，江应樑认为“实际上并非种族上的区别”。他力求从体质特征、民族习性、居住区域的地理环境、社会及经济制度和宗教信仰等方面来作为识别傣族的标准。他清楚地看出，“摆、白、伯，皆僰字之转音，今之人类学者，通称此族为台苗（Tai mio）或中国掸（China shan）。此民族分布于中国西南边省。云南之西部及南部，广西，贵州及暹罗（林按：即今泰国），缅甸，安南（林按：即今越南）诸地。”而那时还没有“傣”这个汉字，而通称其为摆夷。

（二）族　源

对历史上民族的产生、发展、迁徙、衍变的考察，对现有民族之间历史渊源的研究，也是当时人类学家关注的课题。例如：傣族与百越在历史上是为同一族系，民家（白族）与傣族的渊源等。丁文江把傣族与民家都归入掸人类。同时，他认为“大概是大理国与汉人的混种”[11]。凌纯声把民家归为蒲人类的蒲僰群，把摆夷归为掸人类的摆夷群，认为不是一个民族[12]。至今人类学界有的学者认为蒲与摆夷均属百越族系，也有的学者认为蒲为今天布朗族、佤族的先民，认识尚未统一。同样，对白族族源的追溯，至今尚无定论。江应樑在《滇西摆夷之现实生活》中认为民家与摆夷为同一族系，后来，他改变了这一看法。[13]

家父的民族观是反对民族歧视，反对民族压迫，主张民族平等。他认为所有生活在中国的不同民族的人们都是中华民族中的一员，他说："严格地从种族的立场上说起来，所谓汉也，夷也，苗、蛮也，实际上都是一家人。从政治的机构上说，都是中华民族的人民。从种族的理论上说，都是亚洲的蒙古利亚人种。把中华民族分做汉、满、蒙、回、藏五个民族，已属极端无种族理论的依据；同时更把数千万西南民族，不属之于五族之内，更属无国家、无民族眼光。今日，我们知道几千年来国人传统观念的错误，知道西南民族与我们原是一家。"他正是基于这个观点，"为国家民族前途的发扬"，才去进行民族学的研究的[14]。

六

《滇西摆夷之现实生活》是家父江应樑1940年的著作，距今已经近八十年了。保持它的原貌，不仅仅出于对家父的尊重，更重要的是要保留历史的真实。它的成就，就是他当年的成就；它的局限，也是他当年的局限。八十年前，他在云南这个人类学研究的宝库里探索所留下的著作，已成为人类学研究的故事。对他所留下的足迹，后人或臧或否，或赞其筚路蓝缕，或讪其步履蹒跚，自不足奇。人类文化就是数千年一代代如此积累、发展、进步的。我们不必去修饰他当年的足印，换成皮鞋印或汽车轮胎的印迹。因为哪怕是一双赤脚，哪怕是他只走了一小段路，毕竟他当时在傣族研究的领域超越了前人。因此，我在笺证原稿时，并未试图去改变本书的原貌，包括其观点（如白族的族源、对几位土司的评价等）、其用语（如"政府"、"中央"等词语）、其称谓（如民族名称、地名等）……

家父当年拍摄的照片，已散失了十之七八。其中少数是他自己在历次政治运动中为避祸毁掉的；其二大量是"文革"时给抄走的；"文革"结束后，某"摄影家"打着政府机构的名义，又"借用"了一些，最后也踪影全无。剩下的一百余帧，或照片发黄，或底片霉变。对这些宝贵的形象资料，我们尽可能翻拍制版后用在书中。

书中有部分照片是我新增加的，新加上的照片大致可分为二类：一是家父当年在德宏傣族地区收集的民俗用品，今天仍然保存着的，拍成照片随书付印；二是家父当年未能拍摄的一些傣族用品和民俗活动场景及其他有关的资料，是我到当地拍摄后补入的。

注释：

〔1〕杨成志：人类学家。时为中山大学教授，是当时我国人类学法国学派的代表人物之一。家父在中山大学研究院人类学组读硕士研究生时，杨先生与朱谦之教授（时任中山大学研究院文科部主任）是他的指导教授。

〔2〕黄文山：字凌霜，时为中山大学教授，主持中山文化教育馆。他在20世纪30年代初曾赴美留学，受教于被称为美国“民族学之父”的哥伦比亚大学教授鲍亚士（Franz A Boas）。黄先生是当时我国人类学历史学派的代表人物之一，20世纪三四十年代在我国人类学派有相当影响。

〔3〕见本书第八章。

〔4〕这段文字引自家父口述《自传》残稿。晚年时，他常回忆起年轻时候到边地考察的事。在闲聊中，他陆续讲述了一些当年冒险深入大凉山等地的情况。我建议他把这些经历写下来，他也准备写一份详细的自传。但是，一场大病后，他写字十分吃力，自己动手写已不现实。起初，为他准备了一台录音机，让他在闲暇时先口述下来，再根据录音整理成文字。这样进行了不久，他感到“对着机器自说自话”太别扭而中断了。后来，决定由他讲述，别人先笔录下来，再查寻有关材料充实、订正后完稿。这事断断续续地抽空进行，可惜这项工作尚未完成，他就去世了。我手上保存着两份《自传》残稿：一份是我的外甥记录的，另一份是学校派来的一名年轻教师的记录稿。这两份稿子，先父生前都看过，并做了一些改动。

〔5〕人类学是研究人类自身的起源、发展、演变及其规律和人类所创造的物质文化及精神文化的起源、发展、演变及其规律的一门综合性的、跨学科的学科群。研究人类体质的，叫体质人类学，属于自然科学范畴，对此，人们的认识并无分歧。而对研究人类社会生活的文化人类学（或称社会人类学），历来世界各国有不同的习惯叫法：在英、美，称为人类学；在欧洲大陆如德、法、俄，则称为民族学，人类学一词仅指体质人类学。人类学自20世纪20年代传入我国，由于介绍者不同，因此名称的用法也各异。如蔡元培称之为民族学的，就是林惠祥说的文化人类学，也就是有的人称为社会学的。直至现在，国内对各种名称和与之相应的研究范围仍然未能达成共识。

〔6〕见江应樑《摆夷的生活文化·结论》

〔7〕李祐著《诸夷人图》，清道光《云南通志》、道光《昆明县志》、光绪《昆明

县志》及《新纂云南通志》均有记述，且称为“善本”，但全书原貌从未面世。1999年，笔者从坊间购到《诸夷人图（稿）》白描稿本计一百一十九帧，《诸夷人图》设色残本二帧。

〔8〕丁文江:《爨文丛刻》。

〔9〕凌纯声:《云南民族分类》。

〔10〕明谢肇淛:《滇略·卷九·夷略》:“西南夷种类至多，不可名记，然大概不过两种：在黑水之外者日僰，在黑水之内者日爨。僰有百种，爨亦七十余种。僰性柔弱，爨性强悍。僰耐湿，好居卑；爨耐旱，好居高。僰以织纺稼穑为业，爨以生畜射猎为业。……”《万历云南通志·卷十六·羁縻志》也持这种看法：“南中诸夷种类，至不可名记。然大概有二种：在黑水以外者日僰，在黑水以内者日爨。”

〔11〕丁文江:《爨文丛刻·序》。

〔12〕凌纯声:《云南民族分类》。

〔13〕参看江应樑《南诏不是傣族建立的国家》。载《云南大学学报》1959年“国庆专号”。

〔14〕江应樑:《滇西摆夷研究·导论》（未刊稿）。

第一章　摆夷的来历

摆夷的种族系统—僰与濮—僰濮与百越—僰濮的移殖路线—僰濮与西羌—南诏—退居濮水西南岸之摆夷—摆夷异名考

僰夷俗写作摆夷，便是人类学（Anthropology）上通称的台（Tai）或掸（Shan），其主要分布地在云南、缅甸、安南、暹罗邻接的区域中，据英人 wi lliam Clifton Dodd 的调查，全族人口共约二千万。其中又分作有文字和无文字两系，有文字的约一千三百万。分布在暹罗境内的约一千万，安南一百五十万，缅甸一百万，云南一百万。（见 William Clifton Dodd：The Tai Race）

英人 H.Davies 分云南境内住民为四大系：

1. Mon–Khmer.

2. Shan or Tai·

3. Chinese·

4. Tiheto–Bulman.

摆夷即四大系中的一系。[1]

丁文江先生云南民族分类中的掸人类[2]，包括了摆夷[3]、白夷[4]、侬人[5]、沙人[6]、黑沙人[7]、白沙人[8]、土僚[9]、土老[10]、花土僚[11]、白土僚[12]、黑土僚[13]、孟乌[14]、刺毛[15]，并贵州的仲家[16]，广西的僮家[17]诸族。（见丁文江:《爨文从刻·自序》）凌纯声先生云南民族分类的掸人类[18]，包括了仲家、青苗[19]、土僚、侬人、沙人、摆夷、吕人[20]诸族。

---

〔1〕即孟－高棉、掸（或泰）、汉、藏缅四系。H. 戴维斯在《印度与中国内陆之间的云南》这部著作中对云南境内住民作出这样的划分。该书中，戴维斯按云南不同民族的语言作区分依据来进行划分，但错误地把汉藏语系苗瑶语族苗语支和瑶语支的苗族和瑶族归为南亚语系孟－高棉语族的民族。

〔2〕丁文江所谓“掸人类”包括了百越族系的诸多民族，这些民族使用的语言皆属于汉藏语系壮侗语族壮傣语支。

〔3〕摆夷，亦作“百夷”、“伯夷”、“僰夷”、“摆夷”，自称 Dai，即傣族。其先民汉晋时称“滇越”、“擅”、“掸”；唐宋时称“金齿”、“银齿”、“茫蛮”、“白衣”等；元明时称“白衣”、“百夷”、“摆夷”；清以后称“摆夷”、“摆衣”、“僰夷”等。操傣语，属汉藏语系壮侗语族壮傣语支。

〔4〕白夷，即摆夷，为同音异写。

〔5〕侬人，为壮语意译，音译为“布侬”。居住在云南文山州南部，广西左江、右江流域的壮族自称“布侬”，即“侬人”。操侬语，属汉藏语系壮侗语族壮傣语支壮语

南部方言。

〔6〕沙人，壮语意译，音译为“布沙”。居住在云南文山州北部壮族自称“布沙”，即“沙人”。操沙语，属汉藏语系壮侗语族壮傣语支壮语北部方言。

〔7〕黑沙人，参见“沙人”。旧时依据服饰特点，对居住于广南一部分沙人的他称。

〔8〕白沙人，参见“沙人”。旧时依据服饰特点，对居住于广南一部分沙人的他称。

〔9〕土僚，亦称“布僚”、“布土”、“土佬”。部分壮族的自称。旧时或称其为“山子”。主要分布在广西钦州、百色、南宁等地，云南文山州境内亦有分部。语言属汉藏语系壮侗语族壮傣语支壮语南部方言。

〔10〕土老，“土佬”的同音异写。见“土僚”。

〔11〕花土僚，参见“土僚”。据《云南通志·南蛮志·种人篇》载，“花土僚”居住于开化（今文山）。当为旧时依据服饰特点，对一部分土僚的他称。

〔12〕白土僚，参见“土僚”。据《云南通志·南蛮志·种人篇》载，“白土僚”居住于阿迷（今开远）、蒙自、开化（今文山）。当为旧时依据服饰特点，对一部分土僚的他称。

〔13〕黑土僚，参见“土僚”。据《云南通志·南蛮志·种人篇》载，“黑土僚”居住于开化（今文山），当为旧时依据服饰特点，对一部分土僚的他称。

〔14〕孟乌，据《云南通志·南蛮志·种人篇》载，孟乌居住于开化（今文山）境内，疑为旧时对居于当地一部分壮族的他称。

〔15〕剌毛，据《云南通志·南蛮志·种人篇》载，剌毛分布在澜沧江边。未详其所指为何族，应为百越族系民族。

〔16〕仲家，亦称“仲家苗”。布依族旧称。主要分布于贵州，在滇东北和滇南亦有分布。人类学者认为，布依族与壮、侗、傣等族同源于古越人中的西瓯和骆越。魏晋南北朝至唐代，统称为“蛮僚”、“俚僚”、“八番”；元明清称“仲家”；1953年起统称布依族。所操布依语，亦属汉藏语系壮侗语族壮傣语支，与壮语北部方言略同。此外，居住于云南文山州北部的壮族自称为“仲家”和“布依”。

〔17〕僮家，即壮族。旧称“僮人”、“僮家”、“俍人”、“土人”。宋以前称为“乌浒”、“俚”、“僚”、“俍”、“土”；南宋时始称“僮人”、“僮丁”，最早见于宋范成大《桂海虞衡志》：“庆远、南丹溪洞之民呼为僮”；明清时与“俍”、“土”、“侬”、“沙”并称。自称因地而异，有“布壮”、“布越”、“布侬”、“布土”、“布沙”、“布依”、“布曼”、“布傣”、“布僚”、“布偏”、“布雅伊”、“布板”等，“布”为壮语

“人”的音译。新中国成立后统称僮族，1956年，根据周恩来总理建议，国务院将僮族改为壮族。操壮语，属汉藏语系壮侗语族壮傣语支，分南部、北部两种方言。

〔18〕凌纯声所谓“掸人类”，基本亦是百越族系民族。

〔19〕青苗，为苗族之一支，其先民也许是古代的“三苗”，不属于百越族系。其语言属汉藏语系苗瑶语族苗语支。

〔20〕吕人，丁文江认为是指傣族中的所谓“水摆夷”；凌纯声也归为掸人类摆夷群的一种（他分摆夷群为两种：A．摆夷；B. 吕人）。

我个人亦分西南民族为四大系：苗〔1〕、罗罗〔2〕、摆夷、西番〔3〕。

---

〔1〕苗，苗族。自称“果雄”、“模”或“蒙”。他称“红苗”、“白苗”、“青苗”、“花苗”、“长裙苗”、“短裙苗”等。国内主要分布于贵州、湖南、云南、广西、四川、广东、海南、湖北等地，大杂居、小聚居是其分布的特点。人口9426007人（2010年）。国外在越南、老挝、泰国等亦有分布。其族源有二说：一、古代三苗的一部分；二、殷周时代的“髳”人。秦汉时主要居住于湖南西部及贵州东部（“长沙、武陵蛮”、“槃瓠蛮”、“五溪蛮”等），后逐渐迁徙，散居于西南各地山区。操苗语，属汉藏语系苗瑶语族苗语支。

家父所分四大系之一的“苗”，包括苗族和同样被认为源于长沙、武陵蛮或五溪蛮，操汉藏语系苗瑶语族瑶语的瑶族。

〔2〕罗罗，亦作“罗罗蛮”、“卢鹿”、“罗落”、“倮罗”、“落落”、“倮倮”，皆为同音（或近音异写），是元、明、清及民国时对彝族的称呼。“罗罗”一词，大约最早是彝族先民中一些部落的名称，如唐代“乌蛮”七部落中有“卢鹿蛮”。《元史·地理志》载，在安宁河流域及凉山地区彝族先民部落中，也有“罗落蛮”、“卢鹿蛮”、“罗罗蛮”。元至元十二年（1275年），元朝在凉山和安宁河流域设立了“罗罗斯宣慰使司”。元李京《云南志略》曰：“罗罗，即乌蛮也。”首先把“罗罗”作为族称，之后渐成为习称。族源出自古羌人，与东爨、乌蛮亲缘密切。彝族的自称甚多，因不同的居住地点而异，有“诺苏泼”、“纳苏泼”、“聂苏泼”、“罗武”、“倮倮泼”、“所都”、“洗期麻”、“改斯泼”、“迷撒泼”、“纳罗泼”、“噗拉泼”、“仆瓦泼”、“里泼”、“腊鲁泼”、“撒尼泼”、“尼泼”、“阿细泼”、“葛泼”、“阿灵泼”、“罗泼”、“罗卧泼”、“阿武”、“阿乌儒”、“六米”、“俫俐”、“阿哲濮”、“勒苏濮”、“撒苏”、“车苏濮”、“民期”、“希期濮”、“纳若”、“撒马都”、“堂郎让”、“咪西苏”等，达三四十种。他称更为繁杂，有“黑彝”、“红彝”、“白彝”、“甘彝”、“干彝”、“彝家”、“罗武”、

“土里”、“花腰”、“白倮倮”、“倮族”、“土族”、“蒙化”、“土家”、“仆族”、“仆拉族”、“黎族”、“栗族”、“香堂”、“水田”、“撒尼”、“撒梅”、“明朗”、“阿细”、“阿条”、“拉乌”、“孟武”、“阿哲”、“山苏”、“车苏”、“密岔”、“期期”、“六得”、“纳渣”、“莨峨”、“他留”、“他谷”、“支里”、“子君”、“堂郎族”等。从以上可以看出，其中许多自称和他称是同音或谐音异写。彝族使用彝语，属汉藏语系藏缅语族彝语支。

家父所分四大系之一的罗罗，情况较为复杂，既包括彝族和同样源于古氐羌人、语言属于汉藏语系藏缅语族彝语支的哈尼族、傈僳族，也把不同族源和语言差异的景颇族、佤族归于罗罗系。

〔3〕西蕃，家父所分四大系之一的西蕃，系指云南西北部的藏族、纳西族、普米族和西部的怒族。家父将这些民族归为一个大系，大约从分布地域均在滇西北一带，语言同属汉藏语系藏缅语族，多信仰藏传佛教等角度考虑。

林按：对西南民族的应如何识别，家父1938年在《滇西摆夷研究》（未刊稿）中进行了梳理。在援引了《史记》《汉书》有关记载后，他说：

此而后，西南民族之名，愈演愈复杂。魏有僚；隋有蜒，獽，俚；唐有裸蛮，麽些，茫蛮；宋有瑶，僮；元、明、清有俍，伶，侬，沙。迨于清中年所修《云南通志·南蛮志》，竟分云南境内之西南民族为一百四十一种；《黔苗图说》则分贵州境内的西南民族为八十二种。同是瑶人，在广西境内便有正瑶，寨山瑶，花篮瑶，板瑶，山子瑶之分；同是黎人，海南岛中又有黎，伎，倖之别。此种不科学的分类及繁复的名称，使一般人脑中，都觉得所谓西南民族者，真不知有几百千种属。实际，西南民族虽拥有如是众多若是人数，分布如是广大区域，各度着不同阶段的社会生活，各自具有着不相同的语言习惯，然而，我们若略加实际的探讨，用科学的依据来归类，则所谓西南民族者，实可以简单的几个族系来统括的。

从我个人的私见，觉得西南民族或可暂时分为这样的几个集团：（西南民族的分类，是一个繁复而严重的问题，因为要分类得先知道各民族的种属系统。那首先得对西南民族有一个科学的实际考察，对每一个民族的历史、语言、体质构造、风俗习惯诸方面作详细的考察后，始可求到正确的结论。这种工作，不仅我个人未能做到，在今日的学术界，也未曾做到。我的此种分类，不过归纳了各方面人士的意见，并以我个人若干年来的研究和局部的考察所求出的结论。当然，这只是暂时的亟待改正的草创意见）

（一）苗族系　即中国古书上所谓的三苗，本是最初黄河流域一带的主人。夏民族兴起后，便渐渐把此种民族压迫退居南方（《舜典》：“窜三苗于三危。"《禹贡》:"三危既宅，三苗丕叙。")。周秦时代，荆楚一带为此种民族集聚的中心(《韩非子》:"三苗之不服者，衡山在南，岷山在北，左洞庭之波，石彭蠡之水。")。《后汉书》所谓的武陵蛮即指此而言。往后，汉民族的力量更从黄河而长江，苗民族再被迫而退居于贵州一带，今日贵州境内的苗族便源始于彼时。北宋时，此种民族分一支由湖南而入广西，成为今日广西的五种瑶；再由广西而入广东，今日北江瑶人即其后裔(参看拙作《广东瑶人之今昔观》，原文载国立中山大学研究院出版《民俗》第一卷第三期"瑶人调查报告专号")。故苗族系的民族，大体上是包括：

A. 湖南境内之苗人。

B. 贵州境内之苗人，如花苗，打铁苗，黑苗，白苗，红苗等。

C. 云南境内之花苗，瑶人。

D. 广西境内之五种瑶。

E. 广东境内北江瑶人及散居于海南岛黎人区中之苗人。

(二)*罗罗族系* 古书谓之爨蛮。云南之东部、东北部，四川之西南部，为此种民族之发祥及聚居中心地。其自称曰乃粟 Nei-su，或纳粟 Ngo-su，或来粟Lei-su。古史又称曰卢鹿。罗罗一名，盖即卢鹿之音转。七世纪以后，曾有一部分部落为摆夷族所建立之南诏帝国所征服。此后散处于云南内地及四川中部地之罗罗，强度受到他族尤其是汉族的同化，种族血统及生活，便内在的发生着演变。而今，只有云南四川交界之巴布凉山中的所谓独立罗罗，尚能充分保有其原始的民族特征，此外的都演变作不相同的小支系民族。因此之故，罗罗系的民族，今日分布地带极散碎，而名称也最复杂。主要的如：

A. 川滇交界之巴布凉山上的独立罗罗。

B. 四川境内之蛮子。

C. 四川及云南境内之栗粟。(林按：即傈僳族。源于古氐羌人，唐时称"栗粟两姓蛮"、"栗蛮"及"施蛮"、"顺蛮"、"长裈蛮"，均属乌蛮。分布于四川、云南雅砻江、金沙江、澜沧江两岸。元称"卢蛮"。明清时大量向滇西北怒江等地迁徙。明清后称"栗些"、"力些"、"力梦"、"劳梦"、"傈僳"、栗粟等，均系同音异写。傈僳为傈僳族的自称，"傈"是傈僳族的族名；"傈"，意为"人"或"族"。现主要分布于云南怒江，此外在丽江、迪庆、大理、德宏、楚雄及四川大凉山亦有分布。操傈僳语，

属汉藏语系藏缅语族彝语支）

D. 云南境内之裸黑〔林按：一部分彝族的异称。据《云南通志・南蛮志・种人篇》载：居住于顺宁（今凤庆）、楚雄、他郎（今墨江）带〕、裸罗（林按：即罗罗之异写）、黑夷（林按：分布于楚雄州、曲靖市、昭通市及文山、红河、西双版纳、大理一部分彝族之异称）、窝泥（林按：即哈尼族。源于古氐羌人。唐时称“和蛮”，明时称“窝泥”、“倭泥”，清以后称“哈泥”、“哈宜”、“斡尼”等。约半数左右哈尼族自称“哈尼”，“哈”是族名，“尼”意为“人”。其余自称以“卡多”、“雅尼”、“豪尼”、“碧约”、“白宏”为多。内部有“糯美”、“糯比”、“路弼”、“各和”、“哈乌”、“腊米”、“期第”等互称。主要分布于云南红河州红河南岸及墨江、元江、江城、澜沧、西双版纳，滇中及滇北亦有分布。操哈尼语，属汉藏语系藏缅语族彝语支）、山头（林按：旧时汉族因景颇族居住于山区，而统称其为“山头”。以其居住地不同分别为“大山”、“小山”“浪速”、“茶山”等。而景颇族内部亦有“景颇”、“载瓦”、“浪峨”、“勒期”等自称。源于唐代寻传蛮，居于滇西北怒江以西地区。明清时大量迁徙至德宏州境内。现主要分布在云南德宏州，泸水、昌宁、耿马、澜沧亦有分布。分别操景颇语，属汉藏语系藏缅语族景颇语支；载瓦语，属汉藏语系藏缅语族缅语支。此外，分布于缅甸克钦邦及掸邦北部、中缅、缅印边境山区的克钦人，自称景颇人。这些人于八世纪始由中国迁往缅甸，宋、元、明、清时大量迁入。应与中国景颇族有血缘关系。操克钦语，属汉藏语系藏缅语族景颇语支）、野佧（林按：旧时对仍保留原始公社残余的佤族俗称。佤族，亦作“佧佤”、“瓦”，自称“布饶”、“阿佤”、“佤”等。分布于中国滇西南及缅甸，在中国国内的分布于云南沧源、西盟、澜沧、孟连、双江、耿马、永德、镇康等县；在缅甸的主要分布于萨尔温江上游一带。操佤语，属南亚语系孟－高棉语族佤德昂语支。源于百濮之一支。唐称“望蛮”，元、明、清时称“哈喇”、“哈杜”“哈瓦”、“卡瓦”、“卡瓦夷”等）、缥人（林按：缥或作骠，即缅甸之缅人，《云南通志・南蛮志・种人篇》载，其分布于“永昌西南徼外”。今保山有蒲缥乡，旧时应为“缥人”所居地）、马黑（林按：未详为何族）、普特（林按：彝族之一支，《云南通志・南蛮志・种人篇》云其居于滇池旁碧鸡山下）、山苏（林按：彝族之一支，自称“勒苏濮”，分布于峨山、新平、元江、双柏等地）诸民族。

（三）摆夷族系　古称蒲蛮，秦汉时称西南夷或哀牢夷，晋称僰夷，唐时曾建南诏帝国，元明谓之百夷。此一族系大体包括下列诸民族：

A. 云南境内之水摆夷，旱摆夷，花摆夷。

B. 暹罗、缅甸、安南境内之掸族（shan）或泰族（Tai）。

C. 贵州境内之仲家，沙人，侬人。

D. 广西境内之僮，伶（林按：即仫佬族。自称“仫佬”、“锦”，明清时称“伶人”，清初始称“姆佬”。族源于古越人中的西瓯与骆越，后为僚人的一部分。操仫佬语，属汉藏语系壮侗语族侗水语支）等。

（四）藏族系　本西藏族而移殖云南境内者，即《史记》《汉书》所谓之氐、羌诸族，《唐书》所谓之吐蕃。移殖云南后，由于历史的演变及地理环境的影响，乃化分为若干生活不相同的民族支系。诸如：

A. 云南西北部中甸（今香格里拉）、维西、阿敦子（今德钦）一带之古宗族。（林按：早在旧石器时代，西藏高原就有原始人类居住。据史料载，原始社会末期，古氐羌人就不断向西藏高原东端的雅砻江、岷江流域迁徙。战国时，其中的发羌、唐旄等部已经居住在蜀边境外极西，当是西藏地区内。藏族应是古羌人中的发羌与西藏土著居民相互融合而形成的。公元七世纪初，在今西藏建立吐蕃王朝。史称“吐蕃”，又作“土伯特”、“图伯特”、“条拜提”、“退摆特”。藏族移居云南迪庆地区的具体时间当在吐蕃兴起前后，最晚也应在吐蕃征服“西洱诸蛮”前。操藏语，属汉藏语系藏缅语族藏语支）。

B. 云南丽江及其北部之麽些族。（林按：即纳西族。源于古氐羌人。汉、晋时称“摩沙夷”，唐宋时称“磨些蛮”，属“乌蛮种类”。元、明、清称“麽些”，又作“末些”、“摩娑”、“摩沙”、“摩些”、“么西”、“么些”、“摩挲”、“摩梭”等。操纳西语，属汉藏语系藏缅语族彝语支）

C. 云南西部怒江沿岸之怒子或怒人。（林按：即怒族。唐称“庐鹿蛮”，元称“路蛮”，明清以后称“怒人”、“怒子”。自称“怒”、“怒苏”、“阿怒”、“阿龙”。主要分布于云南怒江州，维西县亦有分布。其使用的怒语，属汉藏语系藏缅语族，语支归属尚未确定。系当地古老居民，在历史上与彝族、独龙族有密切关系）。

（五）其他系统民族　不能统属于上列四系，或一时不能断定其究属何系的，概列于此。主要者如是：

A. 海南岛的黎人（《民族学研究集刊》第一集［中山文化教育馆编辑，

1936年5月出版］马长寿著《中国西南民族分类》引 Geozge Scoett 语谓："掸族之居海南岛者曰黎。黎，一作俚或里，在隋唐时与僚、僮同时南迁，或即僚僮之支族。史可特云居于海南岛之黎人谓其为纯台族，虽乏直接证据，然由外形观之，为极度可能。"中华民国二十六年春，我曾随中山大学研究院组织之海南岛黎苗考察团深入海南岛中考察，对于黎人完为掸族一问题，尚有若干疑问。故此地暂不以之归入摆夷族系。读者可以参看拙作《历代治黎与开化海南黎苗研究》一文。载南京《新亚细亚月刊》十三卷四期）。

B. 民家或白子（一般人多把民家归入摆夷系统内，英人 H·R. Divies *Yunnan，Liuh Between Indaand rhe Yantge* 一书中，则不将其归之掸族而划入蒙克语系，独立为民家群。在我个人则认为民家虽其始难免有摆夷血统，但在民家这一专名时，已经跟他种民族有了强度的混化，故亦不将之列入摆夷族系）。（林按：白族，自称"白"、"白子"、"白尼"、"白侯"，旧称"民家"。主要聚居在云南大理州，丽江、碧江、保山、南华、元江、昆明、安宁和贵州的毕节、四川的凉山、湖南的桑植亦有分布。操白语，属汉藏语系藏缅语族，其语支尚不能确定，一说为彝语支，一说为白语支。对于白族的族源，至今众说纷纭，尚无定论。一说源于古氐羌人，一说源于百越，一说源于乌蛮，一说源于白蛮，一说源于汉族……其实，在白族形成的唐宋南诏大理国时期，这些民族成分久已在洱海周围地区存在并相互融合）

C. 云南境内之阿昌或峨昌民族（若干学者均将阿昌族归入缅甸系中）。（林按：阿昌族，自称"蒙撒"、"蒙撒掸"、"衬撒"、"汉撒"、"峨昌"等。史称"峨昌"、"莪昌"、"阿昌"、"蛾昌"、"阿倡"等。公元二世纪即居住在滇西北怒江流域，十三世纪后迁徙到现德宏陇川及梁河，现分布于陇川、梁河、芒市及龙陵。操阿昌语，属汉藏语系藏缅语族缅语支。其族源无定论，应与缅甸有密切关系）

D. 云南西部一带之崩竜民族（崩竜民族，从语言及体质上看，似是罗罗民族，但宗教信仰及习性，又全与摆夷同。现暂将之不属任何系内）。（林按："崩竜"，通作"崩龙"，德昂族的旧称，原系傣族对其的称呼。因其服饰不同又有"花崩龙"、"黑崩龙"、"红崩龙"、"白崩龙"等称谓。先于傣族居住在德宏地区分布于芒市、瑞丽、盈江、梁河、陇川、保山、永德、镇康、耿马、澜沧等地。操德昂语，属南亚语系孟－高棉语族佤德

昂语支）

摆夷一系中，包括了九大支族，名称及分布地约略如下：

1. 摆夷：

A. 有文字系——集居云南南部及西南部边地。[1]

B. 无文字系——散居云南中部、南部诸地。[2]

2. 仲家：

散居于贵州之乌江上游及广西西北部各地。[3]

3. 民家：

散居云南之大理、凤仪、洱源、剑川、鹤庆、昆明等地。[4]

4. 白子：

或作僰子，散居于云南保山、顺宁（今凤庆）诸地。[5]

5. 沙人：

云南南部地偶有之。[6]

6. 土僚：

云南东南部地有之。[7]

7. 依人：

云南东部及广西西部地有之。[8]

8. 僮人：

散居广西左右两江流域地。[9]

9. 黎人：

集居广东海南岛中部五指山附近。

---

〔1〕傣族地区分别使用四种傣文：傣那文、傣泐文、傣绷文、傣端文。皆源于婆罗米字母，属拼音文字类型，从左向右横书。

傣那文（德宏傣文），通行于德宏州及景谷、耿马、双江、沧源、镇康等县。据说14世纪开始使用。有19个辅音字母，45个代表元音和带辅音韵尾的韵母符号。不同音位常用同一字母表示，一般不用声调符号。运用范围较广，文献较多。现在人们习惯称为老傣那文或古傣那文。新中国成立后，对傣那文进行了改革，现有19个辅音字母，84个表示元音和带辅音韵尾的韵母符号，5个声调符号。人们习惯称为新傣那文。

傣泐文（西双版纳傣文），通行于西双版纳州和孟连等县。据说13世纪下半叶开始使用。最初有41个字母，读音和顺序与巴利文字母基本一致。后根据傣语特点增至56个字母，其中辅音字母48个，元音字母7个，带辅音韵尾的辅音符号1个。现在人们习惯称为老傣泐文或古傣泐文。新中国成立后，对傣泐文进行了改革，现有 42 个辅音字母，17 个元音字母，13 个复合元音，60 个带辅音韵尾的韵母符号，2 个声调符号。人们习惯称为新傣泐文。

傣绷文（缅傣文），国内在德宏瑞丽、芒市、遮放以南地区及耿马、澜沧通行。有 18 个辅音字母，8 个元音字母，2 个复合元音，还有由基本符号组成的带辅音韵尾的韵母符号。此种文字主要通行于缅甸掸族中，在国内流行地区不广，使用范围较窄，文献亦不多。其使用时间不详，估计 13、14 世纪时就开始使用。

傣端文（金平傣文），仅通行于红河州金平县。相传已有七百年历史。有 44 个辅音字母，19 个基本元音字母及带辅音韵尾的韵母符号，声调符号 2 个。虽流行区域不广，但在日常生活和文学作品中都有使用。

〔2〕傣族的分布地区，在不同的历史时期有所变化：明天启《滇志・羁縻志・种人》所列僰夷、白脚僰夷、光头百夷，分布于滇缅之孟艮（缅甸景栋）、孟定、南甸（梁河）、陇川、孟密（缅甸蒙米特）、孟养（缅甸孟养）、腾越（腾冲）、顺宁、镇南、元江、临安（建水）、蒙自、阿迷（开远）、新化（新平）、纳楼（建水官厅）、溪处（属红河县）、江川、路南、禄丰、元谋、姚安、罗次、越州卫（属曲靖市麒麟区）等处；清嘉庆《诸夷人图（稿）》所列摆夷、花摆夷、旱摆夷、水摆夷、喇吾、缅和尚，分布于普洱、临安、元江、江川、路南；清道光《云南通志・南蛮志・种人篇》所列旱摆夷、水摆夷、伯夷、花摆夷，分布于开化（文山）、普洱（思茅、西双版纳一带）、威远（景谷）、宁洱、永昌（保山、德宏一带）、弥勒、腾越（腾冲）。今天傣族主要分布在西双版纳、德宏、普洱、临沧、红河、玉溪等地。

〔3〕清道光《云南通志・南蛮志・种人篇》所列“仲人”分布在曲靖、昭通；20 世纪 40 年代中期，云南省民政厅边疆行政设计委员会调查仲家分布在罗平、宁蒗，人口约 3500 人。云南境内现在分布在罗平。

〔4〕“民家”，白族的旧称。亦称“白子”、“白尼”、“白伙”、“白卜”、“僰人”、“那马”、“勒墨”等。

清嘉庆《诸夷人图（稿）》谓民家分布于大理府；清道光《云南通志・南蛮志・种人篇》所列“白人、民家”分布为大理、永昌（保山）、景东、临安（建水）、曲靖、开化（文山）、楚雄、姚安、永北（今永胜、宁蒗）、丽江；20 世纪 40 年代中期，云南省民政厅边疆行政设计委员会调查民家分布于大理、剑川、鹤庆、凤仪、祥云、兰坪、邓川、洱源、宾川、泸水、元江、漾濞、昆明、维西、丽江、丘北、云龙、碧江、镇南（南华）、文山、平彝（富源）、通海，人口 281236 人。现在分布在云南大理州、丽江地区、保山、南华、碧江、元江、昆明、安宁等地。贵州毕节及四川凉山、湖南桑植亦有分布。

〔5〕亦作百子，即白族。因居住地不同而称呼有异。先父在《昆明境内的非汉族系住民》(1940年《蒙藏月刊》，1948年以《昆明境内之夷民》为名，收入《西南边境民族论丛》一书)中说:“僰子，或作白子，俗称白儿子，散居于(昆明)县属外西乡之龙潭、多衣、小村、起台、刺沟诸位地，及外北乡之沙朗、龙庆两乡，约千余户，万余人。”这里正是昆明白族分布地之一。此文中，他又写道:“今滇西保山县境内，尚有土人名白儿子，……昆明的白儿子与保山的白儿子，在种族上关系很深。”在文章中，他把“民家”与“白子”作为两种民族，但他已注意到两者语言仅仅“小有差异”，而将其归尊一个族系。

20世纪40年代中期，云南省民政厅边疆行政设计委员会调查百子分布于昆明、兰坪、保山、碧江、安宁，人口23509人。

〔6〕明天启《滇志·羁縻志·种人》称，沙人分布于广西(今泸西)、富州(富宁)、罗平；清嘉庆《诸夷人图(稿)》谓沙人分布于广西州；清道光《云南通志·南蛮志·种人篇》所列“白沙人、黑沙人”分布地为广南、广西、曲靖、临安、开化；20世纪40年代中期，云南省民政厅边疆行政设计委员会调查沙人分布于富宁、丘北、广南、泸西、砚山、师宗、马关、河口、麻栗坡、罗平、路南、屏边、弥勒、金平、蒙自、镇越(勐腊)，人口127728人。云南境内现在分布在广南、富宁、丘北、砚山、蒙自、泸西、罗平、禄劝、师宗等县。

〔7〕明天启《滇志·羁縻志·种人》载，“其属本政治蜀、黔、西粤之交，流入滇，亦处处有之，而石屏、嶍峨、路南较伙”；清道光《云南通志·南蛮志·种人篇》所列“土僚、花土僚、白土僚、黑土僚”分布地为临安、澄江、广西、广南、开化、昭通、阿迷、蒙自。云南境内现在分布在马关、文山、西畴、砚山、富宁、广南、蒙自、开远、个旧等县市。20世纪40年代中期，云南省民政厅边疆行政设计委员会调查土僚分布于蒙自、文山、麻栗坡、马关、砚山、泸水、腾冲，人口9892人。

〔8〕明天启《滇志·羁縻志·种人》载，侬人分布于广南；清道光《云南通志·南蛮志·种人篇》所列“侬人”分布地为广南、广西、临安、开化。20世纪40年代中期，云南省民政厅边疆行政设计委员会调查侬人分布于广南、麻栗坡、马关、砚山、开远、河西、丘北、河口，人口88714人。云南境内现在分布在文山州各县。

〔9〕僮人之称，最早见于宋代范成大《桂海虞衡志》，笔者在云南史料中尚未见到称壮族族系之民族为僮人的记载。

各民族名称，都是晚近的称谓。在历史上摆夷有不同的名称，居住区域也代有迁徙变动。考“僰”字，始见于《礼·王制》:“屏之远方，西曰僰。”

《吕氏春秋·持君览》称僰为“西方无君之人”。

《史记·西南夷列传》:“汉兴，……开蜀故徼。巴蜀民或窃出商贾，取其筰马、僰僮、牦牛。”

此外又有所谓“濮族”者，与古之僰，实同一族系。《逸周书·王会》伊尹为四方献令曰:“正南瓯、邓、桂国、损子、产里、百濮、九菌，请令以珠玑、瑇瑁、象齿、文犀、翠羽、菌鹤、短狗以献。”[1]

---

〔1〕瓯，即瓯骆；邓，在楚国境；桂国，即《山海经》所说的“桂林八树”，在番禺西，秦取之为桂林郡；损子，或即晖都，汉武帝置朱崖郡治此，《墨子》记东越輆木之国及《后汉书》记乌浒蛮，都有损子之俗；产里，非云南车里，或即俚僚；九菌，即九真。这段对南方的献令，所说的全是南方百越各部。其中有“百濮”，并非古书记载的混讹，而正好说明古人是把“濮”归之于百越族群中的一部。

《逸周书·王会》中还有这样一段记载:“东越海蛤，欧人蝉蛇，蝉蛇顺，食之美。于越纳，姑妹珍，且瓯文蜃，共人玄贝，海阳大蟹，自深桂，会稽以鼍，卜人以丹沙，路人大竹，扬蛮之翟，仓吾翡翠，区阳以鳖。”

“卜人”，依卢文弨《逸周书·集校》说:“卜即濮也。”此文所记十四种人或地方，全是越人族群分布之地，列濮人于其内，可见濮是百越之一部。(参见江应樑《说“濮”》)

濮与僰为异族同名，可由下诸点证明之:

一、章太炎先生谓:

“明清职贡，永昌、顺宁皆贡濮竹，而顺宁专贡矮犬，与《王会》百濮献短狗相契。”(见章炳麟《太炎文录续编·西南属夷小记》)

按顺宁在明清时为僰夷民族之主要居地。

二、《华阳国志》记哀牢产竹，节相去一丈，名曰濮竹。[1]哀牢山在今云南保山县境，保山即汉永昌郡，哀牢夷便是居住保山境内的僰民，名其地所产之竹为濮竹，则哀牢与濮不能无关系。今云南沿边摆夷区域中，亦盛产大竹，虽无相去一丈之竹节，但竹之粗大修长及用途之广，确为内地之少见。

三、《永昌府志》《腾越州志》《龙陵县志》均载境内有蒲人，《云南通志》谓："蒲人，左为濮人，讹濮为蒲。"今保山县境有市镇名蒲缥，相传昔年是蒲人与缥人（或作骠人，按即缅甸人）集居之地。[2]考此一带地，自昔皆为僰人区域，可知"濮"、"蒲"、"僰"是同一民族。

四、朱希祖先生更直接认为"濮"与"僰"是一个字的转变：

"《说文》僕部：'僕，给事者，（《易》之童僕，《诗》之臣僕，《左传》人有十等，僕第九台第十皆是）从人菐，菐亦声。'又云：'菐，渎也（渎，烦渎也），从丵从収（丵，丛草生也）。䑑，古人从臣。'又人部：'僰，犍为僰蛮，蛮也（犍为郡僰道，其人民曰僰。王制：屏之远方，西曰僰，东方曰寄。郑注：僰当为棘。棘，亟也）从人，棘声。'按此二字，声义皆同。古有重唇音，无轻唇音，僕、僰二字，古音皆读若卜，此声同也。给事之人，其事烦渎，故从人菐，菐亦声；给事之人，其事棘亟，故从人棘，棘亦声。僕之字从菐，丛生草；僰之字从棘，丛生木。（《说文》：'棘，小枣丛生者。'）凡仆役之事，皆丛脞繁缛，此义同也。故二字实一字。惟'僕'为初文，'僰'为秦新造文。"（见朱希祖：《云南濮族考》，载《青年中国季刊》创刊号。林按：此刊1939年创刊于重庆）

此论一出，则《地理风俗记》所谓："僰于夷中仁，有人道，故字从人。"又清檀萃《滇海虞衡志·志蛮》谓："僰性耐热，居卑湿棘下，故从棘从人"的解释，皆觉无稽了。

今之僰，不仅与古之濮为同族，今日若干学者更认为僰濮和古之百越，也是同族。换言之，僰和濮都是古百越民族的一个支系。[3]

---

〔1〕《华阳国志》卷四《南中志》："有大竹名濮竹，节相去一丈，受五斛许。"刘琳注曰："镤竹，即龙竹，产于云南西南部及南部亚热带地区山谷间，尤以镇康所产最为著名。大者如柱，干高可达十丈，直径有近一尺者。纤维柔细，剖之缕缕如麻，可以绞索织履，故亦称麻竹。"《蛮书·卷七》："'孟滩竹，长旁出。其竹节度三尺，柔细可为索，亦以皮为麻。'亦指此。"

〔2〕《大唐西域记》《新唐书》《旧唐书》。均有缅甸骠人所建骠国的记载。其国在今伊洛瓦底江流域。新、旧《唐书》曰其所属有298个部落，9个城镇和18个属国。白居易有《骠国乐》一诗，记唐贞元十七年（801年）骠国王太子率艺术团在长安表演之事。

〔3〕家父关于僰濮同族的观点与民族学界的一般观点不一致，但他一直持此看法。四十年后（1980年），他专门撰写了《说"濮"》一文，阐述自己的主张。他将周、秦

直至唐、宋有关濮人和越人的史料进行梳理和对比研究，说明我国古代南方的“濮”或“百濮”，既不是南亚语系的民族，也不是羌氐系的僰人；而与我国古代东南沿海的“百越”有着密切的族系关系。古代文献中记载的西南少数民族，凡用“越”、“僚”、“闽”、“濮”作族称的，都与百越有族属关系。滇西是濮人的重要分布地，《华阳国志·南中志》记永昌郡：“有穿胸、儋耳种，闽越濮，鸠僚，其渠帅皆曰王。”“有闽濮、鸠僚、僄越、裸濮、身毒之民。”永昌郡即是后来的金齿百夷区，自古以来就是傣族先民的重要分布地。《南中志》记此郡民族，几乎全以越、僚、闽、濮这类字作族称。（详见《说“濮”》，云南大学《思想战线》1980 年第一期暨《中国社会科学》1980 年第五期）

此说有四个理由：

一、百越的居住区是南方沿海地带，自山东半岛以南，经江苏、浙江、福建、广东、安南沿海地，皆古代百越民族分布区。自秦以后，汉民族向南方沿海地带发展，百越一部分被同化，一部分再向南移，乃退居今安南、暹罗、缅甸一带地，更向内地侵展而进入云南。今海南岛的黎人，便是越人遗留于孤岛中的后裔。梁任公说今日的广东人是汉人与摆夷的混血种（见梁启超《中国历史上之民族研究》）确有见地。

二、百越民族的风俗习性与他系民族有大不相同之处。而今日摆夷的风俗，则很多与古代百越民族相同。试举数点：

A. 断发文身

《史记·越世家》：“夫断发文身，错臂左衽，瓯越之民也。”《淮南子·齐俗训》：“越王勾践，劗发文身，无皮弁搢笏之服，拘环拒折之容。”今摆夷男子，尚有文身之俗（详见本书第五章）。海南岛的黎人妇女，尤其在白沙、乐东两县境内者，皆文面。摆夷和尚的装束便是左衽（详见本书第八章）。

B. 巢居

《博物志》：“南越巢居。”今摆夷住屋，多以大竹搭为高楼，上层住人，下层住牲畜，上下用梯，看去恰似一个巢（详见本书第五章）。

C. 食异物

《逸周书·王会篇·解》：“东越海蛤，瓯人蝉蛇，……且瓯文蜃，共人玄贝。”今日摆夷食品中有数种珍味，如竹节中或棕根下的蛆，牛粪下的虫，黄蚁，蜘蛛，蜂蛹都是使外来之人见而停箸（详见本书第五章）。

D. 善制铜

《越绝书·宝剑篇》:“当造此剑时，石堇之山破而出锡，若耶之溪涸而出铜，欧冶乃因天之精神，悉其技巧，造为大刑三、小刑二：一曰湛卢，二曰钝钩，三曰胜邪，四曰鱼肠，五曰巨阙。”今日之西南民族，大都不能冶金，凡金属用具，必向汉地购买或请汉人入山制造。惟有摆夷，则有很好的金属制作品产生（详见本书第四章）。[2]

---

〔1〕此句出自《史记·赵世家》:“夫翦发文身，错臂左衽，瓯越之民也。”唐·司马贞《史记索引》:“错臂亦文身，谓以丹青错画其臂。”

〔2〕傣文史籍《勐果占壁史》和《勐卯古代诸王记》等书中，也有有关精美刀剑的记载，讲述国王拥有的锋利宝刀，讲述“中国皇帝”如何想得到它，等等。

此诸项风俗，尤以文身一项最为重要。李济之先生甚至断言：凡有文身之俗的，必是掸族血统。“除非尚有第四支人（按指西南民族中 Mon-Khmer，Shan，Tiheto-Bngman 三大支之外之人），而其人亦有文身之俗者。否则，文身之踪迹，亦即为掸族之踪迹。”（见 Lee Chi *The Fanmation of The Chinese People.*）

三、“百越”即“百粤”。“粤”者蛇也，闽越之“闽”亦为蛇。大概古代的越民族，是一种以蛇为图腾的民族，在今日的摆夷宗族中，尚未能看出此种图腾的遗迹，但《华阳国志》及《后汉书·西南夷传》均载哀牢夷的始祖是龙：

“哀牢夷者，其先有妇人名沙壹，居于牢山。尝捕鱼水中，触沉木，若有感，因怀妊。十月，产子男十人。后沉木化为龙，出水上。沙壹忽闻龙语曰：‘若为我生子，今悉何在？’九子见龙惊走，独小子不能去，背龙而坐，龙因舐之。其母鸟语，谓‘背’为‘九’，谓‘坐’为‘隆’。因名子曰‘九隆’。及后长大，诸兄以九隆能为父所舐而黠，遂共推以为王。后牢山下有一夫一妇，复生十女子，九隆兄弟皆娶以为妻。后渐相滋长，种人皆刻画其身，象龙文，衣着尾。”[1]

龙与蛇实际是二而一^的东西，哀牢夷之以龙为始祖，可以说便是奉蛇为图腾的转变。至于海南岛的黎人，到现时尚作兴把一条油绘斑斓的木蛇，供在神龛上。[2]

〔1〕《华阳国志·南中志》的记述与《后汉书》稍有不同:“哀牢，山名也。其先有一妇人，名曰沙壶，依哀牢山下居，以捕鱼自给。忽于水中触一沉木，遂感而有娠。度十月，产子男十人。后沉木化为龙出，谓沙壶曰:‘若为我生子，今在乎?’而九子惊走，惟一小子不能去。陪龙坐，龙就而舐之。沙壶与语言，以龙与陪坐，因名曰元隆，犹汉言陪坐也。沙壶将元隆居龙山下。元隆长大，才武。后九兄曰:‘元隆能与龙言，而黠有智，天所贵也。’共推以为王。时哀牢山下复有一夫一妇，产十女，元隆兄弟妻之。由是始有人民，皆象之，衣后着十尾，臂胫刻文。”二书相较，《后汉书》文意更顺。《南中志》似有传抄之讹。此外，《抱朴子·释滞》也有类似记述。古哀牢人到底是哪个民族的先民，学术界一直有争议，大致有乌蛮说、白蛮说、傣族说三论。有的以民间传说为据:乌蛮祖沙壹如南诏首领异牟寻“自言本永昌沙壶之源也”(据《蛮书·卷三》);白蛮祖沙壹如九隆兄弟十人之后立为十姓，即白族的董、洪、段、施、张、杨、李、赵、何、王十大姓(据《南诏野史》)。民间传说颇多附会成分，各族亦然，以此为定论似太勉强，且各执一词也无法论定。有的以语言为据:如谓“九隆”为藏缅族之语言(许云樵《南诏非泰族故国考》，载《南洋学报》四卷二辑);如谓“九隆”与怒族语言相合(闻宥《哀牢与南诏》，载《边政公论》一卷二期)。古今语音的差异，各地方言口音的差异，各民族语言发音的差异，若以个别语词为依据，可谓孤证难以成立。且傣族中也有源于哀牢之传说，“哀牢”一词在傣族语言中为“酒仙”之意，此亦不足以为据。这里，文身的习俗是一条重要线索，文身是百越民族的一个独有的风俗，“臂胫刻文(纹)”“刻画其身，象龙文(纹)”，大概是问题的关键。

〔2〕二千多年前云南百越民族聚居区里蛇图腾崇拜的现象，在20世纪50年代的考古发掘中有惊人的发现。在昆明晋宁石寨山发现了滇王金印和大量青铜器，其中不少青铜器都有蛇的形象出现。如储贝器上的蛇图腾铜柱、蛇图腾牌，许多扣饰上蛇的造型等。古滇族或滇国，又称滇越(《史记》)或滇濮(《南中志》)。《华阳国志·卷四·南中志》载:南中在昔盖夷越之地，滇濮、句町、夜郎、叶榆、桐师、巂唐，侯王国以十数。夷，在古代文献中泛指各少数民族;而越、濮、僚，则用以专指百越各族属言。滇濮，属百越族系，居住于以滇池为中心的地区，包括今晋宁、江川、澄江一带。在石寨山和江川李家山发现的大量青铜器，足以证明当时滇人冶铜技术的高超和蛇崇拜的习俗。而《南中志》所述的其他侯王国如句町(今云南东南部、贵州西南部及广西西北部一带)、夜郎(今贵州遵义、贵阳以西地区)、叶榆(今云南洱海周围地区)、桐师(今云南保山、德宏一带)、巂唐(今云南洱海以西澜沧江两岸)，我们可以期待着今后考古的新发现。

现实生活中傣族蛇（或龙）崇拜的现象，当然不可能像远古那么普遍而突出，但也可以看到不少痕迹：许多傣族男子的文身图案是整条的蛇或龙，有的在臂和腿部文鱼鳞纹。其之所以如是，最初的根源正如《汉书·地理志》所说的：越人文其身，以像龙子，故不见伤害也。在西双版纳寺庙的壁画、彩绘上，蛇和龙的图案也常常能看到。刘岩先生说："关于西双版纳（傣泐）传说中的人面蛇身始祖神召法弄茂罕的形象，作者有机会于1990年11月2日的夜晚在橄榄坝曼听村佛教祭塔的盛会上看到村民们敲锣打鼓，抬着一条大蛇，一尾大白鱼，一头大白牛的模型，涌入会场，让大家瞻仰的情景。"（见刘岩《傣族南迁考察实录》，云南民族出版社1999年版）

四、今日摆夷居住地和古代百夷散居地，多有用越字来作地名的。《汉书·张骞传》："昆明之属无君长，善寇盗，辄杀略汉使，终莫得通。然闻其西可千余里，有乘象国，名滇越。"按汉之昆明在今云南保山、永平一带，其西千余里，其地产象，正是今滇缅地界，那明明是名摆夷住地为越了。此外，如腾越即今云南腾冲县，元为腾越州；越嶲郡，汉武帝置，即今西康会理附近（今丽江、渡口、会理、西昌一带地）；越宾，唐置，今四川泸县（越宾县，唐置，宋废，即今泸州市地）；越析诏，唐六诏之一，今云南丽江；越甸县，元置，在今腾冲西南；越州汛，在云南曲靖县南七十里；越州郡，南齐置，在广西境；越裳县，三国吴置，即古越裳国，今安南地。这些，都是所谓地以人名。永昌郡，《华阳国志》称其境中有闽濮，腾越一带正是古濮人、缥人的集居地。今四川宜宾以至泸县一带，汉为僰道县，《华阳国志》谓僰道县本有僰人。依此类推，则凡以越命名之地，必为越民族居住区，虽未必全部如此，但大体总有关系。试看会稽为越国建都地，南朝即以其地为越州。考古代以越命名之地，如上列举者，大抵都是僰濮的主要分布区域，则百濮、摆夷、越三者的关系，可推而知之了。

如承认今日的摆夷便是古代的百濮，也便是百越民族的一个支系，那便不难知道三千年来摆夷民族辗转迁徙与散布区域的变迁情形：

周代以前，黄河以南地带，为两大民族所分据：据有淮河流域的是东夷，据有长江下游的是百越（楚民族当时尚在长江上游地）。故今江苏、浙江、福建、广东沿海，并安徽、江西、湖南、广西一部分地，皆百越区域。这时，百越民族中，已经有两大部落逐渐兴起，这便是越、吴两国。《史记·越世家》载："越王勾践，其先禹之苗裔，而夏后帝少康之庶子也。

封于会稽，以奉守禹之祀，文身断发，披草莱而邑焉。”又同书《吴世家》载：“吴太伯、太伯弟仲雍，皆周太王之子，而王季历之兄也。季历贤而有圣子昌，太王欲立季历以及昌。于是太伯、仲雍二人乃奔荆蛮，文身断发，示不可用，以避季历。季历果立，而昌为文王。太伯之奔荆蛮，自号句吴。荆蛮义之，从而归之千余家，立为吴太伯。”姑不论吴、越两国的统治者是否真的为周太伯与夏少康之庶子，而当时中原民族已渐渐向越民族区域中移殖，当是事实。这种外来民族的侵入，使土著的百越民族被迫迁让，越民族的居住区域，从此乃不停的转变，尤其在楚民族东下以后，这种演进更为积极。越民族被迫迁徙的路线，大概有两途：

一、蔓延至湖北而入四川

《史记·楚世家》：熊渠伐杨越至于鄂。鄂即今武昌。《左传·文公十一年》：楚潘崇伐麇至于钖穴。麇为百濮种。《太平御览·州郡部》引《十道志》：“郧乡本汉钖县，古麇国也。”盖即钖穴，在今湖北郧乡县。这是濮，也便是沿海的百越民族蔓延入湖北的情形。大概湖北只是濮族迁徙的暂住地，大部分定居地方并非湖北，而是四川。

《周书·詹桓公》曰：“巴、濮、邓、楚，吾南土地。”左思《蜀都赋》：“于东则左绵巴中，百濮所充。”刘逵《注》：“濮，夷也。今巴中七姓有濮也。”四川有僰道县，王莽更曰僰治。按僰道即今四川宜宾。《华阳国志》：僰道县本有僰人。由此诸种记载，知当时四川境内，实散居着多数的濮僰，这些濮僰，大部分是从湖北沿江移入的。

二、由暹罗、缅甸而移入云南

秦始皇统一六国，时百越民族已退居于闽、粤、桂、安南诸地，其中较强大的部落如集居于浙江东部的瓯越、福建的闽越，安南的骆越。始皇灭六国后，南取百越之地，以为桂林、南海、象郡（林按：桂林郡在今广西桂林、梧州、柳州及广东肇庆、茂名一带地。南海郡在今广州、江门、英德、梅县一带地。象郡在今贵州都匀，广西百色、南宁、北海，广东湛江，海南，再往西南至越南）。后来汉武帝又建南方九郡，于是越民族主要生聚之地，几全被汉民族所据有。当地的越族，除一部分被同化外，一部分沿暹罗、缅甸而移入云南，此永昌郡哀牢夷之所由来。此《华阳国志》及《后汉书》之所以有哀牢始祖出生于永昌之记载。明代杨慎《南诏野史》谓南诏的始祖便是《华阳国志》及《后汉书》所记之沙壶（或沙壹）触龙木而生之九隆，后由哀牢山移居蒙舍（今云南蒙化县。林按：今巍山县），由蒙舍再至白崖（今云南凤仪县境），最后建都于太和城（今云南大理县）。这虽仅是诸部落中一个部落的移殖情形，但大可以据此窥见云南境内的摆夷，是由南方沿海移入后，再向北迁徙的。今云南保山县，所谓哀牢夷地，虽不能说是摆夷的发祥地，但大可认为是百越民族移入云南后的最初根据地。这一支移民，从云南的西部向北发展，占据哀牢（保山）、博南（永平）、楪榆（大理）诸地方，再向东北蔓延，而达金沙江边，甚至渡江而和四川的濮僰地区发生联系。

汉以后，何以言濮与僰者只限于云南境内？四川的濮和僰何以渐稀少以至于绝灭？这有两个原因：

被贩卖于四方。

《华阳国志》："僰道县本有僰人，故《秦记》言僰僮之富，汉民多斥徙之。"《史记·西南夷列传》谓："开蜀故徼，巴蜀民或窃出商贾，取其筰马、僰僮、牦牛。"《注》引东汉服虔说："旧京师有僰婢。"足以见当时蜀中之摆夷，被汉人辗转卖之四方，以为僮婢，甚至远贩到京师。这是四川濮僰人口减少的一个原因。[1]

---

〔1〕掠掳、贩卖僰、僚为僮仆之事，自秦始，延续了几个朝代，长达七八百年之久。《北史》卷九五《蛮獠传》：獠者，盖南蛮之别种，梁、益二州岁伐獠以裨润公私，颇借为利。其利何来？就是掳以为仆婢。于是官府每岁令随近州县出兵讨之，获其生口，以充贱隶，谓之为压獠焉。后有南旅往来者，亦资以为货，公卿达于庶人之家，有獠口者多矣。梁州，辖地在今四川、贵州、陕西交界地；益州，在今成都平原一带。这样大规模的官抢民夺，以至中原哪怕普通人家都有四川来的僰、僚奴婢。

被迫徙居云南。

这并非受汉人驱逐，而是为另一种新来宗族所压迫而迁徙。原来，当百越民族由沿海分两支，一沿江入四川，一沿海入云南之后。不久，中国西北边境中，也正有另一系宗族向西南迁徙移，这便是今日的爨人。爨人的祖先是西北的羌人，周秦之时，羌人种族繁衍，屡东下侵扰中原，周古公避犬戎于岐下，季历时戎人大败周师，幽王为犬戎杀于骊山下，都是羌民族东侵的事实（林按：见《史记·周本纪》）。春秋时，晋、赵、秦诸国渐渐强盛，乃以武力阻羌人东侵。楚国之兴，使羌人不能南下，此强悍的部落民族，乃转向西南迁徙。

《文献通考》载：“秦献公初立，欲复穆公之迹，兵临渭首，灭狄獂戎，忍季父邛，畏秦之威，将其种人附落，西南出支曲河西数千里，与众羌绝远，不复交通。其后子孙分别各自为种，任随所之。或为牦牛种，越嶲羌是也；或为白马种，广汉羌是也；或为参狼种，武都羌是也。”大概在春秋以后，羌人开始南移。《史记·西南夷列传》所载之白马、冉駹、筰都、邛都，便是羌人从西北移来，居住于甘肃武都、四川松潘、四川汉源、西康会理诸地的部落，也便是今日爨人的祖先。这些都是强悍的游牧部落民族，南来以后，首先和巴蜀境中的濮僰接触，濮僰既无武力以抗拒此新移民，便只好迁让。

当这两大民族在蜀中接触之时，使中国史书中发生了一个错误的记载：《史记·司马相如传》中所称之西僰，《集解》徐广说是羌之别种；《括地志》谓邛州本西蜀徼外，曰猫羌；秦、汉人多称濮为青羌；都把濮认作了羌民族系统。这种错误，便由于当羌人西南移入巴蜀时，与境内的濮僰混居，时人不察，便混两族为一。其实，濮僰自属越民族系统，与羌人无涉的。

自南方海岸向北移徙于云南西境的百越民族，不称越而称濮；自湖北移入四川的百濮，不称濮而称僰。观《华阳国志》中凡称今云南所属之摆夷皆曰濮，如建宁郡有濮僚〔1〕，永昌郡有闽濮、裸濮〔2〕，兴古郡有鸠僚濮〔3〕；称今四川所属者则概曰僰，如僰道县之僰人。濮渐由南而向东北方蔓延，僰渐由北而向西南方迁徙，结果，濮僰会集而聚居于澜沧江沿岸地。〔4〕澜沧江一名鹿沧江，即古之兰津。〔5〕上源曰杂鄂穆楚河，出西康西北境之格尔吉山，经昌都东南流，名拉楚河〔6〕，西为怒山脉，东为宁静山脉，入云南西境歧为二：东曰漾濞，西曰澜沧〔7〕。至顺宁而两江合，曲折南流，由思茅出境。至安南名湄公河，经柬埔寨至交趾支那〔8〕，分数道入南海。

---

〔1〕建宁郡所辖地为今云南南盘江流域以西，四川会理、会东以南，楚雄以东，新平、通海以北地区。大致为今昆明，曲靖市，玉溪市大部及双柏县等地。

〔2〕永昌郡所辖地大致为今云南保山市，临沧市，大理州永平、云龙、南涧县，普洱市之思茅、宁洱、景东，怒江州六库、兰坪，德宏州及至更西地区。

〔3〕兴古郡所辖地大致为今云南文山州及泸西、弥勒、峨山、通海、罗平、富源等县以及广西的田林、隆林等县。

〔4〕当时，家父认为《华阳国志》所载的僰人即濮，亦即明清的僰夷。后来他修正了这一观点。在族属上，僰人属氐羌族系而僰夷属百越族系。"'僰人'与'僰夷'应有区别，僰人后写作'白人'，是今云南白族的先民；僰夷后写作摆夷，是今天的傣族。"详见《说"濮"》一文。

〔5〕澜沧江，古称鹿沧江、沧浪江、兰仓水、兰津。源于青藏高原唐古拉山东北坡的格尔吉河和鄂穆楚河（鄂穆楚河上游名昂褚河），二河在昌都汇合后，称澜沧江。东南流，于云南迪庆州德钦入云南境，西为横断山脉的怒山（又称碧罗雪山），东为宁静山（即云岭）。东南流经怒江州入保山市、临沧市，在凤庆县与漾濞江汇合，再东南流经普洱市，由西双版纳州南部出境，称湄公河。经缅甸、老挝、泰国、柬埔寨，入越南，在越南南部入南海。湄公河在湄公河三角洲分九条汊道入南海，故入海河段又称九龙江。澜沧江全长4500公里（我国境内1612公里）。

〔6〕原文拉楚河疑指杂楚河，杂楚河在他念他翁山以西，而澜沧江在此山以东。杂楚河为怒江支流而非澜沧江支流。他念他翁山在云南西部及西藏东部，北段称他念他翁山，南段称怒山，属横断山脉，是澜沧江和怒江之分水岭。

〔7〕原文曰入云南西境歧为二：东曰漾濞，西曰澜沧。有误。漾濞江为澜沧江支流，上游海尾河源出于丽江县南境，南流到大理市南纳西洱河，再南流到凤庆西北汇入澜沧江。

〔8〕谓今越南南部。

明李元阳谓澜沧江即《禹贡》之黑水（见李修《云南通志》）。陈澧《〈汉书·地理志〉水道图说》谓澜沧江即濮水：濮水，今云南维西厅澜沧江，源出西藏，东南流至车里土司西北境，其下则为劳水也。章太炎先生谓濮族是因居住濮水而得名：濮之得名，盖由于濮水。犹因晋水以名晋，因荆山以名荆也（见章炳麟《太炎文录续编·西南属夷小记》）。朱希祖先生则以为濮水是因濮族得名：余谓濮族因濮水而得名，不如谓濮水因濮族而得名，犹僰道因僰族而得名也（见朱希祖《云南濮族考》，载《青年中国季刊》创刊号）。

从濮族迁徙来源上说，我们当然附和朱先生的说法，因为濮族既非源出濮水而是由南方沿海地带迁徙来的，当其未迁居濮水流域时，已有濮族之名了。而汉通西南夷时，尚只称兰津、澜沧（林按：应为兰仓）而不名濮水。故濮水一名，显见是因濮族来居后始有的称谓。大概唐宋之时，澜沧江流域是摆夷的主要分布地。

唐玄宗开元、天宝之时，云南境内的摆夷达到了一个发展的高点。这是，在云南全境内，形成了两大民族的对立：越民族自南方侵入，占据了西部一带地；羌人自北方南下，从四川入云南，占据了东部一带地。西部的濮、僰，再混入了西北的一些麽些族人，成为六大部落，即所谓的六诏：蒙僰诏在云龙县南部，越析诏在丽江，浪穹诏在洱源，邓赕诏在邓川，施浪诏亦在洱源，蒙舍诏在蒙化。[1]从地域上看，这时，摆夷的主要分布地是在洱海以西，澜沧江以东地带，区域并不怎么大。其后，南诏即蒙舍诏，位于六诏之南，故又名南诏渐盛，开元二十六年，策授南诏王皮逻阁为云南王，赐名归义。《新唐书·南蛮传》载：归义渐强盛，余五诏浸弱。先是剑南节度使王昱受归义赂，奏六诏合为一诏。归义既并五诏，服群蛮，破吐蕃之众，兵以骄大，每人见，朝廷亦加礼异。因此，渐与唐朝形成对立形势。天宝九载，南诏以兵攻杀节度使张虔陀；十载，云南太守鲜于仲通起兵攻南诏，大败归；十二载，杨国忠当国，命剑南留后御史李宓将十余万众攻太和城，全军覆没于洱海岸。从此，在阁罗凤、凤迦异、异牟寻诸代，中国不敢正视南诏。摆夷之区域，乃从洱海、澜沧之间，向东、向北、向南侵拓。

---

〔1〕文献记载六诏之名称有异，《新唐书·南诏传》作：蒙舍诏、蒙嶲诏、越析诏、浪穹诏、邓赕诏、施浪诏；杨慎《滇载记》作：蒙舍诏、浪穹诏、邓赕诏、施浪诏、麽些诏、蒙嶲诏。

林按：唐贞观末，洱海周围诸部逐渐形成十几个称为“诏”的酋邦。“诏”意为“王”，亦谓“酋邦”。这十多个酋邦兼并后，剩下六个互不统属的“诏”：蒙舍诏（在今云南巍山县，其地位于诸诏南部，故称为南诏）、蒙嶲诏（在今云南巍山县北部及漾濞县）、邓赕诏（在今云南洱源县邓川）、浪穹诏（在今云南洱源县）、施浪诏（在今云南洱源县青索乡）、越析诏（在今云南宾川县）。

唐代吐蕃兴起，势力扩张，其东与唐争夺西域，兼并河湟，威胁京畿；其南占蜀西，寇西洱河地区。北起秦陇，南至蜀滇，尽为吐蕃所有。为改变两面受敌的局面，巩固姚州都督府（今云南姚安县），在西洱河地区抗击吐蕃，是唐朝在南线的重要战略举措，而西洱河诸部的背向，至关重要。蒙舍诏位于洱海诸蛮的最南端，受吐蕃影响最小，是唐朝最理想的战略伙伴；而南诏要兼并得到吐蕃保护的其他五诏，称雄西洱河地区，也需要唐朝的支持。于是在唐朝的支持下，南诏始而征服白子国，唐封其为“巍州刺史”，授“越国公”；继而兼并五诏，统一洱海诸部，唐封其为“云南王”。于南诏而言，是实现了其在洱海地区建立强大而统一的地方政权的目的；于唐朝而言，是实现其“分道经略，以讨吐蕃”战略的重大成果。这段时间大致在唐贞观末至开元末之间，历时近一个世纪，是唐朝与南诏的“蜜月”时期。

开元末至天宝初，南诏王皮逻阁利用唐朝实施巩固郎州（今曲靖），控制爨氏，北抗吐蕃，南抚安南以加强对云南东部统治的措施时与爨氏的冲突，兼并爨部，势力扩张到滇东地区。引起唐朝的不满。唐试图插手皮逻阁死后继嗣问题，最终激化了矛盾。天宝八年（749 年），唐玄宗下命讨伐南诏，命特进何履光率十道兵马从安南北上攻南诏，剑南节度使鲜于仲通招募兵马，南下配合何履光。唐大军未到，南诏出兵陷姚州都督府，杀死云南郡太守张虔陀，取羁縻州三十余个，这是天宝九年事。次年，鲜于仲通大军自戎州（今四川宜宾），大将军李晖由嶲州（今四川西昌），安南都督王知进自安南三路直扑南诏。南诏两次求和未果，于是往浪穹吐蕃神川都督求援，吐蕃派军分师救援，在西洱河大败鲜于，士卒六万余战死，鲜于仲通带少数残部逃回成都。

天宝十一年（752 年），吐蕃册封南诏为“赞普钟南国大诏”（吐蕃赞普之弟，云南国大王），赐南诏金印，号为“东帝”；南诏亦改天宝十一年为“赞普钟元年”。自此，南诏转而与吐蕃结盟，共同对抗唐朝。天宝十二年（753 年），唐朝决定恢复姚州都督府，任命贾瓘为姚州都督，并着手修缮城池。南诏趁筑城未成，出击姚州，贾瓘被擒，唐军覆没，南诏又占有姚州都督府及其所辖州县。

天宝十三年（754 年），唐朝派大军二十万人，由将军李宓率领征讨南诏。唐军直指南诏都城太和（今云南大理太和村），但南诏坚壁清野，闭城不出。致使唐军粮草告罄，病倒饿毙者十之七八，只好引兵回撤。南诏开城突击，吐蕃军亦前来助阵，唐军大溃，李宓溺死，二十万大军无一生还。至今，大理尚遗有“将军洞”、“万人冢”，为当年唐李宓及士卒之坟茔。

次年，“安史之乱”爆发，唐朝遂无力他顾云南。

据《新唐书》所载，南诏统治地有六节度、二都督、十睑（夷语“睑”若“州”），今考诸地所在处如下：

1. 六节度

A. 弄栋——在今姚州；

B. 永昌——在今保山；

C. 银生——在今镇沅、景东、兰溪一带；

D. 剑川——在今剑川；
E. 拓东——在今昆明；
F. 丽水——在今丽江；
2. 二都督
A. 会川——在今西康会理；
B. 通海——在今云南通海；
3. 十睑
A. 云南睑——在今祥云；
B. 白厓睑——亦曰勃弄睑，在今凤仪县东南；
C. 品澹睑——在今祥云县东北；
D. 澄川睑——在今邓川；
E. 蒙舍睑——在今蒙化；
F. 大鳌睑——亦曰史睑，在今邓川县东；
G. 苴咩睑——亦曰阳睑，在今大理；
H. 蒙秦睑——或在今景东；
I. 大和睑——在今大理；
J. 赵川睑——在今凤仪。

林按：南诏统治区域在唐朝封皮逻阁为云南王时，仅在今云南大理州内。经过半个世纪的扩张，不但囊括云南全境，最盛时东到今贵州毕节、遵义以西，与唐黔中郡接壤；东南到今云南河口、越南莱州大部，与唐安南都护府为邻；南到今老挝琅勃拉邦、泰国清莱，与女王国、陆真腊交界；西南到今缅甸萨尔温江以东，与骠国毗连；西到今缅甸北部克钦邦、实皆区，与天竺相望。

南诏的行政区划，据《新唐书·南蛮传》载，为六节度、二都督、十睑。据樊绰《蛮书》载为八节度、六睑。据《南诏野史》等书，所载又有所不同。南诏时所设节度并无定数，且费置无常，各书成书时间不同，故所举亦有异；《云南志》言六睑，《新唐书》言十睑，散见于二书各卷中又有其他赕名，据方国瑜考，南诏设赕当不止十个，《云南志》和《新唐书》所举的，皆位于洱海地区，是南诏直辖区域。《云南志》所记为贞元十年（794 年）前事，那时洱海地区有六赕；《新唐书》所录为乾符六年（879 年）事，其中心区域已由六赕增至十个。又：各史籍中“睑”或作“赕”、“睒”、“赕”，其义同，是南诏行政区划的名称，“州”或“府”的意思，汉语翻译时用字不同而已。据剑川石宝山石窟中南诏天启十一年（唐会昌、大中年间，公元 859 年前）题记有“三赕”之地名，汉译作“赕”为是。

八节度、十赕、二都督分别是：

八节度：

弄栋节度：治于弄栋城，即今姚安。所辖地域约为今楚雄州。

永昌节度：治于永昌城，即今保山。所辖地域约为今保山市、德宏州、临沧市及缅甸北部恩梅开江、迈立开江流域克钦邦北部地。

银生节度：治于银生城，即今景东。所辖地域约为今普洱市、西双版纳州及缅甸景栋、老挝北部、泰国清莱、越南莱州一带。

剑川节度：治于剑川城，即今剑川。所辖地域约为今大理州北部、丽江市、迪庆州、怒江州之兰坪及四川之盐源、盐边县。

拓东节度：治于拓东城，即今昆明。所辖地域约为今昆明市、曲靖市、昭通市、玉溪市及贵州之水城、盘县等。

丽水节度：治于丽水，即今缅甸达罗基。所辖地域约为今缅甸密支那以西直至印度界一带。

铁桥节度：治于铁桥城，即今香格里拉巨甸附近。所辖地域约为今迪庆州。《云南志·卷六·云南城镇》：“贞元十年，掠吐蕃铁桥城，今称铁桥节度。”

云南节度：治于云南城，即今祥云云南驿。所辖地域约为今大理州之邓川、大理、宾川、巍山、弥渡、祥云。

十赕：

云南赕：今大理州祥云云南驿；

白厓赕：又作勃弄赕，今大理州弥渡；

品澹赕：今大理州祥云县城；

邆川赕：今大理州邓川；

蒙舍赕：今大理州巍山；

大釐赕：又作史赕，今大理州大理市喜洲；

苴咩赕：又作阳赕，今大理古城；

蒙秦赕：今大理州漾濞；

矣和赕：又作大和赕，今大理市太和村；

赵川赕：今大理市凤仪镇。

二都督：

通海都督：治于通海镇，即今通海。所辖地域约为今红河、文山二州；

会川都督：治于会川，即今四川会理。所辖地域约为今四川凉山州一带。

可知这时云南全境除极东及东北一带地外，连同金沙江北岸的会理，都统治于摆夷所建的南诏帝国之下。

在这个帝国的统治中，对于摆夷的本身，发生了两件关系甚大之事：

一、民族的迁徙与分化

南诏每侵拓一地时，不仅将本族人民移殖于新土地中，同时也将新土地中的他种部族移居于摆夷区域中。这种事实见于记载的很多。如阁罗凤遣其子凤迦异拓地滇池边，筑拓东城，徙部民居之；移西北的麽些部族居洛伽甸（今云南路南县）；以兵威胁西爨，徙户二十余万于永昌。[1]

---

〔1〕南诏的移民迁徙政策是“易贫成富，徙有之无”（见《南诏德化碑》），它对于其统治下的各民族，特别是经济、文化较发达的民族，实行强制迁徙的措施，从政治上说，可以削弱各民族的反抗；从经济上说，可解决奴隶制经济对劳动力的需要。这种强制性的迁徙大的有：

1. 二十万余户白蛮移往滇西。

“阁罗凤遣昆州城使杨牟利，以兵胁西爨，徙户二十余万于永昌城。……自曲、靖州（曲州，在今永善、昭通、鲁甸一带地；靖州，在今贵州威宁、水城一带地），石城（即石城郡，在今曲靖西北面），升麻（今寻甸县），昆川（今昆明）南，北至龙和（龙和城，在今安宁西），皆残于兵。”（《新唐书·南蛮传下·两爨传》）

2. 移乌蛮于白蛮迁徙后“荡然兵荒”之地。

“乌蛮以语言不通多散林谷，故不得徙……乌蛮种类稍稍复振，后徙居西爨故地。”（唐樊绰《云南志·卷四·名类》）

3. 徙河蛮至拓东。

“河蛮，本西洱河人，今呼为河蛮，故地当六诏皆在。……及南诏蒙归义攻拔大釐城，河蛮遂并北迁，皆羁制于浪诏。贞元十年，浪诏破败，复徙于云南东北拓东（拓东城，今昆明）以居。”（樊绰《云南志·卷四·名类》）

4. 迁滇西北诸族到拓东城及更东一带。

“拓东城，广德二年凤伽异所置也。……贞元十年，南诏破西戎，迁施、顺（施蛮、顺蛮：原居于洱海以北地区蒙巂、浪穹、施浪三诏之部族，后被南诏逐渐迫使出走至泸水东北）、麽些诸种数万户以实其地。”（《云南志·卷六·云南城镇》）

“磨蛮……南诏既袭破铁桥及昆池等诸城，凡虏获万户，尽分隶昆川左右及西爨故地也。”（《云南志·卷四·名类》）

5. 迁滇西南诸族到拓东城。

“又从永昌以望苴子、望外喻（望苴子、望外喻：居住于澜沧江西南之民族。一说为佤族之先民）等千余户分隶（拓东）城傍，以静道路。”（《云南志·卷六·云南城镇》）

6. 迁裳人至祥云一带。

“裳人，本汉人也。部落在铁桥北，不知迁徙年月。……贞元十年，南诏异牟寻领兵攻破吐蕃铁桥节度城，获裳人数千户，悉移于云南东北诸川。”（《云南志·卷四·名类》）

由这诸种迁徙，发生三大结果：

1. 使云南境内的民族复杂化：云南境内的土著住民，本来只有羌族系的爨人，百越族系的摆夷。西番族系的麽些，苗民的移入，尚是以后的事。且诸族的分布，都有一定的区域。自经南诏以政治力量使之大迁徙后，或变多种部族互相杂居，或便一种部族两地隔绝，经过长时期的演变同化，于是便形成多种不同而纷歧的部族。《云南通志》记云南境内的土著住民，其名称能搜集一百四十余种之多，原因便完全由于此种迁徙后错综杂居之所至。〔1〕

2. 使多种民族混化：南诏以政治力量统治了多种民族，不仅在生活文化方面使多种民族混化，即在血缘方面，也使民族相互的通婚而形成一新的民族系统。例如今日大理一带的民族，有人说民家是东爨乌蛮的系统，丁文江先生则说今之民家实是南诏的摆夷与汉人两系统的混合。唐宋时代的大理，是南诏国与大理国的都城，也是一个民族文化的熔炉，由此种熔炉中留下的民家人，实可视为民族混化的一个好例子。

3. 使摆夷形成两大系统：一部分徙居各地，逐渐与他族同化而成为与原始摆夷不很相同的人民，或者便直接同化于汉人〔2〕；另一部分始终集居西南边地，直到今日尚保留着摆夷的原有系统。

---

〔1〕至今云南境内民族之多，居全国之冠，之所以有此种情况，与文中所言南诏时期大迁徙有直接关系。现将明天启间、清嘉庆间、清道光间及1944—1946年间家父所主持的云南少数民族调查所搜集的土著住民列如下：

明刘文徵《天启滇志·种人》所列民族六十二种，为：

1. 白猡猡；2. 黑猡猡；3. 撒弥猡猡；4. 撒完猡猡；5. 阿者猡猡；6. 鲁屋猡猡；7. 干猡

㑩；8. 妙㑩㑩；9. 㑩㑩；10. 倮㑩；11. 㑩落蛮；12. 白脚㑩㑩；13. 罗婺；14. 摩察；15. 侬人；16. 僰夷；17. 白脚僰夷；18. 光头僰夷；19. 白人；20. 普特；21. 窝泥；22. 和泥；23. 阿泥；24. 俄泥；25. 㹀鸡；26. 仆喇；27. 磨些；28. 力些；29. 西番；30. 野西番；31. 古宗；32. 怒人；33. 扯苏；34. 山苏；35. 土人；36. 土僚；37. 蒲人；38. 野蒲；39. 普蛮；40. 朴子蛮；41. 沙人；42. 羯些子；43. 峨昌；44. 缥人；45. 哈喇；46. 哈杜；47. 缅人；48. 老缅；49. 得楞子；50. 阿瓦；51. 结些；52. 遮些；53. 地羊鬼；54. 野人；55. 狼人；56. 喇记；57. 孔答；58. 喇吾；59. 比苴；60. 果葱；61. 喇鲁；62. 阿成。

清嘉庆间李祜《诸夷人图（稿）》列“夷人”一百一十九种，计为：

1. 阿系；2. 妙倮㑩；3. 山车；4. 濮喇；5. 山苏；6. 㹀鸡；7. 蜡欲；8. 阿者倮倮；9. 阿戛；10. 白脚夷；11. 剌毛；12. 披沙倮㑩；13. 马胡子；14. 撒完倮㑩；15. 麦岔；16. 鲁屋倮㑩；17. 摩察；18. 嫚且；19. 扯苏；20. 普拉倮㑩；21. 阿蝎倮㑩；22. 葛倮㑩；23. 过倮㑩；24. 黑苗倮㑩；25. 腊免；26. 扑喇；27. 猛乌；28. 聂索；29. 大头倮㑩；30. 白喇鸡；31. 白濮喇；32. 喇记；33. 阿倮；34. 普岔；35. 戛濮；36. 濮诧；37. 普列；38. 孟乌；39. 腊鸡；40. 阿僰倮㑩；41. 鲁巨人；42. 拴武；43. 黑窝泥；44. 瓢头窝泥；45. 糯比；46. 卡惰；47. 喇乌；48. 窝泥；49. 白窝泥；50. 斡泥；51. 喇鲁；52. 花土僚；53. 羿子；54. 土僚；55. 沙人；56. 阿度；57. 黑土僚；58. 缅和尚；59. 花摆夷；60. 摆夷；61. 喇吾；62. 旱摆夷；63. 水摆夷；64. 黑濮；65. 大肚倮黑；66. 苦葱；67. 野古宗；68. 黑铺；69. 莽子；70. 向莽子；71. 哈喇；72. 戛喇；73. 德苗；74. 苗子；75. 花苗；76. 仲家；77. 结些；78. 赤发野人；79. 羯些子；80. 遮些；81. 蒲蛮；82. 蒲人；83. 普剽；84. 古宗；85. 喇嘛；86. 三宝；87. 力些；88. 倮倮；89. 西番；90. 野西番；91. 峨昌；92. 三撮毛；93. 民家；94. 俅人；95. 磨些；96. 怒子；97. 龙人；98. 缥人；99. 长头发；100. 卡高；101. 九龙江野人；102. 德夷；103. 白山秋；104. 孤剽；105. 老乌倮；106. 松雪人；107. 剽喇；108. 阿哂；109. 官民；110. 桥头人；111. 塔城；112. 犸子；113. 地羊鬼；114. 情普罗；115. 民夷；116. 老挝；117. 缅人；118. 缅目；119. 不清（系越南入境民族）。

清道光《云南通志·南蛮志·种人篇》所载一百四十一种民族，名称如下：

1. 爨种；2. 阿东；3. 东爨乌蛮；4. 白人；5. 黑倮罗；6. 白倮罗；7. 妙倮罗；8. 海倮罗；9. 干倮罗；10. 撒弥倮罗；11. 阿者倮罗；12. 鲁屋倮罗；13. 撒完倮罗；14. 阿蝎倮罗；15. 葛倮罗；16. 普拉倮罗；17. 大倮罗；18. 小倮罗；19. 个倮；20. 密叉；21. 摩察；22. 僰夷；23. 旱摆夷；24. 水摆夷；25. 伯夷；26. 花摆夷；27. 罗婺；28. 蒲人；29. 蒲蛮；30. 倮黑；31. 大倮黑；32. 小倮黑；33. 扑喇；34. 白扑喇；35. 衣扑喇；36. 普特；37. 窝伲；38. 白窝伲；39. 黑窝伲；40. 穤比；41. 黑铺；42. 㹀鸡；43. 白㹀鸡；44. 黑㹀鸡；45. 土僚；46.

花土僚；47. 白土僚；48. 黑土僚；49. 飞头僚；50. 土人；51. 怒人；52. 扯苏；53. 山苏；54. 侬人；55. 沙人；56. 黑沙人；57. 么些；58. 白沙人；59. 力些（傈僳）；60. 古宗；61. 小古宗；62. 野古宗；63. 西番；64. 野西番；65. 喇鲁；66. 苗人；67 甘人；68. 孟人；69. 沙兔（仲家苗）；70. 黑干夷；71. 仲人；72. 苦葱；73. 喇乌；74. 麦岔；75. 罗缅；76. 嫚且蛮；77. 戛喇；78. 利米蛮；79. 小列密；80. 俅人；81. 披夷；82. 披沙夷；83. 剌毛；84. 子间；85. 奚卜；86. 洒摩；87. 蒙化夷；88. 瑶人；89. 聂索；90. 马喇；91. 阿成；92. 阿戛；93. 阿系；94. 阿度；95. 普岔；96. 喇奚；97. 孟乌；98. 普剽；99. 普马；100. 普列；101. 腊欲；102. 腊免；103. 舍乌；104. 山车；105. 阿倮；106. 腊歌；107. 白腊鸡；108. 交人；109. 海夷；110. 鲁兀；111. 阿哂；112. 卡月有；113. 黑濮；114. 缅和尚；115. 龙人；116. 阿卡；117. 长头发；118. 峨昌；119. 缥人；120. 哈喇；121. 缅人；122. 艮子；123. 绷子；124. 恭人；125. 结밭；126. 遮些；127. 羯些子；128. 地羊鬼；129. 卡瓦夷；130. 野蛮；131. 戛于腊；132. 三撮毛；133. 老挝；134. 黄教喇嘛；135. 红教喇嘛；136. 谟乐勒孤喇嘛；137. 善知识喇嘛；138. 那马；139. 哀牢夷；140. 八百媳妇；141. 木邦（孟邦）。

1944—1946 年江应樑主持云南民政厅边疆行政设计委员会时，用了两年时间调查云南各族，共统计得八十五种民族，为：

1. 倮罗；2. 民家；3. 摆夷；4. 苗人；5. 窝伲；6. 沙人；7. 傈僳；8. 侬人；9. 倮黑；10. 濮喇；11. 山头；12. 土僚；13. 摩些；14. 卡瓦；15. 瑶人；16. 撒尼；17. 古宗；18. 百子；19. 散民；20. 阿卡；21. 本人；22. 卡堕；23. 濮曼；24. 犸鸡；25. 怒人；26. 阿昌；27. 阿细；28. 巴苴；29. 崩龙；30. 子君；31. 乡檀；32. 糯比；33. 山苏；34. 喇鸡；35. 白皮子；36. 仲家；37. 蒙人；38. 孟武；39. 罗婺；40. 苦葱；41. 俅人；42. 伉人；43. 两越人；44. 劳乌；45. 奇地；46. 西摸罗；47. 四块瓦；48. 客人；49. 麻黑；50. 攸乐；51. 阿车；52. 黑衣人；53. 扯苏；54. 崩子；55. 墨槎；56. 天保人；57. 那窑；58. 水人；59. 喇游；60. 普儿；61. 缅人；62. 黑普；63. 米理；64. 黄倮；65. 阿马；66. 阿折；67. 白毅；68. 阿梭；69. 后路老卡；70. 大头人；71. 阿木；72. 阿客；73. 阿肋；74. 罗缅；75. 三达；76. 补角；77. 垦子；78. 龙安人；79. 罗谋；80. 补戛；81. 茶蛮；82. 密叉；83. 那路；84. 老品；85. 莫沙。

〔2〕1999 年笔者在宜良上课时，一位学生是江川的傣族，据他介绍，他们全村都是傣族，但语言、服饰、民居、宗教信仰及社会习惯皆与当地汉族无异。

二、汉人文化的传入

西南民族中，摆夷的文化比较高，这和南诏建国时尽量接受中国文化的事很有关系。南诏在建国之初，便积极吸收中国文化，《唐书·南诏传》载："有郑回者，本相州人，天宝中举明经，授嶲州西泸县令。嶲州陷，为所掳。阁罗凤以回有儒学，更名曰蛮利，甚爱重之，命教凤迦异。及异牟寻立，又令教其子寻梦凑。回久为蛮师，凡授学，虽牟寻、梦凑，回得箠挞，故牟寻以下皆严惮。蛮谓相为清平官，凡置六人。牟寻以回为清平官，事皆咨之，秉政用事。"〔1〕当时更有杜光庭、董成辈，都是中国一时的学者，入南诏为清平官。由此诸人的入蛮，已使中国的文化发扬于蛮中了。而南诏更数次遣使入朝，求经书文物。异牟寻死后，其部将王嵯巅引兵寇邛、戎、嶲三州而入成都，"将还，乃掠子女工技数万，引而南，人惧自杀者不胜计。至大渡河，谓华人曰：此吾南境，尔去国当哭！众号恸，赴水死者十三。南诏自是与中国埒。"（语见《新唐书·南蛮传》）今日在苍山洱海之间，尚可见到南诏时建造的千寻浮屠，宏伟奇丽，使我辈得因以想见当年的文化。

从唐经过五代到宋，从南诏而大礼而大理，均俨然成一独立国家。元世祖平云南后，将旧南诏之国土，直接归并国家版图。明初征云南，置布政使司，立为内地行省之一。经数百年汉人向云南的大量移殖，散居中部的摆夷，多数已经同化。〔2〕数百年国都的大理及其附近地，摆夷中的贵族阶级本早已习染了汉人文化，这时很容易的便与汉民族混合。今散居大理一带的民家，便是这种混合体的存余。（见梁启超《中国历史上之民族研究》）未经同化混合的摆夷，便向西南迁移而退居于他们最初根据地的哀牢山附近，本以濮族集居而得名的濮水，到了明代中叶以后，已经成为濮族与他族的分界地了。明谢肇淛《滇略》载："西南夷种类甚多，不可名记，然大端不过二种：在黑水以外者曰僰，在黑水以内者曰爨。"〔3〕黑水便是澜沧江，也便是濮水。故知明代中叶时，摆夷的居住区域，已缩小到濮水西南岸地带。实际，当时澜沧江的西南岸，也并非完全的摆夷住地。就是原始摆夷区域的西部永昌和南部元江诸地，也已成为汉人的移殖区。永昌、元江以南之地，始是纯粹的摆夷区域。——这是指的明末清初的情形，到了现在，元江及其邻近，固然还有少数摆夷散居，而保山境内，差不多已完全没有摆夷村寨，只留下了很多的摆夷遗迹。〔4〕就是再西、再南的龙陵和腾冲境内，也只是沿怒江的低洼地带尚有摆夷。得过了龙陵、腾冲之南，始是僰汉的分界地。

---

〔1〕见《旧唐书·南蛮西南蛮传》。另《新唐书·南蛮传》："故西泸令郑回者，唐官也，驻巂州，破为所掳。阁罗凤重起悖儒，俾教子弟，得箠榜，故国中无不惮，后以为清平官。"

〔2〕在云南，傣族与汉族通婚、同化的现象是常见的事情，这不仅限于傣族被汉族同化，同时也有汉族被傣族同化的情况。图中是家父1937年在遮放拍摄到清代汉军落籍当地，行医三十年，与傣族通婚后生儿育女，已经融入傣族社会的照片。笔者在五六十年后多次到遮放寻找这个家庭，当地的人已经完全不知道此人此事了，也就是说，这个汉、傣结合的家庭已经完全被傣族同化了。

〔3〕见《滇略》卷九《夷略》之"西南诸夷"条。谢所说的民族更多："僰有百种，爨亦七十余种。"

〔4〕保山、龙陵一带地名中还有不少源于傣语的地名，如芒宽（热闹而集中的寨子）、芒掌（象寨）、芒东（平坝寨）、芒卖（新寨）、景线（宝石城）、岗良（马鹿之路）、芝东（田坝寨）、党岗（路中的寨子）。（引自吴光范《话说云南》271～277页，云南人民出版社1999年版）

摆夷的来源及历史，大概如此。因演变的复杂，故名称也各时代互有不同。下面列举的，都是各时代载籍中所见的摆夷的异常名：

1. 百濮[1]

《逸周书·王会篇》："伊尹为四方令曰：……正南瓯、邓、桂国、损子、产里、百濮、九菌。"

左思《蜀都赋》："于东侧左绵巴中，百濮所充。"

2. 僰

《礼·王制》："屏之远方，西曰僰。"

《吕氏春秋·恃君览》:“僰为西方无君之人。”

《史记·西南夷列传》:“巴蜀民或窃出商贾，取其筰马、僰僮、牦牛。”

3. 濮僚[2]

《华阳国志》:“建宁郡……谈稿县有濮僚。”[3]

4. 闽濮

《华阳国志》:“永昌郡……有闽濮。”[4]

5. 裸濮

《华阳国志》:“永昌郡……有裸濮。”[5]

6. 鸠僚濮

《华阳国志》:“兴古郡……多鸠僚濮。”[6]

7. 哀牢夷[7]

《后汉书·西南夷传》:“哀牢夷者，其先有妇人沙壹，居于牢山。”[8]

《永昌府志》:“‘哀牢国’本‘安乐国’，夷语讹为哀牢。”[9]

8. 文面濮

《唐书》:“三濮者，在云南徼外千五百里，有文面濮、赤口濮、黑濮。”[10]

9. 赤口濮

见上。

10. 黑濮

见上。

11. 蒲蛮[11]

明李元阳《云南通志》:“蒲蛮即古百濮，《周书》与微、卢、彭俱称西方人，《春秋传》与巴、楚、邓并为南土。本在永昌西南徼外，讹‘濮’为‘蒲’。”

12. 百夷[12]

明李思聪《百夷传》:“百夷即麓川平缅也，地在云南之西南……其种类有大百夷、小百夷，又有蒲人、阿昌、缥人、古剌、哈剌、缅人、结些、哈杜、怒人等名，以其诸夷杂处，故曰百夷。今‘百’字或作‘伯’、‘僰’，皆非也。”[13]

13. 永昌蛮

清冯甦《滇考》:“洱海之西，有永昌蛮。”

14. 僰夷[14]

《滇系·属夷系》:“僰夷,种在黑水之外。”

15. 僰人[15]

《元江府志》:“僰人性朴素,勤耕作。”

16. 摆夷

清檀萃《滇海虞衡志·志蛮》:“僰夷,一名摆夷,又名白夷,盖声相同近而讹也。”

17. 摆衣[16]

《宁州志》:“种人有摆衣。”

18. 大伯夷[17]

《龙陵县志》:“大伯夷在陇川以西,喜居近水,男女皆袒浴于河。”

19. 小伯夷[18]

《龙陵县志》:“小伯夷,熟夷也。龙陵西南环境皆是。”

20. 僰子[19]

《昆明县乡土教科书》:“僰子又作白子,或作白儿子,居县属北乡沙朗等村。”

---

〔1〕早期史籍中关于“濮”、“百濮”的记载不少,如:《尚书·牧誓》中记述参与武王伐纣的各少数民族有“庸、蜀、羌、髳、微、卢、彭、濮人”。孔颖达《疏》曰:“庸、濮在江汉之南。”《左传·昭公九年》:“自武王克商以来,巴、濮、邓、楚,皆吾南土。”《国语·郑语》:“叔熊逃难于濮而蛮。”《左传·文公十一年》:“楚大饥,庸人率群蛮以叛楚,麇人率百濮聚于选,将伐楚。”杜预《注》:“庸亦百濮夷。”

〔2〕“僚”之称呼始见于《三国志》卷四十一《霍峻传》。西晋张华《博物志》:“荆州极西南界至蜀,诸民曰僚子。”

〔3〕载《华阳国志》卷四《南中志》“建宁郡”条。

又:《华阳国志·南中志》:“后夷濮阻城,咸怨诉竹王非血气所生,求立后嗣。(吴)霸表封其三子列侯。死。配食父祠,今竹王三郎神是也。”《后汉书》中“夷濮”作“夷僚”,可证明僚人即是濮人。谈稿为夜郎故地,夜郎人因汉斩竹王而“怨诉”,可知竹王及夜郎乃僚人,其地多僚濮。郦道元《水经注·温水》:“温水出牂柯夜郎县,……温水自县西北流,径谈稿,与迷水合。”据刘琳考据,谈稿县故治在今云南富源附近,北抵盘龙江,西至南北盘龙江之源头,东接贵州盘县,皆其辖境。

四川、云南、贵州、广西诸省区有“竹王祠”的记载:在四川,《寰宇记》卷七十五之“大邑县有竹王庙”;《元封九域志》(增本)卷七之“邛州有竹三郎庙”;《蜀中名胜记》卷十一之“荣县东荣川岸有竹王庙”。在云南，徐松石《泰族僮族粤族考》言云南通海县有竹王庙。在贵州，清代陈鼎《黔游记》之“竹王祠在杨老驿，去清平县西三十里。……黄丝驿亦有其庙”。在广西,《寰宇记》卷一百六十二之“阳朔县有竹王三郎祠”。此各处之竹王祠可证明川、滇、黔、桂一带均有僚人分布。

〔4〕载《华阳国志》卷四《南中志》“永昌郡”条。“闽濮”，同书又称为“闽越濮”。“闽”，百越民族之一支。郑玄注《周礼·职方志》“七闽”曰:“闽，蛮之别也。”周代居住于长江以南，秦汉时主要分布于今福建一带，后与整个百越民族一起向南迁徙。永昌亦有分布。

〔5〕载《华阳国志》卷四《南中志》“永昌郡”条。另:唐代樊绰《蛮书》卷四载:云南西部有“裸形蛮”，或即此类。

〔6〕载《华阳国志》卷四《南中志》“梁水郡”条。同书卷四《南中志》“永昌郡”条亦载:“永昌郡………有鸠僚”。

鸠僚，又作鸠民。汉、晋间之《永昌郡传》:“九县之人皆号曰鸠民，语言嗜欲不与华人同。”

僚作为民族名称，自《三国志·霍峻传》载“永昌郡夷僚”后，直至清代史料屡有记载。其名称有乌浒人(后作乌武僚)、俚僚、蛮僚、守官僚、南平僚、鸠僚、葛僚、仡僚、夷僚、土僚、飞头僚等。据《新唐书》卷二二二《南蛮传下》云，南平僚“人楼居，梯而上，名为‘干栏’。妇人横布二幅，穿中贯其首，号曰通裙”。乌浒僚:“地多瘴毒………自凿齿”。“居干栏”、“着通裙”、“凿齿”这完全具有百越民族的特征。

〔7〕关于哀牢夷的族属，至今民族学界认识尚未统一。

〔8〕有关哀牢夷的记载，见于《后汉书·西南夷传》和《华阳国志·南中志》，可参见前注。

〔9〕恰恰相反，“哀牢”应为民族语的汉语音译，强作汉语的“安乐”解，讹。

〔10〕《新唐书》卷二二二《南蛮传下》:“三濮者，在云南徼外千五百里，有文面濮，俗镂面以青涅之;赤口濮，裸身而折齿，劖其齿使赤;黑僰濮，山居如人，以幅布为裙，贯头而系之。”

〔11〕即《蛮书》卷四之“扑子蛮”，为濮人的一支，今之学者一般认为蒲蛮是布朗族和德昂族的先民。据《蛮书》载，扑子蛮分布在开南、银生、永昌、寻传，即今天的普洱、西双版纳、临沧、保山、德宏及缅甸克钦邦一带。

〔12〕“百夷”一名，最初见于元代文献中。元代王恽《秋涧先生大全文集》里记

载着元代初年百夷遣使来到内蒙古见元世祖忽必烈的一段事："中统二年辛酉夏四月十四日，呼金齿蛮使人，问其来廷之意及国俗、地理等事。言语侏离，重译而后通。国名百夷，盖群蛮之总称也。"金齿蛮是唐代以来内地人对保山、德宏一带傣族的称谓。王恽说："国名百夷，盖群蛮之总称也。"《百夷传》也说："百夷在云南西南数千里，其地方万里。……俗有大百夷、小百夷、漂人、古剌、哈剌、缅人、结些、哈杜、弩人、蒲蛮、阿昌等名，故曰百夷。"则"百夷"一名，不是傣族的族称，而是金齿地区内各少数民族的总称。然而，通观《百夷传》所记，凡称百夷之处，都不是泛指诸族，而是确指一个族，就是今天的傣族。元李京《云南记略》中记金齿百夷，所叙述的正是今天德宏的傣族。《景泰云南图经志书》记元江、镇沅等处"地多百夷"；孟养、车里、八百大甸、孟定、干崖、南甸、陇川、镇康、湾甸、大侯等处，"境内皆百夷"。则百夷一名，不限于德宏的傣族。从德宏到西双版纳一带的傣族，兼及全国境内的掸、泰诸族，在明代都概称为百夷。明朝有一本吏部档案文件《土官底簿》，对各地世袭土官，多注明其族别，其中对元江世袭的傣族土官就注明："那直，百夷人。"明代朝廷为了接待国内各少数民族，成立了"四夷馆"，专司训练翻译各少数民族语文的人员，其中有翻译傣族语文的专馆，就称为"百夷馆"。这些例子，都能说明元、明时期所称的"百夷"，是傣族的专用族名。（摘录自江应樑《百夷传校注·序言》）

〔13〕《洪武实录》卷二百四十四载："洪武二十九年二月己丑朔，缅国复遣使来诉百夷以兵侵其境土。庚辰，遣行人李思聪、钱古训使缅国及百夷。……思聪等还，具奏其事，且著《百夷传》，记其山川、人物、风俗、道路之详以进。"据家父考证，《百夷传》其实有两个本子，分别由李思聪和钱古训在给朱元璋进呈本底稿的基础上加工整理而成。二本相较，主要内容大体相同，章节结构完全一致，但记载详略不同，钱书比李书丰富。

钱古训《百夷传》此节为："百夷在云南西南数千里，其地方万里。……俗有大百夷、小百夷、漂人、古剌、哈剌、缅人、结些、哈杜、弩人、蒲蛮、阿昌等名，故曰百夷。"。

〔14〕僰夷，白夷、伯夷、摆夷、白衣均为同音异写。明万历《云南通志》始以"僰夷"称傣族，之后史籍多写作"僰夷"；清后期至民国间，多写作"摆夷"。

〔15〕"僰人"一词，史籍中或指傣族，或指白族，颇应留意。大抵明中叶后，"僰人"多指傣族。但当时家父认为傣族和白族同属一个族系。

〔16〕亦"摆夷"之同音异写。

〔17〕关于"大伯夷"、"小伯夷"，并非一个界定严格地概念，也无明确的种族或支系划分的意义。从史料记载来看，明代有大、小伯夷之说，大致"大伯夷"是指

滇西地区的傣族，“小伯夷”是指滇南地区的傣族。本书引《龙陵县志》，从书中所述“大伯夷”的居住地域及“喜居近水”、“袒浴于河”的习性和“小伯夷”居住地域及“熟夷也”的断语来看，更类似于所谓“水摆夷”、“汉摆夷”的区分标准。

〔18〕同注〔17〕。

〔19〕实为白族。今昆明北郊沙朗为白族乡。

清代各书，因讳言夷，便又都把“夷”字写作“彝”。在缅甸，则通称之为Shan，暹罗呼之为Thai，安南呼之为Lao，摆夷百称为Tai（Dai）。据william clifton Dodd说：Tai（Dai）是自由的意思。但问之今日的摆夷，却都说没有这种含义。

在云南境内，一般又把摆夷分为三种：一是水摆夷，二是旱摆夷，三是花摆夷。《云南通志》中解释这三种摆夷说：水摆夷，开化、思茅、威远、宁洱有之，居多傍水，喜浴，男渡船，女佣工，能为鬼魅，力柔，性懦，崇佛。旱摆夷，开化及普洱有之，山居。花摆夷，普洱府有之，性柔懦，居临水，嗜辛酸，居临水，以渔稼。〔1〕

据现时居云南境内的汉人的解释：凡住居近山地的是旱摆夷；住近水边且常入水沐浴的，是水摆夷；花摆夷则因为妇女都用一条绣花彩带围在腰间，故有此名。今人李拂一《车里》中载：“《普洱府志》《思普沿边志

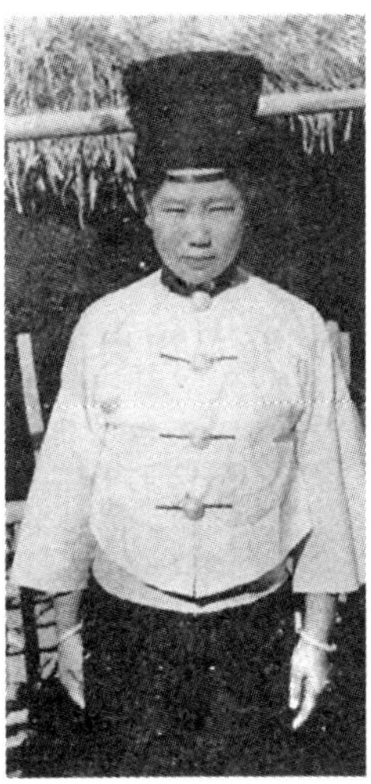

遮放傣那已婚妇女
作者摄于1937年

芒市傣那新娘（左）
江晓林摄于1997年

芒市傣那少女
江晓林摄于1986年

勐腊傣泐少女
江晓林摄于1980年

金平傣端妇女
江晓林摄于1986年

略》均有旱摆夷、水摆夷之分，其解释水摆夷曰：

妇女日赴清流沐浴，故曰水摆夷，旱摆夷之下则不见有何解说。其实，旱摆夷之妇女又何尝不日赴清流沐浴？不过，旱摆夷大多数为汉族混种，华父僰母，受汉化较深，为汉人礼教所缚，不敢在万目睽睽之下，如水摆夷妇女之公然裸浴耳。按旱摆夷当为‘汉’字同音之误，盖谓其受汉化或与汉族混血之摆夷也。至于水摆夷命名之由来，当因为‘汉’字误为‘旱’，由‘旱’之对称上得来，欲圆其说，遂附会到日赴清泉沐浴之上。至其自称，则水摆夷曰‘歹勒’，旱摆夷曰‘歹捏’，花摆夷曰‘歹鸦’：〔2〕对外族则概称为‘歹’。”〔3〕

在边地中，即使问之摆夷自己，也不能严格分别谁是水摆夷，谁是旱摆夷。芒市土司代办方裕之君曾对我说：“旱摆夷”当作“汉摆夷”，指汉化较深的摆夷而言，这是很通当的解释。至于“水摆夷”，他以为应当作“缅摆夷”或“暹（罗）摆夷”，意思是缅甸化或暹罗化较深的摆夷。“花摆夷”，那是指某一地带的一种特殊装束的摆夷。所以，这种分别，在种族的研究上是不必要的。

〔1〕将傣族分为旱（汉）摆夷、水摆夷和花摆夷悉始于清代。据笔者所见史料，“旱摆夷”、“水摆夷”之称，最早见之于清乾隆汤大宾《开化府志》，该书卷九曰：“旱摆夷，……八里杂处，耕种为活。男服长领青衣裤，女布缝高髻加帕，其上以五色线缀之，结絮为饰，服短衣桶裙，红绿镶边。婚以媒，丧亦棺葬，其死者所用器皿悉悬墓侧，不复收回，若有格棬之意焉。”“水摆夷，居多旁水，喜沐。男渡船，女佣工糊口。”“花摆夷”之说则始于清嘉庆李祜《诸夷人图（稿）》：“花摆夷，普洱，属威远猛戛地方。性柔软，红白布包头，身穿白布短衣，女穿青花布桶裙。每年三月，男女混杂，敲梆打鼓，采花、堆沙、赕佛。好食生酸之物。”

正如家父在六十多年前所说，把傣族分为旱摆夷、水摆夷和花摆夷，既不是傣族自己的划分，也无人类学之意义，只是一种界定不确、含义模糊的说法。如果要把云南傣族加以更细地区分，那么分为傣那（即傣涅）、傣泐（即傣勒）、傣雅（即傣鸦）更为科学，因为这是以分布区域和语言文字来作为划分标准的，而且傣族自己内部亦有此说。

〔2〕傣族自称Dai，新中国成立后新造“傣”字作为傣族名称的专用字。而书中写作“歹”字，则是当时“Dai”的汉字音译。

第二章　一个原始的摆夷区域

云南境内的摆夷分布地——一个原始的摆夷区域—从昆明到原始的摆夷地—南诏拓东城的昆明—南诏古帝都的大理—摆夷民族发祥地的永昌—腾龙沿边的土司区—芒市安抚使司猛板长官司—遮放副宣抚使司—猛卯安抚使司—陇川宣抚使司—户撒长官司—腊撒长官司—盏达副宣抚使司—干崖宣抚使司—南甸宣抚使司—平原—河流气候—物产—滇缅界址与西南国防

百越民族自从移居内地而被称为“濮”或“僰”，经过二千余年的演变，到今天已确定了他们的主要居住区是在中国的西南，云南的边区。从历史上看摆夷和爨人，俨然是云南境内的两大土著居民，虽然经过南诏以政治力量的迫迁，并以后各宗族的迁徙杂居，但大体说来，今日云南境内的各土著住民的分布地，仍有一定的区域。而此种区域，却正好依据河流来分划：

一、扬子江水系

流经于云南的东部及北部，包括金沙江及其支流鸦砻江[1]、龙川河[2]、普渡河[3]、牛栏江[4]等。从北部之绥江、永善、彝良、昭通、巧家、会泽、宣威更逆及上游之元谋诸地，这一水系流域内居住的主要土著是爨人，间以一部分的苗人。

---

〔1〕鸦砻江：也称“小金沙江”，现称“雅砻江”。源出青海巴颜喀拉山南麓，流经甘孜、盐源、盐边后入金沙江。其下游流域住民多为彝族（爨人）。但其江未流经云南境内，此处所述有误。

〔2〕龙川河：在云南中部，源出南华县沙桥，东南流到楚雄市北折，经禄丰县、元谋县，汇入金沙江。其流域住民多为彝族（爨人）。

〔3〕普渡河：上游螳螂川源于滇池，西北流折向东北富民县后称为普渡河，再北流入金沙江。其流域住民多为彝族（爨人）。

〔4〕牛栏江：叉称“车洪江”，在云南东北部，源出寻甸县嘉利泽，东北流经滇、黔两省边境，折向西北流入金沙江。其流域内住民多为彝族（爨人）。

按：爨、苗居住地的扬子江水系除上述龙川河、普渡河、牛栏江外，还有源出会泽县西北部，西北流到巧家县境，再流入金沙江的以礼河。此“扬子江水系”，包括滇东北部、滇东一部及滇中之北部地区，即昭通市南部、曲靖市及楚雄彝族自治州。上述地区是云南彝族主要聚居地。

二、东南水系

流经于云南的东部及东南部，包括元江（即红河）[1]、李仙江[2]、盘龙江[3]、普梅河[4]、西洋江[5]、南盘江[6]诸水，举凡南部的金平、河口、麻栗坡、砚山、西畴，以至富州[7]、广南、丘北诸地，均属此区，区内主要的土著住民是苗、瑶。

〔1〕元江：在云南南部，又叫富良江。源于巍山县北部，上游名礼社江，东南流元江、红河、元阳诸县，由河口县流入越南，进入越南境内称为红河，经河内入北部湾。

〔2〕李仙江：在云南南部。源于南涧县无量山，东流入景东县名中川河，又名银江、纳老苍河；东南经镇沅县，称新抚河；经墨江、宁洱县，称把边河；再东南入江城县，称为李仙江，流入越南。入越南后叫黑水河，再东南，汇入红河。

〔3〕盘龙江：在云南中部。源于嵩明县西北梁王山，南流经昆明注入滇池。

〔4〕普梅河：在云南东部。源于西畴县，东入广南县，南折，入越南境；在越南境内称锦江，南流入红河。

〔5〕西洋江：在云南东部。源于广南县西北部，东南北折，再东流，入广西境，与驮娘江汇合；再东南流，复入云南境；再东入广西，至百色东南流，称右江；东南流至南宁合江镇与左江汇合，为郁江。

〔6〕南盘江：源于曲靖市沾益北部，称交河；南而西流经陆良、宜良、石林，称八达河；又东南流经开远市，称铁池河；又折东北经泸西县称南盘江，再东北入广西、贵州境内，为两省界河；流入桂西，称为红水河。

〔7〕富州：即富宁县。元置富州，清改富州厅，民国改富州县，旋改富宁县。位于文山壮族苗族自治州东部。

按：此“东南水系”包括滇东一部及滇东南地区，即曲靖市南部、文山州及红河州南部和昆明东北部等，是云南省苗、瑶较为集中之地。

三、西北区之横断山脉水系

包括金沙江上游、怒江上游、澜沧江上游，丽江以上之中甸、维西、福贡、碧江〔1〕、兰坪等县，区内的主要土著是麽些〔2〕、古宗〔3〕、怒人〔4〕、俅子〔5〕等。

〔1〕碧江县：怒江州碧江县已于1986年撤销，其辖地并入该州福贡、泸水两县。

〔2〕麽些：对纳西族及摩梭人之旧称。

〔3〕古宗：云南旧时对藏族的称呼。

〔4〕怒人：即怒族。

〔5〕俅子：对独龙族的旧称。

按：此“西北区之横断山脉水系”包括现在滇西北丽江市、迪庆藏族自治州及怒江傈僳族自治州各县。为云南省纳西族、藏族、怒族、独龙族和摩梭人的分布地。

四、西南区的横断山脉水系

包括怒江下游、澜沧江下游、龙川江（即瑞丽江）[1]、大盈江[2]，从腾冲到车里[3]之滇、缅沿边地都属之，主要的土著住民是摆夷。

---

〔1〕龙川江：在云南西部。上游称为龙川江，下游称为瑞丽江。源出腾冲县北，西南流入德宏州；至瑞丽市畹町区与畹町河汇合，沿中、缅边境蜿蜒。至缅甸南坎北与南宛河汇合后，完全流入缅甸，汇入伊洛瓦底江。

〔2〕大盈江：在云南西部。源出腾冲县西北，西南流经梁河县境，称为南底河；在盈江县与槟榔江合流后，称为大盈江。再西南流入缅甸境，汇入伊洛瓦底江。

〔3〕车里：即景洪。旧为“车里宣慰使司”治地；民国初为沿边行政总局行政分局第一区，后置车里县；1954 年改名为版纳景洪，1960 年改名景洪县，现为景洪市，乃西双版纳傣族自治州首府。

按：此“西南区域横断山脉水系”包括现在滇西及滇西南的德宏傣族景颇族自治州、临沧市、普洱市及西双版纳傣族自治州，为云南省傣族的主要聚居地。

所以，今日之摆夷区域，便是云南西南区的横断山脉水系流域地。在这些区域外，并非就没有摆夷。不过，其散居情形便远不如这一区域集居之人口众多，且能保持其本族原始的形态。大概从保山、昌宁、顺宁[1]、镇沅、普洱、元江这一条线的南部地带，西起腾冲，经莲山[2]、盈江、梁河、陇川、瑞丽、潞西诸设治局[3]，并镇康、缅宁[4]、双江、澜沧、南峤[5]、宁江[6]、佛海[7]、六顺[8]、车里、镇越[9]、江城诸县境，便是摆夷的集聚区域。

---

〔1〕顺宁：顺宁县，1954 年改名为凤庆县，属临沧市。

〔2〕莲山：又叫莲花山，位于今盈江县境内。国民党政府在此设立盏达行政委员会设治局。后为莲山县，1960 年撤销，并入盈江县。

〔3〕设治局：民国时期，为在腾龙沿边各土司区改土设流做准备，国民党政府于民国四年（1915 年）在各土司地成立准县级的“行政委员会”；民国二十一年（1932

年），改为“设治局”。设有：芒市安抚使司、遮放副宣抚使司、猛板长官司三地设“潞西设治局”，治所在今芒市勐戛；猛卯安抚使司和腊撒长官司地设“瑞丽设治局”，治所在今瑞丽市；陇川宣抚使司地设“陇川设治局”，治所在今陇川县；干崖宣抚使司和户撒长官司地设“盈江设治局”，治所在今盈江县；盏达副宣抚使司地设“莲山设治局”，治所在今盈江县境内；南甸宣抚使司地设“梁河设治局”，治所在今梁河县。

〔4〕缅宁：缅宁县，1954 年改名为临沧县，为临沧地区行署驻地；2004 年临沧撤地设市，改名为临翔区，为市府驻地。

〔5〕南峤：旧为南峤县，民国时期置。1954 年改名版纳勐遮，1960 年并入版纳勐海，同年改版纳勐海为勐海县，属西双版纳州。

〔6〕宁江：旧为宁江县，民国时期置。1953 年撤销，改为版纳勐往，部分地区划归澜沧县，1960 年归入勐海县。

〔7〕佛海：佛海县，民国时期置，1954 年撤销，改为版纳勐海，1960 年改为勐海县。

〔8〕六顺：旧县名，民国时期置，1953 年并入思茅县，1960 年思县撤消，并入普洱县，今属普洱市思茅区。

〔9〕镇越：旧县名，民国时期置，1957 年撤销，改为版纳勐腊；1960 年版纳勐腊、版纳易武先后并入，改为勐腊县，属西双版纳州。

唯在这一大弧形的区域内，又可划分为两大集团：

1. 南部摆夷集团

以车里为中心，东至于江城，西至澜沧，南至安南、缅甸边界地，北至思茅、普洱，这便是明清时代车里宣慰使的土司区域。〔1〕民国以后，车里宣慰使司取消，境内划分若干县、区，据云南民政厅的调查，这区域的人口数是：

车里	九千五百五十	户	四万六千五百	人
南峤	六千二百	户	二万七千四百	人
佛海	五千三百	户	二万七千七百	人
宁江	三千二百	户	六千八百	人
镇越	三千六百六十	户	一万四千五百	人
六顺	六千四百	户	一万四千五百	人
江城	三千	户	一万	人
澜沧	一万五千	户	七万五千	人

总计　　　五万二千三百一十　户　　　　二十二万二千四百　　人

据原统计的说明，境内的人口是摆夷占百分之八十，汉人百分之二十。[2]以此推算，故知此一区域内的摆夷约有四万一千余户，十七万余人。（据民国二十六年在云南省民政厅档案中抄出）

---

〔1〕明清时代车里宣慰使司的地域，据明清之际顾炎武《天下郡国利病书·云南贵州交趾》“车里军民宣慰使司”条载：“其地东至落恐蛮界，南至波勒蛮界，西至八百宣慰司界，北至元江军民府界，西北通孟琏长官司。”又同书“贡道”条：“由景东历者乐甸，行一日至镇沅府，又行二日，始达车里宣慰司之界。行二日，至车里之普洱山，其山产茶，……又行二日，至一大川原，广可千里，其中养象。……又行四日，始至车里宣慰司。……由车里西南行八日，至八百媳妇宣慰司，又西行十五六日，至西洋海岸，乃摆古莽酋之地也。”另据稍后之顾祖禹《读史方舆纪要·云南·七》“车里军民宣慰使司”条载：“东至落恐蛮界，南至波勒蛮界，西至八百大甸宣慰使司，西北至元江军民府界。”大致是今西双版纳傣族自治州全境及思茅、宁洱及清末划到境外的猛乌、乌得。

〔2〕这里所引当时民政厅的人口统计数字只是一个非常粗略的估算，它把上述地区的民族仅仅分为汉族和傣族，实际上这里还居住着为数不少的哈尼、布朗、拉祜、基诺等民族。比较准确的数字是新中国成立后的统计。按1953年的人口统计，上述地区居住的傣族为13万186人（含西盟县）。1971年的人口统计，上述地区傣族为20万6097人。1988年人口统计，上述地区居住的傣族为28万8521人。

林按：从语言和居住地域的角度看，操傣泐语（西双版纳傣语）的傣族除文中所说的“南部摆夷集团”诸地外，还应包括墨江县的傣族。傣泐语系统的傣族人口状况是：

1953年：132145人（含西盟县的傣族）；

1971年：21210人；

1975年：229529人；

1978年：238664人；

1983年：262546人；

1988年：293550人。

2. 西部摆夷集团

腾冲、龙陵两县的西部，直到缅甸境的这一块土地，在明代大部属麓川宣慰使土司，正统平麓川后，陆续在此境内建立若干土司区。直到今日，境内尚无正式县治的建立，只分设了六个设治局[1]，统属着十个土司区域。六个设治局和十土司统属的名称如下：

（1）梁河设治局：所属一土司：

a. 南甸宣抚使司

（2）盈江设治局：所属两土司：

a. 干崖宣抚使司

b. 户撒长官司

（3）莲山设治局：所属一土司：

a. 盏达副宣抚使司

（4）陇川设治局：所属一土司：

a. 陇川宣抚使司

（5）瑞丽设治局：所属两土司：

a. 猛卯安抚使司

b. 腊撒长官司

（6）潞西设治局：所属三土司：

a. 芒市安抚使司

b. 遮放副宣抚使司

c. 猛板长官司

其中，猛板长官司境内居民都是汉人，户撒与腊撒两长官司境内住民是阿昌，属于缅甸族系[2]。

---

〔1〕此六个设治局即今天德宏傣族景颇族自治州所辖的芒市、瑞丽市、陇川县、盈江县（原盈江、莲山两设治局地）、梁河县。

〔2〕阿昌：分布在云南德宏州陇川、梁河、芒市，保山市龙陵及缅甸北部地区。操阿昌语，属汉藏语系藏缅语族缅语支。其族源尚无定论，但从其语言看，言其“属于缅甸族系”应是。

故所谓摆夷区域，只是南甸、干崖、盏达、陇川、猛卯、遮放、芒市七土司地。人口约略如下：

芒市：	五千四百六十一	户	二万七千	人
遮放：	一千二百六十	户	三千三百	人
猛卯：	一千五百	户	二千九百三十	人

陇川：	二千一百六十二	户	七千八百六十	人
盏达：	三千	户	一万二千	人
干崖：	五千	户	二万	人
南甸：	八千	户	三万	人
总计：	二万六千三百八十三	户	十万三千零九十	人

这数字是根据二十六年我在各土司地内访问所得，也便全是土司个人的估计数，其不正确的程度很大。一则因各司人口，除大约的估计外，没曾有过合理的调查；再则各土司的习惯，都不愿把确实的人口数对外公布，一般所说的，都较实际数为少。[1]（最有趣的是我们看各土司袭职时呈报政府的"地方清册"，关于全境人口一项，所填者都只一民五十户或六十户。当时我就奇怪地问之土司。据说，这是根据上一代土司袭职时呈报的人数照抄上的，而上一代又是根据再上一代的数目。所以，今天呈报政府的人口，恐怕还是明代初年的数目）

〔1〕有关德宏地区傣族在民国或更早时的较为准确人口数，已不可能再稽考，书中所写的十万三千人，是唯一的参考数。新中国成立后当地傣族的人口调查数字为：

	1953 年	1971 年	1975 年	1978 年	1983 年	1985 年	1988 年	2000 年
芒　市	65000 人	68911 人	75605 人	81179 人	90744 人	95684 人	103564 人	122017 人
梁河县	14000 人	18766 人	20965 人	21952 人	25417 人	26320 人	28410 人	33924 人
盈江县	57000 人	56534 人	61096 人	65670 人	72634 人	75864 人	81946 人	95410 人
陇川县	20000 人	12972 人	15976 人	16890 人	19244 人	20118 人	21984 人	27104 人
瑞丽市（含畹町）	20000 人	21731 人	26106 人	27951 人	32694 人	34803 人	38088 人	47343 人
总　计	176000 人	178914 人	199748 人	213642 人	240733 人	252789 人	273992 人	325798 人

林按：新中国成立后傣族人口的统计数字笔者主要依据《云南省人口统计资料汇编（1949—1988）》及《德宏州统计年鉴（2000 年）》得出，但二书数字亦有不同。其中 1953 年傣族人口，前书为 176000 人，后书为 133990 人，从人口增长变化情况看，后书数字似更合理。但后书未分列各县市人口，故引用前书数据。

又：从语言及居住区域的角度看，居住在德宏州、保山市、临沧市以及普洱市景东、景谷、孟连、西盟县的傣族操傣那语（德宏傣语）。这些傣族的人口数字为：

1953 年：290687 人（注：此数字不包括景谷县，含澜沧县傣族人口）

1971 年：316002 人。

1975年：353267人。

1978年：377322人。

1983年：417706人。

1988年：473505人。

这两个区域虽都是今日摆夷民族的集居地，但实质上却有一个大不同之点：在政治和经济上，南部区域已远不如西部区域之保有原始意味，这从外表上即可看出。南部已正式成立为县、区，而西部仍只设了几个过渡性质的设治局；南部的土司已取消或只有其名而无实权，西部则仍然是十大土司并存，一切统治仍保有原始的土司政治实况，土地所有权及社会经济，仍操之于土司之手。所以，我们特把云南西南边地腾冲、龙陵南部的地区，名之曰“十个原始的摆夷区域”。本书便是以这一个原始的摆夷区域来作研究的对象。[1]

我不拟以乘飞机的方式使读者诸君凭空降落到这一个原始区域内。我将是以昆明作起路，导诸位沿滇缅公路走人这一摆夷区。从昆明到这一摆夷区域的芒市土司地，从前驿站时期是整整二十六站的途程。就是说，从昆明起，步行或乘骑或坐轿，每天走六十里到一百华里的长途，到连续走二十六天始能到芒市。二十七年秋，西南国际交通要道的滇缅公路筑成后，昆明与芒市，正是公路上的两大要点，我们只需以五天的时间，便可从昆明进入摆夷区了。[2]

---

〔1〕近六七十年南部和西部傣族地区的情况有了很大的变化，自1938年8月滇缅公路修通后，西部傣族地区与内地和缅甸的交往大为便利了，经过数十年的浸淫，现在南部傣族地区的原始意味保留似乎更多些。

〔2〕在公路修通以前，云南省内和通往省外的交通主要依仗驿道。自元以降，明、清以至民国，驿道主要路线一脉相承，里程也大抵一致。据民国二十六年（1937年）出版的《云南概览》，公路通车前，昆明至芒市共“26站”，即26天的行程。公路于1938年8月底修通后，昆明至芒市约为880公里，乘汽车需5天。新中国成立后，对昆明至芒市的公路多次加以改善后，乘夜班客车不间断行驶，24小时内即可到达。2002年10月由昆明到保山高速公路通车后，直达芒市仅需10小时左右。

昆明，这一个山国里的古城，自抗战后已经为国人所普遍地熟悉了。

她高居在海拔六千英尺的山巅中的一块平原上，有着“四季无寒暑，有雨便是冬”的气候。在她的西面，有一个周围五百里的滇池。《史记·西南夷列传》载：“始楚威王时，使将军庄蹻将兵，循江上略巴、蜀、黔中以西。庄蹻者，故楚庄王苗裔也。蹻至滇池，地方三百里，旁平地，肥沃数千里，以兵威定，属楚。欲归报，会秦击夺楚巴、黔中郡，道塞不通。因还，以其众王滇，变服从其俗以长之。”所以，滇池平原是自古即以肥沃著称的。汉武帝时，就曾于其地建谷昌城〔1〕，后又置建伶县〔2〕，故址均在今昆明市西北郊。唐广德初，南诏王阁罗凤使其子凤伽异筑拓东城于滇池边。〔3〕相传今昆明县城，便是明洪武时就拓东城故址改筑而成的〔4〕。

〔1〕谷昌：西汉置，东汉、蜀、晋因之，宋、齐后废。《蛮书·卷六》：拓东“城西有汉城，土俗相传云是庄蹻故城，城之东十余里有谷昌村，汉谷昌王故地也。”万历《云南通志·卷二》谓，谷昌城在昆明城北十余里。《读史方舆纪要》卷一一四《云南二》“苴兰城”条：在昆明县“府北十余里，相传庄蹻所筑，一名谷昌城。”清雍正《云南通志》也说谷昌在城北十里，址尚存。汉谷昌城在今昆明市西北。《华阳国志·南中志》谓：“谷昌县，汉武帝将军郭昌讨夷，平之，因名郭昌以威夷，孝章时改为谷昌也。”《读史方舆纪要》及《大清一统志》已言其误。按郭昌两次出征云南，《汉书·卫青霍去病传》有载，一为元封二年，一为元封六年，《汉书》已称“谷昌县”，而章帝为后近二百年后事，故常说非也。

〔2〕建伶县：《读史方舆纪要》卷一一四《云南二》“建伶废县”条：“在府西北，汉县，属益州郡。蜀汉属建宁郡。晋因之。永安二年，分建宁置益州郡治此。永嘉末，改为晋宁郡。”方国瑜谓即今晋宁县之昆阳。

〔3〕凤伽异筑拓东城事，《唐书》《读史方舆纪要》等诸史均有载。其址在今昆明市东，现尚有街道名拓东路。

〔4〕明洪武于拓东城故址改筑昆明县城事，《读史方舆纪要》卷一一四《云南二》“拓东城”条：“唐广德中，南诏所筑。后改曰善阐府城。元曰中庆城。明洪武十五年，建云南府。改筑府城，周九里有奇，设六门：南曰崇正，东曰成和，西曰广远，北曰保顺，西南曰洪润，俗谓之小西门，东北曰永清，俗谓之小东门。”

现时，南有滇越铁路通安南〔1〕；东有滇黔公路通贵阳而达重庆〔2〕，或转而湘、桂；东北有昆泸公路通至四川泸县〔3〕；再东北有正在兴筑的昆叙铁路〔4〕，从昆明通到四川宜宾（叙府）；西南，有正在兴筑的滇缅铁路，自昆明到祥云转南由镇康出国境，与缅甸腊戍之英国铁路衔接〔5〕；有于二十七年夏正式通车的滇缅公路〔6〕，由昆明经安宁、禄丰、广通、楚雄、镇南〔7〕、姚安、祥云、弥渡、凤仪、大理、漾濞、永平、云龙、保山、龙陵、芒市、遮放，由畹町出国而接腊戍铁路〔8〕，支线经木姐、南坎〔9〕而通至八莫〔10〕（均缅地）。——这里，便请读者诸君沿西南的国际公路向我们所要知道的这一个原始的摆夷区域走去。

---

〔1〕滇越铁路：是云南境内第一条铁路。据1937年《云南概览·建设·铁路》载："系由法属安南（即越南）之海防、东京（即河内）、老街已成（之）法国铁路，延长路线，经本省河口、蒙自、开远、宜良、呈贡，直达昆明。全路长五百三十六哩（按：系英里），轨宽一米，自河口至昆明一段，长二百九十哩（为四百六十四点二公里）……计有桥梁三千四百二十五座，隧道一百五十八个。……计自清光绪三十年（1904年）兴工，至宣统二年（1910年）完成，费时七年，建筑费为一千七百五十万法郎。此路在清光绪二十九年，前清政府与法使吕班订立章程，将建筑权让与法国，筑路所需土地，及砂石木料，由本省供给，折价二百万法郎，作为股本，订期限八十年，限满就此路进款内，将建筑费归清，可由本省将全路收回管理。在未收回以前，不但本省内外交通受制于人，且门户洞开，国防、省防，两俱不利也。"

〔2〕滇黔公路：由昆明经曲靖、沾益、平彝（今富源）至贵州盘县，民国十八年（1929年）初动工，民国二十五年（1936年）三月竣工。由昆明东站至盘县里程为313.7公里。

〔3〕昆泸公路：由昆明、曲靖、沾益、宣威经贵州威宁、毕节，到四川泸县（今泸州）。民国二十八年（1939年）一月通车。

〔4〕昆叙铁路：此路的计划清光绪三十一年（1905年）就由陈荣昌倡议修筑，决定云南自行筹股修建。路线经昭通到四川叙府（今宜宾），至宣统二年（1910年），仅得半开百万元。后又为先修通四川还是广西争论不休，一直未实施。30年代中，经当时四川省政府主席刘湘提议，于1938年开始修筑。至1944年6月停建时，仅铺设了昆明至沾益174公里的米轨线路。

〔5〕滇缅铁路：修筑滇缅铁路的起因要追溯到清末。光绪三十二年（1906年），英国驻云南领事照会云南当局，由英方修筑一条从英属缅甸通腾越（今腾冲市）的铁路，云南民众极力反对。后经清政府与英方协定，滇缅铁路，各修各界。民国时云南曾成立"滇蜀腾越铁路公司"，1935年冬，派员踏勘西段四百余公里路线（祥云清华洞至腾冲滇缅交界处），预计修筑这段需要新滇币3640万元后，便无下文。抗日战争爆发

后，1938 年又开始设计修筑，原计划经腾冲至缅甸密支那改由祥云转西南方向，经镇康出境，与缅甸腊戍铁路接轨。铁路下部建筑工程已经完成百分之五十，昆明至安宁段 36 公里已通车，1942 年 2 月因日军入侵缅甸后停建。

〔6〕滇缅公路：民国十二年（1923 年），云南省交通司（代司长为教育司长、东陆大学校长董泽）拟订修筑滇西路，计划分三步：一、由昆明修到合资；二、修到下关；三、再修到腾冲。并计划按铁路路线修筑标准，但把路基加宽，先通汽车营利，再逐段铺铁轨以通火车。次年开始修建，到民国十七年（1928 年）十二月，昆明至安宁段而始通车。民国十八年（1929 年），计划改为修建由昆明经楚雄至下关的公路“滇西干道”。民国二十四年（1935 年）十二月，昆明至大理公路通车，全长 424.6 公里。同时，已开始修建大理至丽江段 180 公里的公路。至民国二十六年（1937 年）七月，因经费缺乏而告停，仅有大理至牛街 71 公里土路可通车。民国二十六年（1937 年）秋，抗日战争仅数月，内地许多出海口岸已经沦陷，开辟云南到缅甸仰光的通道成为当务之急。十月，决定公路路线从下关经保山、龙陵、芒市，由瑞丽入缅，结束了争论数年的“腾永线”（经永昌至腾冲）和“顺镇线”（经顺宁至镇康）两种方案。十一月全线动工，最高每天有 20 万民工同时施工。到民国二十七年（1938 年）八月底，由昆明至畹町全长 959.4 公里修通（由畹町入缅后 18 公里，即与缅甸腊戍至八莫的公路在木姐接通），其中新修道路 500 多公里，施工时间仅 287 天。

〔7〕镇南：今南华县。

〔8〕腊戍铁路：指由缅甸仰光经曼德勒到缅北腊戍的铁路。

〔9〕木姐、南坎：缅甸城镇名，位于缅甸北部中缅边境缅甸一侧，与瑞丽隔瑞丽江相望。

〔10〕八莫：缅甸北部城镇，太平江经德宏盈江县流入缅境内，经八莫后蜿蜒西行汇入伊洛瓦底江。自八莫起，可通航运。

公路绕滇池西北向西行，经安宁、禄丰、广通，至楚雄，这是公路第一日的宿站，驿道是六天的路程〔1〕。楚雄便是南诏所置的威楚县，后为爨蛮所据；元初为千户所，后改威楚；明为楚雄府。〔2〕本是摆夷与爨人的杂居区，经数百年的同化，现已见不到摆夷踪迹了。〔3〕

---

〔1〕六天行程是：第一日至安宁，第二日至鸦关，第三日至禄丰，第四日至舍资，第五日至广通，第六日至楚雄。

〔2〕楚雄最早的名称是“威楚”。据万历《云南通志·地理志》《读史方舆纪要》

等载，其地“为杂蛮耕牧地”，后“爨酋威楚筑城……因名威楚城。”可见这里长期是多种民族杂居交融之地，但以爨人为主要住民。唐贞观时，置览州。南诏时，置威楚县，属安州。元初，置千户所，后改为威州，领富民、净乐二县；后改为威楚县，二县并入。明初，改名楚雄县；清以后亦为楚雄县。这里是滇中要地，历代为府、州、郡之治所。南诏时置银生府于此，元初置威楚万户府于此，明、清皆为楚雄府治所。民国时，楚雄府领有楚雄县、镇南县（今南华县）、双柏县、牟定县、盐兴县（1958年撤销，后并入禄丰县）、广通县（1960年撤销，并入禄丰县）、姚安县、盐丰县（1960年撤销，并入大姚县）、大姚县、永仁县。今楚雄彝族自治州，共一市九县：楚雄市（州府所在地）及双柏、牟定、南华、姚安、大姚、永仁、元谋、武定、禄丰县。

〔3〕文中谓楚雄“本是摆夷与爨人的杂居区”，查《天下郡国利病书·滇志·土司官志》说楚雄府诸族时，列举了“罗婺”、“和泥”、“僰”、“罗”等。万历《云南通志·地理志·楚雄府》记载其民有“泼水为礼，葬殉以鸡”之俗，并说这是“僰夷蛮”之俗，其鸡也称“僰夷鸡”。今大姚县有湾碧傣族傈僳族乡，永仁县有永兴傣族乡，武定县有东坡傣族乡，四川攀枝花市亦有新安（原属楚雄元谋县）傣族乡，均为傣族聚居之地。

楚雄西行，经镇南〔1〕、祥云、弥渡、凤仪〔2〕，到下大，是公路第二日的宿站，驿道有也正需六日〔3〕。这里，我们已到了古摆夷部族的帝都南诏国境了。凤仪的南邻，正是南诏兴起的蒙舍地（今蒙化县〔4〕）。

〔1〕镇南：今南华县。

〔2〕凤仪：旧县名，1960年撤销，并入大理县（今大理市）。

〔3〕由楚雄出发，六天的行程是：第一日至吕合，第二日至沙桥，第三日至普淜，第四日至祥云，第五日至红岩，第六日至大理。明谢肇淛《滇略》：“汉武时彩云现白崖，县在其南，故名云南。”云南最终衍变为省名。

〔4〕蒙化县：1954年改名为巍山县，1960年为巍山彝族回族自治县。

明杨升庵《南诏野史·南诏大蒙国》〔1〕载：“细奴逻，又名独罗消，西天天竺摩竭国阿育王低蒙苴第五子。蒙苴笃之三十六世孙，生有奇相。唐太宗贞观初年，其父舍龙，〔2〕又名龙伽独，将奴逻自哀牢避难至蒙舍川，耕于巍山〔3〕。一日，有老僧，美髯，冠赤莲冠，披袈裟，持钵至奴逻家乞食。时奴逻与子逻盛炎方耕巍山之下，其姑与妇将往馌，见僧乞食，遂食之。再炊往馌，僧坐不去。姑妇持饷中道，僧已在彼，复乞食，姑妇又食之。返而复炊，持馌至巍山，则见僧坐盘石上，前有青牛，左白象，右白马，上覆云气，云中二童子，一执铁杖于左，一执方金镜于右。姑妇惊喜，复以所饷供之。僧问何所愿？姑妇不只对。僧曰：'蛮叶相承。'及趣奴逻等至，则但见一人持钵，坐五色云中，而盘石上，唯余衣痕及牛、象、马之迹耳！奴逻素有祥异，会唐封首领大将军建宁国王张乐进求，以诸葛武侯所立白崖铁柱，岁久剥蚀重铸之。因社会祭柱，柱顶故有金镂鸟，忽能飞，集奴逻左肩，相戒勿动，八日乃去。众骇异，谓天意有属。进求遂妻以女，举国逊之。"这是南诏始兴的神秘传说。而这神秘的白崖地，便在今凤仪县的东南境〔4〕。

---

〔1〕《南诏野史》为明万历间昆明举人倪辂集，不久，便有倪辂集、杨慎校，杨慎序，杨慎撰几说。据方国瑜《南诏野史概说》考证："杨慎卒于嘉靖三十八年，何至参与万历年间始成之书耶？而后来传本多假托杨慎之名。"

〔2〕舍龙，《南诏备考》作舍龙。

〔3〕巍山：即今巍山县之巍宝山。

〔4〕白崖：即今弥渡县之红岩镇。在凤仪东南，弥渡西北。元郭松年《大理行记》："县西石崖斩绝，其色如雪，故曰白崖。"

林按：奴逻事迹亦见《白古通纪》，南诏中兴二年（899年）《南诏史画卷》第二、第六幅亦有相关内容。自古欲成霸业者，往往搞点此类名堂以树威权，以示天意。如陈涉之野狐叫、鱼帛书，如某帝某王之降生天有仙乐、室泛红光云云。其实，白子国是在贞观二十二年和永徽三年唐军两次打击后，十分脆弱，细奴逻在唐朝的支持下，乘机进攻白子国，张乐进求战败投降，南诏遂领有其富庶之地。

下关是凤仪与大理交界的一个商市，也便是南诏国都的国门，南诏时名龙尾关或玉龙关〔1〕，位正当洱海水出口与苍山南脉交接处。由下关北行三十华里便是大理城。全境内是一个南北长百里、东西阔不及二十里柳叶形平原：东面，新月形的洱海〔2〕围着；西面，挺秀的苍山十九峰〔3〕环抱住；十九峰的最北一峰，正与洱海北口接合，中开一道，成一天然雄关，这是南诏国都的北门，名龙首关，今呼上关〔4〕。洱海即古之西洱河，无风时波平如静，景色万千，有波则怒涛掀天，横波万丈。苍山即点苍山，十九峰并列，峰顶高度在一万英尺以上，夏秋翠色欲滴，冬春雪满峰头，倒映于一碧万顷的洱海中。在这山海环抱着的一百里的平原地上，留下了许多令我们流连凭吊的摆夷宗族的古迹。在大理至下关途中，有太和村，即唐南诏国都太和城故址。枕山临海，尚依稀看得出当年庄严伟大的都城遗迹〔5〕。故址山麓间巍立着一碑，高丈许，阔六尺，厚及尺，腹背刻寸楷汉字，这便是西南可宝贵的文献、南诏惟一的文字遗物“德化碑”。碑为南诏清平官郑回撰〔6〕，杜光庭书〔7〕，缕叙天宝时南诏北连吐蕃，东拒唐师的事迹，洋洋四千余字。阁罗凤立此碑于国门，谓：“我世世事唐，受其赏封，后世容复归唐，当指碑以示唐使者，言吾之叛，非本心也。”〔8〕大理城西苍山麓下，有千寻佛塔三，中一塔高三百余尺，乃唐玄宗开元元年南诏聘汉工匠尉迟恭韬所造，迄今千二百余年，尚屹立未倾。〔9〕其南又有一塔，俗传为印度阿育王来造，实亦南诏时物。〔10〕下关之洱海出口处，有唐天宝战士冢〔11〕，这便是《旧唐书·南诏传》所载的：“天宝十二年，剑南节度使杨国忠执国政，仍奏征天下兵，俾留后御史李宓，将十余万，辇饷者在外，涉海瘴死者相属于路，天下始骚然苦之。宓复败于太和城北，死者十八九。”南诏德化碑中对这次战争叙述得很详细：“汉又命前云南郡都督兼侍御史李宓、广府节度何履先、中使萨道悬逊，总秦、陇英豪，兼安南子弟，顿营陇坪，广布军威。乃舟楫备修，拟水陆俱进。遂命军将王乐宽等潜军袭造船之师，伏尸遍昆舍之野。李宓犹不量力，进逼澄州。时神州都知兵马使论绮里来救，已至巴蹻山，我命大军将段附克等内外相应，犄角竞冲。彼弓不暇张，刀不及发，白日晦景，红尘翳天，流血成川，积尸壅水，三军溃衄，元帅沉江。诏曰：‘生虽祸之始，死乃怨之终。岂顾前非，而亡大礼。’遂收亡将等尸，祭而葬之，以存旧恩。”对此诸种古迹，使人不必走入摆夷区，看到摆夷人，已体味到摆夷部族历史上的光荣与伟大。

---

〔1〕龙尾关：今下关，在大理城南15公里。南诏皮逻阁所筑，又称玉龙关、龙尾城。位于洱海出水口，即洱海之尾。下关一名自明代始称。据康熙《大理府志》卷六《城池》载，明洪武十五年（1382年）重筑，称“下关城”。

〔2〕洱海：在今大理市与洱源县间，长约40公里，东西平均宽7—8公里，面积250平方公里，湖面海拔1980米，最深21米，为断层湖。古称叶榆泽、西洱河。《读史方舆纪要》卷一百十三《云南一》“西洱河”条曰：“西洱河在大理府城南，源出邓川浪穹县北二十里罢谷山，汇山溪诸流，合点苍山十八溪川而为巨浸，下流合于漾濞

江。……亦曰珥水，以形似月抱珥也。一云，如月生五日，亦曰洱海，亦曰西洱海。杜佑谓之昆弥川。汉武帝象其形，凿以习水战，非滇池也。”

〔3〕苍山十九峰：苍山又称点苍山、灵鹫山，在大理市西，洱海和漾濞江之间，北起上关（龙首关），南至下关（龙尾关），长42公里，东西宽约24公里，东侧为大理市，西侧为漾濞县。共十九峰，两峰间一溪流，计十八溪。主峰马龙峰，海拔4122米。有古冰川遗迹。《读史方舆纪要》卷一百十三《云南一》“点苍山”条曰：“在大理府城西五里，……介龙首、龙尾两关之间。前襟榆江，碧澜万顷；背环漾水，连络为带。一曰灵鹫山。有十九峰，环列内向，如弛弓然。山椒悬瀑，注为十八溪，翠峦条分。青嶂并峙，如大鸟之连翼将翔也。……险崖积雪，经夏不消，亦名雪山。《名山志》：‘自山南而北：一曰斜阳峰，溪曰南阳溪；二曰马耳峰，溪曰葶溟溪；三曰佛顶峰，溪曰莫残溪；四曰圣应峰，溪曰青碧溪；五曰马龙峰，溪曰龙溪；六曰玉局峰，溪曰绿玉溪；七曰龙泉峰，溪曰巾溪；八曰中峰，溪曰桃溪；九曰观音峰，溪曰梅溪；十曰应乐峰，溪曰隐溪；十一曰雪人峰，溪曰双鸳溪；十二曰兰峰，溪曰白石溪；十三曰三阳峰，溪曰灵溪；十四曰鹤云峰，溪曰锦溪；十五曰白云峰，溪曰芒涌溪；十六曰莲花峰，溪曰阳溪；十七曰五台峰，溪曰万花溪；十八曰苍琅峰，溪曰霞移溪；十九曰云弄峰。’”

〔4〕龙首关：在大理城北三十余公里，南诏皮逻阁所筑。明洪武十五年重修后，又称上关。

〔5〕太和城：《读史方舆纪要》卷一百十七《云南五》“太和故城”条曰：“在府南十五里。……唐开元末，皮逻阁取太和城，遂徙居之。其城周十余里。夷语以坡陀为和，和在城中尊之曰太，因以名。……段氏时，故城渐废，……今故城犹谓之太和村。”

〔6〕郑回：见前注（32页）。

〔7〕杜光庭：生平不详。按，杜光庭为书南诏德化碑人，始见于万历《云南通志·杜光庭传》，其书引明弘治太和人杨鼐《南诏通纪》：“太和城蒙国大诏碑，乃光庭书。”杨书所言确否，已不可考。后来著述都从此说，把杜光庭误为随唐僖宗入蜀“工词章翰墨之学”的杜光庭。德化碑立于唐代宗广德、永泰间，而禧宗时代已在百年之后，故此书碑之杜光庭非彼杜光庭也。

又，《大理府志》载玉局峰下有唐杜光庭墓并庙，今已废。

〔8〕《新唐书》卷二百二十二《南蛮传》：阁罗凤“揭碑国门，明不得已而叛，尝曰：‘我上世世奉中国，累封赏，后嗣容归之。若唐使者至，可指碑澡祓吾罪也。’”

〔9〕三塔：位于大理城西北一公里处崇圣、弘圣寺（二寺早已毁圮），皆为砖塔，主塔千寻塔，方形，密檐式建筑，共16层，高69.13米，建于南诏丰佑时期（824—

859年），为唐塔。塔身有券龛，内置佛像一尊，据说建塔时共铸一万一千四百尊，耗铜四万零五百五十斤。到明代时已丢失殆尽，而换为石像。塔顶四角有铜铸的四只大鹏金翅鸟，《云南通志》载："错金为顶，顶有金鹏，世传龙性敬塔而畏鹏，大理旧为龙泽，故以此镇之。"所说的"顶"，似不是塔刹，指的是塔顶四角。主塔西面，有两座八角形砖塔南北对峙，两塔相距97.5米，各10层，高42.19米，建于大理时期（937—1253年），为宋塔。南北二塔与主塔虽建造于不同时代，但整体布局合理，比例协调。经勘测，南北两塔相向倾斜，塔尖偏离中心线90厘米，所谓"旁两塔如翼内向"，极为和谐。康熙《大理府志》卷二十七《胜览》誉三塔耸立云表为"塔峙金茎"。

关于主塔建造年代和工匠，史料其说不一，元郭松年《大理行记》作："唐遣大匠恭韬、徽义所造。塔成，韬、义乃归。"元张道宗《记古滇说集》为："唐遣大将恭韬、徽义至蒙国，于开元元年癸丑造三塔于点苍山下。"《景泰云南图经志书》卷五《大理府寺观》谓："塔石刻曰：'唐玄宗开元元年癸丑，大匠恭韬、徽义所造。'"明杨慎《重修崇圣寺记》曰："崇圣寺塔顶铸款识曰：'贞观尉迟敬德监造。'"，明李元阳《崇圣寺重器可宝者记》云："三塔，主塔高入云表……顶有铁铸记曰：'大唐贞观尉迟敬德造。'"明倪辂《南诏野史·大蒙国蒙氏蒙晟罗皮》载：唐玄宗开元十四年后"唐大匠恭韬、徽义建大理崇圣寺并塔，刻石记"。清王崧《道光云南志钞·封建志·南诏世家》说："开元二年……请唐大匠恭韬、徽义等至国，建崇圣、宏圣等寺，并造浮图以镇水患。"1978年对三塔进行维修时，在塔上发现"开元通宝"铜钱，似可证明主塔建造时代不会早于唐开元间。从塔的形制分析，无疑建造时请了汉族工匠。

〔10〕即佛图塔。在三塔南，位于下关北郊三公里佛图寺前。为四方形密檐式砖塔，共13层，通高30.7米。此塔的风格与千寻塔十分接近，是典型的南诏时期古塔。清以后的史志多误称其为"蛇骨塔"，据李朝真、张锡禄《大理古塔》考证，蛇骨塔已于明末永历时毁于泥石流，因佛图塔与之相距未远，后人将二者混为一也。

〔11〕天宝战士冢：康熙《大理府志》卷二十三《古迹》："即万人冢。一在龙尾关东，一在飞来寺西。唐天宝中，鲜于仲通、李宓伐南诏战亡士卒，阁罗凤收瘗之。"

这一片苍山与洱海环抱着的留下了摆夷部族若干光荣事迹的大理平原，还有一个神话的开拓传说：相传苍山洱海间，原是一片水草地，生满芦苇、荆棘，人不能入。后土人见有双鹤每晨由洱海出口处飞出，晚又飞入。土人暗追鹤踪迹人入草莽中，便发现此大平原地。故《唐书》谓：南诏或曰鹤拓[1]。今城南有双鹤桥，便是这古话的发生地。

〔1〕见《新唐书》卷二百二十二《南蛮传》。

林按：倪辂《南诏野史·南诏古迹》“鹤拓”条曰：“大士既泄洱水，其地林薮蔽翳，人莫敢入。有二鹤日往来河岸，人迹之而入，铲利榛芜，乃得平土而居。今大理府城南，旧建有双鹤桥，盖志其异。”

滇缅公路自下关北绕苍山西麓，沿漾濞江〔1〕岸至漾濞县〔2〕，再转向西南而达永平〔3〕，这是公路第三日的宿站，驿路须行五日〔4〕。永平即汉时的博南县〔5〕，《后汉书·哀牢夷传》载：“永平十二年，哀牢王柳貌遣子率种人内属，其称邑王者七十七人，户五万一千八百九十，口五十五万三千七百一十一。西南去洛阳七千里，显宗以其地置哀牢〔6〕、博南二县，割益州郡西部都尉所领六县，合为永昌郡，始通博南山〔7〕。”因其地开于东汉显宗永平时，故今名永平县。

〔1〕漾濞江：见前注。

〔2〕漾濞县：明清时为蒙化漾濞江巡检司地，1912年设县，地处漾濞江流域，因名漾濞县。属大理白族自治州。住民多为汉、彝、白等族。

〔3〕永平县：在今大理白族自治州西南部。汉置博南县，以境内之博南山得名；大理时改为胜乡郡；元初改为千户所，至元十一年改为永平县，以博南县设主时之汉明帝年号“永平”为名；明洪武间设永平御，清康熙五年又为永平县。今属大理白族自治州。

〔4〕由下关至永平的驿道共275许里。明·程立本《云南西行记》云：“出龙尾关南行五许里，有是台门天桥；又南行七十里，曰漾濞江，江有桥；度桥，西南八十里，曰打牛坪；又西南行百二十里为永平县，古博南县也。”

〔5〕博南县：东汉明帝永平十二年（69年）始置博南县，故县在今永平县东南之博南镇。

〔6〕哀牢县：东汉明帝永平十二年（69年）置。《华阳国志》刘琳注曰：“旧说多以为在今保山县。按今保山以南地区旧虽属哀牢国地，但汉武帝时渡澜沧，置雟唐、不韦二县，怒江以东皆已属二县境。因此哀牢的中心区不可能在保山一带，而应在怒江以西。明帝时哀牢王归附，始于此置县。故治当在今腾冲，辖今腾冲、龙陵及德宏乃至更西之地。”

〔7〕博南山：在今永平县博南镇花桥村西南部，海拔2407米，方圆40平方公里。

《读史方舆纪要》卷一百十八《永昌军民府》：永平县“西南四十里，汉武通博南山即此。一名金浪颠山，俗讹为丁当丁山，极险峻。为蒲蛮出没之所。北麓有泉，流为花桥河”。《华阳国志·南中志》：“博南县西，山高三十里。越之得兰沧水。有金沙，洗取融为金。”《滇南略》：“博南山，高二十里，上有铁柱，为西陲要道。”博南古道盘贯全山，山顶道旁尚有“博南山”石碑一块，古道宽约3米，以大石砌成，今犹可寻。

功果桥　摄于1938年

霁虹桥　摄于1937年

永平西南便是博南山，过山曲折下一峻岭，便抵澜沧江边。澜沧江便是古濮族聚居的濮水。源出西康西北境，东南流入云南。沿怒山脉之东南流，经德钦、维西、碧江、云龙至此为永平、保山二县之分界。再东南流，会合漾濞江水，到车里南流入安南为湄公河。《后汉书·哀牢夷传》谓：永平十二年“始通博南山，度兰仓水，行者苦之。歌曰：‘汉德广，开不宾，度博南，越兰津，度兰仓，为它人！’”便是歌咏此地。旧时驿路在永平之杉阳与保山之水寨间，于江面建铁索桥[1]，用大铁链八条，系江之两岸，链上横铺木板，两旁拦以铁索，长及二百尺。人马行其上，左右动荡，吱吱作响。俯视江流急湍，仰望危崖悬壁。两岸悬崖上，刻满元明以来诏使边吏、文人骚客的题句。滇缅公路因为此间山巅太险，故不循旧驿道而改为永平北趋云龙，从云龙境内渡江。新造铁桥名功果桥〔2〕。汽车可由桥上通过，然后再南折入保山。这是公路的第四日宿站。驿程若自永平经杉阳过旧铁索桥至保山，只须行三日；若沿滇缅公路过功果桥，则须多行二日〔3〕。

---

〔1〕铁索桥：即霁虹桥，位于永平杉阳与保山水寨之间，横跨澜沧江，为古“南方丝路”之要津。唐樊绰《云南志》卷二曰“澜沧江南流入海，龙尾城西第七驿有桥，即永昌也。两岸高险，水迅激，横亘大竹索为梁，上布箦，箦上实板仍通，以竹屋盖桥”，……则唐咸通时（860—874年）已修有竹索桥。清康熙《永昌府志》载：“元元贞乙未（1295年）。也先比花西征，始更以巨木，题曰‘霁虹’。……元季桥圮，复以舟渡。”可知“霁虹”是元代修木桥时命名的。《滇南杂记·卷七》载：“明洪武间，镇抚华岳铸二铁柱于石以维舟。后架木桥，寻毁。成化（1465—1487年）中，僧了然者乃募建飞桥。以木为桩，而以铁索横牵两岸，下无所凭，上无所依，飘然悬空。桥之上复为亭二十三楹，两岸各为一房。副使吴鹏题于石壁曰‘西南第一桥’。岸北设宫斤以驻使节，岁以民兵三十人更番戍守。然桥摇动无宁晷，铁缆恒蚀，明季复毁。本朝（清）克滇复建，两端系铁缆十六，覆板于缆上，又为板屋三十二楹，长三百六十尺，南北为关楼四，宏敞坚致，视昔有加。后毁于兵。康熙初年重建，吴逆敌，又毁。二十年重建，二十七年曾置雨亭于南北两岸，桥旁翼以栏杆。日久损蚀桥复动摇，又重修之。乾隆十五年，水发桥断，复修之。”霁虹桥总长113.4米，跨度为57.3米，桥宽3.7米。为我国现存最早的铁索桥。在滇缅公路通车前，它是通往保山、腾冲以西的重要津梁。桥头光绪三十年（1904年）“修路碑”曰：“地当冲要，去马来牛，日夜行不绝步”，可见当年其盛况。

〔2〕功果桥：在大理州云龙县境内，滇缅公路横跨澜沧江的钢索木面柔性吊桥。塔距88.55米，民国二十七年（1938年）六月九日通车，是云南也是全国第一座公路钢索吊桥。

〔3〕自永平至保山的驿程共二百里。明程本立《云南西行记》曰：“永平西南行六十里，俗名丁当丁山，又二十里曰沙本和驿。驿西南行二十里曰澜沧江，古兰沧也。度江数里，道旁有万箭树，又百里，乃永昌府。”

保山即汉武帝时之不韦县境。《华阳国志·南中志》:“汉武通博南,置不韦县,徙南越相吕嘉子孙宗族居之,因名不韦,以彰其先人之恶行也。”[1]吕嘉为吕不韦之后,故曰不韦县,今城东十里外之金鸡村,为不韦故址。蜀汉时助诸葛武侯平南,封阳迁亭侯,官云南太守的吕凯[2],便是吕嘉的后人。现金鸡村中,尚有凯祠、凯故宅遗址以及吕氏祖墓(作者二十六年到金鸡村,村中士绅带我去看吕凯祖墓,我即向士绅们建议发掘。待二十七年再到金鸡村时,知道士绅们已受了我的怂恿而发掘了一部分。得古砖数方,砖长几及尺,上有鸟兽花纹。可惜我两次均是匆匆路过,未能作考古上的发掘,至今引为遗憾)。后汉永平时,以哀牢、博南、不韦、嶲唐、比苏、楪榆、邪龙、云南等八县,合为永昌郡[3],治今保山。故后均称保山为永昌言。永昌是百越民族到云南境内的第一个根据地,也可以说是云南摆夷的发祥地。

---

〔1〕《华阳国志·南中志·永昌郡》:“孝武时,通博南山,度兰沧水、渚溪,置嶲唐、不韦二县。徙南越相吕嘉子孙宗族实之,因名不韦,以彰其先人之恶。”吕嘉:南越王相,相三王。南越王及太后欲附汉,嘉不同意,遂欲诛嘉。武帝元鼎五年,嘉杀太后及王,立术阳侯建德为王,后为汉所败,南越遂亡。《蜀志·吕凯传》裴注引东晋孙盛《蜀世谱》:“初,秦徙吕不韦子弟宗族于蜀汉。汉武帝时,开西南夷,置郡县,徙吕氏以充之,因曰不韦县。”《汉书·武帝纪》:“元鼎六年,……至汲新中乡,得吕嘉首,以为获嘉县。”如此以嘉为恨,后迁徙吕嘉宗族至云南亦在当然。

〔2〕吕凯:据《三国志·蜀志·吕凯传》载,凯,字季平,永昌不韦人。刘备时任本郡五官掾功曹。孙吴任命雍闿为永昌太守,凯拒之。诸葛亮上表曰:“永昌郡吏吕凯、府丞王伉等,执忠绝域,十有余年。雍闿、高定逼其东北,而凯等守义不与交通。臣不意永昌风俗敦直乃尔!”“以凯为云南太守,封阳迁亭侯。”李元阳《云南通志》、刘文徵《滇志》皆言吕凯墓在保山金鸡村。

〔3〕永昌郡八县:《天下郡国利病书·云贵·沿革》曰:“东汉……永昌郡领县哀牢、博南等八。”

哀牢县:见前注。

博南县:见前注。

不韦县:汉武帝置,东汉、蜀、晋因之。《大清一统志》引《永昌府志》云不韦废县在保山东北三十里凤溪山下。

嶲唐县:汉武帝元丰六年(前105年)设县,属益州郡。东汉分属永昌郡。明清地志谓其地在今云龙南境、保山北境、永平西境一带。

比苏县：汉武帝置县，属益州郡。东汉分属永昌郡。《读史方舆纪要》及《清一统志》谓其故城在云龙州（今云龙县）。

楪榆县：又作叶榆县。汉武帝时置县，属益州郡。东汉属永昌郡。今大理、洱源一带。

邪龙县：汉置县，梁、陈时省。据《中国历史地图·西汉、东汉分册》所标，故县在今巍山县一带。

云南县：汉武帝时置，属益州郡。东汉属永昌郡。即今祥云、弥渡一带，故治在今云南驿。

秦汉时，永昌是摆夷的主要居地；南诏建国时，永昌是摆夷的大后方；元、明两朝，永昌是僰、汉两族的杂居地；明末至清初，永昌是僰、汉两族的分水岭。现在，我们要入摆夷区，到了永昌已经“可望其门宇”了。在这里，我虽尚未能见到摆夷，但却可以见到很多摆夷的遗迹、遗事，想见他们当年集中居此间的盛况。举其要者：

一、保山北城外有池方数十丈，水自地下冒出，清澈可见底。附近数万亩田地，全资池水灌溉。名易罗池[1]。“易罗”，夷语为“龙”。相传《华阳国志》及《后汉书》所载哀牢山下女子沙壹触龙木而生十子，便是在此池上。池后山顶有塔，相传为南诏王所建，用以纪念其祖宗发祥之意。

二、保山境内有哀牢山[2]，即古哀牢夷[3]所居地。东有石佛寺[4]，就山石刻为大佛，传说是摆夷的艺术作品。现每年正月间，尚有怒江沿岸居住的摆夷不远数百里来敬香礼拜。

三、境内摆夷被同化的遗迹甚多，如汉人村寨有名“摆夷寨”、“夷家寨”的很多。[5]“蒲缥镇”[6]更可以见出从前是蒲人、缥人集居地。保山的蒋家，据说有两大宗，一宗是汉人蒋家；另一宗统称“阿莽蒋”[7]，据说是本地夷人初姓“阿”，后改姓“莽”，最后始改姓“蒋”，今则已完全成为汉人。这是很好的实例，据以见出境内原先本是夷人区域，汉人移入后，夷人未退居边地的，都全同化而成为汉人了。

---

〔1〕易罗池：位于保山城西南隅龙泉门外，面积1820平方米，平均深度2.5米，原池内外有楼、亭，山坡上有塔，皆毁于“文革”中。顾祖禹《读史方舆纪要》卷

一百十八《云南六》:“九隆山，城西南七里，山势起伏凡九，分为九岭，一名九坡岭。其麓有泉，自地涌出，凡九窦，土人甃石为池承之。其下汇为大池，可三十亩，名曰九龙池，或谓之易罗池。”

〔2〕哀牢山:《清一统志》卷三百八十《永昌府》引《永昌府志》云:“安乐山，在保山县东二十五里，夷语讹为哀牢。孤峰秀耸，延袤三十里。绝顶有石，巉岩如人坐怀中。”又《读史方舆纪要》卷一百十八《云南六》“永昌军民府，哀牢山”条:“府东二十里，本名安乐山，夷语讹为哀牢。孤峰秀耸，高三百余丈，雄峙西陲，延袤三十里许。”今志云:哀牢山在保山市河图乡大官庙村东，海拔 2216 米，面积 6 平方公里，山上多覆盖针叶林。

〔3〕古哀牢夷:古族名，汉时分布于云南西南澜沧江、怒江及今缅甸恩梅开江、迈立开江流域的广袤地区，见于《后汉书·西南夷传》《华阳国志》等史籍。

〔4〕石佛寺:即卧佛寺，位于保山城北偏东约 16 公里的云岩山麓，就山洞凿就大殿，殿内南端有一尊二丈余长石卧佛，据传系唐开元四年（716 年）傣族僧侣些岛延请工匠雕刻而成，滇西及缅甸傣族佛教徒每年多有至此朝拜。

〔5〕今保山尚有八个乡镇有傣族聚居，有的乡傣族人口超过万人。除隆阳区的芒宽彝族傣族乡和昌宁县的湾甸傣族乡外，还有不少仍保有以傣语命名的村寨及地名，这是过去傣族聚居的佐证。

〔6〕蒲缥镇:位于保山西南部，据传东汉末年为蒲族、缥族聚居地，因得名。

〔7〕阿莽蒋:此宗自称“本人”，实为宋末随忽必烈蒙古大军远征云南的契丹将士后裔，其起始姓氏“阿”取自辽太祖名“耶律阿保机”。详见孟志东《云南契丹后裔研究》（中国社会科学出版社 1995 年版）、杨毓骧《蒙元以来云南契丹后裔考释》（云南大学出版社 2016 年版）。

四、保山是个土地非常肥沃的大平原，自昆明向西来，就未曾见到过这样好的平原地。昆明平原的面积虽大，但很多部分为滇池占据了；祥云县是一个大平原，但缺乏水源，故大部分是荒旱地；只有保山平原，已全耕为田亩，因海拔比昆明、大理都低，故气候较温暖，长年不落霜雪，植物生长繁茂，热带植物如甘蔗、香蕉等已有出产，地理环境和今日摆夷区非常相像。此更令人相信数千年来此地做了摆夷的主要集居区，实在并非偶然的事。

从保山入摆夷区，有两条路可走：一是南下沿滇缅公路经龙陵而入芒市安抚司地；另一是西南依腾（冲）永（平）大道经腾冲而入南甸安抚司。

驿站均各为五日。龙陵、腾冲便是云南极西的两个县区，也便是汉人与摆夷的分界地。两路均须渡怒江而跨过高黎贡山[1]，怒江或作潞江[2]，源出西藏拉萨北之布喀池，经额尔几根池找不到这个池、衣达池，东南流入西康境内，名额尔尼楚，曲折东南流入云南。沿高黎贡山脉东，怒山脉西，纵横南流到龙陵县南而入缅甸境，名萨尔温江，南诏建国时封之为四渎之一[3]。滇缅公路过江处有惠通桥[4]，桥为民国二十五年筑成，系缅甸华侨梁金山（保山人）独力捐资所建[5]，建时即准备行车之用，故工程极伟大。二十六年勘测滇缅公路路线，所以不采永（平）腾（冲）段入南甸，而采永（平）龙（陵）段入芒市者，想就此桥的便利为一大原因。腾永大道渡怒江亦有桥名惠人桥[6]，为一曲折之大石桥，工程亦很大。土人谓此处即武侯征南蛮“五月渡泸”之泸水。故桥头悬李印泉先生[7]写下之“泸水”二字大匾。其实，泸水自是会理南岸之金沙江，与怒江无涉。武侯亦未曾到过这一带地方来的。——架自大理以下至缅甸境，沿途武侯的遗事、遗迹不少，如洱海出口处之天生桥，传为“七擒孟获”处；保山城外有诸葛营，传为武侯驻军之地；诸葛堰，传为武侯饮军之用；高黎贡山中有火烧藤甲兵之盘蛇谷有哑泉……这些，我都认为是后人附会而虚拟的。（拙作《诸葛亮与云南西部边疆民族》一文，对此问题有较具体之讨论，原文载《西南边疆月刊》第六期，二十七年昆明版）——渡过怒江便登高黎贡山，山脉自西康之伯舒拉岭来，蜿蜒南下；至腾冲东北，构为高黎贡山之主峰，延衺数百里，南诏封为五岳之西岳[8]。从保山行来，先过海拔六千英尺的怒山脉，下至怒江边，海拔仅三千英尺。过江而登高黎贡山顶，海拔达一万英尺。所以过江这一日行程，实经过了寒、温、热三带：怒山温暖，怒江岸暴热，高黎贡山奇寒。沿怒江两岸，已经有摆夷居住。有潞江安抚使司[9]，亦为西部大土司之一，现属龙陵县管辖。

江应樑1937年首次考察滇西僳族时摄于怒江惠通桥头（骑马者为作者；戴毡帽者系昆明教育局工人，他与作者同往滇西；携枪二人为当地县政府派出护送的卫兵）摄于1937年

〔1〕高黎贡山：横断山脉的一支，在怒江以西与缅甸接壤处，除部分地段在云南境内外，其余部分为中缅之界山。其山近南北走向，海拔4000米左右，为怒江、伊洛瓦底江分水岭。《读史方舆纪要》卷一百十三《云南一·名山》“高黎贡山”条云：“高黎贡山，在永昌府腾越州东北一百二十里。一名昆仑冈，夷语讹为高良公山，亦作高黎贡山。东临潞江，西临龙川江，左右有平川，名为湾甸。今山之东南即湾甸州也。山上下东西各四十里，登之可望吐蕃雪山。草卉障翳，四时不凋。瘴气最恶。冬雪春融，夏秋炎炽。山顶有泉，东入永昌，西入腾越，故又名分水岭。蒙氏封为西岳。……一名磨盘山，《滇行记》：‘渡怒江二十里为磨盘山，径隘箐深，屈曲仅容单骑，为西出腾越之要冲’，即此山也。又，《滇附录》云：‘渡怒江至八湾，度高黎共山，其高四十里，下山为橄榄坡驿，左渡龙川江，其炎瘴同怒江。过龙川至腾冲卫，地稍凉。中国之西南界尽于此矣。’”

〔2〕怒江：又称潞江。源出青藏边境唐古拉山南麓，穿西藏东部入云南，折向南流，经怒江州、保山市及德宏州，自德宏入缅甸，称萨尔温江。在毛淡棉附近注入印度洋。全长3200公里，在中国境内长2013公里。《读史方舆纪要》卷一百十三《云南一·大川》“潞江”条曰：“潞江，在永昌府潞江安抚司东北五十里。源出吐蕃雍望甸，南流经司北。两岸陡绝，瘴疠甚毒，夏秋之间，人不敢渡。本名怒江，以波涛汹涌而名也。”《滇记》诸葛武侯七擒孟获驻兵逆境之浒即此。又东经永昌府南百里，复东南流，经孟定、芒市界，达木邦、缅甸，入于安达曼诲。潞江源委，诸志皆以荒远略之。元人朱思本图稍悉，亦难尽据。蒙氏封为四渎之一。

〔3〕四渎：唐贞元四年（788年），南诏异牟寻封五岳四渎，四渎分别是：金沙江、澜沧江、漾濞江和怒江。

〔4〕惠通桥：1936年修筑的惠通桥为通行人马的钢索吊桥，修建滇缅公路时，为适应汽车通行的要求，对惠通桥进行了改造：增加钢索，改建锚锭，将钢塔架浇灌混凝土而成为钢骨架混凝土塔，塔距八十七米，建为钢索木面柔性公路吊桥。

〔5〕梁金山（1882—1977）：保山汉庄人，爱国华侨，侨居国外四十年。捐修怒江惠通桥，抗战时期，捐献飞机一架、汽车八十辆并以巨资支持抗日。后曾任德宏州政协主席、云南省侨联副主席、全国侨联委员、第一、二、三届全国人大代表。

〔6〕惠人桥：据《新纂云南通志·津梁》载：惠人桥“在（永昌）城南一百二十五里潞江去腾龙通衢。明嘉靖间……造巨舟以渡，地多烟瘴，行人病之。道光十九年（1839年）修建，越三年而成。就江心大石，复以巨大石垒之，周围广四十余丈，环以墙。两岸以铁索横贯于中墩，长五十二丈，悬空飞渡。南北两岸，各建以亭，中铺以

木板，左右翼以栏杆。”光绪十一年（1885 年）重修该桥时，在跨径大的一孔增铁索为二十股，承重索十八股；跨径小的一孔，增铁索为十六股，承重索十四股。为云南古桥中承重索数量之冠。此桥中墩两头铁索并不连接，人行至中墩后，再经墩石转入另一组铁链过江。现铁链已毁，仅遗桥墩。

〔7〕李印泉（1879—1965）：名根源，字印泉、养溪、雪生，别号高黎贡山人、曲石老人。云南德宏梁河县九保人（民国时属腾冲县）。光绪三十年（1904 年）赴日留学，次年加入同盟会，宣统元年（1909 年）任云南陆军讲武堂监督、总办。武昌起义后，与蔡锷等发动新军响应，任国民革命军云南陆军第二师师长。1915 年反对袁世凯称帝，任军务院北伐联合军都参谋。后历任陕西省省长、云贵监察使等职。新中国成立后任西南军政委员会委员、全国政协委员等。

〔8〕五岳：唐贞元四年（788 年），南诏异牟寻封五岳四渎，五岳分别是：东岳乌蒙山，西岳高黎贡山，南岳无量山，北岳玉龙山，中岳点苍山。

〔9〕潞江安抚使司：《明史·云南土司三·潞江》载：“潞江地在永昌、腾越之间，南负高仑山（按：即高黎贡山），北临潞江，为官道咽喉，地多瘴疠，蛮名怒江甸。至元间，隶柔远路。永乐元年，内附，设潞江长官司。其地旧属麓川平缅。西平侯奏其地广人稠，宜设长官司治之。二年，颁给信符、金字红牌。九年，潞江长官司曩壁遣子维罗法贡马、方物。赐钞币，寻升为安抚司。曩璧来朝，贡象、马、金银器谢恩。宣德元年，曩璧遣人贡马，请改隶云南布政司，从之。遣中官云仙赍敕及绮、币赐曩璧。三年，黔国公沐晟奏：潞江千夫长刀不浪班叛归麓川，劫潞江，逐曩璧入金齿；据潞江驿，逐驿丞周礼。立寨固守，断绝道路，请发兵讨。帝敕晟与三司计议。五年，晟奏：刀不浪班惧怕罪，还所据地。……正统三年，从黔国公沐晟奏，改潞江安抚司仍隶金齿，悉还旧制。五年，安抚使线旧法以麓川思任发叛来告，谕整兵以俟。未几，麓川贼遣部众夺据潞江，杀伤官军，潞江遂削弱。正德十六年，安抚司土官安捧夺其从弟掩庄田三十八所，掩讼于官，不报。捧遂集蛮兵围掩寨，纵火屠掠，掩母子妻妾及蛮民男妇死者八十余人，据有其地。官军诱执之。捧死于狱，帝命戮尸弃市，其子诏及党与皆斩。天启间，有线世禄者，继袭安抚。”

道光《云南志钞·土司志上·永昌府》载：“龙陵厅潞江安抚司土官……曩璧法，元时不知何官。明洪武十五年，大兵克金齿，曩璧法归附，授潞江长官。永乐元年，设长官司。二年，颁给信符、金字红牌。九年，曩璧法遣子维罗法贡马、方物。赐钞币。寻升安抚司，颁印信。曩璧法入朝贡象、马、金银器，谢恩。其子先卒，传孙曩旧法，遣弟曩贯入贡，改姓线，始名线旧法。正统五年，麓川平缅宣慰思任发叛，线旧法上告。英宗谕：整兵以待。未几，麓川贼遣部众夺据其地，杀伤官军，潞江遂削弱。传子卜法。卜法传捧。正德十六年，捧夺其从弟掩庄田三十八所。掩讼于官，不报。捧遂集蛮兵围掩寨，纵火屠掠，掩母子妻妾及蛮民男妇，死者八十余人，据有其地。官军诱执之。捧死于狱，其子诏及党羽皆斩。嘉靖四年，捧弟潮袭。潮传田。田传贵。贵传世恩。世恩传弟世禄。世禄传侄有功。国朝平滇，有功投诚，仍授世职，颁给印信、号纸。传侄崇毅。崇毅传国勋。国勋传于升。于升传郎。郎传维坤。乾隆三十四年，维坤从官军征缅，擒贼有功，叠受赏赉。传子海。海传子祖绶。祖绶无子，嘉庆四年，祖绶弟祖绥袭。”其后，据《新纂云南通志·土司考五·永昌府》载：“祖绥告替，子如纶袭。如纶死，子子章在营病故，孙永福光绪六年袭。十九年，庆详袭。民国十八年，家齐袭。今（民国三十年前后），土司为线光天。”

潞江安抚司辖地，据《新纂云南通志》说：“在保山腾冲之间，东至大渡口十里，南至养渡河草坝八十里，西至高良工分水岭六十里，北至千党河荡袭八十里。”大致为今保山潞江坝一带地。

云南号称山国，可说是名副其实：全境内山巅错综起伏，较大平原如昆明、永昌等，纵横亦不过三数十平方里[1]；有的县城，便简直位于山夹中，城内外都是大山。自安南由滇越铁道入昆明，或由贵州沿公路来，这由昆明到龙陵、腾冲，莫不每日上下于山岭中，重峰叠岭，无一刻得一广阔眼界。到了龙陵县城后，西南行，越一山岭，陡然看见一片大雾弥漫的平原躺在山下。久行山国中，而得见这样的大平原，真不禁兴奋跳跃，心胸为之一爽。四十里下山便到达平原的北部边界，到了，踏进了我所要到的这一个原始的摆夷区域！

从龙陵南下的第一个土司地是芒市安抚使司[2]，这是一个百余平方里的大平原。南性河[3]自龙陵来，直穿芒市平原而南流，土司署便在平原的中部，俗称芒市城子，其实并没有城的[4]。滇缅公路直穿市内而过，因为这条公路，两年来使原始的芒市摆夷“首府”已经大改旧观：中央机关林立，装饰摩登的姑娘与赤足而美丽的摆夷少女，摩肩接踵行于市场上。平原东南角有近山的高地，名叫猛戛[5]，距芒市城子七十里，为潞西设治局[6]所在地。猛戛东南有一片山岭地，便是猛板长官司[7]。猛板南境便是滇缅界地，东南便是怒江流入缅甸处。

〔1〕据当今公布的数据，昆明坝面积为七百六十三点六平方公里，保山坝面积为一百七十二点九六平方公里。

〔2〕芒市安抚使司:《明史·云南土司传三·芒市》载:“芒市，旧曰怒谋，又曰大枯睒、小枯睒，在永昌西南四百里，即唐史所谓茫施蛮也。元中统初，内附。至元十三年，立茫施路军民总管府，领二甸。洪武十五年，置茫施府。正统七年，总兵官沐晟奏:‘芒市陶孟刀放革遣人来诉:与叛寇思任发有仇，今任发已遁去，思机发兄弟三人来居麓川者兰地方，愿擒以献。’兵部言:‘放革先与任发同恶，今势穷乃言结衅，谲诈难信。宜敕谕放革，如能去逆效顺，当密调土兵助剿机发。’从之。八年，机发令其党涓孟车等来攻芒市，为官军所败。放革来降，靖远伯王骥请设芒市长官司，以陶孟刀放革为长官，隶金齿卫。成化八年，木邦曩罕弄乱，掠陇川。敕芒市等长官司整兵备调。万历初，长官放福与陇川岳凤联姻，导缅寇松坡营，事觉，伏诛。立舍目放纬领司事，辖于陇川。”放纬之后，道光《云南志钞·土司志上·永昌府》载:“(放)纬传珀。珀传廷臣。崇祯十三年，廷臣解象入京，升为安抚司。颁给印信。顺治四年，廷臣及子国璋为缅寇所掳，国璋逃归，仍袭父职。传子爱众，国朝平滇，仍授世职，颁给印信号纸。传子弥高。弥高传子天球。天球传子仁。仁传子作藩。作藩传子愈彰。愈彰无子，传从弟愈著。愈著传子泽重。嘉庆二十一年，泽重以不职被劾，迁徙大理府。道光六年，以泽重子承恩袭。”承恩后，《新纂云南通志·土司考五·永昌府》载:“承恩死，乏嗣，堂侄子庆禄继袭。庆禄死，子平安未及岁，胞叔庆寿代办。光绪七年，平安袭。宣统二年，支明袭(按:此处有误，应为克明)。民国二十年，云龙袭。今，土司为方克光。”

根据方一龙翻译，方御龙、方正春、方克湘审定增补的《芒市土司简史》和施长根整理的《芒市末代土司方御龙自述》(两文均见《路西县文史资料选辑》第二辑)，自清末，经民国，至新中国成立后，芒市土司的任职情况如下:

光绪七年袭职的方平安，字正德，任土司后尊称为放英法。娶南甸安抚使刀正南之妹为正印夫人。方平安有七子:长子方克明，次子方克俊(早夭)，三子方克光，四子方克胜，五子方克嘉，六子方克彦(克彦一作克颐)，七子方克敏。

宣统二年(1910年)，方克明袭职。任土司后尊称方万法。方克明有六子:长子方云龙，次子方如龙，三子方成龙，四子方应龙，五子方御龙，六子方元龙。1931年，方克明病故，时年四十岁。

本应由长子方云龙袭位，但当时云南省政府未正式下文批准，在属官推选代办时，四叔方克胜与方克光争权，说:“不必用什么代办了，就以老夫人为主，大家来同办，直到云龙年长袭职为止。”于是代办一事便搁置下来。大约在1937年，方云龙年满十八岁，正式任芒市安抚司土司，一年后即死亡。随即，云南省政府委任方克光为代办。

1944—1945 年之交，日军从德宏败退，裹胁当地各土司及代办至缅甸，方克光也在其中。

国民党军队进入芒市后，宋希濂委任方克胜为芒市土司代办。不久，方克光回到芒市，因代办一职已失，数月后又返回缅甸木邦。

1948 年秋，方御龙为芒市安抚司土司。

1950 年，解放军即将进入德宏。方御龙出走缅甸。方克胜经缅甸去台湾，1983 年死于台湾。

1950 年 5 月，方克光由缅甸木邦回到芒市，就任芒市土司代办。民主改革后，方克光历任潞西县副县长、保山行署副专员、云南省民族事务委员会副主任等职，于 1953 年病逝于芒市。

1985 年，方御龙由缅甸回国，任潞西县政协副主席。

芒市土司辖地，按《新纂云南通志》载为："东至平戛山三里，南至遮放十里，西至猛徕山五里，北至猛弄十里。"大致是今芒市除遮放、猛戛以外的地方。

〔3〕南性河：即芒市河，又称为芒市大河。

〔4〕芒市：芒市安抚使司驻地，位于芒市坝子东部，芒市河由城西流过。即今德宏州州府暨芒市政府所在地。

〔5〕猛戛：又写作勐戛。位于芒市西南四十余公里，为山谷小平原，海拔 1370 米。勐戛系傣语，"勐"，地方；"戛"，贵重；意为"珍贵的地方"。近百年来，主要住民为汉族。民国四年（1915 年），芒（市）遮（放）猛（板）行政委员会设于勐戛村；民国二十年（1931 年）改为芒遮板设治局，亦驻此。民国二十一年（1932 年）建潞西镇，为镇治所；民国三十五年（1946 年），改为崇仁镇；民国三十八年（1949 年），改南练乡；1953 年，为勐戛乡；1969 年，为红心大队；1971 年，为勐戛大队；1984 年，为勐戛乡；今为勐戛镇。

〔6〕潞西设治局：民国时，废止了清代"道"的行政区划。云南省政府于民国十九年（1930 年）五月在西北、西部及西南边境沿线地区设立了两个"殖边督办区"，第一区含十一县十局，大致包括今保山、德宏、怒江、迪庆、丽江等州市，督办署驻腾冲县；第二区十一县二局，大致包括今临沧、西双版纳、普洱等州市，督办署驻宁洱县。芒市、遮放及猛板三土司地为芒遮板局，隶属于第一殖边督办区。民国二十一年（1932 年）三月，改为芒遮板设治局，"旋"即改为潞西设治局，驻地在猛戛。1937 年出版的《云南概览·民政》说，"此项设治局，类多设于边地，以为改县初步设施。"这是一个过渡性质的机构。当时所设立的各设治局，其名称、所辖地域与后来正式设县后基本一致。各局设局长一人，主任佐理员一人，佐理员四人，但并没有掌握土司

区域的行政实权。

〔7〕猛板长官司：猛板其地原属木邦土司，明后期木邦渐渐脱离而属缅，猛板亦归入缅甸。据《滇南界务陈牍奏西界陈牍·腾龙边地道里折》："由遮放至新寨三十里，过山至孟戛约四十里，此地系属芒市土司，居民概为汉人。对面山外即为缅。"又，《滇南界务陈牍·西界陈牍·黄炳堃龙陵厅图说》载："由遮放北行（按：应为东北）若干里新寨，又东二十里猛戛，又北（按，应为南）三十里香果林，交缅甸界。又十里猛板。"可见清末以前猛板属缅地。至清光绪二十五年（1899 年）中英划界时，将猛板划归中国。当年龙陵厅曹衍翰写给云贵总督的呈文中说："猛板一地虽不宽广，而其疆域适在龙陵厅之南，多系崇山峻岭，宛然天然屏障。其酋蒋金龙原本汉人，就彼土职，附庸于木邦。已由刘分统派员立桩，划归我有。"民国时，芒市安抚司代办方克胜在《建设腾龙边区各土司意见书》中说："猛板土千总姓蒋，系清朝与缅甸划界，由缅甸划中国之地。当时设官守土，曾委蒋某来任斯职，传至今日，共四、五代，现任土司代办者为蒋家杰。……该司属丘陵坝类，北连芒市，西接遮放，东界龙陵，南邻缅甸。纵长五十里，横宽九十里，居民汉人居其半，山头又占其半。"其辖地大致是今芒市南面之中山乡。

据赵福所、蒋育科《勐板后四代土千总传略》（载《潞西县文史资料选辑》第二辑）所述：1890 年，蒋金龙（旋梓）任勐板土千总（按：所述时间有误。光绪二十五年中英划界，勐板划归中国，才有勐板长官司设土千总之事。故蒋金龙任职应为 1899 年），司署在坪子寨。1909 年，传子蒋广发，广发时年 16 岁。1934 年，因泥石流，将司署迁至蛮牛坝。1942 年，传长子蒋家俊，家俊时年 29 岁。日军占领时，蒋家俊为潞龙游击队第三支队长，曾数次率二百余人的勐板司署自卫队袭击日军。1946 年，蒋家俊"身染瘴气，高烧不止，抢救无效"去世，年仅 33 岁。传弟蒋家杰，家杰时年 31 岁。蒋家杰任土千总职至 1954 年民主改革时止。

勐板司辖地："东至等谷练地（潞龙交界地），南至勐牙河，西至勐古河，北至芒市土司辖界，西北至三角岩。"（据《勐板后四代土千总传略》）

滇缅公路自芒市城子沿南性河东岸西南行，到平原南尽头，翻过了三台山〔1〕，又见一较芒市为小的平原，这便是遮放副宣抚司〔2〕，距芒市二日步行程。这一平原远不及芒市平原之肥沃，且南部地区，因接近南性河汇入龙川江之处，春夏水涨，便成为一片湖沼，秋冬水退，则芦苇千顷，故迄今尚无法开垦为耕地。〔3〕遮放南之畹町河〔4〕，为滇缅公路出国之处，要环游十土司地，至此便须舍车而舆马。从畹町西南（按，应为东北）

过黑山门[5]，其西便是龙川江[6]，又名瑞丽江。源出泸水西南，南流经腾冲县东北、龙陵县西南，入陇川土司境[7]，再南而至猛卯土司境[8]，而流入缅甸。自黑山门渡江，有十数里未垦的荒原。过此又见另一大平原，其大远过芒市。极目南望，不见山岭，太阳直从地平线上起落，这是云贵山国中见不到的现象，——这便是猛卯大平原（可惜大部分地方已经划属了缅甸）。阡陌相连，农村相望，这是十土司最南的区域，北距遮放三日程。

---

〔1〕三台山：为芒市、遮放间的天然界山，主峰海拔1374米。因此山分为三级台地，而得名。主要住民为景颇族和德昂族。

〔2〕遮放副宣抚司：《新纂云南通志·土司考五·永昌府》载："龙陵厅遮放宣抚司土副使多立德。其先多怀们与陇川宣抚多歪孟，皆元初多线瓜之后。正统元年，多怀们从征猛卯有功。及平麓川，分其地置宣抚司，授多怀们副使，居遮放，为陇川之贰。陇川者，故麓川也。其酋思氏叛乱，十一年，兵部尚书靖远伯王骥二次率师征之，破走思机发，立陇川宣抚使司，以麓川归顺部长恭项迁移云南，多歪孟代为使，居陇川。怀们传功。功传思谭。万历中，从征蛮莫、缅瓦、陇川，累功，益以陇川江外地。传至尔忠。清初平滇，尔忠投诚，仍授世职，颁给印信、号纸。传子贤辅。贤辅传世禄。世禄传量。量传万灵。万灵传彭年。彭年传来朝。来朝传显荣。嘉庆十三年，显荣为庶兄显武所杀，道光三年，显荣弟定邦袭。定邦死，子有寿袭。有寿死，子立德光绪九年袭。二十八年，椿袭。宣统三年，建勋袭。民国二十一年，英培袭。"据《遮放宣抚副使后四代史略》（王相老撰文，载《潞西县文史资料选辑》第一辑）所述：一九四五年，多英培之二弟多根培曾任遮放代办数月，旋即去职，多英培仍为土司。新中国成立后，多英培任潞西县副县长、德宏州政协副主席等职。一九六九年去世于芒市，终年六十岁。

据《新纂云南通志》载，遮放土司"管地东至猛古邦关一百里，南至腊列八十里，西至猛岳江边六十里，北至三十六道水六十里。"大致为今芒市遮放镇一带。

〔3〕此片湖沼现已开垦为大片良田，"芦苇千顷"的景象不再，但夏季水大之年，仍有水患。

〔4〕畹町河：也叫南养河。发源于畹町镇曼棒村回龙山和缅甸广桂山一带，上游称卫上河，由东北流向西南，汇入瑞丽江，全长26公里，广董以下为中缅界河。

〔5〕黑山门：位于瑞丽县畹町镇东北，名为黑山门山，傣语称"峦管营"，海拔1556米，面积约6平方公里。此山高耸险峻，北临瑞丽江，其东便是芒市河及瑞丽江

交汇地。民国中期以前，是一片茂密的亚热带原始森林，古木参天，浓荫蔽日，是由芒市到瑞丽间最高峻的山峰。滇缅公路修通前，畹町是一个仅有四户人家的小寨，公路经黑山门山垭口而至畹町。垭口位于黑山门山与其东南的史家地包（海拔 1502 米）之间，地势险要，乃滇缅公路在边境的咽喉要地。

〔6〕龙川江：即瑞丽江，也称南卯江、麓川江、龙江、猛卯江等。

〔7〕陇川土司：详见后注。

〔8〕猛卯土司：详见后注。

猛卯安抚司全境〔1〕，在地图上看，有如意大利之伸入地中海中，成一长靴形伸入缅甸境。土司所在地的猛卯城，位于靴统的后上端；瑞丽设治局所在地的弄岛〔2〕，位于靴脚的后跟上。猛卯城便是明代的麓川城。明万历二十四年，云南巡抚陈用宾讨麓川土酋叛乱，平之，筑平麓城于猛卯，至今城垣依然，这是十土司境内唯一的一个有城子的土司所在地〔3〕。此地海拔仅六百八十米（林按，瑞丽坝区实际平均海拔为七百六十米）。城东南四里便是中英国界〔4〕，瑞丽江即流经于此，渡过江便是缅甸之木姐〔5〕。由江西岸沿国界西南行七十里到弄岛（有汽车道），这是长靴后跟的三角地区：东过瑞丽江是缅甸的拱宋〔6〕、蛮玲〔7〕；南过瑞丽江是缅甸的南坎〔8〕；西南过江是缅甸的蛮令〔9〕、邦勘〔10〕。从黑山门南所看到的极目千里的大平原，大部分却成为他人的领土〔11〕。猛卯所占有的，仅得这一条长百里，阔仅二三十里的靴统地。

---

〔1〕猛卯安抚司：《新纂云南通志·土司考五·永昌府》：（万历二十六年）“巡抚周嘉谟平多安民之乱，驻于平麓城屯田，请以思忠安置猛卯开屯，改姓衎（今通作“罕”。关于思忠的身世，据《续云南通志稿》载，其父“一世思化，猛密头目，授蛮莫宣抚司。二世思正，为缅破杀。沐国公取其弟，改名衎忠，安插于猛卯。”又据天启《滇志·羁縻志·土司官氏·蛮莫宣抚司》：蛮莫旧属猛密，后酋长强而擅有之。万历初，土酋思恨与陇川岳凤投缅，明军平麓川，思恨归附，立为蛮莫安抚使。后传思化。万历二十二年，缅兵来袭，思化奔陇川。思化传思正。二十九年，缅又来袭，思正奔腾冲，为缅所执而杀之。缅立多罕为安抚使。三十二年，明师讨多罕，立思正弟罕忠为安抚使。缅又立思线，罕忠不能支，奔干崖，遂将罕忠安插于猛卯），复论擒安民功，授安抚司安抚使，岁给银五百两。明亡，后缅兵犯境，掳衎忠至缅瓦，被害。以舍目衎珑承袭，时永历帝尚在滇也。珑传子瑾。瑾传子珍。珍传子碹。清初平滇，碹

投诚，仍授世职，颁给印信、号纸。传子珌。珌传子志。志传子玥。玥传子初。初无子，以弟衿袭。嘉庆十九年，衿子连袭。连死，子如凤袭。如凤死，子定邦咸丰间以军功授四品衔，光绪四年袭。……民国三十一年，委方克胜代办。”

按：据《芒市土司简史》（方一龙译，方御龙、方正春、方克湘审定增补，载《潞西县文史资料选辑》第二辑）一文中说：“勐卯自老土司死后，应袭小土司衎景泰尚幼，不能执掌地方大事，所以在先请得干崖土司刀京版前来代办。”江应樑两次到猛卯考察时，正是刀京版任猛卯代办。以时间推断，似应是衎定邦死后，由衎景泰袭，而因景泰年幼，便由其舅父干崖土司刀京版为代办。

文中又说：1941年，方克胜借龙云长子龙绳武新任“迤西监督”到猛卯“会界”（当时中国与缅英三年一次会谈边界事务，称为“会界”，也称“会案”），向龙绳武活动想取代刀京版猛卯代办一职，并以21斤黄金向英国人买了两辆林肯牌轿车，送到昆明给龙云。“不久，就委任方克胜为猛卯安抚使代办。”因文中说方克胜到任后，“不料是年的地方租税早被刀京版收完了，使方克胜在经济上发生很大的困难”，这应是1941年底之事。1942年清明前，日军攻入猛卯，继而占领了怒江以西，方克胜只身由猛卯逃到陇川，参加了抗日游击队。所以，方克胜任猛卯代办仅有数月之久。

猛卯安抚司所辖地，据《新纂云南通志》载：“其地东至遮放抵南弄60里，南至木邦界抵江边十里，西至孟密界暮习天马关八十里，北至陇川界邦中山顶40里。”大致为今瑞丽市除畹町镇以外的地域。

〔2〕弄岛：村寨名，弄岛为傣语译音，意为“青苔塘”。位于瑞丽西南部，距瑞丽城30公里。其西南、东南与缅甸相邻，瑞丽江与南宛河在此相汇，隔江与缅甸南坎城相望。民国二十一年、瑞丽设治局驻此。抗日战争时期，曾在此地设立飞机场（雷武机场）和飞机制造厂（雷允飞机厂）。现为瑞丽市弄岛镇政府驻地。

〔3〕猛卯城：又称平麓城，今叫勐卯镇，俗称老城子。位于今瑞丽城西一公里，地处瑞丽坝子与勐秀山山麓相交的台地上。据《明史·云南土司三·缅甸》载：万历“二十二年，巡抚陈用宾设八关……筑堡于猛卯”，此即平麓城。江应樑在《百夷传校注》中说：“勐卯城，亦称麓川城，为历代勐卯安抚司司署所在地。城在一小丘上，瑞丽江未改道时，江流沿山南而过，正与史书记载‘山冈峻险，周围三十余里，栅坚堑广，不可骤越，东南一面傍江壁立’形胜相符。万历时，云南巡抚陈用宾就麓川城故址筑平麓城，大兴屯田。新中国成立前，城墙尚未全圮，东南城墙基本完好。”在《勐卯史话》中，他写道：“今瑞丽县人民政府的后侧，走上一个小山坡，就是旧时勐卯土司所在地的勐卯城。这里确实有过一座高大砖砌城子，本名叫做平麓城，修筑迄今约有四百多年的历史了。……这座平麓城，是我在傣族地区所见到的唯一的一座历史悠

久、建筑坚固的砖城。1937年我初到勐卯时，这座近400年的古城，巍然犹存，虽然城上荒烟蔓草，但在夕阳黄昏或晓雾明露时漫步墙头，不禁油然而生思古幽情。”今该城已全圮，但遗迹犹在。经1982年实地丈量，此城为正南北向，南北长884米，东西宽503米。城有东、南、西、北四门，城门洞深17米，宽6.3米。城墙残高4.8米，厚10米。城墙外砖厚55厘米，内层以黏土夯实。城内尚存部分石板铺砌的道路，一座石桥，两个塔状水井，召散达（思南王兄）庙遗址一处。城东北部猛卯安抚司署占地0.09平方公里，仅存破瓦房数楹（按：2000年夏，笔者再次到猛卯故城，安抚司署房屋已荡然无存，只遗荒草中的几只柱础）。城西北郊，有两口砖砌水井，名“仙女井”，其水清洌，四时不涸。全城总面积为0.47平方公里。

〔4〕中英国界：此指中缅国界。当时缅甸为英国殖民地，称为英属缅甸，故如是说。

〔5〕木姐：在瑞丽江南岸，与姐告毗邻，现为缅甸木姐州府所在地。

〔6〕拱宋：缅甸村寨名，住民为傣族。在瑞丽江南岸，属缅甸南坎县，位于南坎东三公里许。

〔7〕蛮玲：缅甸村寨名，住民为德昂族。在瑞丽江南岸，属缅甸南坎县，位于南坎东南约八公里。

〔8〕南坎：缅甸县名。在瑞丽江南岸，与瑞丽弄岛隔江相邻。属木姐州。

〔9〕蛮令：未详。

〔10〕邦勘：缅甸村寨名，住民为傣族。在木姐西南二公里许。又译为“邦㖞”。

〔11〕元代兴于猛卯，建都于姐兰（今在缅甸境内）的麓川，据有整个瑞丽坝子。到明代麓川极盛时，境域更广，李思聪《百夷传》载明初麓川说：“百夷即麓川平缅也，地在云南之西南。东接景东府，东南接车里，南至八百媳妇，西南至缅国，西接戛里，西北接西天古剌，北接西番，东北接永昌。”大致囊括了云南西部和缅甸东北部全部傣族分布区。建文至永乐间，明朝廷为抑制麓川势力的膨胀，析麓川地而分设土司，计有：木邦军民宣慰使司、孟养军民宣慰使司、孟定御夷州、干崖长官司、潞江长官司、湾甸长官司、大侯长官司、威远御夷州、镇康御夷州、孟琏长官司、孟艮御夷府、促瓦长官司、散金长官司十三处，但这片广大区域仍然是明朝的羁縻地。王骥三征麓川，思禄（思机法之弟）逃据孟养，王骥与之约定以金沙江（即伊洛瓦底江）为界，并在江边刻石曰“石烂江枯，尔乃得渡”。这虽然防范了思氏再起而侵袭内地，从法理上讲，也把孟养等大片土地视为外土了。但瑞丽江两岸的整个瑞丽坝子仍为猛卯范围。万历二十二年陈用宾筑平麓城，所设八关中之汉龙、天马、虎踞，实际上是守住瑞丽江两岸的大片平川的。大致在清乾隆前后，边防逐渐松弛，驻军后撤，以至连关址和

控制的区域范围都渐渐不清了。光绪《续云南通志稿·武备志·边防》中无奈地说："道光以后，铁壁、虎踞、天马三关亦失所在。"19世纪以后，英占领缅甸，逐步向云南扩张。1897年，李鸿章与英使窦纳乐在北京签订《滇缅界务商务续议》，把猛卯三角地"租借"给英方，在对滇缅界线勘定时，竟然将虎踞、天马、汉龙三关划到境外。所以江应樑在民国二十六年到猛卯时，叹息道："从黑山门南所看到的极目千里的大平原，大部分却成了他人的领土，猛卯所占有的，仅得这一条长百里，阔仅二三十里的靴统地。"

从猛卯城折北而上，四十里达一高山顶，地名岗垒[1]，海拔一千四百米，过岭便是陇川宣抚使司境[2]。此岭本为猛卯、陇川的分水岭，山顶住有开钦人（Kaichin）[3]和汉人数十家。清末，陇川与猛卯互争此地，竟刀兵相见。民初，始由政府调停，将岗垒地不属陇川也不归猛卯，而遥属腾冲县管辖。陇川是一个南北长二百多里，东西阔四五十里的大平原，自岗垒下山四十里，到平原南端的一个大镇，一名叫章凤街[4]，为陇川设治局所在地，街面有汉人百余家，惜民国二十七年已为境中开钦人纵火焚烧过半。章凤街西南十里为滇缅交界地，北行八十里（有汽车道），到陇川土司所在地的陇川城[5]，也是一个没有城垣的城市。东北有地名杉木笼[6]，再北有地名罗卜丝庄[7]，都是明王骥三征麓川时与思任发的缅军恶战的战场[8]。由司城西行一日程，有户撒[9]、腊撒两长官司[10]，地方都很小，居民都是阿昌而非摆夷。再西南有铁壁关，关外便是缅甸地。明万历时，陈用宾奏筑八关九隘于滇缅边地。八关为铜壁、万仞、神护、巨石、铁壁、虎踞、天马、汉龙。现则铁壁、虎踞、天马、汉龙四关，均已入缅境。[11]

---

〔1〕岗垒：傣语村名，意为"中间的山村"，又写作"岗雷"，在瑞丽市北部。现属于瑞丽市勐秀乡南京里村。今住民全为景颇族，二十户，一百余人。

〔2〕陇川宣抚使司：道光《云南志钞·土司志上·永昌府》载：明"正统六年，王骥再征（麓川）时，思机发走脱。十一年，分其地立陇川宣抚司，以恭项为宣抚使。……因从恭项之请，以刀歪孟为同知，刀落曩为副使，陇帚为佥事。既而，总兵官言：'恭项暴杀无辜，刻虐蛮人。同知刀歪孟为夷众信服，乞安置项于别位，以刀歪孟代。'乃安置恭项于曲靖，命刀歪孟为宣抚。……成化十九年卒，守土垂四十年。子多亨法袭。传子淦。淦三子多鲤、多鲸、多鳜。淦卒，鲸弑其兄鲤而自立，按问伏辜。

以鲤子参诏袭。传子士宁。（按：自万历五年至万历十一年，陇川宣抚使为岳凤篡夺。万历五年，缅酋莽瑞体招士宁，士宁不从，为叛徒岳凤所杀，岳即受莽瑞体命为宣抚，至十一年，缅败，岳凤父子伏诛）……士宁子忠嗣职。忠传思顺。……思顺子安民，以守将索贿，不能堪，三十五年叛入缅。……众官会议，以（安民弟）安靖袭宣抚。……国朝平滇，安靖子绍宁投诚，仍授世职，颁给印信、号纸。绍宁无子，以其弟述宁子胜祖袭。胜祖传子治国。治国传子世臣。世臣传子益善。益善传子有功。有功嫡子朝勋夭亡，传其庶弟朝珍。乾隆三十三年，官军征缅，陇川当要冲，朝珍失察，段思瑞越境，部议革职流任。无子，病殁。以有功弟有爵袭，朝珍之叔父也。有爵传子朝惠。朝惠传子廷侯，嘉庆二十四年袭。"其后，据《新纂云南通志·土司考五·永昌府》载："廷侯死，镇邦袭。镇邦死，蔚祯袭。蔚祯死，子慈祥光绪四年袭。由军功赏给二品顶戴花翎。光绪三十四年忠瑶袭。民国二十五年永安袭。"

所辖地域据《新纂云南通志》载："东至猛古猛卜一百八十里，南至莫日习滴鸠河一百八十里，西至干崖蛮洒山八十里，北至杉木笼山顶八十里。"大致为今陇川县境。司治陇把，距今县城十五公里。

〔3〕开钦人：即克钦人。现在这个民族住在中国的称为景颇族，住在缅甸的称为克钦人（Kachin），他们也自称景颇人。其实这两种人的语言、服饰和习俗都大体相同，实际上是一个民族。

〔4〕章凤街：为傣语"tsaŋhɔŋ"（大象吼叫的地方）的音译，汉文史料又写作"张风"、"章峰"等。位于陇川县西南缅甸，西边陇把，北邻景罕。民国时为陇川设治局驻地，新中国成立后为章凤镇，近年陇川县政府由城子迁至章凤。

〔5〕陇川城：即陇川城子镇，位于陇川坝东头，建在东山支脉广永山末梢上，海拔约 1000 米，后有高山、前有平川，南伞河穿城而下，与南宛河汇于城下。其地为陇川土司署所在地，又因山上有土城，故称"城子"。陇川设县后，城子即为县城。直至21 世纪初，县城方迁至章凤。

〔6〕杉木笼：位于陇川县城子镇东北角，历代为通商要道与军事关隘。杉木笼一巨石上刻有"三川一览"四字，立于此地，西南可瞭望陇川坝，东可眺望梁河之勐养坝，东北可俯瞰梁河之罗卜坝。

〔7〕罗卜丝庄：唐称"罗必丝庄"，元称"萝卜必甸"、"罗必四庄"，明代称"罗卜思庄"或"罗卜司庄"，清代后称"罗卜司庄"或"萝卜坝"。位于梁河县西南，萝卜坝河西岸，距县城 22 公里。历史上是通往铁壁、虎踞、天马、汉龙下四关的通道，也是南甸土司境内傣族人口最多的地区，是南甸土司亲兵、粮食、肉类的最大提供地。现属梁河县芒东镇。

〔8〕王骥三征麓川：明宣德始，麓川思任法（发）不断向四境扩张，清毛奇龄《云南蛮司志》说他“性桀黠，善兵，每大言复祖父遗业。至是乘衅据麓川，略孟养地，傍及孟定、湾甸、南甸、怒江，并攻陷腾冲。”至正统二年（1437年）秋，思任法（发）攻占南甸罗卜丝庄等二百七十八村。三年六月，侵南甸、干崖、腾冲、潞江、金齿等地。七月，占潞江等地，欲夺取云龙州。八月，杀瓦甸、顺江、江东守军……已经严重危及边疆的安定及明王朝对边境一带的统治。正统三年，明朝廷联络一些傣族土司，开始着手做武装征讨麓川的准备。

正统四年（1439年）正月，云南总兵官沐晟率部众及附近土官进剿，方至怒江边，与思任法（发）军激战，大败，狼狈而回。五年，明朝廷命沐晟弟沐昂再征，直抵陇川后，被思任法（发）断其粮道，撤退时与麓川军遭遇，再次大败。这是王骥征麓川前的两次征伐。

正统六年（1441年），明廷命定西伯蒋贵为征蛮将军，兵部尚书王骥提督军务，发兵十五万，转饷半天下，汇集车里、孟琏等土司军队进击。双方在龙川江东岸展开激战，麓川军伤亡五万余人，明军亦损失不小，战局僵持。七年，明军再次会集腾冲，由南甸进军。双方死伤十余万人，王骥军方进入猛卯境。车里、孟琏军五万人与明军夹击麓川军，思任法（发）渡过瑞丽江南逃，明军“死者十八七”（刘球上英宗疏，见《明史·刘球传》）。王骥等班师后，蒋贵封侯，王骥封伯。此为一征。

正统八年（1443年），蒋贵、王骥再征麓川，意欲擒获思任法（发）、思机法（发）父子。两军在瑞丽江激战，蒋贵父子战败自刎。最后，明军在木邦军协助下攻占猛卯，获思机法妻，得财宝无数，明军回师。此为二征。

正统十年（1445年），明朝廷许诺缅甸献出思任法后，将孟养地区划归缅甸。缅甸已故宣慰之子擒思任法（发）等人以献，途中，思任法“于道中不食垂死，千户王政斩之，函首京师。”而孟养已经被思机法（发）占据，缅甸不可得。

正统十三年（1448年）三月，明廷以王骥率南京、湖广、四川、贵州、云南土、汉军十三万第三次征发麓川。十月，与思机法战于伊洛瓦底江，两军死伤惨重，思机法率军藏匿，其弟思禄聚旧部欲再建政权。这时，明军粮饷不继，疲惫至极，双方实际已经不可能继续再战。于是王骥与思禄在江边刻石为约：“石烂江枯，尔乃得渡”。此为三征。

三年后，思氏于孟养遣使向明朝表示臣服，被拒绝。后十年间又屡次朝贡，明廷仍然不纳。万历二十四年（1596年）云南巡抚陈用宾在西部边境筑八关，把孟养摒之关外，遂使孟养最终沦为缅土。

有关三征麓川的史料，《明英宗实录》《明史·云南土司传》等书记述颇详。

〔9〕户撒长官司：道光《云南志钞·土司志上·永昌府》载："户撒……赖罗义，四川巴县人。明正统时，兵部尚书王骥征麓川，罗义为左哨把总，随师有功，令守户撒。传子玉。玉传弟汉。汉传子猛弄。猛弄传子镇。镇传子豪。豪传弟罕。罕传子祥。祥传子送。送传弟迁。迁传子洪猛。洪猛传子国宣。……康熙十二年，逆藩吴三桂以其地为沐氏勋庄，追缴札付，时国宣子尚在襁褓。及长，永顺镇给札协防边境。四十三年承袭土舍。五十一年，因与赖文明争地失官，改设火头，其地归腾越州管理。……乾隆三十四年，干崖人赖邦俊伴送猛拱土目兴堂札进京，请复土舍旧职。副将军阿桂、总督彰宝议以户撒地处极边，与野夷接壤，应设长官司管理。稽核旧案，赖邦俊之父赖君爱系故土司子孙，请授君爱户撒长官司长官。……然君爱居干崖之遮木寨，非朝佐嫡派，而朝佐嫡派赖君赐与侄赖小五久居户撒，夷人稔知其世系。……君赐三十八年纠集夷民杀君爱及其弟君荣、幼童应祖。官司收捕君赐，缚解永昌，并凶党伏诛。其职仍以君爱子邦杰袭。传子荣祖。荣祖无子，传弟兴祚，道光元年，兴祚子在位袭。"其后，据《新纂云南通志·土司考五·永昌府》载："有位（应作'在位'）死，子天福道光二十六年袭。咸丰间带练助剿，以军功授二品衔，赏顶戴花翎。……民国二年赖有位袭职。十一年赖奉先袭。"

其所辖地域与岁纳差发，据《新纂云南通志》载："管地东至陇川山，南至腊撒隔界沟，西至干崖山，北至犇旋山。岁纳差发银六两。"即今陇川县北户撒阿昌族乡。土官为阿昌族。

〔10〕腊撒长官司：道光《云南志钞·土司志上·永昌府》载："腊撒……况本，亦四川巴县人，与赖罗义同时出征，授把总。至干崖卒，子况伦袭。从征木邦病卒，自允中有功，授腊撒土守备，卒。子宣袭，成化间，从征木邦阵亡。子盖猛袭，痛其父阵亡，以为况姓不祥，乃以名之上一字为姓，姓盖名猛。传子盖明。明无子，以弟元袭。传子光胜。光胜传侄伦。伦传子哄猛。哄猛传子裕。裕传子世禄，调征野贼有功，授腊撒长官司土官。国朝平滇，偕三司投诚，仍授世职。吴逆镇滇，占据二撒地为勋庄，追取印札，于是失职。世禄子可升。可升子朝选。康熙三十九年，布政司给朝选札付，管理地方。雍正二年，裁土职，归州管辖。自是子孙居于腊撒，与齐民无异。乾隆三十四年，以遮木通事赖邦俊请复土职，遂并设腊撒长官。……朝选子曰文宽。文宽子曰荣邦，乃以荣邦为长官，颁给印信、号纸。传子起凤。道光五年，起凤子世英袭。"之后，据《新纂云南通志·土司考五·永昌府》载："世英死，子廷升袭。廷升死，子定远袭。咸丰间，由迤西军务出力，赏戴四品顶戴蓝翎。……今（民国）土司为盖炳铨。"

其所辖地域及差发，《新纂云南通志》载："管地东至陇川十五里，南至蛮莫外夷三十里，西至干崖蛮撒二十里，北至户撒二十里。岁纳差发银四两。”即今陇川县北腊撒。土官为阿昌族。

〔11〕八关九隘：八关，明万历二十二年（1594年）云南巡抚陈用宾所筑，位于云南西部边界内，关址距当时或数十里、或百余里不等，是保卫云南西部边境地之重要关隘。八关分别是：

铜壁关：《大清一统志》卷四百九十八：“铜壁关，在（腾越）厅西南五百四十里布岭山顶，接缅界，有公署二。”乾隆三十四年，王昶在《征缅纪闻》中说：铜壁关“无城堞，树林为栅，盖守泛兵所新设者。……出关路甚平坦，若夷人自南来攻关良易。推当时设关之意，殊不可晓。或云旧关址在南五十里野人境内，今七关皆移近内地。”可知此时关址已经由西往东内移了五十里。新址所设地点按《滇南界务陈牍·西界陈牍·腾越沿边疆索图说》云，在“戛渎山”。清末宣统二年李根源《滇西兵要界务图注钞》甲附四　二号“铜壁关”条：“嘎独，铜壁关设此。抚夷刘姓。距锡马五十余里，距腾（冲）城三百五十里，距盏达之翁轮三十里，在蛮哈山内布岭下。坝长十里，宽约一二里不等，气候清凉，年产谷七八千箩。坝内汉人六寨，野人三四十寨，约百余户。……西出六十里之结羊河与英交界。”在今盈江县铜壁关乡戛独。

巨石关：《大清一统志》卷四百八十九说：“巨石关，在（腾越）厅城西三十（按：此误，应为三百里），户冈刁马山，有公署一。”李根源《滇西兵要界务图注钞》甲附四　二号“铜壁关”条：“锡马街，巨石关设此。抚夷寸姓。锡马距分水岭四十余里，距腾（冲）城三百三十里，在户冈锡满山下。坝长十余里，气候清凉，形成起伏地，故耕凿困难，且河流卑下，难于灌溉，每年出谷二十余万箩。坝内分四甲，汉人六百五十余户，山头有傈僳、野人十余寨，约二百余户。锡马街市尚殷繁，往来行商颇多。结羊河、石头竹河一带，与英（按：此指英属缅甸）分界。……巨石关抚夷练田，东至盏达司，南至香蚌林，西至于灰河，巨富赵海世居于此。”锡满山，又作“锡马山”或“昔马山”，其地在今盈江县昔马镇西部。

万仞关：《大清一统志》卷四百八十九说：“万仞关，在（腾越）厅城西三十里（按：此误，应为三百里）吊橙啦弄山，接缅界。”李根源《滇西兵要界务图注钞》甲附四　四号“万仞关”条：“盘龙寨，猛典坝上寨，在猛弄山下，万仞关设此。抚夷郎姓。距腾（冲）城三百里，距猛嘎坝八十余里，坝长卅余里，宽数里，土质硗薄，出产不丰。汉人廿余寨，野人十四五寨，人民纯朴，气候稍暖。万仞关抚夷练田，东至猛抱山，南至猛弄坝，西至楂子林，北至宿典甲。”其地在今盈江县勐弄乡西部山上，其西即石竹河。

神护关：《大清一统志》卷四百九十八说：“神护关，在（腾越）厅城西三百八十里盏西邦中山，接野人界。”李根源《滇西兵要界务图注钞》甲附四　五号“神护关”条：“杨家寨，百廿户汉人，神护关建此。抚夷杨氏，副抚夷王氏。又名猛嘎寨，在猛嘎山下，距腾（冲）城百八十里，距茳那隘八十余里。坝长约廿余里，有名长地方者，即中英交界处，立有界桩。四山野人稀少，人民朴实，气候温和。……神护关抚夷练田，东至老官屯，南至长流河猛歪、上坝、分水岭，西至卡狎、瓦挖河、野人规，北至大哑口、昔董、野人山。”其地在今盈江县苏典傈僳族乡东北、勐戛南之孔家湾。

汉龙关：据《滇南界务陈牍·西界陈牍》中查界委员彭继志光绪二十年报告说：“奉督宪电饬，就近查看汉龙关址。接信后即留心探访，比及南坎，即率同委往查探汉龙，干崖土司刀盈廷，雇带野人，外至猛尾，内至宛顶，前后左右三百余里内，分途探访月余之久。凡山顶箐密、无路可通之处，莫不披荆斩棘，攀藤附葛，亲履查勘，杳无形迹。恭读康熙五十八年圣祖仁皇帝上谕内陇川江过汉龙关入缅之事，知该关必在龙川江左近。随沿江沿岭查访，翻译生鞠豫聪查至碘卯，适干崖土司刀盈廷亦已访问至彼，同获关址。禀报前来，卑职会同英员前往指证。讵英员马体宜故意刁难，坚持为野人古寨。正驳辨间，忽于砖石内掘得‘龙关’各半字长字残额一段，相与证实，英员始俯首无辞。卑职等考证该关在猛卯正南，英谓在猛卯西南。后与巴参赞同至猛卯，以罗盘考证，中国在正南末度，英罗盘则在西南首度，巴参赞云：中西方面稍有不同，彼即据实禀复，等语。卑职复在四关调查，确为西南门户，山险势雄，实有‘一夫当关，万夫莫开’之势。……其天马居猛卯之西，汉龙在猛卯南，两关并峙，中隔龙川江。”依此，则汉龙关应在今缅甸九谷至木姐一线靠木姐附近的山中。1898—1899年中英勘定滇缅边界时，被划属缅甸。

天马关：天启《滇志》卷五《建置志第三》云：“天马关在邦欠山”。《大清一统志》：说“天马关，在（腾越）厅西南五百四十里邦欠山，接缅界。”《续云南通志稿》卷七十二《武备志》曰：“天马关基址尚存，关在南堪河（又作南嘛卡河或那木喀河）外，……南坎西北行逾龙川江至天马关共九十里。”《滇南界务陈牍·西界陈牍·腾越沿边疆索图说》说，由猛卯司（今瑞丽老城子）西南行一日到弄倒（今瑞丽弄岛镇），由弄倒一日到天马关。《中国历史地图集》第八册《清时期图组》所标天马关在猛卯司西南，瑞丽江北岸。据尤中先生考证：“天马关所在的邦欠山，位于猛卯三角地的西南端，垒周尖高山西北，南开特卡河河源以西，高程4815公尺。天马关址至今犹存。据曾经亲临其地的瑞丽县的傣族人民说，由弄岛出去15公里到曼允，曼允又出去一天路到哈布拉新蚌。‘哈布拉’是地名，‘新蚌’是‘石头为界’的意思，是汉人用石头立起来的界，有一丈多高，周长三个人才能抱完，顶上有印，还有几个汉字。那里的景颇族说，这是中国的地方，不信你可到石头上去看。哈布拉寨在山脚下，‘新蚌’在大山上。哈布拉新蚌在由弄岛去孟密的路上，瑞丽江在南，东南方向是南坎，西北方向是八莫。”（见尤中《中国西南边疆变迁史》）1898—1899 年中英勘定滇缅边界时，被划入缅甸。

虎踞关：《滇南界务陈牍·西界陈牍·查界路程清折》说：“由章凤街四十里买板，三十五里蛮线，四十里怕棍，四十里盆干及袜腊崩，虎踞关在此。”据尤中先生考证：“今章凤街西南部国境线外的洋人街之南、南碗河与孟北卡河之间有地名‘埋板’，即‘买板’；埋板的西部有地名‘曼甘’，当即‘蛮线’；曼甘稍西北之‘帕滚’即‘怕棍’；……而虎踞关所在地‘盆干及袜腊崩’当即在此地带。……由关址向东至今章凤街外面南碗河岸的中缅边界线还有七八十华里。”（见尤中《中国西南边疆变迁史》）1898—1899 年中英勘定滇缅边界时，被划归缅甸。

铁壁关：明·天启《滇志》及《大清一统志》都说铁壁关在等练山，而《滇南界务陈牍》却说铁壁关在板凳山。等练山在大盈江南今缅甸境内瓦兰岭。板凳山在今陇川县城西北部垒良西部，中缅国界四十三号界碑处。铁壁关内移是清道光间事。据《中缅乙段已定界·下编》引光绪二十四年刘万胜《太平江南至孟定邦盖山界线图说》：“查陇川、猛卯原界本在铁壁、虎踞、天马、汉龙四关之外。今确切查明铁壁关实在洗帕河内瓦兰岭下，基址犹存。从前因该关抚夷隔陇川过远，瘴疠太甚，退驻板凳山，私将铁壁英雄石碑另立于板凳山下，以为掩饰之计，从此遂群呼为铁壁关矣，究竟只存碑记，并无关址。今派人挨近太平江（即大盈江）边查访瓦兰，始将关址觅获。”光绪《续云南通志稿》卷七十二也说：“（光绪）二十四年与英人划界，又勘明铁壁关在洗帕河瓦兰岭下，从前抚夷以隔陇川远，瘴疠重，私退驻板凳山，移铁壁关英雄石碑置板凳山下。今于太平江边查访瓦兰，始将关址寻获。”1898—1899 年中英勘定滇缅边界时，被划为缅境。

九隘：继八关设置后，明末又设九隘驻兵防守，九隘为：古勇隘、明光隘、滇滩隘、坝竹隘、杉木笼隘、猛豹隘、石婆婆隘、黄草岭隘、止那隘。其中今仅杉木笼隘（在陇川县境）、黄草岭隘（在梁河县境）和止那隘（在盈江县境）三隘在德宏州境内。

从陇川西北行二日到大盈江岸[1]。大盈江由大盈、槟榔[2]两水会合。大盈源出腾冲县北，西南流经南甸入干崖，槟榔江源出尖高山，南流到干崖，两水会合，称大盈江，西南流入缅甸境。江之北岸有铜壁关，南岸有铁壁关，形势险要。过江有小辛街[3]，为中缅贸易之地。自小辛街西北行半日，便到盏达副宣抚使司[4]，西北有巨石、万仞两关，关之西便是中缅界地。

〔1〕大盈江：发源于腾冲县西北北海乡花园村后山，西南行入梁河县称南底河，斜贯南甸坝子入盈江县，再西南行，经盈江县新城后与大盈江西源槟榔江汇合，再西南入缅甸境内，称太平江，经八莫，注入伊洛瓦底江。大盈江之得名，据《腾越厅志》载，"众流萦合，名曰盈江"。元代叫大居江（又作大车江）、太平江。又叫南牙江、南底河。大盈江在梁河境内一段支流也称小梁河、南底河。另，《读史方舆纪要》卷一百十三《云南一·大川》载"金沙江即大盈江也，亦名大车江。源出腾越州西徼吐蕃界。流入州境，南流经南甸及干崖宣抚之西境。有槟榔江，亦出吐蕃界，东南流合焉。朱思本曰：'大车江、槟榔江，二水合流，始名大盈江也。'大盈江又东南流，绕芒市西南界，陇川西北界，又南而麓川江西南流合焉。并流经孟养宣抚司东境，谓之金沙江。江合众流，水势益甚，浩瀚汹涌，南流入缅甸界，阔五里余，经江头、大公、蒲甘诸城而入于南海。盖云南西南境之巨津。又与东北之金沙江异流而同名也。"顾祖禹说："龙川、麓川、大盈、金沙诸川，《志》皆错杂不可考，今略为是正。"其说除言其源及"东南流，绕芒市西南界"有误，其余皆是。

〔2〕槟榔江：大盈江之正源，也是大盈江的主要水源。《天下郡国利病书》载张机《南金沙江源流考》云："有二大水自西北来，一名大居江，或云大车江；一名槟榔江，而水至此合流，又名大盈江。"《天下郡国利病书》引轶名撰《北金沙江源流考》曰："槟榔江，出吐蕃，绕金齿、百夷，经干崖、阿昔，下合大车江，至江头城。"槟榔江实源于腾冲北部猴桥镇五台山，源头名大岔河，海拔2800米，南流经德宏盈江县盏西、芒璋，至新城与小梁河汇合后称大盈江。

〔3〕小辛街：位于盈江县弄璋镇东北。民国时期（1932年）置盈江设治局，驻所为弄璋，小辛街为当时那一带汉族居民最多的村寨。

〔4〕盏达副宣抚使司：道光《云南志钞·土司志上·永昌府》载："盏达副宣抚司土官……，盖刀怕便之后也。本与干崖为一族，其地亦干崖之一冈。明正统间，怕便已为宣抚，朝京师，赐名思忠，以思忠传子思效为副长官，居盏达。思效传子思猛。思猛卒，无子，以思效庶孙思镇袭。传自子思国。思国卒，无子，传弟思廷。万历十年，岳凤父子纠集缅甸及土司象兵数十万，分道内侵，攻雷弄、盏达、干崖、施甸，思廷求救不得，城破，阖室被害。其子思官先出外，未与其难。木邦宣慰罕拔叛附缅，连兵入寇，为其所执，死之。及罕拔为缅酋莽应里所杀，思官兄思权乃嗣其职。传子思丙。思丙传子思韬。自思效以来，虽为干崖长官之贰，皆自相承代。至思韬时，始授副宣抚司印敕。……顺治十六年，国朝平滇，思韬投诚，仍授世职，颁给印信、号纸。传给思铉。思铉传子思琳。思琳传子思弼。思弼传子思儒。思儒传子思定。道光

六年，思定年老致仕，子思镇方袭。”其后，据《新纂云南通志·土司考五·永昌府》载：“镇方告休，子相吉袭。相吉死，子思必录未袭，故。孙思鸿祚光绪四年袭。光绪六年，刀盈廷袭。二十年，刀安仁袭。民国初年，刀保图在职。二十年，刀承钺袭。”共传二十代。

盏达副宣抚司所辖区域，据《新纂云南通志》载：“东至海巴江五十里，南至铜壁关一百二十里，西至巨石关八十里，北至万仞关七十里。”其地大致为民国时莲山设治局及二十世纪五十年代莲山县范围，今已并入盈江县。

盏达东行二日，过槟榔江，便是干崖宣抚使司[1]。司署所在地，正当大盈、槟榔连江会合的三角洲上。隔盈江为乘龙街，是盈江设治局所在地[2]。两水会合的附近地，是一片肥沃的平原区域。

---

〔1〕干崖宣抚使司：《明史·云南土司三·干崖》载：“干崖，旧名干赖睒，僰人居之。东北接南甸，西接陇川，有平川众冈，境内甚热。……元中统初内附。至元中，置镇西路军民总管府，领三甸。洪武十五年，改镇西府。永乐元年，设干崖长官司。二年，颁给信符、金字红牌，并赐冠服。三年，干崖长官曩欢遣头目奉表贡马及犀、象、金银器谢恩，赐钞币。五年，设古剌驿隶干崖。曩欢复遣子刀思曩朝贡，赐赉如例。自是，三年一朝贡不绝。宣德六年，改隶云南都司。时长官刀弄孟奏其地近云南都司，而岁纳差发银于金齿卫路远，乞改隶而输银于布政司。从之。正统三年，命仍隶金齿军民指挥使司。六年，升干崖副长官刀怕便为长官司，赐彩、币。以归附后屡立功，从总兵官沐昂请也。九年，升干崖为宣抚司，以刀怕便为宣抚副使，刘英为同知，从总督王骥请也。弘治三年，干崖土舍刀怕愈欺其侄刀怕落幼，劫印夺职，蛮众不服，遂起兵相攻。四年，按察司副使林俊同参将沐详移文往谕，始释兵归印。……嘉靖三十九年，缅酋莽瑞体叛，招干崖诸土官入寇。万历初，宣抚刀怕举死。妻罕氏，木邦宣慰罕拔妹也。拔既叛附缅，召怕举弟怕文袭职以臣缅，且许以妹。怕文不受，与战。缅兵十万骤临，怕文溃，奔永昌。罕拔遂取干崖印付罕氏。十年，陇川岳凤破干崖，夺罕氏印。十一年，游击刘綎破陇川，凤降。追印竟不得。而干崖部众自相承代，亦莫得而考云。”

道光《云南志钞·土司志上·永昌府》载：“干崖宣抚使土官……郗忠国，江南应天人，从明师入滇，驻干崖。……洪武中，忠国从征缅甸有功。永乐元年，设干崖长官司，以忠国领之，改名曩欢，遣目奉表贡象马。二年，颁给信符、金字红牌，并赐冠服。……（五年）曩欢复遣子思曩朝贡，赐赉如例。改姓刀，称刀曩恋。正统九年，论干崖长官刀怕便征麓川功，升干崖为宣抚司，以怕便为宣抚副使。怕便者，曩恋子也。怕便传怕率、怕轰、怕开、怕落。其叔土舍怕愈欺怕落幼，劫印夺职。众蛮不服，起兵相攻，时弘治三年也。四年，按察司副使林俊、参将沐详檄谕之，始释兵归印。怕落年老致仕，子怕元袭。传子怕举。嘉靖三十九年，缅酋莽瑞体叛，招诸土司入寇。万历初，怕举卒。其妻罕氏，木邦宣慰罕拔妹也。拔叛附缅，诱怕举弟怕文袭职以臣缅，且许妻以妹。怕文不从，而与之战，缅兵十万骤至，怕文溃奔永昌。罕拔遂取宣抚印付其妹，据干崖。十年，陇川逆酋岳凤破干崖，夺其印。……怕文奔后，怕碹袭怕举职。三十九年，以怕碹子定边屡有平叛功，仍授世职，加三品服。定边年老，传子镇国。顺治四年，……定边、镇国父子五人……俱被害。国朝平滇，镇国子建勋投诚，仍授世职。康熙二十四年，颁给宣抚印信、号纸。传子秉忠。秉忠传子捷泰。雍正元年，遣往木邦清理猛古、猛卜民粮，还报有功。卒，子鸿业袭。传子得众。乾隆三十二年，官军征缅，办粮、办夫，建造营房、塘汛，于土司中最为效忠出力。年老致仕，予世侯袭。传子绍虞。嘉庆十九年，如连袭，绍虞之子也。”之后，据《新纂云南通志·土司考五·永昌府》载：“如连死，乏嗣，胞弟如玉袭。如玉死，子献廷袭。献廷死，乏嗣，弟盈廷以军功赏加二品预戴花翎，光绪四年袭。递传至今承钺袭。……民国三十一年因案停职。”共传二十三世。

干崖宣抚司辖地即今盈江县。土司署在今盈江旧城。

〔2〕乘龙街：即盈江县旧城镇，为傣语音译。历史上曾称乘龙镇，乘龙街。原为干崖土司署所在地，清初，十三代土司将司署迁往新城。民国二十一年（1932 年）设盈江设治局，旧城为设治局驻地。

自干崖逆大盈江东北行二日，到南甸宣抚使司〔1〕。司署原在九保街〔2〕，今移遮岛〔3〕，在盈江的东岸。其东三十里地名大场〔4〕，是梁河设治局所在地。南甸境内山地较多，平原不及芒市、陇川之整齐阔朗，唯区域极大，槟榔河〔5〕上游地全属之。其旧有属境，西面直到恩梅开江岸〔6〕，与密支那〔7〕相近。现则此一带地，都已划属英国了。

从南甸东行九十里，便又回到万山环拱的汉人区域的腾冲县城。

---

〔1〕南甸宣抚使司：《土官底簿·南甸州知州》：“刀贡蛮，百夷人。（按：南甸土司《家谱》载为：“本姓龚，江南上元人。”）祖父刀贡孟，先蒙宣慰思伦发委充南甸招鲁。洪武三十二年，选充百夫长。三十四年，给赐冠带。故，刀贡蛮袭南甸百夫长。永乐五年，备方物马匹进贡，钦升腾冲千户所千夫长，兼试千户。具告要照湾甸州知

州刀景发例，另立衙门，自当百夷儿女安业当差。永乐二十年，奉圣旨：‘准他。钦此。’本年正月，奉圣旨：‘是，做南甸州。钦此。’故。男刀贡罕（告袭）。洪熙元年四月，奉圣旨：‘著他袭了。钦此。’”之后，据道光《云南志钞·土司志上·永昌府》：“贡罕子落硬，从征有功（按：指征麓川），（正统）九年升州为宣抚司，以落硬为宣抚使。……（景泰）六年，颁给金牌、信符、勘合，加敕谕之。天顺二年，复置南甸驿丞一人，以土人为之。落埂（按：‘埂’当为‘硬’）子落盖袭为宣抚。奏‘南宁佰毛胜遣腾冲千户蔺愈占其招八地，逼民逃窜’。英宗敕云南三司官同巡按御使诣其地体勘，以所占田寨退还，治胜、愈罪。落盖传子落宾。递传落过、落揲、落正、落宪。落宪当万历十一年冬陷于缅。其子落临，以平岳凤功升宣慰司宣慰使。是时，刀氏再有功于国。自落临传大才、落掌、落庆、落启、落保，父子相继者凡十有一世。（按：自落临至落启，《天下郡国利病书·云贵交趾·南甸宣抚司》云：‘宣抚刀落宁替袭于其子暨孙皆死，绝。今议刀落启袭。’）落保谢病，让其兄呈祥。国朝平滇，呈祥投诚，仍授宣抚世职，颁给印信、号纸。呈祥传启元。启元传恩赐。恩赐之袭，在雍正十二年。递传鼎铭、三锡、继翰。继翰无子，传弟维周。道光六年，维周予鸿绪袭。”其后史书无载。民国二十六年前后，南甸宣抚司使为龚绶。

南甸辖地在明代和清代前期远较后来广阔。《明史·云南土司三·南甸宣抚司》载：“南甸所辖罗卜丝庄与小陇川，皆百夫长之分地，知事谢氏居曩宋，闷氏居盏西，属部直抵金沙江，地最广。”《天下郡国利病书·南甸宣抚司》说：“其东至芒市界，南至陇川界，西至孟养界，幅员之广，为三宣冠。”其西部直抵金沙江（今伊洛瓦底江）边，不仅仅是今天梁河县境内。

〔2〕九保街：傣名遮勒（上城），位于梁河县城遮岛东北 2 公里，海拔 1070 米。据《元史·地理志》《腾越厅志》载，永平二年归入东汉版图，名南宋。明正统十年，南甸宣抚司署由“老官城”（今曩宋阿昌族乡大地一带）迁至此，与 2 公里外的下城（遮岛）相对称，为上城（遮勒）。乾隆三十一年，为避战祸，宣抚司署迁往永安（距九保南二公里，现名永和），此地便成为清廷驻军之地。乾隆后，又称南甸营、南甸城。嘉庆后，又称左营。民国元年，南甸营直隶腾冲县城堡，所驻之遮勒也属腾冲县，划为腾冲县第九保，此即九保一名之来源。1956 年后，九保又划归梁河县。现为九保阿昌族乡政府驻地。

〔3〕遮岛：镇名。原名田心，位于梁河县中部偏西北，地处大盈江东岸，南甸坝坝尾，海拔 1042 米。清咸丰元年（1851 年），南甸安抚司署由永安迁至此，取名“金莲城”，旋改为遮岛。“遮岛”为傣语音译：“遮”为“城”，“岛”为“下”。上城为遮勒（即九保），遮岛意为遮勒下面的城。今为梁河县政府驻地，镇内人口万余人。

〔4〕大场：今作“大厂”。原为森林，林中产芦子（藤本植物，其实称为芦子，可入药，是傣族嚼槟榔时的配料），附近人们入林采摘芦子，就场地晾晒而得名。清乾隆五年建村，名下大场（或作下大厂），后辟为集市，称大场街。咸丰间设立大厂撮，驻所大厂街。1937年，梁河设治局由小邦幸（位于小厂乡政府小厂西南约2公里，1935年梁河设治局治所设此）迁驻此。抗战胜利时改名为复兴镇。1958年曾划属腾冲县，1961年梁河县制恢复，设大厂区。现为梁河县大厂乡政府驻地。

按：傣族喜食槟榔，钱古训《百夷传》云：“宴会则贵人上坐，其次列坐于下，以逮至贱。先以沽茶及蒌叶、槟榔啖之。”傣族食槟榔，合以石灰、蒌叶、芦子共嚼之。《景泰云南图经志书·金齿军民指挥使司·土产》载：“蒌叶藤，蛮云缅姜，叶如葛蔓，附于树，可为酱，即《汉书》所谓蒟酱是也。结实似桑葚，皮黑肉白，味辛，食之能御瘴疠。”明·张志淳《南园漫录》说：“蒟酱即芦子。云南民间俗呼蒌子为芦子也。”当地既产芦子，民俗又有需求，其采摘、晾晒之盛可知，因而能聚而为邑。

〔5〕槟榔河：即槟榔江。详见本章第81页注〔2〕。

〔6〕恩梅开江：缅甸河流名，在缅甸北部，伊洛瓦底江的上游之一。正源为我国的独龙江，曲折南流，至密支那以北四十五公里处与迈立开江汇合。

〔7〕密支那：缅甸北部之重要城市，人口一万余人。有铁路通仰光，邻近伊洛瓦底江航线的终点。以产砂金著名。

这一广大的摆夷土司区域，从地理上看，有四大特点：

一、平原广大诚如上文所说，在云贵的山国里是不易见到此种大平原地的。十土司区域除户撒、腊撒、猛板三长官司多山少平原外，其他七司，都拥有广大的平原。而各土司境内的平原，却并不连成一片，而是为错综的山岭隔断着。每一平原的四周，都环绕着山峰，越过一二山峰，便又见另一大平原，为另一土司境。因为有着这些山地，所以在各土司境中，除摆夷〔1〕外，便又都散居着他种住民：最多的是山头，或名开钦〔2〕；次多的是傈傈〔3〕；再次是崩龙〔4〕与阿昌〔5〕。还有汉人和汉化程度很深的本人〔6〕。这些住民，与摆夷是不混居的，大概四山之中，散居着山头、傈傈，平原上便完全集居着摆夷，汉人多住于近山之较高的平坝上，因着这种地带不似山岭之无耕地，也不似平原气候热而多瘴疠，汉人便择此种地区聚族而居。设治局及边区小学，也便都设在这类村市中。如芒市属境内的猛戛，猛卯属境内的弄岛，陇川属境内的章凤街，南甸属境内的大场，都是如此。故从地势的高低上看，这一个边区内的住民可以显然的分为三类：低处的平原地住的是摆夷，高处的山头地住的是山头、傈僳，山岭与平原相接的高朗地住的是汉人。在摆夷所住的平原上，已大部垦为耕地，夏秋之间，纵目远望，香稻万顷，确是一个农耕的黄金地带。

---

〔1〕摆夷：即傣族。旧称摆夷、僰夷。现主要分布在云南省德宏傣族景颇族自治州、西双版纳傣族自治州及耿马、孟连等县的河谷地带。此外，在省内新平、元江、景谷、景东、宁洱等三十多个县市亦有分布。2000年全省傣族总人口为1123800余人，占全省人口总数的2.76%。傣族是德宏州的主体民族之一，2000年，德宏州傣族人口为325798人，占全州人口的31.994%。傣族源于古百越、百濮民族，其先民，汉、晋时称"滇越"、"濮"、"掸"或"擅"，唐、宋时称"黑齿"、"雕题"、"金齿"、"银齿"、"茫蛮"、"白衣"等，元、明时称"白衣"、"百夷"、"伯夷"、"僰夷"、"歹"等，清以后称"僰夷"、"摆夷"、"摆衣"等。不少民族学者认为，我国的傣、壮、布依等民族与泰国泰族、缅甸掸族及分布在中南半岛老挝、越南、柬埔寨和缅甸的寮人（亦作佬人、老龙人或老挝人）同属百越族系。十九世纪初，国外人类学者将这些民族统称为"掸"（Shans）或"台"（Tai）。

芒市傣族少女

缅甸木姐之傣族少女

遮放土司署之傣族兵

遮放景颇少女

盛装之景颇妇女

陇川土司署中的景颇兵

傈僳妇女

缅甸南坎之傈僳妇女

龙陵街子上之傈僳男子

德昂妇女

缅甸南坎之德昂妇女

德昂男子

阿昌妇女

阿昌男子

以上图片摄于 1937 年

〔2〕山头及开钦：即景颇族。因居住在较高的山区，旧时称为“山头”。自称“景颇”、“载瓦”、“浪峨、“喇期”、“波罗”等。国内主要分布在德宏州，另外在泸水、昌宁、耿马、澜沧等县亦有分布。2000年景颇族人口为129300余人，占全省人口总数的0.32%。景颇族是德宏州的主体民族之一，2000年，德宏州景颇族人口为125099人，占全州总人口的12.28%。其先民被认为是唐代寻传蛮之一部，先定居在云南西北部怒江以西地区，16世纪后大量迁徙到今德宏地区。在境外，分布于缅甸克钦邦、掸邦北部及中缅、印缅边境山区的克钦人，总数约六七十万，也自称“景颇人”，其语言与国内的景颇族大致相同，其社会形态与新中国成立前国内景颇族亦大致一样。这些人据认为是唐代由中国进入缅甸的，应看作在国外的景颇族。克钦人（Kachin），旧时亦写作“开钦”。

〔3〕傈僳：自称“傈僳”，即傈僳族。主要分布在云南怒江傈僳族自治州，此外在丽江、迪庆、大理、德宏、楚雄等州市和四川凉山也有分布。2000年云南境内傈僳族人口为601600余人，占全省人口总数的1.48%。2000年，德宏州傈僳族人口为24265人，占全州人口的2.38%。傈僳族源于古氐羌人，其先民唐代称“栗粟两姓蛮”、“粟蛮”、“施蛮”、“顺蛮”、“长裈蛮”，俱属乌蛮，分布于四川、云南雅砻江、金沙江、澜沧江两岸；元代称“卢蛮”；16世纪中叶到清代，大量向滇西北怒江等地区迁徙。明清称“栗些”、“力些”、“力呰”、“栗粟”等。

〔4〕崩龙：即德昂族。自称“崩龙”、“昂”、“达昂”、“冷”、“汝买”、“凉”、“布雷”、“纳安诺买”等。我国境内主要分布于云南德宏州和临沧市镇康县，在保山、永德、耿马、澜沧亦有分布。2000年云南境内德昂族人口为17400余人，占全省人口总数的0.04%。2000年德宏州德昂族人口12773人，占全州人口的1.25%。对于德昂族的族源，尚有争议，一般学者以为源于古濮人，江应樑认为，其语言属南亚语系孟－高棉语族佤德昂语支，其族属的形成必在中南半岛及云南沿边一带，不应追溯到周、秦时的濮人。德昂族先于傣族居住在今德宏地区。唐以后史书上所载的“濮人”、“朴子”、“蒲满”、“蒲人”、“朴”、“朴子蛮”、“望蛮”等，即其先民。清代以后史籍称其为“崩龙”或“崩竜”。在国外，主要分布于缅甸克钦邦南部和掸邦北部，约30万人。

〔5〕阿昌：即阿昌族。自称“蒙撒”、“蒙撒掸”、“衬撒”、“汉撒”、“峨昌”等。在我国主要分布于云南德宏州陇川户撒，在芒市、梁河及保山市龙陵亦有分布。2000年人口为31800余人，占全省人口总数的0.08%。2000年德宏州阿昌族人口为26650人，占全州人口的2.61%。其先民在公元2世纪已经居住于怒江流域，大约10世纪后，即向西南迁徙，大部定居在今分布地，部分则居住于缅甸北部地区，现缅甸境

内阿昌人约20000人。元、明史料中称为“恶昌”、“峨昌”，清代称“俄昌”、“阿昌”等。

〔6〕本人：即佤族。自称“佤”、“布饶克”、“巴敖克”、“阿卧”、“阿佤”等，他称为“佧佤”、“拉”、“本人”等。在我国主要分布于云南沧源、西盟、澜沧、孟连、双江、耿马、永德、镇康，在西双版纳及德宏亦有分布。2000年佤族人口为370200人，占全省人口总数的0.91%。2000年德宏州内佤族为875人，占全州总数的0.0086%。在国外，佤族主要分布于缅甸掸邦南部，萨尔温江上游一带，人口约为30万。一般学者以为佤族源于古濮人，家父认为，其语言属南亚语系孟-高棉语族佤德昂语支，其族属的形成必在中南半岛及云南沿边一带，不应追溯到周、秦时的濮人。德昂族先于傣族居住在今德宏地区。唐以后史书上所载的“濮人”、“朴子”、“蒲满”、“蒲人”、“朴”、“蒲子蛮”等，即其先民。其居住于云南永昌（今云南西部）的，称为“望蛮”，元、明、清时称为“哈喇”、“古喇”、“哈杜”、“嘎喇”、“哈瓦”、“卡瓦”等。

文中说德宏境内居住有少量“汉化程度很深的本人”，其情况和分布已不可确知。因为没有更早的人口统计资料，亦无从知道当时德宏佤族的人数。据新中国成立初期的人口统计显示，1953年，德宏州内的佤族人口为700人，全部分布在梁河县，这应当大致反映了新中国成立前德宏境内佤族的分布与数量。后来，这些佤族开始向州内别的县份移动，这大约是少数参加工作的佤族干部及其家属的正常迁移。到“文革”时期及稍后，全州佤族人数锐减，1971年为278人，1975年为114人，1978、1979两年仅有24人，而过去佤族分布最多的梁河县只有3人，潞西的佤族人数已超过梁河。到80年代后，州内佤族人数又急剧上升，1992年为723人，超过了1953年的佤族人数，到2000年，达875人。这个统计数字，若按生育、死亡等人口自然增减来看，无疑是有问题的，但对德宏这样一个边境自治州内的跨境而居的少数民族而言，人口数字的锐增锐减却大有意义，笔者注意到，新中国成立后，凡国内政治运动激烈、“左”倾思潮泛滥而导致人民生活陷于困境时，边境地区一些民族便大量的迁徙国外，反映在人口统计上，便是该民族在本地的人口锐减；而政治昌明、生活繁荣时，原来迁徙国外的人们纷纷又返回故土，甚至新中国成立前夕迁移到国外定居的都设法迁移回国，反映在人口统计上，是该民族在本地区的人口猛增。

附：德宏州佤族人口统计表

年　份	人口数量（人）	备　注
1953 年	700	全部居住在梁河
1971 年	278	其中梁河 272 人
1975 年	114	其中梁河 99 人
1978 年	24 人	其中梁河 3 人，潞西 115 人
1983 年	488 人	其中梁河 413 人，潞西 25 人
1988 年	532 人	其中梁河 477 人，潞西 37 人
2000 年	875 人	其中梁河 743 人，潞西 70 人

二、河流纵横。东部有南性河，自龙陵流经芒市、遮放，到畹町汇入龙川江。龙川江即瑞丽江，上源自怒江、腾冲间南流，经龙陵、南甸、陇川、猛卯，沿边界入缅甸。龙川之西有支流名南宛河，自陇川北部南流，直贯陇川大平原，沿边界到南坎与瑞丽江汇合。西面在干崖之北，有大盈、槟榔两江，一自腾冲来，经南甸而到干崖；一自尖高山来，经腾冲、南甸之西亦入干崖。两水汇合而为大盈江，西南流入缅甸。此为主流，支流随处可见。[1]有此数大河流，于是在七大土司平原上，乃见河流纵横，不仅农田灌溉便利，且水路交通亦极方便。从芒市可乘小舟顺流而至遮放、猛卯；由陇川平原之北部，可乘小舟顺流抵南部界外；瑞丽、大盈两江，也有若干地方可通小船或竹筏。但都因水流甚急有的处叠水[2]礁石，故行舟非常危险。二十七年冬，我与中央振济委员会滇西边地考察团到边地时，[3]曾由团员中的两位水利专家用小舟自遮放试航，沿南性河入龙川江，顺江而到缅甸南坎。据说，此一段略加疏浚，便可通航。南坎以下，则有数处叠水，须炸去山石，才可通到缅甸之阿瓦城（Mandalay），便可和铁路衔接。

大盈江　摄于 1937—1938 年

怒江（萨尔温江） 摄于1937—1938年

[4]——各河流中鱼类出产亦极多，且沿河之地，常有温泉，这真是边区中最使人留恋的一个自然环境。在云南西部，从昆明到摆夷区的第一日驿站地，便有一个著名的安宁温泉；到保山，则金鸡村的温泉便较东部各泉好得多，在全村的南部，不论任何地方掘下去，水都是温的，那里的人家洗面濯衣，绝对用不着煮水，只把桶从井中或泉边提取来，便是热气蒸腾的温水；这都是古代摆夷区域中的温泉；现时的摆夷区，温泉更逐出皆是。[5]摆夷语称温泉曰“蚌”，在七土司境中，名叫“蛮蚌”的村寨非常多，“蚌”意温泉，“蛮”意为村庄，意译之便是“温泉村”。有的地方温泉自山夹中流出，一边热流，一边冷流，汇而为池，池边崖壁百丈，水流潺潺。在这里脱衣入浴，真有回到自然之感。

---

〔1〕德宏境内河流密布，由北东至南西流向的主干河道两侧发育着众多的支流，依山跌宕，顺势纵横，境内有河流1500余条，其中径流面积大于100平方公里的河流22条，径流面积共6000余平方公里，约占全州面积的50%。全州河流分属伊洛瓦底江和萨尔温江（怒江）两大水系：大盈江、瑞丽江、西北诸河在缅甸境内注入伊洛瓦底江；.怒江流域的万马河、芒杏河、勐古河注入萨尔温江。伊洛瓦底江和萨尔温江最终皆注入印度洋的安达曼海。德宏州内此两大水系主要河流情况分述如下。

一、伊洛瓦底江水系

大盈江：有二源，北为中缅交界的尖高山（海拔3574米），东为腾冲县何家寨（海拔1760米），流域内群山起伏，盆地相间，在州内发育大小支流600余条，流经梁河、盈江、陇川三县，支那、关上、梁河、盈江、户撒五个盆地镶嵌其间，州内平均年径流量43亿立方米。主河长155.8公里，州内为113.3公里，其中17公里为中缅界河。

主要支流有槟榔江（发源于腾冲县古永乡五台山，源头海拔2800米，源头名大岔河，主河长127.25公里，州内68.25公里，至盈江新城芒康寨注入大盈江。槟榔江支流有支那河、芒芽河、南当河等）、盏达河（发源于盈江县风吹坡南麓，源头海拔

2589米，主河长24.5公里，至拉印西南一公里许注入大盈江。支流达56条，有勐勇河、南朗河、因康河、木乃河、水槽河等）、户宋河（发源于盈江县石竹坡南侧，源头海拔1976米，上游名戛独河，主河长35.8公里，至芒蚌寨东注入大盈江。支流有南芒卡河、地方河、南片河等）、曩宋河（发源于腾冲县勐连街肖上村北，源头海拔2100米，本州内主河长20.5公里，至曩宋关西注入大盈江。主河多名，由上游至下游依次名为勐连河、勐蚌河、芒允河、邦郎河、曩宋河。支流达37条之多，有杨家寨河、马鹿塘河、那黎河、象脑山河等）、曩滚河（发源于梁河县小厂乡友义村东南，源头海拔2100米，河源名邦杏河，主河长16.6公里，至九保北注入大盈江。支流有小厂河、勐科河等）、户撒河（发源于陇川县户撒阿昌族乡地方头中寨东北，源头海拔1900米，主河长38.5公里，至盈江芒线西汇入大盈江。支流30余条，有曼棒河、郎光河、户别河、曼统河、曼那河、曼胆河、腊撒河等）。

瑞丽江：源于腾冲县明光镇自治村河头山，海拔2520米。由龙陵入德宏州梁河境，经芒市、陇川、瑞丽，在瑞丽弄岛镇容棒旺与南宛河交汇后流入缅甸，在缅甸伊尼瓦注入伊洛瓦底江。境内主河长318公里，在德宏境内长112公里。瑞丽江流域内水系发达，大小支流达710余条，州内径流量达56亿立方米。

主要支流有萝卜坝河（发源于梁河县杞木寨五棵树，源头海拔1700米，叫松山河，至分水岭后称杨柳河，至芒东注入龙江。主河长60公里，支流有张三河、湾中河、户那河、大芒东河、小芒东河、回秀河南庆河等）、南宛河（发源于陇川、盈江交界的干崖梁子南麓，源头海拔2520米。主河源头名野油坝河，至护国叫护国河，红岩河汇入后称南宛河，纵横陇川坝，后与北来的南洒河汇合，入峡谷，为中缅界河，后入瑞丽，在容棒旺与瑞丽江交汇。主河长66.7公里，支流有红岩河、曼胆河、南永河、户岛河、南洼河、南洒河、南兰河、景罕河等）、芒市河（发源于龙陵县金竹坪村北部，源头海拔2000米，在龙陵境内叫坝竹河。于帕连入芒市境，西南流，纵横芒市坝，入三台山峡谷，入遮放坝东，于遮放坝西之南蚌汇入龙江。主河长102公里，支流有200余条，主要有放马桥河、中河、户阳河、板过河、南木黑河、广沙河、果朗河、轩干河、红丘河和南冷河）、南掌河（发源于陇川县王子树桃金洼新寨北玉麦楼山南麓，源头海拔2039米，至埋赏寨东南之埋赏坝首注入龙江。主河长18公里，有支流麻艾河、黄竹洼河、贯节浪河等10余条）、畹町河（源于缅甸境内的卡将河，在棒木广坡与中缅界河、卫上河汇合后，称畹町河，为中缅界河，西南流，于索阳寨西南注入瑞丽江。界河长26.22公里，国内支流有南聿姐河、南斜勒河、南棒河、南典畹河、南贺海河、南道河，缅甸境有支流卡帕洛河、南湖河、南巴碟河等）。

西北诸河：共有大小河流224条，发源于盈江县西北部山区，径流区为德宏西北部，主要有：

木笼河：发源于苏典乡木笼河头山东麓，河源海拔2834米，主河长21公里，注入中缅界河大巴江。主要支流有岔河、南苏河、爱打罗河、帕蚌河等。

勐戛河：发源于中缅交界的迎风山南侧，源头海拔2817米，在苏典山、盆都山西北与石竹河交汇后流入缅甸，汇入南太白江。主河长39公里，有支流61条。主要为腊马河、苏典河、邦别河、勐劈河等。

勐典河：发源于勐弄乡西山寨北部，河源海拔2100米，是中缅界河石竹河的主要水源和最大支流，至克都秧注入石竹河。主河长39公里，支流60余条，主要有地方河、龙洞河、外朗卡河、吴古河、茅草团河、小黑龙河、勐弄河、草坝寨河等。

勐来河：发源于勐弄乡分水岭南侧，河源海拔2150米，主河长34公里，至那邦坝南注入羯羊河。有支流31条，主要有黑泥塘河、灰河、棕包河、旧寨河等。

腊马河：发源于苏典乡中缅界山苏典大丫口，源头海拔2500米，由北向南流至腊马寨与勐戛河交汇，河长约10公里余。

二、萨尔温江水系

怒江：发源于青藏高原唐古拉山主峰南麓，斜贯西藏东部，过松塔后入云南境，万马河入汇后流入德宏州芒市。干流在芒市境内长13.7公里，流经芒市东南角，为中缅界河。芒杏河入汇后流入缅甸，称萨尔温江。在芒市境内有支流90余条，主要是万马河、芒杏河与勐古河等。

万马河：发源于法帕乡平河村东北，源头海拔约2600米，自北而南又偏东，至尖山寨东3公里注入怒江。主河长32.5公里，主要支流有发源于勐戛镇长兴寨的赛于河。

芒杏河：发源于勐戛镇从岗寨，源头海拔约1800米，上源名香帕河，至橄榄坡南注入怒江。主河长39.8公里，支流有清水河、南列河等。

勐古河：发源于遮放镇谢里寨，源头海拔约1600米，上游名南茄坝河，至彭家寨后称勐龙河，与南开河交汇后流入缅甸，在缅甸罗基东部注入萨尔温江。在我国境内长10.8公里，主要支流有朗约河和南比河。

〔2〕叠水：即瀑布。云南方言谓之“叠水”，或写作“跌水”。

〔3〕民国二十七年（1938年），家父江应樑继上年考察后，第二次再到腾龙沿边傣族地区考察，详见本书《序言》。

〔4〕阿瓦城：也称“瓦城”，即曼德勒。位于缅甸伊洛瓦底江中游东岸，为缅甸第二大城市，重要的水陆交通枢纽。1886年以前，曾五次成为缅甸之都城，今城内尚有不少庙宇和佛塔，惜宏伟的古皇宫已毁于二战战火。

〔5〕德宏温泉之多，确可称为“逐出皆是”，现已发现的温泉有65处，计：盈江

24处，梁河15处，陇川5处，瑞丽4处，路西17处。水温最高的是瑞丽的棒蚌温泉，达101℃；海拔最高的是盈江的芦山温泉，海拔为1680米；流量最大的是路西芒棒温泉，流量为每秒55升。

三、气候温暖潮湿。云南全境，约在北纬二十一至二十九度之间，南部接近热带而北部在温带。但云南的气候，却不能以纬度来衡量，寒热完全受地势高低的影响。如东北部的金沙江流域，西北部的丽江以北地，完全是寒带气候，便因为这一带地海拔均在一万英尺至一万五千英尺（巴布凉山海拔一万英尺，维西阿墩子海拔一万二千英尺至一万五千英尺）。中部区域海拔较低，故气候便温和，昆明海拔六千英尺，故纬度虽在亚热带，而气候却“四季如春，日炙如夏，稍阴如秋，一雨如冬”。（语见冯时可《滇云纪略》）南部海拔较低，所以便有热带的气候，河口、车里等地，海拔均在三千英尺以下，车里位当北纬二十二度，故完全有热带风味；腾龙沿边的摆夷区纬度系自北纬二十三度八（最南猛卯所属地的弄岛）到二十五度（最北之腾冲），较车里为高，但海拔有的地方较车里低，故气候也完全近于热带。大概十一和十二两个月内的室内温度，最低为华氏表五十五度，最高八十五度（作者二十六年在芒市、猛卯、陇川三土司地中测得者）；六、七、八三个月，温度约在华氏八十至一百度之间（据各土司言）。每年节气可显然分为晴雨两季，自四月至九月为雨季，十月至三月为晴季。正因为夏季多雨，所以酷热的天气很少有。冬季虽晴，但多雾，每晨总得在十时或十一时以后，才能见到太阳。日落以后，便又大雾弥漫，故空气湿度甚大。昔人所谓“摆夷畏寒，喜居卑湿地”，诚然是实情。一般说来，这是黄金般的气候。绝对不能说热，因为夏季少有过华氏百度之时；也不能说湿，因为冬季的雾露，并不令人烦闷，绝对不似广州三四月天那种潮湿得令人闷苦。然而在过去一般人，就是现时住居云南的汉人，一提到摆夷区域，都视之为酷热卑湿蛮烟瘴雨之乡。酷热只应当云南人可以说，因为四季如春的云南汉人区域，当然得视此为酷热地带；卑湿只应当北方人可以说，因为南方沿江沿海地带的卑湿，其程度实远胜于摆夷区域。蛮烟瘴雨，这是古今令人视夷地为畏途的最大原因。今日汉人到摆夷地区，也须按一定的季节出入，便是每年必到霜降以后，始结群而入夷地，俗称“走夷方”；到次年清明时节，便得急速离开平原地带。就是冬季住在夷地中，也战战兢兢遵守着他们祖传的避瘴法，便是所谓的

"三不一吹主义"，"三不"是"不起早"、"不吃饱"、"不娶小"：他们认为，平原上的浓雾，便是一种毒瘴，故最好在雾退以后再起床；摆夷地中米粒糯性强，涨性大，吃得过饱不易消化；"不娶小"是不娶妾之意，所以保存精力也。"一吹"者，吹鸦片烟也，滇人谓吸烟者为吹烟。据说鸦片可以避瘴毒。西南边区中的瘴，已经医学家证明是恶性疟疾（Malaria），自与雾气无关，更不是鸦片烟可以预防的。即以作者个人的经验说，两次到摆夷区中，一住数月，所谓"三不一吹"的避瘴法者，我实际只遵守了"三不"中的最后一"不"，而我却从未中过细微瘴毒。这并不是由于我的身体特别能抵抗，却由于我能严格遵守医生告诉我的简易防疟法：睡眠用蚊帐，服适量的奎宁丸（Quinine Tallets）。这儿，我愿对国人保证说：世人说称摆夷地方为酷热卑湿蛮烟瘴雨之乡，是不尽然的话，摆夷地中的气候，才真值得称赞一声"可爱的黄金气候"呢！[1]

---

〔1〕傣族居住区域的气候，明钱古训《百夷传》曰："其气候：春夏雨，秋冬晴，腊月亦如春。昼暄夜冷，晓多烟雾，无霜，春秋烟瘴甚盛。"李思聪《百夷传》云："春夏多雨，而秋冬多晴，夏湿热尤甚，冬月常如中国仲春，昼暖夜稍寒。素无霜雪，春秋烟瘴居多。"所述即当地气候特点。

据新中国成立后德宏气象部门观测统计当地各县（市）的气象要素如下表：

	芒市站	梁河站	盈江站	陇川站	瑞丽站
海拔（米）	913.8	1012.9	826.7	966.7	775.6
日照时数（小时）	2452.2	2391.4	2361.5	2373.4	2343.4
太阳总辐射量（千卡/平方米）	45.151	42.985	139.162	140.822	140.086
年平均气温（摄氏度）	19.5	18.3	19.2	18.9	20.0
最热月均气温（摄氏度）	23.9	22.9	24.0	23.4	24.4
最冷月均气温（摄氏度）	12.2	10.9	11.7	11.4	12.6
历年极端最高气温（摄氏度）	36.2	34.0	36.8	35.5	36.6
历年极端最低气温（摄氏度）	−0.6	−1.1	−1.2	−2.9	−1.2
无霜期（天）	301	294	324	298	360
年降水量（毫米）	653.4	1342.3	1459.8	1664.7	1402.3
干燥度	0.8	1.0	0.8	0.8	0.9
相对湿度（%）	78	79	81	79	80

四、植物生长繁茂。立在龙陵南面山顶看芒市大平原，第一幕映入眼帘的是弥漫的晨雾中一丛丛翠绿的植物。走入摆夷地，最触目的是参天的翠竹与合抱的大榕，这真可以说是摆夷地中的代表物产。[1]宽朗的大平原上，除了阡陌相连的农田外，唯见处处有茂篁修竹。而每有大竹丛内，必有摆夷村寨，这可以说是定则。摆夷之竹，与汉地之竹又微有不同：枝大、径粗、叶茂。《后汉书·哀牢夷传》所谓“其竹节相去一丈”，若以今之尺量，节节相距一二尺是极平常的。大竹直径可五六寸，可做水桶。制桌椅家具，以至造屋筑桥都全用竹。竹以外，最多见的是榕树，夷人叫作大青树。这种树的种植是与宗教有关的，故大多生长于佛寺附近。初种时，用土砌高为一台，树种台上，后来树大而台基颓，致上部树根完全表露地面。因系敬佛之物，无人敢斩伐，故任其生长，往往老干参天，枝叶如盖，枝上藤条，倒垂地下，长入土中，久之，附于主干上而生长。故常见数抱大榕树，在干之周围，垂着若干藤干，好似由地上长出倒挂树枝上，这确是内地不经见的奇物。[2]大概因为气候与雨量的关系，故夷地中均盛产热带植物且极繁茂。如稻禾，[3]那是夷区的主要农产。以气候言，大概每年种稻两次是不成问题的，唯境内地广人稀，常年一熟，已经有吃不了之虞。木棉，近来已成为政府所特别注意的一种夷地物产了，此物在各土司境中皆野生郊外。据夷人说，有时将草棉种子播下，几年不会枯死，也即变成为木棉。[4]这不知是否气候关系。甘蔗，亦盛产夷地中，民间已能以之制糖。但栽培方法不甚好，故生长不大，唯味极甜。芒市与陇川两土司署，均有甘蔗园，正拟向外招请技师，采办机器来用新法制糖。[5]热带水果，那是最值得夸耀的了。作者平生嗜水果，自离开广州，口福大减。及至走入摆夷区，便恍如回到羊城。大概除荔枝外，可以说凡广州所有的水果，这儿都有。香蕉故不必说，芒果随处有卖，最奇的是杨桃，除广州以外，作者未见另一地有此物。而一入芒市，便有售杨桃的小摊。木瓜，这是岭南的特产，而遮放、猛卯所产的，色、香、味俱不亚于岭南木瓜。每个只售一安纳，[6]远贱过广州。这样的黄金地区，能不令人留恋吗？[7]

---

〔1〕傣族地区的大竹和巨榕，古籍多有记述，略举二三。《华阳国志·南中志》：“有大竹名濮竹，节相去一丈，受一斛许。”钱古训《百夷传》载：“树木多有三四株结为连理”；李思聪《百夷传》载：“路傍大木多二干并生，高三五丈许，结为连理。”此木即榕树。《南方草木状》：“榕树，南海、桂林多植之。叶如木麻，实如冬青，树干拳

曲，是不可以为器也；其本棱理而深，是不可以为材也；烧之无焰，是不可以为薪也。以其不材，故能久而无伤。其阴十亩，故人以为息焉，而又枝条既繁，叶又茂细，软条如藤，垂下渐渐及地，藤梢入土便生根节，或一大株有根四五处，而横枝及邻树，即连理。”

〔2〕所谓“藤条”者，是榕树的气根。气根下垂接地即入土生根，给主干吸纳养分，久而久之，有的气根长得几乎与主干一般粗细。如是，气根越多，榕树顶盖覆盖面积越大，成为当地独特的“独木成林”之景观。

〔3〕稻禾：新中国成立后，德宏粮食种植品种已呈多样性局面，除稻谷外，小麦、玉米、豆类等均普遍种植，但稻谷仍是主产品种。以2000年为例：全州谷物及豆类播种面积为88591公顷，其中稻谷为52394公顷，占播种面积的59.14%；总产量为383945吨，其中稻谷为303849吨，占总产量的79.14%。（以上数字据2000年《德宏州统计年鉴》得出）

〔4〕木棉：云南人称攀枝花，樊绰《蛮书》所云“番蛮种并不养蚕，唯收娑罗树子破其壳，其中白如柳絮，纫为丝，织为方幅，裁之为笼段。”恐即言是，实际上木棉纤维无拈曲，不能纺纱。又：文中草棉变木棉之说，当指德宏常见的一种木本棉花，株高可达大许，棉桃与普通棉花无异，傣族家常将其植于庭院周边，每年均可采摘棉桃供自家纺纱织布之用。

〔5〕甘蔗：新中国成立后，德宏甘蔗种植发展迅猛，到2000年，全州甘蔗种植面积达44413公顷，产量由1952年的2800吨增长为2000年的2566190吨。制糖业也有了根本性的发展，全州建设了多座糖厂，食糖产量由1957年的265吨，到2000年增长为331895吨。（以上数字据2000年《德宏州统计年鉴》得出）

〔6〕安那：缅甸辅币，一安那即缅币一分。其价值详见本书第四章。

〔7〕德宏水果产量，过去无统计数字。最早的统计数字始见于1987年，产量为1769吨。到2000年，增长为11399吨。此年，菠萝种植面积为509公顷，产量3674吨多；香蕉种植面积为109公顷，产量543吨多。（以上数字据2000年《德宏州统计年鉴》得出）

上面，导读者诸君游览了十土司区域的一个大概。现在，让我们再沿中英两国的界址上走一走。〔1〕云南西部与英国的交界地，从极西的中、缅、印交界处起，东过更的宛江、玉石厂、旧孟养土司境、恩梅开江，到江心坡南面，都是中缅未定界；自尖高山以南，始为已定界。故腾龙沿边土司区域，恰在已定界区域内。其界址从尖高山南起，曲折南下，把南甸宣抚使司西部的大块领土，划入缅甸。再南而沿万仞、巨石两关之西过铜壁关，而达大盈江流，过江再西南，从铁壁关（中界）与虎踞、天马两关（英界）中穿过而达龙川江支流，便以江为界。沿江西南到那别，为我国极西南的尖角。自此沿龙川江转向东北（但并非以江为界），到猛卯城（中）与木姐（英）之间，转而东，沿黑山门之南部而达怒江，此一区域的界址即止于此。所以，从整个看来，这一个摆夷区域的四境，除了北端及东北端外，可以说有五分之三的沿边是与英缅接壤的国界地。这蜿蜒曲折而里程不算短的中英交界地上，有着几种特殊的现象：

（一）不以山脉河流为界，更不根据经纬度来划分，而是在平地上每间隔一英里之地立一个界桩。以界桩为中英的界址。

（二）界址皆犬牙相错，例如沿猛卯城到弄岛的公路，便是两国的交界地。有的处，公路西北为中国地，西南为英缅地；但有的处，伸入西北二三里的一个村庄，却又是英国管辖；而有时伸入东南的村寨，却又属于猛卯土司。[2]

对于这一个原始的摆夷区域，我们已经把她“静”的外形仔细看过了。下面，将对她内部的“动”的各方面，加以剖视。

---

〔1〕当时缅甸为英国殖民地，故文中称“英”、“英缅”或“缅甸”。

公路边常常能看到“非出入境通道严禁非法出入境”的警示牌

〔2〕1961年后中缅边界划定后，上述“界址犬牙交错”的情况大致不变。如：畹町河大致是以河为中、缅的界河，河之北为中国领土，河之南为缅甸领土。但在芒满南面，畹町河南有一小块土地为中国的领土。又如：自允井始，瑞丽江西南流，南岸

为缅土，北岸为中土。但到了金坎，江南之姐告为中国领土；自贺哈以下，江北的一带又属于缅甸。文中所讲述从瑞丽城到弄岛一路，这种忽而伸入一块为中土，忽而伸入一块为缅土的状况，非但外人，就是当地人，只要不是这个乡镇的，恐怕亦不能清楚地弄明白界址的划分。你在中国一方的田间漫步，并不往南面去，而是顺着东或西面走，也保不住一脚就跨入缅甸领土上去了。所以，在瑞丽至弄岛的公路上，常常有一块警示牌竖立在路边，提醒人们不要误越边界。

这条蜿蜒的田埂左边是中国境内，而右边已是缅甸领土，若不是居住在附近村寨的人，恐怕谁也闹不清国界在哪里

第三章　土　司

土司的来历—职位与官阶—腾龙沿边七摆夷土司建置沿革—土司差发银—土司的种系问题—土司治下的行政组织—土司的生活—贵族阶级的生活—土司职位的承袭

读者周游了腾龙边地原始的摆夷区域以后，首先感到奇怪的，必定是这地方的土司制度。这儿，我们便先谈到土司。

土司是中国政治史上的一种特殊的政治制度，《明史·土司传》载："西南诸蛮……历代以来，自相君长。原其为王朝役使，自周武王时，孟津大会，而庸、蜀、羌、髳、微、卢、彭、濮诸蛮皆与焉。及楚庄蹻王滇，而秦开五尺道，置吏，沿及汉武，置都尉县属，仍令自保，此即土官土吏之所始欤？迨有明踵元故事，大为恢拓，分别司、郡、州、县，额以赋役，听我驱调，而法始备矣。……尝考洪武初，西南夷来归者，即用原官授之。其土官衔号：曰宣慰司，曰宣抚司，曰招讨司，曰安抚司，曰长官司。以劳绩之多寡，分尊卑之等差，而府、州、县之名，亦往往有之。袭替必奉朝命，虽在万里外，皆赴阙受职。天顺末，许土官缴呈勘奏，则权柄渐弛。成化中，令纳粟备振，则规取日陋。孝宗虽发愤厘革，而因循未改。嘉靖九年，始复旧制，以府、州、县等官隶验封，宣慰、招讨等官隶武选。隶验封者，布政司领之；隶武选者，都指挥领之。于是文武相维，比于中土矣。"〔1〕

腾龙边区的十土司，便是在这种情形下，次第成立的。诸司设立的年代先后不等，其中除户撒、腊撒、猛板三司设置年代较近，其他七大摆夷司，都在明代甚至元代便建置了的，故各司都有五六百年传袭的历史。〔2〕

清毛奇龄《云南蛮司志》载："夷人分爨、僰为界，爨属郡县，僰属羁縻。"大体可知历代之经营云南，对于征服了的爨人居住地，多半直接成立为郡县；至于摆夷居地，那便划为特殊区域，实行羁縻的土司制。汉通西南夷，虽有哀牢、博南、不韦、永昌诸郡县之设，然都只有郡县之名，而无郡县之实；白元世祖平云南，云南全境始可算为中国的内域版图，自元而明，州县之设置区分，大体已具规模，唯对于摆夷居地的西南边区，始终未正式立为郡县而只设置土官，采"以夷治夷"的羁縻政策。〔3〕

---

〔1〕又，《明会典·卷六》载："土官承袭，原俱属验封司掌行。洪武末年，以宣慰、宣抚、安抚、长官等官，皆领士兵，改隶兵部；其余守土者，仍隶验封司。"其武职，在中央属兵部，在省属都司；其文职，在中央，属吏部，在省属布政司。

明朝将土司分为文职、武职两类的想法，无疑是想控制土司势力，防止土司得到朝廷认可而又拥有军政大权后，势力膨胀蔓延。但自洪武始，土司之所以成为土司，除地缘的、民族的、经济的特殊性外，拥有相当的军事实力，是其在当地得以维持统治，在朝廷得以得到认可的重要原因，土司是不会放弃“领士兵”的。明廷尽管立了制度，也几次试图落实，不论文职或武职，不论隶兵部或隶吏部，土司始终拥有自己的武装力量。将土司划分为文、武职，对于明朝廷来说，非不为也，实不能也。相比之下，清代统治者更现实些，不行那些无法做到的虚文，再去区分根本不存在的土司文、武职了。所以，土司自始至终，一直拥有其辖区的政权、军权、财权和司法权。

〔2〕十土司区设置年代如下：

1. 南甸宣抚司：明洪武三十二年（1399 年）为南甸百夫长；永乐十二年（1414 年）升为南甸州；正统九年（1444 年）升南甸宣抚司；清代因之。

——据《土官底簿·南甸州知州》及道光《云南志钞·土司志上·永昌府》

2. 干崖宣抚司：明永乐元年（1403 年）设干崖长官司；正统九年（1444 年）升干崖为宣抚司；清代因之。

——据道光《云南志钞·土司志上·永昌府》

3. 盏达副宣抚司：明正统间（1436—1449 年）置盏达副长官司；约明末升为副宣抚司；清代因之。

——据道光《云南志钞·土司志上·永昌府》

4. 遮放副宣抚司：明正统十一年（1446 年）置遮放副宣抚司；清代因之。

——据《新纂云南通志·土司考五·永昌府》

5. 陇川宣抚司：明正统十一年（1446 年）设陇川宣抚司；清代因之。

——据道光《云南志钞·土司志上·永昌府》

6. 芒市安抚司：元至元十三年（1276 年）立茫施行路军民总管府；明洪武十五年（1382 年）置芒施府；正统九年（1444 年）为芒市长官司；崇祯十三年（1640 年）升安抚司；清代因之。

——据《明史·云南土司传三·芒市》及道光《云南志钞·土司志上·永昌府》

7. 猛卯安抚司：明万历二十六年（1598 年）置猛卯安抚司；清代因之。

——据《新纂云南通志·土司考五·永昌府》

8. 户撒长官司：约于明正统十三年（1448 年）以左哨把总守户撒；清代因之；约在康熙十一年（1672 年）升长官司。

——据道光《云南志钞·土司志上·永昌府》

9. 腊撒长官司：约于明正统十三年（1448 年）后为腊撒土守备；约于明末授腊撒长官司；清代因之。

——据道光《云南志钞·土司志上·永昌府》

10. 猛板长官司（一作土千总）：清光绪二十五年（1899 年）设。

——据方克胜《建设腾龙边区各土司意见书》等文

〔3〕中国作为一个多民族的统一国家的形成，有一个发展和演进的历史过程，由羁縻到土司制，都是历代中央政权对少数民族地区实施统治所执行的一种有别于内地的特殊政策。这种特殊政策，最早始于战国时期的秦国。《史记》卷七十《张仪传》载：秦惠王“起兵伐蜀，十月取之，遂定蜀。贬蜀王，更号为侯。”所谓羁縻，是授予表示归顺臣服的少数民族酋领官职官衔，并通过该酋领对此民族地区和人民的统治来体现中央政权的统治。羁縻的核心是对封建王朝的臣服，其酋领不得与君主并立为王，其地域划入王朝的版图（向王朝纳赋输贡本质上是政治性的而非经济性的，赋税之轻，在经济上并无实际意义，但它却象征着臣服）。羁縻的条件是酋领完全执掌该地区的军事、行政、经济、司法大权，王朝不予干预，酋领可世袭，世领其地，世长其民。羁縻的原因是王朝尚无直接、全面统治该地域和民族的力量，即所谓“羁縻无绝而已”。从社会经济的角度看，凡羁縻地，其社会经济发展水平均滞后于中央政权的核心地区，不能用管理内地的常规常法去实施统治，只能“特事特办”。

随着中国多民族统一国家的逐步形成与巩固，对民族地区的羁縻政策也逐步规范化，逐步形成一套完整的政策和制度。总的来讲，早期的羁縻有很大的随意性，所授予的官职官衔与流官大体无别，对酋领的承袭、升降、奖惩等问题还没有制度化。自元代起，特别是明、清两代，这套制度已经完备，并使用了“土司”这一意义特指的名称，所以这段时期的羁縻政策又叫土司制度。大致地说，授予土司（酋领）的职称有别于流官而自成体系，其品秩、授职、承袭、升迁、惩处、印信、赋贡诸方面事宜都有章可循，成为一整套中央政府针对边疆少数民族地区特殊的经济、民族、文化、风俗条件下的特殊统治制度。简而言之，就是任命可世袭的“土”人（即效忠朝廷的本地本民族的酋领，有别于外派的流官）以“司”（执掌）该地之事务。

按：龚荫先生1985年出版的《明清云南土司通纂》及1992年出版的《中国土司制度》二书对土司制度有系统、缜密的研究，唯其对制度化之前的羁縻政策和制度化之后的羁縻政策（即土司制）这一对少数民族地区的统治方略视为“两种政策”的结论尚可斟酌。因为无论早期和后期，这种羁縻政策的对象都是少数民族地区；前提都是对中央政权的臣服和划入版图内（这与属国有本质地区别）；对羁縻的对象同样都授予官位，都予以治理当地的全权，都可以世袭，都纳赋贡物；其目的都是疆域的完整和边防的巩固。所以，从本质上说，这是一种一以贯之的政策，其区别仅仅是形成期与成熟期而已。

明严从简《云南百夷》载："洪武十四年，命颍川侯傅友德、永川侯蓝玉、西平侯沐英率兵讨云南，……于是，百夷皆请内附。今其地为府合二：曰孟定，曰孟艮；为州者四：曰镇康，曰湾甸，曰大侯，曰威远；宣慰司六：曰车里，曰木邦，曰孟养，曰缅甸，曰八百大甸，曰老挝；宣抚司三：曰南甸，曰干崖，曰陇川；长官司二：曰钮兀，曰芒市。"[1]这都是西南的摆夷地带，而明征服后都全建立起土司政治。清初沿明成法，雍正间，云南总督鄂尔泰奏请改土归流，西南诸土司乃渐次被取消而代以汉人流官。后来缅甸沦于英，若干土司地都划入缅境。民国以来，又次第在若干土司地中设置县区，如南部最大摆夷土司之车里宣慰司，便析其地分建为车里、南峤、佛海、镇越、六顺、宁江诸县、局[2]。到今日，在云南境内，也可以说在整个西南边区中，尚保有原始的土司制度，外形与实质均未大变动的，那确实只有我们现实正以之作研究对象的这一个腾龙沿边的摆夷地。

---

〔1〕见严从简《殊域周咨录》卷九《南蛮诸国》。

〔2〕民国元年（1912年），云南省政府将车里宣慰使辖地划为十一个区，不久又裁并为七区，又析为八区……名称也几经变化。至1932年，在此地区建置五个县：车里县（即今景洪市）、南峤县（即今勐海县之勐遮）、佛海县（即今勐海县之一部）、镇越县（即今勐腊县之易武）、六顺县（今并入普洱）和宁江设治局（今分属西双版纳和澜沧），再加上今普洱、临沧的一些地方，统称第二殖边督办区，为省政府"第一、二殖边督办公署"直接统属。至此，整个西双版纳基本已全部改为县的建制，而整个德宏仅仅设置了梁河、盈江（干崖）、莲山（盏达）、陇川、瑞丽（猛卯）、潞西（芒遮板）六个设治局，尚未真正触及这里的土司制度。

土司地有一定的官阶名称，通常所见之有如下诸名：

1. 宣慰使司（有副使）
2. 宣抚使司（有副使）
3. 招讨使司（一种临时设置官职）
4. 安抚使司
5. 长官司
6. 土知府（有府同知）
7. 土知州（有州同知）

8. 土知县

9. 土县丞

1o. 土巡检

11. 土把总

12. 千户、百户等[1]

宣慰使可加至从二品衔，宣抚使正三品，安抚使从三品，均有半副銮驾，官阶是够大的了。唯旧制，土司“见官小一级”，这便是说，虽然是二品的宣慰使，见了九品的汉官，也得称卑职而降为不入品了。[2]

---

〔1〕明、清两代土司的官衔和品第不尽相同，就云南的土司言，大致如下：

明代：宣慰使，从三品；宣抚使，从四品；宣抚同知，从五品；宣抚副使，从五品；宣抚司经历，正八品；宣抚司知事，正九品；安抚使，从五品；长官，正六品；副长官，正七品；土指挥使，正三品；土指挥佥事，正四品；土千户，正五品；土副千户，从五品；土百户，正六品；土营长，未详待考；土知府，正四品；土府同知，正五品；土府经历，正八品；土府知事，正九品；土府照磨，从九品；土知州，从五品；土州同知，从六品；土州判官，从七品；土知县，正七品；土县丞，正八品；土主簿，正九品；此外，土典史、土驿丞、土巡检、土巡捕、土巡缉、土舍、土通事、土把事、土通把等，不入流。

清代：宣慰使，从三品；宣抚使，从四品；宣抚副使，从五品；安抚使，从五品；长官，正六品；副长官，正七品；土千户，正五品；土都司，正四品；土守备，正五品；土千总，正六品；土把总，正七品；土外委，正九品；土知府，从四品；土府同知，正五品；土经历，正八品；土知事，正九品；土知州，从五品；土州同知，从六品；土州判官，从七品；土知县，正七品；土县丞，正八品；土县主簿，正九品；土巡检，从九品；此外，土典史、土驿丞、土巡捕、土舍、土总管、土寨长、土目等，不入流。

〔2〕所言：“旧制，‘见官小一级’”，出处待考。但土司官的品级，名分的因素更多，《清实录·圣祖实录》卷八就明确地说：“凡镇臣所驻地方，境内土司，俱应属其统辖。”因此，品级为从四的南甸宣抚使，自然不能与同为从四品的永昌知府相提并论。由此可见“羁縻”的真意。

腾龙沿边的七大摆夷土司，其成立沿革，有如下表：

名　称	元以前	元　代	明　代	清　代	现时统属
南甸宣抚使司	旧名南宋，不属中国	至元二十六年，置南甸路军民总管府，领三甸	洪武十五年，改南甸府；永乐十二年，改南甸州；正统九年，升为宣抚使司；万历时，升为宣慰使司	改为宣抚使司	隶云南梁河设治局
陇川宣抚使司	旧为麓川地	至元中，设平缅宣慰司，麓川属之；至正中，置麓川路，思氏并麓川，设陇川陶孟	洪武十七年，置平缅宣慰司，陇川属之；正统十一年，置陇川宣抚使司	仍为陇川宣抚使司	隶云南陇川设治局
干崖宣抚使司	旧名干赖赕，渠澜沧赕	至元中，置镇西路军民总管府，领二甸	洪武十五年，改为镇西府；后改干崖征管司；正统间，升为宣抚使司	仍为宣抚使司	隶云南盈江设治局
芒市安抚使司	旧名怒谋，曰大枯赕，即《唐书》所谓芒施蛮也	至元十三年，立芒施路军民总管府，领二甸	洪武十五年，立芒施府；正统中，改芒市长官司；崇祯十三年，加授安抚司职名	为芒市安抚使司	隶云南潞西设治局
猛卯安抚使司	旧麓川地		万历二十四年，巡抚陈用宾于其地筑城，名平麓城；万历三十三年，蛮莫宣抚衎忠数被缅侵，势不能支，因安插于猛卯	立猛卯安抚使司，授衎宣安抚使世职	隶云南瑞丽设治局
盏达副宣抚使司	干崖之贰也		明末，怕便以军功授副宣抚使，赐名刀思忠，建盏达副宣抚使司	仍为盏达副宣抚使司	隶云南莲山设治局
遮放副宣抚使司	陇川之贰也		万历十二年，平岳凤后，以多恭为副宣抚使，管遮放地	为遮放副宣抚使司	隶云南潞西设治局

设土官以治夷民，在施政者本意，既仅为羁縻，故地方上一切政治经济大权，全付之土司。土司对中央政府之义务，仅有两项：一是朝贡，一是征纳差发银。朝贡在中国政府的用意是表示夷民的臣服。从经济立场上说，政府没有收到利益，且反因边民的朝贡而有繁费的支出。至于差发，所收取之数也非常微小，实际也只是在表示一种纳税的义务而已。《云南蛮司志》载："所设土司，皆置长，食其土，岁各量出差发银，多不过二千五百两，少者四十两或十五两。"

考诸书所载，云南西南各摆夷土司，在明及清初时，各年向政府所纳的差发银，有如下数：

车里军民宣慰使司	黄金五十两
木邦军民宣慰使司	银一千四百两
孟养军民宣慰使司	银七百五十两
南甸宣抚使司	银一百两，后为五十两。按：现在（林按：指作者考察时的二十世纪三十年代）土司署册载为十一两。
干崖宣抚使司	银一百两
陇川宣抚使司	银四百两（后停二百两）
蛮莫宣抚使司	银一千两
潞江安抚使司	银八十两
芒市长官司	银一百两
孟琏长官司	银二百两
钮兀长官司	银四十两
施甸长官司	银一百八十两
孟定土府	银六百两
孟艮土府	黄金六十两（按:《明史》作六十两,《天下郡国利病书》作十六两）
镇沅土府	米一百石
威远土州	银四百两
湾甸土州	银一百五十两
镇康土州	银一百两
猛波罗土司	银二十两

以各司地人口之众多，物产之富饶，而每年差发银不过数十百两，足

见中国历代政府对边地夷民，实不思有所利图的。[1]

〔1〕历代政府对土司征收的差发银，的确是象征性的，其着眼点全在于政治意义。缴纳差发银，就是纳税，用以证明土司臣服中央政权，其领地归入中央版图。在经济上实在是微不足道的。《天下郡国利病书》引沈儆炌《请蠲贡金疏》说："滇土府、土州、土县壤地千里，小者数百里，所输仅差发银二三十两，多者五十两或百两而止。"可见对云南土官、土司收取差发银普遍都极少。尽管差发银数量不多，从《明史·云南土司传》上还可以看到朝廷免去土司若干年差发银的记载，足见其羁縻的本质。

元之设土官，大抵均系原有势力较大之酋长，加以封号，使就地统治夷民。这在史籍中已多有明文记载。唯今腾龙沿边各土司，皆一致否认其本身为夷族，都说祖上是汉人，因为随军南征，便以功留守本土。其中且有几家土司，有族谱给我看到。例如：

芒市土司——原籍江西，明时随军征缅，以功留封斯土。原姓方，明赐姓放，今复姓方。

陇川及遮放土司——原籍四川巴县，先祖恭项，于蜀汉时随武侯南征留此。元时受封，赐姓多。

干崖土司——原籍南京，明时随军征缅，以功封土职。原姓龚，赐姓刀，今复姓龚。

为着我国二千余年来重汉轻夷的传统思想，使数千万西南边胞，均耻言自身为非汉人。其实汉夷本是一家，固无轻重之可言。大概土司之受封，固然有随军南征以功留守的汉人，但也有不少是取当地降服的夷民首领而加以封爵的。即如陇川及遮放土司族谱所载，其先祖龚项，系三国时随武侯南征而留此者，这与《明史》所记，便有不同。按《明史·土司传·云南土司》"麓川"条载："成化元年……先是，麓川之平也，分其地立陇川宣抚使司，因以龚项为宣抚使。龚项者，固麓川部长，首先归顺，效力有功，因命于麓川故地，开设宣抚。"则龚项者，固明时的土酋，而非三国时的汉人。

又综观各土司宗谱所载历代土司的姓名，所用以取名的字，都不是汉人习惯上所常用者；而命名排行的习惯，也与汉地不同。如南甸世系宗枝载：一世祖刀贡猛，二世祖刀贡蛮，三世祖刀乐硬，四世祖刀乐盖，并注明一世祖原籍南京应天府上元县人氏，充百夫长，随师征南有功，升千夫长，留守南土。如果真是自南京来的汉人，何以便即以“猛”、“蛮”等汉人不用，而夷人常用之字命名？又宗谱中，自三世至十六世，皆用“乐”字排行，如乐硬、乐盖、乐槟、乐过、乐楪、乐成、乐正等，在汉人习惯，非兄弟不如此，而南甸土司则是父、子、孙十六代皆用一字排行命名？考南诏王室命名，有一特殊习惯，便是儿子名讳的上一字，必采用父亲名讳的下一字。如细奴逻，子逻盛，子盛逻皮，子皮逻阁，子阁罗凤，子凤迦异，子异牟寻，子寻阁劝等。我以为南甸土司先世子孙十余代同用一字排行命名，或许是南诏父子联字命名遗俗的转变。——作者并非一定要引出许多证据来证明今日的土司一定不是汉人。是汉是夷，本来同为中华民族，同是一家人，固无斤斤计较之必要。此种探讨，不过是一种学术研究上的趣味而已。若从血统上说，纵使诸土司的先世不是汉人血统，但经数百年的接触混居，就使原始是夷人，今日早已成为汉人血统了。试看《芒市安抚司族谱》所载：十八世祖放泽重，因处置境内阿昌人叛乱失当，被朝廷革职，安置于大理，在大理娶一汉人女子，生子名庆禄，后袭职为芒市安抚司之二十世祖。[1]由此一例，可知不论土司的先世是汉人或非汉人，但在今日，实已没有血族上的界限了。[2]

---

〔1〕据道光《云南志钞·土司志上·永昌府》载：“嘉庆二十一年，泽重以不职被劾，迁徙大理府。道光六年，以泽重子承恩袭。”放泽重被革职的原因，道光初芒市土司署官修的傣文史籍《赫蒙勐焕》(《芒市史》）有详细记载。方一龙译、方御龙增补的《芒市土司史》亦有记述（此文未注明译自何处，从内容上看，大约从《赫蒙勐焕》中节译。《芒市土司史》载《潞西县文史资料》第一辑）。从上述二文中可知，导致放泽重革职的原因是芒市地区历时数十年傣族之间，傣族和景颇族、德昂族之间的械斗。放泽重在矛盾初起时，企图以汉族统治者历来惯用的“以夷制夷”的伎俩用德昂族的力量打击景颇族，最后弄得一发不可收拾而被撤职。书中所说“阿昌人叛乱”，恐系作者误记。

〔2〕家父在这里强调的不是傣族有汉族血统，也不是否认中国多民族的事实，而是说由于千百年来汉族与其他民族的交往、通婚，实际上已经没有生物学意义上纯粹血统的民族了。他的本意是强调无论“是汉是夷，本来同为中华民族，同是一家人”。他当时在调查中也发现清末湖北籍汉军落籍遮放，与傣族女子通婚后，生儿育女，融入当地傣族社会的个例。今日在德宏，自抗日战争后半个多世纪来，汉、傣通婚，其子女今天算傣族的情况比比皆是。

我国至今对个体的人的民族成分的确认，尚无明确而严格的法律界定标准。一般说来，只要双亲中有一方确有某一民族的血统，就可自己认定为该民族。由于少数民族受到尊重，由于少数民族在诸如招生、招工、提干，甚至计划生育等方面所受到的优惠待遇，汉族与其他民族通婚后所生育的后代，在户籍登记上选择少数民族成分的更多。这与家父当年考察时，"腾龙沿边各土司，皆一致否认其本身为夷族"的现象截然相反，这是新中国成立后民族工作无可否认的巨大成就。

土官既受封以后，朝廷便把这个地区完全交给他，成为他私人的属地：土地是他私人的财产，人民是他个人的臣仆。故所谓土司者，实际便是世袭的诸侯。其与内地封建官爵最不同的一点，不仅是统治权的世袭，而且经济权也是世袭所有。这即是说，土司统治境内的土地，完全为土司私人所有，人民是没有私有土地的；也就是说，人民都全是土司的佃户。土司为着管理这偌大的地产及其佃农，便不能不有严密的政治组织。这种政治组织，在腾龙沿边七土司中，尚完全保留着让我们看得到。七土司自元、明受封以来，几百年相传，子孙一家地承袭着做了这一地方的统治者。迄于今日，虽有设治局的设立，而边区的政治，仍全部操纵于土司手中。土司治下的行政，由于数百年习惯相传，于是形成一个很严密的组织系统。若简单地作一个比喻，那便恰等于专职帝政时代的小朝廷缩影：土司衙门有如朝廷，司衙所在的城子便是京城；各甿、寨、村落，即等于行省、州、县；土司自然可比皇帝，绝对的政治独裁者；土司的亲属便是亲王、大臣；被派管理村寨的人，便是封疆大臣。更有一个特殊点：那便是朝中大员尽皆是土司一家的亲贵，非亲族中人不能作政治上的要员。

现把腾龙沿边各土司地现时的政治组织，分为中央政府和地方官吏两项，剖列于下：

一、中央政府

甲，土司及亲贵大员

（一）正印土司　一人，世袭，为最高的政治、经济、军事，以至宗教上的领袖，其身份恰如帝制时代的君王。

（二）代办　遇正印土司出缺或年幼不能理事时，由其亲属中之一人，出来代为总揽政权，等到正印土司达到法定承袭年龄时，便将政权交还，此名代办。代办执政期间的一切权威，与正印土司等。这恰如帝政时代的摄政王。

（三）护印　正印土司同胞兄弟中年龄最长之一人，称为护印。名义上是协助正印办理政事，实际多半位尊而无实权。如芒市等地，护印另建有一所官署，通称二衙门。这正如帝制中的亲王。[1]

（四）护理　无正印土司而有代办时，便不设护印而设护理，由代办同胞兄弟中最长一人任之。

（五）族官　土司之亲属，亦即贵族阶级中凡具有下列资格之一者：

A. 有办事才能人。

B. 土司或代办之最近亲属。

C. 得土司或代办之信任便得选任为族官，或称属官，或称属目。族宫中亦分三个阶级，正如五等爵中之三等爵位：

a. 猛——为族官中爵位最高者，非资望特深者不能取得。

b. 准——爵位较低于猛。

c. 印——又低于准，族官受爵，皆由印起。

族官的职权，约有以下数项：

1. 处理土司署中临时发生之事物。

2. 审问或调解案件。

3. 出差往各村寨办理事件。

4. 陪土司或外客闲谈。

5. 为土司或代办之咨议员。

若将土司比作大诸侯，那族官便是大诸侯下的小诸侯，也便是君主朝廷中的公、侯、伯爵爷。

乙，土司署中的职官差役

（一）库房　掌理全衙署财政收支事项，实际也便是全境经济出纳之总管，土司政府中的财政部长，在诸职官中为实权最大之一人。

（二）总管　总理土司署内之伙食及一切杂务。

（三）管仓　管理全署谷仓，即人民纳粮上租之总经理。

（四）夫马　管理公差之夫役马匹。

以上诸职，都由族官中选任，任期无一定，不给薪酬，唯在职务经手上当然有利可图。故任此四种职位的，都是族官中的最红人员。

（五）文案　掌全署及土司或代办私人之对外文件。土司昔日对朝廷，今日对官厅皆用汉文，故各土司署中之文案一职，皆聘请内地汉人前往担任，每年薪给可得国币二百至四百元不等。文案除司理文件外，并兼负招待及接送往来汉官之责。

（六）教读　教导土司署中子弟学习汉文、故事。凡土司必认识汉文，能讲汉语，方可以与朝廷官吏往来。相沿至今，土司署中必向汉地聘一教书先生，常年教学。年薪可得二三百元。

（七）汉书办　为文案之助理员，兼管收发事项。亦聘汉人任之，薪给次于教读。

（八）夷书办　土司对境内之布告及函件，通常皆用夷文。故各司署中，都有夷文书办三数人，皆夷人任之。土司署中职官除汉人外，皆由贵族担任。只有夷书办一职，只要能力胜任，不限定要贵族中人。夷地中人民读夷文的，视此为唯一出路。不给薪金，唯每月得谷若干。

（九）二爷　司署中之高级随从，凡土司、代办随身之听差、传事、服役诸人，通称二爷。

（十）厨役、茶房、杂差　每一土司署中，担任此种职役之男女，多至数十百人，皆由各村寨轮流派来服务，每十日或半月轮换一次，不给薪酬。

（十一）官差　专司传送公文或拘捕人犯的，叫作官差。官差皆终身职。夷俗，若非送达公事，最忌官差入门。若不知而误使官差人某家传话或请人，其家必认为大不利。须于官差去后用水洗地，并请摆夷僧来家念经，以消除不祥。

二、地方职官

土司境内，以村寨为地方行政单位，故地方职官，遍是各村寨的负责人。唯夷地村寨可分为两种：一是夷人村落，一是汉人村落。因夷地中汉人与摆夷并不杂居一村，已详见上章所言。土司对于夷村与汉村之治理，也各不相同。故土司治下的地方官吏，又可分为管夷和管汉两种。

甲，夷寨职官

夷人所居之聚集村落，可分为三种：

1. 村

2. 寨——较大之村落为寨。

3. 甿——合数寨为一集团，称为甿。

地方职官也便依据此种单位来委任：

（一）甿头　或称老甿，总揽所属全甿中各村寨的行政实权，主要任务有下列数种：

A. 征收粮钱课税，交解土司署。

B. 调解及裁判人民之纠纷事件。

C. 遣派夫役，承值司署。

D. 采备供应土司之各项事物。

E. 代土司宣达命令于人民。

（二）畹尾　或称二畹，即副畹头，职责在协助畹头办理上举诸事。

（三）老幸　即一寨之寨长，职务为：

A. 秉承畹头命令，办理该一寨中的行政事项。

B. 征收粮钱，解交畹头。

C. 调解寨中人民轻微之纠纷事件。

D. 指派差役。

（四）头人　即一村之长，实际便是老幸的助手，直接向民间行使职权的人。职务与老幸相同，唯仅限于一村。村中头人，兼负有一种特殊任务，凡司署人员即汉官过往该村的，头人负接待之责。故每一村的头人家，同时也便是汉、夷官员的食宿站。

（五）客长　如陇川等司，在交通冲要，汉、夷邻居的村寨中，设客长一人，专负责接待过往官吏。这是一种不常有的地方职官。

乙，汉寨职官

汉人村寨的小集团，不称畹而称练，或称丛。管理练（丛）的不是夷人而是汉人，分别有两种：

（一）练绅　相当于夷人中之畹头，由土司委派汉人区内居住之汉人任之，秉承土司之命办理该区内下列事项：

A. 人民居住迁徙之管理。

B. 征收租税。

C. 传递土司命令于人民。

夷区习俗：凡土司有所征派及差役，均只限夷人而不及汉人，故练绅的职务，远不似畹头之繁重。

（二）村长　与夷村中之头人相同，在练绅所辖的汉人村落中，每村有一人，由练绅求得土司同意而委派之。

在土司治下的现时行政人员，大体可以说仅此而已。表面看来，似乎非常简单，但办起事来，皆能唯土司之命是从。又因为此种行政系统，经数百年而不变，当职的人，皆能熟知职责，所以，只要不是一种新事件或新制度，大体总可以依土司的意旨而顺利地办理着的。

像这样大权在握帝王般的土司，也许读者想象中尚以为是椎发黥面、身披兽皮的原始酋长。实际，在本书所告诉读者的这几位土司，从他们的个人及其私生活上说，不仅十足的汉化，且多数已充分的欧西化。土司及其亲贵大员的见识及教育程度，大多能超过一般汉人之上，这从他们的日常生活中可以见出：

土司、代办、护印、护理等，通常都住宿在土司衙署中，但也有另建住宅居住的。[2]但依惯例必到司署中用膳。土司署的建筑，规模完全仿照内地的府院官衙，有东西辕门，有大照壁，门头上高悬着某某宣抚司或安抚司的金字匾；二门两旁陈列着半副銮驾，并有"肃静""回避"等金牌；大堂、二堂以后，进至内堂，有金碧辉煌、精雕细刻的内厅，有防卫森严的内衙，有暖阁、戏台，有曲栏流水的花厅。外客若被招待住宿于内，模糊一似百年前的清贵被欢迎于督抚衙门中。衙署以外的土司私人住宅，更多是西式或缅式建筑，玲珑精致，花木幽阴，又别有一番雅静风味。

南甸宣抚司署公堂（第二十六代土司刀守忠建于 1851 年）

这是目前保存最为完好的一座傣族土司衙门，1996年列为全国重点文物保护单位。占地10625平方米，建筑面积7780平方米。这座土司衙门为五进四院的大格局，由4个主院、10个旁院组成，共有47栋屋，149间房。自清咸丰元年（1851年）至民国二十四年（1935年）经三代土司营建而成。大堂、二堂、三堂、四堂均为五开间抬梁式木结构屋架，单檐歇山屋顶，檐高4.5米，进深12米，通面阔23米。

南甸宣抚司署二堂（第二十七代土司刀定国建）

南甸宣抚司署三堂（第二十八代土司龚绶建）
又称为“议事厅”，是土司及属官议事和接待上司的地方

大堂是第一院正房，中间三格是土司坐堂审案的公堂，上悬“南极冠冕”、“南天锁钥”、“卫我边陲”等横匾。公堂正中置公案，案桌后有蕉叶形金扇（御扇牌）和“万民伞”，堂下放有镣、铐、枷、大小戒方、皮掌嘴等刑具，公堂两侧置有“肃静”“回避”牌和仪仗（即所谓“半副銮驾”）。

二堂上悬挂着“南天一柱”、“十司领袖”横匾，正中一圆门通往第三院，此门平日垂挂黑白各半门帘，当地人称为“太阳门”，非重大节日或贵宾来访不打开，平常均从两侧通道出入。太阳门左右两间做会客厅用，里间则供男女宾客住宿。

南甸宣抚司署四堂（第二十八代土司龚绶 1935 年建）

此殿中堂为祭殿，供奉着天地君亲师牌位、光绪皇帝画像、官衔牌和祖宗画像，左边是土司夫妇卧室，右边是土司子女卧室。此院建筑用料考究，正殿用栗木建造，左厢房（书房）用椿木，右厢房（账房）用楸木，寓意“正立春秋”。厢房窗户用的彩色玻璃，是从英国进口的。建造时，不算民工、民款，花了大洋二十四万元。

“世袭南甸宣抚使司”官衔牌

“半副銮驾”（南甸宣抚司署）

陇川宣抚司署正堂遗迹

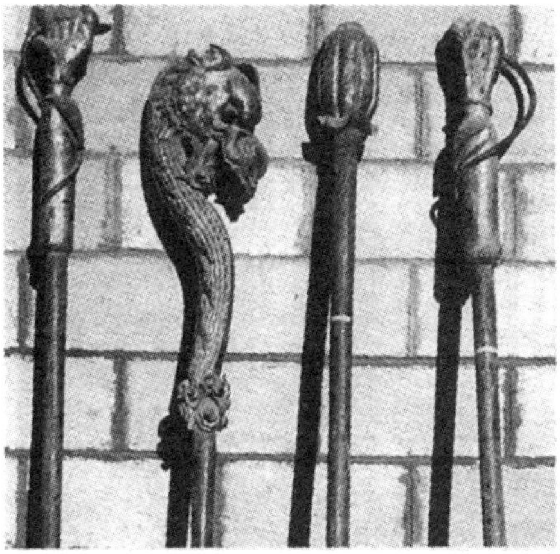

“半副銮驾”中的“除毒”、“龙头”和“金瓜”(陇川宣抚司署)

陇川土司衙门建筑之花砖

撳盖在傣文史料上的
芒市安抚司印文

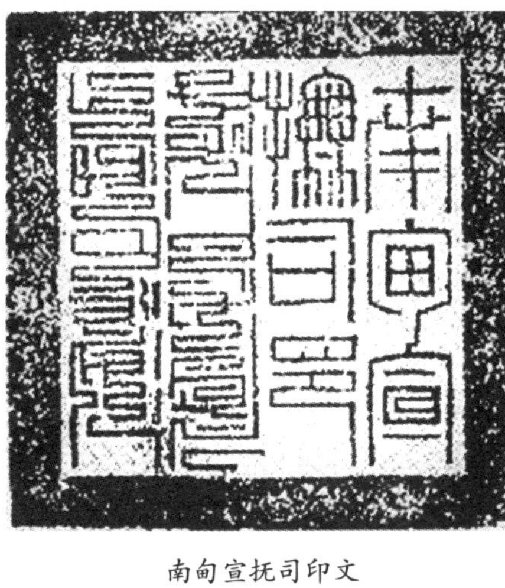

南甸宣抚司印文

南甸土司署量斗

以上照片均为江晓林摄

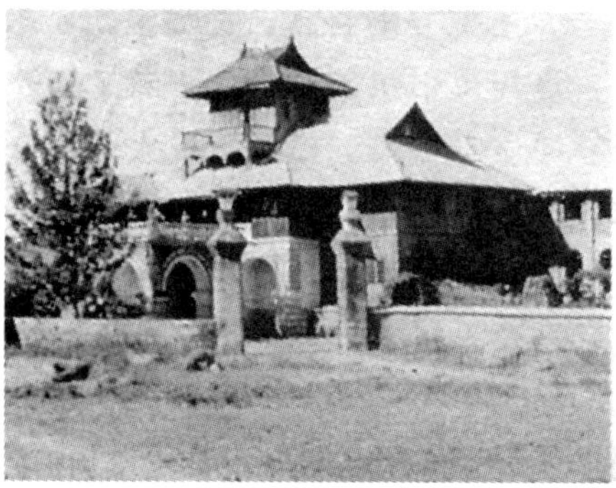

芒市土司护理方克胜私宅

芒市土司代办方克光私宅

摄于1937年

〔1〕1932年，芒市安抚使方云龙去世后，由其三叔方克光任代办，四叔方克胜为护理。方克光与方克胜兄弟二人间为争权，明争暗斗，异常激烈。为此，方克胜另建一座官衙，人称“二衙门”，也发号施令并处理一些日常事务，以示不买方克光的账。这里，家父将护理方克胜误记为护印。

〔2〕这里所说“也有另建住宅居住的”是指芒市安抚司代办方克光和护理方克胜。方克光、方克胜与未成年继位的小土司方御龙虽是亲叔侄关系，但在权力斗争的格局中，却是貌合神离、钩心斗角的对手，三人间弥漫着“宫廷阴谋”中的猜忌、争斗。事实上，作为代办和护理，按常例住在衙门里，三方都是互不放心的。事情过去几十年，土司制度早已完结后的二十世纪八十年代后期，方御龙在《芒市末代土司方御龙自述》和他增补的《芒市土司史》二文中，披露了这段恩怨。文章在叙述过程里，尚带有极强的个人感情色彩，虽未可尽信，但却反映了这个土司家族内权力斗争的残酷

性。如摘录于下：

“一九三〇年，我父亲（林按：即芒市二十八代土司方克明）病逝后，我的老祖母怕我三叔方克光夺取土司权力，便呈报云南省政府批准我大哥方云龙承袭司职。一九三一年，我大哥年满十八岁，袭位当上了芒市安抚使。谁知他袭位才一年，就暴死了。这使我母亲和老祖母惊恐不安。原来，这事是我三叔方克光一手策划的，他知道我大哥年轻不懂事，爱玩乐，就叫族叔团练队长方克旺引我大哥出去玩耍。一天，他带我大哥到菩提寺去玩，我大哥在菩提寺奘房戏台上玩得高兴，不觉口渴得很，要喝水。方克旺叫人冲咖啡来吃（我大哥爱喝咖啡），谁知他们悄悄在咖啡中放了慢性毒药。为了装作没事，他们还请了菩提寺二掌教作陪，结果，我大哥被毒死了。半个月后，菩提寺的二掌教也被毒死了。

“……我大哥方云龙死后，三叔方克光便因芒市小土司夭折而被云南省政府委命为芒市安抚司代办。……

“四叔方克胜看穿了三叔的用心，他们兄弟间本来就互不服气，这件事更促成了他们兄弟间的不和。成为后来他们互相倾轧的一个重要原因。

“……一九四一年，我已经长大了，但还没当土司。有一次，我带人去撵山，恰巧方克光的儿子方化龙也去撵山。我不知道他也来撵山，他却远远地发现了我，于是，他乘机借打猎为名，端起机枪向我扫射，幸亏我命大，没有被打中。

…………

“说起三代办方克光和四代办方克胜，他们虽是亲兄弟，但为了争权夺利，早就失掉了兄弟手足情了。

“方克光是我三叔，很会做人，待人很和善，抓钱也不那么紧，在他当土司代办期间，我没钱跟他去要，我要多少，他就开多少的一张条子，叫我去财政科拿。他说：‘御龙，以后你要钱，要多少你写在一张纸上，自己去财政科拿，钱是你的，不是我的。’但我懂事后，知道了他的所作所为，对他的印象就改变了。

“方克胜是我四叔，他喜欢抓钱，也有才干，钱也抠得很死。他当代办时，我去找他要钱，他给得很少，还说老祖母钱多，叫我去和老祖母要。

“为了土司这个位子，方克光、方克胜想害我。方克胜后来对我也不怀好心，……有一次，我和他开车到保山，他已是土司代办。要回来时，幸亏我的司机检查了一下油箱，准备加油，忽然发现油箱里被人掺进了很多白糖，还算发现得早，否则，我的命就完了。后来经过暗中了解，就是一个与方克胜往来密切的特务干的。从那次以后，我对方克胜也不得不存几分戒心了。

…………

“方克明死后，其老母龚氏太夫人因其孙方云龙尚幼，不能主持大事，但也决定上报龙云应袭其位了。接着她召众族头于司署中集会，讨论推选安抚司的代办一事。会上大家公推方克光为代办，出来执掌地方的事。当时方克胜嫉妒，就站起来说：‘不必用什么代办了，就以老夫人为主来同办，直到云龙年长袭职为止。’大家听了，再无一个敢出气，席上人们只谈了些无关紧要的话题，‘代办’一事也没有推定，这次会就这样散了。从此，伏下了方克光、方克胜争权夺利的隐患了。

“方克光为人圆滑深沉，族目间谁有困难，他即适当的施以恩惠，所以族目绅士多归附他，地方事情虽以老夫人为主大家同办，但都听他一人决断，事实上就是代办了。方克胜这边很少有人来往，也没有什么事情办理。方克胜他轻信谗言，爱抖威风，一举一动都从‘威’字出发。与方克光表面上很和睦，实际上却是口蜜腹剑。双方的食客和爪牙们，为了讨好各自的主人，以取得主人信任，所以尽量地互相收集对主人不利的材料，进行唆弄，从而使双方的矛盾愈来愈深。他们兄弟时时互相戒备着。

“方克光方面虽也有人进谗，说方克胜如何如何，但方克光毫不在意，每事他必细心地思考，所以他俩的斗争怒火，每次都被方克光的处事圆滑性格深沉掩盖了。”

…………

一九四二年，方克胜被委任为猛卯安抚司代办。“方克胜喜气洋洋地接受了委任状，择定吉日，向三代办借了全部保安队到猛卯上任。素以‘威’字出名的方克胜离开芒市，一路铺张，到了猛卯，只有几个猛卯的属官出城迎接新任代办大人，其余簇拥着他的都是自己带去的随员。

“……方克胜自猛卯接事后，不料是年的地方租税早被刀京版收完了（林按：刀京版原为干崖土司，因猛卯小土司衎景泰年幼，刀乃其舅父，遂而被委为猛卯代办。此事大致是二十世纪三十年代初的事。一九四一年，方克胜巴结上龙云之子龙绳武，为他向缅甸华侨商人借得十万卢比，并送给龙云林肯牌小轿车二辆，因而谋得猛卯代办一职），使方克胜在经济上发生很大困难。因此，他只好写信给方克光，请方克光拨给他一万箩谷子的折款，而这是方克胜在芒市每年应得的款项。方克光早就生他的气，因为借给方克胜护送他去猛卯的一批武装竟被方克胜扣住，只让一队人空手回来，而把武器全部留下。幸亏方克光为人深沉，一腔怒火只闷在心里。所以此次方克胜写信来要求的事，他故意放在一边，置之不理。无奈，方克胜只好亲自回来，与方克光会晤后，就提起一万箩谷子的话来。方克光面带笑容地说：‘既已代办猛卯，又何必再计较这些谷子呢？还是留在地方上办些公益事吧。’方克胜听了后，还是皮笑肉不笑的要求拨款。正在谈判，却被别事插开了。方克胜想：这种情况如再继续下去，也是没有什么好结果。他只得带着一团怒气回到猛卯。他再次写信给方克光，信上说：‘要是三哥真的不拨给一万箩谷子的话，只有向上控诉；控诉不成，那只有两颗子弹，你一颗我一颗了！’信到芒市，方克光十分恼怒，将信遍示在座的众属官及执事们。于是大家都激动起来，都批评方克胜的急躁和无理。内中有个族官名叫方克茂的恐怕他两兄弟真的闹起来，那就会影响地方的安宁，他便尽力从中劝解。他先到猛卯去劝说那边，又回来劝说这边，最后双方还是抑住了怒火。表面上算和好了，而内心的仇恨却增多了。”

江应樑与芒市土司护理方克胜合影于芒市城外（中立戴帽者为江应樑，持相机者为方克胜）

江应樑（中）与遮放土司多英培（左）合影于遮放

江应樑（左）与猛卯代办刀京版（右）在城郊出猎

以上图片摄于 1937 年

土司署中每日食用的花费，数目很可观。每天午、晚、夜三餐，除深夜一餐仅土司、要员享用外，每餐内外总在十桌左右。每桌酒菜虽因食者身份等级而轻重各殊，但大体总鸡猪鱼肉满桌，除二三味为夷地之特殊口味外，余均和汉地烹调大体相同。以芒市一司而论，听说全年衙署中只伙食费用一项，达现银六万元以上。这都是由各村寨人家轮流供应的。[1]

土司及亲贵的衣着，不是极讲究的汉人袍褂，便是欧化的西装革履。如芒市、遮放、猛卯诸司，多年前已有汽车道可直通缅甸，[2]故土司们的生活较之趋向汉化更为容易。土司、代办、护印、护理们，都各有自己购

置的新型汽车，且多能自己驾驶。无事时背着猎枪，带着洋狗，驾汽车出猎兜风。〔3〕

个人生活用品，半数以上是西洋货。我在猛卯代办刀京版君的私人住室内，见着有八灯的新式收音机、留声机、钢琴、Vio lin（林按：小提琴）、guitar（林按：吉他）、京胡琴、广东脆胡、猎枪、手枪、手提机枪、照相机、照相器材具无不全有。一般人想象中的土司，当不如是吧！

---

〔1〕据南甸土司署当年的丫鬟说，南甸末代土司娶了七房，一大家子人，吃饭时最多达一百多人。那也就是十余桌了。（据：杨文贤《南甸宣抚司署简介》）

〔2〕1938年以前，腾龙沿边尚无公路通内地，而有两条汽车路可达缅甸境内。一条由芒市经三台山、遮放、畹町，过畹町河至缅甸棒赛，长约80公里；一条自猛卯沿国境线过瑞丽江达缅甸南坎，约20余公里。芒畹路的修筑大致是20世纪20年代后期。一次，遮放土司多建勋（多英培之父，遮放第十九世副宣抚使）与芒市安抚司代办方克光到缅甸赕佛，并到南坎医院就医，看到并初次乘坐小汽车，感到很新鲜，遂萌发了修路买车的念头。南坎医院那时刚刚建立，美籍“斯亚温”（大医生）向多建勋募捐，并为多专建了一间50平方米的病房。为方便就诊，也为享受汽车的舒适快捷，多建勋提出拿出四年的积谷作为修路的经费，方克光也相应出资，决定修建芒市至畹町的车路。民国十六年（1927年），聘请“戛拉博览”（印度工程师）勘测设计，这年冬季动工。民工由各吭摊派，自备锄头、砍刀等工具，炸药、雷管、大锤、炮杆则由土司派人到缅甸去购买。民工口粮由土司衙门免费提供。历时六年多，仅遮放土司消耗在民工的口粮上，就用去谷子三万箩左右（约四十多万公斤）。1934年，公路全线通车。猛卯到南坎的公路于1930年秋动工，次年三月完工。这两条路都不是正规的公路，路基宽约4.5米，桥、涵以竹木建成，不堪重压。特别是桥梁，每逢雨季江河涨水，都会冲塌，均需重建。

〔3〕自公路建成，开车兜风、开车打猎成为腾龙沿边土司们追求的时髦生活方式（大约只有南甸土司龚绶不在此列）。以芒市为例，土司、代办、护理等都有自己的小汽车。1932年，芒畹公路尚未全部修通，工程主要集中在遮放至畹町之间的黑山门时，方克光和多英培就急不可待地从缅甸买来了轿车。方克光的是一辆红色的雪佛兰轿车，此车由缅甸木姐溯龙川江用竹筏运到遮放戛中，抬上岸后，由于道路还未竣工，只能开一段，用人推一段。到了三台山下的坝托寨，连推都无法前进了，就用一百多人顺三十六道水小路将车硬抬过三台山。土司们爱车，从《芒市末代土司方御龙自述》中，也可见一斑：“我小时候贪玩，对书本是不太感兴趣的，长大一点，就喜欢唱戏、撵山（打猎），还爱打麻将。后来滇缅公路修通，我学会开车了，那时我才十五岁，我的师傅就是我老祖母的小车司机金逢连。”土司们的小汽车都是从缅甸买进的新型汽车，据

方御龙在其自述中说，他十几岁就“常常开一部卡蒂拉（凯迪拉克）到处玩”。1941年，方克胜为谋得猛卯代办一职，花了七砘（音 zhuǎi，傣族重量单位，每砘一公斤半，合三市斤）黄金买了两辆崭新的林肯牌轿车开到昆明送给当时的云南省主席龙云。

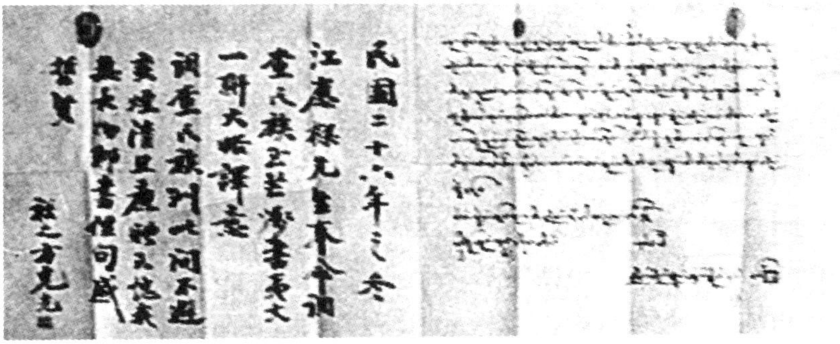

方克光用傣文和汉文书赠江应樑的条幅

（民国二十六年冬，江应樑先生奉命调查民族至芒，嘱书夷文一联，大略译意：调查民族到此间，不避蛮烟清且廉。赠君愧我无长物，聊书俚句感哲贤。裕之方克光）

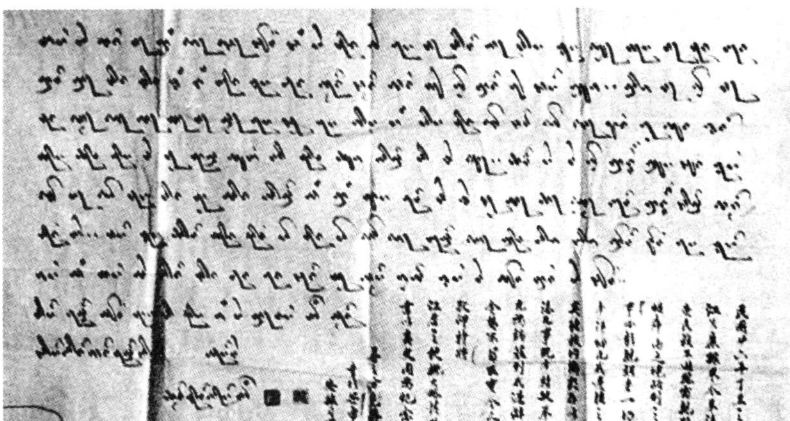

方克胜用傣文和汉文书赠江应樑之条幅

（民国廿六年丁丑之冬，江君应樑个人来滇调查民族，不避风霜，亲赴蛮烟瘴雨之境，随到之处，事必躬亲调查，一切殊多详细，凡我边陲之野类楼栈，均摄影存以为志。凡事既多转辗，举止尤称端庄，到我边僻，不贪婪，不苟取，实令人口敬仰。特将江君之大略情形，书以夷文，用为纪念。善之方克胜书于芒市安抚司署）

土司及亲贵们的思想及教育阶段，一般说来固然不算很高，且多有视鸦片酒色为第二生命的，但也大有例外之人。如芒市代办方裕之[1]（现被委为梁河设治局局长）及其弟芒市护理方善之，[2]识见言谈都很出众；猛卯代办刀保图，[3]原住干崖宣抚司的正印土司，魄力极大，才干超人；南甸土司龚印章[4]（现因境中野人作乱，烧毁设治局，被革职拘办）经验丰富，事故深沉；又如南甸亲贵龚月波，[5]曾留学日本，现在南甸境内研究瓷器的烧制，有极好的成绩；干崖土司刀承钺，[6]读书缅甸，英年有志；这都可以说是边地的干练人物。因为旧俗，凡土司与亲贵，都须能识汉文，讲汉语，故这几位夷地的统治者，都曾读过汉书。其中尤以猛卯刀京版君，汉文根底极深，写得一手好字。

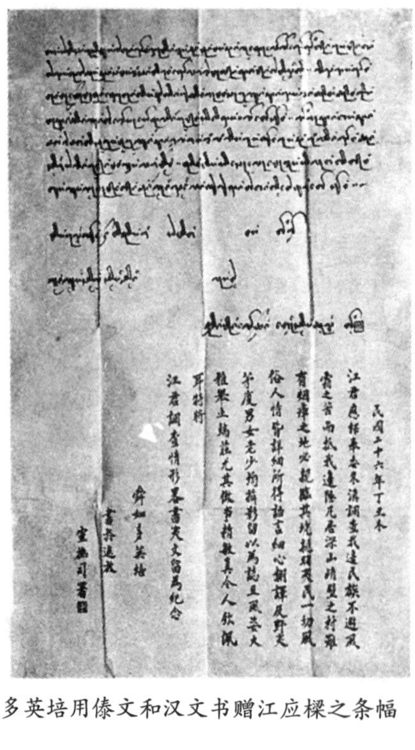

多英培用傣文和汉文书赠江应樑之条幅

刀京版指书傣文及汉文条幅以赠江应樑（为边地民族寻一条光明的大道　应樑江专员　存念　保图指书）

（民国二十六年丁丑冬，江君应樑奉委来滇，调查我边民族。不避风霜之苦而抵我边陲，凡居深山峭壁之村，虽有烟瘴之地，必亲临其境，亲睹夷民。一切风俗人情皆详细，所得语言细心翻译。及野夫茅厦、男女老少均摄影留以为志。且风姿大雅，举止端庄，尤其做事精敏，真令人钦佩耳。特将江君调查情形略书夷文，留为纪念。舜如多英培书于遮放宣抚司署）

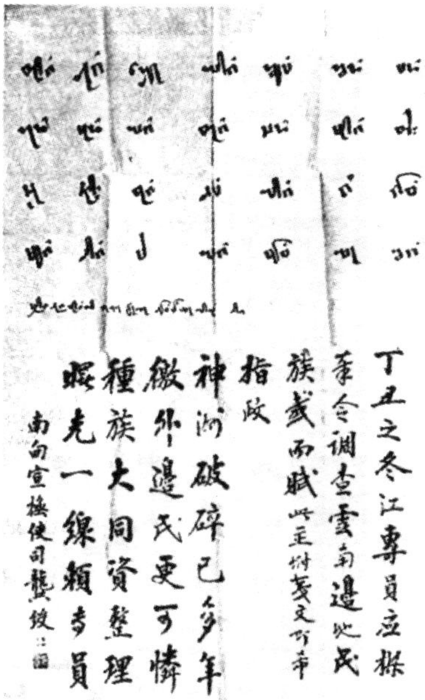

〔1〕方裕之：方克光，字裕之。芒市第十八世安抚使放正德（又名放平安，傣族官名放英法）第三子，第十九世安抚使方克明之三弟。生年不详。放正德有七子：长子方克明、次子方克俊（七岁时夭折）为正印夫人龚氏（南甸宣抚使龚化南之妹）所生；三子方克光、五子方克嘉、六子方克彦、七子方克敏系次妻罕氏（耿马宣抚使之女）所生；四子方克胜为景氏所生（景氏亦放正德之妻，身世待考）。

宣统二年（1910 年），其长兄方克明袭芒市安抚司使职，方克光为护印。

民国十九年（1930 年），方克明去世。长子方云龙十七岁，报云南省政府申请袭位。土司署商议由方克光代办司职，因方克胜提出“不必用什么代办了，就以老夫人（龚氏）为主，大家来同办，直到云龙年长袭职为止。”代办一事便搁置下来。但属官皆听从方克光，实际以他为主。

民国二十年（1931 年），方云龙袭位，次年死亡。

民国二十一年（1932 年），云南省政府正式委任方克光为芒市安抚司代办。

民国二十六年（1937 年）夏，与遮放土司多英培一同到昆明、越南、上海、苏州、杭州、南京、芜湖、汉口、广州、香港、新加坡、缅甸等地观光游历。

民国三十一年（1942 年）5 月，日军占领芒市。不久，方克光为芒（市）遮（放）（猛）板三司维持会长。

民国三十三年（1944 年），日军溃退，将方克光挟持到缅甸，软禁于木邦。不久，方克光逃到中缅边界缅甸一侧的南坎，由国民党新一军军长孙立人作保，回到芒市。是时，其四弟方克胜经宋希濂任命为芒市安抚司代办，芒市有了两个代办。由此，兄弟二人代办之争日趋激烈。当地老百姓根据两人的排行，称方克光为“三代办”，称方克胜为“四代办”。

民国三十四年（1945 年），方克光离开芒市到缅甸木邦长住下来。

1950 年 3 月，芒市解放。5 月，方克光由缅甸返回芒市，就任芒市司署代办（一说为代理土司）。并积极劝说遮放多英培、猛卯衎景泰、干崖刀京版等土司出来与新政权合作。

1950年至1953年，先后被任命为潞西县副县长、保山专区副专员、云南省民族事务委员会副主席等职。

1953年7月，病逝于芒市。

〔2〕方善之：即方克胜，字善之。芒市第十八世安抚使放正德之四子，第十九世安抚使方克明之四弟。生年未详。

民国二十一年（1932年）至民国三十年（1941年），为芒市安抚司护理。

民国三十年（1941年）底，以二十一斤黄金买了两辆林肯牌轿车送给云南省主席龙云，被任命为猛卯安抚司代办。

民国三十一年（1942年）清明前，因日军侵入猛卯，逃往陇川参加抗日游击队。

民国三十三年（1944年），龚氏太夫人（放正德之正印夫人，方克明之生母）去世于芒市芒蚌寨，方克胜由陇川来奔丧，被日军逮捕，旋即逃脱。

民国三十三年（1944年），日军撤出芒市后，宋希濂委任方克胜为芒市安抚司代办。

民国三十七年（1948年）7月后，方克胜组织芒、遮、板土司成立“龙潞瑞军事指挥部”，方自任“指挥长”（一说为“龙潞戡乱总指挥”，时间为1949年）。

民国三十七年（1948年）9月，方云龙之弟方御龙被云南省政府正式委任为芒市安抚使。七个月后，方御龙因母亲盖氏（腊撒长官司长官盖氏族人）去世，为其母守孝，方克胜又出任代办一职。

1950年元月，边纵七支队黄平、王以中、朱家祥率武工宣传队到芒市，并与方克胜会谈。据方克胜族官说，会后，方讲当时共产党方面答应“保留我的县长职务”（如此说无误，则解放前不久，当地土司区已经设县）。2月中，朱家祥再次到芒市了解今后解放军进入芒市后的后勤供应问题，朱走后，方与族官说，朱称他为“伪县长”，心中十分动摇。不久，方离开芒市住到轩岗。三、四月间，解放军进驻芒市后，曾让土司署汉文书办奚军（大理人，1951年由芒市返回大理，1958年病故于大理）到轩岗向方克胜送交县长的委任书，方未接受。旋即由猛卯出境到缅甸仰光，再经香港到台湾。

1983年，方克胜死于台湾。

〔3〕刀保图，字京版。清光绪二十五年（1899年）生，系第二十三代干崖宣抚使刀安仁的长子，其母是刀安仁的第二位夫人思勤穆。

民国四年（1915年）前后，袭职为第二十四世干崖宣抚司使。

民国十八年（1929年）至民国二十九年（1940年），因土司承袭风波导致猛卯地方发生战乱，刀京版以猛卯小土司衎景泰舅父的身份转任猛卯安抚司代办，代行土司职权。

1950年，德宏解放，刀为盈江各民族行政委员会主任委员。

1953年，任德宏自治区政府主席。

1956年，德宏自治区改为德宏傣族景颇族自治州，刀京版任自治州州长。

1966年去世。

〔4〕龚印章，名绶，字印章，原名刀樾春。

清光绪十七年（1891年），生于遮岛。

光绪三十年（1904年），承袭父职为第二十八世南甸宣抚司使。

民国二十七年（1938年），因景颇族民众火烧梁河设治局，杀设治局官员一事，被停职，并押省城昆明关押2年。

民国二十九年（1940年），告替，传长子龚统政，但仍掌握地方实权。一九五〇年，梁河解放，任梁河各民族行政委员会副主任。

1952年，任梁河县县长。

1953年，任德宏自治区副主席。

1956年，德宏自治区改为德宏傣族景颇族自治州，任副州长。

1969年，病逝于芒市。

〔5〕龚月波，待考。

〔6〕刀承钺，又名刀威伯，第二十五世干崖土司。

民国十八年（1929年），其父刀京版由干崖土司职位上转任猛卯安抚司代办，因刀承钺年幼，其叔父刀保图代办干崖宣抚司职。

民国三十一年（1942年），刀承钺承职为干崖土司。

民国三十六年（1947年），任盈江设治局局长。

1950年，盈江解放。刀承钺经缅甸逃往台湾，后死于台湾。

以上是边区政治中心人物的分剖，至于政治辅助人物之贵族属官们，知识能力故少有能与首脑人物相拮抗者。就是生活方面，也远不如土司、代办、护理之丰厚优裕。唯较之一般平民，则在经济上也有一些特殊优厚的收入：

每一贵族，都有土司特别指派给的田地，与土司较亲的支系，且俨然成一小地主，虽也一般对司署纳粮上税，然每年从土地上所得的盈余，自较民众为多。

有时土司将某一村寨，指归某一贵族管理，那便更可有较厚的收入。遇有征派，一转手间，自有益利可得。

若能在土司署中任一要职，则以外的好处更多。

所以族官的生活，虽不能上比土司，而下比人民，则以大见优裕。

被指派为地方行政负责人的职官，直接从土司署获得的报酬并不怎么厚，一般均不给薪俸，仅有如下的优待：

一、𬮭头与𬮭尾　得种六箩至八箩谷种的耕地，[1]免纳一切租税。

二、老幸　得种四箩至六箩种的耕地，免纳一切租税。

三、头人　得种二箩至四箩种的耕地。免纳一切租税。

至于汉人当职的练绅与村长，那便什么酬劳也没有。然而不论汉、夷，都以得当地方职事为发财捷径。这由于当职的收入，并不在正式的报酬，从钱粮谷租的征收上，地方当事者已经可以有好处可得了。若再遇到土司家有结婚、死人、袭职等事，要向民间征派款项时，地方当事人更是一种大好的发财机会。土司指定某寨征银一百两，则为𬮭头、老幸者，大可征至一百五十至二百两，以多征的算为己有。夷地中有句俗话说："若要土司富，除非死人、娶媳妇。[2]"其实，土司家死人、娶媳妇，由此而致富的，不仅土司一人一家，就是与土司有关系的贵族阶级及地方当职人，都可连带而致富。[3]所以𬮭头、练绅，都唯恐天下无事，都唯恐不派款征谷。

---

〔1〕箩：当地对稻谷的计量单位，一箩约合40市斤，一箩种的耕地约合5亩。

〔2〕土司结婚的排场之大，花费之巨，最为典型的恐怕算芒市末代安抚使方御龙的婚礼了：

方克胜"派人前往干崖司为小土司方御龙娶了夫人，为此，司署于一九四七年一月份大肆操办，终日欢宴，宾客满堂，贺喜之人纷至沓来。有的来自昆明，有的来自保山、腾冲、龙陵，有的来自缅甸。各地司官也都按期来到，贺喜的客人们还分作几个等级分别对待。整天鞭炮响声不绝，笙箫锣鼓响声连天，还有文艺演出、放映电影等热闹之事。因为远途客人们到来的日期不一，所以喜宴日期拉长了一个多月。司署中真是满堂锦簇：各式各样的喜对横幅挂满了堂屋。礼品的包装除了纸制之外，尚有玻璃镶框的。绫、罗、缎、绸，毛呢、织绣、木刻、础石、瓷器等质地高贵的礼品摆满了司署的亭榭楼台，这豪华的盛典，的确超过了历代土司。国民党的《云南日报》曾发表方御龙小土司的婚礼盛典的报导，形容它超过英国伊丽莎白公主的婚典。"

"一九四八年阴历正月，我与刀碧鸾的婚事终于开办了。婚礼大典就在芒市土司府大衙门举行，这时，我已年满二十四岁，进入二十五岁了。婚礼十分隆重，四方宾客云集，有来自各司的司官，有来自龙陵、腾冲、保山的朋友，还有的远道从昆明、缅甸赶来，芒市各村寨的吭头、百姓也纷纷赶来司署贺喜，司署成天鞭炮声不绝。这也是因为芒市在滇缅公路交通线上，交通方便的缘故，所以才来了那么多的客人。”

“贺喜的人中，最引人注意的是国民党第二十六军军长余程万。余程万先是派了一个营长带着一百多人来保护我的婚礼，随后，他也从大理驻地赶来了，还带着一支三十二个人组成的军乐队，这三十二个人个个穿军官服，只是衣服颜色都是白的，有的抬着亮闪闪的大铜号，有的是扛着大洋鼓，指挥手一比，他们就吹奏起来，声音非常响亮，来宾和傣族百姓都围着听。这个军乐队的确给我的婚礼增添了不少热闹。”

“我的婚礼一共进行了一个月零七天。在这期间，整个芒市镇的家家户户，男男女女都来帮忙，所有的男女老少都来吃喜酒，芒市镇在我结婚期间，一家的屋顶都不冒火烟了。婚礼后据管家统计，共用了净猪肉一万零八百砒（林按：合一万六千二百公斤），鸡、鸭、鱼、鹅还不算。酒用了多少也算不出来了，反正婚礼期间，酒是像挑水一样一挑一挑的挑来舀了喝；外地来的客人口渴了想舀冷水喝，可到处舀的都是米酒。……”

“关于我结婚的事，不知是谁在昆明出版的《朝报》上发表了一篇新闻报道，将我的婚礼场面拿来跟英国女王伊丽莎白的婚礼相比（英国女王伊丽莎白也是在那年结婚的），写文章的人在报上说：‘芒市小土司的婚礼盛况空前，其场面超过了英国女王伊丽莎白的婚礼。’我们结婚用了多少钱我不知道，英国女王用了四万英镑。讲场面，我想怎么能比得上人家一国之王呢。后来，我的结婚典礼竟以电影的形式在香港放映，先是香港朋友马超群对我说，说他在香港看了一部电影，是纪录片，片名叫作《少数民族领袖完婚典礼》。他说：‘里面的那位新郎官就像你，简直挨（林按：挨，云南方言，意为跟、同、与）你一模一样。’”

——摘录自《芒市土司史》《芒市末代土司方御龙自述》二文，载《潞西县文史资料选辑·第一辑》（德宏民族出版社 1988 年版）

〔3〕在家父江应樑著《摆夷的生活文化》（中华书局 1950 年版）第三章《摆夷的政治组织——土司制度》中，谈到土司亲贵头人的收入情况。他说的是整个云南傣族土司区的情况，与此文不尽相同，现录于下，以供参考：……其他亲贵头人，也有下面几种生财之道：

（一）被任为重要职员或分管了几个寨子，可以向人民收取一份俸禄，例如车里宣慰司署的大头人，可由人民征收的宣慰赡养费中，分得一部分；土司署的八大叭，每年可以得到地方公谷一百二十挑，大助理可得八十至一百挑；这是根据各大叭自己所说的数目，实际恐不止此，因为每一亲贵派管几个村寨，便不啻是这个区域内的小主子，每年由人民所得到的收入，恐怕不仅止百十挑谷子之数。

（二）亲贵头人所领种的田地，均可不必向土司缴纳租赋。

（三）凡政府征收的政费、税款、土司署的摊派，均只派在老百姓的身上，亲贵头人可以一概邀免。

（四）遇有征派，皆由各头人经手，在上下转手间，好处就不少，所以边地中凡遇到县政府派款，或土司家有所摊派，便是头人们发财的机会。

（五）边地因语言民情的不同，租赋的税收，如屠宰税、烟酒税、牌照税，皆不能依照规章派员收取，一般情形都让土司头人承包，头人再把税款摊派村寨人家负担，所盈余之数，便归土司和头人分享。

有着如上这多种的经济收入途径，所以边区的土司，都莫不富甲一方，就是亲贵头目，也远较人民为富有，于是，他们的生活享受，便也就不同于一般人民。大体说来，腾龙沿边的土司，远较思普沿边为富有，生活的享受也较高，物质生活多已趋于现代化……

土司在四种情形之下，可以把世袭的土司职位传给后人：

一、死亡；

二、多病不能理事；

三、年老不能理事；

四、被革职但未革去世职。

应袭的人选，须具备下列两个严格的条件：

一、原任土司之嫡生长子，——长子死亡则以次继。

二、年龄已达十六岁。

有下列情形之一者，绝对不能承袭土职：

一、庶出；

二、抱养；

三、旁系过继而来；[1]

四、虽正出，但已过继给其他一支为嗣者。

在土司出缺而应袭人未满法定年龄时，得设代办暂总政事。[2]在正印土司无嫡出子系时，得由子侄中择而立之。据《明史·土司传》所载，在明天顺以前，土司袭职，虽远在万里外，也得亲自赴阙受命。天顺以后，则赴阙受职之举已免。惟袭职的手续，仍需先呈报府县，转呈省院，申报朝廷，由朝廷发给新印信，始算得正式袭职。[3]清一代沿袭明制。[4]现时土司袭职，虽不必如此周折，但亦必呈由所属设治局，转呈殖边督办署（在腾冲），再转呈省政府，由省政府核准后正式任命，始得正式称为土司官。[5]

---

〔1〕关于旁系过继，《摆夷的生活文化》一书为："异姓过继而来——本身无嗣，立亲兄弟之子为嗣者例外。"

〔2〕代办的人选，《摆夷的生活文化》一书为："得由亲属中之一人（大多为叔父、舅父、姑父）出为代办，代摄土司职。俟应袭人达到法定年龄时，然后将政权交还之。"

〔3〕《明史》卷三百十《湖广土司传》："洪武初，西南夷来归者即用原官授之，其土官衔号，曰宣慰司，曰宣抚司，曰招讨司，曰安抚司，曰长官司，以劳绩之多寡，分尊卑之等差，而府、州、县之名，亦往往有之。袭替必奉朝命，虽在万里外，皆赴阙受职。天顺末，许土官缴呈勘奏，则威柄渐弛。成化中，令纳粟备振，则规取日陋。孝宗虽发愤厘革，而因循未改。嘉靖九年，始复旧制，以府、州、县等官隶验封；宣慰、招讨等官隶武选。隶验封者，布政司领之；隶武选者，都指挥领之。于是，文武相杂，比于中土矣。"

〔4〕明清两代的土司制度是一脉相传的，可谓清沿明制。但在一些具体规定上，也不尽一致。关于土司职位的承袭，明代规定得较为松泛，《明史》卷七十二《职官志一》载：土司职位，"其子弟、族属、妻女、若婿及甥之袭替，胥从其俗。"并不强调要传嫡长。虽然事实上大都是父死子继，且是传嫡长，但史载中各种亲属承袭的情况都有，有孙继祖职（如凭祥李广宁死后，十子争立，而以孙袭替。见《蛮司合志》卷十三），兄终弟及（《明会典》卷一百二十一《兵部四》："洪武十七年，令土官无子，许弟袭。"），兄死妹立（见《土官底簿》四川"芒部军民府知府"条），父死女袭（见《土官底簿》云南"大和县神摩洞巡检司巡检"条），堂兄承袭（见《土官底簿》四川"东川军民府知府"条），叔亡侄立（见《蛮司合志》卷十二《龙州土官》），侄死叔袭（见《土官底簿》云南"赤水鹏巡检司土官巡检"条），族属袭职（见《土官底簿》云南"蒙自县知县"条），夫亡妻袭，翁死婿立（《明会典·兵部四》：洪武"三十年，令土官无子弟，而其妻或婿为夷民信服者，许令一人袭。"），夫死妾袭（见《土官底簿》云南"临安府嵋峨县知县"条），子亡母立（见《蛮司合志》卷十二《上隆州土知州》），甚至还有妾袭职亡，其媳袭替的（见《土官底簿》云南"大和县神摩洞巡检司巡检"条）。明代土司承袭的序列远不像清代那么严格，但也不是土司自己可以随意传位的，《明会典·吏部五》载："土官承袭，务要验封司委官体勘，别无争袭之人，明白

取具宗支图本，并官吏人等结状，呈部具奏，照例承袭。”也就是内要有“宗支图本”，外要有“府州保结”。

清代土司承袭的原则、办法和禁忌更为严格和完备，与明代相比，在于以宗支嫡庶次序确定承袭者。《大清会典》卷十二《吏部》载：土司亡故，“准以嫡子、嫡孙承袭；无嫡子、嫡孙，则以庶子、庶孙承袭；无子孙，则以弟或其族人承袭；其土官之妻或婿，有为土民所服者，亦准承袭。”到乾隆三十三年，又再次强调：“土官袭替定例，必分嫡次长庶，不得以亲爱过继为词。”同时规定，“笃疾残废及身有过犯，与苗民不肯悦服之人，例不准请袭。”（见《大清会典事例·吏部》一百二十九）清顺治初，也曾规定土司承袭需“亲身赴京”，到康熙十一年，“土官袭职，停其亲身赴京。”（见《大清会典事例》卷五八九《兵部》）

〔5〕应承袭的小土司年不满十五岁，由族亲中的一人代行土司职务的办法，在明代就有，称为“借职”、“摄事”或“视事”。如永乐时，云南大理府浒西驿土官驿丞张山故去，而“长男张福年幼，不能袭职，亲弟张海告借。十二年正月，奉圣旨：‘不做世袭，且著他借职，权管著，不做例。’”（《土官底簿》云南“大理府浒西驿驿丞”条）当应袭者年长亲政时，代理司职者得交出权力：“那借职的革了冠带，闲住。”（《土官底簿》云南“姚安府土官”条）到了清代，这种做法已经制度化了。《大清会典》卷五八九《兵部》载：“康熙十一年题准：土官子弟，年至十五，方准承袭。未满十五岁者，督抚报部，将土官印信事务，令本族土舍护理，俟承袭之人年满十五，督抚题请承袭。”《大清会典》卷十二《吏部》也有记载：“如有子而幼者，或其族或其母能抚孤治事，由督抚拣委，至其子年及十五岁再令承袭。”依此，代行小土司职务，应称为“护理”，实际上德宏傣族地区称其为“代办”。这个称谓变化的原因，尚需考证之。

各种呈报手续及具文，均有一定。每一新土司袭职，须经过三项呈请步骤：

一、当原任土司死亡之时，须立即呈报本境土司出缺，请求备案。兹录民国二十四年陇川土司多忠瑶死亡时，司署向政府报丧之呈文如下：

呈为呈请转呈云南第一殖边督办暨云南省政府主席鉴核备案事：窃应袭生父世袭陇川宣抚使司多忠瑶，于中华民国二十四年十二月二十九日子时在职病故，生于前清光绪十二年，享年五十岁，于光绪三十四年承袭，共在职二十八年。嫡妻南甸司女龚氏，于民国前一年生长子永安，继生次子永清；庶出永华、永明、永贵、永光、永龄等，共有嗣子七人。除俟求邻封缮具印结，再行具奏，邀请俯赐委任外，现合备文呈请均长备案。并

转呈云南第一殖边督办暨云南省政府主席，俯请备案，实为恩便！谨呈
陇川设治局

二、然后再由应袭人之直系亲属（母或祖母）及全司族目、邻封各土司，各具保结，证明：

A. 人确系应袭职之人；

B. 中并无争持异议；

C. 人民一致拥戴。

然后呈送上司，请为查明准袭。各种保结文字，均有一定格式。兹各录一件于下作例：

（一）陇川致邻封各司请具保结函：

迳启者：敝司惨遭大故，境内无主。应袭刀永安，现年二十六岁，实希故土司多公绍琼嫡妻龚氏嫡生长子，例应承袭世职。相应函请贵司照例加具邻封保结，由敝司呈送层宪备案，并请颁发委任状任事，以重世守。烦请查照，念属邻封，惠盖印信，实叨厚赐！此致
干崖、南甸、猛卯、户撒、腊撒司

附切具四扣　薄仪缎马各一匹

（二）邻封所具切结式：

具切结△△司，今于

△△△与结事实：结得陇川宣抚司土职应袭
多永安，确系已故土司多忠瑶嫡妻龚氏亲生长子，现年二十六岁，曾由腾冲自卫训练所卒业，品学兼优，夷民悦服，并无旁枝、庶出、异姓抱养等弊，所具妥保切结是实。

三、最后，再由土司署正式造具呈报袭职清册，呈请准予袭职。

兹录最近南甸土司龚绶告老，请准其子袭职清册全文如下：

南甸宣抚司呈报袭职清册

一、职名

云南梁河设治局南甸宣抚司应袭龚统政

一、宗枝

一世祖刀贡猛	原籍南京应天府上元县人氏，充百夫长，随师南征，功升千夫长，故，无嗣，传弟。
二世祖刀贡蛮	袭兄职，功升南甸土知州，病故，传子
三世祖刀乐硬	袭知州职，功升南甸宣抚使，任故，传子。

四世祖刀乐盖	系乐硬嫡子，袭父职，任故。
五世祖刀乐宾	承袭父职，任故。
六世祖刀乐过	承袭父职，任故。
七世祖刀乐搩	承袭父职，任故。[1]
八世祖刀乐成	承袭父职，告袭间故。
九世祖刀乐正	奉文就省，袭祖职，年老病故，传子。
十世祖刀乐泰	系乐正嫡子，报袭间故。
十一世祖刀乐临	袭宣抚司职，功升宣慰使，告替，传子。
十二世祖刀大才	顶袭父职，任故。
十三世祖刀乐掌	顶袭父职，任故，乏嗣，乐临复理印务。老故，传弟。
十四世祖刀乐庆	系刀乐临胞弟，顶替兄职，告袭间故，传子。
十五世祖刀乐启	顶替父职，任故，传子。
十六世祖刀乐保	因染病辞职，让兄刀呈祥掌理印务。
十七世祖刀呈祥	接替弟职，因年老有病，告袭间故。
十八世祖刀启元	承袭父职，任故。
十九世祖刀恩赐	承袭父职，任故。
二十世祖刀铭鼎	承袭父职，任故。
二十一世祖刀三锡	承袭父职，任故。
二十二世祖刀维翰	承袭父职，任故。乏嗣，传弟。
二十三世祖刀维周	承袭兄职，在任病故。
二十四世祖刀鸿绪	承袭父职，于道光二十三年因弟刀承绪滋事案内革职，迁徙，病故，乏嗣。
二十五世祖刀守忠	系已革迁徙土官刀鸿绪共祖堂弟刀继绪正妻衎氏亲生长男，立继刀鸿绪为子，承袭土职，报名应袭，病故。
二十六世祖刀定国	系已故应袭刀守忠嫡子，承袭父职，因老病故。
二十七世祖龚绶	系已故土官刀定国正妻衎氏亲生长男，承袭父职，民国元年详准改还原姓。

二十八世应袭龚统政　　系土官龚绶正妻方氏亲生长男，年十八岁，例应承袭，管理地方。

一、亲供

具亲供人龚统政，系旧属云南永昌府腾越厅、现属云南梁河设治局南甸宣抚司告替土司龚绶正妻方氏亲生长男，现年十八岁，系本土生长人氏。祖籍南京应天府上元县人，汉姓龚，随师南征，扎驻南甸，赐姓刀，已经二十八代。一世祖刀贡猛，充百夫长，随师南征，居住南甸蛮林，同金齿卫指挥征剿到棒干，斩首有功，蒙兵部引奏，奉旨钦依，除授腾冲千夫长，并试千户职，到任管理地方，病故。二世祖刀贡蛮，承袭前职，自备方物，赴京进贡，蒙吏部提准照湾甸州事例，奉发勘合，改升南甸州土知州职，在任病故。三世祖刀乐硬，承袭父职，麓川思任发叛，大军来到，前往小路投奔总兵官沐，[2]随从大军进征麓川，攻打高想山等寨，获捷，复攻打鬼哭、南牙山等处有功，蒙靖远伯兼兵部尚书王具奏，[3]奉旨将南甸州改称南甸宣抚司职，颁给印信，到任病故。四世祖刀乐盖，承袭前职，任故。五世祖刀乐宾，任故。六世祖刀乐过，任故。七世祖刀乐搸，告袭，蒙兵部颁给勘合，授宣抚司职，到任后，被本司同知刘汉谋死。八世祖刀乐成，告袭间故。九世祖刀乐正，于嘉靖七年，遵照敕书内开载一款，云南、广西、四川等处土司承袭，具免赴京袭职，年老病故。十世祖刀乐泰，告袭间故。十一世祖刀乐临，承袭前职，奉调征剿岳凤有功，复征缅贼，拴获象支，攻打蛮哈山营，蒙镇南大将军黔国公沐题叙，[4]奉旨颁南甸宣慰司正三品服色，金牌花缎，到任，复奉攻杀缅贼，并攻右甸埃堵及攻打钵水鸣山等处，大胜回师，告袭。十二世祖刀大才，任故。十三世祖刀乐掌，任故，乏嗣，刀乐临复理印务，年老病故，轮该胞弟十四世祖刀乐庆承袭，告袭间故。十五世祖刀乐启，任故。十六世祖刀乐保，因染病辞职，与兄刀呈祥管理印务。十七世祖刀呈祥，承袭弟职，恭逢本朝定鼎，刀呈祥率众投诚，将明朝印信号纸投缴，至康熙元年正月内，奉部颁给南甸宣抚使司方印一颗，号纸一张，尊领任事，吴逆僭号，换给印搭（林按：原文如此。“印搭”应为“印劄”），年老告替。十八世祖刀启元承袭，大兵剿灭吴逆，即将伪印号纸具文缴交钦命大将军都统领年前，[5]蒙给印搭（林按：原文如此。“印搭”应为“印劄”），管理地方，复奉部颁给南甸宣抚使司印一颗，号纸一件，尊领，任故。十九世祖刀恩锡，[6]承袭间故。二十世祖刀铭鼎，承袭父职，奉礼部颁给南甸宣抚使司印信一颗，并将原领印信一颗，备文呈缴，任故。二十一世祖刀三锡，承袭任故。二十二世祖刀维翰，承袭任故，乏嗣，传弟。二十三世祖刀维周，顶袭兄职，在任病故。二十四世祖刀鸿绪，于道光十一年十月二十五日，承领号纸任事，管理地方，至道光二十三年，因弟刀承绪滋事案内，奉旨革职迁徙，病故。二十五世祖刀守忠，系已革迁徙病故土司刀鸿绪之共祖堂弟继绪长男，例可立继承袭，六土司及南甸舍族人等公议，禀保过继与刀鸿绪为子，于咸丰元年报明应袭在案，咸丰六年，腾越回匪叛逆，屡次捐粮助饷，剿贼有功，赏加三品花翎服色，蒙兼署云贵总督部堂岑叙功保奏，[7]奉上谕：应袭刀守忠，剿贼有功，赏加三品花翎服色，钦尊在案，于光绪元年病故。二十六世祖刀定国，系已故应袭刀守忠长男，于光绪六年承袭父职，七年正月内接奉号纸管理地方，于光绪十六年，随同官军剿灭夷缅各匪出力，保赏二品封典，十八年随同官军剿灭腊撒妖僧出力，保赏花翎，均奉行知在案。二十七世祖刀樾椿，系已故土司刀定国正妻衎氏亲生长男，于宣统元年承袭父职，民国元年，详准改还原姓，更名龚绶，年老告替。二十八世应袭龚统政，系告替土官龚绶正妻方氏亲生长男，现年十八岁，例应承袭父职，管理地方，中间并无乞养异姓、庶出、冒诈、违碍等弊，亲供是实。

一、户口

土民六十户

一、居住地方

应袭龚统政，祖代居住南甸，管理旧制地方疆界四至：

东至蒲窝一百二十里

南至小陇川杉木笼山顶一百二十里

西至干崖河边七十里

北至半个山顶八十里

一、年纳差发钱粮银十一两，递年交解腾越厅库。

一、所属古制首领报登于后：

南甸宣抚司土职一员龚绶，因年老告替，应袭龚统政。

同知一员，缺。

小陇川千夫长一员。

罗卜丝庄百夫长一员刀化国。

盏西千夫长一员。

止那百夫长一员，把事二员。

布领蛮哈百夫长一员，缺。

猛半百夫长一员，缺。

一、冈得户冈上下地方，比邻猛养、蛮莫地方，古设头目汪闇管理，前被野夷蛮莫侵占，于光绪十六年中英分界，划归英属。南甸宣抚司所属，计一宣，古设宣抚、同知、知事、把事、千夫长、百夫长，协同管理地方，有官无俸，自耕自食，世代相沿，保固边疆，理合证明。

右具册：

中华民国二十六年　　月　　日[8]

---

〔1〕家父著《傣族史》中引用此史料时，“刀乐揲”作“刀乐楪”，现据家父手稿，改作“揲”。

〔2〕总兵官沐，指云南总兵沐昂。

〔3〕靖远伯兼兵部尚书王，指王骥。王骥，字尚德，永乐进士。三征麓川时以兵部尚书职总督军务，封靖远伯。《明史》等书记载，明正统六年（1441年）正月，王骥一征麓川，对百夷各部进行分化策略，南甸、干崖、景东、大侯先后脱离麓川。

〔4〕此处有误。沐晟因平交趾有功，于永乐中封黔国公。而征剿岳凤为万历中事，其间相距近二百年。可知题叙刀乐临“征剿岳凤有功”的当为沐氏后人，万历间以军功“加太子太保，悉食故禄”的沐昌祚。

〔5〕此处有误。“大将军都统领年”，应指川陕总督、抚远大将军年羹尧。但年授抚远大将军衔是雍正元年（1723年）十月征准噶尔部时之事，而吴三桂叛是康熙十二年（1673年）底，其时，年羹尧尚未出道。康熙二十年十月，由赵良栋、蔡毓荣统领清军攻占吴三桂的老巢云南，彻底平息叛乱，年羹尧并未参与其事。

〔6〕此处“十九世祖刀恩锡”在前引《袭职清册》中为“刀恩赐”，前后不一。查家父手稿，《袭职清册》中为“刀恩赐”，而《亲供》中为“刀恩锡”，未知是否原件笔误所致，以人名而论，名“恩锡”的可能性较大。

〔7〕此处有误。咸丰年间，担任云贵总督者共计有九人，其中并无岑姓者。光绪年间先后有三个云贵总督姓岑，分别是岑毓英、岑毓宝和岑春煊，但此三人俱不可能在光绪时“保奏”咸丰年间“剿贼有功”但已经死去的土司。

〔8〕此文件系家父1937年在陇川、南甸等土司署中录得。土司呈报应袭文书都是一种模式，今录陇川档案馆所藏1936年陇川宣抚使司呈报的多永安报袭文件中的《宗图清册》于下，以供对照。

陇川宣抚司应袭多永安尊将承袭顶辈《宗图清册》、户口、四至开列于后，呈请查核

计开

一、宗枝图：

一世祖多线瓜	原籍四川重庆府巴县人，于前明随师征南有功，驻扎陇川充当头目，年老病故。
二世祖多namespace法	仍充头目，年老病故。
三世祖多歪闷	承顶头目，在任病故。
四世祖多亨法	承袭父职，在任病故。
五世祖多淦	承袭父职，在任病故。
六世祖多鲤	承袭父职，在任病故。
七世祖多参诏	承袭父职，年老告替。
八世祖多士宁	承袭父职，万历五年被岳凤害。
九世祖多忠孝	承袭父职，年老病故。
十世祖多思顺	承袭父职，加正三品服色，年老告替。
十一世祖多安民	承袭父职，因守将索贿不堪，叛入缅甸，经大兵征讨，其弟多安靖诛之以献。
十二世祖多安靖	承袭兄职，顺治八年为孙可望部将王复臣杀死。
十三世祖多绍宁	清朝准袭父职，年老乏嗣，以侄袭。
十四世祖多胜祖	承袭伯职，在任病故。
十五世祖多治国	承袭父职，年老告替。
十六世祖多世臣	承袭父职，在任病故。
十七世祖多益善	承袭父职，在任病故。
十八世祖多有功	承袭父职，乏嗣传侄。
十九世祖多朝珍	承袭伯职，在任病故。
二十世祖多有爵	承袭侄职，在任病故。
二十一世祖多朝惠	承袭父职，在任病故。
二十二世祖多廷俊	承袭父职，以南甸逆目滋事案内有功，赏加三品翎顶，年

	老告替。
二十三世祖多镇邦	报明应袭，未经承袭病故，以子承袭。
二十四世祖多蔚祯	承袭祖职，在任病故。
二十五世祖多慈祥	承袭父职，在任病故。
二十六世伯考多忠琦	承袭父职，在任病故，乏嗣传弟。
二十七世显考多忠瑶	承袭兄职，在任病故。
二十八世多永安	民国二十六年承袭。

二、户口

户籍	二千一百六十二户。
丁口	七千八百六十人。

三、居址地户

应袭多永安祖代世居陇川，管理旧制地方疆界四至：

东至遮放山顶五十里

南至西怕河一百二十里

西至户撒山顶五十里

北至杉木笼山顶一百里

民国二十五年　　月　　日造报

由于袭职手续麻烦，所以过去各土司中，常有老土司出缺，小土司数年以至数十年未得正式袭职者。这原因，不仅是公文的往返费时，且报请袭职，习惯上均须向各级机关打点一份大人情。若有一道衙门应酬不到，那就要遭到刁难，甚至寻一小疵而不予批准。所以历来做边官的，任内若遇土司袭职，便是一个大好的发财机会。[1]这种陋习，直到几年前始由政府明令废止。[2]

---

〔1〕袭职手续麻烦，明清两朝皆如是。之所以这样，主要为防止乞养异姓、庶出、冒诈、违碍等争袭事件的发生。实际上，此类事情在土司区屡有发生：明代王士性在《广志绎》卷五《西南诸省》中说："土官争界、争袭，无日不寻干戈。"清代史籍中关于土司争袭而导致兄弟仇杀、叔侄反目等记述甚多。因此有呈报"宗枝清册"，邻封切结，并由各级衙门层层核报直至朝廷复文批准的规定。但这种繁杂的手续，恰好是各级官府刁难、苛索、敛财的机会。清雍正三年，川陕总督岳钟琪上疏："土司承袭，文

武吏往往索费，封其印数年不与，致番目专恣仇杀。”(《清史稿》卷二百九十六《岳钟琪传》) 严重的发展到官府中的不同利益集团与土司贵族势力相勾结，私相授受，左右承袭人选，支持不同的对象来争袭，导致土司区长达数十年的战乱。

〔2〕所谓“政府明令废止”，也只是虚文而已。1941 年，芒市土司护理方克胜为谋得猛卯代办职位，仅仅在省主席龙云那里，就花了二十一斤黄金买了两辆林肯牌轿车去“走关系”，再加之其他大小官员也要一一打点，这笔费用就十分惊人了。当然，土司、代办们不会白掏腰包，这种“投资”，必然要在任内搜刮百姓而得到数倍的“回报”。

第四章　摆夷的经济生活

摆夷的耕地—地主与佃农—人民对土司之租役赋税—人民的私有财产—无大富与赤贫之摆夷农村—摆夷民间之经济生活—农作—佣工—手工业—商业—货币

从政治上言，诚如上文所说的，土司是一个区域内世袭的统治者，人民是世袭的老百姓。若从经济上言，那土司便又是全境唯一的地主，而人民都是土司的佃农。在这种情形下，倘若民间的经济生活是多方面的，即是说，倘若摆夷的社会不是一个纯农业社会，人民的生活不专恃耕种，可从事工商业或由其他方法来维持生活，那土司虽拥有全部土地，也不能绝对的成为人民经济的支配者。而事实上，土司却正确握着绝对支配整个社会经济的大权。这便因为摆夷社会是一个纯农业的社会，人民是百分之百都依赖农耕来维持生活的。民间既没有私有的土地，人民要耕种，都须向土司去领取田地。据说，各土司的始祖们初来到本境时，原都是一片未经开垦的荒地，土司以自己的力量开垦后招人来耕种，这类土地的主权，当然属之土司。〔1〕往后，人民也可以自由开垦耕地，但总得求土司在经济上和工具上的协助，这类田地的主权，便为人民与土司所共有。但土司终究是政权的掌握者，结果，这一类共有的土地，也便在政权的支配下全归土司单方面所有，便造成今日摆夷民间无私有土地的现象。〔2〕

---

〔1〕这种“据说”并不可信，极可能是土司们为证明自己拥有全部的土地权而编造的神话。其实，经济拥有权是政治话语权的必然结果。

〔2〕家父在《摆夷的经济生活》一书中，对德宏傣族地区的土地制度是这样阐述的:“腾龙边区的情形，……原则上土地是公有，耕种人不能买卖。……各村寨头人虽也负管理该村寨土地之责，但并不遵循村民公议，或征询村民意见而处理，却是秉承土司命令而办理的。换言之，即是土地的管理权集中在土司一个人手里。人民领用土地，要直接得到土司的许可。村寨所属土地，并不严格限定只是本村寨人民方准使用。只要是在同属于一个土司治下的人民，经土司指派，则甲村寨住户，可以领种乙村寨的田地。凡领种土地的人民，按领种土地面积的大小，直接纳租赋于土司，即是把田里生产之实物的一部分，缴纳给土司。除田里实物的贡纳外，人民还负担着替土司服役、供给土司生活用品、承担各种派款的义务。所以在这一区域内，村寨人民很有些相似土司的佃户或竟相近土司的农奴。对于土地如何分配管理、上纳租税的多少、摊派款项的数目用途，皆唯土司之命是从，人民是没有提出意见的权利的。”

这种土地制度延续至今的原因，家父认为有四方面:一、土地过剩。“摆夷区域的人口，平均每方里不到十人，而这十人所分配到的一方里土地中，且大部分是可以耕种的平原。”二、节制物欲望的观念。“摆夷对于财产的情欲，尚停滞于一种原始的意识中而未曾扩大。所以使财产观念尚未扩大的原因，则由于他们的物质生活尚能保持一种原始的简单状态。换言之，即是生活资料的获得比较容易，而个人的物质享受，则在一种节欲的信仰中，易于满足而无过分的要求。摆夷居地因为得天独厚，不仅农产品种到地下容易生长，就是野生的物品，差不多已经可以供给了生活需要的半数了。摆夷的生活简单，对宗教信仰有很大的影响，他们普遍的信仰佛教，佛教的教义是要信仰者消灭物质的欲望，……他们工作到足够他们住一间茅屋，吃一碗米饭，穿一件布衣的代价时，便停下来不再工作了。如果他真有多余的金钱储蓄，他也不会想到换取生活的物质享受，他们都毫不犹豫的用在了宗教上，去求取精神的享乐。”三、交通闭塞。“内地人口不能大量移入，使边区始终保持其土地过剩的状态；边区物产不能运出售卖使他们不能增高其对物质享受的私有情欲。……只看滇缅公路通车后，芒市、遮放一带若干地方土地公有制度已受到破坏，可知交通闭塞足以使此种原始制度延续。”四、土司制度的存在。“因为土司是剥削阶级，土司的生活要全境人民供应，土司向人民收取货币或实物的唯一凭据便是握着土地分配权；人民所以甘愿把田里的出产物奉献一部分给土司，也便因为人人想着土地是从土司那里领来耕种的。……如果土地让人民私有了，土司便不啻散失了经济大权，也可以说放弃了生命的保障。所以，土司制度存在一天，做土司的必尽其力量来维护此种土地公有的原始制度。”他以1938年发生在土司区的例子，说明土司对这种土地制度的竭力维护：“十年前，云南全省举办土地清丈，确定土地的业权。清丈工作推进到摆夷区域时，各土司都未曾反对清丈，等到领取业权执照时，他们便一致拒绝领取。理由是：土地是人民公有的，执照上无法填写业权人。后来政府要各土司代为领取保存，各土司又都一致拒绝，认为这样一来，不啻承认土地为土司所私有，他们不敢违反地方上几千年的制度，他们也没有这一大笔领照费来一人领取全境的土地执照。由此一事，可看出土司是在如何的维护此种土地制度的延续存在。”

他认为，“这四个因素要是消灭了，相信摆夷区域中的土地公有制度一定立刻崩溃。这种迹象，在今日若干区域中是渐渐显露出来了。”从芒市等地“来收去丢”惯例的变化，‘他看出这种“渐渐显露出来”的“迹象”：

“‘来收去丢’，这是边地的一句常语，意思是凡耕地宅地，来时向头人领得后，可以任随自己的意思使用。倘一旦离开本村，便须无条件的丢弃，自有头人来经营，备供拨给他一户之需。若将来再迁回来，可以请求将自己原耕的土地收回。这份土地纵已经分配给另一户人家，头人也必设法用其他土地与之换回来拨给原主的。

“私有财产的发生，最早的渊源是人民把发明或发见之物，视为自己能力的代价，不愿轻易与他人共有之。土地是天生而为大众所发见的，故应属诸公有。但在土地上所附加的个人的能力，便常被视为私有，这是人类土地自公有变为私有的第一个过程。

在芒市等地的摆夷区中，土地已经显然有此‘附加私有’的意识。这一带的土地，虽无买卖事实，但却有个人转让手续：甲家原领耕地因人口减少耕地有多余或因迁往他村土地势必抛弃，若乙家来接手耕种，则甲家必向接耕者索取一份报酬，这份报酬并不是土地值或顶费，可以说是一种土地上附加的私人劳力费，他们称这种报酬费为‘码埂吐退钱’，意思是这块土地虽非我所私有，但当我领种此土地时，曾为此土地起造堤埂，这是属诸个人的劳力。现在你要接去使用，土地固可无代价，但在公有土地上有我个人的劳力工程，这是要求得代价的。所以，芒市等地，在已垦耕地已经不敷分配使用的现状下，所谓‘来收去丢’的旧制，已经有附加的条件了。”（见《摆夷的经济生活》，岭南大学西南社会经济研究所 1950 年印行）

人民领了土司的田地耕种，对土司便负有下面的诸种任务：

一、纳谷租

人民对土司纳租之多寡，各司情形不同。且土司及民间对纳租数目，均秘不愿使外人知道。据作者多方调查所得，一般的占收获总数百分之二十五至五十之间。[1] 如芒市某村中，上好田每年播种一箩谷种，可获七十至八十箩新谷，据说交纳土司署中约二十箩。又如陇川之某寨与遮放之某村，收获一百箩新谷须交纳四十箩。又如猛卯的制度，人民对土司所纳谷租，不以个人领田多少计算，而是以一个村寨为单位，如每村由司署规定年纳谷租若干，然后再由老幸、头人按村中人家领田多寡去摊派数目，这样上下手间，经手人难免中饱些，则人民的负担自然更重了。

二、纳门户税

各土司署均不承认有此种税收，惟据个人访问所得，则在某某土司境内的若干寨中，每户人家每年除纳谷租外，又须纳二个至六个卢比（Rupee，缅币名，价值详见本章之末节）的门户税。[2] 其起源固很早，《天下郡国利病书》所谓，“每秋冬遣亲信往各甸，计房屋征金银，每屋一楹，输银一两或二三两”，[3] 便是这种门户税的滥觞。

三、服差役

土司署中之执事、差役、厨师、茶房，都由各司署中的男女分别前往承值，每十日或五日一班。当值期中，除饭食在司署中开用外，不给工酬。[4]且有数种特殊工役是确定由某一个村寨永远担任的。例如土司境内有所谓丫头寨，便是这一个寨子，专门供给土司内眷所使用之婢女。[5]

四、供办土司署中的膳食

土司署中（包括土司私人家庭）每日饭食备极讲究，均由人民供应。按村寨轮流到司署中承办若干日，或者由头人经理包办。每一月或三月决算一次，然后向村寨中按户分摊。司署中的特殊用品，亦分别由出产之村寨供给，如供应土司眷属脂粉之村寨，呼为脂粉寨；供应柴炭的，呼为柴炭寨；供应鸦片烟的，呼为鸦片烟寨。

五、特殊征纳

以上四种都是固定的常赋，此外又有临时的特殊征纳，如：土司或其子女婚嫁，得向人民征婚嫁费；土司夫妻死亡，得向人民征丧葬费；土司生育子女，尤其是应袭职的长子，人民亦须纳贺礼；土司袭职，人民派款极重，因袭职时向官厅朝廷打点费用极大，已见上述；修建土司官署，人民也须摊派力役工料钱；土司夫妻寿辰、逢年过节人民均需要送贺礼。

民间对于经常的供应，尚不觉大苦，所苦者是特殊的征纳。因为此种征派，经手者层层剥削，人民受痛极深。夷地谣语所谓“若要土司富，除非死人、娶媳妇”。而经手征派的人，也莫不指望土司家多有几桩死人、娶媳妇的事。

---

〔1〕各土司收取的谷租又称为“司租”或“官租”。据新中国成立初至1956年几年里中央访问团第二分团、云南省委边疆工作委员会、各民族工作队对德宏地区进行的调查，谷租的缴纳比例等等不一，如南甸为总产量的60%；莲山为5%—10%；盈江盏西蛮冷寨为17%；陇川曼胆寨为6.6%；芒市那目寨为25%，轩蚌寨为17.2%，霸幕寨为14%，贺拉相寨为21%，法帕十个寨子为33%；遮放户闷寨为30%—35%。另外据对德宏五个典型地区调查的综合，官租约占土地产量的12%—18%。（参见1957年全国人大民族委员会编《云南省德宏傣族景颇族社会概况·傣族调查材料》和1963年中国科学院民族研究所云南民族调查组、云南省民族研究所民族研究室合编《云南省傣族社会历史调查材料·德宏地区》）看来，不但德宏各土司对地租收取的比例各不相同，而且同一土司对不同村寨所纳地租也不尽一致。大约土司是根据土地的贫瘠、人口的多寡、人均占有耕地数的不同来收取地租的。

〔2〕门户税的收取各司也不一，据20世纪50年代的调查，大致分为两种情况：一是按户收取，数额一样，如芒市法帕，不论贫富，每户每年缴纳谷两箩；遮放飞海寨，每户每年缴纳猪肉或鸡肉六砣（砣，傣族重量单位，每砣为一公斤半），后改为缅币十卢比；遮放遮冒寨，每户每月缴纳猪肉二十两，后改为每户每年十卢比；遮放户闷寨1949年每户每年缴纳七卢比（约合五箩谷）。一是按户收取，但数额不等：如南甸每户都收，但分别情况，数额不同；瑞丽喊沙寨、蛮沙寨，有田户每年缴纳五卢比，无田户每年缴纳二点五卢比。（见《云南省德宏傣族景颇族社会概况·傣族调查材料》和《云南省傣族社会历史调查材料·德宏地区》二书）

〔3〕见《天下郡国利病书·云南·种人》之“僰夷”条。

〔4〕差役为两大类，一是固定的，一是临时性的。据1951年对南甸的调查，固定的如替土司砍柴、烧饭、抬滑竿、当亲兵等，各由一村负责，轮流值班替差；临时性的如土司婚丧嫁娶、生子、修坟等的劳役。又如1953年对遮放飞海寨的调查，其固定差役为每年每户为土司服劳役五天，为属官服劳役五天，为吭头服劳役约两天，共计全年每户服劳役十二天。再如芒市土司将寨子划为固定无偿劳役寨，诸如“扫地寨”“洗澡塘寨”“抬轿寨”“扛大旗寨”“挑水洗碗寨”等，常年固定由一个寨子专司某一项劳役，据对“扫地寨”（磨石沟）的调查，全寨十五户，每个赶街天（五天一街，逢一、四为街）每户出一人扫街半天，全年全寨合计共1080天，所出劳役相当于十五户人家每年要无偿出九个长工替土司干活。（详见《云南省傣族社会历史调查材料·德宏地区》）

〔5〕丫头寨在遮放土司境内，傣语名“扉劳”。

按：《摆夷的经济生活》一书第七章标题为“政治上的经济负担”，讲述傣族百姓对土司、政府等的负担，现把德宏地区的有关情况录于后：

一、对土司的负担

摆夷区域中的土地，虽然是一个原始的公有状况，但从某一个角度看，人民对于土司又好似佃户或农奴之于地主，因为每个人民经年对于土司的经济负担是很重的。经常有如下的诸种项目：

1.赡养费　……腾龙沿边各土司所征收的赡养费更高，约为二至六个卢比（缅币Rupee）。这种费用的征收，似乎起源很早，《天下郡国利病书·云南·种人》之“僰夷”条载：“每秋冬遣亲信往各甸，计房屋征金银，每屋一楹，输银一两或二三两。”

2.谷租　数量多少及征纳方式，各地不尽同，且各土司均深讳不使外人知，大概西部各土司，多依人民领种耕地面积多少而定纳租数量，征收数量很重，约及田亩收获总数百分之二十五至百分之五十之间。例如芒市某寨，每播种谷种一箩面积的上好田，年可收获七十至八十箩新谷，据说缴纳土司署中者须二十箩；陇川某寨与遮放之某村，能收取一百箩新谷的耕地，便须上纳土司署四十箩；猛卯土司征收人民谷租，办法又不如此，不以户口领田多少计数，而是以村寨耕地的总面积来定纳租数目，例如某寨全寨人民年应纳土司谷若干，由头人于收获后向全寨人民摊派足数，这样上下手间，经手人难免不中饱些，所以人民的负担便更为加重了。这是抗战前的情形，战时腾龙沿边各土司陷落，光复后情形又多有变动，确数如何尚无所知。

3. 差役　土司署中之听差、厨役、茶房、使女，都由各村寨人民分别前往承值，每十日或五日一班，当值其中，除饭食在土司署中开用外，不再给薪酬，有数项特殊差役且是确定由某几个村寨永远担任的，例如专门担任供应土司眷属使用婢女的村寨，通常即呼之为丫头寨。

4. 供应　……在西部土司境，则人民对土司的供应便非常繁重，土司衙门及土司私人家庭中日常的饭食，都是全部由人民来供应的。多数境内的办法是由人民轮流着来承办，每寨轮定负担几日，届时或由村寨人民直接到土司署中去办理饭食，或由头人承办，按时结算后由村寨人家均摊。土司的膳食都很讲究，每天午、晚、夜三餐（西部土司多数有鸦片嗜好，迟眠迟起，所以土司署中通常不用早饭，而以夜间十二时前后之一餐宵夜最为丰盛）均有酒有肴。以芒市土司衙门为例，每一餐内外约十桌，其中两桌供土司及其眷属、亲贵食用，均鱼肉十数味，其他几桌则菜肴较简单，这样每天全土司衙门的膳食费约需银币五十元（依一九三八年滇缅路初通车时计）。以此数计，则全芒市的人民每年对土司署膳食一项的经济负担，便须银币一万八千元。这是经常情形，若遇有外客——政府官吏或考察团需要招待，则其数便不止此。又土司之特殊用物，例亦由村寨分别供应，例如供应土司眷属所用脂粉的，称为脂粉寨，供应土司吸用的鸦片烟的，称为洋烟寨。

5. 特殊征纳　遇土司发生特别事件时，人民应负担特殊征纳的义务，例如：

（1）嫁娶费　土司结婚，土司的儿子娶妇、女儿出嫁，都要向人民派款，要是一个大土司娶亲，聘金一项常在一万银币以上，这类支出都全摊派给人民负担的。

（2）丧葬费　土司夫妇死亡，人民例须出丧葬费。

（3）生育费　土司生育子女，尤其是诞生应袭职务的“嗣子”，人民都应上纳祝贺费。

（4）袭职费　土司袭职，所花的费用甚大，历来陋规，凡新土司袭职，例应得礼部颁给印信，故须由县、府、司、道、巡抚、总督层转至京，经朝廷核准始颁给印信，故每一道衙门，均须打点人情，凡做边官的，也尺望遇到土司袭职，便是发财的好机会。民国以来，土司袭职，仍须呈由县府转专员公署转省府加委，人情费用仍然收取，这些费用全出在老百姓身上。

（5）祝寿费　土司夫妇做寿，可以向人民派款。

（6）年节费　逢年过节，人民应向土司拜年送贺礼，现则多数地方都直接折为现钱，由头人代收了转给土司。

（7）修建费　土司衙门及土司个人住宅的建筑修理，材料人工，均可派由人民负担其费用。

边地有句俗话说："若要土司富，莫若死人、娶媳妇。"可见婚丧大事，土司可借之敛财，人民可就被加重其经济负担了。

二、对政府的负担

考元、明设置土司之用意，只在羁縻边民，并不重视经济的收入的，所以凡土司治下的边地人民，对政府的经济负担都很轻微。《云南蛮司志》载："所设土司，皆置长食其土，岁各量出差发银，多不过二千五百两，少者四十两或十五两。"所谓土司差发银，实际便是人民对政府的经济负担，因为土司是向人民摊派来转缴给政府的。……

…………

民国政治以来，摆夷人户对于政府的经济负担，便无严格的规定，因此各地情形便互不相同。腾龙沿边自改设治局以来，设治局的治权便未曾超越土司过，设治局的经费，除向土司求情资助外，是不能向人民直接征收的。所以在腾龙沿边一带，摆夷人民对于政府一般情形是无经济上的直接负担或者可以说没有明文规定的负担的。其中仅莲山设治局治下的盏达副宣抚司，因为1935年土司叛乱，经明令废革土职，于是人民对土司缴纳的租赋，经政府规定以四成交土司作生活费，六成归设治局作行政费，这在西路是唯一一个有正项收入的设治局。……（林按：此处所言是20世纪30年代的情形，到20世纪40年代，国民党政府对德宏傣族人民的摊派、赋税已经不少了。）

其次是各种税捐，近年来重要者为牲屠税与烟酒税。这类税收在内地本为消费者自己的负担，不吸烟不饮酒的人，自然不必担负烟酒税。但在边区则不然，凡有税捐，完全是门摊户派地平均负担的。尤其政府对于夷区烟酒税，例皆招商承办，承办商要非地方官吏，便是土司头人，他们以低价承包来，十倍二十倍之数摊派于各村寨，各村寨头人，又加多其数摊派于人民，既无收款单据，也无公告数目，人民则一概不知何谓牲屠税，何谓烟酒税，只晓得政府派款，人民只有按数缴纳，所以在政府收入微薄的烟酒牲屠税，而每户摆夷的负担却并不轻。

比较最重的还是夫役的负担。夷区中因为交通的不便，凡政府人员入夷区中的，搬运行李及服役，都向民间征派人夫。过去政府人员到夷区的也就不多，这偶然的征派，对人民尚未至发生经济上的威胁，自抗战时大军入边，腾龙沿边陷落，……接着腾龙沿边的反攻战，……人民在层层的交互驱役下，征派夫役便成为民间最大的负担。摆夷自己的户口组织相当严密，某寨某目要出多少夫役，由政府通知土司，土司转知该寨头人，头人便按户分派，被派着的人家，有丁口者自行去应役，无丁口或家中丁口因事或病不能去应役的，便得出钱雇人代应。……

三、贪吏的苛索

边官多贪墨，在今日已成为一个普遍的风气，这种风气，且是有着历史渊源的。《明史·贾铨传》载："铨，正统十二年擢云南左布政使，土官十余部岁当贡马，输差发银及海肥，八府民岁当输食盐米钞。至景初，皆积逋不能偿，铨等为言除之。"又《天下郡国利病书·云南·种人》"僰夷"载："每秋冬遣亲信往各甸，计房屋征金银，谓之取差发。每房一楹，输银一两，或二三两。承使从者象马动以千百计，恣其所取，而后输于公家。"由这种"恣其所取"的风气，沿袭而成为今日边疆官吏恣意刮削夷民的官风。摆夷懦弱畏事，但求不生事端，甘愿金钱损失，于是更促成了边疆官吏强取豪夺的恶风。在今日的边省行政界中，谁都知道到摆夷区域里去做官是冒险家的事业，因为凡摆夷所住之区，都全是炎热的瘴疠地，官吏之所以不畏生死愿入蛮烟瘴雨之乡者，便是希图这一项意外的收取。有此风气，于是摆夷在经济生活上便加多了一项支出：贪官的苛索。而支出的数目，经常都超过正项负担之上。

十年前（林按：指 1936 年）腾龙沿边摆夷区内的十土司，曾联合具呈政府，请对边地行政加以改革，其中对于边疆官吏的贪污情形说得很实际，下面照抄原呈之一节以代说明：

"云南西南边地各土司，自民国以来，改设行政，原以解除人民痛苦为目的，然设治迄今，二十余年，事实理想，背道而驰，中间虽不无能吏，而十之八九则以升官发财为职志，往往垂橐而来，捆载而归，对于政治，敷衍塞责，故至今设治效果，实等于零。推其原因，厥有三端：一则由于地方之烟瘴，所来流官，晴则畏暑，雨则畏瘴，举手投足，动生忌避，故对于人民之疾苦，地方之建设，皆盲目无知，但思高枕横床，抽烟避瘴，义务诿之土司，权利归之自己；以官样文章，呈转上下，便算行政，一旦任期既满，捆载归去，何尝进一分责任，得人民之信仰？以此而言设治，不知治之何在也！二则由于语言之隔阂，南蛮古称缺舌之地，言语种类，奚止百数，所来流官，对于命令之行使，人民之诉讼，非赖翻译，不能遂事达情，以是译员往往居中作弊，既不能廉得其情，何以折服人心？甚且利用译员为攫取之工具，分赃择肥，无所不至。三则由于人种之复杂，所来流官；大都行云流水，未谙种族个性，往往处置失当，身已去官而祸犹在人民，甚且分种族界限，鼓吹怂恿，使人民纷歧斗争，而坐收渔人之利。”

政府因为不重视边区，不了解少数民族的情况，于是对边疆官吏的委任，便多以庸碌下品充之，奸宄之徒，因为太过明白边区情况了，于是不惜降格以求为边官，在这样情形下，“垂橐而来，捆载而归”，必然要成为普遍事象了。……所以凡是摆夷，对于汉官面似恭敬，内心则恨。之刺骨，比之为豹子与狗，谓其贪婪无厌，不仅吮血，而且嚼骨。

在边地被少数民族视为豹子与狗的，不仅是县长、设治局长和县府职员，对于他们敲磕得最凶的还应当是各级机关派入边地的所谓委员们，如禁烟委员、政务督导员、征粮员、征兵员等。不仅在边地一切食宿夫马要由地方供应，而且例有旅费礼金的送给。于是验收壮丁，以礼金轻重来定去取；查禁鸦片，以贿赂若干来断有无；督导政务，以旅费厚薄来定优劣。甚或假借密查某案而大肆敲诈，故意刁难而需钱转圜。凡此诸类款项，为委员者取之于县长，为县长者责之于土司，为土司的便摊派给人民。以至边区流行一句口头语：“委员下乡，百姓遭殃！”

“这类的费用，在边地统名之曰招待费。每户人家负担的招待费若干，并无一定，这全看县长的贪廉和一年内委员到来的人数而定。……贪官污吏的苛索，在摆夷的经济生活上，是一项固定的支出。”

关于百姓对土司负担的情况，新中国成立后 作过不少调查，现将三份调查材料节录于后，供参考：

（一）《潞西县遮放区飞海寨初步调查》（赵正荣、岛明诚、王叔武调查，1953 年）

一、官租（傣语为“毫租纳”，意即“田租谷”）

征收率为总产之 35%。

二、门户钱（即房屋地基之地租）

最初为每户每年交猪肉六砍（林按：约合九公斤），后改为每户十卢比。

三、礼物、礼金

1. 拜年费：每户一卢比及五砍猪肉。

2. 过年鱼：每户一砍。

3. 结婚费：土司嫁女，每户一砍攀枝花：娶媳妇，每户交两砍攀枝花。

4. 即位费：土司即位，每户交两卢比。

5. 死葬费：（林按：即土司家死人后摊派的礼金）

6. 见官费：（林按：即土司去见汉官时所送礼品、礼金及花消费用的分摊）

7. 睡觉费（傣语为“恩暖”）：有田户五卢比，无田户三卢比。

8. 生子费：土司生子，每户一卢比。

四、家具（林按：原文如此，有误）费用

1. 土司秘书谷：每户 0.4 箩谷。（林按：即土司聘请书案聘金的分摊）

2. 土司兵费：每户六母。（林按：八“母”为一卢比）

五、临时费

1. 枪支费：有田户五文。（林按：即五卢比），无田户二文。

2. 招待费：每户五文。（林按：即土司到各寨后招待所用）

六、劳役

每年每户为土司服劳役五天，为属官服劳役五天，为老𠯆服劳役约合二天，全年约服劳役十二天。

七、宗教祭祀

1. 土司祭祖费：每户一文。

2. 全𠯆祭祖费：1952 年二次，每户计二文半。（林按：大约每年每户二至三卢比）

八、宗教费用

1. 佛爷谷：有田户四箩，无田户二箩。

2. 布奘谷：每户一箩谷。（林按：布奘即贡逢给缅寺的谷子，实际也就是给佛爷的）

3. 毫贿赂：每户一箩。（林按：即赕佛之谷）

4. 奘房灯油费：每户五母。

九、下属官员摊派

1. 属官摊派

①脚步费：每年下寨约三次，每次每户一文，共三卢比。

②做摆费：每年每户六母。

③织布费：即手工税。每年每户四母。

2. 老𠯆摊派

①脚步费：每年每户四母。

②接任费：老𠯆接任，每户一卢比。

③评产费：因官租评产，有田户每户三文。

3. 吉礼费（即寨中所请办理寨内文书记账等事的先生的薪金）：每户四箩半谷。

（载《德宏傣族社会历史调查・一》云南人民出版社 1984 年版）

（二）《轩岗坝轩蚌寨社会调查》（黄荣华、叶苋、李泽义、杨浚调查）名目繁多，花样百出的各种摊派：

1. 保安兵费：每乡一百六十元。

2. 招兵费：每户一个半开。

3. 捐兵费：每户一个半开。

4. 练兵捐：（数额不清）

5. 当官当兵过寨的路捐：每户半开一个。

6. 乡丁费：每乡两个乡丁，每人薪水一百二十箩，由各户摊派。

7. 腾保公路捐：每乡半开二百六十元，由各户分摊。

8. 补助猛戛医药费：每年每乡三百六十元。

9. 县长薪金：每月五百一十元，分摊给轩岗一百箩谷子。

10. 枪照：每支半开三元。

11. 戒烟丸：全乡五千盒，每乡半开四个。

12. 委任乡长：每户谷子二箩。

13. 门牌捐：每年两次，每次半开一个。

14. 门户调查捐：半开一个。

15. 民夫捐：派某寨劳役，就由该寨负担费用：每人每天四个半开，马费八个半开，连人带马每个民付十二个半开。

16. 盖房子开大门费：一个半开。

17. 盖房材料费：一个半开。

18. 结婚费：六元半开。

19. 黄牛捐：每头一元半开。

20. 水牛捐：每头一元半开。

21. 马捐：每匹一元半开。

22. 宰牛税：每头四元半开，附加学校经费捐半开一元；后改为每头半开八元。

23. 宰猪税：每头三元半开，附加学校经费一元半开。

24. 死牛费：死一头牛交半开四元。

25. 卖牛税：每头交税一个半开。

26. 买牛税：每头交税半开一元。

27. 驮牛捐：每头驮牛交一个半开。

28. 草烟费：全坝四十个半开。

29. 牛头税：每头一毫。

30. 酒捐：每缸三个半开。

31. 酒缸税：每口二个半开。

32. 大烟捐：初以每么（一“么”约五至六两）四个半开；继而改为四十个半开；最

后又改为交实物：全轩岗为十六砣大烟。

33. 酒款：

34. 草烟款：

35. 鸡蛋款：

36. 铁锅款：

37. 蚊帐款：

38. 铺盖款：

39. 草席款：

40. 睡铺款：

41. 设治局柴火费：每户一挑。

42. 大宰费：每户二个半开。（系建立“官兵纪念碑”用）

43. 邮政费：每户谷八箩。

44. 党费：每户一个半开。（系国民党县党部经费，也由百姓分摊）

45. 县法官薪金：（数目不详）

46. 图章费：二十个半开，由全乡百姓分摊。

47. 飞机捐：每户一个半开。

48. 县长到省开会费：每户半开一元。

49. 县长下乡开会费：每户半开一个。

50. 买枪款：每保一支。一百六十元。

51. 染布缸税：大缸六元，小缸一元，由百姓分摊。

52. 学校检查费：每次半开五元，每年次数不定，均由百姓分摊。

53. 电杆费：每户铜钱四百文。

54. 被盖：每寨三百个铜文，年捐二十元半开。（林按：原文如此。“铜文”应即为清末开始流通的铜质辅币铜元，因中间无孔，故俗称“铜板”，与原先使用的有方孔的铜钱不同。此款大约是公用被盖的摊派）

55. 榨糖工具费：每榨三十文。（铜元？）

56. 糖苗检查费：每榨三个半开。

57. 纠纷告官罚款：多至八千元，少至二百元。

58. 盖学校款：（不定）

59. 老师伙食费：（不定）

60. 学费：每生八十至一百箩谷。

61. 学生服装费：每套十五元（收钱不发衣服）。

62. 学生伙食费：每月十五元。

63. 笔墨费：（不详）

64. 纸张书籍费：每本半开二点五元。

65. 学生零用费：每月半开五元。

66. 学生鞋费：每双二元半（收钱不发鞋）。

67. 委任新头人：每户一元半。

68. 年底招待属官费：每户半开十个左右。

69. 出洼费：每人一百五十铜文。

70. 修奘房费：每户一元或二元。

71. 人口钱：每户一百文铜钱。

72. 属官摊派：1938 年前，全寨每年向“管爷”（分管本寨的属官）送谷一百二十箩，腊肉十六砣，银子十二两，柴火折银子六两，布料折银子六两。1938 年后，谷租提高，此摊派取消。

73. “军民合作站”摊派：国民党军需站随时向百姓摊派粮、款、肉等。

（林按：此列七十余种摊派包括土司的摊派和设治局的摊派，其中有的摊派是同一内容换个名称又重复敛财）

（载《德宏傣族社会历史调查·一》云南人民出版社 1984 年版）

（三）《芒市土司制度调查》（潞西县档案馆供稿，张元庆修改）

（林按：此份调查甚粗疏，可作参考。2001 年春，笔者向当地尚健在的原芒市土司属官和老百姓核实，其中许多项目内容大家都不知其意思，有的项目属于下面一些头人个人的摊派，也不宜视为“土司制度”中“制度化”的内容。笔者根据自己的调查，作了一些补充。）

一、官租

土司辖区全部耕地都交官租，芒市土司、代办所收官租率最低为总产量的 20%，最高达 40% 以上。

二、劳役

1. 固定劳役：将寨子按不同的劳务内容划为固定无偿劳役寨，如“扫地寨”、“抬轿寨”、“扛大旗寨”等，各寨专司某一项劳役。据“扫地寨”调查，全寨十五户，全年所服劳役等于九个长工。

2. 临时劳役：如派人盖衙门、种私田、打围墙、挖鱼塘、守路卡、修飞机场、修仓库、修坟，土司有婚丧大事派白工，土司赶摆派伙夫，出门派马夫，到寨子后派人“烧鸦片烟泡子”等。

三、杂派

1. 酒捐：每个酒瓮交半开二元。（林按：此项是方克光任代办后新增的）

2. 榨糖捐：每台榨机交半开十多元。

3. 恩姐朵：每户交地皮捐半开六元。

4. 门户捐：每户交半开一元。

5. 恩汉拉召混院：土司生子每户交半开一元，放炮三天。

6. 恩收收：每户交半开一至二元。（林按：名目不详）

7. 上奘捐：土司每年“进洼”、“出洼”到街坡上奘两次，每户交半开三元。

8. 恩斯拉他命：土司借口买飞机，每户交半开一至三元。

9. 梅扎火：百姓被土司施“枷刑”时，要求松刑要交半开三十元，要去刑要交半开五十元。

10. 敲诈：如芒杏寨边有土地面积为二十箩（林按：意为播种时需要二十箩谷种大的一片土地，约为一百亩），土司借口要去开垦，敲诈芒杏寨交半开五十元。

11. 恩傚来：派有学差的寨子每年每户交半开二元半。（林按：方克光任代办后，分配各寨送小孩去读书，由寨子出钱保送）

12. 递禀钱：百姓有诉讼到衙门递禀，双方先交二百文铜钱。（林按：经调查，是递禀人应交二百文铜钱，类似立案费）

13. 过堂费：处理诉讼，双方交过堂费半开四元。

14. 恩准混：土司就位费，每寨要交钱，如上芒晏寨子每户交八百文铜钱。

15. 恩汉拉朗：土司讨回老婆每户交钱四百文。由老吭带去给土司老婆的“见面礼”。

16. 恩零混盾准：防守“共革盟”，每户交半开一元。

17. 脚差钱：土司派差到农村收官租，若暂时不能交官租，则要交脚步钱半开一至五元。

18. 恩斯广：土司武装的枪支费，每户交半开三元。

19. 洗印捐：土司每年洗一次印，每户交半开一个（五角）。（林按：此外，“准”、“领”等属官接受土司任命，也要向土司送钱，亦称“洗印钱”）

20. 恩货练：土司兵款，每户交半开三元。

21. 吭头接任费：任吭头交半开二十五块；若不愿任吭头，土司则视其情节罚交半开一百至一千元。

22. 烟税：大湾每户交官烟四两五钱；另一种按面积交。

23. 毫机印：交衙门守大鼓费，每户交谷子半箩至一箩。（林按：更鼓费，即打更人

的报酬）

24. 毫响弄：街坡每户交六点二箩。（据调查，当时街坡寨无田地，是土司衙门的“伙夫寨”，土司出钱雇佣此寨的人专门为土司做饭，而土司付给报酬）

25. 毫收收：每户交一至三箩。（林按：内容不详）

26. 屠宰捐：见杀一头（猪、牛、羊）交肉一砣。

27. 修庙捐：每年每寨交谷子一箩。（林按：每年傣历十月修一次，理论上是自愿捐）

28. 官肉：每天按寨轮流交，每寨四十砣。（林按：据调查，土司无此捐税，属头目个人行为）

29. 祭鬼牛：法帕吭每年交黄牛（脖力黑，身黄）一头；拉目吭交水牛（角长而收拢）一头。（林按，原文如此，“脖力”恐系“脖子”）

30. 毫戛扒：无田户交，作为土司、属官来本寨的伙食开支。每户交谷子一箩半至三十箩。

31. 派包谷。

32. 派豇豆。

33. 派火把。

34. 派酒。

35. 派牛。

36. 派修坟的料子。

37. 派马料。

38. 派“鱼渣”。（林按：当为“鱼鲊”，即一种用鲜鱼腌制而成的酸味食品）

39. 派人拿鱼。（林按：第 31 至 39 项由风平吭负责供应）

40. 派烟咀（土司吃过一次的烟咀就丢了）。（林按：当为“烟嘴”，此种摊派，方克明任土司时存在过）

41. 恩汉邪。（林按：内容不详）

42. 恩汉拉召。（林按：内容不详）

43. 恩干朵。（林按：缅甸木邦傣族地方每年“出洼”时的捐款。但芒市地方无此名目）

44. 吃花酒。

45. 恩足冷。（林按：土司儿子满月时送礼）

46. 恩戛墨。（林按：意为“墨钱”）

47. 恩足毕。（林按：土司儿子满周岁时的送礼）

48. 恩斯落利。（林按：买汽车时的派款）

49. 戛机戛凸。（林按：内容不详）

50. 土司下寨派马草钱。

51. 土司下寨各户摊派。

52. 恩过冷夕。（林按：过年时的摊派）

53. 打街捐。（林按：所指不明）

54. 派猪。

55. 派鸭。

56. 派鸡。

57. 派鸡蛋。

58. 恩戛浆。（林按：意为“工资”，大约是衙门雇佣人员工资的摊派）

59. 恩斯茎轰早。（林按：意为“买杂物钱”）

60. 恩戛遮。（林按：意为“临工钱”，大约是土司雇用临时工工资的摊派）

61. 毫毛放。（林按：内容不详）

62. 毫扒坝朽。（林按：意为“扫墓谷”）

63. 毫扒底。（林按：意为“扫地谷”）

64. 恩傲灭。（林按：土司结婚时的捐款）

65. 恩咩庄。（林按：修奘房的捐款）

66. 恩咩广母弄。（林按：修风平佛塔的捐款）

67. 修公路费。

68. 买水枪费。

69. 恩盖宿盖贺。（林按：意为“盖建衙门钱”）

70. 恩汉粉汉匪。（林按：派烧柴）

71. 派衙门马匹的马草费。

72. 保路费。（林按：此项是行人商旅通过三台山的保卫费。三台山在芒市与遮放之间，是自芒市西行前往遮放、瑞丽及缅甸的必经之地，为景颇族聚居地，当时常常发生抢劫人货之事）

除上述外，土司给属官一两个寨或一个畹的管辖权，属官又要向农民索取“禄芒”（官爷租）。农民除受土司三大剥削外，每年还要向管属的属官交纳毫波朗，服劳役，交杂派，在野蛮残酷的土司制度下，农民受到层层统治和剥削，每年交纳官租，杂派要达总收入的百分之六十以上。

（载《德宏傣族社会历史调查・三》云南人民出版社 1987 年版）

林按：芒市土司所辖九畹四练中，以法帕、拉茂、风平、芒核四大畹最为富庶，是鱼米之乡，此四畹负责芒市土司的日常开销。此外，广母寨为扛大旗寨，芒核寨为抬轿寨，帕底寨为送水果寨，轩岗寨为送军粮寨（土司武装兵丁所需口粮），街坡寨为伙夫寨；守卫土司坟地由当地汉人承担。

在此种经济的体系下，各土司地中的耕地，可以说实际上是无价值可言的。人民向土司署领得了田地，若这家人因着迁徙或人口减少不愿再事耕种时，或者便把土地交还土司，或者也可以转让给别人。另一家人若要承继这些耕地，只需宴请原主一次，或送给烟茶若干，谓之“码埂土退钱”（“码埂土退”的意思，是指原主历年耕种此项田地，遇田埂倒塌或土基松退时，须雇工修理，不无相当破费。此项礼物，便是用来补偿这种破费的），便可转承此项田地为己有。此种转让，土司自可不过问，只要承继人能继续照原主缴纳租税，尽佃户之一切义务，便无问题。有些地方如芒市、南甸，为着人口的增加，耕地不敷分配，且因米谷向外销路之旺盛，关于田地的承项，一般也得出钱若干，但这绝对不能说是田亩的买卖，只能称作承项耕地的手续费或给予原主的报酬而已。因为人民一般都无土地所有权，故民间的迁徙流动性很大。如果某家有着生活上的不如意，与本寨中人不能相处，或宗教信仰之变迁（摆夷普遍信仰佛教，佛教中又分为四大派别，其详情见于本书第八章中。因为信仰宗派的不同，日常生活中便多有歧异，为求和邻里生活上的协调，故宗教信仰的变迁，常引起居住地的迁动），或为债务及逃避土司之征发，常有举家连夜迁入另一土司境内去的。摆夷习俗，若甲土司境内的住户欲迁入乙土司境，只需先与欲迁之村中的头人接洽妥当，由头人代报老幸，得其许可，便可迁入。迁入时由老幸指拨若干田地给耕种，村中邻里前来相助，伐竹建屋，并各借给款、米若干，作现时的食用。并可享受蠲免三年租役的特权。三年满，便正式入籍本村，与村人同等负担对土司应担负之一切义务。至于迁移后原住地抛下的耕地，自有头人、老幸暂时管理，或者便任其荒芜，待另有人家迁来时，又便指拨给予耕种。好在可耕的荒地既多，而所有权又属诸一人一家，自无土地争执之事。

这种情形，与欧洲中古时代的大地主社会确有多少相似，社会经济是一种畸形的发展，多数分子的生产所得，除开维持自己最简单的生活外，全部集中来供给一人一家的特殊享受。就地主阶级的土司们来看，生活的优裕与经济的富裕是未经亲见的人所想象不到的。而佃农阶级的人民，则除维持其简单衣食外较富者不过多有几头牛马，土地既非私有，房屋又皆竹篱草舍，无经济价值可言。若说金钱的积蓄，又为着三个原因而无存余的可能：

1. 无发达的工商业，欲以农产品来换取大量金钱，为事实上不可能。

2. 对统治阶级负担过重，致使个人生产不可能得到盈余存蓄。

3. 对宗教上的花费太多。——这一点在本书第八章中有详细的叙述。

为此之故，在摆夷民间可以说绝对没有堪称得起富有的人。但反过来，在摆夷社会里，也就很难见到贫至衣食无着甚或不能举炊之家。在汉地中任何都市以至农村中均可见到的街头求乞者，在摆夷村寨里就不易看得到。这也有着四个原因：

1. 夷区土地肥美，气候近于热带，农作植物生长极易，求个人的温饱，并非难事。

2. 各土司地域中，多闹着地多人少的恐慌。土司所拥有的耕地，都在尽意招引佃户，人民只怕不去工作，却不愁无田可耕。既能做土司的佃户，或竟做佃户的佃户以至佃户的佣工，虽受多重剥削，但个人生活总可不成问题。

3. 据摆夷们自己说：夷情重视族亲。倘某人贫至沦为乞丐，那和他们有亲属关系的人家，必尽力招往就食或设法使之有工作，因不如是，便为村寨邻里所讥笑。

4. 有一种由他处流入无亲无邻的贫户，偶遇无法生活，那最低限度，可到寨中的佛寺里，为和尚们作打扫工作。这样，寺中也必供给他的饭食。

由此种情形看来，可知摆夷社会中，除土司及贵族阶级外，民间可以说既无富有阶级，也无贫不能生之辈。人民的经济生活水准，一般都是很平等而无高下之分的。所以造成此种平等的经济水准的最大原因，便是因为他们的经济生产完全是单纯的建筑在农业的耕作上。

摆夷的经济生产，所以能全部建筑在农业的耕作上，大概由于下面的三个原因：

1. 摆夷居住的区域，都是广大的平原，雨量充足，土地肥沃，河流灌溉便利，更兼气候温暖，造成一个天然的农产环境。

2. 摆夷的个性皆安土重迁——不愿意迁出摆夷集居的区域，尤不善经商，把出门远行认作一件绝大恐怖之事。

3. 与几千年以农立国的汉人交往的最早而密切，其邻境的缅甸、暹罗（泰国）、安南（越南），也是农业国家，自难免受到生活方式上的影响。

若从摆夷农业生产方法上看，那在今日这种部族不仅不能说野蛮，即半开化阶段，已将成为过去。按 F · Mullen Tynen 在所著的 *The Klisoiy of social Deuelopent* 一书中说：若从生活方式上分别各民族的进化阶段，应当是：

1. 野蛮

A. 低级游猎	如非洲的 Mincopies 人，美洲的 Eskimo 人。
B. 高级游猎	如北美洲的印第安人，加尼佛尼亚的 A-paches 人。
C. 捕鱼民族	如 Gtemen，Haida，Vancouven 诸民族。

2. 半开化

A. 游牧民族	如亚洲的西藏人，通古斯族，非洲的 Dinkas，Banis，Galla 诸民族。
B. 耙耕	农业民族如印第安人，巴西土人，非洲的 Kaffins 民族。

3. 文明

A. 锄耕农业民族	如古代的巴比伦，埃及，腓尼基，希腊，罗马及中世纪之日耳曼人。
B. 园艺农业民族	如今日之墨西哥人，中国人，日本人。
C. 商耕民族	如今日之欧洲民族。

今日摆夷的农业生产方式，正介乎文明的 A 与 B 二阶段之间。这便是说：摆夷的农耕方式，不仅全部知道用锄耕的方法，且多已进到了园艺的阶段。

夷地的农产物以米为大宗，就各夷区的气候而论，每年种稻两次是很可能生长的。但为着各土司境内大抵人少地多，米谷的剩余又不一定有外销的市场，故每年仍只播种一次。耕种的工具及方法全与汉人相同。因为米谷为经济生产的重心，故社会上的一切含有经济价值的事物，都以米谷来定价值的单位。[1] 每一个土司境内，若具备着这四个条件：

1. 平原广大，水利方便；

2. 已开垦的耕地较多；

3. 人口较多——实际上是佃农较多；

4. 邻近有需要大量数额之米的销场。

那这一境中土司的财产，固然万分雄厚，就是土司的佃农——人民的经济生活，也必较为丰裕。反之，若这四项条件中缺少一项或数项，则社会中的一般经济情形，必然很穷困。这可以用几个土司的实际情形来作一证实：今日沿边各土司，以芒市一司较为富裕，其原因便由于芒市平原广阔，人口繁荣，且所有平原，已多数开垦为农田，年可产米百余万箩。而紧接芒市的龙陵县，便全是山地，全年所产米谷，仅足供本境人口三个月的食用，余外九个月的食粮，都全部仰给于芒市。芒市有这样大的一个米的销售市场，社会经济的富裕那是必然的了。芒市南邻（林按：应为西南邻）的遮放，所产米谷虽也能北经（林按：应为东北经）芒市而输入龙陵，南（林按：应为西南）且有汽车道直入缅甸（在滇缅路未修之前已有之），但为着山地较多，平原之南部，又全是芦苇塘，夏秋水涨，尽成沼泽，冬春则长满深可没人的芦竹，因而全境可耕之地极少，米谷只够自食。[2]虽有销售市场，却无米可供输出。遮放即是缺少了上述四条件中之首三项，故遮放之经济情况，其富裕程度，据一般的估计，仅及芒市八分之一。又如陇川，属境内平原之大，耕地之多，不亚于芒市或且胜之，但因为人口过少，据司署册报人口为二千一百户，仅及芒市人口五分之二，又米谷虽可以运销缅甸，但市场价值更不如芒市运销龙陵利益之厚。这就是缺少了上述条件中的最后两项，所以，陇川米谷虽然丰收一年可供全境人口三四年之食用，但土司和人民的财富，都远不及芒市之丰厚。[3]再如猛板，那就平原、耕地、人口、农产品销售市场，一个条件都未具备得有，故在各司中算是最穷。从这实例上，可以显然地看出今日摆夷的社会经济基础，完全建筑在农产品尤其是米谷上面。

田野中的水碓（茂密的植物、平旷的原野、纵横的河流、得天独厚的气候条件使这里的粮食种一年可吃三年）摄于1937年

一般地说起来，摆夷区域中米的产量，大体上是供过于求的（这是就

过去的情形而论，在滇缅公路修通以后，若干土司区的情形是大大变异了的），十几年前各司地通缅的汽车道未修通，遇境内产米过多吃用不了时，常把米大量的烧毁了。目前虽无此种烧毁过剩农产品的事实，但米谷在司地中确不似在汉地中的贵重。任何贫穷人家，固然都每餐有米饭可吃，对于骡马，也都不饲豆料而饲以谷子。云南多山，除少数县区有较大平原，米谷尚可能有大量的生产外，其他多数县境，人民十之五六是以燕麦、苦荞、玉蜀黍作经常食粮的。得吃一餐大米饭，都是稀有的事，甚至有终身不知米饭香者。视土司地中之以谷喂马，不能不叹摆夷之得天独厚了。

〔1〕当时傣族人家的财产是以多少箩谷来计算的，最为典型的如前注释和引文所述土司修公路的投资以拿出多少箩积谷来算；许多捐税以谷多少箩计，连土地面积都以种谷多少箩来衡量。

〔2〕遮放坝子大致是一个东西偏南走向的狭长地形，芒市河穿坝子而下，于坝西南端与龙江相汇。先父去那里时，“平原之南部，又全是芦苇塘，夏秋水涨，尽成沼泽，冬春则长满深可没人的芦竹”；20世纪五六十年代，还大致如此。现在水位下降，苇塘沼泽多辟为甘蔗地，但夏秋时节仍有大片苇地，白鹭、野鸭栖息其间。雨量充沛的年份，河水可一直漫上坝子南边的公路。

〔3〕据1950年8月至1951年1月中央访问团的粗略调查，当时芒市人口约58500人，耕地约118854亩，年产稻谷约4300万市斤；陇川人口约25000人，耕地约26889亩，年产稻谷约2000万市斤。（见《保山区几项调查汇集》，载1957年1月全国人大民委办公室编《云南省德宏傣族景颇族自治州社会概况·傣族调查材料之一》）。

为着米谷生产的过多，故价值亦较低。以民国二十六年冬季作者到边区时的价值看：芒市谷价每箩（约重二十斤）约合国币二角五分，猛卯每箩约合四角，陇川五角，（猛卯、陇川谷价较芒市贵，并非产量多少问题，而是当时芒市货币以云南币制为主，猛卯以缅币为主，货币价值不同，故折合国币时即见差异）若和当时昆明的谷价比，低三倍或四倍之数；〔1〕若和现实（三十二年冬，林按：即一九四三年）昆明的米价相比，相差至一千倍之巨。

除米谷外，主要的农作副产品有下列诸种：

1. 豆类　主要者为蚕豆和豌豆，以芒市出产最多，每年输入龙陵等地，数量约及谷类三分之一。〔2〕

2. 蔗　民间种植的很多，且能用土法制糖，质虽不佳，但各司境内的产量都约可供给本境的需要，且有运销沿边各县的。芒市和陇川，更以土司的力量，来种植大规模的甘蔗园，拟向外地购办机器，创办制糖厂，准备大量制造蔗糖。唯以时间尚短，尚没有什么成效。〔3〕

3. 果类　热带水果如菠萝、香蕉、芒果、杨桃、木瓜等都有人种且有专门经营果园的。但多数都只限销本地，只芒市果产可运销龙陵，南甸可运销腾冲。〔4〕

4. 菜蔬　以园艺的方法种植菜蔬，这在西南边区中只能于摆夷地中见得到。故在摆夷地中，不似在其他边疆区域内之每天只吃得到大块的肥肉。〔5〕

5. 落花生　多用来榨油。邻近边境的各司，每年有大量的生产运销国外。〔6〕

---

〔1〕按规范的说法，应该是"为三分之一至四分之一之数"。

〔2〕"豆类……并不栽种于稻田中而是另辟耕地栽种，因为在生活中不是必要的粮食，所以也就不是家家均种植。若干地方种植此种农作物的目的，不在自用而是销运于汉地，如芒市豆类产量，占输出谷米数三分之一。"（江应樑《摆夷的经济生活·第四章·二·农产品》，岭南大学西南社会经济研究所 1950 年印行）

林按：据《2000 年德宏州统计年鉴》数字，2000 年全州豆类播种面积 9243 公顷（其中黄豆 4557 公顷），产量 9493 吨（其中黄豆 5600 吨）。

〔3〕"蔗　就村寨附近，编竹为篱，即于其中种蔗，每家所种亦不过数十百株，收割后用土法榨为糖，供自己需用。……"（江应樑《摆夷的经济生活·第四章·二·农产品》，岭南大学西南社会经济研究所 1950 年印行）

林按：新中国成立后，大力推广甘蔗种植，现在甘蔗已经成为当地农村最主要的经济作物。据统计，1952 年全州甘蔗产量仅为 0.28 万吨，到 2000 年，发展为 256.06 万吨。随着甘蔗产量的增加，制糖业也成为当地支柱工业，糖产量由 1956 年的 170 吨发展为 2000 年的 331895 吨。

〔4〕"果品　摆夷地盛产各种水果，过去大都是随处野生，近来有多种已经为农家所专门培植而成为农产品之一部分了。……"（江应樑《摆夷的经济生活·第四章·二·农产品》，岭南大学西南社会经济研究所 1950 年印行）

林按：据统计，全州水果产量由 1978 年的 1769 吨发展为 2000 年的 11399 吨。

〔5〕"菜蔬　蔬菜的培植完全为供自己食用，故均只于屋后空地上略种少许，……

辟为菜园大量栽种而售之于他人的，……摆夷尚无营此生意者。菜蔬的种类并不多，仅瓜类、青白菜、辣椒等数种。夷区中土壤，本是最适宜种植菜蔬的，有人从内地携入各种菜种试种，结果不仅都能生长，而且较之原地产生者更为肥大。摆夷的饮食享受欲很低，对这些新种的菜蔬并不发生大多兴味。”（江应樑《摆夷的经济生活·第四章·二·农产品》，岭南大学西南社会经济研究所 1950 年印行）

〔6〕据统计，全州油料作物的产量由 1952 年的 260 吨，发展到 2000 年的 17117 吨。

林按：在《摆夷的经济生活·第四章·二·农产品》结尾，有如下一段结论：

“这些农产品，在生产上有一个共通的原则，除少数种类外，都是为自己的需用而种植的，又除稻谷是家家必种外，其他各种农产，不一定都每家都种，即种者亦不以之为主要的生产品，自用以后尚有多余的，谷米是用来缴纳土司的租赋和政府的征取，其他农产物，则用来换取自己所缺乏的生活必需品。”

又，家父在《摆夷的经济生活》一书中，讲述了傣族的耕作方法，录如下：

“每年在清明前后一二日（确实日期依摆夷历推算，大约总是在内地清明节一周左右），夷地中有一个浴佛节，俗称泼水节。过了这一天，夷区便由干季而进入雨季，入夷区的行商走贩和工匠们，都一律撤离平原地带，摆夷们也停止了宗教活动，停止了造屋修桥，停止了一切娱乐，担负起一年一度的耕种工作。先把荒芜了一个小春的田亩放水或借雨水浸润，然后用牛拖犁把田土浅浅犁起。犁的形状和内地农村所用者大体相同，铁铸成犁头而以竹或木为柄，水牛或黄牛均可供犁田之用——内地犁田皆用水牛，摆夷则多用黄牛，水牛大多供食用。两牛并犁或一牛独犁，田土翻起之深度仅二三寸。犁后数日便放水浸田，浸数日，再用横木一条，上嵌木齿，仍用牛拽之使土松碎，即可准备插秧。秧苗亦先植于秧田内，长至约一尺长，即拔起分插于犁好之水田内。是时约为阳历六七月间。”

“在撒种、插秧、收割这一时期，其工作所最不同于内地之处，即是一不施肥，二不除草，所谓春耕夏耘，摆夷是只有耕而无耘的。不仅稻谷不施任何肥料，即菜蔬、豆类、甘蔗、棉花，也一概不用肥。他们听说内地种植要加粪便为肥料，令他们惊异不已，以为这样污秽之物撒在田地中，则生长出来的物品，如何吃得下口？他们仅只是觉得稻谷生长力已经减弱时，便另换一地栽种，让原种地荒芜一二年后再耕。等到秧苗插下以后，便不再理会田内工作，这时他们有一个宗教集会，南部称为‘关门’，西部名曰‘进洼’，从农历的六月中旬至九月中旬九十天内，人人不做工，每天都到佛寺中去听和尚讲经说法，期满的一天，名曰‘开门’或‘出洼’，大家群集佛寺中礼佛后，算结束了这九十天的僧侣生活，然后始重新打理各项工作。田里的稻谷，这时已将近成熟了，便约请亲友邻里，互相帮忙，陆续割取。割稻也用镰刀，稻穗仅割取尺许长，留于地下之稻梗，亦尺余长，这因为夷地中对稻草无所使用，牛马一律吃青草（摆夷地冬天草亦不枯黄），建屋用山上野生之茅草，燃料有柴薪或迳用晒干的牛粪，所以稻梗便一无用途而任其留置田中。”

“稻穗割下后，便平铺田中或田埂上，任其晒干，然后用大石一块横放地上，双手握稻梗将谷穗向石头摔掼，使谷粒脱离谷秆落下；另一法则将谷穗平铺地上，用一枝弯曲的木棍击之，使谷粒脱落。取得谷粒后，便堆置于田边广场中，场的一角竖立一枝竹竿，上系布带一条，看风起布带飘动时，男、妇多人，围着谷堆，用木铲将谷粒铲起，用力抛于空中，糠灰被风吹走，落下的便是洁净的谷粒。于是便挑回家中，堆存竹楼上。每天食用的米，都是当天清晨或前一晚舂碾出来的。”

“夷地一律不种小春，稻谷收割后，田便任其荒芜，须到翌年清明后，始放水犁田。至若黄豆、蔗、蔬菜、草烟，皆不种在稻田内，另有地供种植。”

“这样的耕种方法，若在内地，要有收获那真是想象以外的事。不施肥，不除草，不知选种，不知防害虫，而能仍有所收获，且大多能丰收，这不能不归之于土壤与气候的优异，诚所谓得天独厚了。据一位稻作专家的意见，摆夷居住区内的土壤，天然含肥量相当丰富，而且常有闲歇的休息期，所以在目前不加肥尚能保持标准的生产量。莠草本身是夷地中繁殖最易的一种有害植物，唯此种草类大多繁殖于卑湿的旱地，水田中生长力远不及旱地之速，故稻田中不除草尚不致影响整个生产，但也不能认为无妨碍。如果能在插秧后一个月施一次除草工作，收成必可增加。摆夷的稻种本来不坏，皆糯稻，米粒大而含油量重，不过长期的用同一田亩上的生长谷粒播种于同田亩，这对于品种是不会得到改良进步的。且害虫之害则较内地为甚，摆夷割稻时稻秆留存于田间部分太长，且经一冬任其生存田间，害虫便都生长于稻秆中，在春天剥开稻秆，几乎每十秆中有四秆内有害虫隐存，所以危害于稻的生长极大，如果摆夷割稻时能顺地面割取，减除了害虫的寄生物，对于第二年收成的增大是为数甚大。”

在这样农耕方法相当进步的摆夷农村中，由于下面的两种关系，必然地发生了佣工制：

一、农田的耕作全用旧式工具，也便全用人力而辅以兽力，在贵族属官之家，从土司署领到的耕地较多，本家的人力不敷使用，自必雇请佣工。

二、上文曾说到有几个土司地中，由于人口的增加，已开垦的耕地偶或不敷分配，于是便有一部分无田可耕的人民。据各土司估计，境内住民有田可耕及无田可种的百分比数如下：

司地名	有田耕者	无田耕者
芒市	百分之六十	百分之四十
遮放	百分之七十	百分之三十
猛卯	百分之九十	百分之十
陇川	百分之九十五	百分之五
干崖	百分之九十	百分之十
盏达	百分之七十	百分之三十
南甸	百分之五十	百分之五十

根据这数据作一个平均统计，则此七大土司区域内，有百分之二十五的人民是无田耕种的。我们得记住，摆夷是百分之百以农业为生的，所以这百分之二十五的无田农民，便都适应了上一项的需要而全做了大佃户的佣工。

用水牛拉柴（两头水牛中间架着柴禾，直接在地上拖着走。这种运输方式现在早已绝迹）

牛驮（这是当时主要的运输工具，此地的黄牛背上有一高耸的肉峰，称为“封牛”。《汉书·西域志》云：“罽宾国出封牛。”颜师古注“封牛，项上隆起者也”，大约就是这种牛）

以上图片摄于1937—1938年

佣工所做的事极简单，大略可以概括为三类：

一、田地上的工作。

二、做家务及照料小孩（工作者多属妇女）。

三、放牛、割草、拾取燃料（工作者多属小孩）。

佣工性质可分为年工（长工）和日工（短工）两种，所得的报酬差不多都有一定的规例，以一个成年的佣工来说，所得工资约如是：

一、长工 做满一年应得的报酬是：

A. 谷一百二十至一百五十箩；

B. 衣服二套；

C. 鞋二双；

D. 包头之布二块；

E. 绣花袋（挂身上装盛物件用）一个。（林按：家父在《摆夷的经济生活》一书中是这样描绘傣族“筒帕”的：“摆夷上街赶集，身上都背一个布制口袋，用来盛装新物，形似旧戏中所见之招文袋，制作精者上绣各种花纹，夷语呼为 Tung-piao。”）

二、短工 工作一日，可得谷一箩。

夷地做佣工，实在并不能算一种苦生活。夷人生活简单，大概一个人每年三十箩谷便够吃饭，再加以简单的穿用，每年一百箩谷尽够生活了。所以，一个人一年中只需有三个多月的短工做，便不愁无衣食。因此，夷地中的佣工，常年生活有时反而比大佃户来得容易，因为一个佃户纵使有一百箩种的耕地，由于本人家庭中工作人数之不够，不能不多雇佣工，则在收获以后，除开交纳土司署及开发佣工的报酬外，自己所余实无几，甚至有不敷者，反不如佣工的安乐。这种情形，可以见出佣工劳力之剩余价值，佃户并无能搜夺者，要说佣工的工作确有剩余价值的话，那搜取去的不是他直接的主人佃户，而是间接的主人大地主。

佣工而外，夷人也有手工业者。但是这些手工业者很少，甚至可以说绝无完全依靠手工业来维持生活的。摆夷的手工业，都是一种农业以外的副业。有些手工业固然可以说是一种专门技能，但多数却都是每个农民都能做的。即如建筑房屋，在夷地中就没有专门的工匠，摆夷住房多半用竹建成，任何人都能做建筑工程师，任何人都能做泥工、木匠。某家要造房屋，只需将材料预备齐全，准备饭食，于是请邻里相帮，便可动工。

摆夷所普遍特长的手工业，有下面诸种：

一、竹　工

猛卯中缅交界地之大竹桥（此桥位于瑞丽弄岛与缅甸南坎间的瑞丽江上，桥长三百七十八步，全桥用大竹架设，无一粒铁钉一寸铁丝。图中为刀京版正驾驶自备车由南坎驶入中国，江对岸即瑞丽弄岛）

要有人问我摆夷的代表工艺是什么？我将毫不思索地以竹工来回答他。参天的大竹是摆夷区域内自古即已驰名了的特产，生长于千竿翠篁荫蔽着的摆夷村寨中的人民也便都很巧妙地不辜负这天生的盛品，使得到了广大的运用。竹的最大用途约有下列三项：

A. 建房

不仅梁、柱、门、窗全用竹，墙壁也可不用泥土砖石而以竹篱代之。楼房的楼板，便用大竹剖开后铺上，光滑有如舞厅中的涂蜡地板；门窗户壁上，且能编出各种精巧的花样。

B. 造桥

夷地桥梁，除少数用石砌的外，最大与最多数的，都全用竹搭成。一二丈宽的河面供人畜通过的桥道，固然可以竹来搭架；就是数十百丈宽如滚滚瑞丽江上供汽车行驶的大桥，也完全用竹来建造。造法先用大竹在河中支架，再用长竹联系于架上，上面横安短竹，再铺竹篱，竹篱上填以沙土；看去似极单薄，但汽车却可安然驶过。在猛卯土司城与缅甸木姐交界的瑞丽江上的一座大竹桥，长四百四十五步，又猛卯弄岛与缅甸南坎交界之瑞丽江上大竹桥，长三百七十八步，都能行走汽车。两桥均高出江面二丈余，全桥之造成除竹外无他物，不用一钉一索，竹与竹连接处，也用竹篾搓成的竹绳来捆系。这真不能不使人赞一声伟大的竹的制作！不过这种竹桥有一个大缺点，就是每年必须重建一次。因一到雨季江水暴涨，桥便被冲毁，到秋天，又得重新搭造。

遮放傣族老人在制作竹器

硬木雕刻的大象（清代末年）

竹编的鱼笼与竹凳

笾笆（挎于腰间的竹挎篓）

竹篾斗笠（可遮烈日，可挡暴雨，今天在傣族村寨尚普遍使用）

槟榔盒（这是一件制作于20世纪30年代的竹胎漆器）

黑陶水瓶（不但形制优美，且盛夏用来贮水，清冽异常，经旬不腐）

以上图片均为江晓林摄

C. 制用具

小之如饭篮食盒，大之如箱笼背箩、桌椅床凳，莫不用竹制造。摆夷家庭中逐目所见的器具，大多数是竹制品。

这些竹的制作物，都非常精巧，看去似非有特殊训练的专门人才不能做出。其实，这些伟大精巧的竹的制作品，尽田中男子、妇人以至小孩们耕种之余的副产品。

二、陶　工

建造土司署、贵族住宅及佛寺所用的砖瓦，都是向汉地请匠人来烧制，一般看去，摆夷似乎尚不会烧窑。唯在猛卯、干崖及上缅甸一带的夷人，能烧制一种很美丽的陶罐，罐形如中国汉、唐时代的铜瓶，作深黑色，上有图案花纹，夷人用来盛水。我带了一只归来，放在客厅中插花，朋友们骤看到都以为又是什么地方出土的汉代古铜瓶。南甸土司龚印章之弟月波君，昔年曾到过京、沪以及日本，先在南甸遮岛以私人财力建一所瓷窑，研究烧制瓷器。用本境出产的泥土、釉、颜色，雇得四五个摆夷，日夜试验，据说已弄了七个年头。我曾亲到这个小规模的瓷器试验场去看过，见烧出的水盂、瓶、碟之类，间或有好的，釉水颜色几可媲美江西瓷器。这不能不说是杰出的手工业者。唯此类陶器，均没有大量生产。[1]

三、银　工

摆夷装饰用之银制饰物，如耳环、手镯、项圈、纽扣等，都是摆夷自己制造。这类银工，在较大村寨中均可看到。银器的制作法，全与汉人同，或者制银的方法是从汉地传入的。

四、铁　工

摆夷农作工具中的铁制部分及日常器皿中的铁制用品，大部分从汉人买来，少部分自己制造。铁工，在摆夷社会中也是农家的附属手工业，所能制造的都是粗重的物品，如锅、锄、刀、铲等。缅甸境内旧木邦宣慰司一带的摆夷，以炼纯钢出名，所制钢刀，可与户撒、腊撒的钢刀媲美。户撒的阿昌人以制钢闻名，其钢锋利而柔软，即使英人炼制的钢，亦多不如。[2]

银槟榔盒

银水盂（土司、贵族小姐泼水节用来泼水。此二件均系原土司家中旧物，为20世纪40年代前制作的物品） 江晓林收藏并摄影

银纽扣、银镀金镶红宝石纽扣（上左），银耳环、银镀金镶红宝石耳环（上右），银手镯（下左。径1.5厘米，重量达数两），银腰带（下右） 江晓林收藏并摄影

五、织　工

摆夷农村中的每个妇女，都是高手的织布工人，也是杰出的刺绣家。家庭中的女孩子，长到十一二岁，便须教给织布绣花的技能，不能织布绣花的女子，往往不易出嫁。所用的织布机，与汉地旧式木架织机略相同，纺棉理纱的方法也全同汉人，织布的技术则很高。白色的织布上，能织出凸凹花纹。此外更有一种织锦，用彩色线和金线，在布上织成极美丽的图案花纹，精美悦目，可以称为摆夷妇女的最高艺术作品。[3]

傣族妇女在河中漂布　摄于 1937 年

理纱（图中老妪深色的嘴唇系嚼食槟榔所致） 摄于 1937 年

傣族男子织筒帕　江晓林摄影

织布的傣族老妪　江晓林摄影

傣锦及筒帕图样　江晓林搜集并摄影

〔1〕“西部摆夷能制一种陶水罐，大肚长颈小口，色黯黑，上有花纹，形式古雅，带一只到内地，置客厅中插花，与古铜瓶极相似，摆夷用来盛饮用的凉水。这种瓶仅若干村寨人擅长烧制，所以在街集上可以看到大批的出售。”又：“陶器的发明与应用，本来是在半开化的初期便应当有的事，而奇怪的现象是，在西南民族中，能烧制陶器的，却又仅有摆夷。他们不仅能烧制砖和瓦，而且可以烧制精致美观的瓶罐。他们尚不知加釉，但却能发明另一个方法使陶器改变本土的颜色而呈现较美观的色彩。在西部的猛卯一带所见的一种陶瓶（摆夷用来盛清水饮用），烧成时本为一种土白色，在出窑未冷却时加一种植物汁，埋入米糠中，次日取出，即变为古铜色，且略有光泽，较之原来的土白色美观多了。”

——江应樑《摆夷的经济生活》第四章及结论，岭南大学西南社会经济研究所1950年印行

〔2〕“据史书所记，摆夷冶铁是自昔便驰誉的，明代木邦土司境内所产的摆夷刀，据说不仅锋利无比，而且柔软可围于腰间。今腾龙沿边的户撒、腊撒两土司境内的阿昌人（属缅甸人系统），善冶钢制刀，其法或谓即系得之于摆夷。”——江应樑《摆夷的经济生活·第四章》

〔3〕“摆夷家庭中的女孩子，长到十一二岁，便须教以织布绣花技能。所以摆夷妇女，可以说人人都是织布工匠、刺绣能手。她们的织布机与内地旧式木架织机仿佛，体形较小，故织出之布口面亦较窄，用自种的棉花纺为纱，——目前因洋纱输入较多，且精细好用，故摆夷妇女多已不自纺纱，而是把棉花卖出后转买来洋纱，将纱理齐后装上布机。所织者除白布外，且能织两个色的花布，还有同一色而呈现凸凹花纹者。

刺绣品中最精美的一种叫‘织锦’，用彩色丝线与金银线条，交织而成复杂美丽的图案花纹，精美艳丽，堪视作摆夷妇女的艺术代表作品。这种织锦，大都宽仅一尺而长约五六尺，然非经年之功不克完成。要购买这样一张织锦，代价极昂，而在夷地中，却没有专门织此而售与人者。”——江应樑《摆夷的经济生活·第四章》

林按：笔者曾在友人高金龙处见其所藏一段傣族织锦，是用黄金、白银拉为细丝，与丝线交织而成，迄今已历时数十年乃至百年，然依然色彩艳丽，光彩夺目，令人叹为观止。

又：现在傣族女子中，已远不是人人会织布绣花了。主要原因是人们的日常衣着所用布匹，都使用内地现代纺织业生产的布料。但一些特殊的用品，仍然靠传统手工织造，如筒帕（挎包）、老人的寿衾等，此外，赕佛时所用的经书外封、佛幡、枕头一类，依然用傣锦。近年来，随着旅游业的兴起，富有民族特色的傣锦又有新的需求。作为商品，一些男子也从事纺织工作。

上述诸种手工业，都可以说是专门技能，而在夷地中，却又都是每个摆夷所擅长的一种农业以外的副业，且都是农人兼劳的事业，而没有专门依赖这些手艺谋生活的。所以，摆夷的社会，可以说：

A. 无专业的手工业家；

B. 手艺都是农人的附属技能；

C. 没有完全依靠手艺谋生的人民。

同时，我们也可以看到：

A. 摆夷社会中无工厂制度；

B. 摆夷社会中无工人阶级。

那末，摆夷社会中有不有商人阶级呢？我们也可以在此姑下一个武断：摆夷本身是没有商业经营者的。

夷地中固然也有市场，也有交易，甚至也有小商店，摆夷固然也有做买卖的。但如果把市场上做买卖的摆夷加以分析，便可发现其本身实在很少含有商业的成分；而真正有着充分商业意味的买卖人，那都不是摆夷，而是行走于夷地中的汉人。

夷地中交易有一定的市场和一定的日期，凡土司署所在处和较大的村寨，都有集市，通称“街子”；大都每五日积聚交易一日，叫作“赶街”。在赶街的街场上确然是百货杂陈，人物齐集，不仅是货物的集会场，简直是一个“人种展览会”。因为来赶街的不仅是摆夷，且有很多的汉人和居

“街子”上聚集了当地各民族百姓，作者称之为“人种展览会”（照片中分别为：①傣族；②景颇族；③德昂族；④傈僳族；⑤阿昌族）

⑤

住在四山中的山头、傈僳、崩龙诸种人民。各部族所售卖的物品，各有不同。

大概：

1. 摆夷所售的主要物品是：

A. 米谷；

B. 自制土布；

C. 银制饰品；

D. 竹制器具；

E. 蔬菜。

2. 汉人所售的主要物品是：

A. 绸缎衣料；

B. 日用零星物品；

C. 化妆品；

D. 药品；

E. 其他洋货及汉地产物。

3. 山头、傈僳、崩龙诸族所售主要物品是：

A. 柴薪；

B. 山果野菜；

C. 槟榔；

D. 山间野生之草药；

E. 麻线；

F. 本族人的衣物饰品。

4. 阿昌人（即户撒、腊撒两司土人）所售的主要物品是：

A. 铁刀和钢铁制品；

B. 布制绣花鞋；

C. 各种食品。

从街道上交易的情形和诸部族所售卖的货物上看来，可以把夷地中做买卖的人，分别为不同性质的两大类：

一、把自己农田里面的生产品或是以自己的技能所制成的工艺制作品，或是用自己劳力采集来的天然产品携来售卖，把所卖得的钱又转买了自己所需要的物件。这种交易就其本身性质而言，实在含有初民社会中“以有易无”“物物交易”的意义。在卖者本身而言，是用自己的生产品来换取所缺乏的需要品；在买者本身而言，是把自己的所有品，出脱后再来换取所无。所不同于“以物易物”的一点，即在多有一种货币作为交换的媒介及价值的标准而已。凡街场上所见到的摆夷、山头、傈僳、崩龙诸民族的交易，都属于此一类。

二、用固定的资本，从本境以外的地方，购来了适合于本境人民需要的物品，转运到本境来，以较高的价钱售出，自身便借着这一转换间取得余利，依赖此余利以生活，这是实质的中介商人。夷地市场中的汉人，便全属此一类。

根据这种分析，可以用作“摆夷本身没有商业经营者”一语的证实。不仅如此，在各土司地中，就我个人所见到的有着买卖形式的小商店，便全都是汉人所经营。要勉强在夷人中找寻商人阶级，那或者只有在街头市尾摆一小摊，卖点香蕉、糖果、花生米，或者遇赶街之日，杀头猪、煮点食品在市场上出卖等类的人。然而终究到底，此等夷人的商业经营，仍只是一种自己出产品的零碎出卖，要问他是否以较低的价买进这些物件，而以贵价卖出，那总是得到极肯定的否决的。[1]

大抵在夷方烟瘴极厉的时候，除久住夷方者外，一般汉人是不敢轻易入夷区做买卖去的。过了仲秋，从霜降到清明这一个时期中，沿边各地的汉人，成群结队肩挑背负到夷地去经营小买卖或做工匠，这在边地叫作“走夷方”。这些走夷方者，不仅是供应了夷人生活上所需用的物品，在汉、夷尚未打成一片的过去和现在，双方消息的互相沟通，依赖他们传达之力很多。尚有一种久住在夷方，经营买卖，已经习惯夷地的环境，深彻了解夷民内情的汉人，更是稳然地握着夷方商业的大权。照理论说，这种汉人对于边民的开发和治理上，应当得发生强大的力量。然而实际，这类汉人在汉夷关系上所发生的影响，却是害多于利的。原因是他们把私人的功利看得太重了，于是便以较开化者复杂的头脑，做出许多诈伪的、非法和不道德的事来。更有一种专在夷地放高利贷的人，每当春耕播种，夷人需要现款时，便尽量供给借与，订明在收获时用新谷作偿，新谷的价钱，则预先言定，大约总比市价要低三分之一或半数。夷人因急于用款，不顾其后，结果辛苦一年，只替汉人之放高利贷者做了牛马。这种情形，在夷地中逐处皆是。这亦可见汉人操纵夷地商业的大权，已经侵蚀到夷人经济生活的内心了。

〔1〕在《摆夷的经济生活》第二章《决定摆夷农业经济的因素》一节中，家父这样写道："摆夷的经济生活，在今日，可以很肯定地说，仍然是纯粹的农业经济生产。我这里所谓的'纯粹'，除了几个土司的特权阶级外，若对民间而言，几乎可以说没有例外。在摆夷区中，固然都有街期，每处三日或五日，寨子中都有一个集市，也一般的百货杂陈、人物荟萃，附近三二十里内村寨的摆夷，远至百里路外散居四处的他种民族，兼及十数天路程赶来的汉人，都肩挑背负把各种物品携来售卖。这种情形从外表看，是一个热闹的商业场合，摆夷参加在这种场合中，怎能说他们是绝对的农业经济？但若细究他们交易的目的和货物的来历，便可以知道在这种场合里的摆夷，实没有商业意味。他们到街场中来做买卖，都只把自己田里的农产品，或以自己的劳力采集得来的天然产品，携来售卖，把所卖得的钱，又转买了自己所需的物品。这种交易，就其本身性质而言，实含有'以有易无'的意义，把自己生产的剩余，去交换消费的不足，双方都不是从中谋利的中介人，本来是种'物物交换'的举动，所不同于'以物易物'者，仅只是在方式上多一种货币来作交易的媒介和价值的标准而已。摆夷的街场中，不是没有商人，这些商人可都不是摆夷而是远自内地来的汉人，他们便是以资本贩来了摆夷所需的物品，以较高的价值卖给摆夷而取得利润。在摆夷群中，也有偶然做一二次这种营生的人，但只限于特权阶级的土司和几位贵族，他们也会到内地

（上）陇川街子上卖菜的景颇族妇女（图中这些景颇族妇女所售蔬菜还是自家菜地中吃不完者）

（左）陇川街子上卖菠萝的傣族妇女（图中这位傣族妇女专做菠萝贩卖，整车的商品用手扶拖拉机运到市场销售）

江晓林摄于2001年

把食盐贩运到夷区销售，向民间收购土产如樟脑、茶叶等运销到缅甸。这类事除了土司、贵族外，老百姓是做不到的。”

林按：《摆夷的经济生活》一书，写于1949年初，其中有关西双版纳部分的资料，是家父1944年至1947年间，两度在那里考察所得，上引文中所述由内地贩运食盐到傣区，再把当地的樟脑、茶叶贩到缅甸之事，是指西双版纳而言。对德宏部分的资料，则来自1937、1938年的调查，此时那里傣族社会，还是通过货币为媒介，人人到集市进行“以有易无”的交易，真正意义上的商人，在傣族社会中是没有的。之后德宏地区的变化，他就不十分清楚了。就我所知，在家父到德宏考察后不到十年，即1945年前后，在芒市、遮放就出现了没有或者只有少量田地，基本靠做生意为生的傣族小商贩。这种变化的主要原因是因为抗日战争爆发后，外来人员大量进入此前一直相当封闭的傣区，社会需求不再局限于农耕的傣族社会本身，再加之这些大量进入的外来人员的影响，极其迅速地打破了那里延续了数百年“摆夷本身没有商业经营者”的状况，到20世纪末，傣族中已拥有上千万资产的私营企业家。相对而言，同样位居于此间的景颇族、傈僳族和德昂族，由于生活在山区，与外界接触甚少，商品经济意识的产生则比傣族晚得多，一直到20世纪80年代改革开放初期，傈僳族和德昂族还认为为了“赚钱”去卖东西是“害羞”的事情。

摆夷市场上有货币，就现状言，这种货币都是借用他族而不是本境所特有的。据夷人们说，十几年前，夷地中尚完全用的银两，用银且以两、钱计，自然是借用中国货币。摆夷用银两为货币的时间相当长，大概自元明时夷地直接统属中国以后，便就受到中国此种货币影响的了。唯考之史籍，在更早的时期，摆夷民间另有一种特殊货币的使用。《唐书·南蛮传》载：“南诏……以缯帛及贝市易，贝大若指，十六枚为一觅。”又，《云南通志·风俗篇》载：“云南……昔多用贝，俗名‘𧴩子’，一枚曰‘庄’，四庄曰‘首’，四首曰‘苗’，五苗曰‘索’。”自南诏相沿到元初征服云南时，摆夷民间的货币，还是完全行使海𧴩。《新元史·大理金齿传》载：“柯甸等皆降，愿献𧴩八千索。”又，《续通考·钱币考》：“至元十三年，云南行交、会、𧴩子。云南民族以贝代钱，元时初行钞法，民不便之。行省赛音谔德齐言：‘云南不谙钞法，莫若以交、会、𧴩子，公私通行为便。’从之。”这种特殊货币，不仅通行于民间，且可以纳粮上税。《续通考·钱币考》：“至元十九年九月，定云南赋税，用金为则，以贝子折纳，每金一钱，直贝子二十索。”到了明代，夷民货币仍是以海𧴩为主，甚至政府官吏的俸禄，也都杂给海肥。同书载："正统二年十月，户部奏：'云南官俸，除折钞外，并宜给与海肥等物。今南京库海肥众多，若本司缺支，宜令具奏关领。'"〔1〕

贝本为中国历史上的古代货币，唯自金属使用发明以后，货币早已不用贝而用金属。虽王莽时曾一度复古用贝，但时短而无成效。只此西南边陲的云南境中，直到清初尚以贝为货币。这可以说是摆夷经济史上第一期的货币制度。这种货币，并非摆夷区域内的出产，也不是摆夷自己所创用。据《马可波罗行纪》载："中世纪时南洋及印度若干国，均用海贝作货币，所用海贝，都从南洋的 Maldvue 岛中取得。"〔2〕明费信《星槎胜览》载："暹罗国以海肥代币，每一万个准中统钞二十贯。"《明史·外国传》"暹罗"条载："交易用海肥，是年不用肥，则国必大瘟。"《皇朝文献通考·暹罗考》："交易以海肥，官民有钱不得私用。"

〔1〕详见家父于 1937 年所著《云南用贝考》，载《新亚细亚》月刊第十三卷第四期。文中，家父认为云南各民族以贝为币始于汉、唐，且是因为与暹罗有密切的经济关系，并通过永昌（今保山一带）将贝币传入。

笔者所藏的一尊明代大理地区火葬罐，罐内尚有海贝数枚，应是当年随葬之物品。这可说明在明代，海贝尚作为货币在云南使用。又，迄至今日，云南许多民族的服饰中，海贝仍然是衣、冠、腰带、挎包上的饰物，这类饰物除海贝外，还有清代的铜钱，民国的银币、镍币、铜币，以至现在还流通的硬币，可见，以货币为饰品是云南许多民族久远以来的习惯。当然，此亦可反证海贝确实长期作为货币在滇流通。

〔2〕《马可波罗行纪》第一六三章："自爪哇首途，向南航行七百里，见有二岛，一大一小，一岛名桑都儿（Sandur），……桑都儿岛外五百里，是一富庶良好之地，自有其国王。居民是偶像教徒，自有其语言。其地远僻，无人能来侵，故不纳贡赋于何国。……前述诸国用作货币之海贝，皆取之此国也。"（商务印书馆 1936 年版）

由这诸种记载，可以看出摆夷当时之以海贝为货币，完全是受邻邦民族（暹罗等，而暹罗当又与南洋诸国及印度有经济关系）的影响。大概是在元明以前，摆夷与中国的经济关系，不如与南洋各民族之复杂密切，故民间便通用南部诸族通行之海贝货币，元明时代，中国政治势力直接统治其地，边地与内地间经济关系日渐密切，于是，中国的货币——银两、铜钱、交钞便代替了海贝而通用于摆夷民间。清末国家多故，对边地不暇兼顾，后来缅甸割于英，大部分摆夷区域又划归缅甸。英政府以统治印、缅的余力，进而侵入中国边境的摆夷区。于是夷区中通用的货币，便大多以英政府铸造行使于英属马来半岛及印度、缅甸的钱币为主。这种钱币的单位名目“卢比”（Rupee），在滇缅路未开通以前，诸土司有大部分地方是完全用卢比而不用中国货币的。滇缅公路通车后，情形已略变。现将各土司地内民间使用货币的情形，列为一表：

司名	境内通用之主体货币	附用货币
芒市	滇铸半开银圆。滇缅路通车后，法币（中中交钞）以能通用。	卢比（硬币及钞票）
遮放	卢比。滇缅公路通车后，情形与芒市同。	滇铸半开银圆
猛板	略同遮放。	略同遮放。
猛卯	卢比	法币及滇铸半开银圆
陇川	卢比	法币
户撒	卢比	无
腊撒	卢比	无
干崖	卢比	无
盏达	滇铸半开银圆	卢比

由此表可知，就是在滇缅公路通车的今日，若干摆夷中尚是以英缅货币为市场交易的本位，甚至有的地方，除英缅货币外不使用其他货币。这就从国家经济政策上而言，是一种耻辱，也是一种危机。

卢比与英本国使用的金镑制又不相同，辅币亦有多种，除单位的卢比有银制硬币及钞票两种外，其他辅币都是硬币，而所用铸造的质料不同，形式也多种。现简单列为一表如下：

原名	摆夷名	铸造质料	形状	折合国币价值
Rupee	文或盾	银	圆形	（A）一元一角（B）五元
Halb rupee	海	银	圆形	（A）五角五分（B）二元五角
4 Annas	钱	银	圆形	（A）二角七分五（B）一元七角五分
4 Annas	钱	镍	八角形	（A）二角七分五（B）一元七角五分
2 Annas	母	银	圆形	（A）一角三分七五（B）八角七分五
2 Annas	母	镍	四方形	（A）一角三分七五（B）八角七分五
Annas	别	镍	十二边菊形	（A）六分八七五（B）四角三分七五

——其中折合国币价值一项，因自抗战以后，外汇变动极大，故卢比和国币的比值也时有不同，表中（A）是二十六年冬间的价值，（B）是二十九年夏间的价值。[1]

摆夷的民间交易，已知用货币作媒介，这是显示出摆夷的社会经济已脱离了原始的物物交易阶段，而走向商业货币时代。摆夷民间通行的货币，都非其本地方所固有，而是借用邻近诸族者，这是显示出摆夷的民间经济，仍未进入商业的货币时代，因此尚不能自成一独立的经济机构。大概从他们行使货币的来路上，可以看出摆夷和某一邻邦经济上所发生的关系。

〔1〕二十六年，指民国二十六年，即 1937 年；二十九年，即 1940 年。

第五章　从个人到家庭

体质形态—习性—衣服装饰—文身—墨齿—恋爱与婚姻—家庭组织—住宅及用具—家庭工作—饮食起居—生育—疾病—离婚—死亡—宗族—姓氏—宗法—承嗣

猛卯傣族少女　摄于1937年

讲了这许多历史、地理、政治、经济，读者也许急于要知道一些民间摆夷的私生活了吧？是的，这儿将告诉读者摆夷的私生活——从个人说到家庭。

读者若曾经到过若干西南边区，那对于西南边民，不论汉人或夷人，必发生两个直觉的反应：一是污秽，不论吃的、住的、穿的都不很清洁；二是丑陋，因为生活的贫苦，过度的劳苦与不足的营养，使边民们男女老幼都普遍地具有发育不完全的体格和没有血色的面庞。几年前跟着京滇公路周览团走了一趟边地的一位朋友，回到上海后叹口气 说："这次旅行很遗憾，竟没有看到一个漂亮的姑娘！"如果把整齐的装饰，白皙的皮肤，窈窕的身材，灵转的眼珠，活泼的举动算作少女美的特征的话，那我敢请诸君对于西南边区不必失望，都请到滇缅边地的摆夷区中来：这里不仅不污秽、不丑陋，却正有着人类美的结晶。——我且先把这儿摆夷的形状服饰作一个笨拙的描写：

身材不很高大，跟内地南方人短小精悍的体质相似，据George Scott的测量：身长的平均数是一点五九四米，头形指数八十点五，鼻形指数八七点六，发长直而柔顺，纯黑无杂色，口腔大，鼻小而微凸，眼为正常直线形，眼珠黑色。（见G·George Scott：*Gazetteer of upper Byrma and the shan state. Raddon*：*Haddon Race of Man.*）作者再补充两点：皮肤较邻近的汉人为白皙，面部轮廓较邻近的汉人为清秀。

讲到性质，可以归纳出四个特点来：

一、柔懦　以柔懦二字作摆夷第一特征的描写，真再恰当没有了。昔人谓蛮夷皆"凶狠强悍"，但今日的摆夷，却正相反的"柔懦温顺"。试看边地土司，莫不一姓一家相袭统治数百年，有时遇到昏暴的统治者，那真是视人民如鱼肉，然而历史上就从来没有摆夷人民闹革命反对土司的事。由此一点，可以看出摆夷之一般柔懦性。由柔懦而形成对事事物物的畏惧退缩，和摆夷交往，不虞其粗暴而只恨其迟滞。大概这种个性的养成，主要的原因是多年崇信佛教的结果，试看本书第八章"宗教"的叙述里，可知其然。

二、易变　西南边民如苗，如爨，如西番，都具有一种顽固的通性，唯摆夷，则不仅不顽固，且最易变迁。不论思想、行动，常受到外来新事物的刺激而不断地在转变。由易变而养成尚模仿的通性。于是，摆夷的文化在西南边民中算是内容最复杂而水准也最高。

三、活泼　因为不固执，不强悍，所以便很活泼。摆夷区域，平原广大，眼界阔朗，河流纵横，青翠满野，这都是足以养成活泼天性的天然环境。再说，摆夷的祖先是百越民族，百越民族是沿海地带的居民，活泼是海洋民族的天性。所以，摆夷这一特性，也可以说是祖传的，也可以说是环境养成的。

傣族男子的冬装　摄于1937年

四、圆滑　边疆人民一般都很朴直，唯摆夷因文化较高，生活环境复杂，且具有易变与活泼的习性，所以接人处事，便不似苗和爨人之直拙，而是十分圆滑甚或流于虚诈。我可以举一个实例来说明：腾冲县有一所省立简易师范学校，中有一班边疆学生，里面有摆夷、山头、傈僳、崩龙等族，性格各有不同。二十六年作者由滇缅边区转到那里时，校长李生庄君和我详谈边疆人民的习性，他举了一个很好的实例说明了摆夷、山头、傈僳三种人的性格。他说：如果一件犯规的事是山头学生做的，把他叫来，他必定毫不隐避地承认着，且详细演述犯规的经过；倘是一个傈僳学生，他也不隐避，但必为他的犯规有所辩护；倘是一个摆夷学生，那可就不同了，他必极力地否认，且能用巧语来掩蔽事实。此所以作者以圆滑为摆夷习性之一。

试把上述体质与习性综合起来，不难构拟出一个摆夷人的实相。从外表上看，体质状貌与汉人没有什么不同之处，所以不同者唯衣饰。明李思聪《百夷传》载："男子皆衣长衫，宽襦而无裙，官民皆髡首黥足。"[1]明李元阳《云南通志·南蛮志·摆僰》载："孟定、南甸男子，长衫宽襦，无裙；孟密、孟养，具短衫小袖，有裙。"[2]此种宽襦无裙的长衫，今日只偶或见之，而短衫有裙的男子衣着，已绝迹无有。[3]所常见的摆夷男子的装束，都是短上衣，大襟，小袖，中裤，用青色或白色布制，赤足不袜不履，与汉地农人衣服式样已少有分别。特殊的，是用长丈许的白布或青布，包在头上；用宽二三寸，长数尺的青布带，束在脚间；〔4〕冬季天冷时，用毛毡或线毯一张，披在肩上。这毡毯都从缅甸买来，日里做披衣，夜间便做被盖。〔5〕

---

〔1〕钱古训《百夷传》作："男子衣服多效胡服，或衣宽袖长衫，不识裙裤。其首皆髡，胫皆黥。"

〔2〕李元阳万历《云南通志》卷十六《羁縻志·僰夷风俗》："孟艮、南甸等处僰夷男子，皆衣长衫，宽襦而无裙；其陇川、猛密、孟养，俱短衫小袖，而有裙。"

〔3〕此种"短衫有裙"的男子服装今日在德宏一带亦常见到，而跨境到缅甸，男子着裙装的则比比皆是。这种男子的裙装，称之为"笼基"，式样与女子的筒裙大致相似，所异者有二：一、女的筒裙缝制时用宽二寸许的白布做腰，穿着时可饰以银腰带；而男式的笼基则无腰，绝不用腰带。二、男子的笼基无论花色如何变化，花纹皆为方格，而女子的筒裙则绝无方格的。现在德宏的傣族说，笼基是缅甸傣族男子的装束，其实，从《云南通志》所载可知，明代时无论现在属于德宏境内的陇川、瑞丽，还是现在归入缅境的猛密、孟养，男子着笼基是 一样的。当时居住于金沙江（伊洛瓦底江）两侧的傣族关系十分密切，在当地政治、经济、文化上起着核心和主导的作用，服饰一致也属自然。但明正统前后，麓川（今瑞丽）傣族上层的扩展倾向和明朝中央高度集权的矛盾导致三征麓川事件，最终划伊洛瓦底江为界，伊洛瓦底江以西的大片领土遂渐归入缅境。此后五百余年的演变，居住在境内外的傣族服装有所差异，也是正常的了。

〔4〕这种装束今天仅在老人中还能见到，而在20世纪70年代之前，农村的傣族男子着装尚普遍如此。

〔5〕笔者1972年冬天初到德宏时，男子均以毡毯为冬装和被子。到80年代中期后，已极少见到披毯子的男子了。今日傣族所用的冬衣、棉被与内地无异。

妇女的装束，便较为特殊。《百夷传》谓："妇人则绾独髻于脑后，以白布裹之，不施脂粉，身衣宽襦窄袖白布衫，皂衣桶裙，跣足。贵者以锦绣为桶裙，其制作甚陋。"〔1〕其实，今日摆夷妇女的装束，并不如此简单，应以年龄分为不同的三类：

一、幼年　编发为辫，盘绕头上，用青色丝带束之；白布或青布上衣，长过腹，式样与汉地妇女短衣相似；裤长过膝，腰间束青布一方，看上去有如短裙；赤足。

二、少女 发编有如幼女，上衣多用轻软的白洋布制，对襟开，用四个银钮，钮大寸许，如半剖的圆形球，中空，镂刻精致的花纹；不穿裤，着筒裙，裙用青色布制，长可过膝，或过脚踝，用宽约一寸的元色缎或绒镶滚裙边，平民妇女，裙边只可镶两道，贵族妇女可镶四道；一般都赤脚，在特殊情形下也穿皮鞋木屐（都由缅甸贩来），[2] 用一尺见方的青布，四边和中间镶锦缎并绣彩花，裹在腿上，用红带束之。少女的衣饰，可说最能表现出摆夷简单、清洁、美丽的特性来。黑发上束着青丝带，白的上衣熨得非常整洁，近缅地的妇女，上衣多喜用英产的白纱或水绿色绉做成，裙或用青色绉制，以黄色或绿色绸带束腰间，微从白上衣边下露出少许，与白衣黑裙之颜色相间，特别显目。工作的妇女，又花裙外腹部围一方青布，用来防衣裙污损。看去都似长裙又加短裙。冬季，也如男人披一毡毯在背上，但这便不似男人用的那样粗拙，都是英地贩来的特制的绒毯，四面垂绦带，花纹色彩非常美丽，价值也不便宜。饰物很简单，耳环有粗细两种，手镯有粗到直径几及一吋的，中空，镂花纹，戒指亦镂花，都由银制，间有镀金的。

芒市傣族少女之服饰

干崖傣族妇女之服饰
摄于 1937 年

三、已婚妇女 已婚妇女的衣裙，和少女无多大区别，只是没有少女那样装饰的艳丽。年纪稍老的妇人，那便白色上衣也少穿，而一律青衣青裙。已婚妇女特殊之点为头部的装饰。凡女子出嫁后，将发挽做一髻，束在脑际，用一块极长的青布，包在头上。包头是一种特殊技能，包起来高几达一尺，看去好像一顶缝制的高帽，用丝条束紧在头上。出嫁妇女的第一块包头布，必定在出嫁之日母亲所给。夷俗，凡男女相爱，倘男子尚未纳聘女家，即未求得女子父母正式认可的婚姻，纵虽同居生子，女子仍不能戴高包头巾。

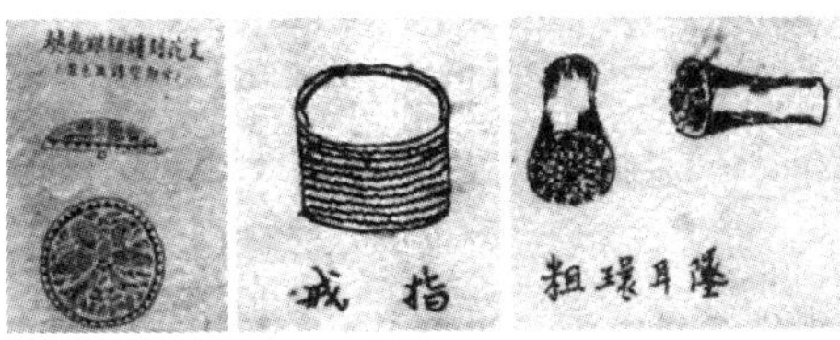

1937 年考察时江应樑手绘的首饰图样

现代傣族未婚（中立者）和已婚妇女之服饰　江晓林摄影

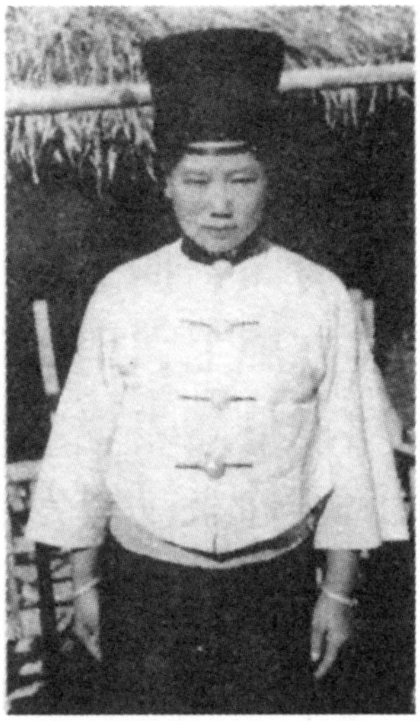

20世纪30年代已婚妇女服饰　摄于1937年

陇川傣族老妪之装束　摄于1937

穿新娘盛装的傣族贵族妇女摄于1937年

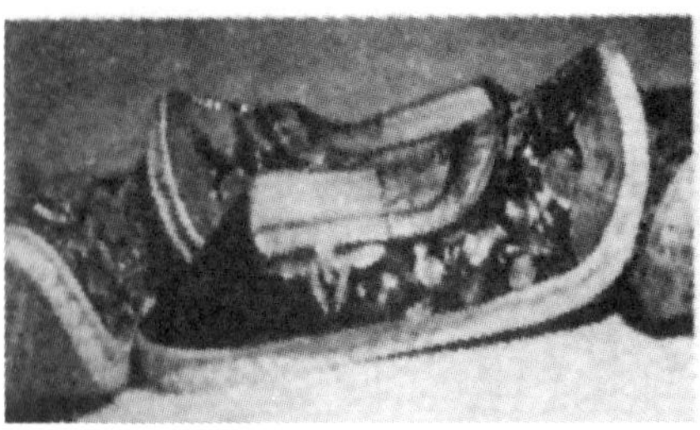

傣族贵族新娘穿的“凤头”绣花鞋摄于1937年

这是就通常服饰而言，此外又有一种盛装，是贵族妇女结婚和逢吉庆事时所穿：上衣用粉红绸制，形式与常服相似；两腕另加一对袖套，用大红绸制，以金线黑缎镶边，中绣精致花纹；裙则用黄、红、绿诸绸条缀成，沿边用金色和彩色线绣成错综之图案花纹；鞋用红色或青色缎做，白布包笋叶作底，底之前端向上翘起，形如船，鞋面绣金线花纹，穿时将后跟按平，脚踵露在鞋外；不穿袜，脚腿上亦裹精美的绑脚布；头戴如凤冠样的璎珞冠，颈上挂银制大项圈一个或二三个。这种装束，古怪笨拙，远不如常服之整洁秀丽。

从一般衣饰上，可以看出摆夷衣着上的几个特点：

A. 简单；

B. 清洁；

C. 很少不必要的近乎野蛮的装饰品；

D. 四季衣服皆一种，只冬日多一披毡；

E. 以青、白色为主色，红、黄为装饰色，黄色是象征高贵的颜色。

---

〔1〕李思聪《百夷传》："妇人则绾独髻于脑后，以白布裹之，不施脂粉。身穿窄袖白布衫，皂布桶裙，白行缠，跣足，贵者以锦绣为桶裙，其制作甚陋。"钱古训《百夷传》："妇人髻绾于后，不谙脂粉，衣窄袖衫，皂统裙，白裹头，白行缠，跣足。"

〔2〕古代史籍中载傣族男女多为"跣足"，此处言少女"在特殊情形下也穿皮鞋木屐"，惜未细述其样式。今日傣族男女皆喜着拖鞋，用牛皮、木或橡胶制成，鞋底部靠前有一靽穿出，分左右连在跟部，穿着时用脚趾夹住，俗称"夹趾拖鞋"或"十字拖鞋"，其式样与日本和式拖鞋无二。我一直以为这种拖鞋款式是20世纪40年代初日据时传入当地的。近读周去非《岭外代答》，该书卷六载："交趾人足蹑皮履，正似今画罗汉所蹑者，以皮为底，而中施一小柱，长寸许，上有骨朵须，以足将指夹之而行，或以红皮加十字，倒置其三头于皮底之上，以足穿之而行，皆燕居之所履也。"又，刘文徵天启《滇志·羁縻志·种人》"僰夷"条记："在临安者，男青白帨缠头，着革履。"交趾亦为百越民族分布地，《岭外代答》所述皮履与今日傣族所穿拖鞋完全一样，可证所谓"和式拖鞋"实际上是"傣式拖鞋"。

在若干地方，例如猛卯、陇川及遮放的南部诸地。我们又可看到摆夷男女身体上有两项特殊处：一是男子的上身、两臂、腿部刺有花纹；另一是女子的牙齿染成黑色。这都不是一种单纯的装饰，而是和他们的婚姻制

度有着密切的关系的。今日的摆夷，已经有了健全的家庭及严格的婚姻制度，而文身与黑齿，正是男女结婚前的一种成人仪式。〔1〕

考摆夷文身的风俗，起源很早，而流行的区域也很广：

《后汉书·南蛮传》:“哀牢夷……种人皆刻画其身，象龙纹。”

《唐书·南蛮传》:“云南徼外三千里，有文面濮，俗镂面，而以青涅之。”

郭义恭《广志·南蛮志》：“文面濮，其俗劖面而以青画之。”

陆次云《峒溪纤志》：“哀牢夷，其人有数种，有刺面者，曰绣面蛮；有刺足者，曰花脚蛮。”“八百媳妇，刺花鸟于眉目间以为饰。”“木邦，其俗：男衣白，文身，髡发截髭。”

《皇朝职贡图·南蛮·僰夷》:“又有髡者，曰‘光头僰夷’，盖习车里之俗，额上黥刺月牙，所谓‘雕题’也。”

足见自秦汉以来，摆夷便是一贯地盛行着文身之俗的。〔2〕

野蛮民族文身的意义，可归纳为四端：

一、族或部族间的标记　海南岛黎族的文面，其起源的意义便属此一类。古代部落民族间，凡遇发生战争，倘甲部落被掠夺于乙部落，或甲部落的妇女作为战利品偿于乙部落，等到甲部落再战胜乙部落，拟将原先被掠夺或赔偿的妇女索回时，往往无法认识。为免除这种困难，于是每个部落中，便以同样的图案花纹刺在妇女的面部，俾被他部落掳去时，易于认识索回。

二、装饰美观　这是大多数野蛮民族文身的动机，其目的在引动异性的爱好。

三、抵御外物的侵害　《史记·吴世家》:“太伯、仲雍二人，乃奔荆蛮，文身断发，示不可用。”《集解》:“应劭曰：常在水中，故断其发，文其身以象龙子，故不见伤害。”是防外物侵害而文身的实例。

四、婚姻关系　广东《感恩县志》:“凡女儿将嫁，夫家颁至涅面之式。女家大会亲属，以针笔涅女面，为极细虫蛾花卉，谓之‘绣面’。”萨摩亚（Samoa）的土人，年到十六岁，若再不文身，便被社会轻视，认为没有权利结婚。（见 G·Tumer: *SemoaA Hundred Years ago and Long Before*）

---

〔1〕傣族男子文身的习俗，不仅限于猛卯、陇川及遮放南部，在德宏全境以至云南省所有傣族聚居区都有此习俗，至今犹然。文中说“猛卯、陇川及遮放的南部诸

地”，因与汉族区交往较之其他土司区更少，故此俗更普遍而已。今日在傣族男青年中文身刺青的现象依然很普遍，但所刺部位多在手臂，面积也不似过去那么大，往往只在手臂或手腕上刺一些简单的花纹或文字。——当然，在大臂、胸、背大面积文刺复杂图案的，也不很罕见。现代傣族青年仍然喜好文身，自然是民族传统习俗、民族传统审美观使然。我曾向不少傣族青年朋友问及其本人文身的缘由，初答时大多说“好玩”，再深究之，大都又以为如此方显得“有男子汉气”。所谓“男子汉气”，其实就是民族审美意识和“成年标志”的潜意识在起作用。又：我国南方若干少数民族中流行文身习俗，就现今言：高山族、德昂族男女皆有文身之俗；傣族、布朗族、基诺族文身仅限于男性；独龙族、黎族文面只限于女性。

〔2〕百越民族及后来的傣族文身之俗，其源甚早，史不绝载，家父《百夷传校注》中引述了不少史料和讲述了其文身的方法，现录于下：

按南方诸族文身之俗，其源甚早，《小戴记·王制》：“东方之夷，披发文身；南方之蛮，雕题交趾。”《正义》：“以丹青雕刻其额，非为雕题，亦文也。”

古代越人，同具文身之俗。《墨子·公孟》：“越王勾践，剪发文身。”《史记·吴世家》：“太伯、仲雍，乃奔荆蛮，文身断发，示不可用。”又《汉书·地理志》：“今之苍梧、郁林、合浦、交趾、九真、南海、日南，皆粤分也。其君禹后，帝少康之庶子云。封于会稽，文身断发，以避蛟龙之害。”《后汉书·南蛮传》记哀牢夷：“种人皆刻画其身，象龙文。”此为云南古代民族有文身之俗最早见于记载者。唐代，则百夷之先民部落，直以雕题文身为族名。《蛮书·名类·第四》：“绣脚蛮则于踝上腓下，周匝刻其肤为文彩。绣面蛮，初生后出月，以针刺面上，以青黛涂之，如绣状。”

元人记百夷文身者，有李京《云南志略》：“金齿百夷，男女文身。……文其面者谓之绣面蛮，绣其足者曰花脚蛮。”《马可波罗行纪·金齿州》：“男子刺黑线文于臂腿下。刺之之法，结五针为一束，刺肉出血，然后用一种黑色颜料涂擦其上，既擦，永不磨灭。此种黑线，为一种装饰，并为一种区别标识。”《招捕总录·大理金齿》：“至元三十年正月，遣使持诏招漆头金齿。”此称“漆头”，疑亦雕题之类也。

明代记百夷文身者，更为习见。如《景泰云南图经志书·木邦》：“其夷类数种，文其面者曰绣面蛮，绣其脚者曰花脚蛮，男子皆衣白衣，纹身髡发。”《滇略·卷九·夷略》：“大伯夷，在陇川以西，男子剪发纹身。”《西南夷风土记》：“男子皆黥其下体成文，以别贵贱，部夷黥至腿，目把黥至腰，土官黥至乳。”《天启志》：“僰夷，在越州卫者，号白脚僰夷，男妇俱短衣长衫，茜齿文身。”

与古百越有族属关系之各族，大都有文身之俗。唐段成式《酉阳杂俎》载：“越人习水，必镂身以避蛟龙之患，今南中绣面佬子，盖雕题之遗俗也。”明邝露《赤雅》称：

"伶人，雕题高髻。""丁妇，黥面绣额为花鸟蜻蜓蛾蝶之状。"傣族文身仅限于男子，黎族绣面则施于女而不及于男。《岭外代答·卷十》："海南黎女，以绣面为饰，盖黎女多美，昔尝为外人所窃，黎女有节者，涅面以砺俗，而今慕而效之。其绣面也，如中州之笄也。女年及笄，置酒会亲旧女伴，自施针笔，为极细花卉飞蛾之形，绚之以遍地淡粟纹，有晰白而绣文翠青，花纹晓了，工致极佳者，唯其婢不绣。邕州溪峒使女，惧其逃亡，则黥其面，与黎女异矣。"《桂海虞衡志》："黎人，女及笄，即黥颊为细花纹，谓之绣面。女既黥，集亲客相贺。惟婢获则不绣面。"《炎徼纪闻》则称黎人男子亦有文身之俗："黎人，男子文身椎髻，妇人女伴互施针笔，涅两脸为虫蛾花卉，名曰绣面。"按昔年曾到五指山下考察，见黎女皆绣面并黥两腿，未睹黎男有文身者。

摆夷的文身，其意义究属何项？若据《峒溪纤志》所载"八百媳妇刺花鸟于眉目间以为饰"，那文身的目的，似乎是为装饰美观。但据《百夷志》所载："百夷……官民皆髡发黥足，有不髡者，则酋长杀之；不黥足者，则众皆嗤之曰：妇人也，非百夷种类也！"[1]那文身完全是一种男子汉大丈夫的表示。换言之，摆夷文身是属于婚姻的关系，也便是一种男子的成年仪式。在未开化的民族间，男女到了怀春期，必须举行一种成年仪式，目的在表示男女双方已经达到成年时期，可以寻求两性的生活。有些民族，对于未经举行成年式的男女，是不许可与异性发生性的行为的。在现存民族间，如 ibenie 的 Negno 人，有所谓"咒森"（Zau berwalb Greegree Bush）的仪式，男女到了青春的时代，都要分别住到森林中，施以文身或割破处女膜等手术；回教徒的成年男子，须请教中长老，用手术将包皮割去；中国古代的笄礼及冠礼，都是一种男女的成年式。一般民族间，成年式的举行多半施行如下的几种手续：

A. 文身——在身体各部或一部刺花纹。

B. 装饰伤痕——将皮肤割伤，制造出各种疤痕以做装饰。

C. 装饰穿孔——将耳朵、鼻翼、鼻中隔、口唇、面颊、阴部等，穿凿孔眼，做一种美丽表示。

D. 拔齿或墨齿——将门牙拔去或磨短，或将牙齿染黑。

E. 性器手续——割破处女膜或包皮。

摆夷男子之文身，女子之墨齿，正与这一般的成年仪式吻合。据文身的摆夷亲口告诉作者，他们文身是表示自己是一个男子，而且是一个已成年的男子。要是一个男人到了可以和女人爱好的年纪还不刺花在身上，必被人耻笑为不是男子，同时也便得不到女人的爱。根据这种说话，所以作者肯定摆夷男子的文身是一种成年仪式。[2]

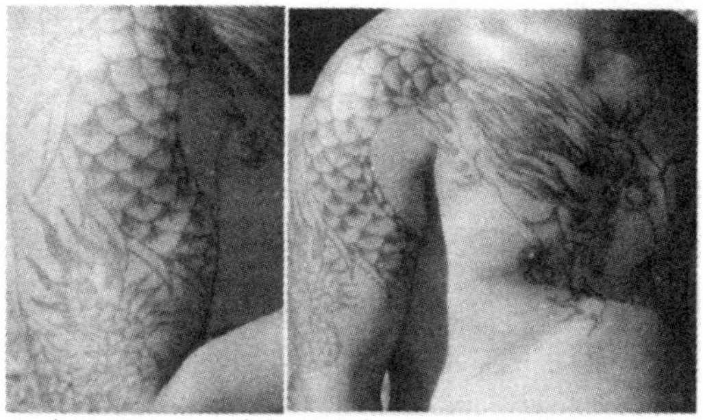
文身图样之一：臂部及胸部　江晓林摄于 2000 年

现时腾龙沿边摆夷文身的实情是这样：

1. 文身只限于男子。

2. 文身之俗以遮放南境、猛卯全境、陇川、干崖、南甸之一部分地最流行，其余各司不多见。

3. 不文面，只文身体及四肢，其部位限于：

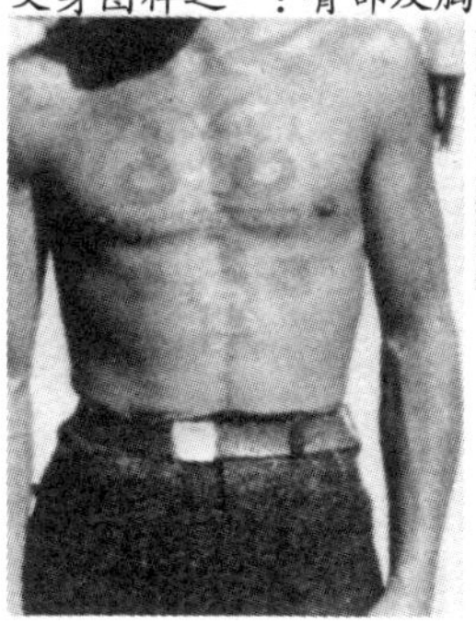
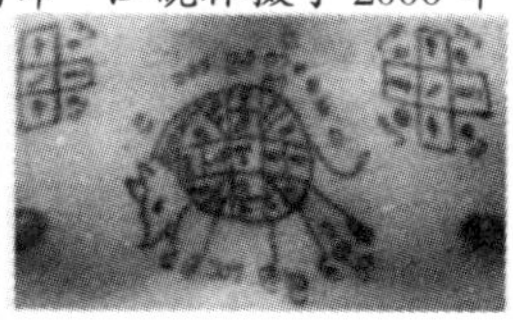
文身图样之二（右图）：用文字组成胸部图案
文身图样之三（左图）：上身及两臂皆文有图案
江晓林摄于 1987 年

A. 两腿自膝以上至小腹下。

B. 腹部及腰部——脐上下之周围。

C . 胸部。

D. 背部。

E. 两臂。

4. 各部分所刺花纹不相同，大概：

A. 两腿部分，为圆形或不整齐的圆圈花纹，每圈内刺各种兽形图案，圈与圈间的空隙部位，则以曲折线条补实之。

B. 脐部之周围，为排列整齐之椭圆形，圆形中亦刺动物图案。

C. 胸及背上，刺一兽，或虎，或龙，或其他奇形异兽。

D. 两臂或刺散碎的图案花纹，或刺与腿部相同的圆形花纹。

5. 凡文身的，并不限定各部位都刺全，或仅刺一腿，一臂，或一腿与一臂，或胸，或腹，或仅在手臂上略刺少许。至于全身各部分都刺满的，作者只在猛卯见到一人。

6. 凡全身各部位均刺满了的，除上述各部花纹外，更在身体的空白部位，刺散碎的小花朵、小动物形、摆夷文字母或缅甸文字母。[3]

文身并不举行仪式，凡男子年到十四五至二十之间，由父母请一位有文身技能的人来家施术。其法，用较大的缝纫针四枚或五枚并为一束，再用铅制似银圆大小的圆饼一枚，将针的上端嵌入铅饼中，先饮刺者以少量的生鸦片烟，使沉入麻醉状态中，然后卧地上，数人扶持，施术者一手握嵌有缝纫针的铅饼，度好地位，便以针刺肌肤出血。凡为人文身的，都具有特殊的技能经验，故不必在文刺的部位图画花纹。刺时极快，但见血随针冒，针随血落，刺后，用一种紫色或黑色的植物液汁涂上，痊愈后被刺的部位便变成永不磨灭的紫色或黑色。

全身各部，并非一次便可刺全。每次只刺一腿或一臂。刺后二三日，全身红肿，或发高烧，卧床不能起，须待被刺部位收口结疤后，始可行动。等身体完全复原，然后再刺第二部。故若全身刺满花纹，便须受这样的痛苦若干次。〔4〕

---

〔1〕李元阳万历《云南通志·羁縻志·僰夷风俗》："官民皆髡发黥足。有不髡者，则酋长杀之；不黥足者，则众皆嗤之，曰：妇人也！"刘文徵天启《滇志》卷之三十《羁縻志第十二》"僰夷"条，顾炎武《天下郡国利病书·云南·种人》"僰夷"条所记，皆与万历《云南通志》同。

〔2〕20世纪30年代时，傣族男子保持文身习俗的动机，先父在《摆夷的生活文化》（中华书局1950年版）一书中这样解释："作者在边地曾遍问摆夷何以要文身？多数的答复都是说：要表示自己是一个男子。文了身，女子们见了便认为是英雄；不文身，必被女人们讥笑为不勇敢，也就不容易求得女子的爱。根据这种答复，可以知道摆夷文身，是与成年及婚姻有着关系的。"

〔3〕今日摆夷的文身，只限于男子行之。其部位在胸、腹、四肢，而不及于面部；腹部自小腹而上至腰之周围，胸部在两乳之间及乳之上方，背部在背之正中，上肢自腕以上至肩，下肢自膝部以上至臀部；所刺花纹，约分四类：

一、动物形状，多为虎、豹、象、狮、龙、蛇及怪形兽，刺飞鸟的很少见，刺家畜如牛、马、鸡、猪者则绝无。

二、图案花纹，通常为曲线组成之图案，圆形、椭圆形、云字纹、亦偶有卐字花纹及三角形与方形图案。

三、文字，摆夷文、缅甸文、暹罗文的字母，或成句的佛经。

四、线条，直线条、曲线条，或水波纹线条。

凡文身的并不一定全身各部分都要全刺，普通只在四肢之一部略刺少许，有的刺一个复杂的图案在一条腿或臂上，有的刺一个老虎或狮子在背，或刺一条蛇也许是龙在腕间，全身各部位都刺满花纹的，作者仅在西部的猛卯见到过一人，南部的车里见到过两人。

（见江应樑《摆夷的生活文化》，中华书局1950年版）

〔4〕现在德宏一带文身的习俗虽然不似当年那么普遍，但风气依然很盛，男子文身的可谓屡见不鲜，然情形与过去有些不同。一是文身者不仅限于傣族和德昂族这些历史上就有文身习俗的人，居住于当地的其他民族的青年亦有文身的，这是风气浸染所致，或曰文化的浸润吧；二是文身者不仅仅限于男子，有极少数“开化的”或称“时髦的”女青年亦有文身的，据当地男青年向笔者介绍，女子文刺的部位大都在脐下寸许，一般花朵一类的图案，面积极小，颜色普遍是传统的黑色或青色，偶尔有涂成红色者；三是文刺的部位有的在手背或手指上，而不似过去是在手腕以上；四是文刺已经不再由父母请人至家中进行，而是青年自己到善于文刺者那里去文身。

文身方法已与过去不同，施术者将电动剃须刀加以改装，取下刀片，换为缝纫针一枚，即成为电动文身工具。文身前，先在被文身者要刺的部位用圆珠笔画好图样，再用酒精对所刺地方消毒，即开始文刺。刺完一部分后，趁着血迹未干，用墨汁涂抹，再接着刺其他部分，再上色，直至完成。有的人在刺后反应不太强烈，只是有些红肿；有的人则会发高烧。但无论反应如何，三数日内所刺处皆异常疼痛。笔者曾问一个在左臂和前胸文刺的青年，他说：“要早知道这样（痛苦），就不会去刺了！”但问其文刺的初衷，依然是为着“显得男人气”。通观今日文身的人们，都是十五六岁至二十岁这一年龄段去文刺的，绝无儿童时期或壮年时去文身者，由此而看，今日当地的文身，在潜意识中还是“成年式”，这与当今大城市中受西风影响而在一些人中流行的文身（所谓“美体”）尚有不同。被文身者要付给施术者一定的酬劳，一般如文刺两臂，或文刺前胸及一臂，或背部及一臂者，时下的价格是五十元。所刺部位愈多，花纹愈复杂，收费也就愈高。这种价格虽无“明码实价”的收费标准，但施术者一定不会多要，而被文刺者亦不会讨价还价，因为施术者与被文者双方并不把它看作是一种纯粹的经济活动，而是有一种完成和帮助完成的使命感。

今日盛行染齿之风的，要算安南民族。摆夷之黑齿，似不如安南之盛，但其起源却也很早。唐樊绰《蛮书》载：“黑齿蛮、金齿蛮、银齿蛮、绣脚蛮、绣面蛮，并在永昌、开南，杂种类也。黑齿蛮以漆漆其齿。”〔1〕《云南临安府志》载：“新平县摆衣，以草药溅齿如墨。”诸书所载，都未说明摆夷染齿的意义何在。我初到夷区，见十数岁的少女，一口牙齿尽都白粲可人，但年纪稍长时，便就齿黑如墨了。问之夷人，始知摆夷风俗：妇女在结婚时，须将牙齿染黑。在昔年，这种风俗很严格，近来已渐废弛了。可知摆夷妇女的染齿，实在是一种成年式的遗俗。〔2〕

〔1〕樊绰《蛮书·名类》："黑齿蛮、金齿蛮、银齿蛮、绣脚蛮、绣面蛮，并在永昌、开南，杂类种也。黑齿蛮以漆漆其齿，金齿蛮以金镂片裹其齿，银齿蛮以银。"再，《蛮书·云南城镇》："又杂种有金齿、漆齿、绣脚、穿鼻、裸形、磨些、望外喻等。"又，《太平御览》卷七百八十九《四夷部十·南蛮五》："黑齿、金齿、银齿、绣脚四蛮，并在永昌、开南，杂种类也。黑齿，以漆漆其齿。"

〔2〕江应樑《摆夷的生活文化·生活习俗》："今云南境内的摆夷，男子文身之俗尚很普遍，女子染齿，则仅腾龙沿边尚有之，思普沿边已无此种风俗了。……至于女子的墨齿，那更显明的是女子的成年式，西部摆夷女子，都在行将结婚之时，用一种植物汁液染黑牙齿，这当然是在表示已经成人，可以结婚。"

林按：金齿和银齿，实际上就是用金或银包牙，溯其源，少有医疗意义而是财富的象征及含民族的审美情趣，少女到可谈婚嫁的年龄，以金银包其齿，也可说是一种成年式。这种风俗，直至半个世纪前还很时兴。至于漆齿或墨齿，我一直怀疑"女子成年式"的解释，笔者以为这是女子嚼食槟榔所致，而非有意将牙齿染黑。当地的妇女有嚼食槟榔之习惯，久之，牙齿尽黑。而少女并不食此物，已婚妇女方食之。论者只见少女齿白而妇人齿黑，误以之为女子结婚时须将齿染黑。

文身与墨齿，如中国之加冠与及笄。经过这个阶段，男女可以互相结合而建立家庭了。——摆夷社会中男女的交际极自由，而婚姻都建筑在恋爱上。大概由于气候太热，男女双方性的成熟似乎较早。故狂热的恋爱为摆夷生命史中重要的一章。他们的恋爱，也有几点严格的限制：

一、爱的对象只限于同族的异性，这在过去是严格的遵守着的。现时虽偶然也有例外，但只限于摆夷与汉人或摆夷与缅人间的通婚，至于境中的山头、傈僳、崩龙诸种人，那便绝对没有相恋而结婚的事。〔1〕

二、平民绝对不能与贵族恋爱，这可以说是阶级婚，到现时仍非常严格。摆夷的社会分子，绝对的是分为贵族与平民两个阶级，已如上述。而平民之与贵族所以数百年始终成为两个阶级的世袭集团而未能混合者，最大的原因便由于此种阶级的婚姻的限制。〔2〕

〔1〕当时傣族与汉族通婚属于“偶然也有例外”。但随着滇缅公路的贯通，德宏与内地交往日渐频繁，到20世纪40年代以后，不少国民党远征军的官兵在当地滞留下来，并与傣族组织了家庭，繁衍后代，并一直居住下来。50年代以后，傣族与汉族通婚已经是普遍现象了。但至今傣族与景颇族、德昂族通婚的仍然极少。

〔2〕平民与贵族通婚的情况是新中国成立后土司制度完全消灭了才出现的。当然，这是已经不存在贵族与平民这两个阶级，而是原来贵族的后代与一般民众通婚。所以可以说，在傣族社会中，只要有贵族和平民两个阶级存在，自始至终相互间是不能通婚的。

除了两项限制外，恋爱与结婚，可以说极端的自由。这其中，贵族的男女结合与平民的男女相爱，又显然有着不同的经过与仪式。贵族的婚姻制度，已染上了很深的汉化色彩，试看诸土司贵族间的结婚实情：

一、土司之子女，必与他一土司之子女结婚，这种门阀是绝对不能含糊的。所以在腾龙沿边的南甸、干崖、盏达、陇川、猛卯、遮放、芒市七土司，再加顺宁边境的耿马，〔1〕龙陵县属的潞江，〔2〕这九个土司，都互相是姻亲，且是世代的姻亲。（各土司互为婚姻，自昔已然，且不仅限于邻近各土司。明严从简《殊域周咨录》卷九《云南百夷》载：“照得土司衙门，俱世受国恩，承袭官爵，各随土俗，结为婚姻。故有贵州土司而结亲云南者，亦有广西土司而结亲贵州者。”）

二、贵族的子女必须嫁娶于贵族的子女，因为每一个土司属境内的贵族，都是一家一姓，不能互相通婚。故子女之嫁娶，必向另一土司境内求之，是以各土司属境中的贵族，也都互相有着姻亲关系。

三、妾及任意姘识者，便无此种严格的阶级限制。

四、婚礼全仿照汉人，先用大媒作伐，两相情愿后，便纳聘迎娶。迎娶的典礼很隆盛，若是正印土司初婚，那简直一似帝王婚典。銮驾仪仗和女家陪奁，摆到数十里长。有时两家土司地相距数日程，那在迎娶期中，数百里地内的人民，都得一致动员起来。〔3〕

五、不论土司或贵族嫁娶，女方均须接受礼金，礼金之多少，在昔并无一定标准，遇到阔的土司，娶一妇人，礼金有多到数万金的。几年前，云南殖边督办署曾控议，要诸土司定一个聘金的公例。结果，只芒市、遮放、南甸、怒江四司，共定了一个规例，互相遵守：

A. 正印土司与代办，聘金不得超过云南新币一千五百元（折合国币七百五十元）。

B. 护印与护理，准土司、代办之数折半。

C. 土司、代办、护印、护理之嫡亲支族，聘金不得超过云南新币五百元。

D. 其他贵族、属官，不得超过二百元。

---

〔1〕耿马，元属孟定府；明万历十三年（1585 年）升为宣抚司，土官罕氏；清属顺宁府，仍设宣抚司；民国沿之，1942 年，设耿马设治局；至新中国成立时，罕氏共传十五世。1952 年，改耿马县，1955 年，为耿马傣族佤族自治县，隶临沧地区（今临沧市）。

〔2〕潞江安抚司，见第二章 65 页注释〔9〕。

〔3〕文中所说“正印土司初婚，那简直一似帝王婚典”是一点也不夸张的。《芒市末代土司方御龙自述》中，详细讲述了他的婚典，这是一个十分具体的实例。1948 年方御龙与干崖土司的女儿结婚，婚礼极尽奢华，当时昆明《朝报》有文章把这婚礼与当年英国女王伊丽莎白的婚礼相比较，说“芒市小土司的婚礼盛况空前，其场面超过了英国女王伊丽莎白的婚礼”。（载《潞西县文史资料选辑·第一辑》，德宏民族出版社 1988 年版，详见本书第 130 至 131 页。）

所以，贵族阶级的婚姻，已不足以代表摆夷原始两性结合的实像。民间两性的结合，实与此大不相同。《百夷传》载：“……不重处女，其通媒匹配者甚罕。年未笄，听与弱冠男子通，而相得者约为夫妇。未婚，辄引至男家，姑亲为之濯足，数日，送至父母家，方用媒妁，以羊酒财帛之类为礼而聘之。”〔1〕事实上却不如是简单。任何一个外地人走入摆夷区中，看到这些秀丽洁净的少女们，一种活泼的风度，谁也会猜得到她们生活的自由。除开平时男女可以纵情谈笑以至打闹外，她们的恋爱，是在这三种场合中进行着的：

一、会场中　如宗教的集会，如节令的集会，如婚丧的集会，都是青年男女们恋爱的好机会。新年〔2〕时村寨中盛行着一种“丢包”的游戏：用布缝一袋，装入从棉花中取出的棉籽，在村边广场上，男女多各立一方，彼此抛接；有时则男女两人对抛。以抛出后对方不能接到而布袋落地者为输。男输一次，出银若干给女；女输一次，将身上饰物取一件给男。末了，各将所得胜利品持归家中，陈列桌上，数日又各送还原主。这真是男女极自然的结合媒介。[3]此外为仲春时节的浴佛会、[4]村寨中多年难逢的拉大佛爷会（均详见本书第八章），都好似特别为男女们而举行的恋爱大会。在这类的会场里，男女们尚无对象的，便可借此选择对偶；有对象而无法亲近的，便可借此作进一步的接触。故在这类会场中，充分地显露了男女青春的狂热情态。

二、碾坊里　摆夷村寨中，多有水碾坊，利用水力，装置碾米舂，以碾谷米。碾坊中的工作者，都是青年的妇女，工作时间多在夜晚。每到夜间七八点钟以后，每一个水碾坊的内外，便展开着温柔艳丽的情景：青年男子们，披着大红的披毡，隐蔽在碾坊的四周，包围了碾坊，和着流水和碾杵转动声，用高音的歌喉唱出抑扬的情歌，以挑动碾坊里工作着的少女们。最初，四周的情歌声，由远而渐渐逼近，少女们也渐报以婉转的情词。这时，一歌一答，或数歌数答，情形热闹极了。最后，男子们出现于碾坊窗前门边的隐约灯光下，终于走入碾坊中了。最圆满的结果是男子挽着对歌的女子走出碾坊，回到自然的田野中去。——这喜剧在遮放土司境内最易见到。可惜我不懂摆夷话，所以虽然曾几次在碾坊外占据了一个最适中的地位，从开幕时男女上场，听他们单唱、对唱，以至男女出现于坊前，走入坊中，偕女郎走出的整本剧，都给看到听到了，但对于这一大段的情歌，却不知所云者何。[5]北平研究院动物研究所所长陆鼎恒先生，曾与我同观此剧于遮放碾坊外，归来后戏作一联以咏之，联曰：

遮遮掩掩，巨毯裹身，倒提电炬寻怨女；[6]

放放荡荡，小辫缠头，斜依水磨待情郎。

因在遮放土司境内所见，故以“遮放”二字作联首。陆先生不幸于二十九年病逝于昆明，睹此游戏遗墨，实兴无限哀悼之感！

三、明月下　在广大平原阡陌交错的农田中，千竿翠竹荫蔽着的高矮竹房的摆夷农村之外，每当夕阳西下月白风清之夜，常可于竹丛之中，隐约听到一种柔和的、拉长了音调、富有刺激性的乐器吹奏声，这便是最能打动少女心弦的葫芦笙的吹奏。这是边地中特有的乐器，用一个葫芦装上三个声管，吹起来，声悠扬而韵味隽永，在静夜的旷野中听着，别有一种挑动情感的声调。每个摆夷青年男子到了青春期，都必得学会吹奏葫芦笙的特技，于意有所属的时候，便乘静夜中携笙走到伊人的村寨内，低徊于竹篱茅舍之旁，呜呜地吹奏起来。倘使这竹篱茅舍中确住着这么一位待字的淑女，那做父母的，便须依照习惯，闻笙声而自知回避，好让他们的女儿寻声而往，和吹笙的男子相遇于溪边林下，浅诉低语，或踏月而行，或吹笙对歌，直到夜色深沉时，始漫吹芦笙，送着女郎回返家下。

---

〔1〕此引文见李思聪《百夷传》。钱古训撰《百夷传》为："嫁娶不分宗族，不重处女。年未笄，听与男子私，从至其家，男母为之濯足，留五六昼，遣归母家，方通媒妁，置财礼娶之。"

〔2〕指旧历新年，即春节。

〔3〕新春时节，绿草如茵，大青树下，邻近各村寨的少男少女通过丢包，互相观察、接近、交往。常常有这样的情况：如果某男（或某女）对对方人群中的某女（或某男）有好感，他（或她）手中的包就朝她（或他）抛去；如果那位少女（或少男）对该男子（或女子）也有好感，她（或他）可能故意接不着这男子（或女子）抛过来的包，于是她（或她）须将身上的一件东西交给对方，数日后，来归还东西时，他们便可进一步地交往、了解。如果对方并无特别的好感，那自然要设法尽力接起抛过来的包，以避免日后的接触。但不知从何时起，丢包活动除了娱乐、运动、交友外，有时还有了赌博的意味——赢得的物件不再归还对方，而成为自己的东西。1972年春节期间，笔者第一次到德宏地区，初二那天由畹町乘车到芒市，公路两侧一片葱茏，空地上，不时有一群群丢包的青年男女。车到遮放附近，又有一群丢包的年轻人，这时，一个小伙子在哄笑中冲到公路上拦住了我们乘坐的客车。上车后，发现他打扮奇特：春节时的德宏还不算热，可他只穿短裤背心，手中还拿着一条色彩艳丽的纱巾。他尴尬地向车上的人们解释着，一口昆明腔，才知道是由内地来插队的知识青年，在丢包时输得只剩下这点仅能遮羞的行头了，于是便狼狈地落荒而逃，搭车回他落户的寨子去。而那条纱巾，是他在丢包时从某个姑娘手中赢来的唯一的"战利品"。

〔4〕即泼水节。

〔5〕青年男女的情歌对唱多是即兴式的，今录两首从民间采集的情歌于下：

1.《妹妹就像芬芳的缅桂花》（瑞丽）：

妹妹呀，你是一朵艳丽的鲜花，它的馨香飘四方；

你是一朵芬芳的缅桂花，我日日夜夜愿带在身边，闻它的清香。

2.《我怎配插在你俊俏的身上》（芒市轩岗）：

哥哥哟，我像一朵路边凋谢枯萎的野花，怎么能配插在你那俊俏的身上。

（引自龚茂春《德宏傣族民歌44种》，德宏民族出版社1984年版）

〔6〕少男们夜间拿着手电，身披毯子去寻找中意姑娘的"猎少"（傣语音译，"串

姑娘”之意）方式，一直到20世纪七八十年代还十分流行。一旦寻觅到互相中意的对象，小伙子便用毯子将姑娘裹住，拥入怀中。这毯子并非专门为裹住姑娘而准备的，那是傣族男子冬天御寒的用品，而恋爱时节一般都在冬季农闲时。大约从20世纪七十年代始，除了电筒、毯子外，自行车成了小伙子们“标配”的又一项“装备”。这样，青年们可以到更远的村寨中去寻找恋爱对象了。到20世纪末，毯子早已不用了摩托车成为傣族“卜冒”（小伙子）的“装备”，夜间载着姑娘飙摩托、喝啤酒，成为城郊傣族小伙子们的时尚。

在这三种场合中结识了他们（她们）的情侣，经过了这么几个月热恋的时期，便可以进而谈到婚姻结合了。但这手续就不很简单，一般得经过如下的四个阶段：

一、私誓　在恋爱达到白热点——大概近村的阡陌之上、竹林之间、溪流之畔都已踏遍了这对情人的足迹时，男子便可以正式向女郎求婚。这时方始详细告诉女郎自己的身世、家庭的状态，经过女的一番考虑，认为可以托之终身时，两人的大事便由斯而决定。这时最紧要的是两人私下约定了一个时间和地点，作为达到两人团聚的准备。这一个私下的约定，是不能让女家的任何人知道的。

二、掠夺　到了约定的日期，青年情郎邀约着若干壮健的朋友族亲，手里持着武器，身边带着多量的散碎铜钱，悄悄地潜行到预约的地点去隐蔽着，等到约定的时间到了，女郎便借着一个事故——或提桶汲水，或挽篮拣菜，总之目的在使家人不疑而便单个儿走出来。行近约定的地点，一声暗号，伏兵齐起，抢着女郎便跑。女郎在被抢到男子手中时，便须高声呼救，家人闻声，立即追出，村寨邻里，也一起帮着来追赶，好一似大伙儿捉强盗的样子。男家在这时，并不能就真以武力抵抗，实际女家来追的，虽也抬枪执杖，但也并不想真的追上了真打。在男家，只需把带来的铜钱，一边逃一边抛在地上；追赶的人，也便一边追一边争着拾铜钱。于是，渐距渐远，终于，让男家胜利地抢着女郎归去。[1]

三、买卖　女郎被抢到男家三数日后，男家便正式请一媒人到女家提亲。当媒人对女的父母说“你家姑娘已于某日被某村的某男子抢去了”时，女的父母必立即表示十分惊异的样子，接着便坚决地否认：“没有的事！我家女儿刚才还在屋里织布呢！”媒人又复力证被抢的确实，并言现居男家很安好，男子年轻有为，公婆也很爱重，现特央我来正式求聘。说到女家无可否认时，双方便邀集了眈头、老幸、头人、村中父老、两家亲邻，共聚一堂。由女家抬出土方或大石一块，放在地当中，指着对男家的人说："必须送来聘金和土块一样重，我们才答应。"用秤衡了土块重量，总得数十斤。男家人便露出难以办到的表情。这时，第一个有所巨大举动的是眈头："男家穷，哪里来的这多银子。看在我面上，请减一点吧！"寻取一个铁锤，走上前去，把土块的角大大地凿去一块。再称了称，男家还觉得太重。村里的父老又走上前去，拾起铁锤来说："男家的确穷，这样重的银子真办不了。看我老的情面，请再减些！"又把土方敲去一角。如是，老幸、头人、邻里依次出来说情，直敲至土方所余无多，女家已坚持不能再准任何人情，男家也表示可以接受时，便细心当众把土方的重量衡准，男家依重量把银子兑了过来，隆重的纳聘仪式才算完结。据地方人说，近年来因废用银两改用银圆，故此种敲土方的典礼已不很通行。仅只请齐双方各人，互相讲价还价而已。过去民间每娶一妇，聘金约百余两或数十两不等；近时一般礼金，多在一百卢比左右。[2]

四、迎娶　纳聘之后，女郎又须偷空逃回母家，然后再定一个日期正式迎娶，到了迎娶之日：

A. 由亲族数人陪伴新郎，步行到女家亲迎。

B. 入女家，先拜见岳父母，待饭，与新娘同拜天地。然后由女家亲眷数人陪同新娘，与新郎及男家迎亲人一同步行返家。

C. 女家也须陪嫁妆奁，便于此时一同抬去。妆奁之多少恒与所受聘金数目相当。妆奁中主要之物是新娘的包头布、被盖、枕头、布匹，这些物件除特制的数件是指定给新夫妻自用者外，其余都是预备给男家酬谢客人用的。因为依照夷俗，娶妇时贺客送来贺礼，例须有物酬还。普通酬布若干尺，较重的酬枕一个，再重的便酬全套被枕。土司结婚，女方陪嫁的枕头，多到数十百个的，即作酬客之用。

D. 到男宅后，女家送亲人将新娘并嫁妆点交男家，男家留待饭。路近者饭后便归去，路远的便在男家住宿一宵。

此日之后，女郎便可把母亲陪嫁来的包头布结为一高帽形，戴在头上，表示已经"女道终兮妇道始"，同时亦表明曾经男家正式纳聘迎娶来的。[3]

芒市土司署的某属官对我说：女郎被抢到男家后，须等男家向女家求准纳了聘，并正式迎娶后，才能发生夫妻关系。若未经求准便与女同居，必被双方亲属耻笑，且须受家族中的责罚。故有抢到家中一二月，依然是处女的。遮放土司多君则对我说：抢去后便可同居，并不须等到迎娶之夜。我以此两种不同的说法质之陇川土司署一位居住夷方二十余年的汉人，他答应我的很滑稽，他说："青年男女，谁讲得了这多道理，早在吹葫芦笙时已经真个销魂了。"[4]

遇到男方家境十分贫困，实无法纳聘女家时，在抢得女子后，便相偕逃往他处，或逃入缅甸。直等积蓄得足够纳聘女家的银钱时，再归来向女家正式纳聘（摆夷民间实同时并行着三种不同的婚姻制度：第一以自主结合〔Malliage by Mutuao con sent〕为两性共同生活的基础，以掠夺婚姻〔Malliage by Capyule〕为达到两性同居的手段，以买卖婚姻〔Malliage by Purchase〕为正式结为夫妻的条件。自由结合是人类最该理想的婚姻制度，这种结婚方式，今日虽于最文明的国家里流行着，但却不能说是文明的产物。反之，却正是原始社会中最原始的婚姻制度，在文明与野蛮的过渡阶段中，便大不以此种结合为然。他们认为解决性欲可以自由结合，但为共同生活的婚姻，那必须经过一种有价值的买卖手续，例如北美的克罗族〔Clous〕，他们在郊宴或其他机遇中，求欢的机会很多，而且由此造成的结合往往由暂而久。然而在他们的社会公论中，认为这样的结婚是不能和买卖婚姻相提并论的。前者是不正当的姘合，后者才是体面的婚姻。在摆夷社会中的情形也正如此。居于统治地位、文化程度较高的土司及贵族阶级，他们的两性结合便完全舍弃自主而以买卖出之；民间虽尚保持着原始自然的自主婚制，但始终仍须以买卖来完成男女的名分。掠夺婚是人类最初曾经普遍实行过的婚姻制度，在今日文化阶段不同的各个民族中，都多少保有此种制度的遗迹。一般学者们的意见，认为掠夺婚是起源于人类的狩猎畜牧时代，那时为着生活没有保障，遇到鸟兽稀少或所居区域水草已尽之时，便须移徙到新的狩猎畜牧区，那时，也如今日的野蛮人一样，为求减少累赘，把部族中的老人、幼童、妇女杀死或遗弃。等移到了新区域获得丰富食物后，他们又感到女人的必要了，剩余下来未遗弃的妇女，多被族中有力者占据，青年男子们特别感到女子的不足，于是便向附近的他一部落里去掠夺女子，因此常引起大规模的流血事件。今日摆夷民间盛行的掠夺方式，便是此种原始制度的残迹。直至今日尚流行不衰者，大概还有两个客观的原因：1. 在男方尚没有足够买妻的储蓄时，可用掠夺的手段，使双方愿望早日完成。2. 掠夺以后再来议价，可以免除女方父母的刁难反对或高抬身价。[5]曾听夷人言，近来家资较富有的，已渐不采掠夺手段，男女恋爱成熟后，便直接用媒妁议聘。但在此种情形下，女家所索的聘金，必较一般为高，男家也只好照付。这可见掠夺完全是一种减轻聘金的手段。一种野蛮残暴的流血事件，演变到今日，由摆夷来实行起来，便变为滑稽的装腔作势的把戏，这也是一件很有趣的事。买卖婚是继掠夺婚而起的，再说穿点，买卖婚实际便是掠夺婚由激烈粗暴变为和平缓进的一种替身。买卖婚发生于财产共有制变为财产私有制之后。财产既为私有，则一切物与力均有经济上的价值，父母渐知养育成人的女儿为人凭空夺去，是不经济的事。为挽救家庭的损失，于是便用买卖的方式向新郎方面要求支付女儿的身价。古罗马时，新郎赠给新娘的 Allha sppnsalita，阿拉伯民族新郎赠给岳父的 Mahl，都是买卖婚的例证。自买卖婚姻制度发生，女人便成为一种商品，一种家庭中的动产。在初期，用女儿换得来的身价，便是父母的私产，这是绝对的买卖制。后来陪嫁妆奁的风气兴起，女儿的身价便转变为妆奁的制办费。今日摆夷、汉人家女儿所接的聘金，便大体含有这种意义。由这样来分析，则今日摆夷民间的婚姻制度，都是其来有因而不足奇怪的了）。

男女必经的这一个热闹的阶段，一般都在十五岁到二十岁之间，但也常有二十岁以外的男女尚没有结婚的。

---

〔1〕这种演戏似的“抢亲”风俗，实际上是远古时期婚姻形态的遗韵。今天德宏傣族社会正常的婚姻习俗中已无抢亲之俗。但在较为偏僻的村寨里，在新郎迎亲将要把新娘接走前，新娘及其母亲、女伴有“哭别”的风俗，这是“遗韵的遗韵”了。现在偶尔发生的抢亲，大概有两种情况：其一，男女青年热恋，但女方父母不同意，于是恋人就安排“抢亲”，把“生米煮成熟饭”，以达到结婚的目的；其二，某男欲与某女成婚，但女方不愿意，男方打探清楚姑娘的行踪，把女子抢至家中，也是把“生米煮成熟饭”。这两种“煮饭法”于情于法大相径庭，前者是争取婚姻自由，而后者却以男方的“自由”侵犯了女方的自由。

〔2〕现在德宏傣族农村娶一媳妇所花的礼金，因经济条件不同、女方家长的想法不同而有别，但总的说来有不断攀升之势，以致成为男方家庭的一个沉重的负担。为此，地方政府作出限制性的规定，以芒市农村而言，礼金不能超过一万元之数。

〔3〕现在德宏傣族的迎娶风俗与数十年前已有所不同，特述于下：

青年男女恋爱到“论嫁娶”的程度，男方老人便前往女方家提亲，在取得女方父母原则上同意后，大量的工夫是花在有关聘金数额和嫁妆内容的谈判上：聘金多少？聘礼多少？（聘礼一般是猪肉上百砣，米酒上百斤，亦可折合为现金）聘礼是否含在聘金内？结婚时的嫁妆有些什么？其中男方、女方各承担哪些？待将这种种细节都达成一致后，方商定迎娶的日期。

到迎亲之日，迎娶的队伍即前往迎亲，迎娶队伍中除新郎外，还有男方的亲戚、新郎的小伙伴和一二名男方寨子里的年轻媳妇。迎娶者通常是早早就出发，到达女方寨子后，并不径直到新娘家中，而是到事先说定的另外一家人家中，这“另外的一家”，可以是男方的亲戚家，也可以是与男方毫无关系的人家，因为男方是来娶这个寨子中的姑娘，该寨子的人都有提供方便的义务。到达后，迎娶者便取出所携带的肉、酒等菜肴在这家人家中做饭，饭毕，俟时辰已到，即前去新娘家迎娶。

去迎新娘并非一件容易的事，要过许多“关卡”：进门就是一个难题，许多小童堵住大门，不许迎娶者入内，须拿出事先预备的“开门钱”（要预备一些小面额的钱币，总数大约需数百元）打发小童们，并陪上许多吉言美语，一直要女方父母认可，始得进门。迎娶者入门，鞭炮齐鸣，新郎向未来的岳父、岳母叩首致礼，新郎的舅父或叔父代表男方家庭向新娘父母表示谢意，并恳切地陈述迎娶新娘后男方家庭会如何善待女方等等。老一辈的“关”过了，新郎更不轻松，女方寨子的年轻人，特别是姑娘们，开始想方设法地出难题捉弄新郎，一直要闹腾到吃晚饭。比如：要开饭了，让新郎摆放碗筷，但却将筷子藏起来，让新郎找不到；或者把筷筒交给新郎，但事先将筷子捆紧，牢牢塞在筷筒内，使之无法抽出。此类难题刁钻古怪，花样百出，无法预测，还非完成不可。男方的人自然不能发火，要一一对应过关，当然是面红耳赤，大汗淋漓。饭后，迎娶者方可簇拥着一对新人踏上返程。迎亲时女家的种种“刁难”，其实并无女方家庭对男方的不满，也没有想在经济上有更多求索的意思，而是曲折地表示“我家的姑娘”，甚至是“我们寨子的姑娘”并非无论什么人轻易就能娶走的。在曲折地显示女方的价值时，当然也更为曲折地表达了男方的价值——能娶到这么好的姑娘的男子，能不好吗？此所以迎娶时双方如此乐而不疲哉。

新娘到夫家后，要拜见公婆，公公、婆婆例应送点礼物给新娘，一般是送钱（大约数百元），或首饰（耳环、手镯、戒指一类），或布料，也有数样并送的。礼物的多寡轻重，更多的不取决于男方家庭经济条件，而要看当时男方家去求亲时，女方家庭索要的聘金的多寡，如果女方父母不斤斤计较，此时公公、婆婆给儿媳的礼物也就出手大方。

结婚那天男女双方都要在各自家中置席宴宾，招待各自的亲族、邻里。请客的人数各方大致在四五十桌左右，饭菜都是傣族口味，酒自然是农村家酿、清冽香醇的米酒。近年来一般还备有啤酒。

婚宴时请些什么客人？客人前去参加婚宴如何送礼？在傣族社会中，是大有讲究的。结婚请客，大宴亲朋，赴宴送礼，以表祝贺，此世之常态，人之常情。表面看，傣族婚宴与其他民族并无二致，其实里面有许多讲究和规矩。几乎每户傣族人家都有一个送贺礼和收贺礼的账本，上面详细记录着历年家中娶亲、丧葬、做摆、建房、做寿等活动来客姓名及所收礼金的数量，也记录着去亲友家参加此类活动送礼的情况。每遇这类事情，不论请客的主人或致贺的客人都要了解一下过去到这家做客或这家人来做客收支礼金的总体状况，再预测一下未来将去这家做客或请这家人来做客的次数，以确定本次请客的具体名单或本次去做客所送礼金的具体数量。对傣族而言，每逢做客，除了祝贺外（当然，丧事则是吊唁），还有帮助的意味。娶亲、丧葬、做摆、做寿、建房，是每一个傣族家庭都会有的大事，所需开支不是小数，一下子拿出这么多钱，一般说来都会感到紧张，无论从意识上和实际上讲，去做客的人都要在经济上对主人有所资助。所以傣族婚宴时客人所送礼金，都有明确无误的登记（他们称之为“挂礼”），而在挂礼的时候，客人都明确地向主人说明，所送礼金中（假如送五十元），属于“还礼”的是多少（即此客人过去作为主人，请该主人做客时，对其所送礼金的回赠，假如是十元），属于贺礼的礼金是多少（即客人对此次主人家办事的资助，假如是二十元），自己这次赴宴的伙食开支是多少（此项只是客人自己的预计，假如是二十元。而实际决算下来如果平均每人伙食开支仅为十五元，那么多出来的那五元也属资助，但主人在事后决算时并不将这五元算在此客人的“资助”项内；如果最后决算下来实际每人伙食平均为三十元，主人亦不会认为实际上此客人没有资助自己，因为多支出的伙食开支是主人为更好地待客而应当支出的），而主人在登记时，也会在客人所送礼金总数下分三项记录清楚的。一个子女较多的家庭，因子女嫁娶，请客的次数也必然多，所以他如果去一个子女少的人家做客，送的礼金一定比较丰厚，原因是将来自己的诸子女结婚，还要多次请这位子女不多的亲（或友）来做客，要多次接受那人的贺礼；而那人请自己做客的次数少，接受自己贺礼的次数自然也少，因而自己送此家人的礼金应丰厚一些。

傣族社会请客送礼的风气极盛，每次请客，所请人数亦很多，看似很铺张，但从礼金的三个构成部分来分析，实际并非如此：礼金中“还礼”这部分，于客人言，是将过去自己急需用钱时别人帮助自己的钱还给人家；于主人言，是在自己急需用钱时，收回“借”出去的钱。此颇类似亲朋间相互的“无息贷款”，但却无须借贷双方签字画押，更多了一种人情味。礼金中的“伙食”这部分，于客人言，去祝贺了，吃了，喝了，但不增加主人的负担；于主人言，家中办事，既召集了亲友，又不更多地增加经济压力。此颇类似AA制，但不那么露骨。礼金中的“贺礼”这部分，于客人言，是资助了急需用钱的主人，当然也不是白给；于主人言，是在用钱时得到了帮助，自然也不是白拿。所以傣族自己说，“请客送礼实际是在互相帮助”，确乎如是。

〔4〕傣族现在已经没有抢婚之俗，故无从判断上述三种说法孰是孰非。但文中之三种说法，芒市属官之说应是傣族社会的道德规范，多君（英培）之说大致是一种现实情况。考虑到芒市与遮放分属两个土司地，或许两地风俗有异亦未可知。但此二说所言皆抢婚后的事情，一旦已经将姑娘抢到男家，那意味着她即将成为该男子的妻子，此时男女二人的夫妻关系实际上已经确定了，是否在正式迎娶后方同居，似无须深究。而陇川土司署那个汉人的说法与前二说则大不一样，他说的是男女青年在恋爱是就发生两性关系，不知此人此说是有调查依据，还是“想当然尔”的臆测。但是据笔者所知，虽然傣族青年男女恋爱自由，热情奔放，但热恋中的他们却极少有越轨的行为，极少有未婚先孕的事件发生。究其原因有二：一是社会道德规范的约束，二是对少男少女青春期性知识的教育。根据傣族风俗，恋爱中若致使女方有了身孕，是十分丢脸的事，要被处以“洗寨子”的惩戒。所谓“洗寨子”，分两种情况：如果这对恋人在事发后决定结婚，那么要在自己所住的寨子中置酒设席，遍请寨子中的长者及头人，对家中所出的“丑闻”谢罪，以求宽宥。在取得寨中邻里的谅解后，方可按常规举行婚礼。倘若出事之后男女双方最终劳燕分飞，则男女双方都必须在各自的寨子中置酒谢罪，以洗刷自己行为不端给寨子带来的耻辱。这种巨大的道德、舆论的力量，使热恋中的青年不敢去触犯规矩。此外，在傣族社会中，每个村寨中都有一种以不同的性别和年龄段组成的组织，在“卜冒”（未婚男青年）和“卜少”（未婚女青年）的各自的组织里，有对刚刚加入这种组织，也就是刚刚进入青春期的少男少女进行性知识教育的传统，这就使得青年们今后在热恋中不致因无知的冲动而酿成恶果。几年前，笔者与一位六十岁的傣族干部谈及此类事情，此人以一种酸酸的口吻说：“现在的青年们太幸福了。我们年轻时，没有那么些避孕的工具，根本不敢去做犯规的事。”从此话中可以反证，那位“居住夷方二十余年的汉人”所言“青年男女，谁讲得了这多道理”的没道理。

〔5〕现在傣族村寨中青年男女的恋情若遭到父母的反对，也偶有双双出逃的事情出现，但是不再以“抢婚”的方式进行，而是男女二人相偕出走，更类似于汉族的“私奔”。或数月，或一年后，这对事实上的夫妻再回到自己的村寨中，也就可以夫妻名分一起生活了。相比较而言，这种私奔的男女，较之汉族地区的类似情形，更容易得到父母的谅解。这大约是“抢婚”风俗所致。

经过这样的过程，摆夷男女们由单个儿变成了家庭。

《云南通志》载:“僰夷，头目之妻百数，婢亦数百，少者数十；庶民亦有数十妻，无嫉妒之嫌。”[1]据说元、明时期的八百媳妇国（即八百大甸宣慰司）便是一个酋长娶八百个妻妾，每妻统率一寨，故统名曰“八百”。这种多妻之俗，今日摆夷地中已见不到。就是土司，妻妾也稀有多到十人（非正式娶取和秘密的姘识又当别论）。在民间，一般都是一夫一妻制，虽然也有纳妾的，但不多，大多数是夫妻独立门户的小家庭。在芒市、南甸一带，邻近汉地，人民汉化较深，故尚有婚姻后不分出，而是父子兄弟同居的大家庭。猛卯、陇川、遮放等地，那便一般都是小家庭。儿女结婚后，便离开父母另立门户。试据此五司的户口统计，求得每一个家庭的人口数如下：

司名	户数（户）	人数（人）	平均每家庭人口数（人）
芒市	546	27000	4.8
陇川	2162	7860	3.6
遮放	1260	3300	2.6
猛卯	1500	2930	2.0
南甸	8000	32000	4.0

在这五个土司区域中，每家平均人口多者不及五人，少者仅得两人，总平均每家只得三又三分之一人。这数目，看去似乎不很近情理，如猛卯，何至每一个家庭平均只得二人？这户口数都是由土司的估计，固然不很准确，但家庭人口少至平均只得二三人，在事实上似乎也很可能，因为：

A. 独男寡妇多自成一户；

B. 摆夷生殖力弱，据作者浅略地统计，一般人家生子女一人至二人最多，不生者次之，生三人以上者少见，五人者仅见，五人以上者未经见，因此，家庭人口的简单，都是必然的事了。[2]

至若两代同居的家庭，那又有一个特殊现象，即是儿子结婚后，多不与父母同居，都是随妻到岳家与岳母同居。故夷村中两代同居的家庭，多不是父母与子媳，而是母女与姑爷。

---

〔1〕明代史籍中有关摆夷多妻风俗的记述不少，无疑，在元明时期，傣族先民经

历了一个一夫多妻的历史阶段。清代以后，作为民族风俗的一夫多妻现象已经消失，取而代之以一夫一妻制。现将元明时期有关摆夷一夫多妻的史料摘其主要者录如下：

《元史类编》卷四十二《大理》：“百夷头目有妻可盈百，婢可数百，民间亦有数十妻者，不相妒者。”

《明史》卷三百一十五《云南土司三·八百》：“世传部长有妻八百，各领一寨，因名‘八百媳妇’。”

明钱古训《百夷传》：“酋长妻数十，婢百余，不分妻妾，亦无妒忌。”

明李思聪《百夷传》：“头目有妻百数，婢亦数百人，少者不下数十，虽庶民亦有十数妻者。无妻妾之分，无嫉妒之嫌。”

明李元阳万历《云南通志》卷十六《羁縻志·僰夷风俗》：“头目有妻百数，婢亦数百人，少者数十，虽庶民亦有十数妻子者。妻妾无妒忌之嫌。”“妻妾不妒忌，夫之所宠，妻亦敬之。”

明刘文徵天启《滇志》卷之三十《羁縻志第十二·僰夷》及顾炎武《天下郡国利病书·云南·种人·僰夷》皆为：“头目之妻百数，婢亦数百人，少者数十，庶民亦数十妻，无妒忌之嫌。”

《滇志·孟艮府》：“其酋名怕诏，……有妻百数。”

〔2〕根据1975年到1988年的人口资料，德宏境内傣族人口的增长率与其他少数民族相比，是最低的。如下表：

民族	1975年人口数（人）	1988年人口数（人）	平均年增长率
傣族	199748	273992	28.59‰
景颇族	74433	106829	33.48‰
阿昌族	15311	21568	31.44‰
傈僳族	11656	19004	48.49‰
德昂族	7204	10892	39.38‰

说明：①因为计划生育政策、避孕节育等因素的影响，此表数字仅有参考价值，而不能说明表中所列民族的自然生育能力。

②因为计划生育政策对汉族和少数民族的要求不同，也因为“文化大革命”结束后，大量在当地插队知青返回内地，形成当地汉族人口的较大变化，因此汉族人口的增减根本不能说明汉族的自然生育能力，故表中未列举德宏汉族的人口增长率。

③因为三年困难时期和“文革”时期德宏境内某些少数民族有相当数量的人员移居境外，故不把此阶段的人口统计列入表中。

④表中所列人口数字据《云南省人口统计资料汇编》辑录。

又，家父 1945 至 1946 年间，曾在车里对一百户健康的傣族夫妻作过生育调查，极有参考价值，故录如下：

调查配偶数	一百家	
家庭子女数（死亡者不计入）	子女四人者	六家
	子女三人者	二十四家
	子女二人者	三十八家
	子女一人者	十七家
	曾经生育但现无存者	十家
	从未生育者	五家
平均每家子女数	一点八九人	

对此调查，家父作了如下说明：“摆夷的生殖力不很强，这从一般子女的多寡上可以看出来，摆夷是小家庭制，据沿边各县局政府的统计数字，平均每户丁口只得四人，这便是说明在摆夷区域内，每一对夫妇的育儿率平均只得两个。”“内地农村家庭的子女，平均都在三个以上，此一百家摆夷家庭，子女平均数不到两人，足见摆夷人口不繁殖的实际情形，这与他们的早婚制度固然有很大关系，而婴儿死亡率之高也是重要原因之一。”（引自江应樑《摆夷的生活文化·生活习俗》，中华书局 1950 年版）

摆夷家庭中的经济，是男女双方独立生产而合作消费的。这就是说，摆夷妇女，均能独立谋生，均有经济生产能力，在家庭分子中，并不是消费者而是生产者，甚至女子的生产量往往超过男子，男子的消费额，常较女子为高。故夷地中有句俏话说：“男无女，三年必为丐；女无男，三年可做摆。”意思是说：男女在经济上共同生产，共同消费，那便一个家庭的收入支出，适可相抵。倘男子单独生活，则所入必不敷所出；女子单独生活，则必有余蓄来做宗教上的花费（“做摆”是一种宗教法事，详见本书第八章）。这并不是说男子的工作能力不如女子，所以然的原因，却是女子用度较男子节俭之故。

因为女子在家庭的经济生产上能够独立，故在家庭分子的地位中，也便不似旧时汉人妇女之只立于附庸地位。试看摆夷家庭的内部组织：

A. 父亲为全家首脑，居家长地位，全家经济财产，除母亲个人的私蓄外，全部归父亲掌管支配。

B. 父亲死，母亲继为家长而行使父亲原日所行使之一切权力。

C. 母死若未分家，则长兄为家长。

D. 长兄死，则仲兄管理家务，而长嫂居于最高顾问地位。

此与中国之“在家从父，既嫁从夫，夫死从子”的妇女只能永久居于附庸地位的情形，已经大不同了。唯从第一点看，仍可看出摆夷家庭是以男子为中心的父系社会下的组织。女子在这种制度下的家庭中，虽然有着与男子平等的经济能力，但也处处显见得居于次要地位。[1]

〔1〕“摆夷妇女虽然都具有独立生活的能力，甚至其富裕之处往往超过男子，但今日的摆夷社会，仍然是以男子为中心的父系社会，家庭的家长，是父亲而不是母亲。不过在某种情形下，女子也可以居于主体地位的，他们没有三从四德之说，父亲死，母亲便成为家长，在史书上，我们常看到有所谓‘女土司’‘边地女王’这类记载。虽然在今天，以至在各土司可考的家谱中，尚未发现有女土司当位的事实，但一个老土司死了，儿子承袭了职位，那‘太后’的权柄，在土司中确实是很重的，若干大事皆得秉承‘太后’之旨意而行，甚至一个跋扈专权的代办，对一个‘嗣君’（未即位的小土司）的‘母后’（这通常皆是代办的嫂氏），也不能不尊重她的意见。由此可看出摆夷妇女在家庭中及社会上的地位。”（引自江应樑《摆夷的生活文化·家庭与家族》，中华书局1950年版）

芒市傣族住房　摄于1937—1938年

下面，我们可以来看一看人口简单的摆夷家庭的生活情形。

摆夷的住宅，也正如其人口一样的简单，但这其中却有一个例外：土司和显要的住宅，那可就不如此，不是汉化的高楼粉墙，就是缅化的西洋式花园住宅，上文在《土司》一章中也曾说及。至于民间的住宅，那大体可分为两类：

一、茅屋　在南甸、盏达、干崖、芒市及遮放北部诸地，大概是邻近汉地，受到深度汉化的影响，民间的住房可以说摆夷本色而带有汉地建筑的风味，其特点是：

A. 都是平房，亦有院落。院落中亦略分主房、厢房。

B. 一般都是住房三间：中一间佛堂和吃饭用，左右两间是住宿及堆放杂物；厢房一面是牛栏，一面是谷仓。

C. 梁、柱、椽均用大竹。

D. 窗户亦全用竹编制。

E. 屋顶上铺稻草。

猛卯傣族住房　摄于1937—1938年

因为是平房土地，所以屋内也有高床桌椅，床架、床板都是竹做，有被褥蚊帐。[1]

二、竹楼　遮放下境、猛卯、陇川诸地的民房，那是十足的摆夷风味的建筑了：

A. 屋作单栋式，全用竹造成，外形如一帐篷，分上下两层，上层住人，下层养牲畜，上下用梯，以大竹剖开铺平为楼板。

B. 屋顶铺山中野生的一种茅草。

C. 无窗，只前后各开一门以通光并出入。

D. 全屋横隔作两间，前面一间作饮食、休憩之用，正中竹楼上用泥砌一长方形为火盆，日夜用竹根、树枝燃火取暖或煮水；后一间便是卧室。

最特别的是卧室里面的情形，这里不像平屋茅房里有高床桌凳，却一律是脱鞋入室的东洋办法。父子、兄弟、婆媳、姑嫂同卧一房，不用床，就光滑的竹楼板上各据一个位置，各悬蚊帐一顶作分界。这种卧室，外人看来觉得非常不便，但他们习惯之后，也就处之泰然了。[2]

这种两层住屋，可称之为西南边民原始的住宅典型，诸如广西、广东境内的瑶人，海南岛的黎人，湘西、贵州的苗人，住屋大多是两层，上层住人，下层栖牛马。唯苗、瑶的两层屋，都用大木石土建成，摆夷的全部用竹。一般说来，这种住房本极不卫生，天热时，下面牛马便溺气味上薰，入其室中，令人不敢呼吸。但摆夷的竹楼却很少如此，他们每天清晨，都把下面的牛马赶出，将槛内粪便扫除干净，黄昏后始让牛马归槛，故极少臭气。且人住部分，也远不似苗、黎部族室内之污浊。楼板光滑清洁，衣被简单干净。作者曾住这种竹楼中多日，回忆在海南岛和粤北住黎、瑶的大木板高楼，真大有香臭之别。

〔1〕上述诸地农村住房近三四十年来已大有变化，这种竹梁、竹柱、竹椽、竹窗、竹门、竹墙，稻草铺顶的平房已经极少见到，大多是土木结构的平房或二层瓦房，近年来也时兴砖木结构甚至砖混结构的房屋。因为气候炎热，与内地相比，这里的住房间架都较内地为高，以求通风和凉爽。当地傣族普遍认为，还是平房空气流通，居住宜人。这种住宅一般都有院落，屋前建有宽敞的走廊，走廊前都种植着多种花木以蔽烈日，在走廊上休憩、饮茶、吃饭，十分可人。

〔2〕今瑞丽一带的民居依然迥异于芒市、梁河等地，傣族特点极浓。用山茅草铺顶的民居已很少能见到，而是改为瓦顶或铁质镀锌波纹瓦，竹子的梁、柱也改用木料，门窗皆具，用竹片编制的墙壁凉爽透气，亦极美观。楼下蓄畜、楼上住人的格局已不复存在，牲畜已另外建有畜厩。主室内火塘也已取消，都另建有厨房。卧室一般在楼上，“父子、兄弟、婆媳、姑嫂同卧一房”的状况已变为分室而居，但多数依然是“不用床，就光滑的竹楼板上”各置地铺、席地而卧，经济条件较好的已将竹楼板变为木地板。一般民居依旧是典型的傣族干栏式建筑，而在弄岛一带则有不少缅甸风格的民居。

家庭用具非常简单，若就各种器具的来源上说，可以说十之三来自汉地，十之三来自缅甸，十之四是本土所产。就原料上说，可作如下的分类：

1. 金属制品　大半为铁器，铜器不多见，〔1〕银除饰物外，不用作器皿，〔2〕金则只有装饰佛像用。铁制品的主要者如刀、锄、犁、锅、铲等，形式都大体和汉地所见的相同，只有刀类有一种随身挂用的长刀，长二尺许，宽寸许，用竹做柄，以竹篋套之。讲究的在柄及篋上包银，用马尾及红布结成带，挂在肩上。凡摆夷、山头、傈僳、崩龙男子，莫不人腰一刀，时不离身。伐薪、猎兽、防敌、制器，皆唯此刀是赖，是夷人最切用的一种工具。俗称“缅刀”，其实皆户撒人所造，便是有名的“户腊撒刀”。〔3〕此外又有一种铅制用品，如铅桶、铅盆，差不多家家都有，这完全是由缅甸输入的。

2. 竹制用品　竹为摆夷地的盛产物，制竹为摆夷的特殊技能，已在本书第四章中详言之。房庭中床、椅、桌、几、箱笼、盒篮，莫不以竹为之；水桶，也是把直径五六寸的大竹横截一段便成；水瓢，是用大竹一节，剖为两半，再由节的一端加一柄便成；绳索，也用细竹搓成，看去相似麻索，坚牢耐用且过之。〔4〕

3. 棉制用品 衣服被帐所用的布，多自织。摆夷善织布，精绣花，已述于上文，可惜棉花多从缅甸买来。近来几位土司积极提倡植棉，希望能发生好的效果。〔5〕

4. 陶器 碗、碟、盆、缸、水瓶，在近汉地诸司，都由汉地输入；近缅地诸司，上缅甸一带已能烧窑。

边地有句俗话说："摆夷搬家，不上三担。"这便是形容摆夷家具器物的简单，确是实情。

---

〔1〕在当地，铜制用具确乎"不多见"。笔者仅见的铜器是遮放土司家原有的一个铜熨斗，从形制上看，那也不是当地产物，大约是遮放土司由内地购入的。

〔2〕此处似有误。银用做饰物外，亦有做器皿的，当然除土司及贵族外，一般百姓是无此消费能力的。傣族银制器皿大多为槟榔盒和泼水盂，如内地用银制作餐具及烛台等用具的，尚未见到。笔者藏有当年家父从傣区带回来的一大一小两个圆形银质槟榔盒，通体为麒麟、花草及几何图案浮雕。2000年，笔者从芒市一位傣族老银匠处收集到一个银水盂，图中人物系傣族古代贵族武士装束，为高浮雕，做工极精美。据老银匠称，此物原系芒市土司家旧物，一年前，土司之后人拿去银匠处换新款式的首饰。

〔3〕户撒刀是阿昌族的杰作，德宏各族所用腰刀皆出自斯。在当地，傣族和景颇族使用的腰刀形制不同：傣族腰刀刀尖略呈月牙形，刀柄末端为圆球状起棱，极似蒜头；景颇族腰刀的刀尖和刀柄末端皆为平头。

芒市土司之银水盂 江晓林收藏并摄影

遮放土司使用的铜熨斗 江晓林摄

〔4〕20世纪80年代中期，笔者在芒市农村调查，见一农妇舀猪食喂猪，整个猪食瓢用大竹剜成，轻巧结实，不怕磕碰，不怕高温。我用一把铝制水瓢与之交换，她反而不好意思地说："这东西不值钱，你喜欢就拿去，我们再做一把便是。"笔者还自遮放芒瓦寨收集到一把傣族用来捉黄鳝的竹夹，全用竹子制成，形状酷似剪刀，刀刃刻作锯齿状。傣族老乡说：夜间至水田边，左手擎火把，右手持竹夹，腰间挎一小竹篓，鳝鱼见火光，便浮出水面，即急速夹取，齿状刀刃牢牢夹住溜滑的鳝鱼，转手将放入竹篓，哪怕一小童，手不沾水，足不湿鞋，一个小时不到，就可得黄鳝一篓。此"黄鳝夹子"可谓傣族竹器之一绝。自20世纪80年代后期，塑料制品和金属制品大量涌入，傣族传统日用竹制品的使用已不如往日那样广泛了，因大量使用化肥、农药，稻田中已无鳝鱼可捕，竹制的这种黄鳝夹子，几近绝迹。

〔5〕现在德宏境内不种植棉花，所需棉纱、棉布皆由内地运销，不唯不再从缅甸进口，国内的棉纱、布匹还大量出口缅甸。

晒在墙上做燃料用的牛粪饼　摄于1937年

摆夷既然都是以农耕为生活主体，故一个家庭里面的日常工作，实在非常单纯。从暮春到季秋，是他们农事耕作的时候，男女在这时都晨出晚归地工作于田中。孩子们只要长到五六岁，便可为家庭工作者之一员，也便是家庭经济的生产者。如牧牛、采薪，而最重要的工作是拾牛粪。牛粪拾来后做成饼，糊墙上晒干，成为主要的燃料。夷地大平原上不产木柴，也无煤炭，煮饭都用牛粪饼和竹枝，所以牛粪在夷地中是有价值之物。凡晨间赶牛外出的人，手中必执一束竹签，牛在中途泄下粪便，即用竹签插粪上。他人见有竹签之粪，便不能拾取。尝见年轻美貌、衣裙整洁的姑娘，双手捧着一堆热腾腾的牛粪，喜洋洋地走回家去。这种滑稽情形是未经见的人所想象不到的。

在冬日农事完了时，男的多入山打猎，妇女们或织布，或绣花。摆夷妇女艺术杰作的"织锦"多是成于此时。热闹的宗教集会、宴乐、男女恋爱，也多在农事清闲的冬春之日积极进行。这算是人民家庭间最快乐的时候。

民间每日早晚两餐，皆吃米饭，家里进餐也用碗筷。赶街或集会时，便每人带竹盒两个，一大一小，大的盛饭，小的盛菜，吃时用手就盒内将饭捏成团，以两指取菜拌食，这或者就是摆夷原始的吃饭法。〔1〕摆夷有嗜酸之癖，故边区有“酸摆夷”之谚。〔2〕不仅菜中喜加酸味，且有几种夷地的特殊食品是以醋酸（林按：原文如此，似应为酸醋）为主体的。〔3〕现略举摆夷家庭的重要食品及烹制方法如下：

杀猪（杀猪后用火燎去其毛的习惯与白族一样）摄于1937年

1. 饭　夷人皆食大米，麦面杂粮都不吃。所产之米，较汉地出产者也略不同：米粒很大，所含油腻质分甚多，似介于粳谷与糯谷之间。饭不似江、浙、闽、越诸地之用锅焖熟，而是如川、滇等地的用甑蒸，唯蒸法又与汉地稍异：先将米用水浸六七小时，然后蒸之，蒸到热气上腾时，揭开盖，在半生的饭上撒上冷水，再蒸，蒸至米粒柔而无核时便可食。故饭粒皆圆糯而硬，熟时吃，尚柔软易入口，若稍冷，便硬不能下咽。无怪汉人到夷方的，有“不吃饱”之戒。〔4〕

2. 肉食　以猪肉为主，牛副之，大抵夏天多吃牛肉，冬天多吃猪肉。〔5〕猪屠宰后用火燎去其毛，喜用油煎炸如西菜中之猪排。夷人皆不养羊，所以也不吃羊肉。〔6〕干崖境内之先德、先令两寨人最喜吃狗，大概这两寨的住民并非摆夷（作者另有文论之〔7〕）。摆夷是绝对不吃狗肉的。家禽如鸡、鸭、鹅等也很普遍。〔8〕

3. 蔬菜　瓜及豆类出产最多，绿叶菜也极普见。特别的制作是把青菜晒干，再用水煮熟，加入木瓜汁（即药用之木瓜，味极酸）使味变酸，俗称“酸巴菜”，是夷地中几乎每餐不可少的一味菜，腾冲、龙陵一带的汉人，也极嗜吃。〔9〕此外，有几种汉地不经见的蔬菜：水中的青苔，用油炒或煮汤；〔10〕棕树将开花时的嫩蕊（即花蕾），切碎后和肉煮汤或凉拌吃，味稍带苦麻；〔11〕一种植物的嫩叶，用油炒煮后加酸料，称为树头菜。〔12〕

〔1〕由于金属及塑料制品的普及，近十数年来，竹制饭盒已不再经见。但用手指直接拿饭菜自食用的情况还偶见之，这不是因为无筷子，据傣族友人云，用手指直接取食有一种特别的风味或快感，是使用碗筷所没有的。在东南亚诸国，许多地方至今仍有此俗。

〔2〕居住于德宏的各族，饮食嗜好各有不同，旧时有谚云:“酸摆夷，辣山头，臭崩龙，甜汉人。”言傣族嗜酸，景颇嗜辣，德昂嗜食略带臭味的食品，汉族嗜甜。

〔3〕傣族所制米醋，口感的确极佳，傣族不少菜肴也是以酸为主味。但傣族众多有酸味的菜中，其酸味并非全都是酸醋所致。傣族嗜酸，且能品尝出不同酸味的不同口感。有的是菜本身就带有酸味，如用尚未成熟的芒果切成丝凉拌或炒食，生芒果本身即有酸味；有的是在制作过程中产生酸味，如干腌菜、辣腌菜、水腌菜，都是用新鲜菜蔬腌制出不同的酸味；有的菜中的酸味不能放醋，而是加进鲜榨的柠檬汁，或加入被称为“榄萿馐”的一种汁液，或加入木瓜或某种野果……总之，傣族对酸味真可称为行家里手，他们不仅能吃酸的，而且能制作和分辨许多种不同酸味的不同妙处，知道什么菜要用什么酸味更可口。

〔4〕德宏傣区的大米口感确实好。二十余年来，笔者曾多次在德宏接待过初访傣乡的客人，无论是习惯面食的北方人，抑或喜欢米饭的南方人，也不论其是否能接受傣族菜肴的风味，但没有一个不对那里的米饭赞不绝口。那里的米饭香、糯、柔、滑，不用什么佳肴佐餐，米饭本身就令人食欲大振。笔者在当地，每餐前都告诫自己不要吃得过饱，但常常又不由得多来上半碗。当地大米以“遮放米”最为著名，早在六七十年前，昆明人就对“遮放米”的名声耳熟能详了。据当地傣族农人称，新中国成立后因为引进外地高产的稻谷品种，现在的大米已远不如过去好吃了，因为这种品种单产低，遮放的农家偶尔也有种植少量老品种的，但也只占这家耕地的几分之一，仅仅供自己食用。而在市场上，是买不到真正的“遮放米”的。如此看来，哪里的米好吃，与品种、气候、土质、水质皆有关。在全国粮食生产已有盈余的今天，德宏应考虑恢复种植口感极好的水稻老品种，在质量上而不是数量上取胜，优质优价，农户的收入也不会降低，这样既可以解决当地粮食过剩的困惑，亦可将此优质大米推向全球的大市场。

〔5〕当地傣族有一道喜吃的菜叫“剁生”，是将猪的里脊肉用刀细细剁茸，拌之以腌菜、辣椒、蒜泥等等佐料，就这样生吃，其味鲜美无比。但若将患有猪囊虫病的猪肉拿来做“剁生”的原料，人食后也会患此病。猪囊虫病当地称为“米心猪”，人若染有此病，身上也会有囊虫的包块，当地戏呼为“米心人”，若囊虫侵入人的脑部，会

引起昏迷、抽搐。因为喜好这道菜，此病成为当地的一种多发病。多年来，当地卫生防疫部门极力宣传不要吃生肉，但“剁生”的美味仍是不少人挡不住的诱惑。笔者的一位朋友患此病到昆明诊治，医生一见就问他是不是德宏人，可见此病是当地的一大疫病。

傣族所吃的牛肉不似内地，傣族少食已经无力劳作的老牛，这里屠宰的菜牛都是一岁左右的小黄牛，因此这里的牛肉特别嫩。用牛肉做的菜肴，最有名的一道，傣语称为“撒苤”：即用米线、连贴（脾脏）片、剁肉等做成的一种凉拌菜。此菜最特别之处在于佐料，是用靠近牛胆附近的那段肠子（傣族称为“苦肠”）内的汁液与舂碎的“香柳”（当地一种野生植物，可用做佐料）等多种佐料拌合而成，集苦、凉、辣、鲜于一身，如果排除因饮食习惯不同而产生的心理障碍，在炎热的夏天吃“撒苤”，开胃清热，确乎爽口。

〔6〕今天的傣族并不刻意地忌讳吃什么，因为不作兴养羊，因此不怎么吃羊肉。下文所说的狗肉，今天一般也不再是“绝对不吃”了。

〔7〕家父关于先德、先令两寨住民的论文，待考。

〔8〕鱼类也是傣族肉食中的重要一项。家父在《摆夷的生活文化·生活习俗·饮食》中说：“摆夷居近水，故水产可食者极多，鱼是最普通的一种，……淡水虾也产的很多，此外甲鱼、鳝鱼、螺、蚌，都是摆夷所嗜食。”至今傣族依然视各种水产为美味。在20世纪70年代以前，当地河、溪、沟、塘中各种野生的水产极多，小童去野外玩耍，一个来小时就可捉回够全家人食用的鱼虾。近二三十年来，化肥、农药的大量施用，以及野蛮的捕杀（用炸药炸鱼，用电流击鱼等），野生鱼类已经不多，日常靠人工饲养。野生水产中有的品种已经濒临灭绝，其中如“挑手鱼”，最大者仅重数两，头部两侧长着会弹开的硬刺，捕捉时稍有不慎，手被刺破，则疼痛难忍；再如“老抱手”，实际是一种生长在山涧溪流石缝中的蛙类，夜间燃炬入山，将手伸入石缝，此物就会用四肢抱住人手。这些都是让傣族津津乐道的美味水产。

〔9〕酸巴菜：“巴”读作“pā”，通常写作“酸粑菜”，云南方言中把食物煮得很烂，极易咀嚼称为“粑”。今天当地此菜的做法与文中所述有异，未知是家父误记抑或几十年来烹饪方法的变化。现时煮酸巴菜仅将青菜略为晒蔫与傣族特制的酸水或酸木瓜一起煮，亦可与番茄一同煮。

〔10〕青苔作为食品今日在德宏傣族中已不多见，西双版纳傣族至今仍嗜食此物。

〔11〕棕榈花蕾当地称为“棕包”，用棕包加酸菜、番茄、辣椒等佐料，与肉丝一起爆炒，叫作“棕包炒肉”，棕包亦可用来煮汤。但同样是棕榈花蕾，生长在异地的却不可食用。20世纪70年代末，几位初到昆明上大学的德宏傣族学生见校园中棕包累

果，却无人采摘，便采下做一道垂涎已久的家乡口味，方一下箸，发现苦涩无比，无法下咽。此亦“南橘北枳”猗！

〔12〕当地许多野生植物——包括木本、草本、藤类——的嫩芽细叶，以及真菌、苔藓、地衣等，傣族都可做菜蔬食用，而且烹饪的方法很丰富，可炒烩、凉拌、腌渍、烧汤、舂捣、粉冻，亦可做调料或色料等等。据许本汉先生在德宏四十年的研究，当地傣族、景颇族食用的野菜有二百一十三种，野果有四十六种之多。（详见许本汉《德宏山野蔬果》，德宏民族出版社 2001 年版）

4. 嗜好品

A. 酒　西南边民无不嗜酒，摆夷也不能例外。多数人不论早晚餐，都必饮酒少许，遇有宴食，则必痛饮而后快。酒都是用谷米造成，市场中卖酒人纵横成阵，摆夷、山头、僳僳，男女围绕，饮酒如饮水。〔1〕

B. 槟榔　是一种以敬客或无事时之小食，夷人嗜之极深。用槟榔、芦子、石灰及切碎的烟草四物，同时放入口中大嚼，吃时满口流涎，有如喷血，故夷人的嘴唇常作赤红色，口角有如积满污血。尤以年老妇女最喜吃。街场上，售槟榔、芦子的摊子最多，成桶调好的石灰摆着零售。我初以为是买去涂墙的，后来见顾客边买边用指蘸取往口里送，不禁大惊。到摆夷家中，年青的姑娘必将此四物配好，用一片蕉叶送到客人面前。我每次接受后都只能把它放在袋里，因为曾经有一次也学着往口里送，而被辣得舌焦唇麻。〔2〕

C. 草烟　摆夷自种的烟叶，晒干后除切碎和入槟榔、石灰中嚼吃外，也用烟杆吸食，男子几无人不食草烟。〔3〕

D. 鸦片烟　这是土司和贵族阶级的特殊嗜好品，平民染有这种恶嗜好的也不少。边区近山之地多种鸦片，二十五年云南全省开始禁种鸦片，但边地夷区却划为展禁区。夷人吸鸦片方法与汉人同。又另有一种吸法，将芭蕉叶切碎，入烟汁中拌合，晒干，放在烟杆上如吸草烟般的吸食，名叫“多巴烟”。〔4〕

---

〔1〕当地傣族嗜酒之风，一如既往。宴会饮酒，年轻人必佐以猜拳，呼声如雷，杯杯见底。近年来芒市附近村寨青年男子购买摩托车的不少，酒后飙车狂奔，车毁人亡之事屡屡发生，几成一害。而老人在宴饮时，则漫语浅酌，一餐饭可至数小时不散。傣族所饮米酒，多系自己酿造，村寨中几乎家家都会酿酒。笔者认识一位傣族老者，

平生只饮自己酿制的酒，凡赴宴，必携一壶，内盛自家酿造的米酒。景颇族亦自己酿酒，称为水酒，但度数较傣族米酒为低。傣族米酒常在四十五度上下，景颇族的水酒大约不超过十度。近年来，当地已有酿酒企业出现，也有了傣族米酒的品牌如芒市之“傣家醇”，盈江之“盈江黄酒”。

〔2〕嚼槟榔的习俗已渐渐消失，今天仅偶见老年妇女食之。

〔3〕今日吸烟在傣族男子中仍十分普遍，但除少数边远地方的老人外，都已经不吸草烟，而是抽正规生产的卷烟了，老人吸草烟也不用烟杆，而用烟纸将草烟丝卷成烟卷。

〔4〕鸦片烟种植在境内已经禁绝，毒品全由缅甸偷运进来。现在当地仍然有极少吸食鸦片者。而海洛因之害远胜于鸦片，吸食或注射海洛因的多是青壮年。傣族吸毒的具体人数不得而知，笔者在芒市曾两次见到注射过量毒品而倒毙路边的吸毒者。一次在瑞丽，当地一位青年朋友指着几个神秘的游荡者告诉笔者，那是在兜售毒品。

文中所说的“多巴烟”，今日在当地称为“卡苦”。据当地人称，近年又时兴起来，吸食者中甚至有一些是基层干部。

5. 特殊食品

A. 棕包蛆　甲虫类的扁体动物，生在水龙骨科的贯众茎中，每届仲春，夷人掘贯众的地下茎剖之，每茎中多者有蛆七八头，少的二三头，大如春蚕而圆大，用油煎熟吃，据说可解毒。作者曾尝过，确实香糯可口。〔1〕

B. 沙蛆　生在江边沙土中，为黄褐色的蛹体，用猪油煎食，据说是大补品。价很贵，每卢比可买三四头。〔2〕

C. 蛘窝　又名牛屎虫蛋，从牛粪中掘出，盖即蜣螂之蛹，大如胡桃，色白，半透明，握之冰手而重，落地便炸裂，有白色乳状物流出。每晨菜市中售者极多，价亦昂，一卢比可得十枚。亦用猪油煎或与鸡蛋同煮。据说治小儿蛊毒有奇效。〔3〕

D. 酸蚂蚁　多生怒江两岸，与普通黄蚁相似，唯腹下有透明的小球一个，中藏蚁酸。营巢在豆科植物上，巢成一倒锥形，大的长尺许，系蚁群用丝状物连接树叶而成，上有一孔为出入之所。在立夏节前后，夷人背箩兜，握镰刀，带胶泥，猱升树上，先用胶泥将巢上之孔封闭，然后轻轻把巢割下，携到市场上售卖，每巢大的可得钱一二毋，〔4〕小的四五摆散。〔5〕吃时，先用手将蚁巢频频摇动，使巢中诸蚁腹上的小球破裂，互相沾濡不能行走，然后破巢取出，用辣椒、盐拌之，和凉菜同吃，吃时诸蚁尚蠕蠕爬动。据说可治瘴毒和绦虫，其味酸甜。[6]

E. 竹蛆　生在野竹节中的一种甲状虫的蛹体，色白，长寸许，粗如箸。一竹节中有虫多至数十百条，取出后先用盐水浸之，再用油炸熟，拌以醋酸（林按：原文如此，似应为酸醋）而食。据夷人说：竹虫实是一种“黑草蜂”的幼虫，黑蜂每于春季产卵于竹林中，等到竹生笋时，蜂卵便被包在笋内而变为竹蛆。每年七、八月笋长为竹，竹蛆亦渐长大，九、十月最肥硕。若过此时不采取，到了春天，又变为黑蜂飞去了。[7]

F. 蜂蛹　凡土蜂、黄腰蜂、草蜂、白脚蜂、黑蜂、葫芦蜂等的蛹，都全可吃。土蜂及黄腰蜂结巢在树枝上，每到秋日黄昏时，村人持械上树取巢，杀其蜂，取蛹用油煎食。[8]

G. 蚂蚁蛋　一种细黄蚂蚁，产白色卵，小的如罂粟籽，大的如豌豆，用酸水凉拌食。[9]

H. 花蜘蛛　即昆虫学上蜘蛛类的“络新妇”，张网树枝上，长足大腹，有红黄绿白黑花纹，用沸水淋之，去其足，油煎食。[10]

I. 河虾　产大盈江中，大者长寸许，与沿海各地的虾略似，为夷中之珍品。[11]

J. 桃花鱼　亦产大盈江中，每届仲春桃花盛开时，此鱼千百成群，逆江而上，土人网而得之，以白水煮食。[12]

K. 干牛皮　将牛皮去毛，切成宽寸许、长一二尺的长条，晒干后用江沙和炸，即变为白色松脆的泡形长条，沿街售卖。猛卯摆夷最喜吃。[13]

L. 酸枣　又名西西果，属鼠李科灌木类植物，滇中汉地也有。汉人用糖渍吃，摆夷则用做菜品，入油盐煮或煎食，味酸。[14]

M. 软糯笋　用夷地中的龙竹笋制为丝，放洗米水中浸数日后，晒干，烹调任何菜蔬时均可加入少许，因其味酸，故能特别适合摆夷嗜酸的胃口。[15]

---

〔1〕棕包蛆，现在当地傣族仍然食用。

〔2〕沙蛆，现在当地傣族仍然食用。卢比，英属缅甸货币，详见第四章185页内容。

〔3〕蚌窝，现在当地傣族仍然食用。

〔4〕母，英属缅甸货币，详见第四章185、186页内容。

〔5〕摆散，第四章220页“货币”中未见“摆散”，疑即“别”之误。另，瑞丽傣语亦称钱为“别散”（bià sàn），但并非单指缅币。

〔6〕酸蚂蚁，现在当地傣族仍然食用。

〔7〕竹蛆，现在当地傣族仍然食用。

〔8〕蜂蛹，现在当地傣族仍然食用。

〔9〕蚂蚁蛋，现在当地傣族仍然食用。

〔10〕花蜘蛛，笔者未听说现在还有吃此物者。

〔11〕河虾，大盈江中河虾已近绝迹。近二三十年来，由于环境污染，溪、河、渠、塘中的野生鱼、虾、蟹、螺等物已大量减少，除人工饲养的鱼类外，虾、蟹、螺等水产品大都吃缅甸进口的。

〔12〕桃花鱼，大盈江中此鱼亦近绝迹。

〔13〕干牛皮，又称炸牛皮，现在当地傣族仍然食用。

〔14〕酸枣，现在不见做菜品，而是做小吃食用。一般用辣椒盐巴浸渍或用糖水煮食。

〔15〕软糯笋，即酸笋。当地竹子中有“梅播”和“梅货”两种可制为酸笋，“糯”即竹笋之意，“糯梅播”即龙竹笋，“糯梅货”即山竹笋。傣族酸笋不似内地食品中的玉兰片，它带有一种特殊的酸味，喜欢吃的，吃的就是那股特殊的酸味；不会吃的，怕的也正是那股特殊的酸味。20世纪70年代初，笔者在凤庆任教，某日，一位老乡请笔者至其家吃饭，事先郑重其事地告诉笔者，说要让我吃一道当地特别的菜肴。刚进其门，我就闻到一股不可名状的怪味，直至入席把主菜上桌，打开锅盖，我才发现这一直弥漫的“怪味”就是这道主菜——酸笋煮鸡中酸笋的味儿。凤庆旧称顺宁，明清时期是云南傣族的主要聚居地之一，现在当地傣族人口占全县人口总数仅四十分之一，但傣族的某些影响（如饮食口味），仍留存在当地的其他民族中，以至当地汉族将这道典型的傣味当作地方风味拿来招待我了。文中酸笋的制作方法不确。酸笋分为干、湿两种，湿酸笋的制作方法是：将龙竹或山竹的鲜笋切为细丝，揉透后，放入陶罐内压实，并不在其中添加任何佐料，密封，待其发酸后，随时可取出食用。可和鲜猪肉或鲜牛肉一起炒食，更有名的吃法是把酸笋和鸡，或鱼，或者排骨一起炖汤。干酸笋的制法是把湿的酸笋丝蒸熟后晒干，称为“干笋丝”，要食时用滚水将其发开，使变软，再挤去多余的水分，拌上辣椒、盐等调料即可食用。

上面把摆夷家庭中安静和平的方面说完了。这里要说家庭中另一方面的情形——动乱的部分，包括家庭中的生育、疾病、离异、死亡。

摆夷的生殖力，据非统计的观察，都非常之衰弱，这在前文已略说过。这大概因为性的发育太早，且无节制的关系。再一方面是接生与婴儿保育，都非常不卫生，所以婴儿的死亡率很大。这两项是直接造成边地地广人稀的主要原因。夷人没有接生的专门技术人员，生育时都请邻里相帮接生，有的甚至产妇自己接生。遇到难产时，通常有两种土法：由有经验的妇人，用手揉搓产妇的腹部，使胎儿受到压迫而坠下，夷人有许多妇女对这项按摩术很擅长，据说多有得心应手之妙；猛卯山中产一种鱼类，其形如带，每当山洪暴涨时，从山谷中随水冲出，夷人捕得后，晒干，切成如带样的长条，遇妇女难产，便用此鱼带围在孕妇腰间，产妇嗅到此种鱼腥味，胎儿便能很快地产下。其实，这都只能说是一种催生的方法，若真的遇到难产时，那也只好听其自然而已。好在摆夷一般体格都很健全，因难产而死亡的事，在夷地中是很少能遇到的。至若遇到产儿胎死腹中，他们也有一种极普遍的方法，便是用带皮的鹿角尖，注水在陶器中磨下少许，使产妇吞服，死胎便可产下。据说此法非常灵效，现为各司夷人普遍的采用着。

李思聪《百夷志》载："凡生子，贵者以水浴于家，贱者则浴于河；三日后，以子授其夫，耕织自若。"生子浴于河之说，现已不多见，大多都染了汉人的风俗，三朝送红蛋，满月周岁宴亲友。"三日后，以子授其夫，耕织自若"，则确有此种情形。[1]

---

〔1〕钱古训《百夷传》作："凡生子，贵者浴于家，贱者浴于河，踰数日，授子于夫，仍服劳无倦。"刘文徵天启《滇志》、李元阳万历《云南通志》所载略同。

家父所著《百夷传校注》中引用了《太平广记》的两条记述："《太平广记》卷四八三'獠妇'条引《南楚新闻》：'南方有獠妇，生子便起，其夫卧床褥，饮食皆如乳妇，稍不护卫，其孕妇疾皆生焉。其妻亦无所苦，炊爨樵苏自若。'又云：'越苏，其妻或诞子，经三日，便澡身于溪河，返，具糜以饷婿，婿拥衾抱雏，坐于寝榻，称为产翁，其颠倒有如此。'"

在《摆夷的生活文化·生活习俗·生育》中，家父如是记述："《百夷传》记摆夷生产的情形：'凡生子，贵者以水浴于家，贱者则浴于河，三日后，以子授其夫，耕织自若。'常见摆夷 把出生不久的婴儿抱到河里去洗浴，这或者就是古之遗俗。土司贵族生子，也一般如内地三朝满月，宴请亲友，这已经是汉化的风气，并非当地固有的习俗了。在该地中，对于婴儿的抚抱，确然不是母亲的专责，常见摆夷男子背负婴儿出来工作和应酬，有时走到夷人家里，见不到妇人，只有男子留在家里照看孩子，这也许便是《百夷传》所谓‘三日后，以子授其夫’的遗俗。……习俗上对于妇女怀孕与生产，有着两项禁忌：一是凡有孕的妇女，不准走入佛寺中；二是一切佛经符咒，不能携带入产妇的房中。由此两项禁忌，可知摆夷对于怀孕与生产这一件事，仍保有很神秘的观念。”

疾病，在夷地中统称之曰瘴气，这是边地的洪水猛兽，不仅入夷方的汉人害怕，就是生长边地的夷人，也会谈虎色变。他们认为瘴气都是由有毒的动物传布出来的，故有所谓黑蚂瘴，是中毒蛙的毒气；蜈蚣瘴，是中蜈蚣的毒气；黄鳝瘴，是中鳝鱼的毒气；长虫瘴，是中毒蛇的毒气。这类毒虫，伏在地下，年深日远，成为“精怪”，吐出来的气便是瘴气。气如烟雾，有各种颜色，黑色之雾最毒，中人必死。倘遇黑雾，必迅速奔避。五色雾，多在日出及日落时见之，呈红、绿、蓝、黄等色，其毒不如黑雾之厉。白色之雾为早晚所常见，毒最轻，故人亦不甚怕。某土司曾亲对我说：在他境内的一座小山下，时有五色雾从地下蒸出，遇见的人多患病死。后由土司带兵从喷雾之处掘下地去，见一水塘，中有蛙大如箕，蛇粗似臂，击死后，其地便不再有五色雾气。又一土司说：某次他深夜驾汽车入缅甸，车后坐兵丁四人，土司自己是司机，时平原上白雾弥漫，忽一兵丁说嗅到硫磺味，其他三兵也说嗅到，土司知不妙，便屏息开足马力疾驰，次日，四兵同时患病，一死，三危。这些都说得太玄妙了。查摆夷区域中一般的疾病，症状最多的不外四种：

A. 定时的发寒热，夷方名为“发寒瘴”。

B. 继续的发热以至于死，夷方名为“发热瘴”。

C. 发高度寒热不止，直到口舌僵硬而死，夷方名为“发哑瘴”。

D. 夏日行路或工作时，突然昏厥而死，夷方名为“发急瘴”。

寒瘴自然是普通性疟疾；哑瘴或许是厉害的恶性疟疾；热瘴有点近似肠热症；急瘴或者是一种中暑症状，或者是血流停滞或血管中毒，汉人所谓的发急痧。而在夷区中都认为是无药可治的“瘴”。[1]

对疾病的处理，也有预防和治疗两种办法。预防便是如本书第二章中所言的“三不一吹”主义——不起早，不吃饱，不娶小，吸鸦片烟。若预防不效而不幸真“着了瘴气”，那在民间，既无医生，也没有医药，唯一的办法便是到佛寺中去拜求和尚。和尚对病人的治疗法不外四种：诵经，画符，施咒，按摩。这都充分的带有宗教的神秘性，且留待“宗教”一章（本书第八章）中再详说。近年来，摆夷这种宗教治病法已渐渐发生动摇了，自从邻近猛卯土司境缅甸南坎地方，一个规模相当完备的南坎医院（Nam Kam Hospital）成立以后，中国境内的土司贵族最先成为这医院的主要主顾，渐渐，人民也多有不远数十百里路而来求医的了。〔2〕自滇缅公路通车后，芒市、遮放等地，都有大规模的诊治所成立，其他非公路线上的各土司地，也多由土司拨款聘医生筹设医院。〔3〕

---

〔1〕今日德宏的傣族及其他的少数民族，在生病后上医院看医生已经是理所当然的事了。过去民间对疾病也不完全是到佛寺求和尚，傣族民间也有传统的傣药验方，傣医傣药也是我国民族医药的重要组成部分。德宏民族出版社曾整理出版了有关傣族草药验方的书籍。

张元庆在《德宏傣族社会风俗调查》一文中谈到民间医药，录于下：“他们（傣族民间医生）用的药，都是从当地山上、田里、树上采来的，也有动物的骨骼和矿物，有的加工成成药，有的则把采来的各种原料放在家中，根据病人情况，临时从各种原料上取一些配成药。采药和治病用药结合得非常紧密，哪一种物品治哪一种病，或某一种物品的某一部分的药力大小，都要掌握。所以，采药不仅要掌握季节，选择不同品种，而且还要看哪一天、哪个时辰，采集某种物品的哪一部分。如采集某种植物，虽然它的全身，从叶到根都有治疗同一种病的效果，但由于采摘的时间不同，而疗效也不同。因此，必须掌握好时间，否则就达不到预想的效果，起不到应有的作用。如天亮时采其尖，八点钟采其叶，十二点采其皮，下午一点挖其根，等等。只有严格按照季节、月份、日期和时辰采集的药，才能取到应有的作用。所以，采药必须有丰富的实践经验和严谨的态度。青年人学采药，必须跟有经验的老年药师学习和多次实践。一个草药医生家里经常备有不同药物作用的某种树根、树干、树叶、兽骨、半夏、大烟等，随时供病人使用。傣族医生没有固定的师承制度，主要是老医生发现人才，而本人又有心者，师傅就叫他在身边观察，给他讲解诊病、用药的道理。多年以后，有的人就可以自己掌握，独立采药和治病。傣族的传统是，治病、给药都不讲报酬，治好病以后，由病人自动送些礼物和钱，可多可少，没有定制，即使不给，当医生的也绝无怨言。他们用的医书，有从内地传去的，但在民间流传比较普遍的是用傣崩文（即缅傣文）写成的医书，如《玛拉布卜滇》就是一本药物集成大典，其中记载的很多药物和疾病都和当地傣族地区相近，随时可供查阅，很多草医家里都保存有此书。”（见《德宏傣族社会历史调查·三》，云南人民出版社 1978 年版）

〔2〕江应樑《摆夷的生活文化·生活习俗·疾病》：

“边地最严重的疾病便是所谓‘瘴气’，凡摆夷居住地，全都是剧烈的瘴疠区。中瘴的一般现象是发寒热，可致人昏迷或发狂。厉害的得病一二日便可丧生。有的小便变作黑色，俗称黑尿病，最易死亡。不过这种病虽流行于摆夷区中，但摆夷患者并不多，纵有患者，也不一定危险，有的三五年时发时停的发着寒热，但也不一定就死亡。但入边的汉人，最易感染，且一经感染，便多不治。所以沿边人士一提到瘴气，均莫不谈虎色变。

“瘴气流行时期，多在雨季，即每年清明到霜降这一个时期内，所以在这一时期中，内地人们是轻易不敢走入边区的。就是生长边区的山中的夷人，在雨季里也不敢随便走到摆夷居住的平原地。沿边人士对于瘴气的解释，都认为是毒虫身上所散发出来的毒气，故有所谓黑蚂瘴，是毒蛙身上的毒气；蜈蚣瘴，是蜈蚣身上的毒气；黄鳝瘴，是鳝鱼身上的毒气；长虫瘴，是蟒蛇身上的毒气；仙女瘴，是幽灵鬼怪作祟的毒气。这类毒物，伏在地下，年深日久，成为精怪，吐出来的气，便是瘴气，气如烟云，散布空中，呈各种不同颜色：黑色之雾最毒，中人必死；五色雾，多现于日出日没时，其毒次于黑雾；白雾是早晚所常见，毒最轻。根据此种观念，于是边地人对于躲避瘴气，便有所谓“三不一吹”办法，所谓三不：一不起早，因为早晨多雾，雾中时有瘴气；二不吃饱，过饱胃滞，便易中毒；三不讨小，讨小便是纳妾，不纳妾所以保精力以抗瘴；所谓一吹便是抽鸦片烟，滇人谓吸鸦片曰吹烟，入边的人都相信吸鸦片烟可以避瘴毒。这种似是而非的避瘴法，正足以造成凡入边者十九必中瘴的事实。不吃饱与不讨小固有相当是处，不起早与吸鸦片，正是自损康健的愚蠢举动。其实边地的瘴气，已经科学证实为蚊虫所传染的恶性疟疾，摆夷居住地带，气候热而卑湿，植物生长繁茂，人口稀少，腐水汇积，正是适合蚊虫滋生的环境，边民不明此理，致把瘴气说得神怪莫测。二十四年中央卫生署曾派人至思普沿边研究瘴疾，在思茅采集得蚊虫九种，其中五种为疟蚊，三种含有恶性疟菌（林按：实为疟原虫，下同）；在车里调集小学生验血，结果百分之八十的血液中都伏有疟疾病菌。由此可知边区的瘴毒，实非神怪不可治的病症，若能绝灭蚊虫之滋生，以防疟之方法预防之，不难根绝瘴毒之患。……

“摆夷没有业医的人，旧时凡有疾病，都只求大佛爷诵经施咒，或请人按摩。近年他们已很相信医药了，在西部边区邻近猛卯的缅甸境内，有一所‘南坎医院’，是美国教会所办，规模设备相当完善，各地土司和夷人患病，多不远数百里路抬到院里去求医。”

〔3〕到新中国成立时，德宏仅芒市、梁河、干崖三土司地设立了简陋的卫生院。自1951年始，针对当地缺医少药和疟疾、鼠疫、霍乱、天花等传染病连年流行的情

况，政府采取了派医疗队、培训医务人员、建立各级医疗防疫机构、提供卫生经费等一系列的措施，以改善医疗条件。1953 年，卫生经费纳入地方财政支出预算，当年全州支出卫生经费 41 万余元，占当年地方财政总支出的 22.48%。至 1990 年，德宏州累计支出卫生事业费（含公费医疗经费）1 亿 3925 万余元。1952 年，德宏全州共有医疗卫生机构 8 个，床位 27 张，卫生技术人员 137 人；到 2000 年，全州已拥有医疗卫生机构 128 个，床位 3122 张，卫生技术人员 3465 人。（统计数字据《德宏州志》及《2000 年德宏州统计年鉴》得出）

如果说生育与疾病是摆夷家庭中的困难问题，那离婚与死亡，便可以说是摆夷家庭中的悲剧。摆夷的两性结合，既是以自由恋爱为基础，且家庭中男女均为经济生产之主体，又多是一夫一妻的小家庭制，理论上，离异的事似乎不应多。然而事实上却正不少离婚之事。造成男女离异的原因，不外三端：

1. 生活困难　此所谓生活困难，并非如汉地情形，妇女皆依靠男子生活，在男子经济力量不足维持女方生活时，便引起离异。在夷方，因为男女双方的经济是独立的，故无女子以依赖男子的事实，但却因为他们双方经济是共同生产而合作消费的，所以在生产和消费方面不能协调时，便就影响到生活的困难。例如男女某方面的过度花费，某方面的具有特殊嗜好，或某方面对于工作的怠惰，都足以使家庭生活发生困难而促使对方提起离异。

2. 翁姑不相容　这在汉人的历史上，是一个男子出妻的主要动力，摆夷则多小家庭制度，少有翁姑同居，且没有“父母命，不敢违”的教训，为翁姑不相容而离异的事，在情理上说不应当有。但事实上，作者却在遮放土司署中，亲见过这么一桩幽默的离婚案：一对青年夫妇，本来极相要好，但翁姑却不知为甚嫌恶其媳，逼着儿子要和媳妇离异。儿子不愿重违亲意，但又不忍舍弃爱妻，于是便把妻暂时送到岳家，叮嘱岳父照管女儿，不日便来接回，千万不要让她和别的男人往来，岳父也便老实地承诺了爱婿的嘱托。不久，父亲察觉女儿常常深夜出去，并探知女儿的外出是由于一个男子的勾引。父亲为忠于爱婿的托付，便在某次女儿外出时，私随着去察访。这不访则已，一访之下，发现勾引他女儿去幽叙的，不是别人，正是他的爱婿。这可触怒了老头子了，走过去便给爱婿两记耳光，大骂女婿有意玩弄岳父：既是自己之妻，尽可接回家去幽叙，何以既送来叮嘱代为照管，却又自己偷偷地来勾引？由于这样口角而动起武来，结果告到土司署中，女婿的耳角已被打流了血。土司对这案子的判决很有趣，被教训的不是岳与婿，而是翁姑，说：青年夫妻既然相得，翁姑不应逼儿子与媳妇离异，着儿子仍把媳妇带回家去；女婿受伤，那是长辈打小辈，伤不重，置不究。这幽默的离婚案，便又得破镜重圆起来。这好在翁姑遵了司署的教训而让小夫妇重好，要是翁姑倔强，那离婚也许就难免。

3. 女有外遇　摆夷离婚，多数原因基于此。摆夷之间性的行为，虽不似海南岛黎人那样绝对放荡，但男女间的交往确实很随便而且极见亲昵。《云南通志》载："摆夷……旧俗不重处女，及笄始禁足。"[1]这种旧俗，在现时依然有许多存在着。青年妇女，往往喜在夜间出去游乐，未婚女子，当然可以踏芦笙声而整夜与男子谈笑于外，就是已结婚的妇女，也许一时抛不下此种夜游的佳趣，常背着丈夫于夜间出去另寻新欢。一旦被丈夫知道了，便难免有提出离异或直接将妻逐出的事。女方则以错处在己，且已另有新欢，对离异便也就无话可说。所以，摆夷夫妻的离婚，多半是造因在女而发动在男，且又无多少纠缠，大家很直接爽快地便离异了的。[2]

至于离婚手续，却有一种特别制度：大凡男子不要女子时，只需用新木一方，上面刻一缺口，交给其妻，便等于古人打上脚模手印的休书。其得到了这木刻，便可持以为证而改嫁他人。此种休妻木刻又分为两种：

A. 木刻上刻一个缺口的，是表示妻虽然休弃不要，但原夫仍保留要求赔偿结婚时用去聘金之权。被休之妻若不嫁人，原夫便一切不问，倘要嫁人，则新夫须负偿还原夫原娶时用去聘金之义务。

B. 木上并刻三个缺口的，是表示本夫已决绝地和妻断绝一切关系，不论被休之妻改嫁已否，本夫一切不过问，亦不追索聘金。

据说现时各土司署中受理的民间离婚案，尚多有持此种木刻作告状凭证的。我曾问过土司，这种木刻岂就不能假造？据答说，绝对不能假造的。一个男子要休弃他的妻子，必遍求亲友，当众取木刻缺；女子得到此木，亦必持以遍示亲友，表示已正式离异，有权与任何人结婚。因此故，某家女人曾经得过木刻，木刻有几缺，不仅亲友可作证，即村寨邻里，也必人人皆知，故绝对作不了假。

倘女方主动离异，那唯一的办法，便是逃归母家，不再回返夫处。这样经过若干时，做丈夫的自想着女的既不相爱，强也无益，便多自动地给出木刻。

因为离异手续的方便而少纠葛，所以离婚而告到土司署中的，实不多见。各土司署中每年受理的离婚案，不过两三件而已。

离婚后的处置，依习惯上是：

1. 女方不再向男方要求赡养费。

2. 原夫有向后夫索还原聘金之权，但一般并不能取还原聘金之全部。因再嫁的聘金，总较初嫁者为少或只及半数。

3. 所生子女，或由原夫抚养，或随母至继父家，由继父养大后也可无条件归还生父。

社会上对于被丈夫休弃而再嫁的女子，并不以为不光荣，纵然是为着自己有了外遇被本夫察见而休弃，也并不认为是耻辱。不仅是离婚的女子可以再嫁，就是死了丈夫的女子，一般也可再嫁的。人们对于再嫁的妇女，都和初嫁妇女一般看待而无所歧视。唯死了丈夫的妇女，再嫁之权便操之翁姑，因为翁姑要从再嫁的聘金中取还原娶媳妇时之金钱损失的。——可喜的是摆夷现时社会中，尚没有戕害人性的贞节观念。〔3〕

---

〔1〕李元阳万历《云南通志》卷十六《羁縻志・僰夷风俗》："旧俗不重处女，如江汉游女之习，及笄始禁足，方用媒妁，以羊酒财帛之类为礼而娶之，今则此俗渐革矣。"

〔2〕据笔者所知，已婚夫妻间一方另有新欢的事，不独是妻子，男方另有新欢的亦不在少数，恐或更多。文中所述，大概很多情况下是男方有外遇而女方隐忍了而未提出离异，这正好反映了当时妇女最终还是处于弱势状态。今日傣族社会中，女方因男方有外遇而提出离异的似较"错在女方"的为多。但总的来说，傣族男女性情的开朗，且经济的独立，使得男女间的爱情和婚姻更具感情的色彩而少经济依附的因素。有这样一种说法：当一个傣族少女爱上某一个男子时，她不管对方是老是小、是贫是富，也不管对方婚否，哪怕这个男子把她带到天涯海角，她也愿意与之同行。当地傣族称：瑞丽的小卜少颇具此性格。

〔3〕新中国成立后，对傣族旧时婚姻习俗的调查颇丰，可参阅叶永镇《德宏傣族景颇族自治州傣、景颇、傈僳、阿昌等民族的文化、宗教及习俗》，宋恩常《潞西瑞丽两县傣族缔结婚姻的形式》，罗大云等《潞西县傣族婚姻情况》，张元庆《德宏傣族社会风俗调查》，中共瑞丽工委临时调查组《瑞丽县喊沙寨傣族婚姻问题调查》，佚名《德宏地区傣族的婚姻状况以及妇女在社会和家庭中的地位》等文。上述各文均收录在《德宏傣族社会历史调查》一、二、三集（云南人民出版社）。

从生的方面说，摆夷的生殖力很弱；从死的方面看，摆夷一般的寿数似乎也不很高。这可惜没有精确的调查与统计，但依我家庭访问的一般观察，七十岁以上的男女，在七大土司区内我就没曾遇到过几个。土司阶层的情况那就更为特殊，平均每十个土司能活过四十岁的，恐不到四人，这固然很显明完全由于过度的自戕，纵情于酒色鸦片的享乐中，而走上慢性自杀之路。故不能以之来代表一般情形，至于人民之少享上寿，是否由于早熟早衰的必然生理，却尚无法结论。〔1〕

〔1〕傣族的寿数，至今尚无权威的调查统计资料，据笔者多年对德宏社会的调查印象，这里傣族平均寿命似乎较内地汉族稍低一点，但近二十年来，七十岁以上的老人并不罕见，这比家父当年调查时明显为高。这当然是由于当地生活及医疗水准的普遍提高所至。影响傣族平均寿命的原因，一是生活在亚热带地区生理的早熟早衰，再者，与嗜酒亦不无关系。据 1964 年人口普查资料，全省各地百岁以上老人共 409 人，德宏地区竟有 113 人，高出其他十六个地区（州、市）平均数近 6.5 倍，笔者以为此数字的可信度颇堪置疑。其实对德宏傣族中现在五六十岁以上人的确切年龄是很难确定的，早先傣族对婴儿出生的具体年、月、日并不很在意，民间亦不作兴“过生日”，他们习惯上不以公历、干支、傣历或佛历来记某人的出生年、月、日，而是以当地、本村寨或家庭中那年发生的事情来记某人出生的时间。当问及一位年纪稍大的傣族有几岁时，他并不能确切告诉你他何年出生或者现年几岁，而是说诸如“日本人打来那年”“小土司结婚那年”“家里那棵麻榔树（波罗蜜树）开始结果那年”，甚至说“隔壁那头母牛下了两只小牛那年”，至于月、日，就更不清楚了。笔者有位傣族朋友全家兄弟姊妹共七人，年龄大致在四十至五十多岁间，其中六人的出生年月日都说不清楚，只有一人的生日记得很准确，因为大年三十下午他母亲与寨子中的几个人一起打牌，还约定第二天再玩，但第二天她没去，一打听，才知道生儿子了，以此而记得他是大年初一的生日。而出生的年份却未在意，后来他参加工作为填表才重新推算出具体的年份。可以说，现在五六十岁以上的傣族，其身份证上的出生年月日，大都是不很确实的。

《百夷传》记摆夷丧葬情形谓：“父母亡，不用僧道，祭则妇人祝于尸前，诸亲戚邻人各持酒物于丧家，聚少年百数人，饮酒作乐，歌舞达旦，谓之娱尸。妇人群聚，击碓杵为戏。数日而后葬。葬则亲者一人持火执刀前导，送至葬所，以板数片如马槽之状瘗之，其人平生所用器皿、盔甲、戈盾之类，坏之以悬于墓侧而自去，后绝无祭扫之礼也。”[1]今日摆夷的丧葬情况，与此略有不同：土司家，那完全跟汉人一样，有墓园、石坊、华表，墓碑上亦刻有汉字官衔名讳，出丧及装殓仪式，都和汉地完全无别。唯有民间，便仍保有其原始的仪式，试分述如次：

芒市土司方氏家族陵园（今已毁）摄于1937年

A. 一般皆以棺木装殓尸体，土葬。惟在夷方认为是中邪而死——即被“扑食”等邪魔缠祟而死的（详述见本书第八章），便须将尸体火化。[2]

B. 装殓时先用白布两匹，平铺棺底上，尸身平放布上，生前的衣服首饰都全给穿上，然后在尸体上再加盖白布一匹，便盖棺加钉。

C. 停柩家中时，请和尚来念经。

D. 当天或次日，最多三天，便抬出埋葬。

E. 选择葬地时，用鸡蛋或碗一只，先在死者棺前祝告说：

“现在为你选择葬地，请你的灵魂随去决定！”然后持碗或鸡蛋，到旷野间，将碗或鸡蛋向地上滚出，碗或鸡蛋破碎之处，便是死者中意的葬地。若一次掷不破，便换地再掷。倘破在另一坟堆上，可将故坟移开而葬新尸。按恩乐县土人，也有同样的葬俗。《恩乐县志》载：“葬，孝子先以生鸡蛋祷于灵，左手持往山卜地，如死者不愿处，掷地遇见木石不损。”[3]

F. 出葬日，亲朋都不送葬，孝子也不着白穿孝服。

G. 无坟墓，无碑碣，无扫祭之仪；所以摆夷多不知父母坟地之所在。[4]

---

〔1〕引自李思聪《百夷传》。

钱古训《百夷传》。作：“父母亡，用妇祝尸，亲邻咸馈酒肉，聚年少环尸歌舞宴乐，妇人击碓杵，自旦达宵，数日而后葬。其棺若马槽，无盖，置尸于中，抬往葬所，一人执刀持火前导。及瘗，其生平所用器物，坏之于侧而去。”

天启《滇志》卷三十《羁縻志第十二・僰夷》：“人死，用妇人祝于尸前，亲邻相聚，少年百数人，饮酒作乐，歌舞达旦，谓之‘娱尸’。妇人群聚，击碓杵为戏。数日而后葬，葬则亲者一人持火及刀前导，至葬所，以板数瘗之。其人平生所用器皿、甲胄、戈盾皆坏之，悬于墓侧，是后绝无祭扫之礼。”

万历《云南通志》卷十六《羁縻志・僰夷风俗》：“父母亡，不用僧道，祭则用妇人祝于尸前，诸亲戚邻人，各持酒物于丧家，聚少年百数人，饮酒作乐，歌舞达旦，谓之‘娱尸’；妇人群聚，击碓杵为戏。数日而后葬，葬则亲者一人持火及刀导前，送至葬所，以板数片瘗之。其人生平所用器皿、盔甲、戈盾之类，坏以悬于墓侧而去，自后绝无祭扫之礼矣。又有死三日之后，命女巫祭送，谓遣之远去，不使复还家也。”

《四夷馆考》：“百夷，死则刳木为棺殡之，上植一树为识。”

《溪蛮丛笑》：“习俗：死亡，群聚歌舞，辄联手踏地为节，丧家椎牛多酿以待，名‘踏歌’。”

由以上各书所记看，应是明代百夷的丧葬习俗。

〔2〕笔者三十年前在凤庆县曾亲历一孕妇的火葬。当地民间行土葬，但对因兵刀之灾、横祸而亡、恶疾而终等死于非命的人，则必施以火葬，否则死者会变为厉鬼作祟。凤庆县在明清两代是傣族的主要聚居区之一，当地此俗大约是当年傣族丧葬习俗之遗风。

〔3〕《恩乐县志》：“摆夷死，孝子先以生鸡蛋祷于灵，左手持往山卜地，如死者不愿处，掷地遇见木石不损。”

至今德宏傣族土葬时择坟地仍以扔蛋而定：当把死者抬到坟山后，孝子将生鸡蛋反手掷向身后，鸡蛋破碎之处，即坟墓挖坑之处。他们今天依然很相信那是一种神秘的因素在决定着鸡蛋破碎的地点：“大山之上，遍地石块、树木，反手把鸡蛋扔到眼睛看不到的身后，有时连扔几次鸡蛋都不破。要是平时，生鸡蛋掉在地上，哪有不打碎的！”一位傣族朋友对笔者如是说。

掷蛋择地的葬俗不仅仅是傣族的习俗，海南的黎族也有掷蛋择葬地之俗，但却以蛋不破为吉地。《岭外代答》卷二《黎母山》：“黎俗，其葬也，舁榇而行，前一人以鸡子掷地，不破，即吉地也。”《炎徼纪闻》卷四《蛮夷黎人》：“葬则舁榇而行，前以鸡子掷地，不破，即吉穴也。”这大约是百越民族的一种民俗。

〔4〕现在傣族丧葬习俗与汉族已经几乎完全一样了：出殡、送葬、戴孝、修坟、立碑及每年清明祭扫都与汉族无异。有异于汉族葬礼的地方有三：一、人死后，停柩家中，和尚必上门诵经；二、速葬，一般不超过二天；三、以投掷生鸡蛋选择葬地。这些习俗大约是清代的风俗。

从丧葬的情形上看，似乎摆夷虽有了家庭的组织，尚没有宗族的观念，因为没有祖宗崇拜之俗。然而事实上却又不这样。摆夷对于“血族”是有清楚的意识的。所谓“族”，便是指同血缘的多个家庭而言，所以“族”的组成分子是：

1. 结了婚的一对男女及其子女的这一个社群。

2. 同样社群中双方性（Bilatenalnebs）的族亲，即是包括双方的父母及父母的血缘亲属。

所以，构成族的首要条件是血统。唯在现代人类的族的意义，是只以父系一方的血族为限的。若干原始民族，都是以图腾作族的标示，即用图腾来分别我族和他族；较进步的民族，那便用姓氏来作血缘的分别。摆夷是属于后一者。即是说，今日腾龙沿边的摆夷，大体多有了姓氏，不过这种姓氏是否能援以作家族区分的标准，却成问题。考今日摆夷的姓，大概可分为两大类：

一、贵族的姓，有下面诸族：

1. 放——是芒市土司贵族的姓，据说原姓方，明朝赐姓放，今复姓方。

2. 刀——干崖、南甸、盏达三土司家均姓刀，都是明朝的赐姓。据说当时明朝廷赐三司各宝刀一口，因指刀为姓。

3. 衎——或写作“罕”，又写作“阚”，是猛卯土司贵族家的姓，也是明朝赐姓。

4. 思——盏达与猛卯土司的原姓。据说猛卯土司是缅甸思南王之后，所以姓思，明清时“思”“衎”并姓，今衎氏家庙中，尚供有思南王的神位。

5. 郗——干崖土司原姓。

6. 龚——南甸土司原姓。

7. 方——芒市土司原姓。

8. 线——是潞江土司的姓，这是夷语的音译，原应作“宝”，夷人呼“宝”为“线”，后便相沿姓线。

二、平民的姓，常见的有下面诸姓：

1. 蒋

2. 肖

3. 囊

4. 杨

5. 半

6. 冯（林按：又写作“奉”或“俸”）

7. 鸠

8. 项（林按：又写作“向”）

9. 闷

10. 板

分析这些姓的来源，不外三端：

A. 朝廷赐姓——如刀、衎、放。

B. 托汉人之姓为姓——如蒋、杨、肖、冯。

C. 以汉字写出夷姓——如鸠、闷、板、半。

贵族阶级的姓，确实可以据以区别家族，不论赐姓也好，原姓也好，总之，方、放是芒市的一个大族，龚、刀是南甸的一个大族，郗、刀是干崖的一个大族，思、衎是猛卯的一个大族等，在血统上说，是非常严格的，而族的具体组织也很完备。但是在民间，能否根据姓氏来分别家族，这就很难说。因为他们之有姓，完全是受到汉化的结果。便是说，这种学来的玩意，能否如汉人社会那样几千年相承严格不紊，却大有问题。我住在遮放下境戛中村寨中一位“老幸”家的竹楼上时，曾和这位老幸的三个儿子有过如下一段谈话：

——你父亲姓什么？——我问他。

——没有姓。

——那么村中人怎么称呼你父亲呢？

——他们都叫他做“老幸”。

——你们三兄弟都有姓名吗？大哥叫什么？

——Eng-Ting.

——二哥呢？

——Shi-Kan-Tseŋ.

——三哥呢？

——Swa-Shiŋ.

这时，有一个邻村来的摆夷青年，坐在我身边，是和我谈话这三兄弟的姐夫，我便问他姓名。

——大家都称他 Xaŋ——他的内弟代他答——因为他曾做过摆，所以大家又都称他为 Pha-Ka-Xaŋ。

——凡做过摆的人都可以把 PhaKa 加在名字前称呼他吗？

——是。

——那末，如果你做了摆，我们可以叫你做 Pha-Ka-Swa-Shiŋ 吗？

——是要这样叫的。

从这段谈话中使我得到两个要点：一是知道截至现时，在较僻远的村寨中，尚有许多摆夷们没有姓氏。这位已贵为一寨之长的老幸，尚且无姓，他人可知。由此也便知道，其他有姓的摆夷，完全是汉化的结果。另一点，如果这时候三位老幸公子忽然汉化起来要来一个姓氏，由于他们已各分居，或者起姓的时期兄弟不相同，或者根本尚未明了姓的代表用意，那很自然的结果便会兄弟三人各有一姓——各用已名的头一音为姓，大哥可以姓恩，二哥姓萄，三哥姓沙；而这位姐夫，便可以有两个姓：帕或韩。倘若今日已有姓的摆夷，其姓氏来源大抵是如此，那你能说蒋甲和蒋乙必是血族的关系吗？反之，鸠某与闷某绝对不是一家吗？[1]

---

〔1〕钱古训《百夷传》说："夷人有名不讳，无姓。"可知，在明初以前，傣族无论贵族或平民皆无姓氏。大约自明代始，傣族的土司、贵族家族开始有了姓氏，这变化无疑是受到汉文化的影响，具体言之，是由于明朝廷对土司承袭的规定里强调嫡长，应袭者不能有"旁支庶出、异姓抱养"等情况，呈报朝廷的邻封保结和袭职清册中还要一一详列家族宗支，这样使得傣族贵族进入有姓氏的阶段，而民间的平民依然是无姓氏的。这种贵族与平民不一样的状况，历明、清、民国，一直延续到新中国成立初期，所以1937年至1938年家父到那里考察时，诸土司、贵族不但有姓有名，其世系已赫然追溯到20世左右，而民间哪怕是村寨的头人，依然如明洪武间钱古训所述那样有名无姓。

据笔者所知，大约自20世纪40年代，进入当地的汉族人员急剧增多，汉人与傣族通婚的情况也多了，他们所生育的子女除按当地傣族习俗取名外，也按内地习惯，依汉族父亲的姓氏，给小孩取一个有姓有名的汉族名字。但这孩子的汉族姓名在那个仍然是按照传统方式生活的封闭社会里，仅仅是有一个姓名而已，村寨中的邻里依然按当地传统用傣族名字称呼这些傣汉血统的小孩，不但村寨中的人们不知道他们的姓名，甚至连他们本人也往往记不住。

新中国成立后，由于土司制度的完结，当地与内地在政治、经济、文化等各个层面上的交往日渐密切，当地傣族社会的封闭状态被打破了，姓氏的观念开始真正进入寻常百姓家庭。当然，这也是一个渐进的过程：总的来看，傣族平民使用姓氏的趋向，大致是由傣族的干部、职工、军人、学生这样的特定人群开始，向其子女中延伸；从地域看，是由城镇向村寨延伸。但一直到21世纪初的今日，在村寨的一般家庭中，有姓氏的情况仍不普及，村寨中许多家庭的成员依然是传统的"有名无姓"。

除了过去土司、贵族家族的后裔外，今日傣族使用姓氏尚处于一个起始阶段，大致有三种情况：

一、与血统毫无关系，具有很大的随意性和偶然性

1. 或以名字第一个音节的汉字音译为姓：如叫玉岩保，就姓“玉”，或写作“于”或“余”；如叫喊所，就姓“项”（云南方言中，“喊”“项”同音）；因为汉语普通话“项”“向”同音，转而写作姓“向”。

2. 或以名字中第一个音节的汉字意译为姓：如叫喊孟，“喊”是金子之意，就姓“金”。

3. 在20世纪50年代新中国成立初期，甚至有的是上学时由老师取一个姓，或姓张，或姓李；甚至有跟着老师姓的。

二、跟血统多少有点关系，但很不严密

1. 如邻近的一些村寨中，某一血统的家族人丁较兴旺，当地人称呼有此家族血统的某人时，常常说“是大大的那家的人”或“是多多的那家的人”，“大”或“多”，傣语读作 foŋ，他们的姓，往往就写作同音或近音汉字“冯”或“俸”。

2. 如邻近一些村寨中，某些同一血缘的人分布较广，当地人称有这一血缘的人为“像藤子那样一串的那家”，“藤条”傣语读作 xə，他们的姓，往往就意译为“藤”或作“滕”。

这里所说的血统和血缘，并非严格意义上的父系血统，而其姓氏，也并不以父系血族为限。如 foŋ 家的子或女与 xə 家的子或女结婚，若问其所生的子女你姓什么，这人可能说姓“冯”，亦可能说姓“藤”，甚或可能以其名字的第一个音节的意译或音译为姓，更可能回答说没有姓。文中所说那种“大哥可以姓恩，二哥姓萠，三哥姓沙”的情况，在汉族姓氏的影响刚刚进入傣族地区，而傣族一般民众尚不清楚“姓”是父系宗族的标志时，是会发生这种情形的。如一个家庭中有三个儿子，老大叫岩相，老二叫依罕，老三叫散过，老大参加工作，可能就姓“岩”；老二一直在家务农，也就一直“有名无姓”地叫依罕；老三参军，可能就姓“散”。这老大和老三的“姓氏”与他们的父系血统完全无关。今后老大结婚生儿育女，其子女从父姓就此姓岩；老三亦娶妻生育子女，其子女也跟着父亲姓散。至此，这两个家庭就有了父系血统标志的姓氏，但这姓氏绝不是他们的祖父的姓氏，实际上他们的祖父还没有姓氏，这姓氏是自其父始。

总的情况来说，今天云南西部和南部两大傣族聚居区（德宏州和西双版纳州）的傣族，正处于由无姓氏向有姓氏的阶段过渡，是有姓氏与无姓氏的现象共存的时期。今天傣族中无姓氏与有姓氏人口的比例尚无统计，据笔者的观察印象，西部地区有姓

氏的傣族不到四成，南部地区似更少些。

傣族民间大多数还是有名无姓，傣族对如何取名是很讲究的，有着一整套约定俗成的规律。傣族一个人一生中的名字大致有三个，一般有乳名（小名）、为人父（或为人母）之名以及经名。现将其命名的方式和规律分述如下：

一、乳名

婴儿降生后取的名字，一般由排行名和出生生肖定名或互保生肖定名，或者两者连用。通常有：

1. 排行名

排行名是根据婴儿在亲兄弟姊妹中的出生顺序而定，男女分列。

男性婴儿：老大叫 ʔai（汉字一般记作“岩”），老二叫 ji（汉字一般记作“依”），老三叫 Sam（汉字一般记作“散”），老四叫 Sǎi（汉字一般记作“赛”），老五叫 ŋo（汉字一般记作“哦”）。

女性婴儿：老大称 Je（汉字一般写作“月”），老二称 ʔi（汉字一般写作“玉”），老三称 ʔǎm（汉字一般写作“安”），老四称 ʔǎi 主（汉字一般写作“爱”），老五称 ʔo（汉字一般写作“娥”）。

2. 生肖名

傣族以生肖记名，恰与每周七天对应：星期日为大鹏鸟日，星期一为虎日，星期二为狮日，星期三为象日，星期四为鼠日，星期五为羊日，星期六为蛇日（又作龙日）。对各个生肖日出生的人，都有其约定俗成的定名习惯：大鹏鸟日的生肖定名为 ʔɔŋ（汉字一般记作“旺”）、Pu（汉字一般记作“补”）、ŋun（汉字一般记作“哏”）；虎日的生肖定名为 Xǎm（汉字一般记作“罕”）、Ko（汉字一般记作“过”）；狮日的生肖定名为 Saŋ（汉字一般记作“相”）、tsiŋ（汉字一般记作“静”）；象日的生肖定名为 Va（汉字一般记作“凹”）；鼠日的生肖定名为 Pa（汉字一般记作“帕”）、Iwn（汉字一般记作“冷”）；羊日的生肖定名为 So（汉字一般记作“所”）、tso（汉字一般记作“佐”）；蛇日（龙日）的生肖定名为 tɔn（汉字一般记作“团”）。这样，如果一个人叫“月补”或“月补旺”，我们就知道她是大女儿，生于大鹏鸟日；另一人叫“散过”，他一定是生于虎日的三儿子。如此等等。

3. 生肖相保联用或互用

七生肖之间，还有相保或相克的关系，取乳名常常有相保生肖定名联用或互用的习惯。七生肖中，形成两日一对的相保关系，凡在这两日出生的人，可联用此二日的生肖定名，亦可单用生肖日的定名或联保生肖日的定名，具体是：大鹏日与鼠日相保；虎日与象日在中午十二点前出生的相保；狮日与羊日相保；象日中午十二点后出生的与蛇日相保。例如：大鹏鸟日和鼠日出生的人，取名时都可以叫“帕旺”、“冷旺”、“补旺”、“哏旺”、“帕”、“冷”、“旺”、“补”、“哏”等名，因为“旺”、“补”、“哏”是大鹏鸟日的生肖定名，“帕”、“冷”是鼠日的生肖定名，取名时可以联用，亦可以互用。如此等等。

除相保生肖外，有的生肖被认为是相克的，具体为：大鹏鸟日与狮日相克，虎日与羊日相克，狮日与蛇日相克，象日与鼠日相克。如果把相克生肖的定名联用或互用拿来取名字，据说会给被取名者带来诸如疾病、灾祸等不祥，因此在取名时是绝对忌讳的。

4. 换名

有的婴儿出生后多病，傣族民间认为更改名字可以消灾祛病。病婴的父母往往私下与亲戚约好，某日某时把病婴“丢弃”在门外，让人“捡到”后，又重新买回来，然后改名，在原名上加一个 Su（傣语“买”的意思，汉语音译为“施”），如“岩施”、“罕施”等。

5. 名字中加吉祥用字

傣族命名除排行名、生肖定名、生肖互补联用、生肖互保互用之外，常常也加一些吉祥的字眼，通常使用金银珠宝、美丽的颜色、祝愿的用语等。如 Saŋ（宝石之意，汉语音译作“相”），Xăm（金子之意，汉语音译作“罕”），Xɔŋ（粉红色，汉语音译作“晃”），pheŋ（菊花之意，汉语音译作“品”），mi（变换之意，如生了女儿后希望生儿子，汉语音译作“米”）……总之，都是表示美好的祝愿。

6. 与和尚有关的取名

有的人家与和尚有较特殊的关系，或者小孩得病请和尚祈禳后，也常在名字上加上 Saŋ（汉语音译作“尚”），但此种命名方法仅限于男孩。

7. 以特征命名

可根据婴儿的肤色、胖瘦等体貌特点来命名。如：肤色白，名字上加 phək〔(“白”之意，汉语音译作“白”)；肤色黑，名字上加 Iăm（“黑”之意，汉语音译作“喃”)；胖的加个 Pi（汉语音译作“比”)；小巧的加个 tɔm（汉语音译作“端”)。如此等等。

综上所述，傣族乳名的命名方式，大致有如下几种：

A. 只用生肖定名。

B. 排行名 + 生肖定名。

C. 排行名 + 相保生肖定名联用或互保。

D. 相保生肖定名联用或互用。

E. A（或 B、C、D）+ 祝福或期望用语。

F. A（或 B、C、D）+ 祛灾祸（或祈禳）用语。

G. A（或 B、C、D）+ 体形相貌特征。

二、为人父母之后名

男女结婚生育后，名字随之改变了，不再使用乳名。父亲称为“Po 某某”（即某某之父，“Po”，汉语音译作“波”），母亲称为“me 某某”（即某某之母，“me”，汉语音译作“咩”），这是做父母后的一般称呼。这个“某某”，是这对夫妻第一个子女的名字。如夫妻的第一个孩子是男孩，叫岩补，其父就被称为“波岩补”，其母就被称为“咩岩补”。如第一个孩子是女儿。叫月团，其父则称作“波月团”，其母则称作“咩月团”。如果长子（或长女）不幸夭折，那么其父母名又得随之改变，要在“波”和“咩”的后面改为次子（或次女）的名字。

三、帕戛名（经名）

傣族普遍信仰南传上座部佛教，赕佛做“摆”是傣族民众一生中的大事。他们平时省吃俭用，待积累了一笔钱财后，就要做摆取经名。做此种佛事要献贡品、献佛经，甚至要献佛幡、佛像，要搭棚设宴招待亲友邻里，所费不赀。

取帕戛（pha ka）名是有级别的，这种级别是以做摆的次数和规模决定的。做摆的级别依次是：

“坦”（thăm）→“帕戛”（pha ka）→“峦”（ɪɔn）→“堤”（th）。这等次的差别好比一座山，山上有树，还有房子，上有峰峦，顶峰上还有佛塔，以这些来比喻做佛事规模的大小，功德的多寡。

1. 做“坦”级的“摆”取经名

做摆的规模不大，只献经书、贡品，只积得了犹如树木的枝、叶、花、藤般大小的功德。然而佛是高贵圣洁的，要用与金银珠宝相关的字眼或华丽的辞藻来妆饰。“坦”级经名的命名有如下几类情形：

A. “坦”+ 与金银珠宝相关的词。

例如：“坦相”（thăm saŋ），“相”是宝石之意；“坦哏”（thăm ŋwn）“哏”是银子之意。

B. 花、枝、叶、藤 + 与金银珠宝有关的词。

例如：“莫罕”（mo xăm），“莫”是花之意；“帅相”（sɔi saŋ），“帅”是枝条之意；“迈哏”（măi ŋwn），“迈”是藤条之意；“麦罕”（maw xăm），“麦”是叶子之意。

C. 与金银珠宝有关的词 + 华丽的辞藻。

例如：“罕良”（xăm ɪaŋ），意为红色的金子；“哏色”（ŋwn san），意为纯净的银子；“瓦相”（va saŋ），意为灿烂的宝石。

2. 做“帕戛”级的“摆”取经名

要献佛经、佛幡、佛像、贡品，要搭棚设宴，赶三天三夜的大“摆”。此时已积得如树木的主干和房子一般的功德。“帕戛”级经名的命名也有定规：

A. “奘”（tsɔŋ，房屋）或“也”（je，村、屯）+ 与金银珠宝有关的词。

例如：“奘相”，意为宝石之屋；“也罕”，意为金子的村寨。

B. 树木的主干 + 与金银珠宝有关的词。

例如：“干相”（kan saŋ），意为宝树之干；“干罕”（kan xǎm），意为金树之干；“干哏”（kan ŋwn），意为银树之干；“糯相”（lo saŋ），“糯”竹笋之意，“糯相”指金子如新笋般不断增长。

3. 做“峦”级的“摆”取经名

规模更大，奉献更多，花费也更多。这样已积得了山峦般的功德。“峦”级经名的命名方式如下：

A. “峦”+ 与金银珠宝有关的词。

例如：“峦相”，意为宝石山；“峦哏”，意为银山；“峦罕”，意为金山。

B. “峦”+“奘”（或“也”，或“约”）+ 与金银珠宝有关的词。

例如：“峦相奘”、“峦也罕”、“峦约相”。

4. 做“堤”级的“摆”取经名

规模极大，非一般人所能企及，取得的经名已经是最高级别，意味着如山顶的佛塔，到了最顶端，声名远播，雄视四方。它的命名方法有：

A. “堤”+ 与金银珠宝有关的词。

例如：“堤相”、“堤哏”、“堤罕”。

B. “堤”+“峦”+ 与金银珠宝有关的词。

例如：“堤峦相”、“堤峦哏”。

经名是傣族一生中最重要的名字，在取得经名后，一般就不再使用乳名和“某某之父”、“某某之母”这样的名字了。

这样说，摆夷是有家无姓了？这又不然。因为在摆夷社会中，已经有着严格的宗法和承嗣的制度，且对于亲族的称呼已有了固定的名称，只不过除土司家外，在民间，尚没有具体的“族”的组织——无宗祠，无族谱，无宗族团体，且不能用姓氏来分别宗族。下面我们来看一看摆夷的宗法、承嗣及亲族的关系：西南边民中，如广西及广东的瑶，海南岛的黎，在族内的宗法及承嗣上，没有严格的习俗和制度，换言之，无长次子（大宗小宗）之别，无嫡庶之分。爨系的诸部落，尤其是巴布凉山[1]的独立罗罗（Independent Lolo），那便有一种与汉人相反的宗法，以最小的儿子为大宗的承继者，所谓“传小不传大”。这种宗法，实际上是有着极大的血族关系的，原来巴布凉山中两性关系，是所谓“不重处女”的，且其婚姻的习俗也特别奇异：男女结婚后，女的便于当夜或次日逃归母家，此时可以任情和男子姘识，与本夫也仅能非公开的往来，直到受孕时，始回返夫家。这样婚姻制度下的长子，便多不一定是本夫的亲子，故在大宗的承嗣上，当然以最小的一个儿子为血族之最可靠者。[2]摆夷的宗法承嗣又与这相反，是与汉人同样的以嫡长为大宗的，而大宗与小宗间名分之严格，实又胜过汉人。这不论在贵族和平民间，都可看出：

1. 土司的世职，只传嫡生长子。

2. 嫡长子未袭位而死亡，传嫡长孙。

3. 嫡长死亡无后，始传次子，或以次子之子，过继于长子（立大宗之嗣而传之）。

4. 民间因无奉祀神主及祭扫坟墓之俗，故在诸子间很难看出大宗小宗之名分，唯兄弟分家时，父母所住的老屋，必归长子承住。父母死后，长子的一支，便迁住父母老屋中。次以下各子，均迁出另住。由此事可隐然而见出长子是大宗的承继者。

这可以说和中国社会中的宗法制度完全相同。更有甚者，那便是大宗在宗族中的名分和地位较广泛而严格：例如弟兄三人，仲、季二家（小宗）的儿子，对伯家（大宗）的儿子，都一律称兄。这即是说：若依汉人的习惯，凡叔伯兄弟（亲堂弟兄即所谓同祖弟兄），排行都依年纪的大小为序的。年长的，不论是伯出或叔出，自当为兄；年幼的便是弟。唯摆夷则不如是：长支（大宗）家的子女，年纪无论如何小，对仲、季支（小宗）的子女，都一概居于兄或姐的地位；仲、季支年纪大的子女，得称长支年纪小的子女为兄或姐。这即是说，亲堂兄弟是不以年纪的长幼来排行而以大宗小宗来区别兄和弟的次序的。而这种大宗尊于一切的制度，不仅在直系宗法中如此，且推而广之，对一切亲族，只要属于大宗一支的，则其子女在一切亲属中，都可以被同辈人称为兄或姐。我曾见一位四十余岁的某土司代办，称呼一个十余龄的小孩为兄，怪而问其故，始知这小孩是代办姑母的幼子，姑母是另一土司的正印夫人，这小孩在支系上属大宗，而代办自己则是小宗，故这表亲虽然年纪较他小二十余岁，且他自己已荣任代办，但称呼起来，仍只好叫这位十余龄的稚子为表兄而自己居于弟位。这显示出摆夷宗法里大宗小宗间的特殊关系。[3]

---

〔1〕又称大凉山，即今四川凉山彝族自治州。

〔2〕居住在云南红河县浪堤的依车人是哈尼族的一个支系，笔者曾于1985年春节到那里考察，其“不落夫家”的婚俗与之极其相似：

当地男女少年大约十五岁左右，即在性成熟前夕就结婚，且皆为“父母之命”的婚姻：双方父母谈妥后，男方家向女方家下聘金，聘金多少视女子的品貌而定。笔者考察当年，那里聘金最贵的一位少女为7000元。结婚时并不举行婚礼仪式，将聘金送到女家即意味着已经完婚。婚后，该女子也不到夫家，而仍然居住在母家，但即可在家中得到一间单独的闺房。自此，男青年们就可以在天黑后自由地到这个“已婚”女子的卧室里造访，或嬉戏谈笑，或弹奏月琴，或互相对歌，直至深夜。最后，女子可将其中某个自己中意的男子留下过夜。这样一直到女方怀孕临产前，方至夫家生育。此即所谓“不落夫家”。在女方生下第一个孩子前，这对夫妻是绝对意义上的名誉夫妻，因为男女双方都十分自由地在与别的异性交往，甚至发生性关系，甚至有了孩子，而这个“妻子”的“合法丈夫”反而不会去自己的“妻子”家找“妻子”玩耍嬉戏，更不可能留下过夜，而是去找别的女子谈情说爱。我曾问过几位“已婚”但尚未做父亲的男子，为什么反而不去“妻子”那里玩，他们的回答都是“害羞，不好意思去！”一位年长者给我解释：如果去自己的妻子家去串，会显得太猴急，也会让别的男子不自在。一旦这对“夫妻”生育了第一个孩子，夫妻俩就须住在一起，男女双方都不能再与别的异性自由交往。这种婚姻习俗决定了每对夫妇的第一个孩子绝对不是丈夫的亲子，但在承嗣上，他们并无大宗小宗之分，而是不论有几个儿子，家产一律平分。

有时女方怀孕后不愿去夫家，而希望与她的“丈夫”脱离关系。那么女方家庭须将原夫家所送聘金如数退还，这就算“离婚”了，今后女方便可自由择婿，原夫家不得干涉。

我问族中老人，为何要这么早就为小孩举办婚事，老人说，就是要在小孩快“懂事”而尚未“懂事”时给他们完婚，这样方“不会出事”，“不会丢脸”。这话的意思是当青年男女到多情怀春的年龄，必须替其完婚，这样女方不至于在一旦怀孕了而尚无夫婿。

依车人不落夫家的婚俗无疑带有母系社会的浓厚色彩，而在子女刚“懂事”时举行的“婚礼”，实际上是“成年式”，表明这样的男女可以自由社交了。把这种“成年式”视为“结婚”，而视“未婚先孕”为“丢脸”，自然是父系社会的观念了。所以看来怪异的依车人的婚俗，其实是母系社会向父系社会进化的产物，更确切地表述应该是：进入父系社会时母系社会时期婚俗的遗韵。

〔3〕文中所说傣族“与汉人同样地以嫡长为大宗的，而大宗与小宗间名分之严格，实又胜过汉人”的这种情况，很难从傣族社会形态本身找出其“实又胜过汉人”的原因。笔者认为，那是长期受中原中央王朝影响而形成的观念。自元代始，中央政府已经在傣族地区确立了土司制度，此后又历明、清二朝，在长达六百余年的时间里，中央王朝对土司司位的承袭，规定越来越明确，这种规定自然是按照中原社会的伦理观念制定的。在元代，土司制度刚刚创立，朝廷对土司职位承袭的条件，原则并不苛密，实行也较松泛。如《元史》卷二十六《仁宗三》载：延祐六年，“中书省臣言：‘云南土官病故，子侄兄弟袭之，无则妻承夫职。远方蛮夷，顽犷难制，必任土人，可以集事。今或阙员，宜从本俗，权职以行。’制曰：‘可！’”，可见初期还可“从本俗”，即按照当地民族的习俗来确定继位土司，并非一定要嫡长承继。在元代这样做，于中央政权自然是权宜之计，其主要原因是土司地区社会发展阶段所决定的，中央政权更多的是倾向于子承父职。《元史》中，保存了大量有关土司承袭的史料，总的来看，还是已故土司的儿子“袭其父职”为多。明代土司承袭的规定与元代相比，条例明确。《明史》卷二十七《职官志　一》载：“其子弟、族属、妻女、若婿及甥之袭替，胥从其俗。”从《明会典》《土官底簿》等史料所载土司职位承袭实例看，有父亡子继，兄终弟及，侄死叔继，族属袭替，妻、妾袭位，女、媳袭立，子死母继等各种情况，但父亡子继是明代土司承袭的基本原则，其余各种情况只是在已故土司无嗣等特殊情形下的变通。清代对土司职位承袭的规定完备而严格，清廷明确规定，司职袭替必需依照宗支嫡庶次序，不得越序。《大清会典》卷十二《吏部》，“凡土官之职”条载：土司亡故、致仕、老病请代，“准以嫡子、嫡孙承袭；无嫡子嫡孙，则以庶子、庶孙承袭；无子孙，则以弟或其族人承袭；其土官之妻及婿，有为土民所服者，亦准承袭。”这个规定，对嫡庶长幼的次序是很明确的。《大清会典事例》卷一百四十五《吏部・土官承袭》作了严格的限制：“土官袭替定例，必分嫡次长庶，不得以亲爱过继为词。”从元、明、清三代对土司袭替的规定来看，可以看出几百年里中央政权对父系家长制、嫡庶长幼名分的导向性影响，也可看出土司区域中受其影响后社会观念的变化。因为长幼、嫡庶的次序直接影响着土司职位的袭替，所以土司家族不得不十分重视此事，这也逐步影响到普通傣族民众的观念。为什么那样重视大宗小宗的次序，为什么亲堂兄弟间不是以年纪的长幼来排行，而是以大宗小宗来区别兄和弟的次序，其根源在于清廷规定：袭替“以嫡子、嫡孙承袭；无嫡子嫡孙，则以庶子、庶孙承袭”，这就形成了傣族社会对大宗小宗更较汉族严格的原因。

宗法不仅相关于承嗣，同时也关联到亲属的支系问题，我们知道，世界上有许多民族是特重于父系亲属，而有许多民族又是特重于母系亲属的。民族学上常见的“舅父权”（Avunculate）一名词，意即指有某些民族，亲族间唯舅父有着极大权力，舅父对于外甥有特殊的支配权力，而外甥对于舅父也有特殊应得的权利。舅父的财产不传之己子而传之外甥，这是母系亲属特重之显例。又有些民族间姑母的权力重于亲生母，甚至子女的婚姻大事，不取决于生母而取决于姑母，这又是父系亲属特重之例。摆夷对于父母两系亲属，似都无特别偏重，甚至可以说对父母两系亲属在血族的观念上是平等的（汉人是显著的父系亲较母系亲为重），这可以从他们的亲属称呼上看出：

父	jai（te，ʔu）	母	me（ma）
祖父	loŋ tsǎu	祖母	ja
外祖父	loŋ tsau	外祖母	ja
伯父	te luŋ	伯母	me pa
叔父	luŋ	婶母	me lo
姑父	te luŋ	姑母	me pa
姨夫	te luŋ	姨母	me pa
岳父	po tso	岳母	me tso
夫	pho	妻	me
天	fa	妻	me
兄	tsai	弟	loŋ tsai
姐	pi scu	妹	loŋ sau

从这些亲属的称呼里，可以看出两个特点：

1. 祖父与外祖父，祖母与外祖母，为父系及母系两方面之直系代表亲属，而称呼相同。[1]

2. 姑父与姨夫，姑母与姨母，为父与母之直接亲属，摆夷则以伯父伯母混称之无别。此适当于英语之 uncle 与 aunt。

〔1〕在傣语口语中，祖父与外祖父都称为 luŋ，祖母与外祖母都称为 ja，但在全称上是有区别的：祖父作 luŋ tǎu，外祖父作 luŋ lai；祖母作 ja，外祖母作 jaʔu。这一点与汉族社会仍有不同，在汉族中，哪怕在口语上，爷爷与公公，奶奶与外婆也分得十分清楚。这反映出傣族社会中，在父母两系血族的观念上，开始偏重于父系亲属了。

从这两个特点上，可以推出两种关系：

1. 摆夷视父系亲与母系亲是平等的，在血统上是无所轻重的。

2. 摆夷对于血族亲属的鉴别还不很精密，所以把姑父姨夫与伯父作同等观。

在此种宗法及亲属关系的情况下，宗族的承嗣及遗产的承继，便有着它特殊的惯例，这可用弟兄分家时的一般习惯来作实例：

A. 家产诸子平分，长子与余子一律，不多给。

B. 父母住宅归长子承住，余子迁出另住。

C. 已嫁之女无承继遗产权。唯未嫁的可分给嫁妆费若干。

D. 女婿无承继遗产权，唯赘婿可分给若干，但不能与诸子平等。

E. 养子有承继全部遗产之权。

F. 倘领养子后，又有亲子，则将来遗产，养子与亲子平分。

这与汉人遗产的承继情形大略相同，所异者有两点：一是长子与诸子所得者相同，另一是养子的地位权利与亲子平等。关于前一点，那是由于夷人无崇拜祖先，无奉祀祖宗神主的习俗，长子既不负供奉神主与祭扫坟墓之责，那自然没有多分家产的权利。关于后一点，便特别显示出摆夷对于血统的承嗣并不怎样注意。依汉人的习惯，承嗣是以血族为首要条件，倘遇乏嗣，来立嗣的最好是嫡亲子侄，否则亦必于本族中求取血统之最近者。唯摆夷，则乏嗣时所领的养子，并不限族内人而多是外姓。一经领养后，即与亲子无异。新几内亚的托列斯海峡岛土人（Tolles Stlait Islanders），不论自己有无子女，都喜抱他人的子女来作养子，一经抱养，便与亲子视同一体，在遗产的承继上，与亲子有同等权利。这与摆夷的风俗便很相似。只不过摆夷保领养子的风气，并不很盛罢了。〔1〕

此外，摆夷在遗产承继上，尚有一个非常奇特的习俗：一个家庭内的私有财产，若在父母未死以前分结诸子，则父母有自由分配处理之绝对权。若父母已死而未分家，那亲生子女便无权自己分配，须由亲族中出来代为处理，且财产并不能完全分给死者子女，众亲族便都有得到一部分遗产的权利。〔2〕一位俄国学者 Evimen Ko 曾对人类初期农业社会里大家庭制度下财产的承继情形，有过如下的描写：

“大家族，是由几个家庭组成的小社会，个人的关系，是以个人听命于集团的指导为原则。族长即为集团的代表，财产关系是共同占有的性质，共同生产，共同消费，共同使用劳动工具。大家族的财产关系是非常奇特的，凡属大家族的财产，不属各个人的私有财产，甚至不是家族中现有的一部分人的私有财产。因此，私有的承继权没有意义。由大家族中退出的成员，不得享有此种财产权。”（据上海神州国光社出版，高素民译：《社会形式发展史大纲》所载译文）

这不正和现在摆夷族中流行着的亲族可以共分遗产的情形相仿佛吗？或者，摆夷民族在历史上也许有一个时期曾经有过此种财产共有的大家族制度，现时流行着的亲属可以共同分遗产的习俗，却正是一种历史上的“遗留”（Survival）。

---

〔1〕傣族社会宗法、承嗣及遗产的承继上，土司贵族与平民有显著的区别，家父在《摆夷的生活文化·家庭与家族·宗法与承嗣》一节中有如下一段话：“土司重血缘，重嫡长，这一份不许分裂只能整个传袭的大家产——土司职位与全境土地人民管理大权，只能传给嫡生长子。余子所得，只不过是父母的一些私蓄与土地管理上的部分特权而已，若无嗣，只能由最近血缘的亲属中过继承嗣，抱养异姓和旁支顶替是绝对不可以的。但民间却不如此。”这种区别，与中央王朝对土司承袭的规定有直接关系。实际上，土司贵族的做法，是顺应中央王朝的要求；民间的习俗，却更适应于此阶段傣族社会发展形态。但土司贵族阶层所为，又在缓慢地影响着民间的传统观念。

〔2〕对此习俗，家父在《摆夷的生活文化》中这样解释：“这一风俗，显示了摆夷的亲属间，不仅有血缘关系，且更有财产上的共同关系。”

第六章　摆夷的社会

贵族与平民对立的阶级社会—无工商业的纯农耕社会—互助生活—社会法律—犯罪与审判—从人类法律变迁史上看摆夷社会中的现行法律—战争—社交与集会

从本书第三章的叙述里，已可明显地见出，今日摆夷的社会，尚是一个严格的世袭阶级对立的社会。社会分子成为两大阶级：贵族与平民，也就是统治者与被统治者，也就是地主与佃农。最初，我本以为这种阶级社会的形成，是在土司制度建立以后的事，后来知道事实并不如此。

《百夷传》载："其相见有合掌之拜，屈膝之跪，而无端肃拱揖之礼。长于已者则跪之，有所言则叩头受之，虽贵为把事、叨孟，见宣慰莫敢仰视。凡有问对，则膝行以前，三步一拜；退亦如之。贱见贵，少见长，皆然。侍贵人之侧，或过其前，必躬身而趋。"〔1〕这种严格的阶级威势，固早已养成于摆夷社会中了。同书又载："洪武……上命西平侯总兵讨之，夷兵大溃，获刀斯郎而枭其首，夷始惧天朝之威而心服矣。上用羁縻之法，不加约束，听其自为声教，故官制礼乐之属，皆与中国不侔。"〔2〕则土司制度之建立，仍然是"听其自为声教"，其社会阶级的形成，当不是因土司制度而始有。土司制度之建立，只不过使其原有的统治阶层接受了朝廷一种名义上的封号，再把中国的官场威势，如衙门之庄严的建筑，钦赐銮驾的威赫，用以助长统治者之权威而已。人民见土司"莫敢仰视"的严格阶级威仪，却是他们原有的社会产物。

〔1〕引自李思聪《百夷传》。李元阳《云南通志》、刘文徵《滇志》所述与之同，恐系引自李本《百夷传》。

钱古训《百夷传》作："遇贵于己者，必让途而往。凡相见必合掌而拜，习胡人之跪。长于己者必跪拜之，言则叩头受之。叨孟以下见其主，则膝行以前，二步一拜，退亦如之。执事于贵人之侧，虽跪终日无倦状。贵人之前过，必磬折鞠躬。"

明朱孟震《西南夷风土记》所记"百夷礼节"："不知揖让，见人惟（林按：疑脱一"合"字）掌做恭敬状。凡见尊贵有所禀白，必俯伏尽恭。子之于父，不命坐，不敢坐，侍侧亦不敢总忽。"

李元阳《云南通志·羁縻志·僰夷风俗》所记"西舍利"："人敬酋长，虽在暗室，闻过必跪，举手加额。"

〔2〕李思聪《百夷传》："洪武辛酉，天兵南下，犹负固未服。总兵官西平侯沐英遣部校郭均美往复招徕，于是不烦兵而纳款内附。朝廷推怀柔之恩，乃授思伦发为麓川平缅等处宣慰使司宣慰。洪武丙寅，复寇景东。明年，部属刀斯郎复犯定边县。上命西平侯总兵讨之，夷兵大溃，获刀斯郎而枭其首，夷始惧天朝之威而心服矣。上用羁縻之法，不加约束，听其自为声教，故宫制礼乐之属，皆与中国不侔。"

钱古训《百夷传》:“洪武……丙寅……明年，部属刁思朗犯定边，天子命西平侯沐英总兵败之，获刁思朗，夷人惧服。上以远人不加约束，故官称制度，皆从其俗。”

从本书第四章的叙述里，使我们知道摆夷的社会，是一个经济机构非常简单的无工业亦无商业的纯农耕社会。在这简单的农耕社会中，更有一个特殊情形，是土地均为酋长所私有，民间没有私有的耕地。所以在民间的生活上，便多方面的保持着一种初民的互助精神。例如耕种，村寨中某家人播种或收获需要人工时，不一定用金钱雇工，可以无报酬的请邻里协助；将来遇邻里需要人工时，自己也得同样去相助。又如造房，夷地中无专门的工匠已如上述，故只需备好材料，请邻里相帮建筑，不须给酬，只招待茶饭便行。又如某一家迁入本村，同村邻里都量力借与款种，借与食粮，相帮着造住房，待收获后始再分期偿还。又如对赤贫灾病之家，都能互相周济。这种合作精神，是维系初民社会机构的中心动力，而现时依然充分地保留于摆夷社会中。

从此数点看，我们承认今日的摆夷社会，尚是一个富有原始性的组织，社会机构非常单纯而社会内情绝不复杂。这我们只需把社会中的几件复杂事态——法律裁判、战争、社会活动加以剖析，便可见出社会的内情。

《百夷传》记摆夷的法律审判谓:“刑名无律可守，不施鞭扑，犯轻者罚，重者杀之，或缚而置之水中。非重刑不系累。”[1]又李元阳《云南通志》亦载:“其刑法有三条: 杀人者死，犯奸者死，偷盗者全家皆死，为贼者一村皆死。故无奸盗，道不拾遗。”[2]今日的民间法律及其裁判情形，与五百年前又多少不同，唯犯罪事件，其简单情形仍不亚于五百年前。诸土司区中所常见的民间法律案件，大概不外乎这五类:

1. 个人少数银钱纠纷案。

2. 偷窃案——大半均偷窃水田中的谷米，果园中的果蔬，偷窃猪鸡那算是大的窃案了。至于偷窃牛马、杀人窃财，只有山头敢做，摆夷尚无这种胆量。

3. 婚姻或性的纠纷案。

4. 盗杀案——摆夷不敢为盗，更不敢杀人，所谓盗杀案，都是摆夷被人所盗，被人所杀。

5. 细小的纠纷案——如酒后互相斗殴，或因细故口角等。

以与汉地城市或农村中所常见的法律事件来相比，便大多可见出双方社会的简单与复杂。

对于这类事件的裁判，并没有明文的依据，但却有民间的习惯法与裁判法。一般的裁判法有四种：

一、村寨中父老的调解 若属于民事的纠纷，大多可由村寨中父老的调解而解决。若是刑事犯罪，除重伤及人命案外，也可由父老或老幸、畈头等人依据村中习惯法来裁判。

二、宗教的神意裁判 如果在村寨的仲裁法庭中不能得到解决，便可求之于神意的裁判。神意的裁判有两种：一种是凡有争执而不能裁定罪责是在何方时，那便原被告连嫌疑犯一同到佛寺中烧香祝告，然后蹲跪佛前，求佛降罪于应受罚的一方。这样，在犯罪的一方面，虽未受到实际的处分，但内心已经种下了一种极大的恐怖，也许精神上的责备实较肉体上的刑罚更为痛苦；在受到委屈的一方，相信着神意必有赏罚，那便更觉心安理得，好似已经得到了胜利的裁判。另一种是犯罪已经确定了属于谁，如偷窃已被拿获，奸淫已被捉住，经处治了应得的罪后，为使下次不再重犯，便有执行裁判的村中父老甚至全村人民，把犯人带到佛寺中，使于佛前发誓，以后不敢再犯，如此之后，大家都相信此人不敢再作恶；而犯罪这本身，也正因有着宗教的恐怖，对于再度的犯罪也许确有一种恐惧。在全部人民都是佛教徒的摆夷社会中，这种神意的裁判是普遍地被采用着的。

三、村寨中不合作的裁判 这多半对于某种犯罪在村人是认为罪大恶极而事实上又没有确实证据以明断其罪的，便采取不合作的办法来裁判。摆夷社会是一种互助的社会，已如上述。一个人或一家人，在生活的任何方面，都得依赖于村寨邻里的合作，倘使这家人被摈弃于互助生活之外，那在精神及物质方面，必均感到莫大的压迫。遭遇此种裁判的人，唯一的办法只好迁徙到另一村寨里去，加入另外一个互助生活的集团。

四、土司署的裁判 较大的事件，在上述三种裁判法中均不能解决时，最后的裁判便属之土司署。土司对于人民的犯罪者，可以采用几种为村寨公断与宗教裁判及不合作抵制所不能采用的方法：

A. 对犯罪的拘留和禁闭；

B. 对犯罪实施任何刑罚；

C. 对犯罪死罪的宣布和执行。

据土司们说：相沿的习惯，死罪以下的裁判，可以由土司直接决定，自由执行。若系死罪，也须申报上司（在昔须申奏朝廷，今则禀呈云南省政府），经核准后方可执行。土司署中受理人民诉案的一般惯例，并不似汉地官署或法院之每有案件即受理开审。除重大的人命案外，很少正式开庭的，都只派族官出来对双方当事人调停和解。必须经过多次调停，结果实无和解的可能性时，始正式在司署的二堂上开庭审问。土司署之审问民间案件，也与汉地官署、法院之受理诉件有不同之点：

A. 不用诉状；

B. 不纳诉讼费；

C. 无律师及陪审制度；

D. 无上诉权利——土司的判决即是最后的判决；

E. 判决后司署中并不收取任何方的酬谢。

关于B、E两项之实在与否，作者不敢遽断。唯据住居夷地的一些汉人对我说，土司司署中也往往借问案取人钱财的。[3]

---

〔1〕引自李思聪《百夷传》。

钱古训《百夷传》为："刑名无律，不知鞭挞，轻罪则罚，重罪则死。男妇不敢为奸盗，犯则杀之。"

〔2〕明朱孟震《西南夷风土记》："治理多如腹里土司，其法惟杀戮与罚赎二条：事情罪重者杀之；余则量所犯之大小，为罚之轻重也。"

刘文徵天启《滇志》卷三十《羁縻志第十二》："其法：杀人与奸者皆死，盗窃一家皆死，为寇盗一村皆死，道不拾遗。"

〔3〕或许历史上土司署审理案件有不收钱的规定，但土司署有"往往借问案取人钱财"的事，却成为土司衙门敛财的手段之一，甚至已经有了价码。如芒市土司署，提请诉讼时，原被告双方各要递交二百文铜钱，称为"递禀钱"；案子审理时，双方又要交纳半开四元，称为"过堂费"。在动"枷刑"时，要求松刑要交半开三十元的松枷费；要求去枷要交半开五十元的免枷费。（详见张元庆《芒市土司制度调查》，载《德宏傣族社会历史调查·三》，云南人民出版社1987年版）

自从诸土司区中成立了六个设治局之后，依政府法令的规定，土司署不能再受理人民的法律诉案，凡司法事件都移交设治局处理。但人民为着下列的诸种原因，凡有诉讼事件，仍都不到设治局而依旧诉之于土司署：

1. 畏惧汉官，成为摆夷的通性，提到汉官衙门，他们宁可官司不打，绝不愿上堂见汉官。

2. 依诉讼程序，须先递呈状词，交纳诉费，这为夷人所不习惯，且事实上多无法办到——不识汉字，贫穷不能交诉讼费。

3. 语言隔阂，审问时不能达情。

4. 汉人法律不适于夷情，甚至有与夷人习惯法绝对相反者。如离婚案，汉法一般均需由男方给予女方扶养费。而在夷人的习惯，夫妻离异，男方不仅不给女方扶养费，且反而可向女方索讨原日所支出于女家的聘金。

5. 据说，设治局处理夷人案件时，罚款与苛索太重，使夷人有“一入公门，胜败倾家”之感。

几位土司对我说：在为顾及人民案件的公正处理，并求不与政府法令相抵触，土司们乃想出一个变通的办法，在各司署中成立人民纠纷调解处，只为人民调解纠纷而不受理诉讼案件。按之实际，过去土司署之受理案件，便是以调解为主体办法的。在昔日，诉案本已少有不能调解而须开审者；在现状下，人民的争执更没有不接受土司调解的。故这种调解处，实际便是变相的判决法庭，而土司署，也便代替了设治局握着全县最高的司法权。

所谓民间习惯法的裁判，也可以略举数例：对偷窃案除责偷窃者将窃物归还原主外，并须给偷窃者相当惩罚，一般都只责令出米谷若干，很少用肉体责打或拘禁苦役等刑罚的。盗杀案必送之司署依“杀人者死”的条例判决，但可以用经济物来赎罪——用购赎方式来代替流血的报复。即是盗劫者或杀人的罪犯，能给被害人家属一些物质的赔偿，如谷米、牲畜、银钱等，其数量能达到被害人家属满意时，司法者也不一定要置犯罪者于法。这和《云南通志》所载“杀人者死，偷窃者全家皆死”的情形已不相同。唯据说，十多年前，在各村寨中尚盛行一种极残酷的处置盗劫的习惯法：凡盗劫者第一次被获，并不治罪，唯给予警告，戒其不再犯；若再犯被获，便须绑到佛寺中，令其发誓改过；倘三次再犯，那便不问理由，由寨中每一家人出柴薪一块，架于广场上，将犯人绑柴上活活烧死。这种残酷的习惯法昔日非常盛行，后经政府申令禁止，始渐灭绝。

人类法律起源于禁例，由禁例始累积为习惯法，在习惯法的裁判过程中，最初都采取流血的复仇手段，不限定生命的偿还始流血。就是经济的损失，也必以流血来报复。在较原始的民族中，多盛行着这种法律。西南边民的爨人，尚有很多流血报复的风俗，在摆夷社会里，却已见不到了，而是进一步到了用购赎来代替流血报复的阶段，那是在民族部落间社会经济的交换关系发达以后始发生的制度。例如一个部落中人口的损失，实际便是这一个生活集团的经济的损失，所以在犯罪者方面，便可用物质来偿付被害者的损失。摆夷的习惯法，却正到了这一阶段。在这一个过程中，又有所谓决斗的裁判与立誓（Oath）或神断（Odeals）的裁判，前者由双方以生死决斗来解决是非，这在摆夷社会间未曾见过；后者正是流行于摆夷村寨中的宗教的神意裁判。

战争是一个社会中最严重的事件，尤其是在初民社会里，每个社会分子都必负担战争的义务。摆夷在今日似乎已很少人了解战争这一个名词，这意思便是说：摆夷社会中，已很少见到有战争这么一回事了。但在历史上却不然，自汉唐以迄清代，凡汉人在云南境内所构成的重要战争，十有八九有摆夷参与其间，而摆夷的勇悍好战，也常为史书所乐道。《百夷传》载："军民无定籍，聚则为军，散则为民。每三人或五人充军一名。正军谓之昔剌，犹中国言壮士也，昔剌持兵器，余则负荷，以供军需，故军三十万，则战者不满十万。师行无纪律，先后进退不一。倚象为声势，每战则用绳索自缚于象上，悍而无谋。军器少弓箭，多长牌与弩，以革为盔，铜铁杂革为甲。胜则骄惰争功，负则逃窜山谷。"[1]

几百年来，受到佛教的深度感化，使此种勇悍好斗的边民，变做了过分的柔懦和善。不仅数十万大军的勇争狠斗，为现代的摆夷所未经参与过，就是土司贵族间为争袭职位而偶或有的斗争与村寨间的械斗，也都十数年以至数十年不一见。而在这一类战争中，据说所谓摆夷的战士们，只能充分表现出怯懦畏惧的天性，而绝看不到"悍而无谋"的狠斗。不过，在有些偶有的战争和土司署平常的军备设施中，却可看出都充分保有着原始部落民族的战争遗风。

---

〔1〕引自李思聪《百夷传》。

钱古训《百夷传》为："无军民之分，聚则为军，散则为民。遇有战斗，每三人或五人出军一名，择其壮者为正军，呼为'锡剌'。锡剌持兵御敌，余人荷所供。故军行五六万，战者不满二万。兵行不整，先后不一。多以象为雄势，战则缚身象上。裹革兜，被铜铁甲，用长镖干弩，不习弓矢。"

家父所撰《百夷传校注》(云南人民出版社1980年版)中为这段文字所作的校注如下:

“锡剌”亦作“悉剌”。《南夷书》:“夷人以敢死士为悉剌”。或作“昔剌亦”,《明史·沐英传》:“昔剌亦者,寇枭将也”。或作“锡蜡”,《百夷纪略》:“锡蜡,犹中国言壮士也。”……

《云南志略》:“遇破敌,斩首置于楼下,军校毕集,结束甚武,髻插雉尾,手执兵戈,绕俘馘而舞,仍杀鸡祭之,使巫祝之曰:‘尔酋长人民,速来归我!’祭毕,论功明赏罚,饮酒作乐而罢。攻城破栅,不杀其主,全家逐去,不然囚之至死。”

《西南夷风土记》:“战斗惟集后阵,知合而不知分,每以鸟铳当前,牌次之,枪又次之,象继枪后。短兵既接,象乃突出,中华人马未经习练者,见象必惊怖辟易,彼得乘其乱也。”

百夷象阵,明代史书记定边战役已描述之,具见上注所引。(林按:原书64—65页引《太祖洪武实录》卷一八九:“洪武二十二年三月甲辰,西平侯沐英讨百夷思伦发,平之。时思伦发悉举其众,号三十万,象百余只,复寇定边,欲报摩沙勒之役,势甚猖獗。西平侯沐英知夷人反侧,乃谓众曰:‘百夷愤摩沙勒之败,乃敢大举入寇,夫兵愤者必败,若等则戮歼必矣!’乃选骁骑三万,昼夜兼行,凡十五日,抵贼营,与之对垒。先出轻骑三百挑之,百夷以万人驱象三十余只逆战,云南前卫指挥张因率骑卒五十余人为前锋,其酋长跨巨象直前,我军注矢连发,矢中象左膝及肋,象仆地,其酋长亦中矢走,因追射杀之,即大呼,拥众突其阵,斩首数百级,诸军乘胜鼓噪而进,贼众遽却。英复集众将佐告曰:‘定边被围已久,今不及破贼,若定边失守,则贼势益张。贼之所恃者象耳,略以骑兵与之挑战,已不能支,吾知其无能为也。’乃下令军中,置火铳神机箭为三行,列阵中,俟象进,则前行铳箭俱发,若不退,则次行继之,又不退,则三行继之。明旦,分军为三队,都督冯诚领前队,都督同知宁正领左队,汤昭领右队。英复令众曰:‘今深入寇境,与之相持,胜则必生,败则必死。吾辈受主上深恩德报,成功再器在今日,吾与若等约,有功者必赏,退衄者必斩。’于是战士皆奋勇欲战。贼悉众出营,结阵以待,其酋长、把事、招纲之属,皆乘象,象皆披甲,背负战楼若阑楯,悬竹筒于两旁,置短槊其中,以备击刺。阵既交,群象冲突而前,我军击之,矢石俱发,声震山谷,象皆股栗而奔。指挥张因、千户张荣祖率骑士乘胜追奔,直捣其栅寨,破之,遂纵火焚其寨,烟焰涨天,复以兵邀击之,杀伤甚众。贼党有昔剌者,最号骁勇,复率众死战。英乘高望见我左队小却,传令驰斩队将,队将俱奋呼突阵,众随之,无不一当百,贼众大败,斩首三万余级,俘万余人,象死者过半,生获三十有七,余贼皆溃,我师追袭之,贼连日不得食,死者相枕继,思伦发遁去。”按驱象作战，为南海诸国所特有，《新唐书·南蛮传》记林邑国：“乘象而战，王出则列象千头。”记真腊国：“有战象五千头，尤好者饲以饭肉，与邻国战，则象队在前，于背上以木作楼，上有四人，皆持弓箭。”《宋史·外国传》记很腊：“有战象几二十万。”记占城：“其国方与真腊战，皆乘大象。”《诸蕃志》记注辇国：“与西天诸国斗战，官有战象六万，皆高七八尺，战时，象背立屋，载勇士，远则用箭，近则用槊，战胜者，象亦赐号，以旌其功。”《元朝征缅录》记至元十四年，大理路蒙古千户忽都与缅军战，“其众约四五万，象八百，马万匹。象披甲，背负战楼，两旁挟大竹筒，置短枪数手于其中，乘象者取以击刺。”各书所记象战装备情况皆大体相同。思伦发定边之战上阵战象共百余只，较之真腊诸国有战象数千以至十数万头，则又微不足道也。

明朝统治者常征调百夷战象以镇压各族人民反抗斗争。王鸿绪《明史稿·云南景东土司传》载：“景东部皆僰种，性淳朴，习弩射，以象战，历讨铁索、米鲁、那监、安铨、凤继祖诸役，皆发其兵及战象。天启六年，贵州叛寇安邦彦、安效良率众号二十万，至马龙后山，去会城十五里，总兵官遣景东土舍陶明卿率兵伏左路，贼恃众分八路冲至，官军按兵待之，贼来逆击，死战不退，明卿乃以象阵从左翼冲出横击，贼惊溃，追逐十余里。巡抚上功，推明卿第一。”南明抗清英雄李定国，军中有强大象阵，查继佐《罪惟录》卷九《李定国传》载：“定国善用象阵，象十三，俱命名，封以大将军，所向必碎。”李定国战象皆得自云南百夷中，驱象战士亦云南少数民族。

象之主要生长地，不在百夷境内，有之亦不多。《滇略·产物略》载：“象产缅甸之摆古，距永昌可四千余里，莽酋居焉，得象驯而习之，以供战阵，其枭者值千金，贡象可三百金。景东土官尝畜之以备宣索。”

《秋涧先生大全文集·中堂记事》：“百夷，兵械有刀、槊、手弩，而无弓矢甲胄。”

兜：战时所着之冠，古称为胄，俗谓之盔，秦人谓之兜鍪。古以革为之，后多铁制。

甲：《释名》卷七《释兵》：“甲亦曰介，亦曰函，亦曰铠，皆坚重之名也。”《疏证》引贾疏曰：“古用皮谓之甲，今用金谓之铠。”《岭外代答·蛮甲胄》：“诸蛮，惟大理甲胄以象皮为之，黑漆坚厚，复间以朱缕，如中州之犀毗器皿，又以小白贝缀其缝，此岂《诗》所谓贝胄朱綅耶？”

镖：清倪蜕《滇小记》：“云南蛮人善飞镖，取人于数十步外，发无不中。其状如枪而镖头尖如五寸匕首，但背差厚三四分耳。”

弩：《释名》卷七《释兵》：“弩，其柄如臂，似人臂也；钩弦者曰牙，似齿牙也；牙外曰郭，为牙之规郭也；下曰县刀，其形然也；含括之口曰机，言如机之巧也，亦言如门户之枢机，开阖有节也。”又清檀萃《滇海虞衡志》：“蛮弩，范《志》云：西南诸蕃造作略同，硬木为弓，桩甚短似中国射猎弩差大耳。”

另：李元阳万历《云南通志》卷十六《羁縻志·僰夷风俗》、刘文徵《滇志》卷三十《羁縻志第十二·僰夷》及顾炎武《天下郡国利病书·云南·种人》皆作：“军民无定籍，聚则为军，散则为民。每三人或五人充军一名。正军谓之‘昔剌’，犹中国言壮士也。昔剌持兵器，余则负荷以供餉需，故军三十万，则战者不满十万。军在前，酋长在中，供餉在后，先进后退不一，而号令不紊。依象为声势，每战则用绳索自缚于象上。悍而无谋。军器少，弓箭多，短桑为弩，以革为盔，铜铁杂革为甲。胜则骄惰争功，负则逃窜山谷。”

土司署中的常备武力，通常称为土练。土练有两种：

A. 摆夷练　即摆夷士兵。着平时的摆夷装束，或穿土司署发给的灰布军装，赤足，腰挂大缅刀，背负步枪。

B. 山头练　招四山的山头民众为兵丁，称为山头练。着山头常装，用红色土布包头上，挂大缅刀，带银制耳环、项链，赤足，腿上用黑漆之藤

干崖土司署中之景颇兵　摄于 1937

遮放土司署中之傣族兵　摄于 1937

圈为装饰。据说，凡境内四山的山头盗劫作乱时，以摆夷练往战，十不能当一，须得用山头去，方能平服。足见其勇悍善斗，实非摆夷兵所能及。

土练所用的武器，实际便仅有大刀与步枪两种。枪多是旧式的火药枪或老九子枪。土司私人，固不少备有新式土司署中之景颇兵、放土司署中之傣族兵枪械的，但通常土练是不知使用的。山头善用弩箭，故山头练亦常以弩箭为武器。

土司正如部落民族中的酋长，不仅是政治经济的领袖，且是军事的统帅。平时是全境武力的统帅者，有对外宣布战争命令之权，战时便是三军的司令。

近数十年来，所见于摆夷社会间的战争，就交战的团体上来分别，可得四类：

一、土司之间的战争

A. 各土司间的明争暗斗，各谋扩大势力，终至利害冲突而引起战争。土司与土司，虽各有疆域地盘，各有官阶职位，但也有强弱升沉的变动。倘某一土司势力突然涨大，必引起其他土司的嫉妒危惧。在此种情势下，较弱的几个土司，往往便合纵以对付强者，战争便可由此而开。这最好的实例便是民国十八年芒市等数土司联合起来与猛卯战争的事。原来现任猛卯土司代办的刀京版君，本是干崖的正印土司，民国十八年猛卯土司衎氏某死后，小土司年幼不能袭位。刀君便以母舅的资格兼做了猛卯的摄政王。于是芒市、遮放、猛板、陇川、南甸诸司，不愿干崖土司只身兼两司势力独大，便联合起来暗助猛卯宗室名衎国镇的，率众争袭职位而与猛卯代办战。故这一战争，表面上是干崖土司与猛卯宗室之争，实际上却是芒市等五司与干崖土司兼猛卯代办之战。诸土司本来都是世代的姻亲，这时仍不免破情一战，结果，干崖土司兼猛卯代办胜利了，结束了战争，他们依然又是来往得很好的亲眷。[1]

江应樑与景颇兵合影于遮放司署（穿白衣者为傣族，穿黑衣者为土司署景颇族士兵，即文所谓“山头练”）摄于1937年

B. 因为境界的争夺而引起的战争。这显著

的例如陇川、猛卯两司争夺冈累地方之战。[2]冈累是猛卯与陇川交界地的一个山峰，山中住着数十家山头和汉人，清代末年，两土司便因争夺这个山峰而诉诸武力。这一战争，断断续续打了好几年，双方死伤的人数很不少。直到民初，始由政府派员调解，把所争持的冈累地方，直接划归滇西道尹署管辖，战争才结束。目下猛板与遮放、遮放与猛卯，均为交接地带的界限未定，发生争持者，时刻有兵戈相见的可能。

二、贵族间的战争

土司袭职，在习惯法上有严格的规定，已详述于本书第三章内，但仍不免为此而引起袭职问题的纠纷。结果都不免于各立系统，各拥“诸侯”（贵族），以武力来决定“王”位。这如民国十四年，遮放土司多竹铭在位时，其叔某欲夺取土司职位，暗地树立党羽武力，竹铭终于被迫让位。后又得到另一部分贵族的拥戴，回境复位。和他争位的三个叔辈，便被以武力逐放于缅境，直到今天，仍时时勾结山头、缅人入境扰乱。[3]

三、种族间的战争

摆夷区域内除摆夷外，尚杂居有山头、傈僳、崩龙、汉人诸种民族，其中山头一种，最为犷悍不驯，往往下山抢劫摆夷或汉人村寨，伏路邀劫行旅。当闹得太凶时，土司只好开兵征剿，这可谓之为种族间的战争。民国二十五年遮放、陇川、猛卯境内，山头倡乱，土司无法平乱，请由云南省政府派兵入境征剿。这是汉军入夷区中规模较大的一次战争。[4]

四、村寨间之小集团之械斗

械斗一事，在摆夷社会中不常见，偶或有之。其原因多半为争夺灌溉水源而起。如某水流为两村寨或多村寨所公有，则往往为放水的先后及引水多少的问题，引起双方以至多方面的争执，结果常致村寨与村寨为争水而械斗。这种械斗，实际不能与上面的三种战争相比，既不用枪弹袭击，也无大规模的流血之事，只不过聚众以木棒大刀互相殴打而已。

可惜我未曾亲见到摆夷的战争，是否如古人所说的那样“悍而无谋”。但据夷方亲见的人告诉我，摆夷极怕死，不论大小阵仗，多数畏缩不前，就是土司亲临指挥，也往往不似平日能令出无违。所以凡有战争，胜负多取决于统率者的智谋勇略，兵丁的多少尚是次要的问题。

〔1〕民国十八年（1929年），猛卯安抚司第十五代土司衎盈丰（又称罕按法）卒，传子衎景泰。这时，衎景泰只有三岁，无法理政。土司署内只靠昭准刀氏（衎景泰的母亲）、昭祖告、昭祖冒（衎景泰的二位祖母）三个妇女支撑着，而土司亲贵内部争袭夺位的阴谋日益明显。于是，衎景泰的母亲请他弟弟、干崖土司刀京版来猛卯任土司代办，行土司职权。虽然刀京版任猛卯代办后，其原任的干崖土司一职不再保留，而是传给其子刀承钺，但实权仍在刀京版手中。这样一来，干崖土司就执掌了二个土司地的大权，必然引起临近各土司的不安，于是便支持猛卯属官衎国镇（衎景泰的堂祖父）领兵攻打猛卯城，以期夺取司位。这便是民国十八年的猛卯的这次土司间的战争。

刀京版任猛卯土司代办一事的缘由和经过，洛印在《勐卯罕先事件原由》（载《瑞丽文史资料选辑》第一辑，德宏民族出版社1994版）中如是说：

"过了三年（1927年）罕按法病逝。留下年仅三岁的小混相，勐卯司官的位子又空缺了。罕先（林按：罕先系猛卯土司衎定邦之弟，衎定邦死后，他任代办，强娶其嫂为妻，又谋图杀其侄，因消息走漏，其侄逃出，九年后返回勐卯，就任土司，即衎国蕃。后衎国蕃设法杀了逃往缅甸的叔叔罕先。国蕃传子盈丰，即文中之罕按法）的后裔抓住时机倾巢出动，到德宏内各土司家活动，请予支援。干崖司官抵制，勐焕（林按：芒市）司官不理。只有勐底（林按：南甸）土司、勐宛（林按：陇川）土司、遮放土司表了态。勐底土司愿为罕先的子孙向上呈报说情，勐宛和遮放土司愿出人出钱。罕先的孙子混罕见、混合、孙女婿混干组成策反勐卯司官的作战指挥。特别是混旱（林按：原文如此。依上文意，"混旱"似应为"混干"），能辩善讲，有好口才，死的也能讲成活的。凭他善辩的口才笼络了一大批人。他说得勐宛弄莫寨的布幸援助一囤箩银洋。遮放勐果布雷讲'混旱太会讲话了'。他第一次来劝布雷支援一点，布雷看在初次见面的礼份上，数给了他三千银洋。混旱说等事业成功后，就让布雷当法破的布畹，让布雷永辈收租。布雷给了三千银洋后，前思后想，总觉得混旱他们成不了大气候，决定不再理他们了。混旱第二次又来，布雷躲入宿舍装睡午觉不接见，混旱对布雷的老伴讲，请布雷老爷放心，目前我们刚刚着手准备，万事开头难。现在兵力已足，只是枪支欠缺一点，要是凑足枪支，训练上一段时期，兵强马壮，攻下勐卯司衙如探囊取物，易如反掌。布雷听听，心又热起来，立刻从宿舍走出来，又数了三千银洋给混旱。这样一而再，再而三，一囤箩银洋都数光了。混罕见、混合、混干他们有三司的支持，以罕见为帅，引兵向勐卯司衙进攻。勐卯从司衙至普通百姓把罕见的军队统称为逆军，罕见逆军第一次进驻坝头南卯江畔的芒林村，指挥部设在奘房。他们向芒林畹百姓摊派款项，宣称不必向司衙交款，罕见就是当今的召。抢权夺政的气焰极为嚣张。司衙内的老祖太气坏了，狠狠心集中了全部司署土兵，择日出征，老祖太亲自骑马督战。日出三竿，行至姐勒，老祖太下马向广母贺卯（姐勒金塔）跪拜求神，祈神佛及衎氏祖先在天之灵保佑出征队旗开得胜，烧了一炷香，再领头策马前进。傍晚渐近芒林寨。老祖太令分兵悄悄把芒林寨包围起来，入夜，一声令下，司兵发起冲击。枪声像炸米花般爆响，司兵攻入寨内，刀棍相拼，斗打不让，你追我跑，混战不息。芒林寨被占领，仅剩下奘房里的罕见及部下二十多人了。罕见眼看身陷绝境即将全军覆没，无计可施，急得顿足捶胸。这时有一黑大汉过来，此人从头到脚全身刺有花纹，仅肚脐一处未有。他说：'召罕见，别怕，待我把咒语念入水中，大家一人喝一口，待到天亮时，我们一起冲出去。大家喝了我的法水刀枪不入，甚至于他们的枪也打不出子弹来。'此法如同一剂兴奋剂，如临死前的一线求生之光。于是大家按黑大汉的吩咐如实做了。待到天蒙蒙亮时，一团黑影从奘房大门涌出，由黑大汉领头，见人便砍，突围而去。这是因为司兵们激战整夜，劳累已极，眼看就要胜利在握，打瞌睡的打瞌睡，毫无戒备的原因。当见人突围，慌忙应战，连子弹也忙不及推上膛，罕见残部早已冲过去。待到天放明，土司兵争先寻找叛军尸体，割下头颅，用竹篾穿起耳朵，回司领赏。老祖太率师出征，凯旋而归。令将所有的罕见军人头全部悬挂在原挂罕先头颅的大青树上，以示司威。罕见叛军的第一战就此结束。老祖太虽然击败叛军，但未获主帅，后患未除。于是便修书干崖，请干崖司官刀京版前来勐卯代办。刀京版顾全近亲的面子，于1929年带领亲信刀和连、刀弼安、寸罕印、刀良生、刀安景、刀秀安、管就勐等200多人到勐卯摄政。刀京版代办后的九年中，与罕见叛军先后在姐勒打了两仗，在芒满（现属畹町境）打了两仗，勐秀打了两仗。……1940年，中英履行三年一次的边界'会案'，滇西督办龙绳武和腾龙边区督办李根源同至勐卯，……老祖太与李叙谈时说：'李督办，罕见闹了多年，原委您是知道的，再这样下去，何时了结？'李根源笑答：'老祖太，我说不让罕见再闹，只需贵司与南甸司联姻结缘，就万无一失了。不久，您可试试。'经过李根源的点拨，老祖太命人前往南甸司署聘五小姐给小土司衎景泰为印太。双方定亲以后，罕见也就销声匿迹了。"（林按：与南甸土司联姻便消除了动乱，足以说明争袭的内乱，其本质在于各土司间的争斗）

〔2〕冈累，现作"冈雷"，属瑞丽市勐秀区南京里乡，为景颇族村寨，有住民百余人。"冈雷"为傣语音译，意为"山的中间"，由此意可得知此地一直是陇川与猛卯两土司交界地。

〔3〕多竹铭，名建勋，字竹铭，为遮放第十九代副宣抚使，袭位后称"多瓦法"，自宣统三年至民国二十一年（1911—1932年）任职，共21年。其祖父多立德为遮放第十七代土司，原配夫人赖氏系户撒土司之女。多立德为人刚愎自用，颐指气使，且

醉心于享乐。他娶了许多房年轻貌美的小妾，在妻妾的纷争中，多立德与赖氏反目，闹到了赖氏带领儿孙扈从离开衙门，在遮放坝尾弄坎寨招兵买马与丈夫兵戎相见。兵败后，赖氏失踪，长子多椿与长孙多建勋隐姓埋名逃到勐养（小陇川）亲友家。直到多立德死后，多椿才被接回遮放继任第十八代土司职位。多椿在任仅九年，死后，传位长子多建勋。但他的叔叔们（即多立德众多小老婆的儿子）觊觎土司职位，爆发了一场旷日持久的权力之争。《遮放宣抚副使后四代（1883 年—1949 年）史略》一文中，这样叙述这场土司职位的争夺：

“多立德的多妻多子给后世儿孙带来了灾难。按傣族的传统习惯讲：官家的嫡长子才能袭父亲官职，这是祖宗定下来的法规，谁也不能违反的。但是多立德的大、二、三、四……众多老婆所生的第一个儿子都是长子，现在多椿哥哥死了，难道第二个长子、第三个长子……不能继承父亲的爵位吗？反而让年轻的侄儿多建勋袭职做官？因此长辈们很不服气，从此寻衅捣乱。老三祖爷（多槿）、老七祖爷、八祖爷、九祖爷结成死党，为非作歹，暗放冷枪，多建勋几遭毒手，他心中明白这是谁干的，既不声张也不责怪别人。他深信‘多行不义必自毙’的道理，声称：自己身体不好，要到缅甸南坎医院去治病和断大烟瘾。不几天他就悄悄地带领亲信离开了土司衙门到外国去了。”

“正印官不在家，多槿（三祖爷）一小撮人更肆无忌惮了。他们到村寨去欺压百姓，白吃白喝不算，还强征暴敛老百姓的财物，只要看上膘满肉肥的黄牛、水牛，就叫随从用剪子将牛的尾巴剪去一截，声言：凡是秃尾巴的牛都是官家征收的牛，什么时候要，就什么时候送到衙门。可怜的牛主抢天哭地，又有谁挺身而出为你排忧解愁呢？听说哪家哪户有马铃、大驼铃‘伙朗’，三祖爷就说官家要急用，借去佩带给马帮牛帮。此外，他们看见喜爱的什物，也照拿不误。他们的强盗逻辑是‘我的是我的，你的也是我的’。‘帕戛混南冷’、‘结巴三哏南冷’、‘岩访棒哈’等人更是心毒手辣，为虎作伥，他们不但为主子出坏点子，还亲自干坏事。更使人愤恨的是，就是吃‘花酒’，调戏妇女，看到人家年轻漂亮的媳妇、美丽的姑娘，就指定为多槿等人的‘当然’小老婆。他们坏事做绝，毒事做尽，真是罄竹难书呀！”

“百姓有冤无处诉，又不敢反抗，只好忍气吞声地离开家园。村寨十室九空，田地荒芜，更增加了坝子的凄凉。这时，各个坝子的头人也忍无可忍了。就商议推选代表到缅甸南坎去迎请多建勋回遮放拯救老百姓。这时，多建勋的鸦片烟瘾已经戒除。他回到遮放就住在田房别墅（这是多建勋在芒市大河边建起的房屋，是他指挥开荒种地的住所，也是他的第四位朗氏夫人的住所），他不到大衙门去，多槿等叔辈无意收敛不义行为，又在策划暗杀多建勋的方案。可这个阴谋被佣人‘四塔’窃听到了，就悄悄地去告诉‘五帕戛’，他俩相约偷跑到田房向多建勋告发。多建勋听到报警时已是更深人静，他立即武装起来，带领一批亲信涉水渡河跑到遮告隐藏起来，同时又命令亲随分头到各村寨召老旽、老幸带领武装人员于天亮前集聚遮告应变，并封锁了消息，凡多建勋的动向，即使是属官、亲兄弟也不让知道。旽头们开了紧急会议，他们各抒己见，说出自家的最佳方案，一致认为眼下尚未到武装解决问题的时候，只有派代表布旽、老谢、拉院老幸到腾越去向道尹禀告，请求判决。可这位汉官道尹坏透了，他传讯双方到堂后，采取'无理三扁担，有理扁担三'的折中办法，把原被告双方都关押起来，就不闻不问了。"

"关押在腾越道监狱里的原告布旽、老谢、拉院寨头和被告多槿、多八，双方都使用金钱贿赂汉官，以求得早日结案。焉知这群汉官，惯于营私舞弊，他们不知道天理良心。狱卒典吏假装疏忽大意，分别暗示双方越狱逃跑。这真是上告无结果，一场空喜欢。"

"几经周折，多建勋不但得到各旽头的拥护，而且也得到了民国政府的安抚。赶走了多槿等人，他的统治地位稳固了。"（详见王老相《遮放宣抚副使后四代（1883年—1932年）史略》，载《潞西县文史资料选辑》第一辑）

在傣文史料中，贵族间为争夺权力而互相倾轧，明争暗斗，暗杀对手，甚至爆发战争的记载比比皆是。这种争斗一般发生在叔侄间和兄弟间，而背后涉及各个既得利益集团。叔侄间的斗争大多发生在代办、代理与年幼土司间；兄弟间的斗争则往往是争夺土司继承权。下面摘录几则傣文文献为例：

其一：遮放第十世土司多来朝，娶芒市土司女儿为妻，"再去盏达土司家娶了一个，仍不满足，又将本地百姓之女纳为三房。三个妻室，共生下六个男儿"。多来朝死后，"六个兄弟长大成人，兄弟间的感情却日见疏远，发展到明争暗夺，都说自己能干，都说自己是理所当然的土司，互不相让。一天深夜，（盏达）思家二太所生的长子，名为混体，打通地洞潜入印太（芒市放氏）卧房，把印太所生的大儿子斩成两段。印太及小儿子都受了刀伤，血流满地，哭喊救命"。

（详见多明据傣文史料翻译的《遮放历代土司简史》。载《潞西县文史资料选辑》第一辑）

其二：遮放第十三世土司多有寿二十六岁死亡，长子多立德年幼，由"老法万勐"（第十二世土司多定邦的弟弟多定格）为代办（林按：多定格应为多立德的叔祖）。"日子久了，代办法万勐的威望日高，他成了遮放地方第一等显赫的人物。众老属官为此深感不安，他们集会商议，认为理所应当去接住在芒市的多家土司后代多定明（多定格之弟）回来办理地方政事为妥。于是大家同心协力把多定明迎回遮放。多定明坐上土司位后（林按：此处有误，多定明是多定格的弟弟，只可能做土司护理，地位低于土司代办。但由于贵族属官们对代办多定格不满，推其弟来牵制多定格的力量）百姓们的心才安定下来。不料，法万勐用金钱收买了一部分人，包围土司衙门。多定明得讯后急忙逃出后厅，敌人追上去把他抱住，嘴里说是不怕不怕，又缠又拉地把他拉到伙房边，一人手起斧头，把多定明砍死在地。在无人能抗争的情况下，遮放土司官印又被法万勐夺去。他又坐上土司宝座。”（林按：多定格仍然只可能是代办，但杀了其弟，他的权势又稳固了）三年后，多定格病死，大权落到他的儿子法康勐手中。

“就在法康勐当道，作威作福的日子里，多立德的外祖母在芒市组织各甿壮丁一千人，操练成熟后，交付遮放一位姓方的和一位姓多的二人率领，直插遮放东端的蛮号、蛮海，继而顺利地杀到遮拉卡、户闷、南冷、户允、拉院，这时大小寨子都来投诚。法康勐到山头地区帕相寨笼络山头人，借兵聚集在芒市河以西遮告一带，与多立德大军对抗。双方大砍大杀了数日，多立德大军无法占领遮告。这时丙午、户拉甿头的兵马压在户弄附近，潜伏在芦苇里待机进攻；弄坎宣总、把总军队从怒江畔由下而上杀到跌下、非海，把法康勐的山头军紧紧围住。山头军以专准、坎准为首，顽强抵抗。在两军对峙的紧要关头，邦卡、户勐叛变投靠老干（老干是法康勐父子的外号），他们用烈火向隐蔽在芦苇丛中的多立德军队攻击，多立德军队大败。遮放的属官、头目随多立德逃回芒市。”又过了好几年，多立德的叔父多有生、多有才借助龙陵厅的力量，才将法康勐的势力打败。（出处同上）

这篇仅仅万余字的《遮放历代土司简史》，讲述土司贵族间为权力发生血战的篇幅几近一半。自然，这不仅是遮放一地的特殊情况，笔者所见的所有有关土司世系的傣文资料中，土司宗亲间血腥相残的记述比比皆是。

〔4〕这种“种族间的战争”，起因大概有三：一是民族压迫、民族歧视所引发；二是因土地、山林、财产纠纷所致；三是傣族土司或贵族间为权力斗争的需要，利用其他民族的力量介入，而引发民族间的流血冲突。清嘉庆年间，芒市贵族间的权力之争，引发了长达数十年的大规模武装冲突，波及附近各土司区，傣、景颇、德昂诸族均卷入其中，芒市土司放泽重以“不职被劾，迁徙大理”。这个事件在同治间芒市土司官修《芒市史》中有详细记载。

在摆夷社会中，要如都市里那种人事应酬的交际集会，却是没有的。这里所有的社交往来，不外三方面：

1. 互助的来往；
2. 宗教的集会；
3. 娱乐的集会。

互助的来往已述见上文。宗教集会与娱乐集会，有时是不能严格地分别的：往往原本是纯粹的一种宗教性质的集会，后来渐演变为民间的娱乐集会，根本已经少有宗教意义了；相反的，现时摆夷民间几种较大的集会，表面看来好似完全是一种娱乐，然而却是为宗教而举行的。这，例如现时盛行着的浴佛、跳摆、拉大佛爷等诸种盛会，都留到宗教一章中再叙述。此外，如节令的欢聚，这也同样含着敬神与娱人的性质。唯夷地节令，大都是受汉化而兴的：如新年（林按：此指农历新年，即春节）的几天内，宴客饮酒，不做工作，穿新衣，玩游戏；五月五日吃糯食；八月中秋吃饼供月；都完全与汉地相同。不过除土司贵族和汉化很深的夷人外，民间对此诸种节令的举行，并不热烈。[1]试看摆夷对气候的认识，便可知这些节令非他们所原有的。摆夷语无春夏秋冬这四个字，他们只把每年分为干湿两季（大概春暮至秋仲为湿季，余为干季），根本不知有夏至、冬至、春分、立秋等节令，唯每年在谷子收获时，却有一个盛大的庆典。这一天，各村寨中家家都有酒欢饮，土司署也举行庆典，人民都把酒肉米谷献之土司，土司也赏赐人民酒食。——这不仅是摆夷，西南边民中，大多有此收获庆典。大概最初的起源，必是每家当收获完毕第一次吃新谷这一天，作一种谢神及自己慰劳的表示。如苗，如爨，这种庆典都是各家自己举行而不确定在某一天各家同时举行。唯摆夷则确定在每年霜降这一天，全境同时举行，故称为“霜降节”。这显然的是由于土司为方便人民的献纳及赏宴而确定这一天。[2]据说，人民近来对于霜降节，已经不感到怎样的欢乐了，夷地中有句俗谚说：“谷子黄，摆夷狂；谷子熟，摆夷哭！”这意思是说：当谷子将成熟，金黄颜色布满田垄之时，摆夷看着辛苦已有了结果，都不禁喜极而狂，但等到实际收获以后，得给土司署纳粮，得偿付播种时向汉人高利的借款，结果一年辛苦，所余无几，便不禁放声而哭了。这真是一句深刻的谚语。霜降节是在谷子收获时举行的，这使人民不能狂只能哭了。

---

〔1〕现在德宏傣族都过春节、清明、端午、中秋这几个节日。春节也燃放鞭炮、贴春联、吃年饭，此外还融进了一些富于傣族色彩的娱乐项目，像丢包、放孔明灯等。汉族地区过去春节时的一些内容，在当地得到了保留，例如：关财门、开财门、大年初一女人不下厨等。大年三十午夜时分，家家户户在点燃一串鞭炮后，即把大门关上，不再让人出入，称为“关财门”，意为将钱财留在家里，不要流出去。大年初一天将

破晓时，村寨中的小童相约去一家家敲门，边敲边高声诵念这样一类吉祥的祝词："财门财门大大开，金子银子滚进来。滚进不滚出，金子银子堆满屋……"念毕，便叫着这家主人的称谓："某某，开门喽！"主人听到后，即起床打开大门，小孩们便一拥而进，跪在草席上向主人叩首拜年，拜毕，主人把事先预备下的零钱给孩子们；小孩离去后，又把大门关上，不一会儿，另外一伙小孩又来敲门、祝颂、跪拜、给压岁钱……这称为"开财门"。大致从五点左右直至天亮前夕，村寨中一群群小童到各家叫门的呼声此起彼伏、络绎不绝。小孩们去叫财门的时间，不能太早，也不能太晚，如主人刚刚睡下或天亮后，来叫财门，被认为是极不礼貌的。主人给每个来叫财门小孩的压岁钱，少则一两角，多则一元左右不等，总是天亮前第一批来叫财门的，给的钱最多；而来得晚的，颂词说得不很流利的，或者直呼主人名讳不懂礼貌的，则给得少。清明前后几天，也都到亲人的墓地扫墓，这与20世纪三四十年代"无坟墓，无碑碣，无扫祭之仪"的情况完全不同了。端午及中秋的习俗则与汉族一样。

〔2〕此种"收获庆典"在农耕民族中是很普遍的，其"谢神"和"自己慰劳"最终含义都是庆祝丰收。起初，是农户各自择时而为的活动，而后逐渐演变成为一个民族统一如期举行的节日。其之所以能"统一"起来，是收获后农闲时期集市贸易、社交、娱乐、休憩的需要。西南民族中，在确定的时间统一过节颇多，如：哈尼族的"十月年"，普米族的"大过年"，苗族的"苗年"，藏族的"旺果节"，傈僳族的"阔时节"，瑶族的"倒稿节"等。

摆夷社会中还有一种最盛行的娱乐，便是赌博。现时流行摆夷区中的赌博有下面四种：

1. 麻将牌　土司贵族，莫不深嗜，民间也非常流行。凡各土司署及设治局所在地，街市上常可看到铺面一间，门前摆着食物水果摊，室内支方桌数张，备有麻将牌等赌具，专供人民聚赌之所，是一种公开的赌博营业，按日交纳捐款给土司署。麻将牌都是从汉地买去的，玩法也全和汉人相同。想不到此种"汉人的文化"，却能普遍地传布于夷人社会。〔1〕

2. 打花　凡土司署所在地，都有这么一个花会组织，日纳一定捐税，然后公开设局。赌法和上海一带妇女们酷嗜的打花赌全同，全花三十六门，每天开一门，由主人将所开的花名预封在一个铅盒中，用一长竹高悬于铺前，写俚诗两句，隐射盒内花名，来赌的便任买一门标，到每夜九时前后开标，打中的加三十倍赔偿。〔2〕

3. 猜图　用纸盘画鱼虾等图六种，用一大骰，每面绘一图如纸上所有者，用碗摇骰后由来赌的人按骰下注，开视所下的注与骰上掷出的相同，加三倍还钱。[3]

4. 掷骰　赶点，猜单双，全与汉人玩法相同。[4]

这可以显然看出，今天摆夷社会中的赌博行为，完全是从汉人处学来的，而且都是汉人到夷地教给他们的。试看任何土司地中，凡公开纳捐设赌的，主持者都是汉人，且有很多汉人是以赌谋生的。瑞丽设治局所在地的弄岛，汉、夷住户不过百余家，而设治局中经常每月所收的赌捐，可得四百卢比（这是二十七年冬据设治局长所言，其实数恐尚不止此）。在滇缅交界地，每隔年由中英两国派员会审交界处所发生的人民讼件，叫作“会案”，会案地在这数日内大规模的摆赌，来赌的有汉人、摆夷、缅甸人、印度人、英国人，赌捐所入，为会案经费收入之大宗。这足见边民的赌兴。[5]

---

〔1〕《摆夷的生活文化·生活习俗·赌博》：“土司署中经常有打麻将活动，较大的村寨，可以看得到赌场，一间茅棚放着几张桌椅，备有麻将、牌九、骰子等，租给摆夷聚赌，老板是汉人，村寨的头人则按日抽收赌捐。”

今天在德宏麻将可能是最普及的娱乐了，无论哪个民族、哪个阶层，从少年到老人，不会打麻将的，要有也很少。打麻将的地方，一是聚集在家里，几乎家家都备有麻将；一是在饭馆中。德宏所有大小饭店，都备有麻将和扑克，而饭馆都是把客人所点的菜全部做好了，才一起上菜，在等待上菜的时间里，饭馆老板送上茶水、瓜子、麻将或扑克，客人先打上几圈。打“素麻将”（不以金钱计输赢，纯粹娱乐）的，少之又少，一般是打一元、二元的“小麻将”，即输家每次给赢家一元，“放炮”的给二元；“自摸”和牌的，输家每人付二元。也有打五元、十元的。和牌不兴数番，称为“推倒和”，也可以“买点”，在和牌前任意押下若干钱，在和牌后除按事先约定的计输赢外，还要再以所“买点”的钱数支付。现今德宏打麻将风气之盛，恐为全国之冠。

瑞丽街头不少的杂货店兼营“买四”赌博的下注和兑现，照片中黑板上的告示就是各个赌场上期的谜底和下期的谜面

〔2〕《摆夷的生活文化·生活习俗·赌博》：“有的地方，可以看到打花会，完全和在上海一带所见者相同，一究所以，也全是汉人在彝区

中创设的事业。”

现在瑞丽还有此种赌博，玩法与文中说讲一样，但谜底三十六门不是花名而是动物，当地人称“买匹”，又称“射替”。这种赌博方式遍及瑞丽市区，是一种可大可小的赌博，猜中时可以得到押注金额二十七倍的回报，但获奖的概率十分小。设这种赌的“窝子”所在的具体地点笔者不清楚，但免费提供谜面、下注和兑现的“点”十分多。从笔者收集到的谜面看，就有“多宝”、“贺乱”、“富兴”、“千僖”等家。初玩的人可买一张标明各种谜底内容的图，作猜谜的参考。图中共有三十六种名称，除“尼姑”和“宝石”外，其余三十四种都是动物，所以又叫“猜动物”。当拿到谜面后，根据内容猜所隐喻为何物，再下注，下注从一元起，可至数千元，待“开匹”时，中者就拿下注时的单子去你下注的这家商店兑现。一家这样的赌场每天早、晚共开二场，有的事先就将一周的谜面印制好广为散发。但这种谜语谜面与谜底间的联系十分模糊，有的似是而非，有的牵强附会，半通不通。如“若思考，脸很萎靡；因有癞，洗不掉”一语，猜老虎对，猜家猫或野猫亦未尝不可。再如“小生意，赚小钱；养家小，还有余”“谁多吃饭又生力，瘦筋筋，容易累”这些话，简直无

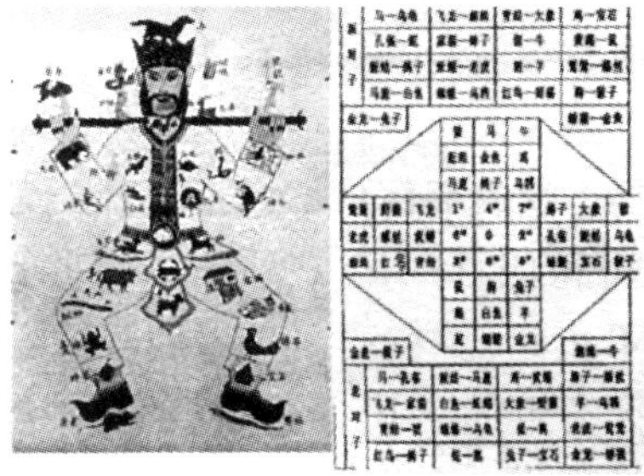

“赌博指南”——这张图片上印有三十六种谜底的图形、名称等材料，是初赌者必备之物

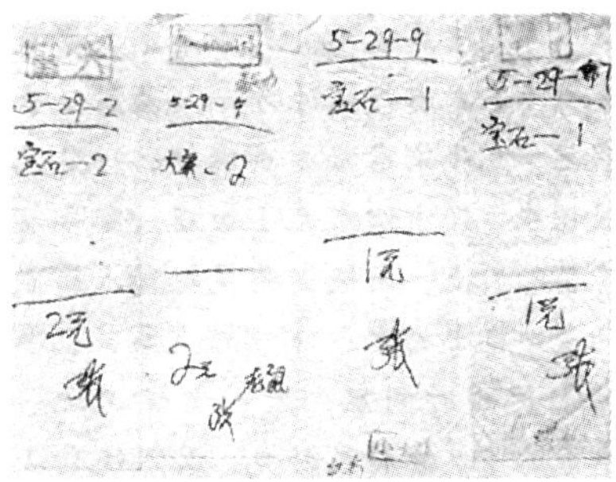

赌客“买匹”下注的单子

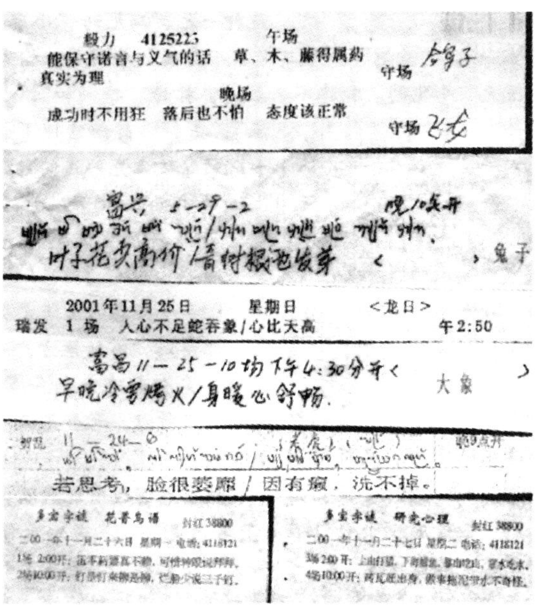

赌场提供给赌客下注的单子。这种单子上注有上期的谜底和下期的谜面，有的用汉、傣两种文字印制

瑞丽姐勒街头的“老掴”摊

法去猜。总之，话语权全在设赌的人。

（3）此种赌博现在当地尚流行，唯方式稍有变化：摆赌者于地上设一无盖的大木框子，大小与单人床相仿佛，四周边框高近一尺，框底分别彩绘有象、鸡、鱼、虾、虎、龟六种动物图案，框前方斜支一板，与框约成七十度角，并于上方横设一活动木条，用绳子牵动可翻下。摆赌者在木条上并排三个径约一尺的大木骰，骰的六面亦绘有这六种动物，博赌者把赌注押在木框内的任意一种或数种动物上，用绳子拉动横木，使木骰滚入框内，落定后木骰朝上的动物如与下注者押钱的动物一致，设赌者赔二；如不一样，则下注的钱归摆赌者。每次赌注以一元为起，多至数十、百元不等。据说这种赌博是由缅甸传入的，傣语称为 Mak kuk kak，当地汉话叫作“拉老掴”（“掴”属云南方言同音借字，云南方言把一团瓷实的东西叫“掴”，“老掴’就是一大团的意思）。摆这种赌摊的多是年轻的傣族媳妇，凡有赶摆、集会或平日乡间热闹处，常见十数个“老掴”摊子一串排开，骰子隆隆的滚动声、赌徒或惊喜或懊丧的叫喊声、摊主富有韵味的吆喝声不绝于耳。当地公安部门屡次查禁，但屡打屡兴，收效甚微。

〔4〕用掷骰的方式来赌博已全然消失，在歌厅、酒吧偶或有之，但已不用来赌钱，而是饮酒者掷骰猜单双，输者喝酒。

另有一种用扑克赌博的方法，称为“三匹”，因不像麻将那样只能四个人玩，而是从两人至十数人都可一起赌，并且每局所花的时间也较麻将短得多，从 20 世纪 90 年代开始在当地流行起来。这种赌博类似于旧时的“哈鸡”，参赌者押钱后即发给三张牌，每人视手上牌的好坏决定是“放弃”还是“跟进”，放弃出局的也损失了所押的赌资，跟进的则还要押钱，下的注越来越大，跟进的人越来越少，如果最后只有一人还坚持，那所有押上的钱都归其所有；如果有人押进上家跟进的双倍钱让“开牌”，那大家就亮出手中的那三张牌，按手上牌的好坏来决定输赢。“三匹”玩得大的时候，一夜有二三万的输赢。

〔5〕家父在《摆夷的生活文化·生活习俗·赌博》里，把思普沿边和腾龙沿边的情况进行了对比，以说明赌博之风是由汉族带进来的：“赌博之风，思普沿边少见而腾龙沿边极盛。在十二版纳境内，土司贵族们很少借赌博来消遣者，内地的赌博工具方法不为他们所知，摆夷自己也没有特殊的赌法，村寨中偶有发现打麻将赌牌九这类的事，但都是汉人们自己玩或不肖之徒引诱夷民的偶然事件，并不常有。至于腾龙沿边

则不然，土司署中经常有麻将活动，较大的村寨，可以看得到赌场，……老板是汉人，村寨的头人们则按日抽收赌捐。……有的地方，可以看到打花会，……也全是汉人在夷区创设的事业，有几个设治局，赌捐是政费上的主要收入。由赌博一件事上看来，思普沿边的摆夷，确较腾龙沿边的朴质得多。”

20世纪80年代中期始，国外的种种“洋”赌法进入德宏，一度呈泛滥之势，通过电子游戏机的赌博经查禁后已基本消失，但在瑞丽姐告中缅街中国一侧尚有三家，笔者请朋友带我去最大的一家叫“林瑞”的赌场作了一番实地观察。里面共有十二个赌台，每个赌台前放有近二十张有操纵器的桌子供赌徒下注，共约二百张桌子。玩的叫“天地合”，大致是任意选“天”“地”或“合”上下注，赢了的可得所押注钱二倍的金钱。赌场里有专人端送茶水、饮料和食品。一般下注在数十至数百元。

（上）位于瑞丽姐告中缅街中国一侧的林瑞赌场

（下）瑞丽姐告中缅街缅甸一侧的宝庆、宝通赌场

“百家乐”是输赢金额最大的赌博，据说与国外赌场的规矩一样。但笔者本人从未亲自去看过。前些年在芒市、瑞丽开了好几家这样的赌场，有的是打着“外商俱乐部”的名义开的（如芒市宾馆的赌场），说是“外国商人来做生意有个去处”，但据当地人介绍，基本没有“外商”来玩，赌徒都是国内的。这种赌博输赢几万乃至几十万是常事，听一位朋友讲，在瑞丽市内某宾馆的赌场内，他亲见一个广东老板玩百家乐输了四十多万，当场跳楼自杀了。近年对这种赌场严厉取缔，在境内已基本绝迹。

随着国内打击力度加大，赌场老板利用这里边境犬牙交错，边民往来方便的特点，把赌场向边境缅甸一侧转移。这些转移后的赌场在位置的选择上一般是：一、把它开在紧临国境线边的缅方一侧，通常距离国境线仅百十米，中间没有河流等天然屏障，周围交通便利，且赌场所在地又比较僻静，这样赌徒很容易来到这里，几分钟工夫就过境进入赌场（如畹町的“金三角”、瑞丽弄岛对面的赌场）；二、把它建在瑞丽江里属中缅两国共有的荒岛上，这种岛屿当地人称“江心岛”，位于瑞丽姐告中缅街中国一侧之林瑞因为岛子太小，且是沙质土壤，没有多少经济价值，多少年都无人居住，任凭芦苇丛生。赌场老板在岛屿的缅甸一侧建起赌场，赌徒上岛后提脚便可到赌场。近年来国内有关部门采取了不少措施，如：加强对境外有赌场那一带中国一侧边境线的巡查、管理，使赌徒不易私自越境，拆毁赌场架设的通往江心岛的便桥、在岛上中国一侧拉铁丝网等，这样就切断了赌场的“客源”，让它无法生存。因为开赌场的和去赌博的都是中国人，缅甸人一般是不去这种输赢大的赌场的。

但对于开设于瑞丽姐告“中缅一条街”缅方一侧的赌场，就无可奈何了，因为这里边民出入境非常方便自由，只需在中方登记一下，到缅方交纳人民币二元即可；内地的人出境手续也很简便。图片中两国界桩前的门楼就是缅甸的“国门”，再往前百十米的两幢高悬红字招牌的大楼，左曰“宝庆”，右曰“宝通”，就是中国人在缅甸开的赌场，其招徕的赌徒也是国内的人。

林按：当地现在赌博的情况系笔者近年调查所得，有关赌博的资料和照片是2001年12月由笔者收集和拍摄的。

第七章　语言和文字

摆夷语通行的区域—摆夷语的特征—单字举例—摆夷语和广州话—词句构造的特点—摆夷文字母—摆夷字的来源—摆夷字与缅甸字的关系—摆夷文拼音法—摆夷字与梵文的关系—新体摆夷字—文具—字体

摆夷有他们自己的语言，在腾龙沿边的各土司境内，除了土司和贵族阶级的男子们外，民间能讲汉话的人，在邻近汉地如南甸、干崖、芒市等地，或可达到全体十分之一之数，至若猛卯、遮放、陇川等司，则百人中或只有二三人；妇女能讲汉话的，尤较男子为少。故在各土司区，都一律通行着摆夷话。这种语言通行的区域很广，除了本文所研究的这七大土司区域外，北面的潞江安抚使司地，东面自镇康、耿马起，经澜沧到车里摆夷区止，都属于这一个语言系统区域；〔1〕又与云南接壤的缅甸北部地，所谓上缅甸区，也可划入这一语言区域。〔2〕各地的语言，发音上虽不无差异，但大体是相同的。〔3〕

〔1〕傣语属于汉藏语系壮侗语族壮傣语支，分为德宏方言区（傣那）、西双版纳方言区（傣泐）、金平方言区（傣端），中国境内使用傣语的人口一百余万。这三种傣语方言在语音、词汇上的差别较大，而语法上的差别较小，互相之间仅有部分能通话。德宏方言又称傣那语，主要是居住于德宏州及临沧市的耿马、双江、沧源、镇康县和普洱市的景谷、景东等县的傣族使用。

〔2〕这里所说“可划入这一语言区域”的缅甸北部地，主要指今缅甸孟养（大致是八莫、开泰以北，伊洛瓦底江以西，那加山脉以东地区）和兴威（大致是今缅甸掸邦东北部）一带。那里是摆夷的聚居地之一，元、明时期曾置府、宣慰使司，万历间入缅甸，清初再度内属，乾隆后又属缅甸。

〔3〕此章中所列举的傣族语言（单字和句子）例子，都注有读音，但所注读音与今天德宏傣语读音有所差异，这种差异可能由三种原因造成：1. 当年家父作傣语调查时，如果调查对象不是懂汉语的土司贵族，那么只能通过翻译进行，而翻译或是土司署中懂汉语的属官或是教读、文案一类汉人，这些人当然没有经过语言学的专业训练，因此在翻译中可能在语义上发生细微差错，而导致注音的不准；2. 德宏各地傣语在发音上有所差别，如家父在不同地方调查，读音也就有所差异；3. 也不能完全排除七八十年里，傣语某些语词读音的变化。因此，笔者在原文读音后加注今天傣语读音，此读音以芒市语音为准。

摆夷语属于单音语系，即每一个音表示一个事物或一个动作的意义，语言中最大的特色是有 t、d、p、m、k 等语尾，这在西南诸种语言中很少见，汉语中只广州语最富于此种特征，这便是中国古代汉语中的入声字。音韵学家都说今日的广州语中保留着最多的古代读音，那摆夷语也可以说是发音与古汉语相似了。

现将若干摆夷单语，分类列为数表如下。表中单字的记音，大体以芒市摆夷语音为准。

一、人体器官名

意义	原注读音	今天读音	意义	原注读音	今天读音
头	Hao	Ho	耳	Miumu	Min hu
口	Sop	Sop	牙	Siui	Xeu
眼	Hwi ta	Hoi t'a	鼻	Wu luŋ	Hu lan
舌	liŋ	Lin	手	mɛ	Mw
足	Tiŋ	t'in	心	Chen	tsaw
腹	Buŋ	tɔn	背	Pai laŋ	Pe In
臂	Ohsian	xɛn	腿	Ohao	xa
指	Lui mɛ	Leu mw	发	Hwen luŋ	Xon ho

二、自然物名

意义	原注读音	今天读音	意义	原注读音	今天读音
天	Tuy fa	Tɔn fa	地	laŋ liŋ	laŋ lin
日	Wen	lɛt (van)	月	len	lən
星	lau	lau	山	rhai	lɔi
水	lam	lam	河	luŋ lam	xe lam
海	luŋ	lam lon	石	ma hiŋ	ma:k hin
泥	Oun	ʔuŋ	风	lom	lo m
雨	Fen	fo n	云	moik	mɔk
雾	moik lam	Mɔktsɛŋxa;u	冰	mai	moi
雪	moik hehk	ha	金	kanm	xam
银	en	ŋən	铜	tuŋ	tɔŋ
铁	liehk	lek	锡	tswone	sɔt
火	Fai	fai	田	ta	la
井	la moi	lam mo	池	tuŋ	lɔŋ
湖	lam	lɔŋ loŋ			

林按：傣语中，“池”与“湖”二词无区别，只是在“lɔŋ”后面加上“loŋ”，以表示其大；大的水池即湖泊。

三、动物名

意义	原注读音	今天读音	意义	原注读音	今天读音
牛	oi	Ho（指黄牛）	狗	mag	ma
马	ma	ma	猫	mio	mɛu
猪	mu	mu	兔	paŋ tai	Pa:ŋ ta:i
鼠	lu	lu	鸟	lau	lok
鸦	Ka kie	ka ke	鸽	lok tu	lok tu（野鸡）
鹰	huŋ	hoŋ	燕	lo kwang iŋ	lok?ɔn ɔɛn
鸡	kai	kai	鸭	pieh	pet
鹅	han	ha:n	虫	muŋ	moŋ
蝇	mi juŋ men	mɛŋ mun	蚊	juŋ	juŋ
蚁	mot hsiam	mot xem	蝶	mak mɛ	ma:kmə
羊	mieh	me	蜻蜓	mi-an mie	mɔŋ mi
蜈蚣	mi-an tze lan	mɛŋ tsala: ŋ	蚯蚓	ti len	tsi lən
蛇	i-wu	ŋu	蜂	mi-an pan	Me phwŋ
鱼	pa	pa	虾	kuŋ	koŋ

四、植物名

意义	原注读音	今天读音	意义	原注读音	今天读音
树	toŋ mai	t'on mai	花	mok ja	mɔkja
果	ma	Ma:k	芽	ja	lo
草	ja jiehk	jajək	叶	m maiɛ	maw mai
竹	mai pui	mai pok			

林按：傣语中没有泛指所有竹类“竹”这一个字眼，不同的竹有它具体的名称。表中的 mai pok “买播”，即大龙竹。其中 mai “买”，是泛指不结果的树木，竹也包括在内；而结果实的树木如龙眼、芒果、菠萝、木瓜等，又有另一类的名称。另，表中所举的“叶”，是指树叶。

五、用具名

意义	原注读音	今天读音	意义	原注读音	今天读音
房屋	heŋ	laŋ hən	门	la tu	latu
窗	fa muŋ	fa mɔŋ	桌	lɛp'ŋ	Pən pɛn
椅	tan w'ŋ	taŋŋɛk	凳	tan pian	taŋ pɛn
床	ku	ku	灯	teŋ fai	twŋ fai
火柴	hsiai fai	xɛt fai	炉	tan fai	puŋ fai
灶	moi	xo sau	锅	moie	mo
碗	vaŋ	va:n	碟	tieh	Phe
勺	ka	kak	刀	p'a	Pha、mit
调羹	tsoi	tso	筷	tu	tu
犁	tai	thai	锄	ho	xo
剪	tsiam	kim	镰	hsiui	xeu
针	hsiam	xem	线	mai	mai
布	meŋ	man	衣	sai	sə

林按：表中桌指木桌，凳指木凳。Pha 指砍刀、菜刀一类的大刀，mit 指匕首、尖刀一类的小刀。

六、食物名

意义	原注读音	今天读音	意义	原注读音	今天读音
米	hau saŋ	xa:u sa:n	肉	lɛ	lə
酒	lar	la:u	菜蔬	p'ak	phak
饭	Hau lŋ	xa:u	谷	hau pɛ	xa:u pək
盐	Ts'ɛ	kə	油	man	man
茶	Lam liŋ	fə leŋ	草烟	ja muŋ	ja mom

七、亲属名称

意义	原注读音	今天读音	意义	原注读音	今天读音
父	jai（tja,wu）	je（te,po,ʔu）	母	mieh（mai）	me
祖父	luŋ t's au	loŋ tsau	祖母	ja	ja（tsau）
兄	tsai	tsai	弟	luŋ tsai	lɔŋ tsai
姊	pi so	Pi sa:u	妹	luy so	lɔŋ sa:u
夫	p'o	pho	妻	mieh	me
伯父	tieh luŋ	te loŋ	伯母	mieh pa	me pa
叔父	lau jai	ʔau、je	叔母	mɛ lo	me lo
姑父	tieh luŋ	te luŋ	姑母	mieh pa	me pa
姨夫	tieh luŋ	te luŋ	姨母	mieh pa	me pa
人	kwuŋ	kon	小孩	lu ŋan	luk ʔɔn
男人	pu tsai	pu tsai	女人	pu jiŋ	pu jiŋ
男孩	lu tsai	luk tsai	女孩	lu jiŋ	luk sa:u
老头子	pu tau	pu thau	老太婆	mieh tan	me tsau

林按：表中“父亲”这个词，共列了四种说法：je、te、ʔu、po，其中je读作“爷”，te读作“爹”，两种称呼明显是受汉族称谓的影响。te“爹”不用说，称父亲为je“爷”（yē），是临近傣族居住地的腾冲、龙陵、施甸一带汉族的习惯称谓。而ʔu读音“吴”，则是傣族固有的称谓。此外还有一种称法是po，读作“波”，原表中未列举。另外，表中“叔父”一词la:u je，读作“老爷”（Lǎo yē），这也是临近地区汉族的习惯叫法，如前所述，称父亲为“爷”，则称叔叔为“老爷”，称叔母为“老婶”。老，是小的意思，如把最小的儿女叫“老幺”，在汉族中是很普遍的。把叔父称作ʔau，读作“奥”，表中未列，这是傣族固有的称谓。

八、时间名

意义	原注读音	今天读音	意义	原注读音	今天读音
年	pi	pi	月	lɛ	lən
日	mɛ	van	星期	uŋ kiam	Sin
昼	kaŋ vau	ka:ŋvan	夜	kaŋ ham	ka:ŋxwn
早	hoi lɛ	ho law	晚	ka ham	ka:ŋxam
今天	mɛ lai	məi	明天	mɛpu	məphuk
后天	mɛhɛ	məhw	昨天	mɛva	məva
前天	mɛsoŋ	məswn			

九、数　名

意义	原注读音	今天读音	意义	原注读音	今天读音
一	leŋ	ləŋ	二	suŋ	soŋ
三	sam	sa:m	四	si	si
五	ha	ha	六	hoi	hok
七	tsieh	tset	八	piat	pɛt
九	kaut	kau	十	ship	sip
十一	ship	jisip ʔet	十二	ship suŋ	sip soŋ
十三	ship sam	sip sa:m	十四	ship si	sip si
二十	sau leŋ	sa:u	二十一	sau ji	sa: u ʔet
二十二	sau suŋ	sa:u soŋ	三十	sam ship	sa:m sip
四十	si ship	si sip	五十	ha ship	ha sip
一百	pat leŋ	p:ak leŋ	二百	suy pat	soŋ pa: k
三百	sam pat	sa:m pa: k	一千	hiy leŋ	heŋ ləŋ
一万	pat leŋ	mum ləŋ	十万	ship ŋmŋ	sip mun
百万	pat ŋmŋ	pa:k mum	第一	lan leŋ	
第二	suŋ lan		第三	sam lan	
一半	heŋ lan	xəŋləŋ	三分之一	sam feŋ lan	Law sa: mxəxŋəŋlən
四分之一	si feŋ lan	Law sixəŋxəŋləŋ	一倍	pai leŋ	topləŋ
两倍	suŋ pai	soŋtop	三倍	sam pai	ŋsa: m top
每二个	lɛlan suŋ	law soŋ la:ŋ	每三个	lɛlan sam lan	law sa: m la:ŋ
每四个	lɛ lan si lan	law si la:ŋ	每五个	lɛlan ha lan	law ha la:ŋ

林按：表中“第一”、“第二”、“第三”原注按读音意义应为“一只”、“两个”、“三个”。在傣语中，没有汉语中像“第”那样表示序数的词，也没有“第一”、“第二”之类泛指所用的序数词。傣语表示序数大体是以句子的词序变化来表示的，如“一个”，傣语的词序是“个一”，与汉语不同；“二个”以后，词序与汉语一样，如：汉语的“二个”，傣语的词序也是“二个”，“十个”傣语的词序也是“十个”，“百个”，词序也作“百个”……而表序数，傣语的“第一个”，不用数词来表示，而是写为 ko（个）ʔɔn ta：nlan（前面），直译为：“前面的那个”；之后，则用数词表示，如：“第二个’’，作 ko（个）sʔɔ（二）lan（的）；“第十个”，作 ko（个）sip（十）lan（的）；“第一百个”，作 ko（个）pa: k ləŋ（一百）lan（的）。因为无序数词，所以表示顺序时要根据具体的陈述对象来用量词，前面所举的量词 lan 是指某种东西，如指的是人，则用 ko，如：ko ʔɔn ta：nlan，应译为“第一位”；ko ssɔŋlan，应译为“第二位”。如果表述的对象是马、牛、昆虫等。所用量词自然又不一样了。

十、动　词

意义	原注读音	今天读音	意义	原注读音	今天读音
看	jiehm	jem	听	tam	thɔm
嗅	ruŋ	lom	吃	tsiŋ	kin
喝	lud	sot	说	taŋ	ta: n
给	hɛ	haw	拿	au	ʔan
走	pai	pai	跑	miai	lɛn
来	ma	ma	去	ka	ka
进来	hau ma	xau ma	出去	out ka	ʔɔk ka
上去	heŋ ka	xwn ka	下来	luŋ'ma	loŋ ma
起来	luk ma	luk ma	坐下	laŋ ma	laŋloŋma
坐	jaŋ lip	lan	飞	tai	men

十一、形容词与副词

意义	原注读音	今天读音	意义	原注读音	今天读音
多	lam	lǎm	少	ji	ʔe
好	li	li	坏	mu li	mək
满	tiŋ m	tem	空	po	pǎu
大	jiɛ	jaw	小	rai	ʔɛn
长	zoi	jɑu	短	rhat	pɔt
强	hai	xɛŋ	弱	mu hai	ʔon
老	tao	thǎu	幼	pu luŋ	lum
美	haŋ lo	ha:ŋlo（haŋ li）	丑	haŋ tsa	hɑŋ tsa
冷	kat	kǎt	热	mai	mǎi
黑	lam	lǎm	白	p'ek	Phək xɑu
红	liaŋ	lɛŋ	绿	hsiui	xeu
黄	leŋ	ləŋ	蓝	saim	sɔm

十二、代名词

意义	原注读音	今天读音	意义	原注读音	今天读音
我	kau	kǎu	你	mɛ	maw
他	meŋ	mǎn	我们	tu（hau）	tu（hǎu）
你们	su	su	他们	hau	xǎu
谁	p'ɛ	phaw	大家	tay luŋ	taŋ lɑi
这个	ku lai	ko lǎi	那个	ku leŋ	ko lǎn
这些	ts'ɛlai	tsə lǎi	那些	ts'ɛleŋ	tsəlǎn

林按：表中的“这个”、“那个”中的ko，是指人，意思是“这一位人”、“那一位人”；如果是指某种东西，则应为lɑnlǎi——这个，lɑnlǎn——那个。

十三、领位代名词

意义	原注读音	今天读音	意义	原注读音	今天读音
我的	kau	xɔŋ kǎu	你的	mɛ	xɔŋmaw
他的	meŋ	xɔŋmǎu	我们的	tse tu lai	xɔŋ hǎu（xɔŋtu）
你们的	tsɛsu leŋ	xɔŋsu	他们的	tsɛhau leŋ	xɔŋxau
谁的	pin p'ɛ	xɔŋphaw	大家的	piŋtaŋ luŋ	xɔŋtǎŋlɑi
这个的	piŋ ku lǎi	xɔŋko lai	那个的	piŋ ku leŋ	xɔŋ ko lǎn
这些的	piŋ tsɛlǎi	xɔŋ tsə lǎi	那些的	piŋ tsɛleŋ	xɔŋtsə lǎn

在临近汉地诸司如南甸、芒市等，语言中常串入汉语，近缅甸如猛卯、陇川等地，便多有缅甸语夹入，这完全由生活接触与交通往来的关系，固不足为怪。但有一个可怪处，便是摆夷语中偶尔有和广州话极近似的读音，试以数目中一至十来做一个比较：

意义	原注读音	今天读音	意义	原注读音	今天读音
一	jat	leŋ	二	nei	sɔŋ
三	sam	sam	四	sai	si
五	ŋ	ha	六	lok	hok
七	tsia	tset	八	bat	pɛt
九	kau	kǎu	十	ship	sip

这是偶然的巧合还是种族上、历史上、交通上有着渊源关系？或者这便和梁任公所说的“广东人是汉人与摆夷的混合种”的见解有关。

摆夷语句的构造，大体说来有四个特点：

一、动词放在主词之后，宾语紧接着动词。例如：

1. 我吃饭。

kau（我）tsiŋ（吃）hau（饭）。

（今天读音：kǎu【我】kin【吃】xǎu【饭】）

2. 你饮茶。

mɛ（你）lud（饮）lam leŋ（茶）。

（今天读音：maw【你】kin【饮】lǎm leŋ【茶】）

3. 他看见我了。

meŋ（他）jiehm heŋ（看见）kau（我）jao（了）。

（今天读音：mǎn【他】hǎn【看见】kǎu【我】hǎu【了】）

4. 爸爸起来了。

tja（爸爸）luk ma（起来）hau（了）。

（今天读音：te【爸爸】luk ma【起来】hǎu【了】）

5. 我们长大了。

tu（我们）jao（长大）ma（来了）。

（今天读音：tu【我们】jaw【长大】ma【来】hǎu【了】）

这和汉语句法的构造完全相同，与爨人的语法便不同。凉山夷人称“吃饭”为 tsaŋ tsɛ，与摆夷同居一地的山头称“吃饭”为 tsa ts' a（tsa tsa），直译之都是“饭吃”而非“吃饭”。

二、形容词或副词，必在名词和形容词之后。例如：

1. 有一个女人来。

mi（有）pu jiŋ（女人）ko leŋ（一个）ma（来）。

（今天读音：mi【有】pu jiŋ【女人】ko【个】ləŋ【一】ma【来】）

2. 他是我家老人（指父亲）的朋友。

maŋ（他）piŋ（是）tai ko（朋友）pu tao（父亲、老人、老人家）kau（我）。

（今天读音：mǎn【他】pen【是】tǎi ko【朋友】te【父亲】tu【我】）

（林按：傣语中，说“他是我父亲的朋友”这句话不能像汉语那样说成“他是我家老人的朋友”，因为傣语的“pu thǎu（波陶）”是“老头子”、“老大爷”的意思，可以泛称年纪大的老年男子，但称呼自己的父亲则不能这样，而要明白地称为“父亲”。如果傣话说“他是我家老人（pu thǎu）的朋友”，意思就成为“他是我家老伴（丈夫）的朋友”了。）

3. 这栋房子很大。

heŋ（房子）laŋ lai（这间）jiɛ（大）tai（很）。

（今天读音：hən【房子】lǎŋ【间】lǎi【这】jaw【大】te【很】）

4. 他要多少钱？

meŋ（他）tio（要）so（钱）hɛ leŋ（多少）？

（今天读音：mǎn【他】ti ʔǎu【要】so【钱】xaw【多少】）

5. 他说他的三个孩子都读书去了。

meŋ（他）va（说）lu ŋan（孩子）sam ko（三个）po ka（去）o lai（读书）jao（了）。

（今天读音：mǎn【他】va【说】luk ʔɔn【孩子】sɑm ko【三个】ka【去】ʔǎu lɑi【读书】hǎu【了】）

6. 那个先生今天病了。

mo（先生）kleŋ（那个）mɛlai（今天）mi taŋ piŋ jao（病了）。

（今天读音：mo【先生】ko【个】lǎn【那】mǎi【今天】lɑu【病】hǎu【了】）

7. 他是一个过路人。

meŋ（他）piŋ（是）kwuŋ（人）ko leŋ（一个）kai taŋ（过路）。

（今天读音：mǎn【他】pen【是】kon【人】kɑi tɑŋ【过路】ko【个】ləŋ【一】）

这和汉语的构造便不相同，若用汉语的习惯来构造摆夷语，那不仅听者不能了解，且或适成为相反的意义。如上第二句例，若依汉语习惯，应说作：

meŋ（他）piŋ（是）tai ko（朋友）pu tao（父亲）kau（我）。这样说，听者骤然是不易了解的，但一经思索，也许会误会其意义为“我是父亲，他是朋友”，因为pu tao kau的意，是“我的父亲”，而kau pu tao便成为“我是父亲”或“我是老人”的意思了。

三、主词多置于句首。例如：

1. 给我一只碗。

vaŋ（碗）hɛ（给）kau（我）luk len（一只）。

（今天读音：van【碗】haw【给】kǎu【我】hoi【只】ləŋ【一】）

2. 把这杯茶给他。

lam liəŋ（茶）hɛ（给）meŋ（他）luk la（这杯）。

（今天读音：ʔǎu【把】lǎm leŋ【茶】kok【杯】lai【这】haw【给】mǎn【他】）

3. 你把刀子给谁了？

la（刀）mɛ（你）hɛ（给）pɛ（谁）？

（今天读音：lɑp【长刀子】maw【你】ʔǎu haw【拿给】phaw【谁】hǎu【了】）

4. 这本书是谁的？

Pap（书）laŋlai（这本）pen（是）pen phɑw（谁的）？

（今天读音：pap lai【书】pap lai【这本】pen【谁】xcŋ phaw【的】）

这也是与汉语不相同的一种语句构造法。

四、有特用的冠词。

1. 指人用 ko，例如：

两个女人

pu jiŋ（女人）suŋ（两）ko（个）

（今天读音：pu jin【女人】sɔŋ【两】ko【个】）

2. 指畜类用 tau（tʔ），例如：

A. 三匹马

ma（马）sam（三）tau（匹）

（今天读音：ma【马】sɑm【三】tə【匹】）

B. 五只鸽（林按：这里指的是斑鸠，俗称“山鸽子”）

Lok tu（鸽）ha（五）tau（只）

（今天读音：lok tu【鸽】ha【五】tə【只】）

3. 指器物用 luk 或 hwi，例如：

A. 灯两盏

teŋ fai（灯）suŋ（两）luk（盏）

（今天读音：twŋ fǎi【灯】sɔŋ【两】hoi【盏】）

B. 布十匹

meŋ（布）ship（十）hwi（匹）

（今天读音：mǎn【布】sip【十】ham【匹】）

4. 指树木用 toŋ（ton），例如：

六棵树

toŋ mai（树）hoi（六）toŋ（棵）

（今天读音：ton mǎi【树】hok【六】ton【棵】）

5. 指花朵用 mo（mʔk），例如：

四朵花

mok ja【花】si【四】mʔk【朵】

（今天读音：mɔk ja【花】si【四】mɔk【朵】）

（林按：傣语的冠词很复杂，种类不同、形状不同，所用的冠词就不同。有时同样一种东西在不同情况下，所用的冠词也不一样，比如：茶杯、饭碗，空着的和盛了东西后的，所用的冠词就不同。）

这四点就通常的语句构造而言，此外还有许多特别文法的语句，例如数字中“一个”和“两个”，便有一个特殊的变化：凡说一个、一匹、一朵、一头的，都须倒置为“个一”、“匹一”、“朵一”、“头一”，但到了二以上二便又完全正位置为“二个”、“三匹”、“四朵”、“五头”了。例如：

1. 一个女人

pu jiŋ（女人）ko（个）leŋ（一）

（今天读音：pu jiŋ【女人】ko【个】ləŋ【一】）

两个女人

pu jiŋ（女人）suŋ（两）ko（个）

（今天读音：pu jiŋ【女人】sɔŋ【两】ko【个】）

2. 一朵花

mok ja（花）mo（朵）leŋ（一）

（今天读音：mɔk ja【花】mɔk【朵】ləŋ【一】）

十朵花

mok ja（花）ship（十）mo（朵）

（今天读音：mɔk ja【花】sip【十】mɔk【朵】）

3. 一匹马

ma（马）to（匹）leŋ（一）

（今天读音：ma【马】tə【匹】ləŋ【一】）

八匹马

ma（马）piat（八）to（匹）

（今天读音：ma【马】pɛt【八】tə【匹】）

这种变化大概是受缅甸语的影响，缅甸数字也有这样的倒置习惯，惟不是“一”而是“二十”，即一到十九都作“一个”、“二个”，惟“二十个”须作“个二十”。缅甸语：

1. 一个

tɛ（一）jo（个）

二十个

jo（个）nə hsieh（二十）

不仅如此，摆夷语中受到他族语言影响之处尚很多，例如“我比你高”这句话，摆夷语说作：kǎu（我）suŋ（高）hi（比）maɯ（你），这完全和英语的 I am Taller than you 相同。我们固然不能说摆夷语受到英语文法的影响，但这类语句却与他族语言互相接触上有关，因为这一句话在夷地流行的区域有点两样，凡邻近汉地的村寨，一般固然都说“我高比你”，但若说“我比你高”kǎu hi mɑusuŋ（今天读音：kǎu si maw suŋ），大家也同样听得懂；若在邻国缅甸各地，则非说“我高比你”大家是听不懂的。更且如南甸境内，直把“比”不读 hi 而读作 pi，作：kǎu pi maɯ suŋ（今天读音：kǎu【我】pi【比】maw【你】soŋ【高】），足见其逐渐汉语化的情形。[1]

〔1〕原稿如此。这里大约是笔误。根据上下文义和今天当地的实际情况，在临近内地如梁河一带，说我比你高（kǎu hi maw suŋ），大家也都听得懂，而在瑞丽、芒市一带，这样说话傣族就听不懂了，非得要按照傣语的词序说 kau【我】soŋ【高】pi【比】maw【你】。

《滇西摆夷之现实生活》原稿所附江应樑描摹的老傣那文字母

摆夷文字，是一种非常简单而方便的拼音文，字母只有十九个，写法如下：摆夷文字母

字母之外，再有若干音符，便可错综地拼出摆夷话语。[1]

老傣那文字母（江晓林集录）

此种文字创制于何时？据清代阮元《云南通志稿》载：“摆夷字，大约习爨字而有之。汉时有纳垢酋之后阿畸者，为马龙州人，弃职隐山谷，撰字如蝌蚪，二年始成，字母十千八百四十有奇，夷人号为书祖。”倪蜕翁《滇小记》亦有阿畸制爨书的记载，爨字便是罗罗文，是一种象形字，今日摆夷文则为拼音字，绝不能“习

爨字而为之”的。我在边区中，曾多次探询此种文字创用的历史，别说人民不知道，就是居于领袖地位的土司和执掌教育大权的摆夷和尚，也不能给我予稍有线索可寻的答案。我也曾计划从佛寺里的经书及土司署中的档案中，去寻求年代最远的文献以作参考，但这办法也终于失败了，原因是土司署中与政府官厅往来的文件，概用汉文，且不重存档，故根本无档案可寻；而夷文经典，概系手抄本，这类经典，都是人民为敬佛造功德而请人抄写了施放在佛寺中的，故每一佛寺中，每年均有数十至数百件经典送来，几年后积多到无处堆放了，便把旧的拣出来焚烧掉，所以在佛寺中，根本找不到十年二十年的佛经。〔2〕不过，从多方面的旁证上，却可断言摆夷文字的起源并不很久远。南诏国及大理国的文献遗物中，皆全用汉文而没有另有的边地文字。〔3〕李思聪《百夷传》载：百夷“无中国文字，小事则刻竹木为契，大事则书缅字为檄，无文案可稽。”〔4〕则明朝初年，摆夷尚无文字，不过当时已能借用缅甸字了。《图书集成·职方典·云南楚雄府部》载：“摆夷……另有书字。”此“另有书字”，若不是指缅字而言，那大概在清初时，摆夷已开始有文字。〔5〕《滇系·属夷系》载：“摆夷，在腾越者，习缅字。”《百夷传》也说摆夷能借用缅字，则摆夷字与缅甸字渊源关系之深，是很显然的。〔6〕

---

〔1〕这里所说的摆夷文，即傣那文。傣文分为四种类型：通行于德宏州及沧源、双江、镇康、耿马、景谷等县傣族地区，字母呈长方形状，行款从左向右横书，称为傣那文（或写作傣纳文、傣哪文等）；通行于西双版纳州及孟连等县傣族地区，字母呈圆形，行款从左向右横书，称为傣泐文；通行于德宏瑞丽、遮放以南及澜沧、耿马部分傣族地区，字母呈圆形，行款从左向右横书，称为傣绷文；通行于金平县傣族中，字母方圆兼具，少许呈尖角，行款从左向右横书，称为傣端文。

古傣那文又称德宏老傣文，有十九个辅音字母，四十五个代表元音和带辅音韵尾的韵母符号。不同音位常用同一字母表示，一般不用声调符号，其文字拼写的是以芒市话为代表的德宏方言。新中国成立后对古傣那文进行了改革，仍保留十九个辅音字母（但为了较准确地拼写汉语，更换了其中的三个），八十四个表示元音和带辅音韵尾的韵母符号，并专设五个声调符号以区分六个不同的声调，取消了原来的合体字。改革后的傣那文一般称为德宏新傣文。下列新、老傣那文声母，新傣文声调符号于后：

新傣那文声母

新傣那文声调符号

老傣那文声母

〔2〕的确，傣族地区很难找到年代久远的书籍，因为奘房中大量的佛经都是信众做摆赕佛时请人抄写后施放于寺中，常常更新，老的就不再保存了。而家父当年极力想找到那些秘藏于土司署里的史料，因为土司们根本就否认这类史籍的存在，故也就

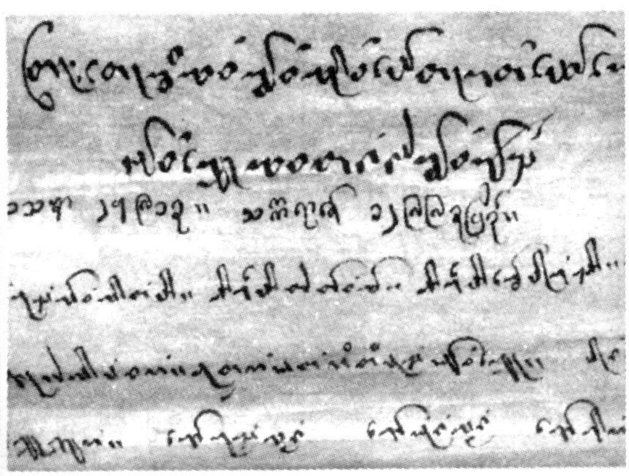

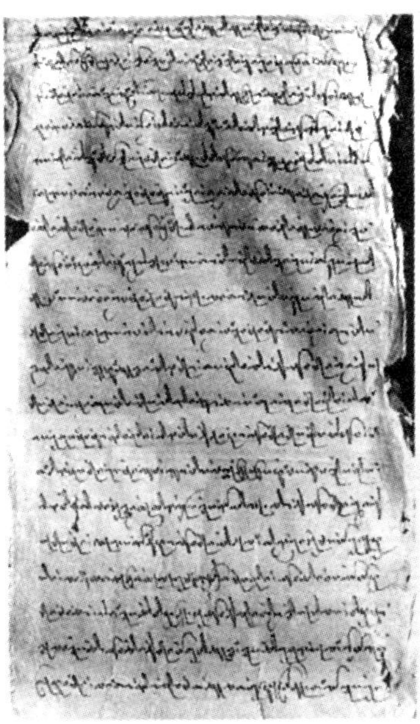

（上）20世纪30年代家父由腾龙沿边收集的手抄佛经之局部　江晓林摄影

（左）清道光初芒市土司“官修”《芒市史》手写本之一页　江晓林摄影

不能见到了（详见本书第八章原文及注释）。笔者见到最早的傣那文文献是清道光初芒市安抚司署官修的《芒市史》，至今已有约一百八十年的历史，此书大约是现在尚保存于世的最早的傣那文书籍了。此外，家父当年收集带回的几本佛经，迄今也有七十余年历史。在当时，傣文书籍都是手写本，并无印刷的书籍。在手写的傣文书籍里，偶见带有插图的，书中的插图都是抄写者手绘的，绘画技法自然谈不上高明，但这种文图并茂的傣那文手写书籍弥足珍贵。

〔3〕当时家父认为南诏和大理国是百夷建立的国家，所以从南诏及大理国的文献来推论傣文起源的时代。自20世纪50年代后，家父改变了此观点：“南诏境内包括的族属固然很多，但组成南诏主体民族却是乌蛮、白蛮、西洱河人和大量的汉族，而南诏的王室蒙氏却是乌蛮。这些不同族属的人们，经过一个时期的自然融合，到了南诏末期，尤其到大理段氏时代，已经融合为一个民族，即今白族的前身。”（详见江应樑《南诏不是傣族建立的国家》，载《云南大学学报》1959年国庆专号）

〔4〕钱古训《百夷传》作：“无中国文字，小事刻竹木，大事作缅书。”

〔5〕除钱、李二人的《百夷传》都把傣那文误认为缅文外，在相当长的一个历史时期里，诸多文献皆仅仅从字形认定摆夷使用缅文。如：《景泰云南图经志书·景东府风俗》称“百夷不通汉书，唯用缅字。凡与其同类交易、借贷等项，则以缅字书其期约”；万历《云南通志》、天启《滇志》及《天下郡国利病书》皆作“无中国文字，小事则刻竹木为契，如期不爽：大事书缅字为檄，无文案”；《滇系·属夷系》称“摆夷，在腾越者，习缅字”。根据这众多史料，家父在20世纪三四十年代刚刚从事傣族研究时，也以为摆夷在有文字以前，曾经历过借用缅字的阶段。

傣那文手抄本佛教中之插图二幅（此书由盈江收集） 江晓林摄影

既然明代百夷是“书缅字”、“用缅字”，以至清代腾越一带的摆夷尚“习缅字”，清初辑成的《古今图书集成》上记载有“摆夷……另有书字”，家父以此推测“大概在清初时，摆夷已开始有文字”，这是他在20世纪30年代末写本书时的看法。

到40年代，在《摆夷的生活文化》一书中，他对《百夷传》中对百夷“书缅字为檄”的说法有了怀疑：“此所谓书缅字为檄，恐怕是最早的彝文，（林按：“摆夷”又写作“摆夷”，此处之“彝文”指的是摆夷文，即古傣那文）唯由此记可知明代西部的早摆夷文尚未曾被普遍应用——刻竹木为契，是民间尚未用及文字，观今日腾龙沿边各土司家谱，都用汉文写出，亦可见早摆夷文的普遍应用恐怕是明代中年以后的事。”在20世纪70年代末成书的《百夷传校注》中，他进一步指出：明代史料中所说的“缅书”和“缅文”，“疑非缅文而系傣文。盖缅文、傣文皆拼音文字，字母皆源于印度巴利文，因佛教传布而输入，而傣文字母，又从缅甸字母而来，缅族与傣族语言不相同，拼音文字是不能互相借用。……在傣族地区，用老傣文书写之各种文献资料及佛经，留存者不少，但未见有缅文文献。傣文在傣族中甚为普及，男子几全识傣文，但极少有谙缅文者。凡此皆可证，傣族自有傣文，而不是‘作缅书’也”。

在20世纪80年代初出版的《傣族史》中，对困扰了他近半个世纪的傣族曾“书缅字”、“用缅字”、“习缅字”的问题，他得出了明确的结论：

“《百夷传》说：‘百夷，无中国文字，小事刻竹木，大事作缅书，皆旁行为记。’（林按：引文系钱古训《百夷传》，李思聪《百夷传》作：‘无中国文字，小事则刻竹木为契，大事则书缅字为檄，无文案可稽。’）这里所说的‘缅书’，并不是缅甸文，而是傣文，因为德宏地区从来没有使用过缅文，但是德宏傣文字母是直接由缅文字母演变而来的，所以明代文献多误称傣文为缅文。明代朝廷设置的四夷馆，是专门翻译各藩属及四境各少数民族语言文字的机构，馆中关于傣语的翻译，分设了两个馆，一名‘百夷馆’，包括木邦、孟养、孟定、南甸、干崖、陇川、威远、湾甸、镇康、芒市、景东、者乐甸等土司区；另一名‘八百馆’，包括八百、车里、老挝、孟艮等土司区。另设有缅甸馆，专司翻译缅甸语文。此这些机构设置中可以看出，傣族使用的不是缅文，缅语和傣语是两种不同的语言。德宏及邻境的傣文与西双版纳及邻境的傣文也有区别，因此要分设两个馆以司其事。应当说，这就是今天‘傣泐文’与‘傣那文’、‘傣绷文’的前身。

“清代，傣文使用更为普遍。《东华录》记载乾隆十六年十月己未云南宣抚爱必达奏：‘采集番字，镇沅府之僰夷，普洱府之车里，东川府之罗罗，顺宁之猛甸、猛麻，永昌府之耿马、镇康、潞江、芒市、猛卯、遮放、干崖、盏达、陇川、孟定、湾甸、猛猛等十八种，内遮放及猛卯二种，盏达、陇川与南甸三种，猛猛与湾甸二种，字体相同，汇成书一十四本进呈。’这里的‘番字’，只可能是傣文，因为上列各地，除‘东川府之罗罗’，外，均为傣族分布区，它说明傣文流行已很广，但在字体书写上则

江应樑原稿所附缅甸文字

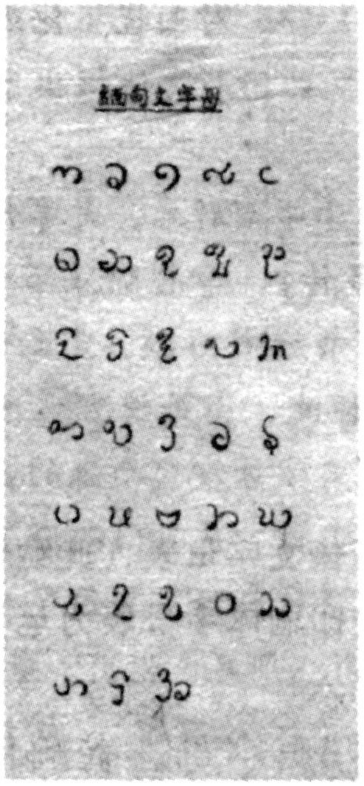

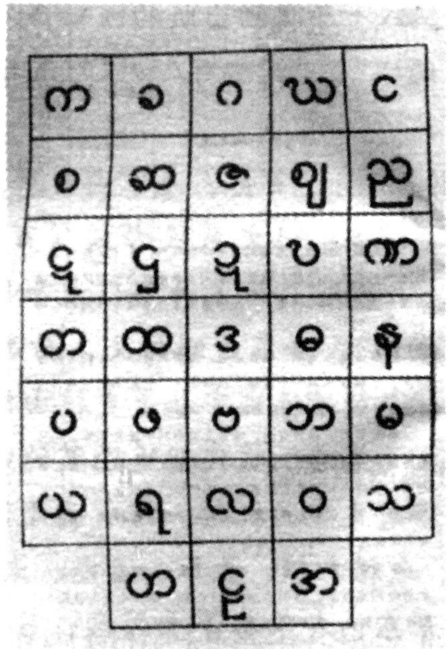

缅文字母（此缅文印刷体字母表不并虚辞林录入）

缅甸文与老傣那文数字写法对照

有不同之处。

“周裕在《从征缅甸日记》中说：‘通事谙缅文者少，军中每将缅文翻摆夷文字，又以摆夷文翻汉文，重译而得之。’这记载是乾隆三十三年（1768年）入缅清军在德宏及邻近境内的事，它说明傣文使用已极普遍，在清军中的‘通事’懂傣文者多，懂缅文者少，而缅、傣文是不同的，所以必须重译。”

〔6〕参见前注释〔4〕。

事实上，直接可以说：摆夷字母是从缅甸字母蜕化出来的。试看缅甸字母这和上举的摆夷字母对照，似乎还不易看出相同之处，原来摆夷字母，本有两种写法，上举字母，系通行于沿边七土司境内的，在紧邻七土司的缅甸北部即所谓上缅甸地，住民的种族、语言、文字，都和七土司境内完全一样，只不过字母的写法，稍有不同，通常称为上缅甸的

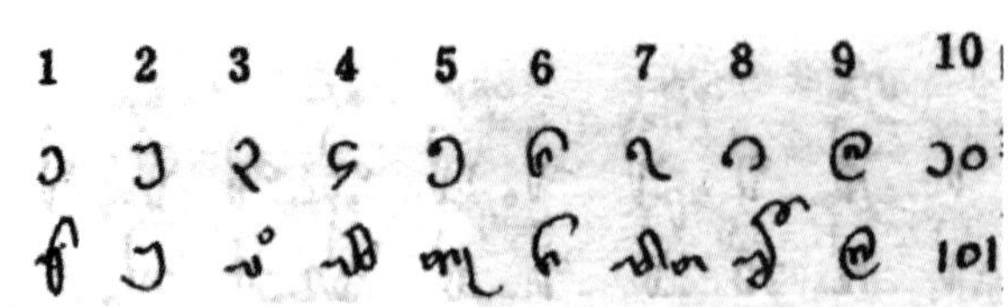

此比较表由江晓林录入

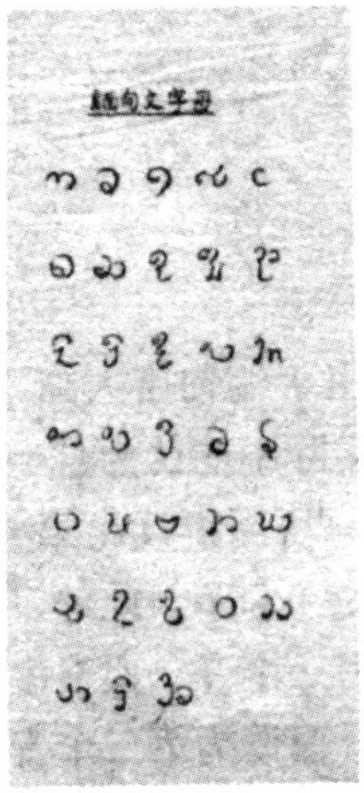

江应樑者原稿所附缅傣文字母

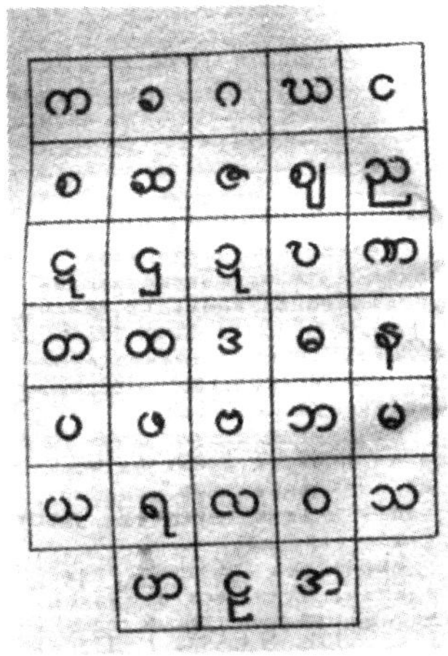

缅傣文字母表（此缅傣文印刷体字母表为江晓林录入）

摆夷字母。〔1〕

其形状如下：

若把三种字母——七土司境内的摆夷字母、上缅甸摆夷字母、缅甸字母三者对看，可以武断地下这样一个结论：摆夷字母是取缅甸字母而改造的，第一步由缅甸的字母演变为上缅甸摆夷字母，第二步始变为七土司境内的摆夷字母。试根据形象及读音方面，从缅甸三十三个字母中，找出摆夷十九个字母的来历，作为下表：

三种字母比较表（此表由原稿中扫描得出）

三種字母比較表
kakie ka
xaxwi xa
tsa
sa
ja
ta
la
pa
ma
na
wa
tha
xa

从字母的形象及读音看，摆夷文出于缅甸字大概不成问题，但在拼音方法上，却不相同。缅甸文实际不能认为是一种严格的拼音文，因为两个缅甸字母不能合在一块而拼读出第三个音来，在缅甸文中，每一个字母便可单独成为一个字。此外，仅能以若干附加音符，加在每个字母上，读出另一个音，而发生另一个意义。唯摆夷字，则是可以两个字母拼合而读为第三个音的，或者用音符加在单独字母或两个字母

的拼音上，而转变其发音与意义；不过这种拼合所发出的音，并非音韵上自然的发音，而是成为一种特殊的读音。因为在实际上，摆夷十九个字母除了两个外，其他十七个都是已经拼合了的读音而非原韵 —— 母韵或子韵，所以，两个字母的拼合，往往后一个字母的子音，便转移附于一个字的原来的读音上，成为上一个字母的尾音。例如：

——sa＋ka 读作

——la＋p a 读作 lap

——ma＋na 读作 man

——ta＋wa 读作 taw

在此种互拼中所不能拼出的音，便采用附加音符，例如：

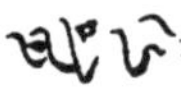—— 读为 mɛlai，意为“今天”，分拆之为：

（ma）加音符  写作 ，便读作 mɛ

（la）加音符  于右上角，写作 ，便读为 lai

这种拼音法，据我个人所认识的边疆文字中，却与西藏文的拼音法完全相同，西藏文的三十个字母，也正如摆夷文字那样无子韵与母韵而是已经拼合了的发音，两字母的拼音，也正是取后一字母的子音，加在前一字母上，而成为前一字母的尾音。例如：

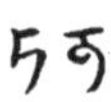——ta＋na 读作 tan

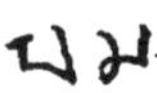——pa+ma 读作 pam

多个发音的拼合也完全一样，例如：

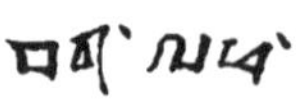 读 paglap，意为“饼”，分拆为：

（pa）与 （ga），拼为 pag

（le）与 （pa），拼为 lap

摆夷文的拼音，何以会受到西藏文的影响？这也有一个解说：西藏文是仿印度梵文而创制的，不论字母与拼音，皆受印度文的影响；摆夷文则由缅甸文而来，造字的最初途径是翻译佛经，或者，摆夷文的创制者，是一位兼通缅甸文与梵文的人，所以，摆夷文的拼音法，不与缅文同而与藏

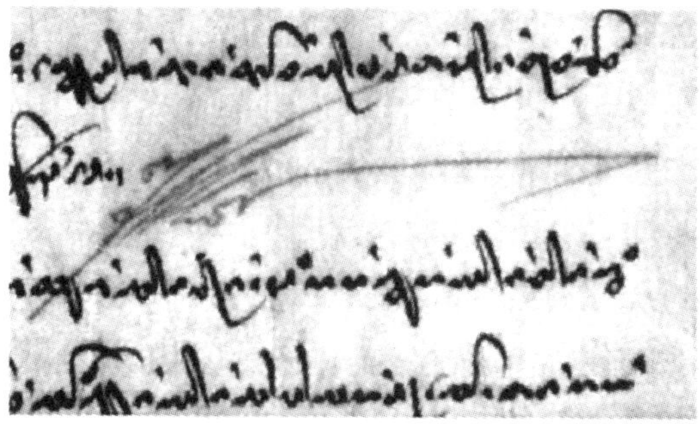

清道光间芒市土司在《芒市史》上的花体朱批

文同。摆夷文在民间的应用上有一个缺点，便是不能分平、上、去声，例如：

—— 即 （ma）加符号  于右上角，便读为 mieh（me），这一个字若读作阴平声，意思便是“母亲”；若读作上声，这意思是“妻子”；若读阳平，意思是“羊”。所以，单独一个字，是不能确定它的含义的，必须连贯上下文，才得明白。不久以前，干崖已故土司刀沛生曾创制新音符数个，用以点定一字之四声，一般人称之为“新字”。[2]唯此种新字，尚未普遍通行。

摆夷文写字的工具，在七土司境内，全用中国纸、笔、墨，诸物都是从汉地贩运去的。上缅甸境内，便用芦苇削尖为笔，以烟汁做墨，写在较硬的纸上（即西文纸）。[3]在耿马一带，则用刀刻在贝叶上，这便是有名的贝叶经。用中国文具写的字体，柔和近于行楷；用芦笔写的，刚健有如篆隶。在民间，虽也有一种被称为篆体的字体，如佛寺中对联上所常见者，但这不过将字母的写法变化花饰，甚至画作飞鸟鱼虫形，只能说是一种“广告体”或艺术化的字形。[4]

---

〔1〕今德宏傣族称之为“缅傣文”，瑞丽傣族则称之为“旧傣族”。

〔2〕刀安仁，字沛生。清同治十一年（1872 年）生于干崖土司家庭，光绪十七年（1891 年）袭职为干崖宣抚司署第二十三代土司。刀安仁曾西游印度，光绪三十年（1904 年）东渡日本留学，并参加同盟会。回国后在滇西积极开展革命活动，1911 年领导腾越起义，建立滇西国民军都督府，任第二都督。后被袁世凯囚禁几年，经孙中山、黄兴营救出狱，民国三年（1914 年）病逝于北京。刀安仁对改革土司政治、兴办地方实业、开发边区经济均有建树，他是傣族第一位留学生，而且还带了一批傣族青年男女一同去日本留学。他热心傣族文化，对傣族文字、诗歌、戏剧的发展作出了重要的贡献。文中说“刀沛生曾创制新音符数个，用以点定一字之四声，一般人称之为‘新字’。唯此种新字，尚未普遍通行。”新中国成立后，对傣那文改革的一个重要内容，就是为其制定了声调符号。由此可见刀安仁的远见卓识。

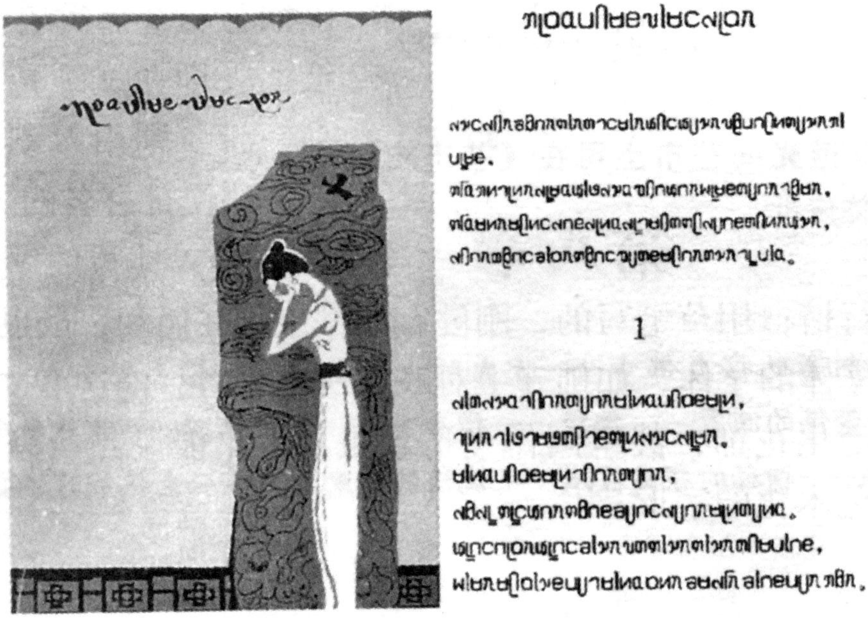

新中国成立后用新傣那文出版的傣族叙事长诗《娥并与桑洛》

〔3〕傣文书籍全靠手写的情况直到新中国成立后才有了改变，云南省内已有两家印刷出版傣文书籍的出版社，即云南民族出版社和德宏民族出版社。

〔4〕傣文中花体字由来已久，清道光间傣文手写本史书《芒市史》(《赫孟勐焕》)中，就有芒市土司的亲笔花体签字。

第八章　佛与魔

遍布村寨的摆夷佛寺—宏大的大金佛塔—摆夷信仰的一神佛教—摆夷崇佛的渊源—佛经—僧和尼—宗教派别—宗教集会—原始的信仰—神秘的摆夷区域—诡怪的邪魔故事—大佛爷的降魔术

芒市芒蚌寨灵峰寺

走入任何一个摆夷村寨中，在竹篱茅舍的原始建筑物之间，必有一座或数座雄大辉煌的建筑，那便是佛寺。夷语呼佛寺为tsuŋ，故夷区中人皆通称佛寺为“总房”，或作“冢房”。[1]小村寨中的佛寺，也有用竹建的茅屋，但高广宏大则远胜民居。至于大村寨中，那便完全是粉墙砖瓦，高大雄丽，屋顶为重叠的两层或三层，上小下大，俗称“孔明帽式”，谓是仿武侯所戴帽的形式而建筑的。屋脊的正中，有一瓔珞塔，塔身饰以金粉及黄铜镂刻的花样等，每当太阳斜照时，万道金光，灿烂空际；梁、柱、门、窗加以精致的雕刻粉饰，也悬挂汉字金匾。这类建筑的佛寺，多见于近汉境的土司地。近缅境和上缅甸一带的摆夷佛寺，建筑式样可又完全不同，外墙用厚木板，屋顶都用铅皮，盖作重叠相连的大平房。从平面上看，缅式的佛寺气魄较雄厚；从立体上看，汉式的佛寺辉煌灿烂得多。不论缅式或汉式佛寺，内部陈设都大体相同，集中点便在这一间阔朗的大殿。进殿后首先使人注意到的，是正中的一尊大佛像，像用一种白色光滑石，俗称缅玉的刻成，高二三丈。这种佛像都全从缅甸买来，[2]因为体积太大，两足，致于不便整个搬运，故一般都只奘房买一个头、两手，躯干四肢多用泥塑装金。大佛像的周围，又供奉着数十百尊小佛像，这些佛像都是人民买来施放在寺里的：有缅玉做的，有木刻饰金的，有高二三寸的，有高四五尺的，精美

瑞丽老城子（古平麓城）奘房（即文中所说“缅式佛寺”）江晓林摄于2000年

灵峰寺大殿佛像　摄于1937年

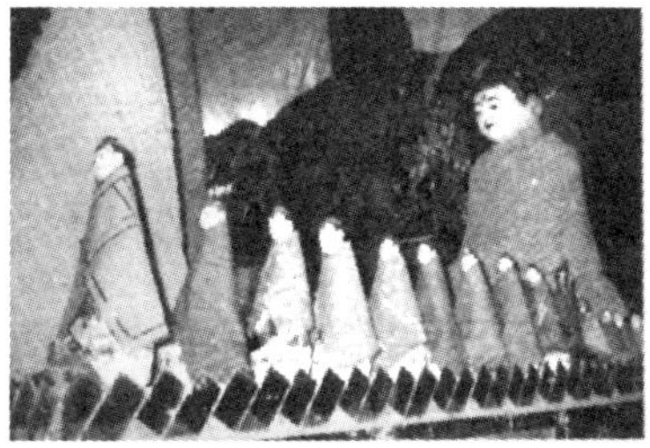

芒市风平广母奘房内信徒施放的佛像　江晓林摄于2001年

的每尊价可值百余卢比。大殿的四壁，挂满着布幅绘制的彩色画：或画佛像，或画佛经中的故事。我曾在某佛寺中见两幅壁画，长阔近三丈，画一本佛经中的整个故事，复杂而美丽，可以算是摆夷的宗教艺术。大殿的梁柱间，密密悬着佛幡与佛伞，佛幡是一种彩绣的对联，用绸缎制成，或绣夷字，或绣各种花纹，下面垂丝络珠璎；佛伞或者意思与汉地之万民颂德伞相同，但大小只如常伞，而制造则玲珑巧妙，或花团锦簇的刺绣，或静雅素洁的形式，各出心裁，可以说是摆夷人民一种极高的艺术制作。每一大佛寺中，悬有这样的佛幡佛伞数百件，故走进大殿，辉煌灿丽，令人目不暇接。从大殿门到佛座前，有三层台阶，均用竹或木铺作地板，缅甸境中则多是水泥地，光滑清洁。第一层台阶是任何人可入的；第二层台阶多铺着凉席或地毯，须脱鞋始能上；近佛座前的第三台阶，那是绝对禁止妇女上去的。在近佛座处，有一个高台，有如帝王的龙椅，这便是大和尚讲经说法的宝座。简陋些的佛寺，那便除此大殿外别无余屋，僧徒吃、住、游、休憩，都全在大殿中；较大的佛寺，也不过在殿后稍建一二间矮屋，作和尚的住室。殿侧隔出小房一间，作招待客人之用；招待室内，放置卧床，陈设着鸦片烟具，故此屋也是寺中长老休憩娱乐之所。

---

〔1〕傣语所称的〔tsuŋ〕，汉语现在一般写作“奘房”。

〔2〕直至今日，在德宏奘房中供奉的大小佛像依然是来自缅甸。笔者曾问过当地傣族人士：现在国内的佛像无论造型、工艺都很好，运输也方便得多，为何不从国内购买？他们都回答说：从缅甸“请”来的佛像才“灵”。这种观念从一定意义上也证明了德宏傣族信仰的南传佛教是自缅甸传入的。不仅傣族，汉族地区时对佛教、佛经亦称“请”，忌用“买”字，以示恭敬。

从建筑的所有权上说，夷地佛寺可分为三大类：

1. 地方公建：由一村寨或数村寨人民公共出资建造，除为全村人民宗教的公共集会外，同时也是全村子弟受教育的地方。[1]

2. 私人修建：有钱的人发大功德心，独自出资修建。这在一般民众是无力做到的，都是土司或土司的祖母、母亲，始有此财力。这种佛寺虽是私人修建，但也公开开放给人民礼佛集会。[2]

3. 司署特建：一般都称之为“官总”，为土司衙门所建筑，都建在司署的紧邻地。这种佛寺，都有着私人性和阶级性，平常百姓是不能自由到里面去敬佛的。除专给土司贵族礼佛外，且兼为土司一家之宗祠，凡含有历史性质的物件，都保存在这种“官总”中。[3]

---

〔1〕凡村寨中的佛寺，绝大多数都是这种性质修建起来的，过去村寨中男孩许多都爱到佛寺中当一个阶段的小和尚，在其中也要受教育学文化，故德宏部分地区也称学校为“奘”。

〔2〕傣族史料中也记录有土司或者其家眷私人出资修建佛寺、佛塔的情况。例如：遮放“奘坎”（金佛寺）就是遮放第十七代土司多立德“为报答神灵、菩萨和先宗的恩典”而出资修建的；芒市风平佛塔是1940年土司方克明的母亲修建的，她出资八千半开，不足部分由她的三儿子方克光和四儿子方克胜支付。（详见《遮放历代土司简史》《芒市末代土司方御龙自述》）

〔3〕这里的“总”与“冢”、“奘”皆为傣语“tsuŋ”的译音，即“佛寺”。康熙四年（1665年）所建的芒市五云寺就是芒市土司署的“官总”，原为放氏土司的家庙，寻常百姓不可入内拜佛。大致在民国十二年后，才向一般百姓开放。（详见笔者所撰《芒市五云寺匾考》，载《云南学术探索》1993年增刊）

夷地中最伟大的建筑尚不是佛寺而是佛寺以外的“大金佛塔”，塔用泥、砖与石砌成，中一主塔，高数十丈，周围有四个或六个小塔，塔基作多角形，每一方有一佛龛，中刻佛像，塔之中部是圆锥形，最上部则作螺旋形，外饰金箔，顶端装置黄铜铸成的各种瓔珞，四小塔之基，用大石刻成异兽形，建筑之伟大及雕刻之精美，令人叹绝！其式样大体受缅甸之大金塔影响，而雕刻则大有印度风味。建这样一座雄大的金塔，总得花数万现金或卢比，真想不到经济力量并不富裕的摆夷，却能以这样大的财力用在宗教上。听说金塔内部，常埋藏着各种宝物，如果是，则一塔之价，更不知值几何了。摆夷一般经济生活是很低的，从其简陋的住宅与朴素的生活上，已可见出夷村的贫穷。然而，差不多每一个大小村寨中，必有这样富丽堂皇的佛寺一所或多至三四所，每一土司境内，数十万金的大金塔总可以见到几个，从这表面的现象，已定使我们猜想得到，摆夷对于佛教的

遮放大金塔全景（该塔为当时芒市、遮放两土司境最大的一座佛塔，“文革”中被炸毁，此帧照片中可看出其雄伟之原貌）1937 年摄

瑞丽姐勒金塔（该塔原塔也于 1967 年 1 月被炸毁，此塔系改革开放之后由民间募资重建，1983 年 1 月竣工）江晓林摄于 1991 年

塔身佛龛中的佛像
江晓林摄于 2001 年

信仰是如何的普遍深刻，事实上正也如此。在这七土司区域内的摆夷，不论男女老幼，便没有一个不是佛教信徒。[1] 在夷地中，除佛教外，便没有其他宗教，——七土司境内虽也偶可看到观音庵、关帝庙、山神土地祠等，但这都是寄居夷地中的汉人所建造，摆夷是绝不到这类神庙中去的。[2] 从佛寺中所供的佛像上看，又知夷地之佛教，[3] 与汉地之佛教显有不同：[4] 汉人的佛教是多神的，而摆夷的佛教则是一神的，除大佛即释迦牟尼佛而外，没有菩萨、罗汉，更没有金刚、弥勒与韦陀。[5]

---

〔1〕据 1955 年底的调查数字，德宏全州共有奘房 631 座，大佛爷、二佛爷 203 人，小和尚 1828 人，尼姑 126 人。

〔2〕德宏地区傣族、德昂族和阿昌族普遍信仰南传上座部佛教。佛教大约在元、明之际由缅甸传入德宏地区，明代中期以后傣族民众普遍信奉。此前，傣族普遍崇信鬼魔神灵这样一种原始的自然宗教。佛教的普及使原始宗教处于绝对的劣势，但并未使原始宗教完全绝迹，直至近代，无论在傣族的思想意识深处或日常生活的禁忌中，仍然可以看到原始宗教的残余。

就整个德宏地区而言，基督教于 19 世纪末期传入德宏，主要在景颇族、傈僳族和山区部分汉族中传播；天主教于 20 世纪 30 年代传入，信众也集中在景颇族和傈僳族中；伊斯兰教为当地回族所信奉。

〔3〕所谓“夷地之佛教”是指傣族信奉的上座部佛教。上座部佛教，或称小乘佛教。上座部，梵文 Arya-sthaVira-nikya（阿离耶悉他陛攞尼迦耶）的意译。古印度佛教的根本部派之一，主张自我解脱，自利或自度，坚持“四谛”。释迦牟尼逝世百余年后（即公元前四世纪时），佛教中因不同主张而出现教派分离，上座部被对方（大众部）贬称为“小乘”，小乘，梵语 Hina-yana（希那衍那）的意译。上座部佛教主要流传于东南亚各国和我国云南傣族聚居区。因为傣族信仰的这个教派是从印度、缅甸传入傣族地区，只使用巴利文佛经，故又称为南传佛教，全称即“南传上座部佛教”。

〔4〕所谓“汉地之佛教”是指汉族居住区域内的佛教教派，即“大乘佛教”中之“汉传佛教”。汉传佛教使用汉文佛经（近代以来日本已把部分汉译佛典译为日文），主要流传于中国汉族地区及韩国、日本、越南等国，与大小乘兼学、显密双修、见行并重、以藏文藏语传播的“藏传佛教”合称为“北传佛教”，与“南传佛教”相对应。大乘，梵文 Mahayana（摩诃衍那）的意译，公元一、二世纪，由佛教大众部的一些支派演变而成，强调众生皆可成佛，以自利利他并重，自称“大乘”，现代学者使用大小乘概念时，已无褒贬抑扬之义。

〔5〕这是由南传佛教的教义所决定的。其教义较多地保持了原始佛教精神，只尊崇释迦牟尼为唯一教主，不承认释迦之外还有其他诸佛、菩萨的存在。

摆夷之信奉佛教，渊源很早，从本书首章中所引《南诏野史》载南诏大蒙古国兴起的故事，已可见出南诏与佛教已有了很深切的关系；再从今日大理境内存留的许多南诏佛教遗迹——如佛塔及佛寺废基等看来，便可知南诏官民是普遍信仰佛教的。惟今日腾龙沿边摆夷所信仰的佛教，恐不是承南诏佛教之遗脉而是另有其来历的。南诏佛教的传入路线大概有两条：一是由中国内地传入，一是由印度经吐蕃而传入。大概由前一条道路传入的分子恐更多，所以南诏的佛教可以说与中国佛教是一脉，即是多神佛教，这只需看大理境内尚存着的南诏所铸的“雨铜观音”及浮屠的建筑式样，皆可明白。今日摆夷信仰的一神佛教，则完全是由缅甸、暹罗传入的。〔1〕《图书集成·职方典·云南土司部》载：“八百大甸军民宣慰使司，而其人事佛敬僧，亦同缅甸。”从一神与多神这一点上，固然已可据以说明摆夷佛教与缅甸、暹罗佛教的关系，若再从佛经的内容上加以考察，则这种情形便更易明白。而摆夷佛经都用摆夷文写出，不成册成卷，用美丽的锦缎花绣装帧封面，内容大体可以分为两部分：一种是有音无义的，可专供和尚诵用，和尚们虽能背诵如流，人民们虽也能照字读出，但却不能解释其意义，这显然是一种音译的佛经。第一步梵文佛经输入缅甸而成缅甸文的音译本，第二步再用摆夷文从缅甸文中译出。另一种有意义的经典，供信仰的人民阅读的。实际这并非佛经而是许多佛教的故事，这也便是过去摆夷民间的智识宝库，很值得注意。这种故事的佛经，大体上又可分为两类：一类是关于佛本身的故事，如佛的家庭，佛的降生，佛的出家，佛的修道，佛的证果等，这与我们在汉文佛经中所见的无大差异；[2]另一类是信佛人的故事，叙述的都是某人崇信佛教，虽遭遇危难，但终得善报；某人毁佛谤僧，虽显赫一时，但终遭逢恶果；这是充分有着民间色彩的文化。这类故事虽结构粗率，但有长至数十万言的长篇。作者在芒市佛寺中得到一卷佛经，由大和尚译其大意告我，知道内容是讲述这样的一个故事：有两夫妇，打柴为生，虔信佛教。夫妻入山取柴，见山中一座大金佛塔倒毁了，夫妇便立愿要修复这佛塔，每天将收入的金钱积蓄起来，又尽力地去募化。一日，夫妇募得金钗两支，大为喜悦，樵夫便持钗到一家相识的首饰店中去兑换，店中女主人见到金钗，起下恶意，入厨做下两个饼，一黑一白，黑饼中放下毒药，端出来款待樵夫，而将白饼给自己的丈夫吃。丈夫见黑饼待客不很雅观，便自吃黑饼而用白饼待樵夫，吃后丈夫中毒而死，女主人便指说樵夫谋害，送入官牢中。樵夫的妻子和母亲知道这事，便赶到官中去探望，但不知路途，中途婆媳走散了，樵妻寻觅婆婆不得，茫茫走入山中，倦卧地上，梦见佛现身来指点说：自此向某方行若干里地，有一位将军正和敌人交战不胜，现赐你铜鼓一面，可持往见将军，待其正交战时，击动铜鼓，可胜敌人，然后便可夫妻婆媳团聚。樵妻醒来时，果见身旁有铜鼓一面，于是持鼓依方向走去，见到某将军，依言战胜了敌人。将军带樵妻去见国王，国王问所欲，樵妻便将丈夫被冤下狱及婆媳走失的事告知

闻名遐迩的芒市树包塔（此塔于清嘉庆年间由芒市土司所建。后来塔身上长出一棵大青树，青树一年年长大，逐渐将整个塔身包住，遂成此奇观）
江晓林摄于1991年

国王。国王立刻下令狱中放出樵夫，又寻到了樵母，一家团聚。国王又资助他们修建佛塔所需用的金钱，于是母子夫妻回到家中，招工建塔，塔成之日，四方善男信女，齐来参拜，大称我佛功德无量。这故事在夷地流传极广，佛寺中有这故事的大套壁画。像这类故事，其中没有汉地历史背景，反之，则处处表现出边民的生活实象，由此可知摆夷佛教与中国内地流行的佛教没有什么关系。[3]

---

〔1〕基于当时家父把南诏认为是摆夷建立的国家，所以追溯傣族信仰佛教的渊源，自然从最早的南诏时说起，所举为例证的，也皆是大理南诏时期的史迹。但家父也发现一个问题：南诏所信奉的大乘佛教与傣族所信仰的上座部佛教是佛教中泾渭分明的两个不同的流派，家父尚不能明白地解释为何南诏时期与现在傣族所信奉的佛教派别不同，但他明确地指出："今日摆夷信仰的一神佛教，则完全是由缅甸、暹罗而传入的。"

〔2〕家父对汉文佛经十分熟悉，自小学起一直到云南省立第一师范学校毕业，家父除完成学校的功课外，还须背诵诸如《四十二章经》、《华严经》、《指月录》、《高僧传》等佛教典籍。这里一句"这与我们在汉文佛经中所见的无大差异"，绝非泛泛之言。

〔3〕明代史料中有四条谈到今德宏地区佛教的情况：一、钱古训《百夷传》："其俗，……不奉佛，亦无僧道。"二、李思聪《百夷传》："民家无祀先奉佛者"。三、《明史·云南土司传》"麓川"条："初，平缅俗不好佛，有僧至自云南，善为因果报应之说，伦发信之。"四、《万历野获编》卷三十"夷酋好佛致祸"条："麓川本名平缅宣慰使司，其俗无不喜佛教，自是有僧自云南来，为因果报应之说，思任发之父伦发者信向之。"这四则史料似乎相互抵牾：钱、李说明洪武时摆夷不信奉佛教；《明史》说佛教那时开始由缅甸传入；《万历野获编》说那时佛教由内地传入。笔者以为它们并无根本矛盾：《明史》和《万历野获编》都明确说明佛教是明初传入今德宏地方的，起初是以思伦发为代表的上层集体接受了它，我们认为其记载是可信的。由于佛教刚刚传入，尚未普及到民间，所以钱、李二人在当地短暂逗留并不一定观察到

芒市菩提寺住持静修大佛爷（静修脚上的"夹趾拖鞋"也是百越民族特有的款式，它起源很早，宋代周去非《岭外代答》中就有记述。至今傣族仍普遍穿这种拖鞋）摄于1937年

这一刚萌发的现象。李思聪“民家无祀先奉佛者”这句话很值得玩味：此处言“民家”不是族称而是“官家”之对指，那可以理解为民间尚无信佛的现象，特别指出“民家无”，这言下之意是否讲“官家”中有此现象？至于佛教是由缅甸传入还是由内地传入，只需观察一下傣族信奉上座部佛教的情况，就不难得出结论，我以为《万历野获编》为误记或笔误。

佛寺的主人是僧侣，僧侣有特别的装束：秃头、赤足、不穿外衣，用一张大黄布裹在身上，右臂裸露，故俗称为“黄和尚”；尼姑则披白布，故称“白尼姑”。[1]僧侣有着严格的等级：

1. 小和尚——初送入寺为僧的小孩，仍穿俗人衣，戴一顶黄布僧帽，俗呼“小和尚”。摆夷送子女入佛寺为僧的原因有三：

A. 父母早死，失怙养；

B. 父母家贫，无钱养活；

C. 命中算定应做和尚。

小和尚在寺庙里除做点轻微的洒扫工作外，主要的事是学习夷文，但大多时间都是嬉笑玩耍，生活是很自由的。

2. 和尚——做了小和尚若干年后，学会了夷文，并能记诵经典时，便可求“大佛爷”的许可，升为“和尚”，脱出俗衣，改披黄布。这才正式成为社会中的僧侣阶级。

3. 佛爷——从和尚再升一级，便是“二佛爷”，这相当于佛寺中的副住持，长老的助手。有些地方，二佛爷之下，尚有“三佛爷”一个阶级，和尚须初升三佛爷，始再升为二佛爷。

4. 大佛爷——这是僧侣阶级中最高的一个等级，每一佛寺或每一宗派的大集团中，有

芒市风平广母奘房（该奘房建于清代，“文革”中被毁，1988年重建，现为芒市地区最大的尼姑庵）

江晓林摄于2001年

广母奘房的女尼们（过去尼姑穿白色僧服，和尚着黄色僧服，因此有“黄和尚”“白尼姑”之说；现在女尼的僧服为粉红色，左肩上斜披一条黄带）

江晓林摄于2001年

“大佛爷”一人，实际该寺或该集团的长老，由二佛爷升任。做大佛爷须具备如下的资格：

A. 修行高深，信仰坚定，得一般人民的信仰；

B. 经典熟悉，且有特殊了解；

C. 富有办事经验和能力；

D. 进寺之年代最先。

做了大佛爷，不仅掌握一寺的大权，且在社会地位上，可以和土司贵族阶级平肩。夷语称大佛爷为 kietsau，有“主子”、“领袖”的意思。据说昔日大佛爷的身份很高，土司对之均必为礼，现此俗已渐不存在。土司与大佛爷，在宗教上居于对等的地位；在政治上，大佛爷仍是土司的下属。

升任大佛爷，是做和尚的生平一大庆典，这时，这位新任大佛爷需换穿俗人的长袍马褂，身上手上满戴着妇女的装饰物如手镯、戒指、项链等（诸物都从民间或土司处借来），并特用竹制一顶冲天冠，用金银色纸糊上面，戴在头上，任人礼拜叩贺，这样继续七天。在此七天内，可以任情吃喝，任情嬉笑，且可走入民家，与妇女嬉戏。这种风俗，据说也是根据佛经而来：相传释迦成佛之日，其父王要强迫他回宫还俗，佛允许回宫七日，在这七日中，仍穿旧日太子服，与嫔妃宴乐，七日之后，便永不再为俗人。今日大佛爷升任时着俗装嬉戏，来源便本于此。昔在缅甸境内，得真的向宫里借太子衣服、头盔、金盔，穿戴七日。现夷地苦不能得此，便只好用俗人的袍褂代太子装，而以纸盔代金盔，穿着起来，就未免近于滑稽了。

寺院中的一般戒律，也和汉地相仿佛，如不娶妻，不饮酒，不杀生，不欺诳，不贪取，不偷盗，都是一般必守的戒律，唯有数项与汉地僧侣不相同的规制：

1. 不忌荤腥，可以吃任何肉类，唯不能自己杀生，须买他人已杀死的来吃。〔2〕

2. 不戒烟，可以公开的吸鸦片烟。

3. 不受戒，无戒牒，顶上不须烧香痕。

4. 可以随时还俗，只需得大佛爷的许可。

5. 午后禁食——此即汉地所谓的“午戒”或“忌午”。每天只能在天亮到正午的一段时期中进食，从正午到次晨天亮之一大段时间中，都不得进食。所禁之食系指用牙齿嚼食之物而言，若水、牛乳、烟等，不在禁列。但这一禁条，除重大的宗教法事时外，常年戒午的，只有地位较高、年纪较大的大佛爷始遵行。芒市大佛爷静修，午戒已行之十余年，据他自言，初实行时颇觉不惯，但近年来已完全习惯。每天只在上午十一时以前吃一餐，可进饭十碗，此后只是于夜间进牛奶一杯。其体肥硕，精神也极旺盛，曾三至仰光、阿瓦城朝佛塔。〔3〕日夜无事，便吸鸦片烟消遣。作者和他盘桓的时候最多，本章的资料，大半是从他鸦片烟灯旁听取来的。

---

〔1〕在20世纪60年代前，芒市地区尼姑最集中的奘房是芒杏寨（属潞西县城郊乡）奘房。“文革”中，芒杏女尼或被迫还俗，或逃往缅甸，整个德宏已无尼姑存在。“文革”结束后尼姑始逐渐恢复。风平广母奘房是目前芒市尼姑最多的南传佛教寺院，现有女尼五名。现在德宏女子出家为尼的已十分罕见，尼姑的来源大致有二：一是多年出家的老尼在“文革”中逃往缅甸，于80年代后又重新回到国内；二是来自缅甸的年轻尼姑（这些年轻尼姑国籍属于缅籍，而族属则是傣族、德昂族、佤族等跨境而居的民族，在语言、习俗诸方面与国内同族并无大的差异）。据2001年2月5日笔者在广母奘房调查，该寺五名女尼情况如下：1. 麻贡，现年80岁，傣族，芒市提拉寨人。25岁到芒杏出家为尼，“文革”中逃到缅甸眉苗担然寺，1988年，风平广母奘房重建，回国到该寺任住持。问其1946年出家的原因，她说其母及姨母笃信佛教，自己从小深受影响，矢志佛门。她的母亲和姨母在“文革”中逃到缅甸后，即出家为尼。2. 多宾拉，现年54岁，德昂族，芒市德昂族山官之女。9岁时在缅甸眉苗出家为尼，1988年后回国，到风平广母奘房。3. 雅嘎丽，现年42岁，缅甸德昂族。11岁时在缅甸眉苗出家，近年来到广母奘房。4. 玛拉妲，现年20岁，缅甸傣族。11岁在缅甸眉苗出家为尼，近年来到广母奘房。5. 麻由拔桑蒂，现年19岁，缅甸佤族。16岁时在缅甸眉苗出家，最近到广母奘房。从广母奘房现在尼姑的情况，可知：1. 中国籍的尼姑都是“文革”前、甚至是新中国成立前就出家为尼的，近年来德宏州内，不论傣族、德昂族或佤族都没有女青年出家为尼的；2. 缅甸尼姑到国内奘房为尼一事，似不应简单地看作国外宗教的渗透，这有三方面的原因；一是国内的尼姑大多年事已高，而各族年轻女子没有再出家的，尼庵内有需要后继者的需求；二是这些缅甸尼姑之所以到来，很大程度上是因为与当年到缅甸眉苗避难的老年尼姑有渊源；三是同一民族跨境而居，再加之同为“佛门中人”，国籍的概念颇为淡化。

广母奘房女尼们的生活规律为：每早八点起床，洗漱后即诵经礼佛；九点早餐，之后打扫奘房卫生；十二点午餐，餐后或在地里做一些轻微的农活，或到附近村寨做佛事，或在僧舍静修；晚六时至八时念经拜佛后即入睡。“忌午”是女尼们都遵守的规矩，午饭后直至次日方可进食，其间只能喝水和吃些水果。女尼们常年吃斋，不进腥荤。尼姑们余暇时在奘房四周的空地上栽种些菜蔬，以此补贴日常生活所需，目前，她们所吃的新鲜蔬菜已不必再花钱到市场购买。尼姑所穿的僧服是自己缝制的，笔者去调查的当天，见她们买回一台缝纫机。

尼姑们的生活来源靠附近村寨拜佛时所受捐的功德钱以及她们到村寨中做佛事所得的施舍。她们不能到任何娱乐场所参加任何娱乐活动，但可以到集市购物，亦可应邀去为百姓做佛事。阅读佛经故事，也算女尼们的一种娱乐。女尼们看病和年老死亡安葬时，所需的花费，全部由奘房承担。女尼中如有人要还俗，也是允许的。

女尼们不主动与外来的访客（包括女客）寒暄接谈，也不直接接受信士们的馈赠。此类事情由一位名叫俸起的男性傣族老人办理，俸起是广母寨人，七十余岁，每天白天来安排奘房的一些琐事。笔者到广母奘房时，带去的一点干鲜果品即是交给俸起老人，说明来意后，俸起再请尼姑们与笔者见面交谈，尼姑们招待笔者的茶水、水果、糕饼是尼姑们从自己的住所拿出来的，大约来客馈送的零食，事后再由俸起转交给女尼们。大约在半年前，芒市城内有几个傣族小姑娘利用假期到这座奘房生活了半月，学习傣文和傣族的传统文化以及待人接物之礼仪，送她们去的是当地的傣族妇女，开始接洽此事时，也是先找到俸起老人商量的。据了解，尼姑们日常所需的米、油、菜蔬等食品和柴火，皆由俸起从奘房的功德钱中取出购买后送来。倘若功德钱不敷支出，老人或与寨子中的村民商量，由他们捐赠些金钱或所需实物，或许由老人从自己家中拿供给女尼消费。老人每天来料理诸事是没有任何酬劳的，傣族民众认为，这是善事，是对佛教虔诚的表现。

笔者与众女尼合影于芒市风平广母塔前（右起第三人为广母奘房住持麻贡，左起第三人即颇让人怀疑之释千广）

江晓林摄于 2001 年

笔者在广母奘房，碰到一件很值得注意的“怪事”：调查快结束时，从外面走入两个尼姑，其中一人所穿僧服与其他尼姑不同，着一身淡蓝色僧袍，披黑色袈裟，一口流利的汉语，口齿伶俐，态度专横，言语张狂，一副颐指气使，指挥众尼的架势。她身上没有其他尼姑们那种宽宏厚道的气质，而更像一个商界的女强人或偶然走了红运的女艺人。一开始，笔者给弄得一头雾水，不知其来路。经交谈，方知她是芒市观音寺（系大乘佛教尼庵，此寺建成约十年左右）的尼姑。一个大乘派的僧人，到小乘派的寺院，是一个客人的身份，而不应如此跋扈，这让人不由得不生疑窦。笔者向她问及大乘与小乘的区别，她言称“天下僧人是一家”，而根本否认有什么不同。据她自己介绍，她法名释千广，云南龙陵汉族，现年31岁，19岁时到缅甸眉苗出家为尼。从时间上推算，她应当是1989年到缅甸出家为尼的，这时候，“文革”时不愿还俗而流亡缅甸的大批僧尼正纷纷回到国内，她为何逆向反而去缅甸出家？像这样莫名其妙到缅甸去，又莫名其妙回中国来，再莫名其妙到各寺院走动，发表些不伦不类的言论的“外国尼姑”，有关部门应当过问一下，了解其真实身份及背景，毕竟，缅甸境内“一贯道之”类的会道门活动一直很猖獗。

〔2〕1980年，笔者在西双版纳大勐笼一佛寺中见一年轻的佛爷，坐在躺椅上边吃百姓送来的猪肉，边督促小和尚们念经，这种情景在内地佛寺中是无法想象的。

〔3〕阿瓦城，即曼德勒，为缅甸第二大城。

从戒律的严谨与生活方式之不同，夷地中的佛教，又分为四大对立的宗派：

一、摆　总

这是四派中最通俗的一派，因其通俗，所以信仰的人也就最多。这一派的特点是：

1. 僧侣在生活享受上，可以尽量地企求安适，如：天寒时可多披几张黄布或尽披黄呢；夜间睡眠可以用被褥；到远方去朝佛，可以乘车骑马。

2. 从大佛爷到小和尚，均可吸鸦片。

3. 寺庙都建筑在村寨中的热闹交通地。

4. 和尚可自由出寺门，可入民家为人诵经，可入民居与人民谈天。

5. 人民对和尚，就是对大佛爷，亦无严重礼仪，可以随便谈话，见大佛爷时不必叩头。

6. 对信仰此教的人民，只要照例供应了僧侣的饮食，便算尽了宗教义务，和尚不干涉信教人的私生活。

7. 可以自由入佛殿，不必脱鞋。

尤其是五、六两条的关系，今日的摆夷便大多是此派的信徒，夷地村寨中的佛寺，也以此派为最多。〔1〕

二、润

教规与摆总略同，信仰的人没有摆总多，寺院也不多见。此派中一个特殊风俗：凡由和尚升佛爷时，必先逃往山中躲藏，由村中人分往山谷中寻觅，寻得时用树枝、花朵编成一轿，抬之而归，始择日举行升职礼。〔2〕

三、左　抵

这是四宗派中最有特殊色彩的一派，和尚有极严格的戒律，信教人也须受宗教上诸种限制，全派僧侣成一个特殊的组织集团。试略分述如下：

1. 左抵僧侣，除严守如上所述一般的法规戒律外，并绝对的禁吸鸦片烟与赌博。

2. 生活绝对苦行化——不许穿过多的衣服，夜卧不能用被褥，不能骑马与乘舆。

3. 寺中不畜鸡、猪、狗等物。

4. 绝对保持佛寺内之庄严清洁，牲畜不准入寺门，凡入大殿之人必脱鞋。

5. 僧侣非有特殊事故，不能出寺门一步，在任何情况下，均不能入民家。

6. 寺庙都建在离村寨较远的僻静之处。

7. 凡左抵派的和尚，都聚集成一大集团，由一个大佛爷统率，不固定住在一处，常常流动迁徙。

8. 人民入寺，须脱帽脱鞋，俯伏到大佛爷身前，替大佛爷捣腿捣脚之后，始能与大佛爷交谈。

9. 信仰这派的人民，须严格遵守下诸项禁条：

A. 绝对禁饮酒。

B. 禁杀生，家内不许畜养猪、鸡——但可食肉，唯须由他人杀死后用钱买来。

C. 禁打猎及捕鱼——甚至禁观他人打猎及捕鱼。

D. 禁售卖犯物——所谓犯物，系指足以用来致人于死的物件，例如：火柴可用来引火焚死人，刀可以杀人，绳索可以勒死人，棒可以打死人，都属于犯物之列，只可买来自用，不可用以转卖他人。

左抵派的起源，有一种极有趣味的传说：相传此前某一间佛寺中，有一个青年和尚，性喜渔色，每天夜里都到民间和妇女混缠。某夜，走入一民家，奸淫了一个很美丽的少妇名叫“左”的，左深不以这和尚的行为为然，次晨便到寺中去求见大佛爷，告知这青年和尚昨夜的所为，大佛爷问她能指证吗？左答可以的，早间离开时，曾暗以指涂黑烟点于其右肩上。大佛爷召集全寺和尚，裸臂以验，果见着青年和尚肩上的黑指印，大佛爷立即逐之出寺。青年和尚被逐，心中大悔，便逃到深山中，立心苦修，如是经过若干年。一日，一个崩龙（夷区中的另一种边民，亦信佛教，散居七土司的山中。）入山捕猎，见一和尚端坐悬崖上，野兽过其前而不加伤害，崩龙发弩射之，三箭不能中，大惊。原来崩龙弩箭射飞禽走兽，百发百中，今三箭射和尚不中，便奔回寨中，唤齐村人，到悬崖下叩请和尚入村传道。和尚与之约，倘能遵守我的教规，始允下山。诸人问教规为何？和尚便说出上述的诸条教规。崩龙一一愿遵守，和尚便入崩龙村寨中传教。故左抵一派，最初是盛行于崩龙族中的。后来信教的人多了，诸信徒便问和尚，这教可有教名？和尚一想，便告诉信徒这教名“左抵”吧：“因为我入山苦练的动机，是受了妇人左用手在肩上点以黑印之故，教名左抵，便是纪念创教的一个灵机。”〔3〕

左抵传教最特殊处，便是无固定的住址，而是一个流动的大集团。其他各派，均各有若干寺院，每个寺有一个大佛爷，统率着若干和尚，世代住居该寺中，同一派中的和尚或大佛爷，互无联络。唯左抵，今日全夷区中只有一个大佛爷，凡这一派的和尚，都归集到这一大佛爷率领下的流动集团中来，每到一个村寨，便全体住下来，住些时，便又离开这村寨，抛弃了寺宇另流动到他一村寨中去。现下聚集在这集团中的左抵和尚约百余人。

左抵教非常富有，原因是他只有一个集团，人民信仰他的，则分散在各地。例如他到了甲寨，甲寨的若干人家信仰他，便供给他的食用，等到离开甲寨而到乙寨，他的食用，自有乙寨信仰他的人来供给；但甲寨的信仰者，并不就停止了对他的供给，每年积了银子，探知这一游牧式的宗教集团的行踪，专人将钱送了去。现在左抵已移动到缅甸境内南坎附近的一个村寨中，而中国境内七土司地中凡信左抵之家，每年都有供奉的银子送到缅地。所以，这一个大集团便必然地富有起来了。凡左抵所到之村寨，不仅不必要人民供给食用，且对村寨中贫穷人家，都有周济。所以各地人民甚至土司，都多方派人迎请，希望左抵到他们村寨中落住。这并不是希望得到左抵的周济，而是这样一个大集团住下后，地方经济直接间接都能得到好处。

左抵住在一处，若要他迁时，也有一特别风俗：用一个火盆放在佛殿前，盆里插一枝村上人献佛的纸剪小幡，村寨中人见到，便知道和尚们准备走了。这时尚可前去挽留，若见收了火盆和纸幡，那是接受挽留的表示；若是不收，且由一枝幡而加为两枝幡，那是去向甚坚，那准备欢送便了。〔4〕

四、朵　列

朵列教条大概与左抵同，唯教规不如左抵之严。此宗派中又分为四小派：

1. 德干当派；
2. 密朱派；
3. 东比刺派；
4. 鄂瓦打派。

第一派教律最严，近于左抵，余三派较宽。〔5〕

---

〔1〕摆总，又写作“摆装”或“摆庄”。

据全国人大民族委员会云南调查组1955年的调查：“‘摆庄’：傣族人民大部分信仰‘摆庄’教。这一派的戒律较少，僧侣的生活讲究舒适，袈裟可以用毛呢制，睡觉可以盖被褥，出门可以乘车骑马，肉食不禁，并且可以吸烟，僧侣可以自由出寺，自由进入民家。群众见大佛爷，不必叩头，可以自由与他谈话。信鬼，村寨设有鬼房。”（见《德宏宗教情况》，载《德宏傣族社会历史调查·二》）

又：“摆庄教，上身着白色衬衫为内衣，黄袈裟，不禁烟酒，也可随便上街。”（见1958年云南民族盈江调查组《盈江县傣族的家庭、婚姻、丧葬和宗教迷信初步调查》，载《云南省傣族社会历史调查材料·德宏地区·八》）

又：“小乘佛教在潞西分为摆装、佐抵、朵列、润四大派。摆装和润的信徒较多，信徒约占傣族人口的百分之五十以上。”（郗保常著《潞西佛教史初探》，载《潞西县文史资料选辑》第二辑）

又：据1956年统计，潞西县共有奘房140座，其中摆总派的奘房有54座。1988年的统计，全县共有奘房113座，其中摆总派的奘房为47座。（参见潞西县委统战部《潞西县宗教基本情况》，载《潞西县文史资料选辑》第二辑）

〔2〕据全国人大民族委员会云南调查组1955年的调查:"'润'这一派与'摆庄'大致相同。但信仰这派的人很少。这派有个特殊习俗,就是和尚升佛爷时,他便逃往山中,让村寨群众分头去找,找回家后才举行升职礼。"(见《德宏宗教情况》,载《德宏傣族社会历史调查·二》)

又:据1956年统计,潞西县140座奘房中,属于润派的有36座。1988年统计,全县113座奘房中,属于润派的有30座。(参见潞西县委统战部《潞西县宗教基本情况》,载《潞西县文史资料选辑》第二辑)

〔3〕左抵,又写作"佐抵"、"左底"。

关于左抵派的来历,另有一说:"根据'左抵'教佛典帕拉马抵戛的记载,'左抵'佛名叫过达马,生于孟戛比拉哇地方,幼时家庭很富。后来,因见人类有生、老、病、死等患难,因而入山修行,修三十六年成佛,出山传道,行走时足离地尺许,村人见状奇异,迎入家中,过达马当即念诵佛经,村人记录其语言,成为现在的'左抵'佛经。过达马活了八十岁即死,他的徒弟到各地传教,便由缅甸传入我国边境,至今约三百多年。"(参看黄荣华等人《潞西县轩岗坝芒棒寨关于"左底"教派和做"帕戛"的情况·一九五四年》,载《德宏傣族社会历史调查·三》;罗大云等人《潞西县傣族宗教情况初步调查·一九五四年》,载《云南省德宏傣族景颇族自治州社会概况·傣族之二》)

〔4〕据全国人大民族委员会云南调查组1955年的调查:"'左抵':傣族人民信仰的较少,这一派与前面两派(林按:指'摆总'与'润')不同的地方是:①全部僧侣结成一个大集团,由一个大佛爷率领,过着全体一致的生活,并常常流动各地;②僧侣经常只披一件黄布袈裟,不穿衣服,睡觉不盖被褥,出门不乘车骑马;③僧侣不吸大烟;④寺内不喂养牲畜;⑤不信鬼;⑥寺庙建立在偏僻的地方;⑦僧侣不能自由出寺、自由进入民家;⑧群众见大佛爷,不许叩头,俯伏在他的身前,给他搓腿捏脚,然后才能与他谈话;⑨教徒也必须遵守不饮酒、不吸大烟、不养牲、见杀不吃、不信鬼、不卖'犯物'(指刀、绳、棍棒等可以致人死命的东西)等清规戒律。"(见《傣族宗教情况》,载《德宏傣族社会历史调查·二》)

又:"在《帕拉马底戛》这部经典中,记载着'左底'教派的许多戒律,其中主要的是:1.不准偷人;2.不准杀生,见杀不吃;3.不准喝酒;4.不准卖刀枪;5.不准调戏别人的妻子;6.不准欺哄别人。以上这些戒律,直到现在还在信奉'左底'教派的村寨中严格执行。""'左底'教派的佛爷……不分散于各寺庙,而是集中住居在一个地方,迁移也是集体行动,如遇各地信徒来请,可以派出一二人去参加。"(参看黄荣华等人《潞西县轩岗坝芒棒寨关于"左底"教派和做"帕戛"的情况·一九五四年》,载《德

宏傣族社会历史调查·三》)

又：据潞西县委统战部资料：1956年全县140座奘房中，属于左抵派的有17座。1988年全县113座奘房中，有10座是左抵派的。（参见潞西县委统战部《潞西县宗教基本情况》，载《潞西县文史资料选辑》第二辑）

〔5〕朵列，又写作“多列”。

据全国人大民族委员会云南调查组1955年的调查：“‘朵列’：与‘左抵’大致相同，传说是‘左抵’的支派。清规戒律没有‘左抵’那样严格。这后两教派（林按：指“左抵”和“朵列”）在人民中产生的影响甚大。”（见《傣族宗教情况》，载《德宏傣族社会历史调查·二》）

又：“在芒市坝还有一种‘多列’教派，它界乎‘左底’和‘歹勒’（林按：即摆总）之间，即是群众可以养猪、鸡，但是信徒中已经取得‘帕戛’称号的人就必须坚持不养不杀及见杀不吃等。对于小孩和青年人杀牲则不加以限制。”（参看黄荣华等人《潞西县轩岗坝芒棒寨关于“左底”教派和做“帕戛”的情况·一九五四年》，载《德宏傣族社会历史调查·三》）

又：“多列，群众中的影响最深，教徒见杀不吃，见活不吃，不养猪、鸡。”（见1958年云南民族盈江调查组《盈江县傣族的家庭、婚姻、丧葬和宗教迷信初步调查》，载《云南省傣族社会历史调查材料·德宏地区·八》）

又：据潞西县委统战部资料：1956年全县140座奘房中，朵列派的有33座。1988年全县113座奘房中，有26座是朵列派的。（参见潞西县委统战部《潞西县宗教基本情况》，载《潞西县文史资料选辑》第二辑）

在各司地中，大抵年老的人多信左抵或朵列，年轻的多信润或摆总，每个家庭中也不一定完全同信一派，常常父母信左抵而子女信摆总，有时，父母强迫子女信左抵，那做子女的在家便不敢喝酒，但出了家门又可开怀畅饮了。我常和几个青年土司和贵族在一道喝酒，他们都说喝醉了便不敢去见老太太，因为老太太不仅自己入左抵教派，且也要儿子跟着她信左抵。

佛教在夷地中，不仅支配了夷人的精神生活，且更和夷人的经济生活发生着密切的关系。伟大宏丽的佛寺及金塔的建筑，固然是用人民的金钱所积成，一寨子内的和尚、尼姑们经常的吃、用也完全由村寨中的人们供应。夷地中的佛寺，并不似汉地寺观之有固定产业以供开用，夷寺中和尚们的饭食，除“官总”系由土司署供应（其实也是取之于民）外，其余均由村寨中人家供办。例如某村有寺一所，村民共二十家，那寺中和尚的饭食，便由这二十家人轮流供办，皆按日做好了送去，所以寺中并不需要厨房。且因人民信佛极诚，凡送给和尚吃的，必是拣好的，有时不该供办之家，也额外地送点好菜去，故和尚的饮食，实较一般人民为丰盛。至于衣服及日常用品，那来源更为奇怪：和尚有拜干爹之俗，凡从小和尚升为和尚，或从和尚升为佛爷之时，便可寻村寨中或临近人家之富厚者拜为干爹娘，不限定一家，愈多愈好。拜定后，在升职之日，干爹娘自会邀集亲朋，代为购备需用的物品，如衣、被，以至肥皂、面巾等，从此每年干爹娘都负有常年供给此类用品之责。在升大佛爷时，更可大大的拜一次干爹，故每一个大佛爷升任之日，干爹娘送来的物件，莫不盈筐累箧。在平时，零星用物及糖果，是每日都有送来的。我住在芒市时，便常常喜欢到大佛爷静修那里去吃水果，原因是大佛爷戒午，早间又不适宜吃水果，所以干爹们送来的水果，与其留下给老鼠吃了，不如请我们大嚼为得计了。

由这种经常的供应，已可以见出人民对宗教的经济负担实不算少。而实际，人民在宗教上的花费最大的尚不是对僧侣衣食的经常供应，而是几种宗教集会中的花费。摆夷在平时是不到佛寺中烧香叩头的，他们敬佛的方式有两种：一是供给僧侣的衣食，另一是对佛的一种特别的贡献。供僧是每一个人应有的义务，似乎并没有什么大善果可言，要希图得佛爷的另眼相看，那必须在供僧以外作另种的表示。于是，对佛特殊敬献之事 便由此而兴。若干宗教集会，便是人民用金钱与赤心敬献于佛的表示，也便是每个摆夷经济上最大的浪费。夷地中较大的宗教集会有下面数种：

一、做　摆

夷语称为“pai p’la（pei pa ia）”，照语意解示，“p’a la（paia）”是佛，“pai（pci）”有“走往”的意思，大概夷人认为这种举动是一种成佛的准备。这在夷地中是每个摆夷都切望着能做到的一件大事。不论男女，只要积蓄得金钱，必然用来做摆，且简直可以说，要是不做摆，夷人便以为没有存蓄金钱的必要，且十个夷人总有五个为做摆而负债。我常和夷人们谈话，问他们何所苦，很多人回答是负债无法偿还；问他们为何要借债，那准有百分之九十回答你是“为做摆”。

“做摆”究竟有什么意思，能令夷人中之如狂？在夷人中，那认为意义真重大呢！

1. 做摆是供佛的一种最大功德，不做摆便不能算对佛表示了最大信心。

2. 做摆有如积蓄富禄金钱，生前做摆花去了的钱，死后便可如数收回应用，做了摆不仅自己死后可入天堂，父母亦可沾光同入天堂；故做摆是预为死后留余地。

3. 做摆后在现世便可取得一种光荣，凡做过摆的人，在名字之前，可加“pa ka”（帕戛）两个字，算是一种尊称。

因为如此，所以夷人如果想存钱，那便必为做摆，如果已存得二百卢比，那准得花四百做摆而负二百的债。

做摆的程序是这样的：

1. 向缅地购买佛像一尊或多尊，这佛像都是缅玉做成或木制饰金的，小的高数寸，大的高数尺，每尊价自数卢比至数百卢比不等。

2. 制备精美的佛幡及佛伞等物，幡、伞质料虽花钱不算多，而功夫可就很大，有一幡一伞之成，常费几个月的刺绣装饰功夫，钩心斗角，成为宗教艺术的竞赛品。

3. 用钱请人或和尚抄写经典，写好后用美丽的绸缎刺绣装帧。

4. 在家中另搭一间茅屋，将上述备好各物，供设在茅屋中，布置成一

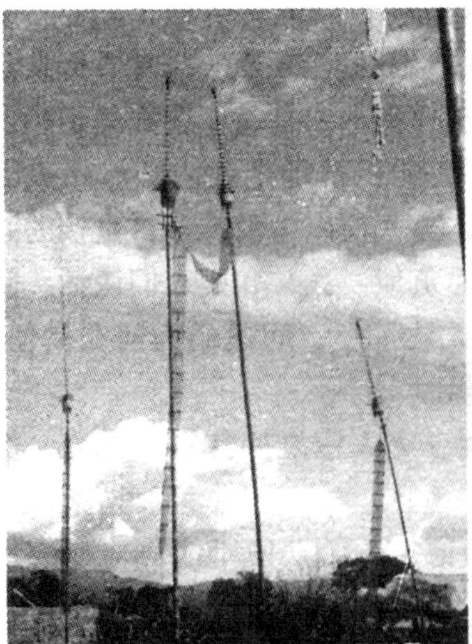

奘房外高悬着做摆供奉的佛幡　摄于 1937 年

江应樑收集的傣文佛经　摄于 1937 年

间小佛堂。

5. 请和尚来家念经——自己信哪个宗派，便请该宗派的和尚，唯左抵和尚依戒律不入民居，故左抵的信徒做摆，只能将上述各物送至寺中念经。

6. 杀牛屠猪，遍请亲友来家宴会。

7. 完结后，将佛像、经典诸物，全部送入寺中供奉。

做摆的时间长短不定，有仅做一日的，有连做数日的，这便全看个人财力而定。实际，购制佛像、佛经，延请和尚念经所花费的钱并不多，做摆最大的用费是宴请亲友。譬如说做三天摆，那在这三天内，不仅亲友，即全寨邻里，都全数请来家大吃大喝三天。在每年农事收获以后，便是做摆最热闹的时期，许多宗教仪式，也常借某人做摆的时机而举行，如送孩子入寺做小和尚，自小和尚升为和尚或和尚升佛爷等。

此外，又有一种叫作“做公摆”的，便是全村人或某一个小集团的人约齐了公做一摆，准备物及仪式与私人做摆全同，只是不在家中举行而须到佛寺中去办，也不遍请亲友，只参加做摆的本人及家属同到寺中宴聚。这本来是一种很经济的办法，但一般认为做公摆远不如私人做摆那样功果大，大概原因也就为着花钱太少吧？[1]

---

〔1〕据新中国成立之初的调查资料，新中国成立前私人做一次摆以取得“帕戛”名，要花半开一千至三千多元不等，如果以家父1937年、1938年到那里调查时的物价计算，每二箩谷子（约重 七 十斤）价值一个半开，每个短工每天可得谷一箩，即打工两天得谷折合一个半开，那样，如果做一次花费二千元半开的摆，要花去打短工四千天的所得，四千天就是整整十年多的时间。但短工不可能天天都有得打，所得的报酬亦不可能不吃不用的全部存蓄下来，这样一算，二千半开少说也是近二十年的积蓄。对于普通百姓而言，三四千半开简直就是一个天文数字。那时，做得起摆的人很少。如芒市的芒牙寨，全寨仅有三四个“帕戛”。大约20世纪30年代末期以后，“做公摆”的现象逐渐多了，以做公摆计算，做一个最高级别的帕戛（帕戛雷），每人需花费半开五十元，而取得级别较低帕戛名的，大约每人需支出半开二十五元。这样，成为“帕戛”的人比以前多多了。例如芒市芒棒寨，全寨人口438人，取得最高等级“帕戛雷”称号的有11人，取得次等“帕戛芒汉姆”称号的176人，取得“汤姆”称号（此称号较“帕戛”低，但高于一般信徒，类似于“准帕戛”）的有7人，三者共计194人，占全寨总人口的44.3%。（参看黄荣华等人《潞西县轩岗坝芒棒寨关于“左底”教派和做

“帕戛”的情况·一九五四年》，载《德宏傣族社会历史调查·三》)

二、进 洼

夷语叫作“xao wa（xau va）”，是一种短期集团的佛寺生活运动，在每年旧历六月中旬至九月中旬的整三个月内（日期依缅历推出[1]），为进洼时期，凡村寨中男子，年龄在四五十岁，自问已能做到清心寡欲的境界——这是须事先经过锻炼的，在起居饮食上，事事舍弃了自己的欲望。如吃饭，须做到任授予何物便吃何物，不会发生我想吃某味、我厌吃某味的欲念，然后，始可说已有了进洼的资格，便可依照进洼的时期，到佛寺里去做三个月短期的和尚。

进洼的方式是：

1. 每七日进寺一次，在寺中住宿两整夜一整天——即第一日下午进寺，当夜住寺，次日一整天一整夜住寺，第三日清晨出寺。

2. 进洼时期前后共三个月，故进洼人实际入寺共十二次，计二十四夜，十二整昼。

在佛寺里做如下诸事：

1. 跟随和尚起眠作息。

2. 戒午——每天天亮时进一餐，正午以前一餐，饭食都由自己家中送去，可以吃荤。

3. 日间听大佛爷讲经说法。

龙陵县某女校的校长赵君，曾在某土司署中任教读若干年，告我说：摆夷入洼时大佛爷对他们宣讲的佛经，不是通常诵念的佛经，而是一种特编的课本，听说是由先代土司编出，用以教诫人民，巩固土司治权的言论。在入洼期间，土司又派人到寺中宣读一种夷文写就的书本，书本中所言，都秘不使外人知道，经这位校长多方探询，始知所讲的是一种历史故事，历述先代土司如何得位，如何开辟本境，某时代汉官如何虐待边地人民，土司经过如何艰难困苦而有今日等。这类故事，土司是不愿使汉人知道的。我到司地中曾问之土司，他们果都否认没有这么回事。[2]

在十二次进洼圆满之日，全村男女，都到佛寺中去拜佛祝祷，忏悔一年中的罪恶，这算是佛寺中最热闹的一天，土司署照例把一张夷文布告贴到寺门前，老套子申述着两点：一对和尚——望严守清规，重道德，究佛经，度化众生；另一对人民——望诚心敬佛，供养和尚。

每年进洼、出洼之时，和尚也有点小收入，便是来的人都例须给和尚多少供养钱，一般都只给数角钱便行了。

---

〔1〕此说不确。傣族有自己的历法，称为“祖腊历”。现行的傣历纪元开始于公元638年，至今已有一千三百余年。进洼 的日期是依据傣历而定的，傣历的正月相当于农历的十月，农历正月时傣历已进入四月，故过春节又叫“金冷细”。进洼的日子从傣历九月十五日（又称“关门节”）开始到十二月十五日（又称“开门节”）结束，也就相当于农历的六月中旬至九月中旬。

〔2〕这种“夷文写就的书本”确实存在。笔者在芒市一位曾在土司衙门任职的老人处，见到一本成书于清代道光间的傣文手写本，书名《赫勐勐焕》，意为“芒市地方史”，此书扉页盖有芒市安抚司官印，书中还有土司朱批，讲述历代土司世系、土司袭位内幕、土司与汉官的矛盾、傣族与周边其他民族的纷争等内容。家父晚年时曾告我说：几乎所有傣族土司都有这类性质的书籍，一是记述历史，二是记录现在发生的事情，此外，对来到当地的各类汉族官员的所作所为，特别是劣迹，都有记录。这种文档一般存放在土司衙门或土司家的奘房中。“文革”中，家父所在学校对他1946年前后那七个半月在西双版纳的历史一直纠缠不休：说有问题，又说不出事实；说没有问题，又割舍不下。父亲请他们派人到西双版纳去查这种傣文记录，学校方面果然也曾派专案组的人去查寻。数月后，一位同情父亲遭遇的专案组成员曾悄悄对父亲讲，去的人“没有发现什么问题”。

今天我们看到的由傣文翻译的各土司家谱或土司地的历史，就是新中国成立后陆续被发现的这种记录。就德宏地区而言，已经翻译为汉文的有《芒市土司史》（方一龙译）、《遮放历代土司简史》（多明译）、《遮放地方史》（进孟译）、《库本勐宛》（俊孟译）、《刀思忠及其先祖史》（刀安禄译）等多种。这些史籍，绝大多数不署作者姓名，大概不是一人一时的著作，而是在历代史料的基础上整理补充而成的。从笔者接触的这类史料看，傣族土司“修史”大约始于清代中叶，明代及清早期的历史往往记述得极简略，大概是后来对早期口口相传的历史所追补的文字记录。

三、浴 佛

汉地的浴佛节是在每年的腊月初八，夷地则依缅历约在清明节前后。[1]到期，村中人先后往山上采来连枝带叶盛开的野花，聚集许多青年男女到佛寺中，用桶担来若干担清水，由佛殿中搬出一尊尊佛像，男女各用水浴佛。浴毕以水灌花，灌毕男女互相以水泼溅为戏。到遍体淋漓时，更相偕担桶游行街中，见人即以水倾泼，嬉笑有如中狂，过路之人，遇之莫不被淋。甚至使街中水流成渠，沟道皆盈。这样狂欢一整日，方始散归。这在夷地中，可以说是一个富有青春意味的男女狂欢日。住居夷地的汉人，过了这一天，就得匆匆地迁回汉地或转住山间。大家认为这一日后，平原中瘴毒开始暴发，外地人便不能留居。相沿成习，故此日之会，也便不啻是夷人对客卿的一种欢送礼。[2]

---

〔1〕即今日之泼水节。泼水节是傣历新年，傣历的岁首在傣历六月六日到七月六日之间，新年六月六日约当公历四月十五、十六日（清明之后十日）。泼水节连续过三四天，依傣历算，它包括头一年的除夕日，新旧年交替的一两天“空日”傣语称为“宛抱”和新年的元旦。

〔2〕对于泼水节的来历，现在广为流传的是一个传说：古代一个魔王荼毒百姓，被他霸占的七位女子决心为民除害，某日，趁魔王熟睡时砍下了他的头颅。孰料，魔王的头被砍下落地后便烈焰熊熊，七位女子只能一人抱住魔头不让它落地，其余六人提水泼向魔头的烈焰，久之，终于杀死了魔王，拯救了百姓。人民闻讯赶来，纷纷用清水洗涤七位女子身上的血污。之后，为纪念这几位女子，每年此日，民众泼水为庆，遂为节。实际上泼水节是起源于傣族的农耕之生产方式，傣族居住地区大致在亚热带，一年的气候分为旱季和雨季两季，依照傣历，每年的六月六日（大致为公历四月中旬）为岁首，此后，开始进入雨季，随着雨水的降临，农事活动也到来了。所以新年的泼水，既是旱季闲暇的结束，也是雨季劳作的开端。

浴佛前，须对佛亭中的佛像虔诚地跪拜

少女们争先恐后地提水浴佛

向龙身倾注清水，倾注祝福、希望

佛亭内的龙头和众佛像

人们相信浴佛后的水能使人眼目清明

在佛教传入后，雨季到来前夕的傣历新年，也意味着整个旱季各种礼佛活动结束前的最后一次盛会。在旧时，泼水节后，气候一日热胜一日，蚊虫滋生，疟疾（即所谓“瘴毒”）肆行，所以进入傣区的汉人纷纷在此前离去。

浴佛结束，傣族老妪在奘房纵情跳起“戛光”舞

今天，傣族的泼水节已成为闻名遐迩的傣族狂欢节，一般人只知其载歌载舞、泼水狂欢之一面，而不知其在傣族百姓心目中更为重要的宗教意味，这期间，甚至还保留有傣族原始宗教的祭祀鬼神的仪式。家父 1937 年、1938 年两度在腾龙沿边考察，均是旱季时进入该地，而雨季前离开，他未能亲睹泼水节的盛况。

（左）整理、清洗奘房的供品

（右）泼水节时在街头跳孔雀舞的傣族男青年

泼水节时，芒市街头载歌载舞的队伍皆由各村寨自行组织，美不胜收，争奇斗艳

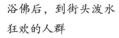

浴佛后，到街头泼水狂欢的人群

这组照片是笔者1991年泼水节期间在芒市五云寺、菩提寺及街头所摄，特以飨读者。

“浴佛”是傣族泼水节活动一项重要内容，届时，人们将奘房中的一尊尊佛像“请”出来，安放在佛亭中。浴佛前，要先在奘房的院中的佛亭旁架设木雕彩绘的巨龙，龙身高踞亭外，而龙头伸进佛亭后昂起，龙身中空成槽。人们手提盛满清水的盆、桶，登上龙身两侧用龙竹搭架的台阶，将清水注入龙身，清澈的水流从龙身直奔龙头，仰起的龙口上方有一个喷淋装置，能在水流的冲击下旋转并喷珠溅玉。佛亭的地面铺上凉席，围绕龙头再铺设一圈傣锦，“请”出的尊尊佛像置锦垫上，承接着龙口水流的喷洒，此即“浴佛”。浴佛活动进行一天，清晨，善男信女们对佛像叩拜后将佛“请出”，日暮前再将浴后的佛像“请回”，跪拜后置之原位。

在泼水节期间，人们也到城南大青树下点燃香烛，祝祷鬼神，这是佛教传入前，傣族信奉“万物有灵”的原始宗教之遗韵

四、跳　摆

如果说，进洼是夷人年老者的宗教节日，浴佛是青年男女的狂欢节，那跳摆可以说是中年人的游乐节，这在旧历二月初八日进行。这一天，村寨中的男子，各备极丰盛的菜蔬食物，陈列在佛前，叩头诉祷。毕，便各将携来物合置院内，举行聚餐。有四个中年男子，一人手持链锣，一人持小钵，一人持大锣，一人背一特殊乐器名叫象脚鼓（形状见本书第九章），敲打跳舞，跳完后痛饮而散。

五、拉大佛爷

这是一种和尚的葬礼，夷地僧侣死后的处置，也与俗异，不用土葬而用火葬。火葬时不举行任何仪式，惟大佛爷的火葬，除了枉死（自杀或被杀）者外，都一律须先举行拉尸的盛大典礼：

1. 先将大佛爷的尸体，用薄棺盛殓，停放在佛寺大殿中。

2. 由阖寨父老及寺僧，决定一个焚化日期，通知远近各村寨。

3. 焚化前，将棺木放在一个高三四尺的木架上，木架的四角上装上小

拉大佛爷（这与其说是葬礼，不如说是群众性的竞技游戏）
江晓林摄于1986年

木轮，四角系粗麻索，索各长一二丈，这四条麻索不能由本寨人自备，而须由邻寨人送来。

4. 把棺及木架放广场上，清晨，本寨及附近村寨中的男女，都群聚场中。本寨男女，集于棺之一面，各握着架上之麻绳；他寨男女，则群聚另一面。一声号令，两面拼命拉夺，在广场中演出一幕激烈的尸棺争夺战。

和尚坟

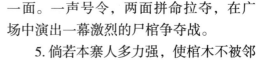

5. 倘若本寨人多力强，使棺木不被邻寨夺去，邻寨自甘屈服，那就万事皆休，即可举行火化；倘棺被邻寨夺走，拉至数里或更远的地方去藏起来，用绳索将棺架紧缠在树上，这时，本寨人必须备果点，到邻寨去求和，邻寨人始同到藏棺的林中，将棺一同拉回，在万人围绕中，举行火化。

6. 焚后由灰烬中捡出尸骨，装在一瓦坛中，然后埋葬。

这种盛会，不知何所起源。今日，却已与浴佛节同样地成为青年男女的狂欢日了。当争夺战展开时，男女互相挤拥，呼嚣狂笑，可谓放诞于形骸之外，青年们认为是接近异性的一大好机会。

林按：今日，在德宏傣族中，送男孩子当小和尚的风气已式微，正规的学校教育已经成为孩子们几乎唯一的选择。但佛教的影响仍很深地介入于傣族民众的日常生活中。倘在平日，似乎还不那么明显，遇到诸如婚丧嫁娶等大事，佛教的影响就凸现出来了。例如：家中有人去世，在向亲友报丧之前，首先要到奘房请佛爷来念经。一旦有人来请，奘房的和尚即敲击着铓锣登门为死者诵经，超度亡灵。村寨中的人们一旦听到铓锣声，自然就知道有人辞世了。这种风俗至今仍保有，以至于“敲锉”一词在傣族地区成为“死亡”的隐语。再如：家中的女儿出嫁时，要请佛爷来家里诵经，为新娘祈福。佛爷在屋内为新人祷祝时，姑娘的家人、亲友都群聚屋外，虔诚地合十跪拜，聆听佛爷诵祷。经过了这个仪式，新郎方可将新娘接出女家。

佛爷登门为新嫁娘祈福

佛爷诵经时，诸亲友在屋外跪拜聆听

江晓林摄于芒市

佛教信仰之普遍于摆夷区域中，至此已可见其大概，这可以就代表了摆夷的宗教信仰了吗？但却又不然。佛教不是摆夷自己的宗教，当佛教未传入并普及信仰以前，摆夷自应有其原始的信仰。待佛教传入后，这种原始的信仰始渐渐被掩蔽，不过，却并未被消灭。今日，仍有若干的原始信仰遗留民间让我们搜集得到的。且这种残留的原始信仰，对摆夷精神生活支配力量之大，却并不见得弱于佛教。

《滇系·属夷系》及《志蛮》两书均载：“摆夷，能为鬼魅，以一帚系衣后，即变形为象、马、猪、羊、犬、猫，立通衢或置冲道，行人稍畏避，即为所魅，入腹中食其五脏，易之以土。有人言：曾卧病，医无效，祷于大士，梦好女子于其肋下出一小鬼，渐成老人，女子叱之，乃去，病随已。知者遇前物，以一手提之，一手挺拳痛捶之，必还复为人，夺其帚而縻之，哀求以家资之半丐脱。食中多置毒药，中之必不治。估客娶夷女，欲出，必问还期，或一二年，或三四年，女即以毒饵之，如期还，更以药解救，亦无他；若不尔，必毒发而死。其所许还期，即死日也。其毒或以牛皮，或以石臼，随物咒而用之，至期如物形，胀而死。与外人交易，偿约失信，及私窥其妻女者，亦如之。信实朴厚者，累出入亦无伤。”[1]又，《腾越州志》载：“夷人有号曰‘仆食’者，不论男女，至老则变异形，若犬，若骡，若豕，于人坟前拜之，其尸即出，为彼所食。盖出佰夷一种焉。”明·杨升庵《滇载记》亦载：“百夷，家畜一拨厮鬼，无形而善噬人魂，中者越宿死，死则百夷取其尸为醢。鬼畏犬，闻犬声则远遁不返。”[2]

---

〔1〕《滇系》，清师范撰。《志蛮》，指《滇海虞衡志》卷十二《志蛮》，系清檀萃所撰。此二书所载，皆引自明刘文徵撰天启《滇志》卷 三十《羁縻志第十二·种人》之“僰夷”条。

〔2〕查《滇载记》无此条，出处恐有误。该文引自何处，待考。

巫蛊之说，不惟限于傣族，也不惟囿于中国少数民族，在世界各民族中都具有普遍性，它是人类发展到一定时期，人们对疾病、生命、命运、灵魂等一系列问题的探索和解释，是一种文化的、历史的现象。我国古籍中，无论是所谓“正史”抑或野史、随笔、游记中，对此均有不少记载。晋干宝《搜神记》卷十二：“汉光武中平中，有物处于江水，其名曰‘蜮’，一曰‘短狐’，能含沙射人，所中者，则身体筋急，头痛发热，剧者至死。江人以术方抑之，则得沙石于肉中。《诗》所谓‘为鬼为蜮，则不可测’也，今俗谓之‘溪毒’。先儒以为男女同川而浴，淫女为主，乱气所生也。”成语“含沙射影”即由此而来，陶潜《续搜神记》所载一则，内容更接近于谣传中傣族的蛊术：“剡县有一家事蛊，人啖其食饮，无不吐血死。……主人下食，……一双蜈蚣长丈余，于盘中走出。”

至明、清两代，诸如此类谣传屡见之于记述西南民族的著述中，而以傣族为最。姑摘录数则于下：明朱孟震《西南夷风土记》：“邪术：三宣有曰‘卜思鬼’（林按：即下文之“仆食”），妇人习之，夜化为猫犬，窃入人家，遇有病者，或舐其手足，或嗅其口鼻，则摄其肉唾于水中，化为水虾，取而货之。蛮莫之外有曰地羊鬼，髡头黄眼，面黑而陋恶者是也，能以泥土沙石换人及牛马五脏，忤之必被其害。”明谢肇淛《滇略》卷九《夷略》：“孟艮，复多幻术，居家不设扃钥，汉人舍之，有窃其货者，夷主讽咒，盗者即病心腹，必诣其家归货谢过，其人复为解之，有巨石或利刃出其怀。若鸷鸟搏其鸡畜去，讥骂顷之，鸟坠自空，有石在鸟嗉。野象或践其禾，亦如之。不知何术也。”清毛奇龄《云南蛮司志》：“在腾越南有山名‘半个山’者，山颠北积雪，南炎瘴如炊蒸。……妇人怪者或化异物，富者化牛马，贫者化猫狗。至夜，伺夫寐，以短木置夫怀中，夫不能觉，即化去。摄人灵魂，至死，食其肉。有守者逐得，则夫家亟出金往赎，否即杀之。”清刘崑《南中杂说》：“沅江蛊：世传南人能造蛊，然余自昆池戍腾冲，阅历十年，足迹半两迤，亦不能概见也。独沅江土司世传此法，其药最毒而最奇。凡郡守新任，例必设宴迎风，药已入腹矣。在任理事，药不即发也，但两目瞳子变黑而为蓝，面色淡黄，状类浮肿，至离任一月，则阖门并命矣。余同寅郡守潘一品、粮厅官素士父子、主仆幕宾皆死此药，无一人得脱者。”又，同书：“尤可怪者，缅人之蛊不用药而用鬼。世传神咒能于四十九日咒牛皮如芥子，号曰‘牛皮蛊’。咒犁头铁亦大如芥子，号曰‘犁头蛊’。下蛊之法，不需饮食，但藏芥子于指甲之内，对人弹之，药已入腹矣。然不肯无故药人，必无赖客子侵其妻妾，勒其赀财者，乃以此法治之。汉人中毒而还，彼又计其道里之日月，复诵神咒，则蛊毒大发，肌瘦而腹胀，数月而死。金溪周瑞生、龚吉贞，皆死此物也。”清张泓《滇南新语》：“山中摆夷剥全牛，能咒其皮如芥子，货客入山不戒，或为夷女所悦，当货毕言归，即私投饮食以食客，女约来期，如约至，乃得解；逾期则蛊作，腹裂皮出，如新剥者。更闻沅郡江外以木易客腿，索财既足，始复其胫，否则木脱夔立矣，其害亚于蛊。”清杨琼《滇中琐记·放歹》：“迤西南边夷，使药害人，名曰‘放歹’。药入腹中，久成痞不化，人乃渐消瘦。其人有仇，一念咒语，即令人药发而死；其与人有私，一念咒语，即令人药发而回头。为所欲为，无不如意，真可恶也。然其始，皆缘于挟邪，尔我无猜，故能置歹药于饭食或肉蔬中。如与之无仇无私，固亦不敢轻为此者。石屏余某茂才馆于沅江州属之夷村，于癖于赌，往往诱夷家子博，输而向夷家恶索所逋，夷家恨之，放之以歹死。其兄携其季弟及己子并至夷村，愤而争讼，亦皆中其歹以死，可畏也哉！景东有一夷妇，年逾五十，常诱致官家健仆醮为夫，夫死而更醮，凡十数姓矣，闻此妇即善放歹者，貌如鸠盘茶而少年美丈夫往往为所罗致，恋恋不能去。官知之，因禁仆入其家，仆卒阴入焉。仆有已堕其术者，官为驱仆离之去，乃一二日而返，仆竟无如妇何，官亦无仆何也。”又，同书“蛊毒”条：“滇中夷妇有养蛊者，小儿多中其毒，始由脏腑达于头面，渐渍剥蚀溃烂，不可救药。及其中未久，延蛊医诊之，以水洗患处，盛水铜壶中，紧塞壶口而悬之屋梁，积薪燃火其下，肆烧煮之。集众围火而坐，烧一时之久，蛊在壶中不胜烧，乃鼓荡其壶，向空四击，众不敢近。忽壶塞喷脱，水则跃出为五色霞光，夺门飞去，水著人头目，冷于冰雪，竟不温也。烧后，儿患稍愈可救，不则难救。蛊被烧时，蛊妇在其家自觉烦热，则出门径向烧蛊家屋后逡巡招蛊。招之不得，则跃入湖池中，澡其身而后安。人见之，知为蛊妇，就厮打之，则长跪哀鸣。闻养蛊之家，姑死则贻蛊于妇，妇不能养，则贻之外人。多因拾得巾帼或腰带而遂偕也。养蛊者，月必两祭之：及夜具酒肉香楮，祭而自食之。蛊夜出，妇招之，夜半闻呼猫作谜谜声，知为招蛊者。蛊妇性多泼悍，目大而睛碧如猫，众目之为不祥，而不敢明指之。其来人家，人则急匿小儿，惧其见而中毒焉。蛊有内蛊、外蛊，外蛊中人家儿，内蛊则自中其儿，非我能解免者。又有名骡子蛊、牛马蛊者，能盗致人家财谷，今农家露谷于场，必以铁刀或铁矛插谷堆中，防蛊盗也。”

我在二十六年由广州入地滇缅摆夷区，路经昆明时，多年住居云南和云南本籍的许多亲友，始而奇怪我为何胆敢独个人到蛮烟瘴雨的边地中去，继而知道我要去的是摆夷区，更以为我是发狂了。摆夷，在滇黔一带汉人的观念中，是一种不可思议的具有多种邪魔（Magic）力量的人类。提到摆夷区域，他们的脑里都会浮起一种魔幻的阴影。亲友们善意告诉我若干在摆夷区域中可能遇到的奇事，什么夷女下药，什么夷人变形等，大都和上因诸书中所记载者相仿佛，意思是要善意的阻止我的行程。而我，正被这些神秘而富有原始意味的奇事所引诱，谢绝了他们的阻劝而确定了我的行期。关怀我的人见我本志已坚，便把许多避免和破坏此诸种魔邪的经验良方教给我，归纳之约有五法：

1. 不要吃夷人的食物，这是为免中夷人在食物中下神秘毒物之计。

2. 不要和夷女恋爱，如果恋爱，她必用一种法术使你今生回不了汉地。

3. 不要住在夷人的家中，因为他们家中供着神怪的神魔。

4. 在夷地中遇到牲畜、野兽时，必避开，因为说不定是夷人变化了来缠惹人的。

5. 如果夷人以对汉官的礼节来接待，敬献烟、茶不能不饮时，在未饮之先，心中立一信念，坚信“正可胜邪”，不怕他鬼魔，这样，可不为所算。

诸如此类的话，也说得我有些疑虑起来，以为夷地中恐真有不可以科学解释的事。于是在入夷区之先，也拖拖拉拉的带了许多炊具、食品之类，我最初的信念，很想在这神秘的区域中，发现一些神秘的原理，纵不能及时以科学理论解决，也可给科学界中带来一些研究的资料，但结果，我感到失望了——不是失望于我被邪魔征服，而是失望于我拖拖拉拉的带去的炊具，完全原封不动的带回汉地来。我不惊奇汉地人们何以把摆夷区域看得如此神秘，我却深为惊奇何以摆夷本境中，也有这一类鬼怪神秘的流传，甚至有很大的力量隐藏在人民生活中；这，我认为不是简单的问题，而是与摆夷的民族历史有着深切关系的。换言之，我认为这便是摆夷的原始信仰。摆夷是越民族遗裔，越是古代的南方民族，富于神秘的幻想是南方民族的特征，由于地理环境造成了他们这种特有的天性。所以，摆夷的原始信仰是近于神秘的，这是一脉相传的正统发展。今日，摆夷虽普遍地信奉了佛教，但这种原始的神秘信仰，仍广大而有力地流行于民间。[1]

〔1〕从明、清两代的文献资料，家父赴腾龙沿边考察前亲友的劝说、告诫，以至家父的种种思想、物质准备，可以看出，自几百年以来，直至20世纪30年代晚期，人们对傣族、傣族区域还十分陌生，十分神秘。对诸如“蛊毒”、“放歹”的说法并不怀疑。家父也是抱着将信将疑的“疑虑”态度，不敢贸然否定，且想在实地“发现一些神秘的原理”。进入傣族地区后，他发现，不仅仅是外边的人们这样看待傣族的魔法，就是傣族自身，也深信着魔法的存在，而且言之凿凿地指认着谁谁会“放歹”，谁谁是“皮拍”。他曾努力去求证这种魔法的存在，每到一地，当地的人们盛传某位妇女施毒放歹的手段很高明，他特别找到该人，设法让其对自己施行魔力，但每次都被拒绝了，据这些“有魔力”的人自己解释，因为家父是个正直的人，所以魔法上不了他的身。最终，他得出结论：如此种种，“都只是无稽的传说”。他总结：“今日的摆夷，虽已做了虔诚的佛教信仰者，但此种原始的巫术信仰，仍很盛地流传于民间。摆夷的观念中，佛与魔是并存的，崇佛是求死后灵魂有所归宿，信巫术则是在解释生活中所遭遇到的怪异事象。他们相信除灵魂以外，尚有一种活动于宇宙间的精灵，这里我们姑且称之为‘魔’。魔不一定是死人的灵魂，有时是某一物或某一机体幻化而成的精怪，甚至生人的魂魄，也会暂时离开了躯体而成为魔。魔对于人总是发生危害的，但有时也只是化为玩笑事件。举凡死亡、疾病、伤害、物件破损、食物腐坏、被偷窃，都是魔在作祟。这种魔，一部分是为人所指使操纵着的。魔的指使者并非专业的巫师而是平常人民，尤其是妇女，所以近边地的汉人都在说：任何一个摆夷女子，多少都能施点魔法。”（引文见江应樑《摆夷的生活文化·宗教与巫术》）

至今，原始宗教的影响在傣族一般人心灵中仍不能说已经消失，当然，对于诸如失窃、食品腐败等事，他们不再归咎于魔怪，但从日常生活中的许多禁忌和对一些物件的敬畏（如泼水节时向大青树敬香、叩首、缠红线），仍可看出蛰伏在这个民族心灵深处的某种历史文化的沉淀。

我在夷地所访问到今日流行于摆夷民间的所谓邪魔者，共有四种：

一、“皮拍”

这是夷语音译，原意为“饿馋鬼”，其实并非鬼而是人的生魂。据说有人为某种邪魔附身，便成为“皮拍”。生魂常不由自主地出去缠祟人，但本人有时且不自知也不自愿为“皮拍”。被“皮拍”缠祟的人，患险恶的疾病，因为“皮拍”的生魂，已经走入了被缠者的躯体中，病者的语言行动，便与寻常不同。这时，可用一副马鞍，放在门槛上，然后敲着马鞍审问病者，他便能说出“皮拍”的姓名、住址，按址去拘到“皮拍”，一顿毒打后，驱逐出境，病人便可痊愈。

我曾对几个有见识的土司解释说：这事是很易冤枉好人的，譬如某人要是患了高热病，难免不发狂语，若一时装做另一人的声腔说了几句话，那这人不将遭到莫名其妙的一顿毒打，且继而被驱逐出境吗？但他们都答说，其中有两点是难以理解的：一是病者与“皮拍”并不一定相识，或者远隔数十里，病者从未到过其地，但却能以“皮拍”的声口，说出自己的家世，且能说明家中何物放在何处；另一是倘被缠者是一汉人，平素不识夷语，这时也能讲流利的夷语，甚至写、读夷文。根据这两点，所以他们认为是不至枉及好人的。[1]

二、“仆食”

夷地现时流传着的“仆食”，正和《腾越州志》所记的相似。这种邪魔有两个作用：一是变化后去偷窃人家的食物，据夷人说，夷地中遇有喜庆宴会，厨中食物常常无故腐坏，这便是被“仆食”来偷食过。“仆食”偷食，并不真的将物吃去，只是向食物遍嗅一通，凡被嗅过之物，便立刻腐臭不能吃。驱之之法，只需睡眠时不熄灯，“仆食”便不敢来。且凡“仆食”变化的猫、狗等物，都是没有尾巴的。故夷人凡见无尾的猫、狗，必群起逐之。另一种作用是变化为各种动物，但并不似《滇系》所载的入人腹中食其五脏，或《腾越州志》所载的食其尸体。据夷人说，这种变化，只不过是逢场作戏的一种玩意儿，并不一定伤害人的。凡女子，只能变作犬、猫、猪、羊等小兽，男子则可以变为马、牛、虎、象。在夷地中，曾听到夷人告诉我几个“仆食”的故事。

一个是讲“仆食”男子变为虎的故事，这故事是在猛卯听来的：不多几年前，木邦（昔木邦宣慰使司，今属缅甸）有两个摆夷男子，非常友好，夷甲是个“仆食”，夷乙却并不知道，后来乙听人说了，便问之于甲，甲也就不隐讳地告诉了乙，乙便要求甲变一只猛虎给他看。甲答应道：“这很容易，但要你遵从两件事：第一，你须攀避树上，以免我变化后惊了你；第二，你得先预备好一只活鸡，等我变虎后绕树行三匝，你便把鸡抛下来给我吃。”乙都依言办了。甲就地一滚，立刻化作一只斑斓猛虎，咆哮奔驰，乙在树上吓得面如土色，登时昏晕了。甲奔驰一阵，绕树三匝，老不见乙抛下鸡来，只急得在树下狂啸，这样一夜过去，乙醒转过来，已不见了猛虎。原来“仆食”变化猛兽，须要在一个对时之内，吃到一件活物，方能变还为人，若过时尚不能得到活物吃，便永不能复为人身了。今木邦境中，常有人在山间遇到一只猛虎，见人却摆尾俯首如家犬，这便是夷甲变化后不能还原的那只虎。虎的左前脚上戴着一只玉镯，也便是夷甲人身时戴于左腕上之物。

另一个是“仆食”变马的故事，是在干崖境内听来的：有夷甲与夷乙友好，某日，二人出游，遇一河不能渡，甲便变成一匹马负着乙渡过去，乙始知甲是一个“仆食”。此后二人常常出游，游到较远之地，甲便变马负乙归来。后乙问甲变马后如何便不能变还为人？甲告诉他，只需套上辔头，便不能再变化。一天，乙要跟他的朋友开玩笑，便暗藏了一副辔头，等甲变为马后，突将辔头套上，牵到市场上去出卖。交易成功时，特郑重嘱咐买主：“我这马有一个怪癖，你切不可将辔头除下，否则无法控驭。”买主唯唯受命。过了多时，主子见马的辔头已破烂不能用了，便买了一副新的来替他更换。刚把旧辔除下时，马忽地就地一滚，变为人形，夺门而逃，一口气奔回寨子来找乙理论。乙一见甲归来，转身到屋里取出一包银子，放在地上说：“为的我两人短钱用，所以把老哥暂时卖一卖，银子我用去一半，这一半是专为老哥收着的。”甲给弄得无可奈何，半晌，愤愤地说：“银子不打紧，可我的背脊都给马鞍磨破了。”

还有一个女“仆食”变猪的故事，是从芒市听来的：一对青年男女恋爱得很热烈，男的却不知道女的是一个“仆食”。男子每晚都到女的家中谈情，总是到深夜才独自归去。某晚，女戏问男子，深夜独归，中途可怕什么？男随口答说：“只怕大猪横卧在路上。”这一晚，男子在归途中，果遇一只大猪横卧在路中间，一时情急，抽刃向猪身上斩了一刀，便返身奔回女家。一进门，却给呆住了，只见女家的人们正闹哄哄地，他的爱人横躺在地上，腰间被大刀斩伤了。原来途间所遇的大猪，正是他爱人变化了来戏弄他的。〔2〕

三、放　歹

“放歹”即《志蛮》所记的：“以牛皮或石臼咒入人腹，至期如物形，胀而死。”这种邪术，据说夷女十九皆能。“歹”可分为两种，一是即期发作的，便是把一种物件咒之，变为微尘，放在食物或饮水中，吃下时其物还为原形，穿人肠胃而死。这种“歹”多施之于仇人。二十六年冬我在芒市时，正哄传着一个汉妇中歹而死的事。据说这汉妇因得罪于一夷女，被夷女下歹，后便患心疼症，不治而死。死时始知是中歹。原来凡中歹死的，断气时屋瓦必震动有声，好似有物夺瓦而飞出，凡这种死的，便不能土葬而须将尸体火化。当火化这汉妇尸体时，在尸灰中发现数寸长的铁钉一个，所以知是中的“铁钉歹”。另一种是定期的歹，这多半是妇女对于所爱者的一种“维系爱情”的魔法。尤其是汉人入夷地中，倘娶夷女为妻，思家欲归时，必商之夷女，许给一定期限，按期归来，可以无事，逾期歹发，便无药可救。

一个居住夷地的汉人，对我说过这么两个故事：一个腾冲的商人到盏达经商，娶了一个夷女，后不告而行，回到腾冲不久，便患疯症，百药无效。后遇一个有经验的夷人，看了说：这是中歹，名为“活鱼歹”，夷妇用活鱼一尾，施以咒术，剪去尾鳍，放之河中，要治此病，须觅得此无鳍之鱼。然鱼入河中，何处可得？便终于不治而死。

又，猛卯一汉人娶一夷女，后私离夷地欲返回汉地，行一日，双目即盲，不能见物，转念只好仍回夷地去。一转身间，目又复明了。[3]

四、放　蛊

蛊是数种毒虫，如蛇、蝎、蜈蚣、蛭等，同装封在一坛中，埋地下，经过一年后取出。坛中因无物可食，诸毒虫便互相吞食，最后存下的一物，便变为蛊。畜之家中，夜间放出伤人，畜之可进财富。倘虫被人捕捉击毙，畜蛊的人也必同时身亡。[4]

---

〔1〕江应樑《摆夷的生活文化·宗教与巫术》：“皮拍是一种精怪，附在生人身上，驱使被附者的生魂去缠祟人。被精怪附体的人，并不自知是皮拍，但其生魂常不由自主地去缠祟人。被缠祟者，患险恶的疾病，语言行动，异于平常，因为这种被缠者的身躯，已为皮拍生魂占据，所以言语举止，便不似本人而以被精怪驱使来作皮拍的这人酷肖。因此，凡皮拍一经缠祟过人，便易为人所认清其根源，从此，村寨中也便不再让精怪附体之皮拍居住，群起逐之。为皮拍者，到这时才知道自己已被精怪所驱使而不由自主地变成皮拍了，也只好离开家园飘流到异地去。”

林按：“皮拍”，今通常作音译加意译，称“琵琶鬼”。“皮拍”之说，似也不限于云南之少数民族，昔日，听重庆人骂诡谲作怪的人为“皮扒虫”，不知其语意之源，询问骂人者，亦未得其详，都说是方言中骂人之俗话。疑所谓“皮扒虫”即“皮拍”之异字，如此看来，皮拍之说早已流传在成、渝一带了。

〔2〕江应樑《摆夷的生活文化·宗教与巫术》：“据今日摆夷言，所谓仆食是生人变幻的玩意，凡男子具此术的，可以变为牛、马、虎、象；女子具此术的，只能变猫、狗、鸡、猪。变幻后或逢场作戏，偷食人家的食物，至若吃坟内尸体或如《志蛮》所载入人腹中食其五脏，那只限于不能变返人形的仆食始如此，通常的仆食是变幻形体后若干小时内又复回为人身的，夷人遇有喜庆宴会，厨中食物常无故腐坏，便都说是遭仆食偷食。据说仆食偷劫食物，并不将之吃下，只略嗅一嗅便已食去食物的精华，食物一经被嗅，便立刻腐坏不能再食了。又相传凡仆食变化的牲畜，都没有尾巴，所以夷人凡见无尾的猫、狗，便认为是仆食，必群起而捕逐之。”

〔3〕江应樑《摆夷的生活文化·宗教与巫术》：“放歹是一种咒术，用神秘的咒语，能把一件实物变更其外形，缩小其体积，且能使之透过最坚密的隔离物。例如可以把一柄刀咒入一个瓜内，瓜的外形毫无破损，切开瓜却可见刀藏在瓜心内。这便是《志蛮》等书所记的：‘食中置毒药，其毒以牛皮或石臼随时咒而用之。’放歹的目的，一是恶意的，如对仇家放歹使对方受到生命的伤害；另一是预防性的，并不一定是恶意，如妻子恐被丈夫遗弃，便放歹在男子的腹中，预防对方变心，如果对方在不变心的情况下，所放的歹并不伤害对方的身体的。这也正如《志蛮》所载：‘贾客娶夷女，欲出，必问还期，女即以毒饵之，如期至，更以药解治，亦无他，若不尔，必毒发而死。’据说凡中歹毒而死的人，若裒腹以验，必能在腹内发现石块、牛皮、铁钉等物。夷俗对中歹而死者，例不能土葬，必须将尸体焚化。放歹是摆夷妇女的特有技能，施术的手法，并不限于以实物咒入人腹中，高明的放歹者，可以钩取对方的精魂而操纵之，使对方的灵魂和另一生物发生精灵上的交互关系，于是这人的行动以至生命，便操纵在施术者手中。”

〔4〕江应樑《摆夷的生活文化·宗教与巫术》：“蛊是一种毒物结合的精灵，传说在每年端午的这一天，正午时把五种毒虫——蛇、蝎、蜈蚣、蜘蛛、蛭，封装在一个瓦罐里，用红布包着，埋在地下，第二年的此日此时掘出来，瓦罐中五毒互相吞食，最后仅存的一种，即变为蛊。把蛊带到家里，畜蛊人便与之对天发誓，愿同生共死。从此，蛊便听命于主人而供驱使。用一大瓮把蛊养在里面，饲以鸡蛋，随时可以放出祟人。若不幸放出的蛊被人伤害，畜蛊的人也会同时身亡。”

如果你愿听到这一类的故事，到夷地中去收集，准可达到一千零一个之数。不过，若要叫夷人们找出一个“仆食”来变老虎给你看，或者要说故事的人明白告诉你谁是“皮拍”、谁会放“歹”，那可又都做不到。然而你要以为这都是一派无聊胡言，那可又不如是简单。因为这些虚幻玄妙的传说，正支配着摆夷现实生活的多方面。本书第五章中曾经说及，摆夷生了病是不吃药，而要请大佛爷来作法的，这一方面固然是因为摆夷民间没有医药，但另一方面也正充分表现出此种邪魔信仰的力量。[1]这一点，也就是外来宗教（佛教）与原始信仰的结婚。

大佛爷为人民驱遣邪魔的方法有如下几端：

1. 诵经

到病人家中诵经一日或数日，借佛力以镇邪魔。[2]

2. 施咒

施咒的方法有多种，我所亲见的，是用一个碟，把一片上面画着咒的圆纸放在碟上，用棉纱搓成一个三角形的灯芯，放碟中的符上，加油燃之，大佛爷对灯施咒，咒毕把灯放到病人床前，据说鬼魔便不敢近身。大佛爷且能从火焰的形状上，看出病人的生死。若油灯放病人床前燃多时，灯焰仍合为一条，病可无虞；若分为两焰，病情便较险恶；若灯成三焰，病人便无法挽救。[3]

3. 按摩

若身体的某一部分疼痛，可请大佛爷来按摩，按摩时口中念念有词。[4]

4. 画符

符是大佛爷驱魔最神秘的法宝，我曾用极大的交情，从芒市大佛爷那里求到了全套符咒。是一个五寸长的红丝绦，丝绦上结着八个大小不等的小银筒，取回屋中加以解剖，原来银筒是由一张薄银片卷成的。银片成方形或长条形，宽自三分起至一寸，最长的二寸，银片上刻有若干方块，每方块内有一个字。现将八道灵符照样摹写于下：[5]

第一符

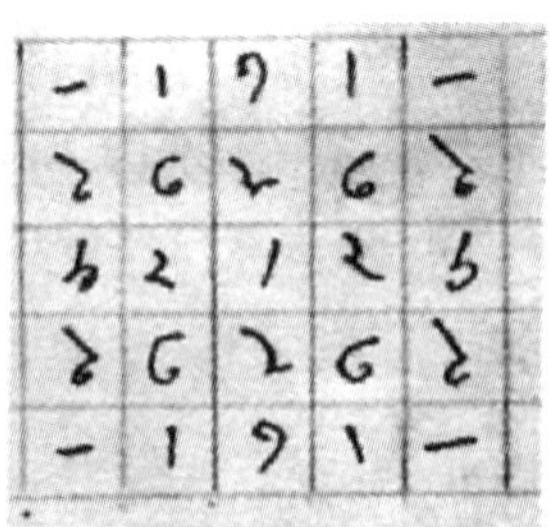

第四符

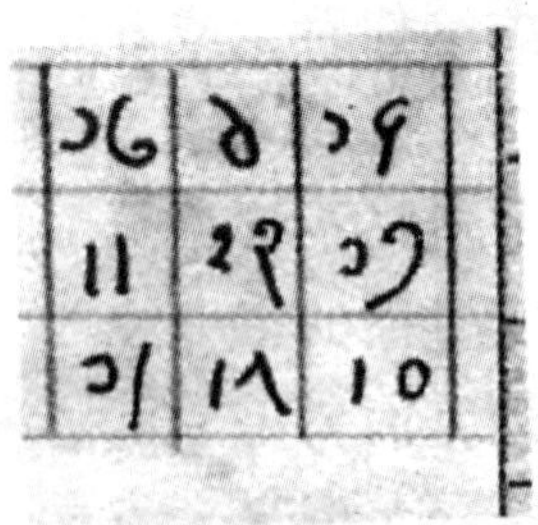

第五符

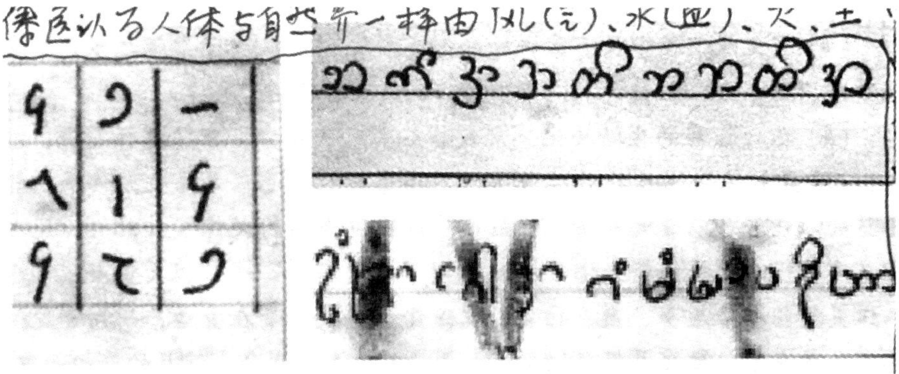

第六符　　（上）第七符　　（下）第八符

可惜我未曾问清楚每道夷符的法力作用，但当地大佛爷把灵符递给我时说，有此八道灵符带在身边，一切“皮拍”、“仆食”、放“歹”、放“蛊”，都一概不能近身了。读者诸君倘有畏鬼奇癖的，不妨“依样画符”一试，唯记住，带着符不可近女色，不可走入生产未满月的产妇房中，否则，灵符不灵，大佛爷不负责，作者当然也不负责。[6]

---

〔1〕此说不确，傣族民间是有医药的。傣医药学是傣族人民同疾病做斗争而总结出的传统医学，有着系统的医学理论和丰富的临床经验，具有鲜明的民族特色，与藏医药、蒙医药、维医药并称为中国四大民族医药，是中国传统医药学的重要组成部分之一。傣医认为人体与自然界一样由风（气）、水（血）、火、土“四塔”构成，四者平衡则身体健康，四者失衡则人生病。在诊断时运用“四塔”理论进行望、闻、问、摸，治疗时也根据患者“四塔”之盛衰用药物调整“四塔”之平衡，从而达到治病之目的。傣医还根据一年的冷、热、雨三季，采用不同的方药治疗不同季节的疾病，除一般的治疗方法外，还有睡药、蒸药、刺药等独特的疗法，并有不少医药文献传世。

〔2〕在《摆夷的生活文化·宗教与巫术》一书中，家父这样写道：诵经，“到病人床前对着病人诵经，每日诵三次，每次诵约一小时，他们相信佛经的法力可以镇压邪魔。”

〔3〕在《摆夷的生活文化·宗教与巫术》一书中，家父这样写道：施咒，“方法有多种，作者所亲见到的，是用一个碟子，把一张上面画着符咒的纸片平放在碟面上，用棉纱搓成灯芯三条，交叉搭成一个三角形，上端合为一个头，三只脚平正放在碟面的符咒纸片上，注上清油，燃着灯芯，大佛爷对着灯光焰光喃喃施咒，如是数分钟，便把灯移置病人头前，大佛爷立在灯侧凝神观察，筷子粗的棉纱灯芯，这时正发出熊

熊的火焰，据说当大佛爷施咒以后，灯焰若成直上的正常闪动，便表示病魔已被驱走，病人可以很快地痊愈；若是火光分为两焰，摇摇摆动，是邪魔尚未退尽，不过大佛爷仍有力量驱走这邪魔的；如果灯焰分作三个火头燃着，那便是邪魔力量高过大佛爷的佛力，病人是无法救活的了。”

〔4〕在《摆夷的生活文化·宗教与巫术》一书中，家父这样写道：按摩，“由大佛爷在身体疼痛的部位上，用手徐徐按摩，口中念念有词，这样可以把邪魔从身中驱走出去。”

〔5〕家父原书稿中仅有第一符和第八符，笔者从夹于书稿之纸片中觅得第四、五、六、七符补入，余下第二、第三符已不可得矣。

〔6〕在《摆夷的生活文化·宗教与巫术》一书中，家父这样写道：画符，“这是大佛爷驱魔的最后法宝，不轻易与人，也不是每个大佛爷都能画符的。作者曾以最大人情，从芒市一位地位很高的大佛爷（林按：此人即芒市菩提寺住持静修大佛爷）处求得了全套符咒，……据大佛爷说，这八道灵符包括禁治歹、蛊、仆食、皮拍诸种邪魔，带在身边，一切邪魔便都不敢近身了。唯带着符咒切忌近女色，不可走入生产未满月的产妇房中，否则灵符便不灵了。”

林按：对中邪的禁治，当地民间也自有其方法，家父在《摆夷的生活文化·宗教与巫术》中谈到对中了四种邪魔的救治方法：“（一）歹的禁治法：觅请放歹技能较高的人来查看，她可以寻出所中的是什么歹，并可给解药为之解除。但这并不是容易的事，因为谁也不愿意承认自己是个具有放歹技能的人，所以也就无法觅请解救者。（二）仆食的禁治法：仆食畏灯光，有灯光处即不敢到，所以禁治仆食，只需在室内通宵燃着柴火，行路时也持着一束柴火，仆食便远离而不敢近身。（三）蛊的禁治法：据说凡是蛊来危害人，常化为大蝶，且必在夜间飞行。来去有红光或白光，若把粪便或污秽物泼在红白光上，便应手落下而不再变化，捉而焚之，患害可绝。（林按：过去昆明夜间偶有一种大蝶出现，眼发红光或白光，口部为一个可伸缩的管状物，通常收作圆盘形，大约是该虫吸食花蜜的吸管，人们称此虫作‘蛊’，据说那奇怪的‘嘴’是用来盗食熟睡者的脑髓的，人们见到此物时都很紧张，非捕而杀之方才安心。）（四）皮拍的禁治法：用马鞍辔一副，放在门槛上，以鞭敲打马鞍，同时审问病者，病者便能说出缠在身上的皮拍的真实姓名及住在地，然后按址拘到皮拍，毒打一顿，驱之出境，病者便可痊愈。”

第九章　智识与教育

摆夷文化的分析—从音乐上看摆夷文化之内容—智识与技能—摆夷文字的文化功用—戏剧—摆夷区域中的汉字—摆夷区域中的小学—摆夷区域中的现代边疆教育

在西南边民中，无疑意的文化较高的是摆夷，这也有他必然的原因，大概地理环境与民族性，有着更大的决定性。摆夷居住地是肥沃的大平原区，而他们的生活又已达到了安定的农耕阶段，这已具有了适宜于较高文化发展的因素，更兼他们又具有活泼而善模仿的民族性，最易接受外来文化，其邻近的住民，汉人固然文化很高，缅甸、暹罗，也各有其特有的文明，这些因素，都可以促进摆夷文化的向上发展。

从上面各章所叙述的任何一件事物中，都可以看出摆夷确实是一种聪明而具有特殊才能的国民：工具的制造，如金属制作之学之于汉人，陶器制作之学之于缅甸，均表现出他们的仿造能力；艺术品的制作，如佛经之美丽装帧，佛幡、佛伞之精致制作，织锦工艺之精美绝伦，均足以表示他们的艺术天才；同时，也便可以看出来今日的摆夷文化，是糅合了多种民族的文化而成的。这种糅合情形，只需从现实流行于夷区中的音乐器具上可以看出。下面几件乐器，是七土司地中常见的。

江应樑手绘的葫芦笙

吹葫芦丝
江晓林摄于1982年

1. 葫芦笙[1] 用一个葫芦，下面直插入三个竹管，中一管较长、大，上有七孔，能发七部音阶，两旁两小管发出和声，葫芦口上装有一小铜片弹簧。这种乐器是摆夷区中每个青年男子都能吹奏的，同时，我们也能在苗人社会里看到。我认为这是西南民族中制作很精的一种乐器，中大管上的七个放音孔，已经合了七部音阶的乐律，两附管是调和的和声，吹奏时有一定的曲调，每曲一气贯到底，只能用鼻呼吸而不能停音换气，故吹奏的艺术相当高。虽然我们现实不能决定这种乐器系自摆夷传之苗人还是自苗人传之摆夷，但它是两个以上民族的混合文化，则是无疑义的。

2. 口琴[2] 这是一条长两寸余，宽四五分，厚仅分许的竹片，竹片之间成一槽形，上有一弹簧，弹簧之一端连接于竹片上，一端与竹片分离。奏时，左手持竹片有弹簧连接之一端，右手指拨动他一端之弹簧，使之波动，放近口边，哈气于上，由弹簧波动之急徐轻重，便发出不同的音响。

这乐器，我在山头、傈僳寨中见过，在以内南部的罗罗村中见过，在海南岛的黎人区域中见过，最奇怪的是诸处所见者，制法，甚至大小长短均完全相同，这更可以见出是一件多种民族混合的文化。

3. 胡琴[3]　如汉地之腕胡，胡筒不用竹而用椰壳制，筒上不蒙蛇皮而蒙笋叶，弦用细麻搓成。这是仿照中国乐器而加以土法改制的。

乐队由象脚鼓、铓锣和钹组成

4. 象脚鼓[4]　长四尺许，圆径四五寸，一端口较大，蒙牛皮，鼓身有节，形如象脚。奏时，先将蒸熟的糯米饭做成如茶杯口大的一个圆圈，附贴鼓皮正中，以拳拍糯米圈上，鼓便发出嘣嘣之声，可远闻一二里外。若不加糯米圈，其声只能达于户内外。这无疑是暹罗、缅甸的乐器。

泼水节之夜敲击象脚鼓跳舞。大小不一的铓锣组成一组和谐音
江晓林摄于 1980 年

5. 铓锣[5]　铜制大锣，中部凸出如杯，声沉重能传远。此乐汉地中常见之。

6. 鼓[5]

和汉地之牛皮鼓完全同。

7. 钹[6]　也和汉地所制的全同。

从芒市出土之铜鼓（1930 年由芒市附近山中出土，为土司方氏所有，后下落不明）摄于 1937 年

这是民间乐器，若土司贵族家，那便是钢琴、怀娥铃[7]，纯粹的现代西乐。

《百夷传》对于明代摆夷乐器，曾有如是记载：百夷，“乐有三：曰百夷乐、缅乐、车里乐。百夷乐者，学汉人所作筝、笛、胡琴、响盏之类，而歌中国之曲。缅乐者，缅人所作排箫、琵琶之类，作则众皆拍手而舞。车里乐者，车里人所作，以羊皮为三五长鼓，以手拍之，间以铜铙、铜鼓、拍板，与中国僧道之乐无异。其乡村饮宴，则击大鼓，吹芦笙，舞牌为乐。”[8]则五百年前，摆夷乐已是杂糅近邻诸民族之音乐而成的了。进而

论之也便可以说，五百年前，摆夷已杂糅各族文化已构成其自己的文化体系了。

〔1〕傣族称之为“筚南导”，今通称为葫芦丝。

〔2〕通称口弦，亦称口琴。清人张泓乾隆间所著《滇南新语》对之描述甚详，兹录于下:“口琴，剖竹成篾，取近青长三分三寸，宽五分，厚一分，中开，如笙之管，中簧，约阔二分，簧之前笋相错处状三尖犬牙，刮尖极薄，近尖处厚如故，约后三分渐凹薄，至离相连处三四分复厚，两头各凿一孔，前孔穿麻线如环，以左手无名指、小指挽之，大、食二指捏穿处，如执柄，横侧贴腮近唇，以气鼓簧牙。其后孔用线长七八寸，尾作结，穿之，线过结阻，以右手之食、中二指挽线，徐徐牵顿之，鼓顿有度，其簧闪颤成声。民家及夷妇女多习之，且和以歌。又一种宽仅半，两端瘦削，中作一牙簧，无孔线，三片并用而音各异。以左手前三指平执而吹，以右手前三指参差搔其末，亦咿喔可听，似有宫商。”檀萃《滇海虞衡志》所记亦同，傣族的口弦属于后者。

〔3〕胡琴：这种胡琴至今在德宏地区还很容易见到，右图是2001年春笔者在瑞丽姐勒金塔看到守塔老人正在制作椰壳琴。

〔4〕象脚鼓与葫芦丝一样，可称为典型的傣族乐器。文中说它“无疑是暹罗、缅甸的乐器”，尚可置疑，在泰国未见有象脚鼓，缅甸的象脚鼓，亦很可能受傣族影响而使用的。现在景颇族用象脚鼓，无疑是傣族文化辐射的表现。

〔5〕凡有重大庆典，如做摆或泼水节等，所敲铓锣就不是单个的大铓，而是把五个、七个或更多口径不一的铓锣依大小顺序挂放在特制的铓锣架上的排铓。铓锣架用木头制成，有一连动的手柄，掀动手柄，所有的铓 锣就一起敲响，由于口径不一，有的清越，有的浑厚，同时振响，形成一种异常和谐的锣声。木架上方有二木伸出，两个人抬着边敲击边随着舞蹈队伍行止，十分方便。

〔6〕钹：应当说“汉地所制与之全同”。钹本来不是汉族乐器，而是由西域或西南少数民族地区传到中原的。《通典·乐典》：“钹，亦名铜盘，出西域及南蛮。其圆数寸，隐起如浮沤，贯之以韦，相击以和乐。南蛮大者圆数尺。”明清史料上所述摆夷乐器中的铙，就是“大者圆数尺”的钹，今日在傣族地区每每皆有。

〔7〕又译作梵婀铃，即小提琴。

〔8〕所引为李思聪《百夷传》。

钱古训《百夷传》作：“乐有三等：琵琶、胡琴、等笛、响盏之类，效中原音，大百夷乐也。笙阮、排箫、箜篌、琵琶之类，人各拍手歌舞，作缅国之曲，缅乐也。铜铙、铜鼓、响板、大小长皮鼓，以手拊之，与僧道乐颇等者，车里乐也。村甸间击大鼓，吹芦笙，舞干为宴。”

李元阳《云南通志》作：“乐有三：曰僰夷乐、缅乐、车里乐。僰夷乐者，学汉人所作，筝、笛、胡琴、响盏之类，而歌中国之曲；缅乐者，缅人所作，排箫、琵琶之类，作则众皆拍手而舞；车里乐者，车里人所作，以羊皮为三五长鼓，以手拍之，间以铜铙、铜鼓、拍板，与中国僧道之乐无异。其乡村饮宴，则击大鼓，吹芦笙、舞牌为乐。”

刘文徵《滇志》、顾炎武《天下郡国利病书》均作：之“乐有三：曰僰夷乐、缅乐、车里乐。僰夷乐者，学汉人所作筝、笛、胡琴、响盏之类，而歌中国之曲；缅乐者，缅人所作，排箫、琵琶之类，作则众皆拍手而和；车里乐者，车里人所作，以羊皮为三五长鼓，以手拍之，间以铜铙、铜鼓、拍板，与中国僧道之乐无异。其乡村宴饮，则击大鼓，吹芦笙，舞牌为乐。”

关于铜鼓与海螺，唐刘恂《岭表录异》载：“蛮夷之乐，有铜鼓焉，形如腰鼓，而一头有面，鼓面圆二尺许，面与身连，全用铜铸，其身遍有虫鱼花草之状，通体均匀，厚二分以外，鑪铸之妙实为奇巧。击之响亮，不下鸣鼍。贞元中，骠国进乐，有玉螺、铜鼓，即知南蛮酋长之家，皆有此鼓也。”白居易以骠国乐舞为诗曰：“玉螺一吹椎髻耸，铜鼓一击文身踊，珠缨炫转星宿摇，花鬘斗薮龙蛇动。”《炎徼记闻》卷四“仲家”条：“俗尚铜鼓，中空无底，时时击以为娱。土人或掘地得鼓，即诗张言：‘诸葛武侯所藏者。’富家争购，即百牛不惜也。”。除1937年家父在芒市所见直径为二尺许的那面铜鼓外，1958年，傅于尧先生等人在盈江铜壁关物资收购站发现铜鼓残片三块，“均为鼓身部位，胴部隆起，胴腰间有半圆形小耳，足部稍张，鼓面仅存与胴部相接边缘。造型古拙，器壁粗劣，无文饰，”据傅先生分析：“此器属于小型铜鼓，高约四十厘米左右，造型与云南楚雄万家坝出土的青铜鼓相似。”（详见傅于尧《盈江民族历史文物考察》，载《德宏文史资料》第十一辑）铜鼓实为百越民族特有的乐器，而海螺则是由缅甸传入的。

下图为笔者所藏傣族铜像一组，据称系土司家庙之物，有武士、侍女、乐队、舞者共二十人，俨然一个土司家庭的仆佣和卫士班子。铜像大约系晚清时的器物，从人物的服饰发型看，则要早得多，大概反映的是数百年前傣族土司的宫廷生活场景。其中有吹奏乐器者九人，舞者二人，舞者举手抬足之舞姿与今天傣族舞蹈一般无二，而乐者的乐器有铜铙、拍板、葫芦丝、海螺、鼓及象脚鼓，与《百夷传》等史籍所记载的情形相印证。

舞蹈者　打响板者　击钹者　击鼓者　吹海螺者　敲象脚鼓者

今日百夷的知识技能，在逐渐地增强，此种增强的原因，得助于他们教育之力甚大。这种教育，却不是汉人化的学校教育，而是他们固有的宗教教育。宗教教育之所以能跳出宗教范围而成为民间普及知识的工具，则完全由于摆夷文字之通俗易学。摆夷文字的来源、构造及其运用，已详述于本书第七章中。这种文字，最初本来完全是一种宗教的工具，专用以翻译佛经，后来却普及于民间而成为一般的文化工具。[1]在民国二十六年冬，芒市等六土司中，据土司自己估计，境内人民识夷文与不识夷文男子的百分比数如下表：

司名	能读人数	能写与读人数	写、读、作兼能人数
芒市	百分之七十	百分之二十	百分之五
遮放	百分之二十	百分之十	最少数
猛卯	百分之二十	百分之八	最少数
陇川	百分之三十	百分之十	百分之二
干崖	百分之六十	百分之三十	百分之五
南甸	百分之七十	百分之三十	百分之五

〔1〕据罗大云等人1954年在芒市那目寨所作的调查，全寨人口中识傣文的约占11%左右，这里所谓“识傣文”，是以“能登记账目、善写通知、阅读一般傣文书籍”以及有更深的“傣文修养”者为标准，大致相当于上表中“能写与读”，和“写、读、作兼能”两类。（见《潞西县那目寨傣族知识分子情况》，载《德宏傣族社会历史调查·一》）

一般人以为夷文之能普及于夷区中，原因是由于摆夷都是佛教徒，为着宗教上的需要便自动地学习夷文。我认为这不是根本原因，根本原因有两端：

一、夷文是一种简单的拼音文字，学习起来非常容易，据夷人自己说：只需三四个月的学习时间，便能读写应用。人民学习夷文，又非常便利，佛寺便是教育场所，和尚便是教师，不拘时间，不要报酬，随时去随时便个别教授。一般也用一种教科书，是一种手写夷文本，全书内容大体分为五部分：

A. 字母；

B. 附加音符；

C. 拼音歌诀；

D. 拼音练习；

E. 特殊词句——如数目字之另一种写法等。

可知一个夷人之学习夷文，实只学会了字母与拼音方法，便能应用。如此简单，其应普及是必然的。[1]

二、佛经是一种枯燥的甚至不能了解其意义的读物，为诵佛经而学夷文，恐怕学者不会如此踊跃，摆夷学习夷文的动机，有如说是为信仰宗教，莫如说是为了觅取精神上的粮食。原来佛经中有大部分并非枯燥的说教而是许多趣味的故事，在十余年前汉地故事小说尚未输入夷区时，这些佛经故事，便是摆夷民间唯一的精神食粮，人民为求知识（姑名之曰求知识）及寻取较高尚的娱乐消遣，便都到佛寺中去学夷文。因着此两大原因，摆夷文字在若干年前已有多数人民能认识了。由于此种文字的普及，使摆夷民众的智识，进到了一个新的阶段中，这种进步便是夷文由宗教应用的范围中跳了出来，用来大量的翻译出流行于汉地民间的许多小说故事。摆夷们天天读那些千篇一律的佛化故事，早已厌烦了，这些夷译的汉地小说一出，沙漠似的摆夷文化园地里，得到了这一批趣味充盈的读物，立刻便风行民间。据我个人在夷区中所见到用夷文译出的汉地小说，有如下的五种：

1.《三国演义》

2.《西游记》

3.《说唐》

4.《精忠说岳传》

5.《粉妆楼》

各书皆手抄本，虽然每一部小说的分量都非常大，然而抄本却是到处可以见到的。《三国演义》和《西游记》两书，曾随手翻了几张，请一个夷人译给我听，《三国演义》译得很详细，《西游记》译得极简略，如孙悟空译作一个猴子，猪八戒译作一个猪，牛魔王译作一个牛。某土司署里的几位贵族，现正着手翻译着《儒林外史》。〔2〕

〔1〕据1954年在芒市那目寨的调查，人们学习傣文的途径大致有两条：1. 家庭的教育：只要长辈识傣文，下辈识傣文的便很多，主要是家庭中自己教育培养，一般先学字母，然后练习拼音，待拼音熟练后，便可使用傣文。这样学出来的人程度较低，一般能阅读文字，写一些简单的字条，也有的能记账算账，应付往来文书。学习的时间都用劳动之余或夜间，学习的年纪有幼年即始，也有成年后才学。2. 佛寺的教育：入寺做和尚，请佛爷教授，这其中不乏后来又还俗的，这类都是自幼便开始学习，程度也较高；也有抽空去寺中学习，这类以成年人为多，傣文修养不一定有多高，但对傣文经典较为熟悉。（见罗大云等《潞西县那目寨傣族知识分子情况》，载《德宏傣族社会历史调查·一》）

〔2〕据1954年在芒市那目寨的调查，民间翻译的内地汉文小说有：《包公案》（仅译出“陈世美不认前妻”一节），《杨家将》，《薛仁贵征东》（仅译“污泥河救驾”一段），《薛仁贵征西》（仅译“大破杨凡”），《樊梨花征西》（仅“大破白虎关”、“收应龙”、“辕门斩子”几段），《五虎平南》，《五虎平西》，《东汉演义》（译“吴汉杀妻”一节），《三国演义》（译“过江招亲”及“桃园结义”两节），《庞太师走国》，《李旦走国》，《元龙太子》，《西游记》，《忘恩记》，《神仙传》，《三下河南》，《封神演义》，《薛刚反唐》，《河伯祭妇》，《龙虎传》，《三下河东》。（见罗大云等《潞西县那目寨傣族知识分子情况》，载《德宏傣族社会历史调查·一》）通过上述书目可以看出，从1937年至1954年这短短十数年中汉族文化的影响大大增加了。

又，《刀安仁年谱》载：1930年（清光绪二十九年），刀安仁请了几位傣文和汉文都精通的人，安排进干崖土司衙门书房，给予俸禄，着手“翻译汉文古代著作，如《三国演义》《西游记》《水浒》《聊斋》《秦始皇传》《西厢记》《薛仁贵征东》《薛仁贵征西》《薛丁山征西》《梁山伯与祝英台》《白蛇传》《包公案》《杨门女将》《唐王游地府》《三下河东》《五虎平西》等”。（见刀安禄、杨永生《刀安仁年谱》，德宏民族出版社 1984 年版）

这些汉地旧小说夷译后，对于民间的一般智识发生了什么影响，我可举一件具体的事实来代替说明：摆夷民间有戏剧——这也是西南民族中稀有的文化，发生时间不很早，三十年前始创于干崖土司衙门中，这因为几位土司贵族，曾经到过汉地的，于是模仿云南民间旧戏的唱做场面而以摆夷语演出。[1]云南戏俗称“滇戏”，大概其源也出于汉调，故与平剧是姊妹花，扮相、做作、服装全和平剧同，场面小有差异，弦琴唱调另成一格，行腔吐字则全用昆明语音。

〔1〕20 世纪 50 年代以后的傣剧较之傣剧出现初期已大不相同，除锣鼓镲钹等打击乐外，诸如胡琴、笛子一类的丝竹管弦也一应俱全，右图左下角中可见乐队之一角。男角的服饰已不再用滇剧戏装，而是着傣装。唱、念、做、打皆有其程序。演出的多是根据傣族民间叙事长诗改编，反映本民族生活内容的剧目，约三十部左右。《娥并与桑洛》是傣剧的代表剧目。

土司贵族们，便把滇戏全给搬到了夷地，只改换了两点：不用曲谱（即无唱调）；用摆夷语演出。这种娱乐，最初不过是几位土司贵族做着消遣的玩意，不久却普及于民间，每一开演时，万人空巷。现在各土司署内，都有票房式的班子组织，平民喜欢玩的，也组成了集团，或在司署中特建的戏台上出演，或便在草地上露天演出。开演时不收门票，任人观看。平日身严权重的土司或代办，这时也在民众喝彩声中粉墨登场。从艺术的观点上言，这种戏剧并不怎么高明。角色虽也分生旦净丑，粉墨彩面；道具虽也由昆明甚或远至苏、沪办来袍笏盔甲，但唱做则非常简单，道白与唱均用同一样的腔调，实际便可以说无道白与唱口之分。因为无唱曲，故不用琴和，每唱白两句，便打锣鼓一通，听来非常单纯。而台步动作，也无规例，但见进两步，退两步，手一指，脚一踢而已。不过，艺术虽然简单，对人民的智识影响却很大，最值得我们注意的就是剧本内

傣剧　江晓林摄于20世纪80年代初期

容变迁情形。据几位土司告诉作者，最初有摆夷戏时，所演的都是缅甸民间流行的故事，换言之，都是完全采用佛经中的故事来编为剧本上演，初时几位土司们觉得佛教故事太单调了，偶尔也把中国民间故事或直译滇戏剧本去上演，然而这种演出却完全失败了，因为观众对汉地历史社会一无所知，所以看起这种内容的戏便远不如看佛教故事那样的感到兴味。近数年来，情形可就大不同了，自从摆夷文翻译的汉地小说流行民间后，已经没有谁再以佛经故事来作剧本上演，所演的都完全是《征东》《征西》《三国》等中国历史剧，人民也没有谁再愿意看佛经故事的戏剧了。某土司署甚且排演过整本的《粉妆楼》，继续二十余日连台演出。从这个事实上，充分说明了摆夷民族由夷文的应用而提高了民间的智识水准。[1]

---

〔1〕家父1938年在《滇西摆夷研究·戏剧》中这样写道：

“摆夷有戏剧，据说是近几十年来的一种新兴娱乐事业，实际便是采取汉人旧戏的演出方法，用摆夷语言演出之。这在夷人社会中，可以说是最高级的一种娱乐。兹特将其详情略加叙述于后。

“A.起源　创始于干崖土司衙署，距今仅三数十年，当时是几位司署中的贵族子弟，由一时的高兴，粉墨登场，仿照滇戏（滇戏，即云南戏，大概其源亦出自汉调，与京戏是姊妹兄弟，服装与演出规例全与京戏同，锣鼓则小有差异。胡琴唱调虽与京戏不同，但两者都有渊源相似可寻；行腔吐字，则全用昆明语音，剧本十九与京戏全同）场面做作，用摆夷语演出。此种新娱乐一出，大得民间喜好，不久，各个土司署内的贵族，也仿照做起来，终于流传至于民间。人民子弟之喜欢玩耍的，也便约集多人，组成票房式的班子。到了今日，多数青年夷男，皆能随时哼几腔夷调，扯几个把子，摆夷戏可以说是已经普及民间了。

“B. 剧本　据说最初有摆夷戏时，所采来上演的，都是由缅甸流传到摆夷社会里的故事，也可以说当时的剧本，全部是由佛经及佛教传说故事中采出编写的。因为当时摆夷民族所知道的故事，便仅仅限于佛经中的这一点，若要舍此而另找题材，那便不易得到观众的了解。后来中国方面的几种小说如《三国演义》《说唐》《薛仁贵征东》《西游记》《粉妆楼》等，被译做了摆夷文，广大流传于摆夷社会中后，摆夷民族对中国民间流传的历史故事，便大感兴趣，于是摆夷戏的剧本，也便舍佛经故事而取中国小说做题材，甚至直接把滇戏唱本翻译去上演。今日的摆夷戏剧本，便已完全演的中国故事，流行的如《樊梨花征西》《薛仁贵征东》《三请诸葛亮》等，甚且有连台排演整部小说如《粉妆楼》（遮放土司署演唱）诸类者。

“C. 角色　亦分生、旦、净、丑；净与丑亦须粉墨其面。

“D. 道具　男角装饰衣服，全与京、滇戏所穿戴者同，所有龙袍、盔甲、靴带、刀枪、马鞭等物，都从昆明一带向戏班里买来，甚至有设法从苏州、上海一带购买者，故在土司贵族所组织的班子中，道具都十分讲究。唯旦角则全穿戴着摆夷妇女之盛装。

“E. 场面　非常简单，仅用大鼓、锣、钹，间或加以小锣、小钹诸种；不用弦子，敲打时仅有一个调门，不论出场、落场、转身、开打、起唱、落唱，都是敲打同样的一个调门。

“F. 唱做　唱与道白都是一种腔调，故实际上可以说无唱与讲口之分别，因为既无丝弦胡琴，唱时又没有板眼调门，故仅只是一种摆夷语的诵读。每唱白两句，即打锣鼓一通，听来非常单纯。唱时亦有动作把势，唯均极简单，但见进两步，退一步，手一抬，足一动而已。

“G. 演员　皆为喜欢玩耍的贵族和平民，全部是男子，女子尚无参加出演者，故女角亦全由男子所饰。较大的组织，都是土司或土司的亲贵所率领。

“H. 演出　一般都在新年或做摆期中，大家无事赶热闹时，便组织上演。若是司署中的贵胄所组织的班子，那出演多在司署中或家总（林按：亦作‘家奘’，即土司家族的佛寺）内的戏台上，亦准许人民自由往观。民间组织的班子，则在空地草场中演出，一概不收门票，任人团团围观。出演时之一切开支，皆由演者自己筹办。”

傣剧产生的时间有各种不同的说法，有的认为“只有几十年历史”（《傣族简史》，云南人民出版社 1986 年版），有的认为“已有一百多年的历史”（《新编德宏风物志》，云南人民出版社 2000 年版），更有的认为“傣剧……产生于明代，有五百多年的历史”（《傣族文化大观》，云南民族出版社 1999 年版），王胜华所著《云南民族戏剧论》（云南大学出版社 2000 年版）和刀安禄、杨永生著的《刀安仁年谱》（德宏民族出版社 1984 年版）二书中对傣剧产生的时间及经过的论述与家父的观点大致相同，都认为是十九世纪末叶至二十世纪初干崖土司刀安仁借鉴滇剧首倡傣剧演出。对于傣剧在初产生的三四十年时的具体情形，家父的叙述是最为详细而具体的，这是他身历其境亲眼看到的记述。

摆夷民间今日有这点儿关于中国历史社会的知识，都是夷文翻译的中国小说给他们的。这些小说是谁来翻译的呢？都是土司或亲贵们，这些土司亲贵们的汉文知识又是从什么地方得来的？是的，这在夷区中固早已有了汉化的教育了。下面的两种教育，创始之期，恐在三百年前：

1. 土司署中的家馆　各土司的传统习惯，为着对朝廷对汉官不能不发生语言文字上的往来，于是衙署中都有一个家馆，向汉地聘请一位汉人，负教育土司子侄辈习读汉文之责，唯一般所教者，都不过《三字经》《百家姓》等类，能教至《大学》《中庸》的，那是最高的程度了。

2. 私塾　大寨子，尤其是土司所在处的城子里，大都设立得有一二私塾，这是专为贵族阶级的子弟们习读汉文之用的。私塾先生，也是贵族们联合向汉地请来的，所教的也不外各土司署中那一般读物。

所以，土司和贵族，传统上都是有汉文知识的。

民国以来，政府对边地人民，不似过去之漠视，认为原有的私塾家馆，只能造就少数的特殊阶级。故在民国初年，云南省仿照内地设新学堂的办法，在夷区中创办学校。民国二十年，云南省教育厅派省督学张笏往腾龙沿边土司区视察教育情况，归来有一个详细的报告，兹录张氏报告中的要点，列为一表：[1]

地　名	学校数	经　费	教　本	教　员	土司所取态度
芒遮板行政区（即今潞西设治局所属芒市、遮放、猛板三司）	男女小学各一所	年收屠、酒、染三项捐款共铜钱一千四百八十千		头脑异常陈腐	与言兴学筹款，不过口头承诺而已
猛卯行政区（即今瑞丽设治局）	小学五校	年收腊撒屠宰捐四个卢比			腊撒土司盖炳铨对教育提倡甚力
陇川行政区（即今陇川设治局）	小学一校共二班六十余人				已定为教育经费之屠宰捐为土司把持，至全境学校完全破产
盏达行政区（即今莲山设治局）	小学八校	年有租谷二千八百五十箩		多数均头脑陈腐、知识浅陋	
干崖行政区（即今盈江设治局）	小学二校		干崖校中所教者，为大小对歌、《千家诗》，户撒学校教《三字经》	干崖校教员为一十余龄童子。户撒童子。户撒教员识字无多	

自民初开始办理边区学校，至二十年止在腾龙沿边摆夷区中，成绩不过如此。近十年来，中央对边疆，深切注意，对边疆民族教育，力谋改进，云南省政府承奉此旨，于民国二十年四月，由省府制定《边地民族教育实施法令》公布，据该法令第二条载：

“所谓边地，系指本省腾永一带暨思普一带准县地方，其不在上指沿边地方而地处边界，其人民多系土著，其文化尚未达到与内地同等者，均在实施边地教育之列，各族地方人民。由六岁以上至五十岁，凡不识汉字，不通国语者，均在应受边地教育之列。”

明白规定了边地教育的实施对象是土著住民。又第四条载：

“边地教育之实施，以自民国二十年八月一日起，至二十六年七月底止，为第一期；自二十六年八月一日起，至三十二年七月底止，为第二期，应依限完成及普及。”

接着第五条便规定：

“在第一期推行期限内，各地应就地创设或推广初级小学暨民众学校，其数量以足敷应就学人数之半数为率，其小学适用简易编制，其民众学校以识字训练为主，但均应特别注重汉语文之通行。”

同时，教育部拨给该省边疆教育补助专款，用以设立边区小学及培养夷民师资，于是在腾龙沿边摆夷区中，便次第设立了下列诸学校：

1. 省立腾越简易师范——在腾冲县城内。

2. 省立梁河小学——在南甸土司属境内之大厂，有分校设在土司署所在地之遮岛。

3. 省立莲山小学——在盏达土司境内。

4. 省立盈江小学——在干崖土司境内。

5. 省立陇川小学——初设陇川属境内之章凤街，后移陇川土司署所在地。

6. 省立瑞丽小学——在猛卯土司属境内之弄岛。

7. 省立潞西小学——在芒市土司属境内之猛戛，有分校设在芒市土司城附近。

各学校对来入学的学生，定有以下的优惠条件：

1. 免交学费；

2. 供给书籍；

3. 供给住宿；

4. 发给衣服；

5. 简易师范生供给膳食；

6. 小学学生给予奖学金；

7. 免蠲就学学生家庭对地方上应纳之户捐。

这不能说不极尽优待了。民国二十六年冬及二十七年冬我两次入边区时（这已经是法令中规定第一期边教完成，第二期开始的时候），所看到的诸省立小学的实情，就表面现象说，有下述几个特点：

一、各校校址所在地，除少数几校外，多不在夷区而设在夷地中的汉人聚居区内。

二、各校学生多数不是夷人而是汉人。——这与校址所在地大有关系。例如陇川省小设在夷人集中地的土司城子，梁河省小设在南甸土司衙门内，潞西省小分校设在摆夷寨中，各校学生便是夷占大多数；其他诸校都在汉人区，故夷人学生平均不及全校学生数十分之一。

三、实到学生数与名册登记学生数相差很大。

四、对入学的夷民，并未曾做到如规定应给与之优待。

五、全用内地通用教科书及一般教学法教授。

如是，所能收到的效果，那是只需稍明了边地情况的人便可意想到的。对于任重道远的边疆夷民教育的实施人，作者不当有所论列，这儿，且告诉读者几个亲见或亲听之于边民们所说的边疆教育的故事：

二十七年，我与中央振济委员会组织的考察团乘车沿滇缅公路到西南极边的一个土司境中，在一个清晨（实际已九点钟），和六七位团员去参观一个省立小学，走入时见四个空空的大教室中，只有三个学生，校长尚未起床。两位老师来接待我们，可他又未说明校长尚未起床，致我们冒昧地走入校长卧室中一见床头有烟具。后经加以解说，才知学生只有三人，因为校长新接手，正值农忙时期，尚未正式召集学生上课；所以有烟具，因为夷地瘴毒厉害，初来的人要不来这么几口，便有性命之忧；所以迟些，因要待大雾稍退，免中瘴毒。原来这位校长正是“三不一吹”主义的奉行者。

二十六年住在某土司署中，一日，与土司闲谈，土司说：数日前这里的省小校长，曾与他斗过气来。问他斗气的原因，原来是校长在去年九月到差后，便呈报教育厅四班学生已招齐，照章开学上课，但直到今年秋天，仍然为没有学生而不能开门，校长便走来质问土司何以不替他招生（依定章土司有协助学校招生之责任）！“倘你再不把学生给我，我将控诉你到教育厅！”这位土司回答他的话很幽默：“我不给你学生使你不能开学，固然是我的不是，但你若控诉我到教育厅，那不是处理在你而不在我了，何以故？倘若我不给你学生，你何以能在去年九月间便呈报教育厅四班学生已招收足额开学上课了呢？”

二十五年，教育厅新委一位某君做某省立边小的校长，这位校长到了腾冲，便畏惧烟瘴不敢再往前走，住在腾冲县民众教育馆中，开馆办公，遥领校权，而呈报已到校视事。如是未及一年，不幸得很，这位校长真病死在腾冲了。噩耗传到昆明，教育主管机关为之大开追悼会，某要人登台演说，声泪俱下，誉之为边疆民族教育之烈士。而这位烈士，根本就未曾走入边地一步。〔2〕

对于这一个保有多少原始生活情况的摆夷区域内的教育，应当怎样去设施办理，这儿不宜多谈，作者另有《论西南民族教育》〔3〕一文，有较具体的意见贡献。这里，仅要说一句：摆夷区域中已办理的各个学校，对摆夷的社会文化，似乎尚未发生任何方面的作用。〔4〕

---

〔1〕张笏：《腾龙边地状况及殖民刍言》，载《云南问题研究·上》，昆明昆华民众教育馆版。

〔2〕对新中国成立前当地学校教员抽大烟、赌博、设赌、敷衍教学的情况，可参阅潭森、卢军、马守先调查整理的《潞西县文教情况》（载《德宏傣族社会历史调查·一》）。

〔3〕《论西南民族教育》一文，未能查出刊载于何刊物，不知与家父1939年在《青年中国》（季刊）创刊号发表的《云南西部之边疆夷民教育》一文是否为同一篇文章。

〔4〕不算土司衙门以私塾的形式请内地汉人教授贵族子弟汉文，根据民国时期的档案资料，德宏对普通平民实施的学校教育大约始于1920年，至今有近百年的历史。对德宏地区学校的发展，笔者根据1944年云南省教育厅国教科报表，1948年云南省政府视察室对腾龙沿边各设治局视察报告及1999年版《德宏州志》、1999年《德宏年鉴》、2000年《德宏州统计资料》等资料，对当地自20世纪40年代初至90年代末的教育情况列出四表，从中可看出新中国成立前后德宏教育情况的巨大变化。由于新中国成立前的资料零乱矛盾，且统计中水分不少，因此表一和表二所列数字可靠性不高，仅可作为参考。

表一：1941 年至 1942 年腾冲延边各设治局边地小学情况

<table>
<tr><td rowspan="2"></td><td colspan="2">1941 年</td><td colspan="2">1942 年</td><td>1943—1944 年</td></tr>
<tr><td>班级数</td><td>学生数</td><td>班级数</td><td>学生数</td><td rowspan="6">因地方沦陷而停办</td></tr>
<tr><td>省立梁河小学</td><td>6</td><td>240</td><td>6</td><td>233</td></tr>
<tr><td>省立盈江小学</td><td>5</td><td>200</td><td>5</td><td>190</td></tr>
<tr><td>省立莲山小学</td><td>6</td><td>270</td><td>6</td><td>255</td></tr>
<tr><td>省立陇川小学</td><td>4</td><td>160</td><td>4</td><td>140</td></tr>
<tr><td>省立潞西小学</td><td>6</td><td>150</td><td>6</td><td>144</td></tr>
</table>

表二：1948 年腾龙沿边各设治局教育情况

地名	学校数	班级数	教职员数	学生数	备　注
潞西	44	76	93	1886	班级数含复式班
瑞丽	5	不详	5	432	
陇川	16	不详	不详	666	
盈江	6	17	14	332	其中旧城一校，有 3 个班，94 名学生，6 名教职员
莲山	12	不详	不详	约 600	其中太平、芒允二镇一校，12 个班，250 名学生，14 名教职员
梁河	10	不详	不详	不详	其中复兴、遮岛二镇有学生 213 名，教职员 6 名

表三：2000 年德宏州教育情况

<table>
<tr><td rowspan="3"></td><td rowspan="3">成人高校</td><td colspan="4">中等学校</td><td rowspan="3">小学</td><td rowspan="3">幼儿园</td><td rowspan="3">总计</td></tr>
<tr><td rowspan="2">中等专业学校</td><td colspan="2">普通中学</td><td rowspan="2">农业职业学校</td></tr>
<tr><td>初中</td><td>高中</td></tr>
<tr><td>学校数</td><td>2</td><td>5</td><td>72</td><td>11</td><td>9</td><td>859</td><td>69</td><td>1027</td></tr>
<tr><td>教师数</td><td>46</td><td>198</td><td>3001</td><td>270</td><td>239</td><td>6277</td><td>434</td><td>10465</td></tr>
<tr><td>学生数</td><td>777</td><td>2158</td><td>60726</td><td>3844</td><td>3273</td><td>136128</td><td>13041</td><td>219947</td></tr>
</table>

表四：2000年德宏州各县（市）教育情况

	幼儿园			小 学			中 学		
	所数	在园人数	教工人数	学校数	在校人数	教工人数	学校数	在校人数	教工人数
州直	1	543	57				2	2791	250
潞西	7	2873	85	150	38897	1949	16	18100	907
瑞丽	9	1632	51	45	10643	788	9	5597	414
梁河	3	2154	83	218	21657	1152	10	9987	592
盈江	18	1450	45	344	41166	1723	18	13763	799
陇川	5	1080	45	82	19942	1043	11	8875	595
厂矿	7	849	49	19	3630	277	4	1587	169
民办	19	2460	171	1	193	12	2	26	31
合计	69	13041	586	859	136128	6944	72	60726	3757

林按：从表三、表四中，无法看出少数民族学生人数，根据1999年《德宏年鉴》，当年德宏各级各类学校共有学生211900人，其中少数民族学生111100人，占学生总数的52.4%，而当年德宏州少数民族人口占全州总人口的50.6%，少数民族学生比例超过少数民族人口比例，这是大可欣慰的事。

第十章　摆夷们的希望

摆夷区域中他种住民—传统的贪污政治—不明边情的边官—边区的国际关系—摆夷们要求良好的官吏—寄居摆夷地中之汉人的行为—摆夷们要求合作的开发—土司制度的存废问题—摆夷们之期望政府者—建设边疆的国防武力—九土司呈中央文

读者诸君在读完了本书上面九章之后，第一个浮起的印象，大概都在惊奇着这辽远的边区里住着的这数十万土著住民，并不似我们想象中的那样原始，那样野蛮，那样没有文化；相反的，他们也有着不仅较其他西南边民为高，或者较内地农村更高的文化，正过着不仅较其他西南边民为优，或者较内地农村更优的生活。试看与他们同居这一区域内的他系住民，如山头（Kaichin）、傈僳、崩龙、阿昌诸种人，不论从面貌、衣饰、生活、习惯、宗教、文化任何一方面言，摆夷都立在超越的地位。就是邻近诸县区中的汉人，试看自昆明西行沿边的情况，除了几个平原较大、农产较丰的县境，人民稍可不忧于衣食外，其他若干县区，一般民众的生活，那才真够得上说是穷，穷到没有裤子穿，这不是笑话而是普遍的现象。有的县境中，如漾濞，如龙陵，找不出一块十数里方圆的平原来，人民住在山间，吃的是苦荞、玉蜀黍，有点盐、辣椒和开水，那算是美味，有的人竟生平未曾吃过米饭。鸠衣百结，那算是好的，赤着身体披破絮，那不算一回事。至若污浊、简陋、疾病、愚蠢，更是一般的普遍现象。在这一带地内，看不到一个精神健旺的青年或面色红润的孩子。然而，一走入了摆夷区，情形可两样了，姑娘们多么活泼美丽，甚至坐在街头卖小菜的老婆婆，也穿戴得整齐清洁。在街场中，很不容易看到穿破烂衣服的摆夷，这是未亲到亲见的人们所想象得到的吗？又试看摆夷的制作品、音乐、戏剧、文字，我们能称之为野蛮吗？这都全就民间情形而言。至于统治阶级的土司们，那更足以令人难信，所谓土司，一般人的印象当不是如本书所告诉读者那样的西装革履谈笑风生的智识人物吧？就是作者自己，最初也正准备着到边区去过几天原始的生活，想不到在那儿有高楼大厦可住，有流线型的汽车可乘，有可口的餐饭，有新式的猎枪供我游猎，有精美的收音机使我听到南京的战情——二十六年我第一次入夷区，滇缅公路尚未修筑，自大理以后，对于国事消息便完全断绝。及入土司区，第一夜在土司官卧室中听到收音机报告的，便是我军放弃南京的消息。——这也都是未入夷区的人们所想象得到的所谓“原始”情形吗？

国内诸省的人们不很清楚这一个区域里的实际情形，不足为怪，而邻近边区的昆明，甚至更近边境的若干县区的人们，也同样不清楚这一个区域的实情。于是，历来政府对这一个区域的设施，不论政治的、经济的、文化的，不唯都一概徒劳无功，且进而引起了相互间的误会和恶感。试化验摆夷对汉人们的一般观念，所得者准不会超出“疑忌”、“畏惧”、“憎恶”、“痛恨”诸种原子之外，这其中原因究何在？由摆夷自己的解答，使我们知道边区官吏人选不当及入边汉人行为不正，实为主要造因。一位有识见的摆夷对我说，据他个人所知道的入夷区来的汉官，实不出两类：一类是拼命要钱的贪官，一类是不明边情的蠢官。这话虽说得太重，其中也不无道理。历来内地国人，皆视边疆为蛮烟瘴雨之区，因而政府委官也便很难得适当人选，边官们或由能力的限制，或因观念的错误，除少数外，大都不失之贪污，便失之不明边情。[1]

原来边区官吏以边民为奇货，做边官的都想发点趸财，这并非今日官场的新花样，而是五百年前早已建立起来的官规了。岂不见《明史·宦官传》所载：“钱能……镇云南，遣指挥使郭景、卢安等索宝货于干崖、孟密诸土司。”又不见《明史·土司传》所载：“宣德中，参将吴显忠率兵入土司府猛廷瑞寨，尽取猛氏十八代蓄赀数百万。”这可以说是“额外”的索取，故尚能于数百年后见之于载籍中，至若例规的应得，那是在受者与给者双方都认为是当然的。例如土司袭职，边官便是进财的好机会，有一道衙门打点不周到，便休想得到准袭的圣旨，这一大宗袭职运动费，表面上是土司所出，实际全是取之于民。上文不是说过土司袭职时要向人民大大的征派一笔款子吗？[2]我住在每一个土司署中时，人马夫役，全受土司署的厚宴招待；入村寨考察时，都有人率领翻译；每离去时，必有汽车或夫役相送；向他们征集些衣服用品带回去作民俗品陈列展览，又必尽量择好的送给，深觉过意不去。然而每当离去一个土司地，要土司代办们给我写一点纪念语时，他们都不约而同地以廉洁来颂扬我，我正感到白吃白住兼收了民俗品，自问已有违本人“秋毫无取”之训了。于是便转而问他们，何以才算作不廉洁？他们告诉我：凡汉官入夷区的，除照例的酒食招待外，临走还得向土司索取旅费：老爷的、下人的，若不如愿，休想送得出境。摆夷便把这类官员给了一个“贪官”的名号。

另一类则视边官为放逐贬谪，将边区当作修身养性之所，高卧而治，不问民情。因对边地实情之不了解，故偶有设施，不仅不能得到预期的效果，反而生出意外纠纷。这类人纵虽不欲为非作歹，但想有所建树，也只好说一声心有余而力不足。摆夷便把这类官员给了一个“蠢官”的诨号。作者以为像这类官，蠢虽未必，而不识边情则是实在的。说句开罪政府的话，作者在边地中，就从未遇到过一位具有边疆知识的官吏。要问他们民情风俗，辖境内的地理物产，诚实些的，他可以直爽地告诉你，或因畏瘴，或因畏民情野蛮，或因自己体弱多病，所以很少机会出去看看，恕未能详告。狡猾些的，他可以对你编出一套想象的诳语，在我的调查工作中，遇到此类的事不止一次，真令人哭笑不得。由此种不明边情的人来做边官，对边政无所建树寻不打紧，而往往由治理不当而引起民间的变乱。二十七年的秋天，陇川土司境内便闹了这么一个乱子：一位新任的设治局长到任后，看到街场上的山头、傈僳、摆夷诸边民的男子们，均各腰挂二尺许的大缅刀一柄，这位局长认为是迹近野蛮，下令一律不许带刀入市。他却不知山头等边民，散居四山，度的尚是刀耕火种兼狩猎的原始生活，这一柄刀，斩薪伐棘得用它，削竹制具得用它，狩猎时用它猎兽，行路时用它防身，确实是边民们寸步难离的生活工具，故这位局长禁令发布后，人民依然带刀如故，局长不禁大怒，令局丁武装入市没收带刀，这样当场冲突，局丁开枪打死山头一人。次晚，四山的山头，聚集百余人，呼啸而来，到陇川设治局所在的章凤街，声言杀官报仇，放火把一个百余户口的汉夷杂居的市镇，烧去大半。这位局长，侥幸躲在厕坑里未被捉住焚死，但一座设治局官衙被烧做了瓦砾场。像这类事，我们认为在国家锐意经营边疆的今日，是一个遗患无穷的根源。

这一个摆夷区与其他的夷区还有一个不同点，那就是兼有着国际的关系。所以，在理想上，凡到这里来做边官的，不仅要明白边疆情形，且须具有国际外交的常识与才干。因为这里常有国际间的交涉往来事件，边官们倘处置不得当，或行为失检，小之有失国际体面，大之真可丧权辱国。中英两国交界之地，每隔年有一会审案件之举。届时，由中英双方派员组成会审公堂，审判交界地区两国人民所发生的纠纷案件。在昔，我方例以腾越道尹为会审长官，各设治局长为陪审官。后道尹取消，改以腾冲殖边督办代之。据夷民们说，在会案中，中国胜诉者必是不关重要的案件，关系重大之件，胜诉必为英方。这因中国官员在会审时多不发言，任凭对方处理。边官们起居行动贻笑国际之事甚多，如：约会之不遵守时刻，行为不检之被外人轻视；有某局长在市场上与人民扯住衣服互殴，被外人拍照以去（此照片我曾亲见）；某局长在南坎医院中养病，调戏看护女，被逐出医院；诸如此类的事，在国内发生不算什么，在国际上发生，那真有些不雅。在边区中，各土司与英缅官员及传教士们，时有交际往来之事，而代表我国政府的设治局长，则除会案外，绝不与外人发生私人或代表国家的交往，这似乎也不是敦睦邦交之道。——这话可又得说回来，这情形可就不能责之边地官吏，设治局衙署大多是几间破房，除用作办公场地外，又用作宿舍，不仅是局长、职员们的宿舍，且是局长、职员们的家眷们的宿舍，设治局长的薪俸，几至不能维持伙食，何能如土司，长袖善舞，与外国朋友饮香槟、开夜宴呢？摆夷人民虽然没有什么国际知识，但希望我国在国际上做点面子事，则大家似乎都有这种要求，也许是身历其境者必然有的反映。至于近滇这一带的缅甸境内的侨胞，对于这些有失国际体统的政府人员们，每说起时，更不禁摇头三叹。

可怜今日的边区中，能求得不贪、不蠢、不遗笑国际的官吏，真就不得了。边区有了这些官吏，不仅使边民看轻汉官，且使边民减低了对政府的威望，在国际间更留下许多不良影响。所以，沿边的摆夷们，不论土司或人民，有一个共同的愿望，期望政府派来几个好官。

摆夷的经济生活，一般说来，不仅较之其他边区诸族为高，且亦高过居住边地中的汉人，这已详述于上文。不过，倘使以摆夷区域的地理及物产来说，那他们现有的生活，似乎距离所应得到的享受水准尚很远。这一点，许多摆夷自身也很知道。对他们讲到开发边疆，他们都很高兴，他们很愿意有较高的享受，很自耻知识的落后。但他们对于入夷地工作的汉人，仍抱着不甚信赖与合作的态度。这种情形，我们不责怪摆夷，也不是土司或汉官之过，而是由寄居夷区的多数汉人的行为所造成的。夷区中之有汉人寄居，上文已言之，这些汉人，从居住的时期上言，可分为两大类：一类是固定居住的，在夷区中择一气候较凉的高地，拥家长住其间，这便是各土司地中所谓汉人寨子。如芒市属境中的猛戛，陇川属境中的章凤街，猛卯属境中的弄岛，南甸属境中的大厂等都是；另一类是流动往来于夷区中的，邻近夷区之汉地内的汉人，每年在霜降节以后，结群走入夷区，次年清明节前后又回到汉地，那便是所谓的“走夷方”。

走夷方的大体是工匠，因为夷地中最缺乏各种专门技术人才如泥工、木匠等。附近夷区诸县如腾越（今腾冲）、龙陵、保山、顺宁（今凤庆），远至祥云、镇南（今南华）、楚雄等地的男子们，每到冬天，便成群结队地走入夷区，用血汗和性命，换取较厚的工资。幸而不中瘴毒死亡，则明春回归汉人地时，这几个月的工资便足够一家人全年的吃用。这种工作，确实是辛苦而冒险，据说走夷方的，平均每年总有十之一二死在夷地中。这类人对夷地的建设有着很多的贡献，其吃苦的精神，也足使边民奋感，我们认为他们已尽了到边地去的任务。唯第一类固定居住夷区的汉人，则对于夷区所发生的影响，是利少而害多的。这类汉人从职业上说可分为三类：一是官吏，官吏在边区的作为及对边民所发生的影响，已见上述；二是小商人，他们主要经营的商品是将夷区中的土产如米谷等贩运到汉地，将汉地或缅地的日用品贩运到夷区；三是投机家，如种植鸦片及贩运鸦片，这因二十六七年时，云南全省厉行禁烟，唯边地遥远，政令难周，划为展种区，奸宄之徒便乘机匿迹而营此非法生活。[3]再如赌商，已在本书第六章中说过，夷地中现行流行的赌博，皆由汉人传去，且经营赌博事业的，又都是汉人。再如高利贷者，每年于播种时借款与夷人，收获时以新谷抵价，谷价则在借款时订明，较市价要低一半。这诸种人散布在夷地中的数量不少，以南甸一司论，据土司龚印章君言，全境三万余人，汉人约占十分之六。这固然是特殊情形，因为南甸是由云南入缅甸的大道（在滇缅公路未通车前），又紧邻腾冲，自汉地禁烟以后，腾冲种烟者皆相率迁入南甸，故有此种汉多于夷的现象。其他诸司，汉人多者占全境人口十之三（如芒市），少者亦占十之一（如猛卯）。[4]理论上说，这样多的汉人，这样长久的居住在夷地中，应当对于夷人的文化经济有所提供。但结果，却适得其反，从他们有诸种投机经营有发生的结果，便是把天真质朴的摆夷社会，给点上些都市的罪恶而已。凡稍有见识之摆夷，对汉人高利贷者之盘剥，赌博营业者之导人为恶，莫不言之切齿。更且这一类汉人，守着很深的歧视边夷的见解，抱着唯利是图的目的，这自然不能希望他们对开化边民工作上有所贡献。

走夷方者　摄于1937年

所以，摆夷们第二个共同愿望，期望内地人们到那里去与他们合作来提高他们的经济文化水准，但可不期望如这些投机家的作为。——这现象在滇缅公路通车以后，许有多少变动，在芒市、遮放境内，有若干以新的形态进入夷区的工作者，希望这些新工作者的所

边地中随处可见的罂粟花　摄于1937年

作所为，能满足夷民们的这一期望。[5]

---

〔1〕1937年，家父首次到腾龙沿边考察时，为求考察工作进行顺利起见，事先曾由云南省政府、滇黔绥靖公署分令经行各县区、各设治局、各土司署，着其切实协助并保护其工作，以为如此做来，大可工作无碍。及至走到龙陵县，所听到的多是讲那里官吏的贪污压榨；到了边区，当地政府官员的怠惰和无知令他异常惊讶和失望，他们根本不能对考察工作有所帮助。他的首次考察实际是在傣族土司和百姓的积极协助下完成的。

〔2〕各级官员们乘土司向朝廷或主管政府申报职位承袭而大发其财，可说是与土司制度并生的弊病。除文中所引明代史实外，清代亦如是。早在清初，官员借土司承袭，无端刁难，敲诈勒索已十分严重。雍正初，云贵总督高其倬上疏："土司承袭，向有陋规。"(《清史稿》卷二百九十二《高其倬传》) 雍正三年川陕总督岳钟琪的奏折中说得更明白："土司承袭，文武吏往往索费，封其印数年不与。"(《清史稿》卷二百九十六《岳钟琪传》) 民国时期，此风愈甚，不要说承袭土司职位，就是谋一个代办，其花费也十分高昂。1941年，方克胜为取代刀京版任勐卯土司代办，仅向云南省主席龙云一人就送了二辆林肯牌轿车，花去黄金二十一斤。（参看《芒市末代土司方御龙自述》）

〔3〕据1935年云南省政府公布的《禁烟方案》，要在三年内分三期在全省禁绝鸦片。第一期包括昆明市及周边三十七个县，"禁种自民国二十四年秋间起，禁运内地自民国二十五年一月一日起，禁吸自民国二十五年一月一日起"；第二期再推广到四十七个县，"禁种自民国二十五年秋间起，禁运内地自民国二十六年一月一日起，禁吸自民国二十六年一月一日起"；第三期包括潞西、盈江、瑞丽、莲山、陇川、梁河诸设治局在内的四十四个县和准县，"禁种自民国二十六年秋间起，禁运内地自民国二十七年一月一日起，禁吸自民国二十七年一月一日起"。当然，此《禁烟方案》不可能得到认真的实施，最终，禁烟变异为官员们的敛财之道；所谓"禁种"、"禁运"、"禁吸"也只是从公开变为较隐蔽而已。但就此法令言，使得在全省大部分地区禁毒后，腾龙沿边这几个傣族土司区种毒、运毒和吸毒是公开而合法的，这就致使文中所说的"奸宄之徒"纷纷至此地做鸦片生意。（资料来源：一九三七年京滇公路周览筹备会云南分会编辑之《云南概览·民政·禁烟》）

〔4〕对于当地各族住民人口数，当时始终没有一个较准确的统计。新中国成立初期粗略的调查估计为：

全州205000人。各地分别为：

潞西县：58000人。

梁河设治局：45000人。其中汉族占45%，傣族占30%，景颇族占8%，阿昌族占5%，傈僳族占3%，德昂族占2%，其他民族占8%。

盈江设治局：35000人。其中：干崖30000人，傣族占60%，景颇族占20%，汉族占15%，阿昌族、傈僳族、德昂族共占5%；户撒5000人，景颇族占55%，汉族占30%，傣族占15%。

莲山设治局：20000人。其中傣族占50%，汉族占30%，景颇族、德昂族共占20%。

陇川设治局：25000人。景颇族占65%，傣族占25%，汉族占8%，德昂族、傈僳族共占2%。

瑞丽设治局：22000人。其中：猛卯20000人，傣族占70%，景颇族、德昂族共占29%，汉族、阿昌族共占1%；腊撒2000人，景颇族占25%，汉族占20%，阿昌族、德昂族共占45%，傣族占5%，其他民族占5%。（见《德宏傣族景颇族自治州几项调查汇集》，载《德宏傣族社会历史调查·一》）

当地最早的人口调查统计始于1953年，现根据1953年、1971年、1982年及1988年人口统计资料，编制如下表格：

表一：德宏州主要居住民族人口状况表

	1953年	1971年	1976年	1988年	2000年
全州总人口数	464518	580378	655633	858865	1043809
其中：汉族人口	158500	306904	339656	426581	491075
傣族人口	176000	178914	203521	273992	325798
景颇族人口	100500	64833	77395	106829	125099
阿昌族人口	17158	13741	15995	21568	26649
傈僳族人口	10950	9612	11990	19003	62419
德昂族人口	710	6096	7076	10892	12769
佤族人口	700	278	—	532	875
汉族在总人口中所占比例	24.70%	52.59%	51.44%	49.17%	48.22%

表二：路西主要居住民族人口状况表

	1953 年	1971 年	1976 年	1988 年	2000 年
路西总人口数	101200	187890	209910	278128	324512
其中：汉族人口	15000	99076	107327	139416	161317
傣族人口	65000	68911	77856	103564	122017
景颇族人口	20000	13789	17410	23901	27827
阿昌族人口	—	789	949	1401	1714
傈僳族人口	1000	1125	1406	2165	2658
德昂族人口	200	4200	4962	7681	8979
汉族在总人口中所占的比例	14.82%	52.30%	50.77%	49.53%	49.00%

表三：梁河主要居住民族人口状况表

	1953 年	1971 年	1976 年	1988 年	2000 年
梁河总人口数	74100	97267	107814	136402	155626
其中：汉族人口	50000	70318	79333	95389	105541
傣族人口	14000	18766	19381	28410	33924
景颇族人口	4500	631	705	1031	1569
阿昌族人口	3500	6427	7443	9711	11980
傈僳族人口	1400	405	446	714	1114
德昂族人口	—	448	506	670	755
佤族人口	700	272	—	477	743
汉族在总人口中所占的比例	67.48%	72.17%	73.19%	69.59%	67.44%

表四：盈江主要居住民族人口状况表

	1953 年	1971 年	1976 年	1988 年	2000 年
盈江县总人口数	134418	147296	166949	220609	255102
其中：汉族人口	32000	62917	70489	91516	103270
傣族人口	57000	56534	63808	81946	95410
景颇族人口	26000	21336	24463	33814	39600
阿昌族人口	10658	59	127	295	624
傈僳族人口	8400	6209	7782	12640	15802
德昂族人口	360	241	280	398	396
汉族在总人口中所占比例	23.76%	42.55%	41.99%	41.18%	40.10%

表五：陇川主要居住民族人口状况表

	1953 年	1971 年	1976 年	1988 年	2000 年
陇川县总人口数	61000	89947	105643	138853	202399
其中：汉族人口	3000	45054	52221	64828	74812
傣族人口	20000	12972	15709	21984	27104
景颇族人口	35000	23061	27443	37799	44690
阿昌族人口	3000	6460	7458	10123	12253
傈僳族人口	—	1833	2214	3198	42400
德昂族人口	—	567	598	921	1140
汉族在总人口中所占比例	4.92%	49.13%	49.06%	46.25%	45.24%

表六：瑞丽（含畹町）主要居住民族人口状况表

	1953 年	1971 年	1976 年	1988 年	2000 年
瑞丽县总人口数	35800	56972	65317	85350	107510
其中：汉族人口	500	28539	30286	35432	46135
傣族人口	20000	21731	26767	38088	47343
景颇族人口	15000	6016	7374	10284	12010
阿昌族人口	—	6	18	38	78
傈僳族人口	150	40	142	286	445
德昂族人口	150	640	730	1222	1499
汉族在总人口中所占比例	1.40%	49.60%	45.76%	40.43%	42.06%

从上列诸表中可知，由 1953 年至 2000 年的 47 年中，德宏州汉族人口在全州人口中所占的比例由 24.7% 增长到 48.22%，其中原来汉族住民最少的瑞丽、陇川和盈江增长最多，且汉族大量迁徙的时间主要是 1953 年至 1971 年这 18 年里：瑞丽从 1953 年的 500 人增长到 1971 年的 28539 人，增加了 56 倍多；陇川从 1953 年的 3000 人增长到 1971 年的 45054 人，增加了 14 倍多；盈江从 1953 年的 32000 人增长到 1971 年的 62917 人，增加了近一倍。到 1971 年，汉族人口在全州总人口中所占比例达到最高值（在五个县里有四个县也如此）。此后，汉族大量的迁徙停止了，汉族人口在总人口中所占比重在逐步下降，其原因在于大批知青返城以及计划生育的控制对汉族比对少数民族更严格，因此汉族人口自然增加率低于少数民族。近年来随着改革开放的深入，边疆经济的发展以及户籍政策的宽松，德宏州汉族人口所占比重又有所回升。

〔5〕对于“摆夷们的第二个共同愿望，期望内地人们到那儿去与他们合作来提高他们的经济文化水准”，在旧时代是无法实现的。新中国成立后人民政府对德宏州各项建设事业的关注和支持（包括上表中显示的汉族移民），使得当地“经济文化水准”有了巨大的飞跃。以 1952 年与 2000 年德宏国民经济主要指标来对照，便足以证明。（资料据德宏州统计局 2000 年统计年鉴，1952 年无数据的，以其他年份的数据代替，在数据下注明了年份）

表七：1952 年与 2000 年德宏州国民经济主要指标对照表

教育卫生

年份	中等专业学校在校生数（人）	普通中学在校生数（人）	小学在校生数（人）	卫生机构数（个）	床位数（张）	专业卫生技术人员数（人）
1952 年	1082（1978 年）	100	7100	8	27	137
2000 年	2049	60926	136128	128	3122	3465

工业

年份	工业总产值（万元）（1990 年不变价）	食糖（吨）	酒精（吨）	发电量（万千瓦小时）	水泥（吨）	全社会固定资产投资（万元）	其中	
							基本建设投资（万元）	更新改造投资（万元）
1952 年	2	265（1957 年）	1（1962 年）	12（1957 年）	2100（1975 年）	2178（1978 年）	1	369（1980 年）
2000 年	171485	331895	31950	63595	425900	118692	82087	3414

人口

年份	年末总户数（万户）	年末总人口（万人）	其中			人口自然增长率（%）	年末社会劳动者人数（人）	全部职工人数（人）
			农业人口	非农业人口	少数民族人口			
1952 年	6.83	34.51	32.04	2.47	21.61	20.30（1978 年）	288038（1978 年）	31097（1978 年）
2000 年	23.32	101.83	82.88	18.95	52.72	7.28	567256	86373

财贸

年份	社会消费品零售总额（万元）	邮电业务总量（万元）（1990 年不变价）	边境贸易进出口总额（万元）	其中		财政总收入（万元）	财政总支出（万元）	职工年平均工资（元）	农民人均纯收入（元）
				进口（万元）	出口（万元）				
1952 年	762	8	342（1978 年）	62（1978 年）	280（1978 年）	13	42	590（1978 年）	87（1978 年）
2000 年	166178	25131	213986	30101	183885	35058	72356	7559	1142

产值

年份	国内生产总值（万元）	第一产业（万元）	第二产业（万元）	第三产业（万元）	人均国内生产总值（元）	农业牧渔业总产值（万元）（1990 年不变价）	粮食（万吨）	油料（吨）	甘蔗（万吨）	猪牛羊肉（吨）
1952 年	2653	2310	5	338	68	12283	12.15	260	0.28	—
2000 年	367967	122939	93563	151465	3631	126136	39.68	17116	256.06	28553

摆夷们对土司有什么期望？这问题可就难说。我凡与摆夷人民谈话时，总必问到司官（人民称土司为司官）对你们怎样？而得到的答复，都一律说司官待我们很好。事实上，我们深知道，绝对没有每个土司的行为，都如是值得全体人民一致道好的，然而真没有说土司坏话的摆夷。这事实加以研究，实有着其内在的原因：一则作者是土司署的上宾，人民自然不敢把怨望土司的话对我来说；再则土司制度数百年相袭的统治着人民，在我们看来是剥削的事，摆夷早已安之若素不以为苦了；且若干土司之统治手腕又相当高明，使人民纵有苦处也不敢轻易说出；有此诸种原因，所

以表面上都一致称道土司的好。从摆夷们时有逃迁入英缅境，或由甲土司地迁入乙土司地的事实上，便可以看出，这都是由于统治者压迫的反应。所以，“得一个好土司”，也许是摆夷们不敢明言的一般的迫切愿望。政府到今日仍承认此种过时代的土司政治的存在，也许另有其不得已的原因。在政府尚未有所更张之时，我们自不便有所主张，尤其入夷区中的人，认为是土司们的大忌，更不愿和土司们谈起这个问题。然而，作者和他们混得熟了，对这事，我们终于谈起来。除开几位糊涂的土皇帝，仍然认为土司职位之“子子孙孙永宝用”是天经地义的事，不必去谈它外，几位头脑清楚的土司、代办们，都很爽直地对我表示，土司制度在现阶段的政治中是没有再存在的价值了。一位代办对我说：“倘使政府决定取消土司制度，我们自不敢也不愿反对，但我们私人的财产，也应依法受到保护，那我们还不失为一境中富裕的地主。”这话真是肺腑之言。又一位土司，正在积极兴办实业，也是准备解决退位后的优裕生活问题。末了，他们都不隐讳地说过这样的话：“国人都相传着土司如何如何的刻毒人民，这情形我们不必深辩，先生来此自能亲见。我们固然也承认为着传统的规例及司署中的开用，不能不取之于民。不过，我们跟人民数百年的相处，在感情上已如一家人，纵然怎样横暴的土司，对人民的征取总是有限度的，绝不致剥削得人民至没有衣食。至于汉官，那是花了本钱而来，须得本利收回去，故对人民之征索，便无所顾惜了。所以，我们并非不愿将地方大权交给政府派来的官吏，但所恐惧者，取消土司之后，人民将要连现时的生活都享受不到！”这话我觉得非常深刻。我有一个理想：在这一个原始经济制度的社会中，很可以在这里建立一个新的实验区，用一种新的理想，在文化、经济、政治诸方面，建设一种新型的机体，使之超出陈旧的官僚政治之外。这区域好比一张白纸，要作任何构图、任何渲染都可以从头做起。摆夷们顾虑着废除土司以后新政的苛于旧制，我们也甚以为，如果用一种不彻底的官僚政治去代替土司政治，那真不如依然让原有制度存在之为得计。在这里有好几位土司、代办的见识才干，平心说都高过内地一般平庸的官吏，像这一类的统治者，固可让他们暂时维持地方。若欲变更此种制度，这类人也不必置之打倒之列，大可用其所长，加以训练，不难使之成为边疆工作中的干部人才。这样做，不仅是边地人民所期望，当也是身居统治地位的土司、代办们所不反对的。

本书第十章的末节，曾送给这一带边疆国防地一个雅号，名之曰“无大门的国防”。这情形不仅是我个人所感到，说起真令人难以相信，国防的军事设备固然说不上，几个设治局里面，除了四五名老弱残兵外，可以说没有一点武装。二十七年山头聚众焚烧陇川设治局所在的章凤街，设治局长只好躲到厕坑里。章凤街距缅甸边地不到十公里，要是国际有变故，这还堪设想？猛卯是东西南三面都与英缅接壤的，猛卯代办刀京版君，不失为一位有军人气概的统治者，据说，各土司算他私人的武力最强。我曾在他卧室里看到满壁挂着的新式枪械，这号称最强的武力，也不过有一二百经过训练的常备兵，数十百支快枪，几挺轻机关枪而已，以之维持境内的治安。和他一土司内战，则有余裕，以言对外，谈何容易？反观对面的英国境，则兵营、炮垒随处皆是。有人说，摆夷最怕当兵，自抗战发生后要征壮丁，已有很多户口逃入缅境了，若要大批招来编为国防军，……

（林按：原书稿至此以下阙佚，根据本章开头提要中“建设边疆的国防武力”和“九土司呈中央文”两节之标题，尚可得知佚失部分讲述的主题。现将家父1938年7月撰写的《滇西摆夷研究》一稿中的有关内容摘录补入，这与原书稿定会有所差异，但其基本材料及观点想必是一致的。）

此一区域内截至现时为止，尚未正式设置为县治，而是以六个所谓设治局的官署，统治了三个宣抚司，两个安抚司，两个副宣抚司，三个长官司的广大土地，在这诸司中的盏达、干崖、陇川、猛卯、遮放各司，又都是与英属缅甸地紧邻，正所谓国家的边疆，第一道的国防线。在我数月的逗留中，[1]对于这国家国防边疆地带的重要，及现下政府对于边疆政治设施的失当，对边地民族之不重视，处处引起我极大的痛感。兹就此种实际情形，作一个简略的陈述，来拟本书的一个总结论。

云南和缅甸交界的区域，就现况说，可以略分为四段：

1. 自北部户拱起至尖高山止——为北段未定界。[2]江心坡即包括在此一段内。[3]

2. 自尖高山起到澜沧县内之南丁河止——已定界。腾龙沿边土司诸地即属此段内。[4]

3. 从南丁河的澜沧县南部之南卡河止——南部未定界。最近中英几经勘界，即勘察此一段地。[5]

4. 从南卡河到湄公河——已定界。[6]

腾龙边地土司境内的滇缅界地，又可分为两段，甲段由南奔江流入太平江处起至尖高山止，[7]经过南甸、盏达两土司，及神护关、只那隘、古永隘三抚夷所，[8]清光绪二十四年所定，两岸各垒石堆三十九号，计长一千余里，光绪三十年派员会立界桩。乙段由南奔江、太平江会流处起，至南帕河、南定河相会处止，经干崖、腊撒、陇川、猛卯、遮放、耿马[9]、孟定[10]诸土司地，光绪二十四年，派西宁镇刘万胜[11]与英员划定，共垒石九十七号，计长二千余里。[12]在干崖、陇川、猛卯、遮放境内之交界处，多部分作者均亲往走过。此种界址的划定，有着几点非常特别之处：

A. 不以纬度或自然地理（山川河流）作分界线，而是用界桩。故每在一个大平原（如猛卯），汽车道上，便是两国交界处。界桩损毁或移动，界址便发生问题。

B. 交界处并不以直线或曲线分界而是犬牙交错者，如同一直线上有三个村寨，甲丙两村属中国，而中间的乙村，又属缅甸。这好似整块国土上，由中部切了一个角与外人。

C. 两方境内，均有过耕田——即已划归英缅之村寨，但其寨中人有田地属中国境内，则每年均须过境耕田，此名“过耕田”。此种过耕田，纠纷极大。从此三点看，可以知道界址的划定，根本便是非常不妥切。在此不妥切的国防界上，若是国家在边区中有良好的政治设施，有充实的国防设备，那也就没有多少问题。而今天的实情，却并不如我们希望的那样美好，而且是出乎意外的污糟。

---

〔1〕此处指家父 1937 年 7 月至 1938 年 5 月由广州中山大学到云南腾龙沿边土司区（今德宏地区）的第一次考察，这次考察家父在德宏实际逗留时间大约自 1937 年 11 月至次年春，共约三四个月。

〔2〕北段未定界在今怒江傈僳族自治州以西，大致以枯门岭为界，逶迤南行，至今腾冲县猴桥西北海拔 3302 米的尖高山，包括恩梅开江和迈立开江流域。恩梅开江与迈立开江之间地带，明代曾设里麻长官司，明末以后即不再设治理。实际在恩梅开江和迈立开江及其上游诸支流地区，清以降是既不属中国，亦不属缅甸的“无管束”地带，中缅两国的政权势力都没有达到那里，那里的头人、酋长也不是两国的属官，清光绪三十四年（1908 年），丽江府分驻阿墩子（今德钦）弹压委员兼办怒江事宜夏瑚

江应樑站在猛卯与缅甸交界处的45号界桩前（身后即瑞丽江，江对岸为缅甸境）摄于1937年

曾到此地区考察，对那里的民族、风情、地理及归属问题所作的《怒俅边隘详情》一书中，说那里“向在化外，无人管束”。之后，英国人在巩固了印度阿萨姆地区和缅甸密支那地区的统治后，侵略矛头便指向恩梅开江、迈立开江及其上游地区，并最终占据之。1960年中缅划界时，大致以高黎贡山至尖高山为界，恩梅开江、迈立开江流域则为缅甸境。

〔3〕江心坡：即恩梅开江和迈立开江之间地带，即明代里麻长官司辖境。

〔4〕即自今腾冲尖高山起，经盈江、陇川、瑞丽、芒市、龙陵、镇康、耿马到沧源南丁河止的中缅间边界线。

〔5〕南部未定界指自今沧源南丁河逶迤西南，经澜沧、西盟至孟连南卡江之间中缅边界线。1941年，中英两国在“中缅南部未定界”划了一条所谓“一九四一年线”，把阿佤山区分属中、缅两边，将清廷所封，直至清末仍受云南督抚调度的原葫芦酋长地大部划归缅甸（包括乾隆间开采的茂隆银厂、班老等地）；把原属孟连土司辖境内的南锡河上游以东的一片地区划入缅甸（今西盟线西部境外）。1960年中缅划界时，对这段边界做了一些调整。

〔6〕自南卡江至湄公河间的中缅边界是光绪二十一年（1895年）划定的。划界时，大多数地段是按当时中、缅双方的实际控制线来划界，个别地段英方提出以河流为界（今景洪篾笆桥至流入澜沧江这一段的南阿河），对河两岸的村寨进行了对迁调整。今打洛以南、布朗山西南的四十多个布

左图：中、缅边境第44号界桩（界桩前后即两国领土之分界，但也可能属于中国的这片土地是缅甸老百姓的过耕田，而界桩后属缅甸的那片土地又是中国住户的过耕田）右图：第44号界桩上之文字
1937年摄于猛卯

朗、傻尼、拉祜寨子，划界时车里土司和缅甸境内景栋在争夺其控制权，但大致已被景栋土司控制，因此被划入缅甸境内。

〔7〕太平江即大盈江，源泉于腾冲县猴桥镇之北部，河原海拔 280 米，经腾冲、盈江两县市，在盈江下石梯西南约 4 公里许与南奔江交汇，汇口海拔 297 米。在两江汇合前，太平江有 17 公里一段为中缅界河，为东西向；南奔江有约 20 公里一段为中缅界河，为北南向。两江交汇后，流出国境进入缅甸，在缅甸八莫注入伊洛瓦底江。

〔8〕神护关在今盈江县苏典东北、勐戛西南之孔家湾。神护关设于明万历间，其控制区域直至今缅甸恩梅开江支流的小江流域（即“茶山”）。清光绪《续云南通志稿》卷九十《秩官志·土司》载：“神护关正、副抚夷各一，前明土弁不可考。近由南甸土司保人程由腾越同知签派，协管弩手二十六户，有练田。东至老关城四十里猛豹隘界，南至长流河猛歪上坝分水岭七十里万仞关界，西至卡押瓦控河一百二十里野人界，北至大垭口山五十里昔董野人界。”控制区域也达今缅甸南太白江流域和密支那西部之昔董。

只那隘，应作止那隘，在今盈江县东北之支那。亦为明代所设。清光绪《续云南通志稿》卷九十《秩官志·土司》载：“止那隘抚夷：世系：明止那隘土弁本姓刘，世次无考，传至嘉庆二十五年，刘世翊不能管理众夷，公举金某接充，三传至金显国，咸丰间回乱从征，以功赏三品花翎土都司职衔，给札付钤记，世袭止那隘抚夷，管理地方。显国死，子正余袭；正余死，子大澄应袭。土地：管理汉、夷一百一十户。东至蛮旦江（槟榔江）横山三十里古勇界，南至猛外十五里盏西界，西至蛮旦河（猛戛河）大垭口五十里神护关界，北至昔董喇拿一百里野夷界。”此亦神护关控制范围。

古永隘，应作古勇隘，在今腾冲县西北之古永。清道光《云南志钞·土司志上·永昌府》载：“古勇隘土把总……杨德深，江西金溪人，客居古勇，（乾隆间）从征秤戛有功授职。传子东晁，从征新街阵亡，以其侄祖文袭；传侄辅国，因疏于防范被罢黜，以其弟祖培袭；道光四年，祖培侄正雄袭。”正雄之后，据《新纂云南通志·土司考二·永昌府》载：腾越厅古勇隘土把总“正雄死，乏嗣，侄恩赐袭。”古勇隘亦在神护关控制区域内。

〔9〕耿马宣抚司，《云南志钞·土司志上·顺宁府》载：其先罕荩忠原为木邦土官，“明万历间，缅甸攻木邦，荩忠奔永昌。其后，有罕闷坎、闷金，从邓子龙征缅甸有功，授闷坎宣抚司印，驻耿马，边徼十八土司之一也。闷坎卒，无子，弟闷金袭；闷金卒，子闷摆袭。国朝平滇，闷摆投诚，仍授世职。其差发银旧纳于金腾道，道裁后，径解布政司，因改为直隶宣抚司。闷摆卒，子抒忠袭；抒忠卒，子世藩袭；世藩卒，子国楷袭；国楷卒，侄朝琼袭；朝琼告休，孙君相袭；君相卒，其长子恩保未袭而亡，次

子恩沛年幼，道光四年，恩沛母线氏抚孤代理。”其后，据《新纂云南通志·土司考四·世官一·顺宁府》载：恩沛“及长任职。恩沛卒，子荣光先死，以弟恩泽袭。咸丰四年，为猛角董族目恩伦、恩正戕杀，恩泽子荣升出亡。同治十二年，依顺云协蒋宗汉之助，荣升回耿马复袭父职。荣升卒，子华基光绪十六年袭；华基卒，子富国袭；富国殁，委其弟富廷代理，民国廿三年委实。”按，罕富廷1970年经缅甸去台湾，后死于台湾。《新纂云南通志》言其辖区为：“管理纵五百里，横二百五十里。东北界顺宁（今凤庆），东界云州（今云县），东南界缅宁（今临沧），南界镇边（今澜沧），西北界麻果坝（今属缅境内之滚弄以北萨尔温江东岸一带），北界镇康。”

〔10〕孟定土府，据《明史·土司传·云南土司一·孟定》载：明洪武三十五年置，土知府刀名扛，传至四世时为明正统中，麓川叛，孟定知府刀禄孟遁走。后，“木邦土官罕葛从征有功，总督王骥奏令食孟定之土。嘉靖间，木邦罕烈据地夺印，令土舍罕庆守之，名为耿马，地之所入，悉归木邦。万历十二年，官兵取陇川，平孟定故地，以罕葛之后为知府。十五年颁孟定府印。”另据道光《云南志钞·土司志上·永昌府》载：“孟定府土知府……葛五传至荣，万历十二年，巡抚刘世曾遣腾越游击刘綎、永昌参将邓子龙提兵取陇川，擒叛贼岳凤父子，平孟定故地。改授荣知府，十五年颁孟定府印。荣传信，信传贵，贵传见明，见明传宋，宋传珍。国朝平滇，珍投诚，仍授世职，颁印信号纸。珍传侄监猛，监猛传大兴。乾隆二十七年，木梳逆夷作乱，大兴不能抵御，又不通知邻封，被劾革职，迁徙江宁。遗职以其弟大亮袭。大亮传梁发，梁发传翁，嘉庆四年袭。”其后，据《新纂云南通志·土司考五·永昌府》：“翁死，长子罕遵道光十九年袭。”其后不见史载，后传至罕中兴。《新纂云南通志》载其“管地东至顺宁府云州（今云县）界，西至木邦界（木邦以喳哩江为界，即今缅甸滚弄江），南至孟连长官司界，北至镇康土州界。”在明代，其境域更广，据《明史·土司传·云南土司一》：孟定“其地，自姚关（今施甸县南）南八日程，西接陇川，东接孟琏，南木邦，北镇康。”

〔11〕据《新纂云南通志》卷十四《历代职官表·清代武职务》载，刘万胜系湖南湘乡人，光绪间为云南临元镇总兵；又载刘万胜，湖南人，光绪时任开化镇总兵。又据同书卷一百六十七《外交考四·中英交涉三·滇缅界务二》：“光绪二十三年……委派临元镇总兵刘万胜总办西路勘界事宜”，后又云“光绪二十五年冬，……派普洱道陈灿暨腾越镇刘万胜……”后文中多有“刘镇”、“腾越刘镇万胜”等语，可知，光绪二十三年时刘万胜从临元镇总兵任上调为“总办西路勘界事宜”，光绪二十四或二十五年调任腾越镇总兵职。文中说“西宁镇刘万胜”有误。

〔12〕《新纂云南通志》卷一百六十七《外交考四·中英交涉三·滇缅界务二》之

“已定界”：“一、光绪二十三年，总兵刘万胜与英总办卫德在新街会议于十一月间分段委员勘办起，至二十四年闰三月止，将太平江北南奔江起至瓦仑山一段，又由瓦仑山起至尖高山止一段先后勘毕。二、光绪二十四年十月起至二十五年三月止，刘万胜与英员司格德会勘，由腾越属南奔江起至普洱属之耿马孟定工隆渡即南卡江与南定河相汇处止……”

又：据光绪二十五年九月十三日云贵总督崧蕃咨呈总督文：“窃查滇缅界务自奉到副款专条后，当经奏派总兵刘万胜带同员弁，于光绪二十三年十一月间与英总办卫德在新街会议分段勘办。自太平江北南奔江起，至瓦仑山一段，经总办界务刘镇派令知县陈立达，会同英员觉罗智郝思义勘办，自是年十一月由南奔江勘起，至二十四年闰三月止，一律勘毕。长九百余里，共垒石三十七号。其瓦仑山起，至尖高山止一段，另派游击杨发荣会勘，亦于闰三月勘毕。长一百九十余里，共垒二号。……（中略）据刘镇禀称：该镇于上年十月初五日带同各委员等，驰赴中缅交界之红蚌河，与英员司格德杰弥逊晤商勘划。计上年十月自南布河开办起，至本年三月止，所有腾、永、龙、顺三府两厅十三土司，沿边二千里疆域界址，一律分划蒇事。……通计由腾越南布江勘分起，至顺永属之耿马孟定工隆渡止，计二千里有奇，共垒石九十七号……。”

下面，我们试把中英两方在边境上的设施，做一比较的观察：

甲、政治设施

A. 英方在缅甸边境政治设施　以密支那府为中心，下设七厅，每厅置厅官一人，月薪约英印洋三百元起至一千元止（约合国币三百三十元至一千一百元）。下设山官三人，月薪每人英印洋百元。警察十余人，月薪每人英印洋三十元。各山头复设头人约束夷民，月薪十数元至四五十元不等。其余路政、电信、通译等，均有专员，待遇亦极优。厅官每月须出巡若干次，出巡时每日可领旅费十元至十五六元。对人民负担，除每年照收门户捐外，无其他捐税，平日对民间疾苦，极为关心，故政府与人民感情，甚为融洽。行政官吏因报酬丰厚，且持法极严，故无贪墨舞弊等事。

B. 云南政府的边地政治设施　云南省政府于腾龙边区设第一殖边督办于腾越，分设六设治局于各土司境。殖边督办署每月经费滇新币一千四百元（约合国币七百元），一切薪俸及行政费用完全包括在内。设治局地位是在三等县治之下，月仅有薪俸及办公费共滇新币一百六十十元。而局长的委任，又多是：（1）失意的小军人，如现任潞西设治局局长张某，即一卸职的排长。[1]（2）在民政厅或省府办事多年之三等科员或书记。（3）欲谋做县长而资格能力稍差者。所以在边疆重任的人员任用上，政府已经大失计划了，而对于边地行政人员的待遇，又如是低薄得不如缅地一个山官的月俸。因此，凡被委任到边疆去做设治局长的人，便不外抱着两种思想：一是比做了被充军到蛮荒瘴雨之地，只好忍受到充军期满再归故乡；一是希望在这充军期间，能从土司或夷民身上发一点横财。基于此，所以今日边区设治局的实况是：

1. 在摆夷地中的汉人居住区域里，租几间民房，挂上一块“××设治局”的招牌。

2. 夷地的政治经济大权，全操之土司，设治局既不能支配夷人，更不能支配土司；所以在夷区中是一事不能做的。

3. 为着待遇的过分低薄，更兼多数被委用的行政人员都是没有深大眼光见识的，因之便造成边地行政官吏的贪污枉法。据作者所耳闻目见的边吏贪污途径有下诸种：

a. 从人民身上抽取苛捐。人民纳粮上税，全交之土司，设治局本无抽取捐税之规定，但各局以经费短少，不得不别出花头。如潞西、瑞丽诸局，每月按户收团防捐四角至六角，每局每月可抽得新滇币数千元。而所谓团防，不过养局丁三二十人，既无枪支，又无军队训练。

b. 鼓励人民向设治局中告状。据人民说，凡有告状到设治局中的，莫不两败俱伤。无论输赢，家产多数充归局中公有。

c. 借缉拿私盐、私烟商贩及禁止现金出口等名目，任意入民家查抄勒索，拘押罚款。

这样的边地政治设施，我们能够希望边地民族得到救济与解放吗？〔2〕

〔1〕据潞西档案馆资料，1932年设立设治局至1942年日军入侵，潞西设治局历任局长为：第一任施有霖（昆明人）；第二任林树新（景东人）；第三任周茂才；第四任龚政（梁河人）。其中并无张姓局长。不知是家父误记抑或档案漏记，且存疑。（参见《德宏傣族社会历史调查·三》之《国民党潞西县设治局人员更替情况》）

〔2〕到20世纪40年代后期，设治局下大致设有如下机构：民政科、财政科、建教科、政警队、保卫队。不同的地方或不同的人任局长时，机构也会有异，如潞西设治局，李鲲任局长时，设了个军事科，方克胜任局长时，设有民众自卫总队。

乙、军事设施

A. 英方的缅甸边境军事设施　英人分布于密支那府的兵力约步兵两团，骑、炮兵各一连，除一部分配备于未定界上外，在腾龙沿边与中国交界各地，每一要口，均设有兵营、炮台，随时有兵驻守。军营中连长以上官佐，皆英国人，排长以下至士兵，便全是缅人、印度人或夷区内之山头民族。

B. 云南边境的军事设施　除各土司署中，有数十百个摆夷兵与山头兵——实际只可以说是土司私人的卫队外，设治局中的团兵，是不能算作军队的。除此，在作者个人所到过的边境上，是什么军事与国防设施都没有的。

丙、教育设施

A. 英方在缅甸边境教育设施　英政府于缅甸殖民地施行一种特殊教育制，所办学校共分十六级，由一级至四级，称为 Firstschool，相当于我国之国民小学；五级至七级，称为 Middleschool，相当于我国的初级中学；八至十级，称为 High school，相当于我国的高级中学；十一至十四级，称为 College，相当于我国之专科学校；十五至十六级，称为 Uniuevsity，相当于我国之大学。[1]在接近云南边区中，皆设有一至七级的学校，其办法：

1. 不收学费，供书籍或食宿，招摆夷、山头、傈僳等民族来入学。

2. 一级至四级，教授英语、缅语；五级至七级，加授算术、历史、地理。

3. 学校皆设在夷人集中区或山头寨内，有时则作流动式的深入山头村寨中作个别教授。多年前有美国教士 O.Hanson 夫妇，以十年研究之功，发明用英文字母，编成山头语言的教科书，以教山头民族，收效极大，边地都称之为山头文。

B. 云南政府的边地教育设施　云南省教育厅成立有义务教育委员会，内包括边地教育组，在边地各夷区中设有若干省立小学，每年由中央拨给的款办理，详细情形，已于本书第四章中说及，此处不再赘言。[2]

---

〔1〕至今缅甸学制仍然如是。

〔2〕文中所说“本书第四章”是指《滇西摆夷研究》第四章中《社会教育》一节。其内容详见本书第九章《智识与教育》。

我们须知道，在腾龙边区中、英接界的两方地界上，有着几个相同之点：

一、地理环境相同，两边均属肥沃的大平原地带，气候较热，有富厚的出产。

二、两国边区中，均居住着同种的民族。——摆夷民族为多数主体，附带有少数的山头、傈僳等民族。

三、因地理及种族的相同，故两方人民的社会生活及经济生产，也完全一致。

切实说来，此两国相连的边境，实际可以说是一个区域上的一个集体民族平剖为两半。而在这两半境地里，有着如是不相同之政治的、军事的、教育的设施，在一朝国际间风云骤起的时候，固然不必说，我们的国防前线是只好开门任人出入的；就是太平无事的年头，也必然地发生了如下的事体：

1. 我国边境里的人民，每年有大批的移住于缅甸境内。——这原因很容易明白，住在中国边境内的人民，第一层受土司的征敛压榨；第二层受政府所委任的边地行政人员的苛政勒索；第三层再受到狡猾的留居夷方的汉人们的重利盘剥与巧取横夺，使境内的夷民，真至不能安居。而一看同一土地同一人民，生活是如此的安乐，于是，稍有决断和胆量的夷民，便多决然地舍故土而南迁了。何况对方的施政者，更规定有招徕的办法：凡自中国境内移入缅甸境内的夷户，除免蠲三年的捐税外，更由政府给予耕地，助以金钱，使可安居乐业。这样，那得不使住在中国境内受三重压迫的夷民眼红呢？〔1〕

2. 中英界桩时有无故向中国境内移动之事，致使我国大好土地无形缩减。——过去时听人言，滇缅边地上的界桩，时时被英国人将之从中国境内移动，中国的边界线，便时时有内缩的事实。〔2〕英人之偷移界桩，固难保并无此事，而我此次到边地所亲闻的，则更有出乎意料之事，则是此种界桩的移动，不是英国人做的而是中国人自己做的。事体的真相是这样的：譬如某一界桩的北面的中国地段里，有一个夷人村寨，这村寨受到土司的、汉官的、汉人的多重压榨，实在难以生存了。本可以搬过界外去，但又舍不了本乡故土，于是巧计横生，乘人不备，把界桩轻轻地从村寨之南移到村寨之北来，于是此一村寨及附近的田地，便由此一举动而送给了外人。村寨里的百姓，固然可以不迁家移地而换了国籍，逃出了中国边官的苛虐政治，而中国的领土，也便由此而一块块地丧失了。

3. 引起外人侵略的野心。——因为我们的国防设施太不成样了，而我们负责着边地政治责任的边官们，更其糊涂得令人难以相信，邻境的外人看了我们边地里的设施，认为我们的政府对于边疆土地是不重视的，对于边地民族是根本遗弃的。于是，纵是始意不想侵入土地夺人人民的国家，在此信念下，也要引起一种侵略占夺的野心了。

〔1〕20 世纪五六十年代，曾有两次当地边民大量移居缅甸境内：一次是 50 年代的“大跃进”时，一次是“文化大革命”时。外迁的人口中以傣族、景颇族为多，以瑞丽市为例，傣族人口总数由 1951 年的 17668 人下降至 1958 年的 9228 人，景颇族人口数由 1951 年的 8250 人下降至 1958 年的 4368 人（见《瑞丽市志·人口》，四川辞书出版社版）。改革开放后，不但之前外迁的边民纷纷迁回中国，而且一些更早时间前就已经住在缅甸的傣族、景颇族等跨境而居的人们也搬到中国居住，甚至连原来就住在境外的汉族也设法到中国来开办企业，送子女回来读书。对像云南西部这样一个边境划界特殊、边境两侧居住着同一民族的地方，边民向哪一方境内迁徙可以说是政府政策的晴雨表。

〔2〕自清末至整个民国期间，英人始终在觊觎我滇西领土，马嘉理事件、片马事件、班洪事件即其典型者。

要避免此种危机，则增厚边疆国防，根本改革边地政治机构，固然是首要之图，而对于此种封建的土司制下之畸形的社会及经济组织，似更应当有彻底的变革。平心说来，今日边地各土司，固然多数是绝不足以负边疆重任者，但他们的无能，却并不见得超过政府所委任的边地官吏。土司的最大缺点是知识简陋，传统习惯太深，只想着子孙万代地保持其封建的地位。但他们对于外人的侵略中国边疆与中国官吏之无能，却都能一致的感到痛切的愤慨。好几个土司对我说到清末刘万胜划界，为受英人二万元的贿而将数千里肥沃土地划归缅甸，莫不痛切感慨。〔1〕前年，〔2〕内政部曾派有一位土地调查专员李容凡君，到腾龙沿边土司区去调查土地，当地九大土司，便联合拟具一张禀呈，拟由李君带至南京转呈中央，请中央对边地现状加以改进设施。当然，这呈文的最终目的，仍然希冀在改革之下保持各土司的封建地位，立意并不见高明然其中述及夷地实情，尤其是关于现任边吏的贪墨无能之处，说得最痛切。这张呈文拟具并已由各土司正式用印后，终以恐怕触到地方政府之怒而未曾呈上政府。我现时即将此一篇九土司拟呈中央而结果未经呈达，且从未为外人知晓的原呈，抄录于此，以结束本书：

呈为邻强侵略，边患日亟，请予切实整理西南边政，以谋充实而固国防事：窃卑司等自明朝初年，祖人随军征定云南边地，先后以军功留守斯土，历明清至今，已五百余年。中间或执戈而卫国，固国家之疆圉；或集民而垦荒，辟蒿莱为沃壤；虽世荷国恩，世守弗替，然无时不苦心经营，冰渊是惕，以效绵薄而终国家。即如干崖已故宣抚司刀沛生，[3]于清光绪末年，到东洋留学，加入同盟会，为先总理所信任，委托主办事务，不惜牺牲家财，联合各土司，斡旋革命事业，至百余万之钜。至今革命虽已成功，然以国家多故，中央对于边地，鞭长莫及，从此声息隔绝，人民所受流官之苦，既擢发以难数；而英人之侵略，亦愈演愈奇。二十年来，铁蹄余生，呼号无路，请愿无门。今幸国权统一，政治维新，我中央政府关怀边务，特派专员李公容凡亲到边地，作整个之调查，当于指导之下，组织一云南西南边地十司联合委员会，[4]借以承受中央命令，以通力合作之精神，收巩固国防之效果。并即选派代表，随同入京请愿，除一切详情，由代表面罄外，理合将请愿大纲条呈于后：

（一）*政治的改进*　云南西南边地各司，自民国以来，改设行政，原以解除人民痛苦为目的，然设治至今，二十余年，事实理想，背道而驰，中间虽不无能吏，而十之八九，则以升官发财为职志，往往垂囊而来，捆载而归，对于政治，敷衍塞责，故至今设治效果，实等于零。推其原因，厥有三端：一则由于地方之烟瘴：所来流官，晴则畏暑，雨则畏瘴，举手投足，动生忌避，故对于人民之疾苦，地方之建设，皆盲目无知。但思高卧横床，抽烟避毒。义务诿之土司，权利归之自己。以官样文章，呈转上下，便算行政。一旦任期既满，捆载归去，何尝尽一份之责任？得人民之信仰？以此而言设治，不知治之何在也！二则由于言语之隔阂：南夷古称留心鸟舌之地，语言种类，奚止百数，所来流官，对于命令之行使，人民之诉讼，非赖翻译，不能遂事达情。以是译员往往居中作弊，既不能廉得其情，何以折服其心？甚且利用译员为攫取之工具，分赃择肥，无所不至。有时人民不堪，径到司署请求调解，则必遭其弹压，有理者反至无理。似此举枉措置，以言法律，诚不知法律何在也！三则由于人种之复杂：司地人种，特别复杂，难以枚举。然而各有个性，非久居斯地者，不能因势利导，譬如百夷，性流动，最易迁徙，利之在安；汉人性矫强，最爱取胜，利之在和；山头性顽悍，最喜斗狠，往往一事之微，有累世而报复者，利之在抚。所来流官，大都如行云流水，未谙种族个性，往往处置失当，身已去官而祸犹在人民者，干崖、南甸、盏达之事，[5]是其尤者。甚至分种族界限，不顾和平统一之真理，忘总理扶植弱小民族之遗教，鼓吹怂恿，使人民分歧斗争，而坐收渔人之利。此中危机，是又欲言而不敢言者矣！有上诸端，故虽有贤吏，以障碍太多，亦终于束手无策而已。拟请将十司划为一特别区，一切政务，照旧由十司负责，由中央派一能员，监督指导，及办理外交事宜。既可以轻人民之负担，又可以省冗员之消费，一举数得，便莫甚焉。此不得不呈者一也。

（二）边防的整理　民国以来，国家多事，对于边防，鞭长莫及。在明清之世，虽由各司负责，然而事过境迁，军事武器，既感陈旧，且受流官之压迫，各司有职无权，一旦有事，危不堪言。拟请由各司联络负责，即以各司常备队为单位，无事则维持治安，有事则联成一气，俾能努力抵抗外患，以固边防。当清之末年，刘、石二大员与英人勘划国界，怯弱无能，忍将各司土地，大部划归英国，卧榻之旁，任人酣睡。[6]虽各司拼命反对，几经流血，然而巧妇无米，终难为炊。拟请中央酌量，每司拨给若干枪械，练成得力可靠之军队，则我西南一块土，庶不至踏东北之覆辙也。此不可不呈请者二也。

（三）农村的维护　集若干农村而为县，集数县而为省，集省而成国，换言之，即国家之组织，以农村为要素。各司自有明以来，先后征灭土酋，负有守土之责，召集夷民，开荒辟土，至于今日。虽未能成锦绣之区，然而农村繁荣，气候温和，对于民生问题，向未感觉困难。乃自分区行政以来，人民负担奇重，每年每区最低限度以二万元计，加以官吏之敲剥，此二十余年间，耗去金钱，已在数百万元之多。而一般人民，除耕种田地外别无生活，终岁勤劳，不得一饱，老弱填乎沟壑，壮者散之四方，使英人利用时机，不惜以金钱、农器为牢笼之工具，每年秋冬，司属人民扶老携幼，纷纷迁就，甚至举村迁往者亦有之。司地农村之凋零，即英人殖边之成功，试看缅地戛鸠[7]、矿罗[8]一带，蓁莽荒芜之区，一变而为农村市镇。驱良民而益寇，痛心之事，莫胜于此！且现在政府，实行烟禁，十司所属，已划为第三禁种区域，将来对于农地之生产，亦不能不早谋抵补。当民初我国禁烟之时，英人即以所属腊戍一带开放种烟，使我山居之民，迁往过半。此种阴谋，尤不能不事先预防。今为维护农民计，固重在政治之改进，然而对于农业之提倡、种子之改良，亦必赖于中央之指导与救济。现在各司虽积极提倡农业，如南甸果子园之试验，干崖、芒市棉业之提倡，陇川甘蔗之种植……然而成效尚微。拟请于各司禁烟日期，展缓数年，俟土地生产稍有抵补，又为切实禁止，以期稳定农村而固国本。此不能不呈请者三也。

（四）教育的普及　司地人民，夷多汉少，知识多未开化，其间尤以山头最为低下，谋生无术，性质剽悍，以杀掠为技能，以报复为生理，各司每年之收入，多数用于安抚此种民族。慨自设立流官以来，因未明种族个性，不重开化，往往不教而诛，以至常常酿成杀人放火之事。英人利其悍勇，以金钱收罗为兵，现在英国边防一带之军队，皆系此种民族充当。只要稍有利益，不惜为外人牺牲，推其无耻之源，实以我们教育未能普及。现在中央虽注意边地教育，拨款办理边民学校，然各司之中，除以司款办理者不计外，仅南甸、干崖、盏达已经开办省立小学一所，其余尚属缺如。然司地有大小之不同，因而学校之支配，亦当有多寡之区别。拟请派教育专家，调查斟酌设立，最好能拨专款，使司地教育经费独立，由十司组织一教育经费保管委员会。盖以夷民教育，须强迫劝导相施并行，非得多享利益，万难入学，故不得不多筹专款，以期推广。将来边地教育普及，夷民智识开化，有谋生之技能，明乎礼义廉耻，有爱国思想，化盗贼为善良，以无用为有用，则不但边地之幸福，抑或国家之保障也。此不得不呈请者四也。

（五）公路的完成　公路为国家之血脉，血脉停滞，立见死亡，夫人而知之矣。在过去各司之中，虽间有公路之建设，如芒市可至遮放，遮放可至猛卯，猛卯可至弄岛，陇川可至章凤，干崖已可环城，南甸勘就路线……然以内线未修，外线遽通，一旦有事，缓不济急，故未敢切实实行。现在政府实现总理百万里公路之建设计划，各省县已切实建筑。各司虽远在西陲，何敢后人？且司地因谷价低贱，地有未辟，使公路既通，可以粜贱贩贵，从事垦殖，对于民生之调剂，亦属重要问题。拟由各司负责修整所属境线，以相衔接。但地理有险夷之不同，道路有岩石之多寡，在各司可能范围内，自不当多费国币，若遇有工事艰巨者，拟呈请中央补助，以期实现而遂民生。此不能不呈请者五也。

以上所呈各节，皆为边地目前之急务，是否有当，理合备文呈请钧府

俯赐衡核，指令施行。将来边政充实，国防巩固，则不但西南各司之幸，抑亦国家之幸也。不胜屏营待命之至。谨呈国民政府

南甸宣抚使司龚绶

干崖宣抚使司刀承钺

陇川宣抚使司多永安〔9〕

猛卯安抚使司代办刀保图

芒市安抚使司护理方克胜

遮放副宣抚使司多英培

户撒长官司赖奉先〔10〕

腊撒长官司盖炳铨〔11〕

盏达副宣抚使司思鸿升〔12〕

中华民国二十五年　月　日

〔1〕时至今日，居住在南坎、木姐的华人，在与笔者谈到此事时尚痛心不已。

〔2〕指1935年。

〔3〕刀沛生，即干崖第二十四代土司、干崖宣抚司使刀安仁。刀安仁，又名郗安仁，字沛生。1906年赴日留学，结识了孙中山、黄兴等人，并参加了中国同盟会，自此，变卖家产，筹集经费，资助革命。1908年回国后，为同盟会干崖支部负责人。1911年9月6日，带领德宏、腾越等地多民族起义军攻占腾越，为云南第一个举起辛亥革命义旗者，并任滇西国民军都督府都督。1912年3月，袁世凯任临时大总统，刀安仁在北京被污入狱，9月，经孙中山等营救出狱。1913年3月，因在狱中身体备受摧残，刀安仁病逝于北京。

〔4〕十司，除呈文后具名九土司外，还有上龙陵县境内的潞江安抚使司。

〔5〕"干崖、南甸、盏达之事"，俱是民国年间发生在腾龙沿边土司与派驻官员因利益冲突所发生的武装对抗事件。

干崖事件：民国十三年（1924年），干崖土司与大地主线卫印因债务问题发生纠纷，土司刀保图之弟刀保固带土司兵夜袭线家，线出逃后到腾冲告状，腾冲派管带袁尔艾领兵进剿。袁兵至干崖新城不获刀保固，放火烧毁新城，又追击退居后山邦瓦景颇族山寨的刀保固。途中遭当地百姓围堵，袁退至新城，刀保固组织千余人马在新城与之激战一昼夜，袁纵火焚烧土司衙门后突围至旧城，再遭围击，几至全歼。刀保固泄愤于当地汉族，纵兵烧杀汉族集聚的芒璋街、小辛街、弄璋街、芒线街等。不久，

袁尔艾率兵再剿干崖，血洗傣族村寨，有108个村寨毁于战乱。

南甸事件：民国二十年（1931年），南甸土司龚绶与梁河设治局长袁恩膏为捐税的收取发生矛盾，袁下令不许土司到八撮收捐款，龚即调集土司兵结集遮岛，封锁交通，断绝腾冲至缅甸八莫的商道。最后，以撤换设治局长袁恩膏了事。三年后，南甸土司与设治局的矛盾再度尖锐，双方互相指控，土司龚绶调集各土司人马向设治局施压，冲突一触即发，省政府电令土司龚绶："电到立即将所集夷兵解散。以后不得有动辄聚众情事。如违，定即严惩不贷。"

盏达事件：民国二年（1913年），思鸿升在夺取盏达权力后，即与支持他的盏西畹头发生矛盾，"太平街豪绅李明道（李弥之父）就联合盏西畹头反思（鸿升），并贿腾（冲）府增兵。旋由管带蒋率一营兵驻司署附近，蒋向思借三千元大洋作路费兵饷，思采纳思专勐意见拒绝。蒋出兵攻司署，思抵抗了二天，夜半偕母逃往拱腊寨，次日蒋军追来，又偕弟鸿瑞逃居缅甸芒宋寨。"（据思鸿让《盏达土司家谱》，转引自杨炳堃《盏达副宣抚司概说》，载《德宏文史资料选辑·第十集》）

〔6〕根据光绪二十年（1894年）《中英滇缅界务条约》，清廷与英国双方派出官员于光绪二十三年（1897年）会勘滇缅边界，英帝国主义处心积虑，在勘界时处处改线内侵，蚕食鲸吞中国领土，而清朝派出的勘界大员刘万胜和石鸿韶昏聩乖谬，使腾龙沿边大量领土丧失。如猛板虽划回中国，但被分为两半，一半属中，一半属缅；遮放土司辖境的猛古被划归缅甸；猛卯土司辖地的汉龙关、天马关，陇川土司辖境的虎踞关，干崖土司辖境的铁壁关等地都沦为缅地。此次会勘的结果，遭到清廷下级官兵和德宏各族反对，刀安仁悲愤地说："小民尚知守土，朝廷却忍辱求荣，如斯沉沦，国将不国！"

〔7〕戛鸠，缅甸村寨名，又写作"蛮鸠"。现有人口约一二百户，与瑞丽市广双寨 接壤。"蛮"，傣语"寨子"的音译。

〔8〕矿罗，缅甸村寨名，又写作"广弄"或"蛮广弄"，现有人口约一百余户，与瑞丽市广双寨接壤。

〔9〕多永安（1911—1969），字靖之，傣语官名诃法。民国二十五年（1936年）袭职为第二十八代陇川宣抚使。

〔10〕赖奉先，阿昌族土司，民国九年（1920年）（一说为民国十一年）为第十代户撒长官司长官。

〔11〕盖炳铨，阿昌族土司，民国期间为腊撒长官司长官。

〔12〕思鸿升（1893—1969），是腾龙沿边九土司中唯一没有被批准承袭司职，但又长期掌握盏达实权之人。自清光绪十二年（1886年）（一说为光绪六年）第十六代

盏达副宣抚司土司思鸿祚因“暴虐”被捕下狱革职后，继任的盏达副宣抚使（或代办）的情况就一直不清楚，据《新纂云南通志·土司考五·永昌府》载：“光绪六年刀盈廷袭。二十年刀安仁袭。民国初年刀保图在职。二十年刀承钺袭。”但据《清实录·德宗实录》光绪十二年八月己卯有关革除思鸿祚土司职位的旨谕及同年三月初六日腾越总镇给干崖宣抚司刀盈廷谕、十一月六日腾越总镇给刀盈廷札和十二月二十七日腾越厅给刀盈廷札看，思鸿祚事发入狱应是光绪十二年事，刀盈廷自然不可能在光绪六年去盏达任土司或代办，那只是光绪十二年后的事。另据调查，刀安仁、刀保图（京版）、刀承钺三人只是名义上代职承袭盏达代办职务，实际并未理事。据盏达傣文史料及调查资料，思鸿祚革职后，由其叔思必治为代办。宣统元年（1909 年），思必治因“出卖缅甸与昔马间国界”，被处死。后来，思必发（应为思必治弟）在宣统末曾短暂地任过代办。民国二年（1913 年），思必治子思鸿升联合各吭起兵赶走思必发，掌握了盏达实权。旋即因与地方官员的矛盾，流亡缅甸十二年，于民国十四年（1925 年）回到盏达。民国十九年（1930 年）、民国三十六年（1947 年），思鸿升曾两次向云南省府申请授与盏达土司职，均被驳回，但长期以来，盏达地方实际由思鸿升所控制。

江应樑为本书手绘的三帧地图

腾龙沿边僰夷区域图—云南境内僰夷民族分布现状图—历史上之云南僰夷民族分布区域图

图一　腾龙沿边僰夷区域图

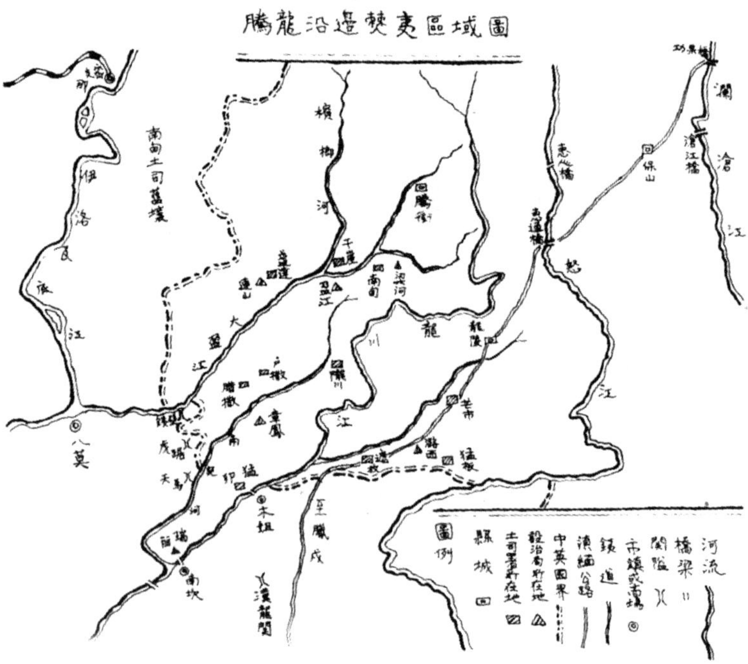

林按：此图原图系家父江应樑手绘，夹于《滇西摆夷之现实生活》书稿中，其绘制时间大约在 1938 年至 1940 年间。现图为昆明师专王文静据原图描绘得出，图中“连山”为“莲山”之误。

图二　云南境内僰夷民族分布现状图

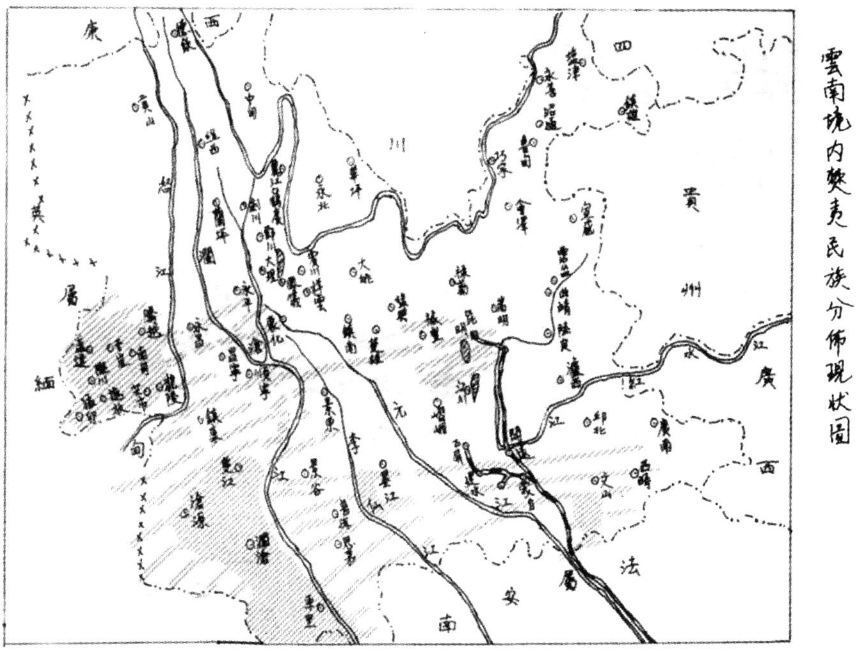

林按：此图原图系1938年7月家父江应樑在《滇西摆夷研究》（未刊稿）第二章第二节《现时之摆夷民族分布区域》中所绘的附图，现图为昆明师专王文静据原图描绘得出。现将此节内容录于下，作为该图的说明。

现时云南境内摆夷民族的分布地带，略成一弧形，沿西南到东南边界，西部自怒江下游龙陵县属之怒江坝（林按：今名潞江坝，属保山市隆阳区）为起点，经腾越、龙陵边界之梁河、盈江、莲山、陇川、瑞丽、潞西六设治局，过镇康、顺宁（今凤庆）、双江、澜沧、南峤（治勐遮，1953 年并入今勐海）、佛海（今勐海）、车里（今景洪）、六顺（治官房，1953 年并入思茅县）、镇越（治易武，1953 年并入今勐腊）、江城、宁洱、墨江、元江、石屏、建水、文山、西畴、丘北、广南、富宁诸县，以至滇越交界之河口、麻栗坡一带，便是摆夷民族的分布区。在此弧线上，摆夷人口也不是均衡的分布各地，大体说来，怒江下游及腾龙沿边六设治局，并车里所立之六县，为摆夷族的两个集中居住地；此外人口次多的地方为镇康、澜沧、元江等地；其余地带则人口较少。除此弧线地带，其他各县区也并非绝对无摆夷族的踪迹，诸如中部之昆明、楚雄，北部之鹤庆等地，现时也有少数摆夷民族居住着，不过却成了一种小的集团，于此一弧线上的摆夷，无确切的联系了。

各区里面摆夷的人口数，均无确切的统计，唯车里六县及腾龙沿边六设治局，大略有一个人口统计的数字可以寻出。车里区内的人口，据最近云南民政厅的统计是：

地　名	户　数	人口数
车　里	9550	46500
南　峤	6200	27400
佛　海	5300	27700
宁　江	3200	6800
镇　越	3660	18500
六　顺	6400	14500
江　城	3000	10000
合　计	37310	151400

李拂一《车里》第三章户口统计的数字，则为：

地　名	户　数	人口数
车　里	9556	46481
五　福	6255	27172
佛　海	5339	27663
临　江	3230	6817
镇　越	3663	14468
象　明	3540	12249
普　文	1502	6639
六　顺	6396	26601
总　计	39481	168090

许是调查时间的不同，故两表的总数相差得很多，大概的人口总在十二万至十六万之间。此数是指居住于此区域内的汉夷民族的总和，《车里》及民厅统计均附加说明，谓此区域内摆夷人口约占全人数十分之八，那末，车里区内的摆夷民族，应当有九万至十二万之数。

腾越边区的六设治局，共统辖十土司地，其名称及境中居住民族如下表：

土司名	主体民族	附居民族
南甸宣抚司	摆夷	汉人、山头、傈僳等
干崖宣抚司	摆夷	汉人、山头等
陇川宣抚司	摆夷	汉人、山头、阿昌等
芒市安抚司	摆夷	汉人、傈僳、崩龙等
猛卯安抚司	摆夷	汉人、山头、缅人等
遮放副宣抚司	摆夷	汉人、山头、崩龙等
盏达副宣抚司	摆夷	汉人、山头等
户撒长官司	阿昌	摆夷、汉人等
腊撒长官司	阿昌	摆夷、汉人等
猛板长官司	汉人	山头、傈僳等

十土司地内，除占有区域极小的三个长官司外，余七司便是摆夷民族的集聚地。惟各区的人口数，政府既无调查统计，各土司衙署又多含糊不愿告人，兹就作者个人从土司口头探得的约略数字，列记于后：

司　名	户　数	人口数
芒　市	5461	27000
陇　川	2162	7860
遮　放	1260	3300
猛　卯	1500	2930
南　甸	8000	30000
干　崖	5000	20000
盏　达	3000	12000
总　计	26383	103090

这个数字是非常不真确的，原因是：（1）完全由土司私人的估计。（2）土司的习惯，都不愿意以境内真实的户口数告人，倘遇政府前往调查，则皆尽量少报。各设治局虽也有一个户口的数字，然也全根据土司的陈述，所以这只能看作一个不很正确的数字。

除此两大集团区外，元江境内约有摆夷一千一百余户，澜沧约有一万五千余户，七万余人（据云南省义务教育委员会编《云南边地民族教育要览》所载，民国二十五年出版）；其他县区，便连估计的数字都无从知道了。据 William Clifton Dodd 的调查，云南境内，仅就文字的摆夷言，其人口数已达百万以上，那车里、腾龙边区的合计仅及二十余万，其数未免太少。

林按：自1937年家父到云南作傣族研究以来，各地区傣族人口统计数字的欠缺、矛盾或不确，一直是令他十分困惑的事。在他主持云南省边疆行政设计委员会时，于1944年至1946年间，曾对全省84个民族的名称、人口及分布作了一次调查，其中傣族人口总数为260087人，以人口分布多少为序，分布在：车里、澜沧、景谷、盈江、南峤、缅宁、潞西、佛海、梁河、镇越、瑞丽、莲山、镇康、元江、耿马、陇川、沧源、新平、文山、宁江、马关、石屏、景东、昌宁、龙陵、六顺、双江、保山、麻栗坡、思茅、河口、镇沅、大姚、江城、泸西、峨山、金平、建水、永仁、蒙自、永胜、宁蒗、屏边、弥勒、武定、墨江、云县、华坪、开远、巧家、通海、双柏、华宁、顺宁、腾冲等55个县（设治局）。其中人口最多的车里、澜沧，均各20000余人，最少的双柏、华宁约近百人，而顺宁、腾冲人数不详。

新中国成立后，正式的人口调查始于1953年，根据该年的调查统计，全省共有傣族456931人，分布在75个县（市），其中居住有傣族10000人以上的13个县，分别是：1. 潞西65000人；2. 盈江57000人；3. 景洪；4. 勐海；5. 勐腊；（此三县傣族人口数未分别列出，三县共计121645人）6. 陇川20000人；7. 瑞丽（含畹町）20000人；8. 江城19000人；9. 耿马18751人；10. 新平16533人；11. 梁河14000人；12. 孟定13600人；13. 元江11593人。居住有傣族10人以下的县有15个，这15个县的傣族大约不是聚居，而是因工作等原因居住该地的。这样算来，全省有傣族聚居的县则为60个，这与1944年至1946年间的调查大致一致。从全省傣族人口来看，傣族人口由40年代中期的26万人到50年代初期猛增加到45万余人，当然是不可能的，1953年的统计无疑更接近真实情况。至于William Clegton Dodol所谓“有文字的摆夷人口已达百万以上”自然是不确的。按新中国成立后的人口统计，全省傣族人口总数1988年为963806人，尚不足百万，到2000年为1123800人，方超过百万之数。

图三　历史上之云南僰夷民族分布区域图

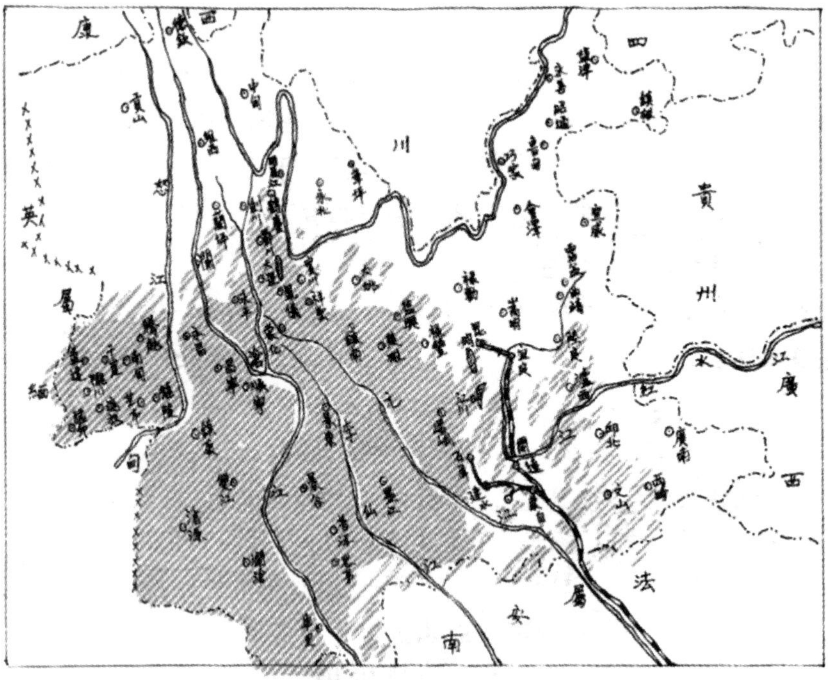

歷史上之雲南僰夷民族分佈區域圖

林按：此图原图系家父江应樑1938年所著《滇西摆夷研究》（未刊稿）第二章第三节《历史上摆夷分布区域》中所绘制的附图，现为昆明师专王文静据原图描绘得出。现将该节内容节录于下，作为此图的说明。

前图显示了现时摆夷民族分布状况，惟在历史上，云南境内摆夷民族生聚的地带，实广过于此。在汉民族未经移殖到云南境中时，云南全境本为僰、爨两民族分据，清毛奇龄《云南蛮司志》谓：“大抵居黑水之表者曰僰人，居其里者曰爨人。”

罗罗、摆夷两大民族，实是最初的云南本境主人，摆夷的根据地在西南一带，而罗罗的根据地则在东北一带。初时，罗罗系的人口，当多过摆夷民族。同书载:“其官军戍守，及五方之人，或旅或处，杂错相儌者，是曰汉人；其生夷曰夷人。夷人分爨、僰为界，爨属郡县，僰属羁縻。总计夷、汉，则汉三夷七；分计两夷，则僰三爨七。”

但僰族的兴盛发展，则远过罗罗族，唐时曾征服若干罗罗部族而建立强大的南诏帝国；历史上所谓的哀牢国、句町国、产里、八百媳妇国，都是摆夷族所建，我们当可以想象得出来，当时云南西部及南部诸地，全是摆夷民族的领土。即在元明之时，汉民族已经统治了整个云南，但摆夷的分布区，仍然未曾缩小至如今日的现状。就腾龙边区说，今日摆夷区域，在龙陵方面，是从县城南行约三十里的芒市土司地界为始；在腾越，是从县城南行约五十里之南甸土司地界为始。在此界线以北地，除了怒江坝子外，龙陵、腾越、永昌诸县境内，是汉区而非僰区的。但在五百年前便不如此。

李思聪《百夷传》载:“其属境自金齿过蒲缥，将至怒江，有屋床山，乃云南、百夷界限也。高山夹箐，地险路狭，马不可并行。过是山三里许即怒江，渡江即百夷地也。沿河下数十里，上高黎贡山，即今之通衢也。……一路从怒江西上二日程，至腾冲府，七日许到麓川。一路从云南县白崖过景东，从木通甸至湾甸，渡河入芒市，约十日程到麓川。”今日入麓川故地之路，系自永昌过蒲缥，到怒江，江两岸虽有摆夷，但渡江后并不便是摆夷地，仍是汉人区，再次经高黎贡山到腾冲，下至南甸，始为汉夷分界处。若依《百夷传》所载，则明代初年，永昌以南从蒲缥以下，包括怒江沿岸高黎贡山岭，今腾冲县区，完全是摆夷区域。可知今日此一地带之摆夷区，较之数百年前已缩小三四日程了。不仅如此，今日永昌县境内，除怒江沿岸及与镇康交界之苍摩山，有摆夷种族外，其他地带皆完全是汉人居住区，只不过这些汉人区域内，则处处遗留与摆夷的遗事、遗迹。如永昌城内太保山脚之法明寺，人皆知为摆夷民族所建，现时怒江沿岸摆夷，每到新年正月，多成群结队远来法明寺中礼佛；又县城东北四十里之卧佛寺，亦常有远地摆夷来礼拜，这都可证明若干年前，永昌县境内确实有多数摆夷民族居住着；永昌城东十余里，有打鱼村，村中有池曰清华池，附海住民，若与他处人相骂，则他处人多骂之为“海僰儿子”，足见此地昔日是摆夷族的集聚地，今日住民，或许是摆夷族之完全汉化者；施甸（即《明史》所谓“石甸”）在明末为厅治，明末以前为施甸长官司，统治于土司，所居尽为摆夷族，今属保山县，境内居住者已全部为汉人，惟其地现时尚有“土官山”“土官寨”“小摆夷村”等地名。

我从云南境内各府、县的地方志上，汇集到记载当地有摆夷民族的情形：

1.《大理县志》

“僰人周以前，滇为徼外西南夷、僰、鸠、僚、僳、倮、毒卢、僰、乌蛮所居之地，县境土籍即僰人。阮元声《南诏野史》有水、旱两种。水摆夷近水好浴，剃后发，蓄前发，盘髻如瓢，故又名瓢头摆夷。旱摆夷山居耕猎，又名汉摆夷，男青布缠头，簪花；妇女不施脂粉，自然白皙，盘发辫，红绿包头，饰以五彩线须，衣五色衣，桶裙绣边。其俗贱女贵男，头目妻数百人，庶民亦数十，耕织贸易皆妇人任之。凡婚娶，男女相悦而议聘，一成匹配，不肃而严，如夫妇不睦，听夫付之一物为凭，然后改适。”

2.《楚雄府志》

“僰种：男子以帕为冠，妇女出则以帕覆顶面。别有乡语。居室具用与汉人同。性颇淳，勤稼穑。有为商贾者。自明迄今，间有举贡生员出。”

3.《景东府志》

“民多僰种，性本驯朴，田旧种秫，今皆为禾稻。渐习书史，民风地宜，日渐同化。”

4.《永昌府志》

“僰夷，种在黑水之外，称百夷，盖声相近而讹也。他处多有之。其在腾越者，火炙肉食，不求其熟，或取蜂槽而食之。习缅字。器用粗瓷。”

5.《龙陵县志》

“小伯夷：熟夷也，龙陵西南环境皆是。男妇服饰，稍近中华，亦能汉语，居村寨，性驯谨，耕食织衣，无长幼礼。大伯夷：在陇川以西，男子剪发文身，妇人跣足染齿，布裹其首。居喜近水，男女皆袒浴于河，妇人谨护两乳，谓此非父母所生，乃天地所赐，不宜人见也。男逸女劳，纺织负担不辍。”

6.《元江府志》

“僰人，性朴素，勤耕作，语言服色及婚丧祭祀与汉人同。男子衣皂，女不饰金。近日多知向学，延明儒训子弟，虽单寒之家，亦拮据勉力，望子有成。文武两途中，多有游泮者。”

7.《广西府志》

“僰人，一名白人，风俗多与汉人同，知礼义，能守法。”

“白夷，性柔直，善耕作蚕织，居草楼。男戴帕，穿两截衣，著鞋；妇人头戴花首巾，穿围裙，戴大圈耳环。善担担。食虫、鼠、犬类，无犬不祀。俗呼摆夷，即白夷也。”

8.《建水县志》

“种人有僰夷。”

9.《石屏州志》

“石屏南接楼纳长官司，所辖有罗罗、摆夷两种。”

10.《阿迷州志》

“白彝言语，亦略相同，泽居水耕，气质柔弱。”

11.《宁州志》

“有摆衣、僰子两种。”

12.《临安府志》

“嶍峨县摆夷，性懦气弱，畏寒喜浴，女人挑担，男子抱儿炊爨。”

13.《蒙自县志》

“僰子，滇彝以之为首。蒙（自）先时土著，大半皆此类。其语言有二：与汉人语则汉，与同类语则夷。婚丧伏腊，读书成名，皆与汉同。蒙先鹿苑里，即其里，后流寓日繁，同处无所区别。”

14.《新平县志》

“摆衣，男逸女劳，多以草药溅齿为墨，居炎瘴地，近河土屋，耕田纳粮。有仇隙，用毒药人。婚无媒，以正月子日，用五彩结球抛之，相愿者，结而为夫妻。”

15.《滇系·属夷系》（越州卫）

“在越州卫者，号白脚僰夷，男妇俱短衣长衫，茜齿文身，戴笠跣足。”

16.《滇系·属夷系》（江川、路南）

“僰夷，……在江川、路南者，构竹楼临水而居，楼之下以畜牛马。妇人耳戴大环，婚礼用大牢，娶以羊。知蚕桑，勤于耕织。性柔，畏法度，见人退让。”

17.《滇系·属夷系》(顺宁)

“僰夷，……在顺宁者，冠玄而锐其顶，珥环、踏履，好衣素，婚聘用牛，贫不能具者，佣女家三年。丧有棺敛，封藏以石。为人佃作，道以柔胜。”

18.《滇系·属夷系》(剑川)

“僰夷，……其在剑川者，言语殊僰，所居瘴疠。棺如马槽，以板为之。以农业、陶冶是务。惧讼，信鬼，多为奸盗。”

19.《滇系·属夷系》(姚安)

“僰夷，……在姚安者，亦滨水好浴，腰系竹笼，捕鱼、虫、动物入笼中为醢。婚用牛羊，至女家，以水泼女足为定。箨叶为尖顶帽。擅土布、羊毛之利。”

所引诸书修纂年代，最远者为明代中叶，最近者为民国初年，所记境内摆夷民族情形，却不能即认为是修志时代实况，因边远地方志书的修纂，尤其是关于土著民族即蛮夷民族一项，多是不就目前实况加以调查，而是照抄前人著作的。我们姑且认为诸书所记摆夷民族是明代以至清代中年以前的状况，那在二三百年前，摆夷民族分布于云南境内的地域，应当是：

A. 大理府所属各地。

B. 楚雄府所属各地。

C. 景东府所属各地。

D. 永昌府本境。

E. 腾越州。

F. 龙陵厅。

G. 元江府所属各地。

H. 广西府所属各地。

I. 石屏州。

J. 阿迷州。

K. 宁州。

L. 新平县。

M. 建水县。

N. 嶍峨县。

O. 顺宁府。

P. 剑川州。

此仅就我个人所看到的地方志所载者而言，尚有的志书我未曾看到，有的境内虽有此种民族而志书忽略未载的。若仅根据此而作成“三百年前云南境内摆夷民族地理分布图”，用以和上一图对观，便可显然的看出，二三百年来，摆夷民族分布的区域，已日渐缩小，从中部地带退守到边疆区域。

附　录

林按：本书第三章《土司》曾以《滇西僰夷的土司政治》为题，于 1939 年 4 月在昆明《益世报》之《史学周刊》第九、第十期连载。刊出后，梁方仲先生即以《读后记》为题发表此文。家父在《滇西摆夷之现实生活》书稿中，将梁先生文录于书后。

读后记

——兼论差发银

梁方仲

容元胎先生〔林按：即容肇祖（1897—1994），系容肇庚（容庚）先生之弟，广东东莞人，著名哲学史研究专家、民俗学家和民间文艺学家，时在西南联大任教。〕以江应樑先生《滇西僰夷的土司政治》一文相示，受读之下，见其取材审当可喜，叙事简明有法，允推佳构。原西南诸夷，自古为中国边障。自楚庄蹻王滇而秦开五尺道置吏，沿至汉武帝置都尉县属，仍令自保，此殆及土官土吏之起源。及唐设羁縻州，但土官之制尚未能区划普遍。盖自历代以来，彼辈自相君长，中朝授以官秩。而不易其酋豪。其道在于羁縻而已。为元而分别司府州县，额以赋役，使听命驱调；其酋长亦无不欲得中朝之爵禄名号，以统摄其所属之人，于是土司之法始备。明踵元故事，大为恢拓。洪武初西南夷来归者，即用原官授之。其官名多仍元代：曰宣慰司、曰宣抚司、曰招讨司、曰安抚司、曰长官司。率以其土酋为之，故名土司。于是自湖广而四川，而云南，而贵州，而广西，连绵数千里所在有之。然亦往往有府州县之名错出其间，嘉靖九年定府、州、县等土官隶吏部验封清吏司，宣慰招讨等土官隶兵部武选清吏司，隶验封者，布政司领之；隶武选者，都指挥领之。文武相维，比于中土，盖已成经久之制，而与前代羁縻之意有别矣。但又与内地郡县有授任之期，有考绩之法者不同。故《明史》特为土司立有专传。清承明制，无大改革。然改土归流，颇著成绩。民国以来，又有设治局之设，然实权则仍操之土司手中。此为数百年来演变而成之特殊政治制度，至今尚未有多人作普遍精深之研究。江君此文，颇采摭实际调查之资料，弥觉可贵。良以此项问题之研究，必须深入彼此，以求对于各民族之语言文字风俗习惯有相当之熟习，始可有伟大精邃之贡献也。（如文中所载“吭”之一字，本为音译，“吭头”，“吭尾”各所司职权之范围及大小易因之，即一例也。）

文中第一节于“差发金银”有所论列，此关于边徼对朝廷之财政义务，颇有阐明之价值。因近日读书亦偶有所见，聊摘录以供参考，非敢云有所指正也。考“差发”一词之意义，见于傅维麟《明书》卷八十二《食货志》：

“洪武中命曹国公李景隆行西番……以茶五十余万斤，得马三千五百有奇。……以重臣定茶法，彼其纳马，不曰易茶，而曰‘差发’，如田有赋，身有庸，亦职贡无可逃。国酬以茶，不曰市马，而曰劳赏，所以尊体统，亦最善。”

由此可见西番所纳之差发马，由朝廷出茶易之，原与茶马市法无异。然朝廷所出之茶，不曰市马而曰劳赏；番人所纳之马，不曰易茶而曰差发。盖朝廷有责以任土作贡之意。朝廷所出之茶，其性质与番夷入贡时之回赐相同也。明时云南金银产量为全国之冠，而该省西南部亦颇出产。《天下郡国利病书》卷一百一十《云南五·种人·僰夷》云：

“城池因高山为砦，无仓廪租赋。每秋冬遣亲信往各甸，计房屋征金银，谓之取差发。每屋一楹，输银一两，或二三两。承使从者象马动以千百计，恣其所取，而后输于公家。”

又可见其族内摊派差发银之方法，且可知朝廷所收之数虽甚微小，然夷民之实际负担因征收者之横索亦殊重也。《明史》卷一五九《贾铨传》中之言可以为证：

“正统十二年擢云南左布政使。土官十余部岁当贡马，输差发银，及海肥。八府民岁当食盐米钞。至景泰初，皆积逋不能偿。铨等为言除之。（《明史稿》列传四十《贾铨》所载略同）”。

明代云南所输者除差发金银两项以外，尚有“差发马”，“差发海肥”等项名目。如钮兀长官司原日所输纳者本为“差发马”四匹，至万历间行改为每匹折银一十两，故共输差发银四十两（参《万历会计录》卷十三《云南布政司·田赋》)。江君文内所引《天下郡国利病书》开载明末云南各僰夷土司每年差发银之数，今核以《明史·云南土司列传》所载，大致相合。然木邦军民宣慰使司在明初原输岁办金一万四千两，至正统八年以木邦征麓川有功，始免其数（《明史》卷三百十五《云南土司三·木邦》)。由此又可知各土司所输之差发银有时亦数不在少耳。

至于云南全省所承办之差发银数，亦可得考见。《万历会典》卷三十七《金银诸课》云：

“弘治十五年，令云南每年该征差发银八千八百九两五分，定为常例。自弘治十六年为始，每年折买（按即于上项差发银额内依照时价收买）金一千两（按此项金名曰‘年例金’)，足色（金）二分，九成色（金）三分。八成色（金）五分。与每年‘额办金’六十六两六钱七分，并余剩银两一同解部，转送承运库交纳。”

此时所定之差发银及额办金两项额数，直至万历时尚无巨大之动。惟自差发银项内折买之年例金额，则时有增加。嘉靖九年题准云南年例金一千两，并耗金十两，自嘉靖九年为始，每年于该项差发银内，动支六千六十两收买进解，以后年份，永为定例。至嘉靖十三年，又增派年例金一千两，分春夏及秋冬两届解进。万历二十年又奉特旨增贡金一千两。二十二年又增二千两，是时年例金岁额已达五千两。遂为朝野人士所同声诟病，或以为滇省最害最甚者莫如贡金榷税两事（参王元翰《凝翠集·疏草·滇患孔殷维桑虑切疏》)。迭经阁部臣等疏请减免，颇有豁减。至天启即位，始免除加增数额，继又以疆场多故，暂免解进。此亦滇省一重大公案也。（按此事《天下郡国利病书》卷一零七《云南一》滇志大事考，赋役志及贡金诸条，与查继佐《罪惟录》卷十《贡赋志》“金场”一条，略有记载，然矛盾殊甚，姑以己意绎述如上。）

拉杂书此，以缀于江君大作之后，即以归之元胎兄，倘不以续貂见诮乎？

笺注主要参考文献

《尚书》	〔春秋〕	中华书局四部备要本
《国语》	〔春秋〕	商务印书馆本
《战国策》	〔战国〕	中华书局四部备要本
《左传》	〔战国〕	商务印书馆本
《逸周书》	〔战国〕	涵芬楼影印本
《吕氏春秋》	〔战国〕吕不韦等	商务印书馆本
《史记》	〔西汉〕司马迁	上海古籍出版社、上海书店本
《前汉书》	〔东汉〕班固	上海古籍出版社、上海书店本
《后汉书》	〔南朝〕范晔	上海古籍出版社、上海书店本
《三国志》	〔西晋〕陈寿	上海古籍出版社、上海书店本
《旧唐书》	〔五代〕刘昫	上海古籍出版社、上海书店本
《新唐书》	〔宋〕欧阳修等	上海古籍出版社、上海书店本
《元史》	〔明〕宋濂等	上海古籍出版社、上海书店本
《明史》	〔清〕张廷玉等	上海古籍出版社、上海书店本
《清史稿》	赵尔巽等	上海古籍出版社、上海书店本
《淮南子》	〔西汉〕刘安等	商务印书馆本
《越绝书》	〔东汉〕袁康	商务印书馆本

《华阳国志》	〔晋〕常璩	刘琳校注本
《搜神记》	〔晋〕干宝	丛书集成本
《博物志》	〔晋〕张华	涵芬楼影印本
《蛮书》	〔唐〕樊绰	向达校注本
《酉阳杂俎》	〔唐〕段成式	商务印书馆本
《南诏德化碑》	〔唐〕郑回	一九三七年拓本
《桂海虞衡志》	〔宋〕范成大	涵芬楼影印本
《岭外代答》	〔宋〕周去非	商务印书馆本
《文献通考》	〔元〕马端临	万有文库本
《云南志略》	〔元〕李京	说郛本
《纪古滇说集》	〔元〕张道宗	云南史料丛刊本
《大理行记》	〔元〕郭松年	云南史料丛刊本
《马可波罗行纪》	冯承钧译	中华书局本
《明实录》		云南人民出版社节印本
《明会典》	〔明〕申时行等	明礼司监刻本
《百夷传》	〔明〕钱古训	江应樑校注本
《百夷传》	〔明〕李思聪	江应樑校注本
《云南西行记》	〔明〕程本立	云南史料丛刊本
《土官底簿》	〔明〕佚名	文渊阁四库全书珍本
《景泰云南图经志书校注》	〔明〕陈文修	云南民族出版社本
《滇略》	〔明〕谢肇淛	四库全书抄本
《云南蛮司志》	〔明〕毛奇龄	西河全集本
《四夷馆考》	〔明〕王宗载	云南史料丛刊本
万历《云南通志》	〔明〕李元阳	一九三四年排印本
《西南夷风土记》	〔明〕朱孟震	云南史料丛刊本
《请蠲贡金疏》	〔明〕沈儆介	涵芬楼影印本
《天下郡国利病书》	〔明〕顾炎武	涵芬楼影印本
《读史方舆纪要》	〔明〕顾祖禹	中华书局本
《炎徼纪闻》	〔明〕田汝成	商务印书馆本
《星槎胜览》	〔明〕费信	冯承钧校注本
《南园漫录》	〔明〕张志淳	云南史料丛刊本
天启《滇志》	〔明〕刘文徵	古永继校点本

《殊域周咨录》	〔明〕严从简	云南史料丛刊本
《南诏野史》	〔明〕倪辂	云南史料丛刊本
《滇载记》	〔明〕杨慎	商务全集本
《南夷书》	〔明〕张洪	云南史料丛刊本
《重修崇圣寺记》	〔明〕杨慎	商务全集本
《大清会典》	〔清〕崑冈等	商务石印本
《清实录》		云南人民出版社节印本
雍正《云南通志》	〔清〕鄂尔泰等	乾隆刊本
道光《云南通志稿》	〔清〕阮元等	道光十五年刊本
道光《云南志钞》	〔清〕王崧	云南史料丛刊本
光绪《续云南通志稿》	〔清〕王文韶等	光绪刻本抄本
康熙《永昌府志》	〔清〕罗纶修等	康熙刊本抄本
康熙《大理府志》	〔清〕黄元治等	一九四〇年排印本
《大清一统志》		清嘉庆刻本
《诸夷人图（稿）》	〔清〕李祜	江晓林藏手绘本
《滇小记》	〔清〕倪蜕	云南史料丛刊本
《滇系》	〔清〕师范	云南丛书本
《滇海虞衡志》	〔清〕檀萃	云南人民出版社本
《白古通纪》	〔清〕佚名	云南史料丛刊本
《云南蛮司志》	〔清〕毛奇龄	云南史料丛刊本
《南中杂说》	〔清〕刘崑	商务本
《滇南新语》	〔清〕张泓	艺海珠尘本
《滇中琐记》	〔清〕杨琼	云南史料丛刊本
《永昌土司论》	〔清〕刘彬	小方壶斋舆地丛钞本
《新纂云南通志》	周钟岳等	云南通志馆本
《云南概览》		京滇公路周览筹备会云南分会本
《中国边政制度》	凌纯声	中国边政学会本
《边疆政教之研究》	黄奋生	商务印书馆本
《中国边疆问题讲话》	思慕	生活书店本
《南诏非泰族故国考》	许云樵	（《南洋学报》四卷二辑）
《云南濮族考》	朱希祖	（《青年中国季刊》创刊号）
《哀牢与南诏》	闻宥	（《边政公论》一卷二期）

《中国疆域沿革考》	童书业	开明书店本
《中国边疆问题》	张承炽	中国边政学会本
《车里》	李拂一	云南史料丛刊本
《十二版纳志》	李拂一	正中书局本
《滇西摆夷研究》	江应樑	手稿
《江应樑自传》五种	江应樑	手稿及纪录稿
《云南用贝考》	江应樑	《新亚细亚》三卷四期
《昆明境内的非汉族系住民》	江应樑	珠海大学本
《腾龙沿边开发方案》	江应樑	云南边疆行政设计委员会本
《云南全省边民分布册》		云南边疆行政设计委员会本
《摆夷的生活文化》	江应樑	中华书局本
《摆夷的经济生活》	江应樑	岭南大学本
《傣族史》	江应樑	四川民族出版社本
《说“濮”》	江应樑	
《百夷传校注》	江应樑校注本	《思想战线》一九八〇年第一期
《猛卯史话》	江应樑	《德宏史志资料·四》
《云南各族古代史略》	马曜等	云南人民出版社本
《傣族简史》	黄惠焜等	云南人民出版社本
《傣族南迁考察实录》	刘岩	云南民族出版社本
《中国西南边疆变迁史》	尤中	云南教育出版社本
《明清云南土司通纂》	龚荫	云南民族出版社本
《中国土司制度》	龚荫	云南民族出版社本
《中国土司制度渊源与发展史》	吴永章	四川民族出版社本
《刀安仁年谱》	刀安禄等	德宏民族出版社本
《话说云南》	吴光范	云南人民出版社本
《大理古塔》	李朝真、张锡禄	云南人民出版社本
《勐果占璧及勐卯古代诸王史》	召帕雅坦玛铁·卡章戛	云南民族出版社本
《芒市土司史》	方一龙译，方御龙增补	《潞西县文史资料选辑·第一辑》

《芒市末代土司方御龙自述》	施长根	《潞西县文史资料选辑·第二辑》
《勐板后四代土千总传略》	赵福所、蒋育科	《潞西县文史资料选辑·第二辑》
《遮放宣抚副使后四代史略》	毛老相	《潞西县文史资料选辑·第一辑》
《遮放历代土司简史》	多明译	《潞西县文史资料选辑·第一辑》
《民国前期云南芒遮板行政区地志资料》	丁文浩	《德宏史志资料·一》
《民国前期云南猛卯行政区地志资料》	段文逵	《德宏史志资料·一》
《民国前期云南干崖行政区地志资料》	董绍文	《德宏史志资料·一》
《民国前期云南盏达行政区地志资料》	佚名	《德宏史志资料·一》
《民国前期云南陇川行政区地志资料》	胡作霖	《德宏史志资料·一》
《民国前期云南南甸宣抚司地志资料》	龚绥	《德宏史志资料·一》
《德宏傣族土司制度调查》	宋恩常、金元、刀安禄	
《芒市土司制度调查》	张元庆	《潞西县文史资料选辑·第一辑》
《德宏州志》		德宏民族出版社本
《潞西县志》		云南教育出版社本
《梁河县志1》		云南人民出版社本
《德宏傣族民歌44种》	龚茂春辑	德宏民族出版社本
《德宏山野蔬果》	许本汉	德宏民族出版社本
《德宏州交通志》	柳五三等	云南民族出版社本
《盈江县交通志》	袁玉富等	一九九二年本
《德宏宗教》	张建章等	德宏民族出版社本
《傣剧志》	施之华等	文化艺术出版社本
《云南民族戏剧论》	王胜华	云南大学出版社本
《傣医传统方药志》	赵世望、周兆奎等	云南民族出版社本

《云南公路交通史》		一九八五年油印本
《云南省人口资料汇编（1949—1988）》		云南人民出版社本
《德宏州水利志》		一九九九年油印本
《德宏州统计年鉴（2000年）》		
《云南省德宏傣族景颇族社会概况豢傣族调查材料》		全国人大民族委员会1957年编
《云南省傣族社会历史调查材料·德宏地区》		中科院民族所、云南民族研究所
《德宏傣族社会历史调查》一、二、三		云南人民出版社本
《德宏傣族区典型调查》	王叔武等	《德宏史志资料·十六、十七》
《德宏傣族社会风俗调查》	张元庆	《德宏史志资料·十六、十七》
《傣族习俗》	冯霄	《德宏史志资料·十六、十七》
《中国巫蛊考察》	邓启耀	上海文艺出版社本
《从遮羞板到漆齿文身》	向翔等	云南教育出版社本
《中国历史地图集》	谭其骧	地图出版社本
《中国古今地名大辞典》		商务印书馆本
《盈江县地名志》		
《梁河县地名志》		
《瑞丽县地名志》		
《畹町市地名志》		
《潞西县地名志》（油印本）		